정율성 평전
중국 혁명음악의 별

리혜선 지음

시와사람

정율성 평전

중국 혁명음악의 별

2022년 8월 25일 인쇄
2022년 8월 31일 발행

지은이 | 리 혜 선
펴낸이 | 강 경 호
인쇄·기획 | 도서출판 시와사람
등록 | 1994년 6월 10일 제 05-01-0155호
주소 | 광주시 동구 양림119번길 21-1(학동)
전화 | (062)224-5319
팩스 | (062)225-5319
E-mail | jcapoet@hanmail.net

ISBN 978-89-5665-636-6   03810

값 20,000원

＊잘못된 책은 바꾸어 드립니다.
＊이 책은 저작권법에 따라 보호받는 저작물이므로 무단 전재와 복제를 금합니다.
＊이 책의 내용을 사용하려면 저작권자의 서면동의를 얻어야 합니다.

공급처 ■ 한국출판협동조합
경기도 파주시 적성면 가월리 1859-9 한국출판협동조합 적성물류센터
주문전화 (02)716-5616, 070-7119-1740

정율성 평전
중국 혁명음악의 별

▲ 능주면 관영리 정율성 옛집.

▲ 1933년 19세 때 중국 남경 시절의 정율성.

▲ 50년대 북경에서의 정율성.

▲ 50년대에 북경의 자택에서 정율성과 정설송 부부.

▲ 1947년경 북한 평양 집뜰에서 찍은 어머니 최영온.

▲ 1947년 북한 평양에서 정율성과 정설송, 당시 정율성은 조선보안간부훈련 대대부(조선인민군 전신.)구락부 부장 겸 조선 보안간부 훈련대대부 협주단 단장을 담당, 정설송은 조선노동당 교무(僑務)위원회 비서장 담당.

◀
50년대 초 북경 전경기도18호 중국 대외연락부 기숙사(자택) 앞에서 정율성과 어머니 최영온, 오른쪽 분은 알 수 없음.

1957년 6월 중국 운남에서 소수민족 처녀들의 노래를 듣고 있는 정율성.
▶

▲ 1946-1947년 사이 북한에서의 정율성.

▲ 1957년 6월 가극 〈망부운〉 극작가 서가서와 함께 운남 곤명에서.

◀ 1952년 '강의 노랫소리' 창작을 위해 사천에서 직접 배를 타고 목선 노동자들과 함께 생활하면서 뱃소리 체험할 때의 정경.

▶ 1976년 9월 영화 "쇄룡호"의 음악을 배음하기 위해 장춘 영화촬영소에 갔다가 찍은 사진.

◀ 1976년 12월 17일 정율성 추도회가 북경 팔보산 혁명공묘(公墓) 강당에서 진행되는 모습.

■ 발간사

『정율성 평전』한국어판을 발간하며

김 성 인
(정율성 평전 발간위원회 위원장)

내가 정율성 선생에 대해 관심을 갖게 된 것은 꽤 오래전으로 재작년 고인이 되신 이이화 선생의 글을 통해서였다. 당시에는 정율성 선생을 소개한 글이 거의 없었는데, 이 선생의 글을 통해 그가 광주 출신에다가 독립 운동가이면서『중국인민해방군 군가』를 작곡한 뛰어난 음악가였다는 점 등에 관심이 갔었다.

그러다가 우연찮게 그가 화순군 능주면에서도 살았다는 사실을 듣게 되어 능주초등학교를 찾아가 그와 형제들의 학적부를 찾아내었고, 살았던 집터도 알아내었다. 그리고 그의 맨 위 형님인 정효룡 선생이 상해 임시정부 서기를 지낼 때 능주 사람 정광호 선생이 임시정부 교통부 참사 직책을 맡고 있었다는 사실과, 친·인척들이 주로 화순을 근거지로 살았거나 살고 있다는 흥미로운 사실도 밝혀내었다.

나와 정율성 선생과의 인연은 그렇게 시작되었다. 한 역사적 인물의 유년시절 행적을 찾다가 흔치 않는 인연으로 이어지게 된 것이었다.

그 후 인근에 사는 하동정씨들을 찾아가 족보를 뒤지고, 그의 친·인척들을 수소문하여 찾거나 만나 보기도 했으며, 그의 발자취를 찾아 북경으로, 하얼빈과 연변에 가기도 하였다.『연변텔레비죤방송국』이 4부작으로 정율성 일대기를 제작하기 위해 능주와 광주를 찾아와 벌인 취재활동을 안내하였고, 중국에서 국가 원수급 예우를 받는 그의 흔적을 찾아 화순까지 내려온 서울 주재 중국문화원장 일행을 안내하기도 했다.

그리고는 또 우연히 정율성 선생의 평전을 집필한 연변의 한 작가를 만나 한국어판 발간을 상의하게 되었고, 그 후 쉽지 않은 과정을 거쳐 참으로 오랜만에 책이 나오게 된 것이다.

내가 정율성 평전을 집필한 리혜선 작가를 만난 것은 아직 무더위가 가시지 않았던 2013년 가을이었다. 나는 그해 9월 중순 어느날 전남일보사와 광주문화재단이 주최하여 구동 '빛고을시민문화관'에서 열린 『정율성 국제 학술콘퍼런스』에 참여하였었다. 그때 그 행사에서 주제 발표를 하기 위해 중국 연변에서 광주에 와있던 선생을 행사 후에 만나 이건상 당시 전남일보 편집국장의 소개로 인사를 하게 되었고, 이어진 만찬에서 자신이 중국 당국의 허가를 받아 집필했다는 『정률성 평전』에 대한 이야기를 자세하게 들을 수 있었다. 그때는 정율성 선생이 화순과도 상당한 인연을 가지고 있다는 것이 이미 알려져 있던 터여서 당시의 화순군수도 와서 축사도 하고, 만찬에 참여하기도 했었다. 그리고 이튿날인가 광주 백운동로터리 부근의 한 호텔 찻집에서 선생을 다시 만났고 이 자리에서 그녀는 화순군이 나서서 이 책의 한국어판을 냈으면 좋겠다는 제안을 해주었다.

이후 군청의 관계자, 화순군의회 등을 통해서 예산 확보를 타진하고 부탁했으나 여러 사정상 쉽지가 않았고, 선생이 좌파 운동가였다는 것 때문에 여전히 이념적 문제를 제기하는 축도 있었다. 그러나 2018년 구충곤 화순군수의 과감한 배려와 화순군의회의 지원으로 예산이 확보되었고, 거의 3년이 지나서 완벽하지는 않지만 한국 독자들을 위한 평전이 나오게 된 것이다. 실로 경하할만한 일이 아닐 수 없다.

초기에 내가 회장으로 있는 『도암역사문화연구회』를 중심으로 발간위원회를 꾸리고, 출판사를 선정하고, 작가와의 이런저런 협의는 순조로웠다. 일단 우리글로 기록이 되어있기 때문에 그리 어렵지 않으리라는 기대도 있어서 일찍 끝낼 수 있겠다는 생각도 했었다. 그러나 막상 작업에 들어가자 『조선말』로 되어있는 본문을 우리말로 바꿔내는 작업이 우선 만만치 않았다. 한글로는 쓰여있지만 사용하는 단어에서부터 중국식 표현이 많고, 심지어 중국어로 밖에 표기가 안 되는 것도 있는가 하면, 한국에서는 잘 사용하지 않는 표현방식이나 관용구가 많고, 띄어쓰기 등 문법 체계가 우리와 많이 다른 점도 어려운 대목이었다. '묵은 집 고치기가 새집 짓기보다 어렵다.'는 말이 새삼 실감이 나는 작업이었다. 거의 열 번 이상은 읽었다고 보아지나 볼 때마다 새롭게 고칠 곳이 나오곤 하여 무려 4년여 년의 시간이 걸리게 된 것이다. 여전히 부족한 대목도 많다. 거기에다 편집위원들 모두 생업에 종사하는 직장인들이고 각자 바쁜 일정 때문에 부탁한 원고 검토가 쉽지 않았고, 작년 초부터 터진 코로나19의 전 세계적인 유행도 작업을 사뭇 더디게 하였다.

그가 좌파 운동가였다는 것 때문에 나라의 독립을 위한 정율성 선생과 그 일가의 헌신과 희생을 도외시하고, 그의 뛰어나 음악적 성취까지 무시하는 것은 비상식적이고 시대착오적인 폭력에 지나지 않는다. 아직 무관의 독립운동가로 남아있는 정율성 선생과 그 형제들에 대한 평가도 이제는 옳게 이루어져 대한민국 정부에 의해 하루 속히 독립유공자로 추대되어야 할 것이다. 그동안 화순군에 의해 능주초등학교에 그의 흉상이 건립되고, 그가 살았던 능주 관영리 집이 복원되고, 『율성소년합창단』이 만들어지는 등의 작업이 이루어진 것은 그래서 뜻이 깊다.

누구든 한 사람의 일생에는 당연히 공도 있고 과도 있게 마련이다. 그렇기 때문에 그에 대한 객관적이고 냉정한 평가를 통해 역사적인 의미를 조명하고 그의 삶과 정신을 기리는 것은 후대들의 마땅한 의무요 책임이 아닐 수 없다. 이번에 발간된 이 책을 통해 그동안 막연하게 알려져 왔던 정율성 선생의 삶과 음악에 대한 보다 많은 관심과 연구가 이루어지는 계기가 만들어지기를 기대하며, 그리하여 부족한 부분도 채워지기를 기대한다.

끝으로 책이 나오기까지 함께 애써준 도암역사문화연구회 민판기 형님, 형광석 교수, 총무인 홍기춘 사장, 박길성 선생, 박용수 선생, 민춘기 교수 등 여러분과, 마지막 원고검토를 꼼꼼히 해주신 존경하는 목포대학교 신정호 교수께도 감사를 드린다. 대학원 공부하는 틈틈이 원고 검토에 참여해준 막내딸 민경에게도 감사의 마음을 전하며, 끝까지 성심을 다해준 『시와 사람』 출판사 강경호 사장과 그의 부인 정찬애 여사에게도 진심으로 존경과 감사의 말씀을 드린다.

2022년 7월, 화순 도장골에서
김성인 삼가 쓰다

■ 서시

정율성을 기리며

강 경 호
(시인, 시와사람 발행인)

1933년 5월 8일
아직 목덜미 솜털 보송보송한 스무 살 청년은
일본을 거쳐 중국으로 향했다
다시는 고향에 돌아오지 못할 이별인 줄 몰랐다
독립을 향한 일념으로
양림산 아래 선교사 사택과 양림교회당
봉서루와 영벽정 들판 건너 연주산을 뒤로하고
언젠가 고향에 돌아갈 수 있으리라 믿으며
그리움을 꾹꾹 눌렀다
이념 같은 것은 아무것도 아니었던
오직 조국 광복을 꿈꾸는 독립운동가였다
항일의 사기를 드높여
마침내 조선독립을 쟁취할 것이라고 싸웠지만
때로는 왜놈들의 첩자라고 오인 받고
온갖 수모를 겪었지만
광활한 중국 대륙에서, 연안에서 태항산에서
연안가와 중국인민해방군 군가를 지어

대동아공영을 부르짖는 일본제국주의에 맞서 싸웠다
폐병에 걸려 죽을만큼 아팠지만
아내와 핏덩이를 남겨두고 싸우는 마음
외로움과 그리움은 그를 지탱해준 힘이었다
해방이 되자 갈라진 두 조국 앞에서 어쩌지 못하고
6·25전쟁이 한창일 때
평양에서 중국으로 돌아갔지만
적이 사라진 공허와 낯선 소외가
심장에 비수처럼 찔러댔다
더 이상 그가 꿈꾸던 세상은 아니었다
그저 아름답고 서정적인 노래를 부르고 싶었다
정치로부터 한 발짝 떨어진
자유로운 창작을 하고 싶었지만
문화대혁명 때 머리에 반동의 모자가 씌워졌다
그간의 노고가 불러온 고혈압을 다스리기 위해
강에 낚싯대를 드리우고 그는 무슨 생각을 하였을까
물고기 잡던 광주천과 충신강가에서의 추억을 되새겼을까
1976년, 고향을 떠올리며 눈을 감지 못했다
조국에서는 여전이 이념의 잣대 속에
이념 때문에 잊혀진 음악가였지만,
이제, 오늘 우리는 그의 노래를 들으며
꿈에 그리던 고향으로 영혼을 부른다.

■ 책을 펴내며

『정율성 평전』 출간에 부쳐

　새해 2020년을 지척에 두고 드디어 『정율성 평전- 중국 혁명음악의 별』의 출판 소식을 접하게 되어 아주 기뻤다.
　2008년 2월부터 정율성 선생의 일생에 대한 취재를 시작했고 2013년 10월에 북경 민족출판사에서 한글판 『정율성 평전』을 출간했다. 2014년 7월에는 북경의 작가출판사에서 중문판 『정율성 평전』을 출간했다. 최근에는 청소년 위인전기 『정율성』이 연변인민출판사에서 출간을 앞두고 있다. 그러나 정작 내가 가장 기다린 것은 한국에서의 출판이었다. 이 책의 인물 정율성이 나의 고국 한국에서 태어난 분이기 때문이다. 중국에서는 국민 영웅으로 추앙받고 있지만 한국에서는 그를 아는 사람이 많지 않기 때문이다. 19세에 나라의 독립을 위해 중국행을 했던 그가 다시는 고향땅을 밟아 보지 못하고 고향을 가슴에 품은 채 북경 팔보산에서 영영 잠들었기 때문이다.
　2012년의 어느 날, 나는 한국에서 중국 연길로 찾아온 정율성의 큰형 정효룡의 장손 정준승을 맞이했다. 그는 할아버지 정효룡이 국가유공자로 인정받지 못한 것은 그의 항일행적에 관한 자료가 부족하기 때문이라며 안타까워했다. 그래서 보완할 자료를 얻으려고 찾아왔다고 했다. 나는 심혈을 기울여 수집한 자료들을 그에게 넘겨주었다. 드디어 2014년 3월, KBS방송 3.1운동 95주년 기념행사를 지켜보면서 정효룡이 정부로부터 유공자로 인정된 소식을 접하게 되었다. 그의 또 다른 손자 정준성이 유공자 가족 대표로 전국민이 지켜보는 가운데 무대에 올라 대통령으로부터 할아버지의 유공자 증서를 받아 안는 모습을 보며 그야말로 감개무량했다. 대한민국이 이들을 인정함으로써 나라를 위해 생명을 바친 수많은 영령들이 위로를 받을 수 있게 됐으니 어찌 기쁘지 않겠는가! 그들이 흘린 피가 헛되지 않았음을 세상 사람들이 다 알게 되었으니 이 어찌 기쁘지 않겠는가!

중국 국민들은 한글판과 중문판의『정율성 평전』을 통해 정율성에 대한 보다 전면적이고 정확한 내용을 접하게 되었다. 나는 중국의 중앙텔레비전 방송과 홍콩 봉황텔레비전 등 영향력이 있는 매체에『정율성 평전』작가로 출연해 정율성의 위대한 업적을 널리 홍보했다.『정율성 평전』의 출판은 중국내 조선족사회에서도 큰 반응을 일으켰다.『정율성 탄신 100주년』기념행사,『정율성 평전』출간세미나 및『정율성 평전』읽기 모임 등 많은 행사들이 개최됐다.『정율성 평전』의 내용은 조선족 중학교 교과서에도 수록돼 후세들에게 정율성의 정신을 물려줄 수 있게 됐다.

『정율성 평전』의 한국판 출간이 독립운동가이고 항일투사이고 중국 군가의 대부인 정율성에 대한 한국 사회의 보다 폭 넓은 이해에 도움이 될 수 있기를 바란다. 정율성 성장의 현장이었고 음악의 뿌리였던 전라남도 광주와 화순군의 정율성 기념사업에도 도움이 되기를 바란다. 그리고 급변하는 시대 한중 관계발전에도 도움이 되기를 진심으로 바란다.

이 책의 집필을 위해 낯선 광주로 처음 왔을 때 도와주신 신정호 교수님을 비롯한 전라남도 광주의 각계 여러 분들, 그리고 정율성 선생님의 외조카 박의란 선생님의 도움에 진심으로 감사를 드린다.

이 책의 출간을 기획하고 재정지원을 아끼지 않은 화순군청과 이 책의 출판을 위해 수년전부터 애써온 도암역사문화연구회 김성인 대표님, 그리고 수년 전에 벌써 중국에 와 저자를 찾아주시고 출판을 위해 정성을 다 해주신 시와사람 출판사 강경호 대표님, 그리고 관계자 여러분께 진심으로 감사의 말씀을 드린다.

2022년 7월
중국 연길에서 저자 리혜선

■ 프롤로그

긴 터널의 끝머리에서

1976년 가을, 그토록 많은 사람들이 그의 옆에 있기는 참으로 오랜만의 일이었다. 이렇게 많은 사람들이 다가오리라고는 그 자신도 상상을 하지 못했다. 오랜 세월 그는 소외에 익숙해 있었다.

그는 끊임없이 창작계획을 세우고 새 작품을 작곡했다. 그는 "사람들의 불평과 희망"[1]을 음악에 담았다. 하지만 시대는 그를 외면했다. 이 사회의 구조는 그를 소외시켰다. 그리고 그를 박해했다. 붉은색으로 도배되던 시대, 붉은기와 붉은 구호에 맞춰 하룻밤 사이에도 수많은 붉은 음악이 960만 평방킬로미터의 공간을 메우던 세월이었다. 모든 사람들에게는 시대의 낙인이 깊이 찍혀 있었다. 한 개인의 운명을 이처럼 머리끝부터 발끝까지 깡그리 좌우지했던 시대는 없었다. 그런 전례가 없는 시기였다. 반우파투쟁[2]으로부터 시작하여 하루, 이틀도 아니고 근 20년의 세월을 사람들은 그 시대의 마력에서 벗어나지 못했다.

그의 인생에는 30년대 연안에서 짧은 2년 사이에 거둔 별같이 빛나는 음악성과가 있었다. 그의 인생에 있어서 가장 큰 성과이기도 했다. 연안에서 그는 24세의 나이에 중국 "근현대 음악사에 있어서 '송가' 장르(体裁)의 들

---

1) 『作曲家鄭律成』丁雪松 等 著, 遼寧人民出版社, 2009年 7月, 309頁. 「歌唱革命」鄭律成
2) 1957년부터 진행된 정치운동. 사회주의를 반대하는 '우파'분자를 숙청한 운동으로 '우파'모자를 쓰고 숙청된 사람이 55만명에 달했으며 대부분이 지식인과 민주인사들이었다.

머리를 열었고" "혁명가곡 창작의 최고봉에 올랐다"[3]는 평가를 받은 「연안송」을, 중국 "최초로 섬북민요 음조를 흡수한 창작가요의 하나"인 「연수요」를 창작했다. 그리고 25세에는 훗날 「중국 인민해방군 군가」가 된 「팔로군행진곡」을 창작했다. 이 때 그는 외국인 신분이었다. 한국으로부터 중국으로 온지 겨우 5년, 기적이라고 볼 수밖에 없었다. 기적은 또 있었다. 40년대 후반 북한 정착 시절에 또 군가를 창작해 한 사람이 두 나라 군가를 창작한 세계에 유례없는 기적을 창조했다.

이는 그의 인생 이정표였다. 그의 음악생애 초기에 우뚝 솟아 반드시 초월해야 하는 또 하나의 산이 되었다. 그것을 초월하기에는 그에 대한 사회적인 억압이 너무 심했다.

그의 주변이 분주해지기 시작한 것은 2개월 사이의 일이었다. 1976년 10월, 20세기의 '분서갱유'로 불리는 이른바 '문화대혁명'이 끝난 후였다. 황폐했고 폐쇄된 이 중국은 개혁개방을 준비했다. 국가와 대중과 개인의 이익이 이처럼 일치한 때는 없었다. 국가는 변혁에 직면했고 대중은 그 변혁을 원했다. 따라서 그는 시대와 대중에게 절박하게 필요한 사람이 되었다. 그 자신의 소망도 그 시대 대중 속에 융합되어 있었다. 수많은 세월 그가 서 있을 수 있는 자리는 오로지 낚시터였고 자연뿐이었다. 그러던 그에게로 사람들의 절절한 부름소리가 들려왔다.

그는 마침내 기나긴 터널을 빠져나왔다. 아니, 다 빠져나왔다기보다는 그 긴 터널의 끝머리에 있었다. 아직은 새벽이었다. 사회는 아직도 남아있는 어둠에 발걸음이 붙들려 있었다. 그런데 개혁개방의 우레소리는 멀지 않은 곳에서 세차게 들려왔다.

2개월 동안, 그는 뜨거운 열정으로 창작에 뛰어들었다. 근 20년 동안의 소외와 억압의 분노가 큰 에너지로 작용했다. 모차르트와 베토벤의 죽음이 그

---

[3] 『論鄭律成-鄭律成音樂作品研討會論文集』延邊人民出版社, 1987.10 4頁 「論鄭律成」 梁茂春

자신의 추락과 동시에 진행된 것[4]이었다면 그는 정반대였다.

이제 그는 오로지 앞을 바라보며 씩씩하게 나가면 되었다. 격동, 흥분, 초조의 끝에는 언제나 아침의 태양 같은 희망이 있었다. 무엇보다 중요한 사실은 사람들이 그를 찾아오기 시작했다는 것이다. 사람들은 그에게 기대했다. 그것은 한 인간에게 있어 크나큰 환희였다.

그는 갑자기 할 일이 많아졌고 욕심도 많아졌다. 그동안 할 수 없었던 일을, 이제 앞으로 많은 세월을 해야 할 일을 한꺼번에 하려고 들었다. 가극, 조가(組歌), 교향악… 이런 갑작스런 변화에 그의 몸은 적응하지 못했다. 오랫동안 소외와 억압으로 그의 건강은 침식당해 있었다. 그럼에도 선율은 그의 뇌리에서 불꽃을 이루며 폭발했다. 불면의 밤이 시작되고 혈압이 올라갔다. 위험이 코앞에 있었지만 그는 알지 못했다.

그는 마침내 힘껏 나래를 펴고 하늘로 날아올랐다. 오랜만에 되찾은 자유였다.

그랬다. 그랬는데…추락했다.

1976년 12월 7일, 영하 10도, 북경의 평소 날씨치고는 보기 드물게 추운 날씨였다.

그는 북경 교외인 창평의 운하에서 쓰러졌다. 안간힘을 다했지만 그의 생명은 한계에 다달았다. 그는 갑자기 전신에 퍼져오는 졸음을 못 이겨 영원한 잠속으로 가라 앉았다.

그 때만 해도 중국의 거물들만 들어설 수 있는 팔보산에는 추모의 인파가 구름같이 몰려들었다. 국무원 부총리 왕진으로부터 그 후 중국공산당 중앙위원회 총서기로 있는 호요방 등 중앙의 주요 지도자들과 중국 문예계 풍운을 좌우지하던 일류의 예술가들이 참석하였다.

죽음은 그의 생명의 끝을 의미했지만 그의 음악은 새로운 도약을 했다.

---

[4] 『모차르트』 노베르트 엘리아스 저, 박미애 옮김, 문학동네출판사, 1쪽

「팔로군 행진곡」은 1988년에 중앙군사위원회 주석 등소평의 명령에 의해 「중국인민해방군 군가」[5]로 공식 채택되어 불후의 노래로 남았다. 그의 음악은, 그와 함께 소외되었던 음악은 스스로 날개를 달고 중국의 대지에 다시 울려 퍼졌다. 그는 "당대 섭이, 선성해 이후 또 한 명의 걸출하고 우수한 작곡가"라는 평가를 받았다. 2009년에는 중앙 11개 부서와 국민 1억명의 투표에 의해 섭이, 선성해와 나란히 새중국 3대악성[6]의 한 명으로 선정되었다. 그는 명실공히 중국 군가의 대부로 인정됐다.

음악으로 사람들의 "불평과 희망"을 말한 그와 그의 음악은 불후했다.

---

5) 해방전쟁시기에 「중국인민해방군 행진가」로 제정되었다가, 1951년에 「중국인민해방군군가」로, 그 뒤 다시 「중국인민해방군 행진곡」으로 되었다가 우여곡절을 겪고 나서 1988년에 다시 「중국인민해방군군가」로 확정된다.
6) 2009년 9월, 새중국창립 60주년을 기념하고자 중앙선전부, 중앙조직부 등 중앙의 11개 부위에서 공동으로 조직하고 1억 명이 투표에 참가한 '쌍백인물' 평의에서 정율성이 '새중국창립 특수기여 영웅모범인물' 100명에 선정되었다. 이 속에 3명의 음악가가 있는데 정율성 외에 국가를 창작한 섭이, 교향악 「황하대합창」을 창작한 선성해가 있다.

차례

■ 발간사/김성인 ___ 8
■ 서시/강경호 ___ 12
■ 책을 펴내며/리혜선 ___ 14
■ 프롤로그 ___ 16

제1장 양림산 언덕에서 (1914.8-1933.5)

그의 이름 ___ 26
호랑가시나무와 외가 ___ 30
아버지의 전설 ___ 33
무지개와 선녀와 천렵 ___ 38
3.1운동의 폭풍, 형들이 중국으로 떠나다 ___ 44
큰형 피체, 쌍으로 날아온 화 ___ 51
같이 분발해 장성을 쌓자 ___ 56
황홀한 오웬기념각과 스승님 ___ 59
큰형의 두 번째 피체, 그리고 누나의 죽음 ___ 65
대혁명의 소용돌이속에서 ___ 68
외가와는 달라진 길, 그리고 무한에서 맺은 인연 ___ 74
1927년, 둘째형의 희생 ___ 79
큰형의 세번째 피체 ___ 82
만돌린과 축음기 ___ 86

고슴도치와 음악 ___ 91
　　　전주신흥중학교-부은의 첫 투쟁 ___ 94
　　　아버지, 세상을 뜨다 ___ 98
　　　형들의 길을 따라 ___ 104

제2장 불평과 희망의 노래 (1933. 5-1937. 10)

　　　중국으로, 중국으로 ___ 114
　　　남경 화로강 효자방 ___ 118
　　　남경조선혁명군사정치간부학교 ___ 122
　　　처녀작과 「교가」 ___ 127
　　　졸업, 그리고 작은 형의 피검 ___ 130
　　　다재다난했던 1934년, 그리고 큰형의 희생 ___ 136
　　　율성, 음악으로 대성하리 ___ 142
　　　스승 크리노와를 만나다 ___ 148
　　　5월의 노래, 더 큰 세계로 ___ 153
　　　좌익예술가들과의 비밀적인 모임 ___ 160
　　　조직의 불신, 김산을 배웅하다 ___ 165
　　　선성해와의 첫 만남 ___ 171
　　　음악으로 불평과 희망을 말하다 ___ 175
　　　환승역, 두군혜 ___ 179

제3장 자유의 깃발 휘날린다 (1937. 10-1942. 8)

　　　잘못 채운 첫 단추, 예고된 시련 ___ 186
　　　노신예술학원에 입학하다 ___ 192

날개 돋친 「연안송」 ___ 195
한 처녀가 그를 향해 다가오다 ___ 204
대추나무 우거진 조원의 음영 ___ 209
모택동이 경극을 설명해주다 ___ 215
연수요, 연안에서 맺은 첫사랑 ___ 219
1939년, 세기의 인연 ___ 224
폭풍우, 특무로 의심받다 ___ 231
군가의 탄생-자유의 깃발 휘날린다 ___ 236
모택동의 관심, 왕진과의 우의 ___ 242
산단단화는 불길같이 피어나고 ___ 248
홍소육, 삼불첨과 술 석 잔 ___ 252
조선의용군 ___ 257
무정장군과의 깊은 인연 ___ 262
두 사람의 아리랑, 봉황열반 ___ 266
결혼, 주덕장군이 총을 빌려주다 ___ 270
또다시 시련속으로 ___ 274
죽을 바에는 전방에 나가 죽을 것이요 ___ 278

제4장 태항산으로 가다 (1942.8-1945.12)

잎사귀가 붉은 감나무 아래에서 ___ 284
정바이올린, 팔삭둥이 딸이 태어나다 ___ 291
적후무공대, 태항산에 울려퍼지는 팔도민요 ___ 296
다시 연안으로 ___ 303
불야성의 연안, 일본의 패망 ___ 307

임을 위한 행진곡-조국 향해 나아가자 ___ 316

제5장 북한에서 (1945. 12-1951. 4)

또 하나의 군가 ___ 326
어머니와의 상봉 ___ 333
밀월은 짧았다 ___ 340
다시 중국으로 ___ 344
주은래 총리의 편지 ___ 350

제6장 행복한 농장 (1951년 4월-1956년 12월)

꽃이 피고 새가 노래 부르고 ___ 356
「강의 노랫소리」, 처갓집을 방문하다 ___ 362
지음 ___ 368
산타클로스 ___ 372
행복한 농장 ___ 378
이상과 시대의 밀월 ___ 382

제7장 자유로의 모험 (1957년 1월-1965년 5월)

늦가을의 매미, 요절한 예술단 꿈 ___ 390
또 하나의 모험 ___ 394
동토에서 ___ 399
「망부운」, 벨 칸토가극창작의 고봉에 오르다 ___ 403
또다시 진정한 가극을 위해 ___ 410
어머니의 사망, 또다시 부딪친 벽 ___ 419

제8장 고난의 강을 건너다 (1966년 5월-1976년 10월)

　　전국을 뒤덮은 홍색 테러 ___ 426
　　탈출 ___ 432
　　폭풍우 속에서 남은 것은 진정 ___ 439
　　서풍은 세차고 ___ 449
　　자유의 꽃 만발하리 ___ 457
　　자유의 조건 ___ 465
　　창문을 열어라 ___ 470

제9장 대지의 깊은 고요속으로 (1976년 10월-12월, 그리고 더 많은 세월)

　　마지막 두 달 ___ 478
　　넘지 말아야 할 세 개의 방어선 ___ 484
　　1976년 12월 7일, 대지의 깊은 고요속으로 ___ 486
　　그는 살아있었다 ___ 490
　　양림동 언덕에서 부르던 노래, 영원한 기억 ___ 499

■ 에필로그 ___ 505
■ 후기 ___ 506
■ 참고자료 ___ 510

제1장

양림산 언덕에서
(1914.8-1933.5)

제1장 양림산 언덕에서
(1914.8-1933.5)

그의 이름

1914년 7월 7일 칠석날, 양력으로는 8월 27일이다.

불볕더위를 내뿜는 염천이다. 참나무, 흑호두나무, 굴참나무, 대나무, 층층나무, 팽나무, 동백, 능소화가 가득한 수림에 수령이 오래 된 호랑가시나무들이 군데군데 호젓이 서있다. 그 사이로 40대 초반의 남자가 양림산의 내리막을 향해 빠른 걸음을 했다.

전라남도 광주 양림산은 산세가 낮아 산이란 느낌이 들지 않는다. 사직산과 연결되어 읍성을 감싸고 있다. 약 십 년 전만 해도 이곳은 까마귀 떼가 울어대는 민둥산 풍장터였다. 낙후된 나라에서 그러하듯이 콜레라, 천연두만이 아이들의 생명을 앗아가는 게 아니었다. 열악한 위생조건 때문에 아이들의 생명은 풍전등화였다. 그리하여 아이들의 시체만 매달아두는 풍장터가 생긴 것이다. 악귀가 떠날 때까지 아이를 파묻지 않고 그대로 놔두면 악귀가 실수로 다른 아이를 잘못 데려가는 일이 생기지 않는다고 믿었다. 이런 풍속은 한국뿐 아니라 동아시아, 동남아 등 많은 나라들에도 있었다.

양림산을 마주하여 눈앞에 광주의 영기가 모였다는 무등산이 우뚝 솟아있다. 무등산에서 광주천이 발원하여 광주 도심을 끼고 흐르다가 양림산 기슭을 지나는데 사람들은 이 내[川]를 양림천이라 불렀다.

사나이는 양림천이 은띠처럼 보이는 곳에 이르자 더욱 발걸음을 재촉한다. 기독교학교인 수피아여학교 교사 정해업이다. 이 날이 목요일이라 수업을 마치고 부랴부랴 집으로 가고 있다. 마을 어귀에 이르러 푸른 밤이 가득

▲ 아버지 정해업이 교편을 잡았던 광주 수피아여학교. 필자 촬영.

달린 마을 중심의 커다란 밤나무를 지나 초가집 대문에 이른다. 담벼락 위로 뻗은 석류나무 가지에 주홍빛 석류꽃이 가득 피어있다. 대문에 막 들어서다 말고 주춤한다. 어귀에는 아직 습기가 그대로 있는 붉은색 황토가 골고루 깔려있다. 머리를 드니 대문에 볏짚 끝머리가 들쭉날쭉한 금줄이 매어있다.

"어허!"

해업은 짧은 탄성을 지르더니 곧 안도의 숨을 내쉰다. 아내가 무사히 해산했다. 귀신은 붉은색 황토와 거칠게 꼰 왼새끼줄을 싫어한다고 믿었다. 때문에 임신부가 있는 집은 이 두 가지를 반드시 준비한다. 지게문의 한지 사이로 도란도란 말소리가 들려왔다.

해업에게는 이미 아들 넷, 딸 둘이 있다. 그러하니 아들이든 딸이든 상관이 없다. 순산하면 된다. 그래도 해업은 흐르는 땀을 그대로 둔 채 금줄부터 살펴본다. 중간중간 새끼줄 사이에 빨간 고추와 푸른 솔가지, 검은 숯이 매달려있다.

"호랑이띠 머슴애라!"

고추가 달린 것이 장하다. 아들을 낳았을 때만이 금줄에 빨간 고추가 달린다. 딸을 낳았을 때에는 푸른 솔가지와 검은 숯만 매단다. 빨간 고추는 남근과 강한 벽사를 나타내므로 남자애를 낳았을 때만 달고, 푸른 솔은 강한 생명력과 절개를 상징하므로 딸을 낳았을 때 단다. 숯은 강한 정화작용이 있어서 귀신이나 악령들을 막아낸다고 한다.

칠월 칠석 날에 태어난 아들, 그가 바로 정율성이었다.

그날 밤, 견우와 직녀가 까치들이 나래를 펼쳐 놓은 다리를 건너 만나고 칠석 반달이 구름 사이로 빠끔히 떴다. 석류꽃 향이 은은하다. 해업은 우물가로 다가가 바가지로 찬물을 떠 벌컥벌컥 들이킨다. 양 미간에 내천자를 그리며 골똘히 생각한다. 아들의 이름을 뭐라고 지을 것인가?

집안에 들어서자 아내에게 말한다.

"녀석의 이름을 부은이라 합시다. 은총이 많다는 뜻이지요."

정해업은 위로 세 아들에게는 "룡"자 돌림을 썼다. 효룡, 신룡, 충룡이다. 그러나 4남부터는 '은'자 돌림을 썼다. 즉 "의은"이다. 의은보다 먼저 태어난 차녀 봉이도 시끄러움을 마다하고 "봉은"으로 고치고 부은이 뒤에 태어난 3녀도 "귀은"[7]으로 짓는다. 1912년에 태어난 4남부터 "은"자돌림을 한 것은 10년대에 들어서서 정해업이 유학에서 기독교로 개종한 까닭이다. 즉 자식들은 '하느님의 은총을 받아 태어난 아이'라는 뜻이다.

"부은? 좋아요. 그런데 자는요?"

아내 최영온이 묻는다.

"거북 '구'자에 항렬 돌림자 '모', '구모'라고 하지요."

"좋아요! 거북은 오래 산다잖아요!"

아내가 대뜸 찬성했다.

학은 천년장수를 상징하고 거북은 만년장수를 상징한다. 중국에서도 명나라 말 이전까지는 장수의 의미뿐 아니라 큰 인물이 될수 있다고 하여 거북 '구'자를 이름자에 많이 넣었다.

---

[7] 일부 자료들에서는 "규은"이라고 나오는데 귀할 "貴"자를 썼으므로 "귀은"이다.

획이 많아 쓰기도 번거로운 거북구(龜)자에서 아버지 정해업의 고민이 엿보인다.

정해업의 아들들의 이름을 살펴보면 문득 유학을 조선의 통치이념으로 정립한 문충공(文忠公) 양촌(陽村) 권근(權近)의 가법을 떠올리게 된다. 양촌은 "충효신의 시아가법(忠孝信義 是我家法)"이라고 했다. 효룡, 신룡, 충룡, 의은, 이들의 이름자는 "효, 신, 충, 의"이다. 문충공의 가법과는 배열순서만 다르다. 이는 유교에 대한 정해업 나름의 이해이고 그의 가법이다.

정해업은 유학적인 덕목과 기독교적인 은총이 겸비된 튼튼하고 행복한 왕국을 꿈꾸었다. 하지만 그가 정성들여 만든 가족의 울타리가 흔들리기 시작했다. 부은이 태어나기 전에 딸 둘은 이름도 없이 죽었다. 부은은 정해업의 아홉 번째[8] 자식이다. 또 다시 악몽에 시달리고 싶지 않았다. 그리하여 그는 아홉째의 이름을 부은, 구모라고 짓고 나서 무척 흡족했다.

아버지인 까닭에 정해업은 자식들을 노리는 악령의 위협을 민감하게 느꼈다. 그 예감은 정확했다. 정해업이 살아있는 동안 자식 10명 중 6명이 요절했다. 그의 자식들은 어떤 악령들에 죽임을 당한 것일까?

낙후된 나라에서 그러했듯이 한국에서도 콜레라나 천연두는 아이들에 대한 천벌이었다. 그런데 이보다 더 큰 악령이 한반도를 위협했다. 일제는 1905년의 을사늑약으로 대한제국의 외교권을 빼앗고 통감부를 설치해 한반도를 통치했다. 부은이 태어나기 4년전 1910년 8월 29일에는 이른바 한일합방조약을 맺어 대한제국을 강제로 해체하고 한반도를 일본의 영토에 편입시켰다. 망국노가 된 정해업은 자식들에 대한 불안과 근심이 클수 밖에 없었다.

아버지 정해업은 아들이 거북처럼 천년만년 살기를 원했다. 아들은 그 기대에 어긋나지 않았다.

---

8) 『중국의 광활한 대지우에서』 연변인민출판사, 1987년 출판, 16쪽 「불멸의 노래와 더불어」 최문섭

호랑가시나무와 외가

지금 광주에는 정율성 생가가 둘이다. 세상에는 두 집에서 태어난 사람은 없다. 그럼에도 그의 생가는 지방정부로부터 하나는 남구 양림동, 하나는 동구 불로동에 공식 지정돼 있다. 두 곳은 양림교를 사이에 두고 차로 5분거리에 있다. 불로동쪽은 정해업의 토지대장을 제출했고 양림동은 정율성의 친필 이력서와 기타 이유를 제출했다. 논쟁은 뜨거웠다. 하지만 어찌하랴, 정작 그 자신이 태어났다고 생각하는 곳은 양림동인 것을. 새삼스레 '생가'의

▲ 위) 정율성 생가 논쟁이 있는 양림동 79번지. 필자 촬영.
▲ 아래) 정율성 생가 논쟁이 있는 동구 불로동 163번지, 현재는 히딩크호텔. 필자 촬영.

의미를 되새겨보게 하는 대목이다.

정율성은 생전에 자신의 직장이었던 중국 중앙악단에 제출한 이력서에 "나는 한국 전라남도 광주 양림정의 한 빈농가정에서 출생했다."라고 썼다. 정율성은 양림동을 그리워하기를 수십 년, 끝내는 다시 그 땅을 디뎌보지 못하고 세상을 떠났다.

정율성 기억속의 양림정 바탕화면은 아마도 초록색깔일 것이다. 길바닥, 돌담과 둔치 곳곳에 보이는 초록빛깔의 쑥돌, 먼 옛날 무등산에서 화산이 분출하면서 무수한 화강암 조각들이 비처럼 내렸다고 한다. 당시 해마다 9월이면 양림산 한켠에는 빨간 꽃무릇이 불길같이 피었다. 잎이 지고 난 자리에 꽃이 피고, 꽃이 지면 푸른잎이 솟고, 그 진 자리에 또 꽃이 핀다고 사람들은 그 꽃을 "부활꽃"이라고 불렀다. 죽음의 풍장터였던 양림산에는 20세기 초반에 선교사촌이 형성되었다. 그래서 부활의 의미는 더 커졌다.

광주의 "북망산"이라 불린 양림산은 낮에도 귀신이 나온다고 피해 다니던 으스스한 민둥산이었다. 어느날 코가 크고 눈이 파란 서양선교사들이 나타나더니 뜻밖에도 수령 수백 년의 호랑가시나무를 발견하고 무척 감동한다. 구시월에 익은 호랑가시나무 열매는 겨울 눈속에서도 등불같이 빨갛게 빛났다.

"아, 예수나무! 아, 예수님!"

서양사람들은 호랑가시나무를 예수나무라고 불렀다. 예수가 이 나무로 가시관을 만들어 썼기 때문이다. 중국인들은 이 나무를 "노호자", "묘아자"라고 부른다. 잎사귀 끝에 날카롭고 단단한 가시가 여러 개 있어 늙은 호랑이나 고양이의 발톱을 닮았다고 생각한다. 한국인들은 "호랑이등 긁기 나무" 또는 "호랑가시나무"라 부른다. 봄철에 호랑이가 등이 가려울 때 이 나무의 잎사귀에 돋아난 가시에 등을 비벼 긁었다는 것이다. 동서방의 문화차이란 때로는 이렇게도 어이없고 재미있다.

서양인 선교사들은 숙연한 마음으로 이 나무 앞에 집을 짓고 1904년 크리스마스날에 첫 전도를 시작했다. 유학을 신봉하던 한국인들에게서 기독교는 강한 반대에 직면했다. 하지만 서양선교사들은 환자들의 피고름을 입으로 짜내며 나병환자를 치료해주고, 산골 곳곳을 누비며 죽어가는 폐결핵 환자들을 구해주었다. 일제에 국권이 침탈되고 백성들이 나라보호를 상실한 상황에서 선교사들은 학교를 세워 하층민을 교육하고 의료시설을 세워 병을 치료하고, 인권을 대변하는 역할을 했다. 방황하던 한국인들은 결국 기독교를 새로운 정신지주로 받아들이게 된다. 백성들은 교회를 구국의 진리를 터득하는 학교로 생각했고, 애국자들은 기독교를 통해 민족자주정신을 불러일으키며 교회를 반일독립의 장으로 활용했다.

"여러분, 한국의 장래를 누가 책임지겠습니까? 신앙이란 무엇입니까? 자신의 국가를 위해 헌신하는 것이 아니겠습니까? 여러분, 실력을 키웁시다. 언젠가 조국이 독립하는 그날을 바라보면서 열심히 준비합시다."

목사가 설교를 하면 수많은 지성인과 학생들이 그에 응했다.

게딱지같은 초가집들 사이에 기와집도 보기 드물었을 20세기 초의 광주에서 뾰족한 지붕, 여러 가지 도형으로 건축된 양림동 선교촌의 건물들은 그야말로 강한 문화적 호기심으로 사람들을 끌어들였다. 어린 부은이 태어난 1914년까지 9개의 주택, 1개의 병원, 2개의 남녀학교, 그리고 성경학교 건물 등이 건립됐다. 광주 최초의 교육기관과 근대 병원이 선 이 곳은 "광주의 예루살렘", 광주 근대문명의 발상지이다.

"양림교회"는 어린 부은에게 외가, 아버지와 형들로 다가왔다.

부은의 외가는 광주 기독교 역사상 중요한 한 페이지를 차지한다. 외삼촌 최흥종은 양림교회 초대장로였다. 그는 나라를 구하는 길이 자신을 구하는 길이라는 것을 신조로 삼고 일제의 신사참배를 반대하고 사회변혁을 주도하며 한국기독교 역사의 걸출한 지도자로 남는다. 작은 외삼촌 최영욱은 숭일학교 기독교청년회 창설 주도자의 한 사람으로 제중원 원장을 맡기도 했고, 나환자와 빈민환자 치료에 앞장섰다. 그의 부인 김필례는 수피아학교 교감, 교장을 역임하고 한국 여성해방운동의 대모로 추앙받는다.

양림동에는 또 부은의 외가에서 파생한 사돈들이 많이 거주했다. 그 중 김마리아, 김선애, 남궁혁 등은 양림교회가 배출한 한국 독립운동가, 한국기독교사의 중요인물들이다. 또 중국에서 활동한 저명한 독립운동가 김규식,

김필순, 김순애, 서병호, 30년대 중국의 유명한 "영화황제" 김염도 부은의 외가에서 파생한 사돈들이다.

양림동은 광풍폭우가 몰아치던 한국의 암흑기에 기독교인들이 하느님이라는 이름 아래 인간의 자유와 나라를 찾고자 일제와 싸우며 치열하게 사랑을 실천했던 곳이다. 수많은 희생을 한 기독교인들, 부은의 외삼촌, 외숙모, 아버지, 형들이 있었다.

그리고 그 속에서 걸어나온 사람이 부은이다. 그의 중학교 학적부에는 "세례"를 받았다는 기록이 나온다.

정율성의 생가 논쟁은 양림교 다리 하나를 사이에 두고 있다. 양림동 문화가 부은에게 준 영향을 어찌 다리 하나가 좌우할 수 있을까. 양림동을 떠나서 오늘의 정율성을 운운할 수 없다는 사실만은 분명하다.

아버지의 전설

아버지 정해업은 1873년 6월 5일에 하동정씨의 몰락한 양반가에서 출생했다. 정해업은 대한제국 말기에 감사로 있다가 벼슬을 그만두고 광주에 은거한 양반귀족 최학신의 집에서 머슴으로[9] 일했다. 당시 광주는 인구가 8천 명도 채 되지 않는 작은 면이었다.

혼기가 찬 딸을 둔 최씨는 총각들을 눈여겨보았다. 그중 말수가 적고 오관이 단정한 정해업에게 눈길이 머물렀다. 아직도 고루한 관습에서 벗어나지 못하고 양반타령만 부르는 양반가의 다른 자식들에 비해 부지런히 일만 하는 이 총명한 청년이 마음에 들었다. 최씨는 그에게 한학을 가르쳤다. 사서, 오경을 통독시키고 서예를 가르쳤다. 정해업은 매일 열심히 공부했는데 습득이 빨라 수재가 따로 없었다.

최씨의 혜안에 의해 한낱 일해 주는 사람이었던 정해업은 뜻밖에 사회 유

---

9) 『作曲家鄭律成』丁雪松 等 著, 遼寧人民出版社, 2009年 7月, 221頁. 「夢幻的童年」鄭直 고증에 의하면 '鄭直'과 '정상훈'은 동일인물임.

지 명문가의 넷째사위가 된다. 최학신은 그에게 넷째 딸 최영온을 시집보낸다. 하지만 이들이 결혼한 지 몇 년 만에 장인은 병으로 세상을 뜨고 최씨 가문도 점차 기울기 시작했다.

최영온은 정해업과 동갑이다. 그린 듯한 눈썹, 초롱초롱한 쌍꺼풀에 이목구비가 또렷한 미모의 규수였다. 성격이 시원시원하고 집안 일을 잘 하고 남편을 잘 섬겼다. 결혼한 후 줄줄이 아들을 순산해 집안은 화기애애했다. 금상첨화로 평소에 공부에 게으름이 없던 정해업이 말단 관리이기는 하나 전라남도 관찰부 공방서기직을 맡고 관록을 타며 관아를 드나들었다. 젊은 정해업 유학 가정의 쪽배는 순풍에 돛 단듯 앞으로 나아갔다.

그의 이런 평화를 파괴하는 큰 사건이 발생했다. 이 이야기를 정해업의 둘째 손자 정상훈과 중국며느리 정설송의 구술을 통해 생생히 재현해 보면 이것이 정씨 가문의 오래된 전설임을 알 수 있다.

이날, 일본수비대가 길을 가는 정해업의 앞길을 막았다. 일본수비대는 일찍 한국병탄을 목적으로 한국에 상주해 있었다. 정해업의 상투를 마구 희롱하며 알아 들을 수 없는 말로 모욕했다. 한국은 유학의 영향이 깊은 나라다. 그래서 신체발부(身體髮膚)는 부모에게서 받은 것이니 감히 훼손하지 않는 것이 효도의 시작이라는 유학의 가르침대로 상투를 생명처럼 중요시했다. 또 상투는 어른이라는 의미로 댕기머리를 한 아이들과 구분되었다. 어른이 아이대접을 받는 것만 해도 분한데 관리인 그가 왜적에게 굴욕을 당했으니 어찌 분노하지 않을 수 있으랴!

정해업은 집으로 돌아오자 낫을 들어 상투를 자르고 술을 마당에 뿌렸다. 농경문화에서 곡물로 빚은 술은 부정을 물리치는 영적인 힘의 상징이었다. 정해업은 부정과 치욕을 술로 깨끗이 씻었지만 울분을 삭일 수 없어 통곡을 했다.

"하늘도 무심하다! 나라가 망하고 왜놈이 들어와 부모가 준 상투마저 욕을 보이다니! 이 놈의 세상이 무슨 세상이냐!"

상투 얘기가 나온 것을 보면 19세기 말 20세기 초반의 일이다. 청일전쟁에서 승리한 일본은 조선에 마수를 뻗쳤다. 명성황후가 친러배일정책을 펴다가 일본인들에게 시해된다. 일본은 민족혼을 차단시키기 위해 단발령을 선포했다. 이에 따라 반일정서가 급격히 고조됐다. 많은 선비들은 "내 목은 잘라도 내 머리털은 자를 수 없다"(吾頭可斷 吾髮不可斷)를 외치며 단발령에 저항했지만 소용이 없었다. 거리에서는 강제삭발이 단행됐다. 의병이 곳곳에서 일어나고 각계의 반일구국운동이 불타올랐다. 하지만 조선의 앞날은 암울했다.

이 날 '마을사람들도 함께 눈물을 흘리며 망국의 운명을 통탄'했다. 정해업은 나라의 부패와 국력의 약화로 초래된 침략자의 능욕에 큰 충격을 받았으며 망국의 한을 뼈저리게 느꼈다.

이 때 부은은 어디에 있었을까?

그는 아직 태어나지 않았다. 가느다란 댕기를 길게 드리우고 장난에 여념이 없던 효룡이, 신룡이, 혹은 충룡이는 아마도 마당의 석류나무 밑이거나 우물가에서 놀라운 눈길로 아버지의 모습을 바라보았을 것이다. 아버지가 통곡하며 머리카락을 자르는 광경은 그들의 머릿속에 깊이 각인되었을 것이다. 세월이 흘러감에 따라 더 깊은 의미로 다가와 자식들의 인생의 선택을 좌우지했다.

상투사건이 있은 뒤 정해업은 의분 때문에 "한시도 마음을 안정시킬 수 없었으나" 자식들이 아직 어리니 "가정생활에 매어 어쩔 수 없었다."[10] 1906년 11월 1일, 정해업은 서당에 보냈던 효룡이와 충룡이를 나란히 공립광주보통학교에 입학시켰다. 자식들에게 신지식을 공부시킨 것이다.

정해업은 나라를 구하기 위해 국력배양과 국민의식 고취를 목적으로 한 대한협회 광주지회에 가입해 활동하면서 국민계몽, 국민권리보호에 앞장섰다. 하지만 대한협회도 점차 일제의 조종을 받아 친일조직으로 변질돼버리자 정해업은 좌절하고 만다. 조선의 자치권도 점차 잠식돼 일본인 고급관리가 대거 등용되고 한국인 관리는 하수인 역할을 했다. 1910년 굴욕적인 한

---

10) "『作曲家鄭律成』丁雪松 等 著, 遼寧人民出版社, 2009年 7月, 223頁.「夢幻的童年」鄭直

일합방이 이루어져 조선의 국권은 전부 일본의 손으로 넘어갔다. 정해업도 관리직을 그만두었다. 이 때는 이미 효룡, 신룡, 충룡, 숭이, 봉이 등 자식 다섯을 거느린 가장이었으니 생계에 대한 고민이 작지 않았을 것이다.

조금 앞선 시기의 일이다. 부은의 큰외삼촌 최흥종은 일제의 의병탄압에 동원되자 순검직을 그만두고, 일제의 토지수탈을 거부하여 농공은행 토지조사원직마저 그만둔다.

최흥종은 정해업과 그의 자식들에게 가장 큰 영향을 주었다. 그의 원래 이름은 최영종이었다. 아버지를 잃고 엄격한 계모의 손에서 자라면서 마음을 터놓을 곳이 없었던 그는 소년시절에 광주바닥에서 유명한 깡패였다. 장날이면 사람들은 최흥종을 만나지 않은 것을 다행으로 생각했다. 그런 그가 서양인 선교사가 한국인 환자들을 위해 헌신적으로 일하는 모습을 보고 감동하여 악습을 고치고 기독교세례를 받는다. 다시 부활했다는 의미로 이름을 "흥종"이라 고치고 열심히 교회에 다녔다. 최흥종은 수피아여학교 초창기 교사로 있다가 이를 그만두고 아버지의 유산인 땅 천 평을 교회에 기부해 나병원을 세우고 나환자들을 돌보았다.

정해업은 말단 관리직을 그만두고 쓸쓸한 마음으로 거리를 둘러보았다. 광주는 나날이 왜색이 짙어갔다. 서문 근처에 일본불교실업학교가 섰고 중심 거리에는 이쓰쓰가 잡화점이 번듯했다. 200여 명을 수용할 수 있는 시노노메여관도 등장했다. 거리 이름은 일본식으로 개명되어 메이지마찌요, 혼마찌 등으로 낯설기만 했다.

처남 최흥종의 영향으로 정해업은 유학에서 기독교로 개종했다. 최흥종이 나병원으로 가면서 정해업은 그 대신 수피아여학교 교사로 근무했다. 월급은 34달러였다. 여성들이 쓰개치마를 입고 다니

▲ 정율성 가족에게 가장 큰 영향을 미친 정율성 큰 외삼촌 최흥종 목사.

던 세월이었다. 그리하여 그는 신교육으로 여성을 계몽하는 사업에 큰 보람을 느꼈다.

1915년, 정해업에게는 슬픈 해였다. 부은이 한 돌이 지나 아장아장 걸을 즈음, 9월 1일에 둘째 아들 신룡이 창백한 모습으로 눈을 감았다. 세 번째로 잃은 자식이다. 16세의 다 자란 아들을 잃은 정해업의 마음이 어찌했으랴. 식구들의 통곡 속에서 어린 부은이도 덩달아 '와-', 하고 울음을 터뜨렸다.

일제의 마수는 사립학교에까지 뻗쳐왔다. 정해업의 발등에 큰 불이 떨어졌다. 1915년 3월 일제는 "사립학교규칙"을 발표해 엄격한 간섭과 통제를 가했다. 한국 지리, 역사, 성경 등은 식민정책의 걸림돌로 여겨 교과과목에서 제외됐다. 교사는 일본어를 통달하고 조선총독부가 정한 검정고시를 받아야 한다고 요구했다. 한국인이 아닌 일본인만이 가능한 기준이었다. 기독교학교인 수피아여학교는 조선총독부에 항의편지를 전달하는 한편 기존의 방침을 지켜나갔다. 하지만 오래 가지 못했다.

1918년 3월의 어느날 오전 9시 30분, 오웬기념각에서 수피아 고등과 학생 제4회 졸업식이 거행됐다. 이날 졸업생 중에는 최흥종의 딸 최숙도 있었다. "꽃샘바람이 불기는 했지만 이날은 참으로 맑은 날씨였다."[11] 하지만 정해업의 마음은 어둡고 처연했다. 정해업은 수피아에서의 마지막 나날을 보내고 있었다.

사료에 의하면 일제에 의해 교사직을 박탈당한 교사는 정해업 외에도 여러 명이 있었다. 1923년에는 교사 17명 중 9명이 그만두었다. 일본인 교사 2명이 들어와 교사는 총 10명뿐이었다. 교과서는 일본어로 되었고 여가 활동들은 한국어가 아닌 일본어로 행해졌다. 그러니까 정해업은 일제에 의해 비교적 일찍 해고를 당한 편에 속했다.

정율성은 이렇게 술회했다.[12]

---

11) 『수피아九十年史』 김명은 증언, "고등과 졸업식은 오웬 기념관에서 거행했습니다. 졸업할 때 교장은 구애라, 교감은 타애리사, 교사는 박애란, 정해업 선생이었습니다."

12) 我的政歷 鄭律成, 年月日不詳, 2011年 鄭小提提供

"아버지는 애국주의사상이 강한 사람이고 일정하게 문화지식을 갖춘 사람이었다. 1910년 일본이 조선을 침점한 후 일본인의 주구가 되기 싫어 농촌에서 평생 가난한 농민으로 살았다."

정해업은 이미 지난해 1917년 12월 11일에 양림동에서 40여리 떨어진 시골인 화순군 능주면 관영리 282번지로 호적전입수속을 마친 상태였다. 이때 부은의 나이 세 살이었다. 정해업은 제4회 졸업식이 끝난 1918년 3월 이후 정든 수피아여학교를 떠나 시골에서 농부로서 생활을 시작했다.

무지개와 선녀와 물고기

호적등본에 의하면 정해업 일가는 1917년 12월부터 1924년 3월까지 화순군에서 살았다. 따라서 부은은 세 살부터 10살까지 6년 3개월 동안 화순에서 유년기를 보낸 것이다.

화순은 무등산의 정기를 받아 백아산, 말봉산, 천운산, 화학산, 모후산 등 명산들이 가득 솟은 산악지대이다. 명산들에서 발원한 내들이 서로 만나서 큰 강을 이루며 조선 10경으로 불리는 웅장하고 수려한 화순적벽 경관을 이뤘다. 화순에는 또 천불천탑으로 유명한 운주사가 있는데 이 절에는 거대한 와불이 있다.

정해업이 화순으로 이사한 이유는 정작 산 좋고 물 좋고 경치좋은 것과는 무관했다. 수피아여고에서 해고당한 정해업으로서는 당장 가족을 먹여 살려야 하는 것이 중요했다. 화순군은 70%가 산악지대지만 유독 능주면에는 지석천과 화순천을 끼고 제법 넓은 들이 펼쳐져 있다. 능주는 산과 강, 들이 아주 잘 어우러진 곳으로 땅이 비옥하고 일조량이 풍부해서 농사하기 좋은 곳이다. 이 곳에 터전을 잡으면서 정해업의 마음은 한결 차분해졌다. 가끔 마을 사람들의 병을 봐주며[13] 농사일을 했다.

---

13) 『作曲家鄭律成』丁雪松 等 著, 遼寧人民出版社, 2009年 7月, 140頁 「每当我听見遠方

능주에는 정해업이 입주한 시기로부터 근 400년전 조선 전기 조정의 대사헌으로 개혁을 시도하다가 유배를 와서 죽음을 당한 조광조의 추모비가 있다. 조광조의 애국충정 정신의 영향 탓인지 이 곳은 그 전에도 그랬지만 특히 "구한말에서 3.1만세운동 시기까지 동학운동이 치열했는데, 양회일 등 수많은 의병들과 3.1운동 당시 민족대표 33인 중의 1인인 양한묵, 3.1운동 직후 임시정부 교통부 참사를 지낸 정광호, 1929년 광주학생독립운동의 아버지로 일컬어지는 송홍 등 수많은 애국지사들이"[14] 활동했던 곳이다. 또, "좌파계열의 능주노농회, 능주농민회 활동 등이 본격화되면서 소작쟁의가 빈번하게 발생하는 등 민족의식이 어느 곳보다도 높은 지역이었다."[15] 이런 분위기는 정해업의 애국심을 더욱 분발시켰고, 그의 자식들의 인생을 결정하는 중요한 배경이 되었다.

아버지의 뼈저린 굴욕과 박탈감을 알기에는 부은의 나이가 아직 너무 어렸다.

하지만 큰형은 달랐다. 아버지의 상투사건에 큰 충격을 받은 큰형 효룡은 1911년 15세에 동갑인 작은 외삼촌 최영욱 등 기타 몇몇 친구들과 함께 숭일학교 기독교청년회를 창설하고 국민계몽, 반일활동에 참가했다. 키가 자그마하고 몸집이 다부진 최영욱은 배다른 형제인 다혈질의 형 최흥종과는 달리 차분하고 이지적이었다. 엄격한 부모의 교육을 그대로 받아들여 만사에 앞뒤를 꼼꼼하게 재고 빈틈없이 처신했다. 효룡이와 최영욱은 비록 외삼촌과 조카 사이지만 이 때는 끈끈한 친구이고 뜻을 같이 하는 동지였다.

형과는 달리 어린 부은은 매일 무사분주한 나날을 보냈다. 부은의 어린 시절은 무척 행복했던 것으로 보인다. 일제에 나라를 빼앗긴 시대에 누군들 행복했으랴! 하지만 어린 시절에는 즐거운 일에만 몰두하는 까닭이다.

부은은 형들과 나이 차이가 있다 보니 조카들과 많이 놀았다. 맏형과는 20

的軍号聲」金帆
14) "2012 정율성 국제학술컨퍼런스" 광주시문화재단 · 전남일보사 주최, 95쪽, 「화순과 광주 양림동의 정율성 유적활용」 화순교육복지희망연대 상임대표 김성인
15) 위와 같음

세, 둘째형¹⁶⁾과는 13세, 큰누나와는 8세, 작은 누나와는 6세, 작은형 의은이와는 2세 차이가 났다. 부은이 태어난 그해 가을, 부은이네 집 대문에는 또 빨간고추가 달렸다. 정효룡의 아들 정국훈이 태어나 겨우 2개월인 부은은 삼촌이 되었다. 당시만 하더라도 시어머니와 며느리가 함께 임신하고 해산하고 뱃속에 삼촌이나 고모가 있는 것은 흔한 일이었다. 자식을 낳는 것은 오로지 하늘의 섭리일뿐 사람들은 어떻게 해야 아이를 낳지 않을 수 있는지에 대해 알지 못했다. 자기 운명을 좌우지 할 수 없는 시대에 아이 낳기도 역시 그러했다. 그런 시절이었던지라 삼촌이 조카와 함께 젖을 나누어먹는 일도 가끔 있었다. 부은은 어머니의 젖이 부족해 가끔 형수의 젖을 먹고 자랐다. 부은이 평생 고마워한 일이었다.

  그리고 2년 뒤, 둘째 조카 상훈이 태어났다. 그가 태어나지 않았더라면 어찌할 뻔 했을까? 그는 유일하게 정율성의 유년에 대한 기록을 남겼다.¹⁷⁾ 상훈이는 또 정씨 가문에서 정율성과 유일하게 끈질긴 인연을 가진 사람이다. 어린 시절에는 부은이와 한집에 살면서 부은의 충실한 심부름꾼이고 추종자였다. 부은이 중국으로 떠난 뒤 30여 년 헤어져 살다가 60년대에 또 중국에서 만나 유일한 친척으로 지냈다.

  기록이란 중요하다. 어떠한 인물이든 기록이 없다면 우리는 그가 거기까지 갈 수 있었던 마음의 여정을, 그 영혼의 아픔과 희열을 알 수 없는 것이다. 부은은 두 살 위인 의은형, 동갑인 조카 국훈이와 무척 친했을 테지만 이 부분에 대한 자료는 많지 않다. 부은의 어린 시절은 정상훈의 기록에 의존하게 되는 까닭에 우리는 정상훈의 테두리에서 그의 유년을 바라보게 된다. 이제 '정직'이라는 이름으로「꿈의 동년」¹⁸⁾을 쓴 정상훈의 글에 의해 재구성을 해보기로 하자. 정율성의 유년은 영화속의 장면같이 우리 앞에 재현된다.

---

16) 정신룡이 "둘째형"이었음에도 불구하고 정율성은 "나의 정력서" 등 증언에서 정충룡을 "둘째형"이라고 지칭했으므로 이하 "둘째형"은 정충룡임.
17)『作曲家鄭律成』丁雪松 等 著, 遼寧人民出版社, 2009年 7月,「夢幻的童年」鄭直
18)『作曲家鄭律成』丁雪松 等 著, 遼寧人民出版社, 2009年 7月,「夢幻的童年」鄭直

어린 시절의 정율성은 방그레 웃을 때면 꼭 계집애 같았다. 그래서 사람들은 "부은이 계집애였으면 좋았을걸!"라고 놀려댔다. 부은은 항상 너그러웠고 남들과 싸우는 일이란 없었다.

그의 유년은 행복했다. 베토벤처럼 어려서부터 가장으로 살아야 할 정도로 가난하지도, 불행하지도 않았다. 아버지는 부모로부터 분가하면서 얼마간의 땅이 있었고, 명문가 유지였던 외가가 있어 경제적으로 너무 가난하지는 않았다. 그는 모차르트처럼 어린 시절부터 부모에게 음악을 강요당하지도 않았다. 그의 인생을 음악과 연결시켜 생각한 사람은 없었다. 매일 놀이에 빠져 여름이면 물고기를 잡고, 봄, 가을이면 줄다리기를 하고 동지섣달이면 연놀이를 했다. 낮이면 아이들과 함께 제기를 차고, 비석치기를 하고 밤이면 숨바꼭질을 했다. 마당에서 자라는 닭도 친구였다. 어느 날 애지중지하던 수탉이 죽었다. 그는 수탉을 세워놓으려고 애를 썼다. 수탉은 계속 널브러졌다. 그는 수탉을 땅에 파묻으며 계속 울었다.

부은의 유년에 대해 정상훈은 우리에게 무지개잡이와 물고기잡이에 대한 이야기를 해주었다. 아마도 부은의 기억속의 유년 역시 무지개와 물고기잡이였을 것이다.

그는 위로 나이 차이가 많은 든든한 형들과 아래로는 조카들이 있었다. 사랑받는 아이, 사랑을 주는 아이, 적당한 삼촌의 권위로 만족할 수 있는 아이였다. 정서적으로는 안정적이고 자기주장이 분명했고, 얼굴에는 늘 웃음이 피어나곤 했다. 먼 훗날, 그는 자기 소망이 사회의 정치구조에 의해 억압될 때에도 이런 자신만만한 성격 때문에 희망과 저항을 포기하지 않았다.

비가 멎고 구름 사이로 햇빛이 산과 들을 비추었다. 땅에 질펀한 빗물이 햇빛을 받아 수증기로 변해 산들에는 안개가 자욱하다. 하늘에는 무지개가 걸렸다.

"아, 무지개! 일곱빛깔 무지개! 선녀들이 무지개를 타고 내려온다!"

부은이 소리를 치며 앞장서 달렸다. 아이들도 우르르 따라서 달렸다. 하지만 아무리 달려도 무지개는 가까워지지 않았다. 부은이도 아이들도 모두 김이 빠져 돌아섰다. 부은이 집에 들어섰을 때는 땅거미가 지고 날이 어둑어

둑했다. 시원한 바람을 쏘이려고 식구들이 문밖에 앉아 즐겁게 담소했다.
"아부지, 무지개는 왜 자꾸 가버리지? 이번에도 선녀를 못 봤어."
 풀이 죽은 부은이 문턱을 넘으며 두덜거렸다. 아버지 정해업은 어이가 없었다.
"세상에 선녀가 어딨어?"
 초등학생 봉은이가 핀잔을 준다.
"있어! 왜 없어? 할머니가 있다고 했는걸. 하지만 누나는 여자라도 선녀는 못돼!"
 부은은 뾰루퉁해져서 누나에게 말대꾸를 했다. 봉은이는 그래도 예쁜 선녀가 되고 싶었던지 화난 표정으로 동생에게 눈을 흘겼다.
"알았어! 누나도 선녀라고 하면 되잖아."
 라고 부은은 곧 타협해 버린다. 곧 이불을 둘러쓰고 꿈나라로 들어갔다.
 그 후 부은은 평생 무지개를 쫓아다녔다. 하지만 끝내 무지개를 잡지는 못했다. 그가 추구했던 무지개는, 꿈은 항상 멀리에 있었다.
 정상훈은 삼촌 부은이와 함께 고기를 잡던 정경을 눈에 보이도록 섬세하게 묘사했다.[19]
 부은은 어머니 최영온이 비린내를 몹시 싫어해서 늘 가만히 물고기 잡으러 가곤 했다.
"어서 나와, 살그머니 나오란 말이야!"
 삼촌은 상훈에게 소리죽여 명령하고 상훈은 불러준 것이 감지덕지해 웃통을 벗은 채 달려 나왔다. 봄철이라 강가에는 나물들이 가득 자랐다. 부은은 먼저 나물부터 뜯었다. 집집마다 생활이 어려워 나물을 끼니에 보태곤 했다. 나물을 수북이 뜯어놓고 보니 담을 곳이 없다.
"아차! 바구니를 가져오지 않았구나."
 하면서도 부은은 첨벙 물에 뛰어들었다. 아까부터 물고기를 잡고 싶은걸 겨우 참았다. 납작하고 날씬한 피라미 떼들이 자갈사이를 헤엄쳐 다녔다. 피

---

[19] 『作曲家鄭律成』丁雪松 等 著, 遼寧人民出版社, 2009年 7月, 「夢幻的童年」鄭直

라미들은 성질이 급해서 곧잘 피해 다녔지만 부은은 피라미잡이에 이골이 나 있었다. 피라미 몇 마리와 미꾸라지를 잡아 고무신에 담았다. 비가 내렸다. 부은은 얼른 옷을 주어 입으며 말했다.

"어서 집에 가 바구니를 가져와. 아니야, 내가 얼른 갔다 올께. 넌 여기서 기다려."

비는 곧 세차게 내렸다.

"너 바지를 벗어. 두 가랑이를 잡아매면 나물을 그 속에 담을 수 있잖아?"

상훈이는 삼촌의 명령에 토를 달 줄 몰랐다. 곧 고추를 드러내고 바지를 벗었다.

"할머니는 우리가 나물을 많이 뜯어온 걸 보시면 꼭 기뻐하실 거야."

부은은 이렇게 말하면서 나물이 가득 담긴 상훈의 바지를 둘러멨다.

"넌 고무신에 담긴 이 물고기를 조심해서 들어."

집까지는 꽤 멀었다. 상훈이는 발가숭이 몸뚱이로 물고기가 담긴 고무신을 받쳐들고 조심조심 걸었다. 비가 사정없이 상훈이의 몸뚱이로 흘러내렸다. 부은은 상훈이를 불러 세웠다.

"너 춥지 않아? 우리 나물을 모래 속에 파묻었다가 내일 와서 파가자꾸나."

둘은 모래톱에 나물을 묻고 그 위에 돌 몇 개를 올려 표식을 했다.

"얼른 바지를 입어. 빨리 뛰면 몸이 곧 더워질 꺼야."

"그럼 물고기는 어떻게 하지?"

"강에 넣어줘. 좀 더 큰 다음 다시 잡으면 되지 뭘!"

삼촌의 말이면 다였다. 상훈이는 물고기를 강물에 넣었다. 둘은 물참봉이 되어 집으로 내달렸다. 부은이 나물생각을 한건 며칠 뒤다. 모래톱으로 달려가 돌멩이를 치우고 파헤쳐보니 나물은 썩어 문드러졌다.

세 살 버릇이 여든 살까지 간다는 말이 있다. 정부은은, 정율성은 생을 마감하는 순간까지도 천렵과의 인연을 버리지 못한다.

이곳 화순은, 그리고 능주면에서는 특히 아버지 정해업으로서는 상상도 하지 못했던 인연이 기다리고 있었다. 그것은 바로 작은 아들 부은을 음악으로 이끌어주는 중요한 여건이었다. 정해업이 관영리 옛 관아 부근에 짐을 풀었을 때 세 살배기 정부은의 귀는 쫑긋 능주신청의 음악소리에로 열려 있었을 것이다. 이곳에는 관립예술학교로 판소리, 산조, 농악 등 전통 예술 전승의 중심 역할을 하며 관아의 각종 행사에서 연주와 연희를 담당하던 신청이 있었다. 관영리에서 사는 동안 신청에서 흘러나오는 예술의 혼이 어린 부은에게 인생의 결정적인 복선을 깔아주었다.

능주는 조선시대에 목사가 파견되어 올 정도로 남도지방의 중심지였으며, 유구한 역사를 가지고 있는 이름있는 고을이었다. 1920년대까지만 해도 이 일대의 정치, 경제, 사회, 문화의 중심지였다. 특히 향피리 2개, 대금, 해금, 장구, 북 등의 악기로 구성된 한국의 전통음악 악기 편성법의 하나인 삼현육각이 유명했다.[20] 그중에서도 정해업 일가가 이주한 관영리와 나중에 또 한번 이주한 석고리는 관아와 그 부속기관들이 있었으며, 국악의 성지로 일컬어질만큼 수많은 예인들을 배출한 곳이었다. 수많은 소리꾼을 배출한 음악의 고장답게 옛날부터 이와 같은 분위기 속에서 소리를 배우러 오는 사람들이 많이 모여들었다. 곳곳에서 울리는 전통가락은 어쩌면 어린 부은이 음악가로 성장할 수 있도록 키워 준 전통음악의 요람이었다.

부은은 조무래기들과 함께 신청에 몰려들어 안에서 들려오는 음악소리에 귀를 기울이고 무부들의 춤사위에 가슴을 조이며 하늘을 향해 울리는 그들의 노래를 따라 상상의 세계로 녹아들었다. 사람들이 문밖에 앉아 바람을 쏘이는 저녁이면 동네의 큰 나무를 둘러싸고 아이들과 손에 손을 잡고 빙빙 돌면서 "강강수월래", "새타령" 등 민요를 불렀다.[21] 어린 부은은 이런 노래가락들에 의해 그의 인생이 이미 어느 한 방향으로 떠밀려가고 있음을 알지 못했다.

3.1운동의 폭풍, 형들이 중국으로 떠나다

---

20) "2012 정율성 국제학술컨퍼런스" 광주시문화재단 · 전남일보사 주최, 95쪽, '화순과 광주 양림동의 정율성 유적활용' 화순교육복지희망연대 상임대표 김성인
21) 『作曲家鄭律成』丁雪松 等 著, 遼寧人民出版社, 2009年 7月, 「夢幻的童年」鄭直

1919년 3월.

부은이 다섯 살이 되는 해이다. 봄은 멀리서 오고 있지만 날씨는 여전히 추웠다. 부은의 어머니 최영온은 배가 만삭이었다. 곧 부은의 동생이 태어날 것이다. 큰형 효룡과 둘째형 충룡은 매일 늦게 집으로 돌아와 자기들끼리 쑥덕거리곤 하였다. 조카들과 놀이에 빠져있는 어린 부은이 그들의 비밀을 알 길이 없었다.

이 시기 한국은 암흑기에서 허덕이고 있었다. 일제는 합병한 한국을 강력하게 동화시키기 위해 헌병을 투입하고 학교에서는 교사들이 칼을 차고 수업을 진행하는 등 위압감을 불러 일으켰다. 일본은 즉결처분권, 조선태형령을 발표해 태형형벌을 실시하고, 언론, 집회, 결사의 자유를 탄압했다. 총독의 허가를 받지 않은 회사는 설립할 수 없게 하고 한국의 자원을 일본으로 실어갔다. 식량도 다량 일본으로 실어가 쌀 가격이 폭등했다. 자본이 점차 일본인 손에 장악됐다.

이해 1월 21일 고종이 궁중에서 식혜를 마신지 반시간이 채 안 돼 쓰러졌다. 일제는 뇌일혈로 발표했지만 고종이 일본에 의해 독살되었다는 소문이 곧 널리 퍼졌다. 그 이전에 일본낭인들에 의해 명성황후가 궁중에서 시해된 사건이 있었는데 고종까지 급서하자 사람들의 분노는 하늘을 찌르며 폭발했다. 서울에서는 많은 애국자들이 1919년 3월 1일에 나라의 독립을 선언하고 전국적인 봉기를 일으키기로 약정했다.

이런 분위기 속에서 큰외삼촌 최흥종은 여러 인사들과 함께 광주의 만세운동 날짜를 3월 8일로 정하고 서울봉기 직전에 상경했다. 서울 만세운동의 경험으로 광주의 만세운동을 지도할 생각이었다.

3월 1일, 전국 각지에서 몰려든 종교지도자, 지성인과 시민들이 서울거리를 메우며 독립만세를 외치고 일본헌병들과 싸웠다. 최흥종은 격정을 금할 수 없어 자신도 그 물결 속으로 뛰어 들어가 구호를 외쳤다. 결국 일본헌병에 체포되고 말았다.

부은의 작은 외삼촌 최영욱의 집에서도 전단지 냄새가 자욱했다. 최영욱은 처조카인 김마리아에게 일본으로부터 "2.8독립선언문" 수백 부를 비밀리에 복사해주었다. 이것은 김마리아가 일본으로부터 가져온 것이다. 김마리아는 전단지를 숨겨가지고 서울로 갔다가 일경에 체포되었다.

　최영욱은 중국 치치하얼에 있는 처가에서 금방 돌아와 서석병원을 운영하고 있었다. 그는 일본 도쿄여자학원 유학 출신 교사 김필례와 전해인 1918년 6월 20일에 결혼했다. 세브란스 의학전문학교를 졸업하고 제중원에서 형님 최흥종을 대신해 나환자를 치료하던 그는 결혼하자 바로 중국 처남댁으로 떠났었다. 서울 세브란스병원 의사였고 반일비밀결사조직인 신민회의 일원이었던 큰처남 김필순[22]이 일제의 추적을 피해 중국 치치하얼에 망명해 있었다. 그는 병원을 꾸려 독립군 군자금을 조성하고 조선애국청년 독립군기지를 만들고 있었다. 최영욱은 열심히 처남을 도왔지만 아내 김필례가 임신해 입덧이 심한데다가 홀로 있는 어머니가 걱정돼 광주로 돌아왔다. 이때 김필례는 만삭이었다.

　이 무렵 부은이 살던 동네 능주의 움직임도 심상치 않았다. 1894년에 탁지부주사(度支部主事)가 되어 능주의 세무관으로 근무했던 양한묵은 3.1독립선언 당시 민족대표 33인의 한 사람으로 서울에서 일본경찰에 체포되었고, 그 후 서대문감옥에서 옥사했다. 일본에서 유학하던 능주 내리 출신 정광호가 2.8독립선언문을 비밀리에 소지하고 돌아와 동지를 규합하여 광주의 3.1운동 지도자로 나서 활동했다. 이런 분위기 속에서 능주에서도 3.1운동의 불길이 비밀리에 지펴지고 있었다. 외삼촌 최흥종과 그들의 영향을 받아 정효룡과 정충룡도 광주 3.1운동을 적극 준비하였다.

　최흥종이 체포된 소식은 기름종이에 불이 붙듯 광주의 3.1운동을 고조시켰다. 거사일은 3월 10일 오후 3시로 미뤄 진행했다. 부동교 장터에는 격문이 적힌 하얀 삐라가 눈송이처럼 날렸다. 가마니에서는 태극기가 등사기 잉크냄새를 풍기며 쏟아져 나왔다. 마침내 기미독립선언서가 낭독되었다.

　"…우리는 이에 조선이 독립국임과 조선인이 자주민임을 선언한다. 천하

---

[22] 그의 아들 김염은 중국에서 30년대 "영화황제"로 불렸고 중국 유명여배우 진의의 남편이다.

의 무엇이든지 우리의 이 독립 선언을 가로막고 억누르지 못할 것이다…"

노한 사람들의 물결 속에 태극기가 하얗게 나부꼈다. 쌀장수는 됫박을 든 채 시위대를 따랐고 걸인들도 구호를 외쳤다. 친일부역을 했던 조선인 순사들마저 허리에 찬 칼을 팽개치고 대열에 끼어들었다.

화순에서도 시위대열이 이어졌다. 이 속에 부은의 큰형 효룡과 둘째 형 충룡도 있었다. 외삼촌 최흥종이 체포된 사실은 이들을 더욱 격동케 하였다.

일제는 양림동의 교인들, 수피아, 숭일학교 교사와 학생을 비롯해 광주지역에서 수백 명을 체포했다. 경찰서 문앞은 검붉은 피로 질퍽했다.

"이를 어떡해! 이를 어떡해!"

최영온은 동생 최흥종이 체포된 일을 통해 자식들에게도 위험이 다가 오고 있음을 느꼈다. 만삭이 된 몸으로 날이 어두워질 때까지 효룡이와 충룡의 소식을 고대해 기다렸다.

인권보호를 주장했던 서양인 선교사들은 정작 일제의 강압정책이 실시되자 엄정중립과 불간섭 원칙을 세우고 오로지 하나님의 뜻에 순종하고 맡겨야 한다고 외치면서 교회 운영에만 열중했다. 그러나 최흥종을 비롯한 한국 기독교 지도자들은 생각이 달랐다.

"일제에 대항하고, 국가와 동포들을 보호하는 행위는 겨레의 십자가를 지고 가는 골고다의 길입니다. 나라를 구하는 길이 나를 구하는 길입니다! 나라를 구합시다!"

최흥종의 영향으로 정해업과 자식들은 사회변혁의 대중적인 운동을 하지 않으면 망국의 운명을 바꿀 수 없다는 것을 깨달았다.

해가 지도록 큰형과 둘째형은 나타나지 않았다. 일본순사들의 추적을 피해 어디론가 피신해 있었다. 큰외삼촌 최흥종은 3년형을 언도받았다.

그런 줄도 모르고 부은은 개나리꽃이 만개하고 목련이 피어나는 봄날 따스한 들판으로 뛰어다니며 놀이에 빠져 있었다. 저녁 쯤 집으로 돌아왔을 때 어머니의 옆에는 얼굴이 벌건 여동생이 꼼지락거리며 누워있다. 4월 1일, 귀은이가 출생한 것이다.

귀은은 무럭무럭 자라고 세월은 하루하루 지나갔다. 호랑가시나무는 어김

없이 꽃을 피우고 열매를 맺었다. 3.1운동의 여파는 갈수록 강해졌다. 민족지사들은 해외로 망명해 나라의 출로를 찾았다. 중국을 비롯해 해외에는 망명정부가 서고 반일독립단체들이 우후죽순마냥 생겨났다.

어느 날, 아버지가 부은의 머리를 만졌다. 큰 봇짐을 메고 길 떠날 차비를 하며 말했다.

"부은아, 어매[23] 말씀 잘 들어! 성들 말도 잘 듣고!"

"아부지 어디로 가는 거야?"

"응."

"멀리로 가는 거야?"

"응. 아주 멀리로 가! 넌 삼촌이니까 조카들을 잘 데리고 놀아!"

"아주 오랫동안 있을거야?"

"응, 아주 오랫동안 있을거야!"

무등산을 바라보는 아버지의 눈길에는 굳센 의지가 꿈틀거렸다.

3.1운동 이후 중국 만주와 노령지역에서는 무장독립투쟁이, 중국관내에서는 상해 임시정부를 중심으로 외교독립활동이 활발히 진행되어 민중들에게 희망을 주었다. 정해업은 독립의 희망을 찾아 떠났다.

정상훈의 증언에 의하면 정해업은 천신만고 끝에 중국 상해로 대한민국임시정부를 찾아갔다. 상해임시정부는 3.1운동이 일어난 직후인 1919년 4월에 설립되었다. 정해업이 떠난 시간은 상해임정이 "금방 설립된 때"[24]였다. 정해업에게 3.1운동의 충격이 컸던 것으로 보인다. 임시정부의 초대 외무총장 김규식이 부은의 작은 외숙모 김필례의 형부인 것을 감안하면 상해임시정부로 찾아가는 길은 열려 있었다.

우연의 일치인지는 모르나 정해업은 3.1운동 직후인 1919년 4월 19일에 광주의 토지를 매각하고 상해에 다녀온 1920년 2월 18일는 능주의 토지를 산다. 어찌보면 그는 아들들이 일제의 추적을 받고 있는 상황에서 집을 팔

---

23) 광주에서는 당시 "아버지", "어머니"를 보통은 "아부지", "어매"로 썼다.
24) 『作曲家鄭律成』 丁雪松 等 著, 遼寧人民出版社, 2009年 7月, 「夢幻的童年」 鄭直 223 頁

아 상해에 솔가하여 독립운동을 하려고 예상했던 것으로 짐작된다.

그렇게 먼 길을 떠난 정해업이 얼마 되지 않아 바로 돌아왔다.

"아부지! 아부지 왔어요!"

부은이 환성을 올렸지만 아버지의 눈빛은 우울했다. 하늘처럼 믿고 찾아간 상해임시정부는 내분이 심했고 이념과 정파로 분열돼 논쟁과 파벌싸움으로 세월을 보내고 있었다. 그리하여 정해업이 실망하고 돌아왔다는 것이 정상훈의 증언이다.

계절이 바뀌고 산과 들은 하얀 눈으로 뒤덮였다. 그해 겨울의 어느 날, 수일간 보이지 않던 큰형과 둘째형이 나타났다. 아직도 동이 트지 않아 캄캄한데 부은이 어수선한 소리에 놀라 깨고 보니 형들이 봇짐을 메고 있다. 그 모습이 언젠가 길을 떠나던 아버지의 모습과 비슷했다.

이 때 즈음, 숭이, 봉은이와 의은이, 그리고 국훈이, 상훈이는 아마 뜰안이나 마루, 대문가에서 떠나가는 이들을 바라보고 있었을 것이다.

"부은아, 공부 잘하고 어매랑 아부지 말씀 잘 들어야 돼! 알았어?"

"성 어디로 가는거야?"

"응."

"멀리 가는 거야?"

"응, 아주 멀리 가! 넌 삼촌이니까 조카들을 잘 데리고 놀아야 돼!"

"알았어. 아주 오랫동안 있을꺼야?"

"응, 아주 오랫동안 있을거야!"

그로부터 수십 년이 지난 어느날, 부은-정율성은 증언을 남긴다.[25]

"나의 큰형과 둘째형은 모두 1919년 3월 1일 조선독립혁명운동에 참가하고 일본인의 체포령을 피해 중국으로 가 중국공산당에 가입했다."

3.1운동 이후 일경의 마수 때문에 이들 형제는 중국으로 떠났다. 아버지

---

25) 『我的政歷 鄭律成』 年月日不詳 2011年 鄭小提提供

정해업의 상투 삭발사건이 있고 나서 근 20년이란 세월이 흐른 뒤였다. 상해임시정부행은 아버지 정해업 인생의 큰 전환점이었다. 비록 돌아왔지만 그 길로 자식들이 또 떠나게 되었다. 평화적인 만세운동만으로는 무장한 일제를 물리치고 나라를 찾을 수 없다는 점이 분명해졌다. 여러모로 미비한 임시정부이기는 하지만 그래도 민중의 투쟁을 지도할 수 있는 보다 통일적이고, 체계적이고, 구심점이 있는 자체의 정부 -상해임시정부-가 필요했다.

이 때 정효룡의 품속에는 돈 "1천 52원"이 간직돼 있었다. 당시 쌀 한가마니(80키로그램) 가격이 3원 정도였다고 하니 그야말로 거금이 아닐 수 없었다. 이후 정효룡이 임시정부 군자금 조달자로 활동했던 사실을 상기해본다면 이 돈은 임시정부 군자금이었을 가능성이 높다.

아들 둘을 둔 효룡은 총각인 충룡에 비해 떠나는 마음이 더 착잡했다. 국훈이와 상훈이를 하나 하나 안아주고 아내 박씨에게도 이것저것 부탁했다.

충룡이는 떠나는 형들을 섭섭한 기색으로 바라보는 부은에게 뭔가 불쑥 내밀었다.

"이거, 이젠 네가 가져!"

"와! 만돌린!"

부은은 아마도 '이 무슨 하늘에서 떨어진 떡이냐' 했을 것이다. 얼마나 만지고 싶었던 만돌린인가! 언제나 자신도 형들처럼 가질 수 있을 것인지, 부럽기만 했던 만돌린이다.

사실 이들 형제의 학적부를 보면 공부는 정효룡이 가장 잘했다. 정효룡의 학적부는 철필에 잉크를 듬뿍 묻혀 힘있게 기록한 9점, 10점이 태반이다. 하지만 "창가"성적은 정의은이 가장 높았다. 거의 10점, 9점이다. 오히려 부은이보다 더 높다. 그럼에도 둘째 형은 만돌린을 부은에게 줬다.

"와!"

부은은 만돌린을 품에 안으며 꿈을 꾸는 모습이다. 눈치껏 눈요기나 하던 형의 만돌린이 갑자기 자기 것이 되어버리자 형들이 떠난다는 사실마저도 기뻤을지 모른다.

"알았어-, 아버지 말씀 잘 들을게-, 어매 말씀 잘 들을게-, 국훈이, 성훈이다 잘 데리고 놀게-, 큰성, 둘째성, 걱정 말고 잘 갔다 와-…"

형들을 향해 깡충깡충 뛰며 배웅했을 부은이가 그렇게 형이 준 만돌린으로 인해 장차 중국의 최고 악성으로 거듭날 줄을 충룡인들 어찌 알았으랴! 그리고, 그렇게 잘 갔다 오라고 했던 둘째형의 모습이 마지막일 줄 부은인들 또 어찌 알았으랴!

이때 부은의 어머니 최영온은 어찌했을까? 남편이 다녀온 길로 자식들이 떠나갔다. 중국말 한 마디 모르는 금쪽같은 아들 둘을 머나먼 낯선 이국땅에 보내는 어머니 마음이 어찌 평온했으랴. 그러나 나라와 굳게 이어진 가족의 운명을 묵묵히 받아들이는 수밖에 없었다.

철없는 부은은 아마도 형들도 아버지처럼 곧 돌아오리라 생각했을 것이다. 그러니 서운해 할 필요가 없었다. 더구나 품에는 금단지와 같은 만돌린이 있다. 손을 젓는 그의 얼굴에는 웃음꽃이 만발했다.

3.1운동이후 정해업의 자식들은 직업혁명가의 길을 선택했다.

때는 1919년 12월이었다.

큰형 피체, 쌍으로 날아온 화

1920년 새해가 왔다. 그해 2월 18일에 능주에 집터를 사기는 했지만 대가족이 먹고 살만한 식량을 구하기 위해서는 방법을 강구해야 했다. 자식들이 떠나가자 가정의 경제부담은 정해업 혼자서 떠안아야 했다. 그는 "인적이 없는 산골에 들어가 초막을 짓고 밤낮없이 일하여 황무지를 개간했다. 마침내 몇 마지기의 밭을 일구었다. 이 때 지주 지모가 나타나 일본인의 세력을 등에 업고 이 땅이 자기 구역이라고 하면서 금방 개간한 땅과 초막마저 모두 차지해버렸다."[26] 생활은 하루하루 힘들었다.

1919년은 정씨일가와 그의 외가에 수많은 충격을 주었다. 작은 외삼촌 최영욱 부부도 그동안 힘든 나날을 보냈다. 1919년 9월 1일에 김필례의 오빠

---

26) 『作曲家鄭律成』丁雪松 等 著, 遼寧人民出版社, 2009年 7月, 「夢幻的童年」鄭直 223頁

김필순이 중국 치치하얼에서 일제에 의해 살해됐다. 사재를 털어 항일독립운동기지를 만들던 그는 자기 병원 의사이고 일본 첩보요원인 일본인 의사가 건네준 우유를 먹고 독살당했다. 최영욱 부부의 고통은 여기서 그치지 않았다. 몇 달밖에 안된 아들이 뇌막염으로 죽고 설상가상으로 김필례는 아이를 가질 수 없는 여성이 되었다. 그들 부부의 눈길은 자주 부은에게로 향했다. 열심히 장난에 빠져있는 다섯 살의 이쁜 부은을 간절하게 양자로 맞아들이고 싶었다.

"자형, 한 가지 여쭤볼 일이 있는데요."

어느 날 최영욱이 조심스럽게 그 뜻을 여쭈었을 때 정해업은 처남의 눈을 차마 마주할 수 없었다. 머리를 수그린 채 절레절레 머리를 저었다. 최영욱은 소리없이 자리에서 일어났고 이 이야기는 여기서 끝났다.

이 때 부은이 최영욱의 아들이 되었더라면 그의 인생은 어찌 되었을까?

이해 6월, 3년형을 받고 감옥에 수감됐던 부은의 큰외삼촌 최흥종이 다행히도 앞당겨 풀려나왔다. 키가 자그마하고 단단하게 생긴 이 강직한 사나이는 하나님에 대한 충성과 나라에 대한 충성이 통일돼 있었다. 최흥종은 노동자, 농민을 각성시키기 위해 조선노동공제회 광주지회를 설립하고 회장을 맡았다. 또 광주소작인협회 회장을 맡아 직접 농민운동을 이끌었다. 1921년 7월 19일, 노동공제회 광주지회 간친회는 대회광장에 "신세계를 지배할 노동단체의 집회", "해방운동" 등의 용어가 적힌 대형 현수막을 걸고 최흥종이 "노동자의 행운"이란 제목의 강연을 했다. 수백명의 노동자, 농민들이 박수를 치고 환호했다. 최흥종은 또 야학을 실시하고 농촌계몽운동을 이끌었다.

정해업은 자식들의 소식을 고대해 기다렸다. 무소식이 희소식이라고 하지만 중국말 한 마디도 모르는 자식들이 이국땅에서 어떻게 하고 있는지, 매일 살얼음 위를 걷는 심정이었다.

이 때 정효룡은 상해임시정부에 도착한 후 상해임시정부 기관지인 "독립신문"사 직원으로 있었다. 정충룡은 어찌하고 있었을까? 이 시기 그의 행적에 대한 자료가 없어 알 수는 없지만 그 후의 행적을 보면 형과 함께 임시정부 관련 독립운동에 참가한 것으로 보인다.

▲ 아버지 정해업, 큰형 정효룡, 둘째형 정충룡이 나라를 찾기 위해 찾아갔던 중국 상해주재 대한민국임시정부 청사 지금의 모습, 상해 노만구 마당로 306농 4호. 필자 촬영.

　상해임시정부는 1920년 3월 20일에 제1기 국민군(國民軍)편성 및 개학식을 거행하고 자체 군대를 양성했다. 다량의 군자금이 필요했다. 정효룡은 1920년 4월 29일에 국내외 독립단체들과의 연락 및 군자금모집을 위한 교통부 서기에 임명되었다. 이해 9월 1일에는 교통부 서기직을 그만두고 9월 20일에 임시공채관리국 전라남도 광주군 공채모집위원으로 임명되었다. 같은 달에 임시정부 정보기구이고 안창호가 총판인 지방선전부 선전원에 임명되었다. 그는 선전원 겸 군자금모집위원 신분으로 한국에 파견되었다. 그는 여비 60원을 결재 받고 선전원 사령서 및 용어암호표 등 비밀서류와 발급받은 공채증권 만원을 짐 속에 단단히 감추었다. 공채증권은 천 원권 4매, 500원권 6매, 100원권 30매로 총 40매였다. 1920년 10월, 상해 황포강에서 뱃고동소리가 길게 울리자 그의 가슴은 세차게 뛰었다. 극비의 사명을 지니고 처음으로 국내에 잠입하게 된 것이다.
　아버지 정해업이 매일 가슴을 졸이고 있을 때, 그는 서울 동대문시장 부근

종로 4정목에 있는 우창각의 집에 머물고 있었다. 그는 동지들의 관계를 통해 군자금을 모금하는 한편 광주, 화순 등지의 애국자들을 만나 각지에 대한민국 임시정부 선전기구를 설치했다. 집 부근을 스쳐 지나며 그 어느 캄캄한 밤 자식들이 잠든 틈에 살그머니 집에 뛰어들었던 것일까? 아버지와 어머니, 그리고 아내와 목소리를 죽이고 기쁜 상봉을 하고는 또 어둠속으로 자취를 감추었던 것일까?

 1921년, 설이 다가왔다. 어느새 일경들은 그의 뒤를 밟기 시작했다. 어느 날, 정해업에게는 가슴이 철렁하고 정신이 아뜩했던 순간이 있었다. 큰아들 정효룡이 서울종로경찰서에 피검되었다는 소식을 간신히 알게 된 것이다. 어디에서 날아온 소식일까? 중국에 있거니 한 아들이 그동안 화순 등 집주변에서도 활동했다.

 정해업은 떨리는 손으로 주요 일간지들을 샅샅이 훑었다. 1921년 5월 13일자 〈동아일보〉 3면에 정효룡에 관한 소식이 실렸다. "정치범인 4명 역시 이십오일에 공판을 할 터이라고"라는 제목의 짤막한 글에는 4명 정치범 중 "뎡효룡"의 이름이 맨 앞에 적혀있었다. 이제 12일이 있으면 공판이 개정될 것이었으므로 정해업은 안절부절했다.

 5월 25일 9시, 경성법원 지방법원 2호법정에서 등촌판사와 천면검사에 의해 정효룡에 대한 공판이 진행되었다. 26일 〈동아일보〉는 정효룡에게 "2년의 구형"이 있었다고 보도했다.

 "2년!"

 또 한 번 가슴이 철렁했다.

 하지만 정해업이 손꼽아 기다려 읽은 6월 4일자 〈동아일보〉의 공판결과는 다행이 "1년"형이었다. 죄명은 "정치범죄처벌령 위반"이었다.

 이 기사를 보면 그동안의 정효룡의 행적이 대충 그려진다.

"假政府宣傳員 뎡효룡은 일년
 본적 전라남도 화순군 능주면 관영리 현주 경성부 종로통 사뎡목 이십번디 뎡효룡(本籍全南和順郡綾州面貫永里 現住京城府鐘路通鄭曉龍)은 재작년 십이월에 자기 본적지에서 돈 일천오십이원을 변통하야 가지고 상해에 건너가서 독립신문 직공으로 잇스면서 독립에 노력하다가 작년십이월에 가정부원 차리석(車利錫)의 소개로 임시정부 선뎐원이 되어 여비 륙십원을 얻어가지고 그해에 임시정부 선뎐원이 되어서 종로통 사뎡목 우창각(禹昌珏)의 집에서 묵으면서 각 도에 선뎐부(宣傳部)와 각 군에 선뎐대(宣傳隊)를 설치하고자 하다가 톄포되여 지나간 이십오일에 공판을 맛친바 작일 오전 아홉시에 등촌(藤村)판사와 대원(大原)검사가 렬석한 후에 징역 일년으로 언도하얏는데 미결구류 일 일백오십일(一百五十日)을 산입하얏다더라."

아버지 정해업의 심장은 공중에 떠 있었다. 효룡이는 저리 되었는데 충룡이는 어찌 되었을까. 설상가상으로 한 달 후, 무더운 7월의 오후 세 시에 악령은 두 살짜리 귀은이를 빼앗아갔다. 조잘조잘 말도 잘 하고 잘도 뛰놀던 귀은이는 능주 관영리 282번지에서 눈을 감은 채 싸늘히 식어갔다. 하루 종일 놀이에 지친 부은이 집으로 돌아왔을 때 집안은 휑하니 비어 있었다. 귀은은 어디로 갔지? 고사리 같은 손을 흔들며 안아달라고 칭얼대던 동생은 어디로 갔지?
"어매! 귀은이 어디로 갔어? 귀은이 왜 안 들어와?"
부은의 의아한 물음에 대답하는 사람은 없다.
"귀은아! 귀은아! 빨리 와!…"
부은의 목소리가 마당을 지나 마을에서 울려 퍼졌다. 해는 지고 땅거미가 깔려오는데 부은은 할아버지, 할머니 나무 벅수가 가지런히 서있는 마을 어귀까지 달려가며 소리를 질렀다. 해마다 음력 정월 1월 14일이면 남, 청, 홍의 삼색 드림을 하고 고깔을 쓴 농악대가 풍물을 치면서 마을의 돌림병을 예방해달라고 벅수제를 올리지만 벅수도 귀은의 병은 막아내지 못했다.
"내 동생 귀은이 못봤어요? 귀은아-, 어서 집에 와-, 성의 말 안 들려? 어서 와…"
부은의 부름소리를 들으면서 어머니 최영온은 참지 못하고 흐느꼈다. 귀은이를 거적에 싸서 저 세상에 보내고 허탈한 마음으로 대문에 들어선 정해업에게 부은의 부름소리가 아프게 들려왔다.

  네 번째로 자식을 잃었다. 큰 아들은 감옥에 있고 막내딸은 다시 볼 수 없는 세상으로 깃털마냥 날아가버렸다.

같이 분발해 장성을 쌓자

  그 해 가을이 지나고 겨울이 왔다.
"가자!"
정해업이 주섬주섬 짐을 싸며 말했다.
"예?"
최영온이 하던 일을 놓고 물었다.
"어서 이 곳을 떠나야지. 한용모씨에게 소유권을 넘기기로 했어. 6월에 가서 값을 받기로 했으니까, 일단 석고리로 집을 옮겨 조용히 살자구!"
  최영온은 더 묻지 않고 부지런히 짐을 싼다. 최영온의 손이 떨린다. 몇 달 전에 죽은 귀은이가 눈앞에 아물거려서 이곳이 싫었다. 게다가 곧 효룡이가 출옥한다. "미결구류 일 일백오십일"의 날짜를 덜어내고 효룡이는 1922년 1월 초에 석방되었다.
  정해업이 왜 석고리로 이사했는지에 대한 기록은 없다. 하지만 그들이 석고리로 이사를 했던 이유는 분명히 있었을 것이다. 위의 이유는 필자가 추리한 것이다.
"애들아, 어서 서둘러!"
  최영온은 며느리 박씨에게 이것저것 당부하고 부은이, 국훈이, 상훈이도 독촉을 했다. 짐을 달구지에 싣고 지금 살고 있는 동네에서 서쪽으로 조금 들어가 석고리에 이사짐을 풀었다. 담장도 든든하게 수리하고 땔나무도 넉넉히 마련했다.
  어느날, 해가 뉘엿뉘엿 질 무렵, 효룡이가 들어섰다. 그동안 옥살이에 시달려 얼굴이 파리하고 몸에는 가죽만 남은 듯했다. 군데군데 상처자국이 깊게 패여 있었다. 최영온은 아들을 덥석 품에 안았다. 눈물이 얼굴을 타며 흘러내렸다. 정해업의 마음 또한 어떠했을까. 부모들의 아픔을 알길이 없는 부은은 그동안 고대해 기다렸던 큰형을 보고 기뻐서 매달렸다. 너무 오랫동안 형들이 참 보고 싶었다. 부은은 기뻐서 입이 함박만했다.

"둘째성은? 둘째 성은 안 와? 언제 오는 거야?"

부은은 둘째형 충룡이 같이 오지 않은 것이 무척 서운했다.

"둘째성은 중국서 잘 있지. 공부하고 있지. 언제든 우리 동생 보러 올꺼야."

그 말에 부은은 무척 기뻤다.

일본고등경찰부의 정보기록에 의하면 충룡은 중국에서 이름을 정인제(鄭仁濟)라고 고쳤다. 그는 운남육군강무당에서 공부했다. 1909년에 설립되어 중국3대 강무당의 하나로 유명한 이 학교는 중국의 원수 주덕, 엽검영 등이 배출되고 중국, 한국, 베트남 등 3개나라 총사령과 수많은 장성들을 배출했다.

운남강무당 통신록에는 한국인 이름이 없다. 운남육군강무당에 입학했던 조선인학생들이 일제의 간섭을 피하려는 학교의 요구대로 중국인 이름과 중국 주소를 썼기 때문이다. "상해 불교 조계지"라는 주소로 된 이들이 한국생도일 가능성이 높다. 일본고등경찰부의 정보기록에 의하면 정인제의 주소는 1923년에는 "상해", 1924년에는 "중경", 1926년에는 "사천"으로 나온다. 이로 보아 충룡은 중국에 도착한 이듬해인 1920년의 15기 또는 1921년의 16기로 운남육군강무당에 입학했을 가능성이 크다. 제15기는 귀국화교와 조선, 베트남의 유학생들이 많았다.

한국인 학생들은 제11기부터 17기까지 약 50명쯤 유학했는데 그중 한국 초대 총리 겸 국방부 장관 이범석은 12기, 조선인민군 총사령 최용건은 17기생이다.

운남육군강무당은 상해임시정부와의 관계가 밀접했다. 충룡은 상해임시정부의 소개로 입학했을 것으로 보인다.

1921년 10월에 상해임시정부 국무총리 대리 겸 외무총장 신규식이 중국 호법(護法)정부를 방문해 손문으로부터 한국임시정부와 호환외교승인을 결정하고 중국군관학교의 한국학생 양성 등을 망라해 여러 면의 원조를 약속

받았다.

1879년 태생인 신규식은 한국이 일본에 국권을 침탈당하자 울분을 품고 음독자살을 시도했다가 실패하고 오른쪽 눈이 실명되었다. 1911년에 중국으로 가 손문의 '동맹회'에 가입하고 신해혁명에 참가하고 남방 동맹회 계통의 큰 인물들과 친분을 쌓았다. 그 관계를 통해 한국청년들을 보정군관학교, 천진군수학교, 남경해군학교, 오송상선학교, 호북강무당, 광동강무당, 운남강무당, 항주체육학당에 보내 백여명을 양성했다. 제12기생인 이범석도 1916년 가을 신규식이 손문을 통해 운남군사계 요인이고 독군인 당계요의 도움으로 입학시켰다.

신규식은 손문의 지원을 약속받은 후에도 또 당계요를 찾아갔다. 한국의 3.1운동 등에 대해 자세히 소개하고 나서 말했다.

"당형, 길림에 우리의 사관을 양성하는 신흥무관학교가 있었는데 장작림이 일본과의 외교마찰이 우려돼 이를 해산시켰소. 우리군의 양성을 위해서는 당형의 도움이 시급하오!"

당계요는 무척 놀라며 말했다.

"옛사람들은 '가장 슬픈 일은 마음이 죽은 일이로다'라고 했지요. 귀국의 민중들의 마음이 죽지 않고 독립의 열망에 불타고 있으니 이 어찌 대견한 일이 아니겠습니까."

"그렇소. 한국 민중은 반드시 나라를 구하고 말 것이오!"

"지당한 말씀입니다. 일본사관학교 졸업 후 귀국길에 서울에 들렀었습니다. 거리를 오가는 서울 학생들의 기색이 생기있고 큰 뜻을 품은 듯 당당하더군요. 일본을 타격하기 위해서는 아시아 나라들이 연합해야 합니다. 귀국의 독립혁명 성공에 반드시 일조하겠소."[27]

1922년초 당계요의 도움으로 무릇 한국임시정부 증명서류가 있는 학생은 전부 운남육군강무당 입학이 허락됐다. 운남의 아름다운 취호 서안에 자리

---

27)《云南陸軍講武堂与韓國民族解放運動》徐万民 張子健, 云南民族大學學報, 2005年 9月 第22卷 第5期

잡은 2층 사합원 구조의 운남육군강무당에서 「운남육군강무당 교가」가 메아리쳤다.

"풍운이 도도하여 누른 사자 꿈을 깨는 듯/ 동포 4만만이여 같이 분발해 장성을 쌓자…"

충룡은 교가를 힘차게 부르며 독립의 꿈을 안고 열심히 무예를 갈고 닦았다. 충룡이 운남에서 공부하고 있다는 소식을 들은 식구들의 기분이 모처럼 활짝 피었다. 밥상에 빙 둘러앉아 효룡을 위해 마련한 색다른 음식을 먹으며 오래만에 웃고 떠들었다. 부은은 얼른 방으로 뛰어가 둘째형이 준 만돌린을 탔다. 큰형을 깜짝 놀라게 할 작정이었지만 너무 서툴러서 한마당 웃음만 자아냈다.

그날 밤, 큰형이 있는 집은 각별히 흥성흥성하고 행복했다.

황홀한 오웬기념각과 스승님

1922년 4월 1일에 부은은 능주초등학교에 입학했다가 그 이듬 해인 1923년 4월 1일에는 양림동에 있는 광주숭일소학교에 전학했다. 집이 석고리에서 다시 광주로 이사한 것이다. 부은의 유년은 다시 호랑가시나무가 있는 양림산 언덕에서 시작된다.

숭일학교는 양림산 언덕에 있었는데 반일애국학교로 유명했다. 반일독립운동에 직접 참여한 교사들이 많았고 일부 교사들은 이로 인해 해외로 추방을 당하기도 했다.

하늘이 높고 푸른 가을, 광주에서 호남 관·사립소학교 연합운동회가 개최됐다. 해마다 가을이면 호남의 20여개 소학교가 연합으로 운동회를 열곤 했는데 학교를 대표하는 결승전은 늘 치열했다.

"숭일 이겨라! 숭일 이겨라!"

사람들은 일제가 관리하는 관립학교를 따돌리고 모두 민족자부심이 강한

▲ 1922년 여덟 살 난 부은(정율성)이 입학한 능주초등학교 현재의 모습. 필자 촬영.

사립학교인 숭일학교를 응원했다. 400미터 릴레이 맨 앞장에 선 아이는 부은, 맨 뒤에 선 아이는 조카 국훈이었다. 머리칼이 바람에 나부끼고 널따란 바지가랭이가 서로 부딪치며 바람소리를 냈다. 상훈이는 경기장 밖에서 삼촌과 형의 육상코스를 따라 달리며 큰 소리로 응원했다.

"숭일 1등! 숭일 1등!…"

부은이네가 해마다 1등을 해서 뒤끝에는 늘 부은이와 조카에 대한 칭찬이 자자했다.

부은은 취미가 다양해 식물관찰에도 재미를 붙였다. 여름 방학에는 무등산에 가서 각종 동식물을 채집해 200여 종의 표본을 만들어 표본실에 제출했다. 우리는 정율성이 지은 노래들에서「생물표본 만들러 가자」라는 노래를 발견하게 된다. 1953년에 지은 노래다. 정율성이 무등산에서 표본을 채취한 시기에서 30년이란 세월이 더 흐른 뒤였다. 하지만 이 때 정율성은 무등산에서 자기 손에 잡혀 생생하게 살아있던 동·식물의 숨소리와 그 때의 희열이 떠올랐을 것이다. 훗날에도 정율성은 표본을 만들기 좋아했다. 중국의 운남, 동북, 귀주 등지에 출장을 갈 때마다 나비, 딱따구리 등 수많은 표본을 만들어 집에 걸어놓거나 해당 동·식물연구소에 보내곤 했다.

양림동에서 부은을 가장 황홀하게 한 것은 아마도 오웬기념각이었을 것이다. 오웬기념각은 양림교회의 선구자였던 서양인 선교사 오웬과 그의 할아버지를 기념해 1915년에 지은 정사각형의 회색양옥이다. 이 건물은 미국인 선교사가 설계한 광주의 첫 2층 건물이다. 건물 정면에 아치형 문과 네 개의 둥근 돌기둥이 있어 이색적이고 품위가 있다. 당시는 '남녀칠세 부동석'을 따지는 시대여서 오웬기념각은 정문에 동서로 남녀 출입문이 따로 있다. 좌석 중간에도 커튼이 쳐져 있어 남녀가 서로 얼굴을 쳐다볼 수 없게 했다. 당시 한국은 벽돌건축이 발달하지 않아 중국기술자들이 건축했다. 이 건물도 예외가 아니었다.

오웬기념각에서는 해마다 크리스마스 행사가 열렸다. 성탄절이 가까워오면 커다란 크리스마스 트리를 세운 양림동 오거리에서부터 기념각까지 길 양쪽 아카시아 나무에 촛불을 켠 청사초롱을 매달았다. 가까이에 있는 숭일학교도 종각 꼭대기 끝에서부터 팔방으로 길게 줄을 치고 청사초롱을 매달아 휘황찬란한 불빛으로 장관을 이루었다. 오는 사람들에게는 서양과자를 한 봉지씩 나눠주어 날이 어두워지면서부터 광주에 사는 아이들로 줄을 이었다.[28]

부은이 여섯 살이었던 1920년 12월의 밤, 이곳에서는 광주 사상 첫 개인 음악발표회가 열렸다. 부은의 작은 외숙모 김필례의 독창회였다. 이 강직한 여성은 아이를 잃고 오빠를 잃은 슬픔을 딛고 일어났다. 광주에서 모든 기혼여성들이 다 머리를 뒤로 쪽졌던 시기에 그녀는 짧은 컷트를 한 반양머리 스타일이었다. 검은 테의 동그란 안경을 끼고 서양 모자를 쓴 그녀는 가수이자 피아니스트였고 이 때는 수피아학교 음악교사였다.

부은은 외숙모의 공연장에 있었던 것일까? 어머니와는 남녀유별의 커튼을 사이에 두고 남자들만 앉는 객석에서 아버지와 형들의 틈에 앉아있었던 것

---

28) 〈전남일보〉 2007년부터 2년 연재, 저자 문순태, 「타오르는 별들」

일까? 그리고 외숙모가 서양노래를 부르고 피아노를 치는 모습을 황홀한 마음으로 바라보며 박수를 쳤던 것일까?

"우리 작은 외숙모야! 창가도 잘 하고 피아노도 잘 해!"

라고 친구들과 으시댔던 것일까?

1921년 5월, 오웬기념각에서 사람들은 블라디보스톡 거주 조선인학생 음악단의 댄스를 구경하고 기절초풍했다. 남녀유별 커튼을 치고 서로 얼굴도 쳐다볼 수 없는 상황인데 무대 위 젊은 남녀가 서로 껴안고 춤추는 모습이란 당시로는 대단히 충격적인 일이었다.

이해 4월에 열린 "동서양음악연주회"에서는 미국인 선교사가 악사로, 조선인음악가와 유치원 생도들이 전통음악연주를 했다. 특히 1923년도에 수피아학교 학생들이 공연한 가극「열세 집」은 열세 개 도(道)가 하나가 되는 항일투쟁가극이었는데 관객과 공연자가 함께 노래를 부르며 망국의 울분을 터뜨렸다.

"북편의 백두산과 두만강으로/ 남편의 제주도 한라산 /동편에 강원도 울릉도로/ 서편에 황해도 장산곶까지/ 우리 우리 조선의 아름다움은/ 맹호로 표시하니 십삼도로다/

호랑이 잔등 위에 올라타고서/ 질풍처럼 종횡무진 달려나갈 제 / 알프스 산맥도 막지 못하고/ 태평양 큰 물결도 두렵지 않다/ 호랑이여 달려라 용맹스럽게 / 백두산 정기의 힘이 솟는다"

나라를 잃은 백성들이 자기 나라를 찾는 모습을 상상하며 불렀을 노래, 떠올리기만 해도 뜨거운 피가 끓는다.

양림산 선교사촌에는 1904년에 첫 예배가 시작되면서부터 찬송가와 바이올린의 선율이 울려 퍼졌다. 어린 부은이 유년시절을 보냈던 10년대와 20년대에는 오웬각에서 피아노연주, 플룻연주 등의 유럽식 예술공연, 서양극이 공연되고 영화가 상영되었다. 이는 한국 다른 지역에서는 상상도 하지 못하는 일이었다. 양림교회 교인들 중에는 코오넷, 바이올린, 트럼본, 트럼펫 등

악사, 훌륭한 베이스 가수들이 있었고 교회행사는 성가대, 전도대, 음악대 등의 공연이 반드시 같이 했다. 일제가 성가를 부를 수 없도록 규정한 시기에는 주로 미국민요 등 서양가곡을 많이 불렀다.

양림동은 광주3.1운동의 진원지였을 뿐 아니라 서양음악과 민족음악의 전파지였다. 양림동의 기독교적인 사랑실천의 정신, 서양음악과 민족저항음악이 융합된 환경이 정율성의 혁명일생과 혁명음악에 커다란 영향을 주었다.

양림동에서 부은은 아동기의 음악스승을 만난다. 김태오[29]였다. 부은은 김태오에게서 "아름다운 동요와 민요들을 많이 배웠고 또 배운 노래들을 집안 식구들과 동네 어른들에게 불러드려 늘 칭찬을 받곤 했다." 악기를 배운 적 없는 그가 능수능란하게 만돌린을 탈 수 있었던 것도 김태오 선생님에게서 연주법을 배웠을 것으로 추정된다.

김태오는 숭일학교 시절에 "요인암살과 관서폭파" 목적의 반일결사대에 참가해 악질경찰, 친일고관을 타격

▲ 한국 전라남도 광주 남구 양림동에 있는 정율성거리. 필자 촬영.

하는 행동에 참가했다. 3.1운동에 참가한 탓에 학교에서 해고당하고 만다. 1921년 18세에 숭일학교 출신들과 함께 5인조 관악중주단을 구성했고 이듬해에 광주 첫 관현악단을 조직했고, 이듬해에는 이재민을 위한 광주지방 자선공연을 했다. 그 후 조선동요연구협회를 결성, 광주소년동맹의 준비위원을 담당하고 수차례 동화대회, 강연대회를 개최했다. 조선소년연합회의 중

---

29) 『중국의 광활한 대지우에서』 연변인민출판사, 1987년 출판. 17쪽 「불멸의 노래와 더불어」 최문섭은 '김태우선생님(후에 서울에 올라가 중앙대학 교무주임 겸 교수로 있었음.) 에게서 아름다운 동요와 민요들을 많이 배웠고…' 고증에 의하면 김태우가 아닌 김태오다.

앙집행위원, 신간회 광주지회 간사, 부은의 외삼촌 최흥종이 초대회장을 한 광주기독청년회 이사로 반일저항, 민족계몽 운동의 조직자였다.

부은이 선생님을 졸졸 따라다닐 때 김태오는 아직 20세 미만의 씩씩하고 멋진 청년이었다. 그는 부은의 학교 음악교사는 아니며 양림 가까이에 위치한 금정유치원 총무였다. 그럼에도 부은이 그를 자신의 선생님으로 인정한 것으로 보면 부은이 그가 관여한 소년아동조직의 활동 또는 공연에 참가했을 것으로 추정된다.

부은은 밤이면 동네아이들을 모아놓고 박자에 맞춰 지휘하며 목청껏 합창도 하고 윤창도 하였으며 노래에 맞춰 즐겁게 유희를 하면서 밤을 보냈다. 매일 뒷산에 올라가 높은 소리로 노래를 부르며 목청을 틔웠다. 해마다 봄과 가을이 되면 학교에서는 문체오락을 조직했는데 부은은 독창도 잘하고 춤도 잘 추었고 연극에서는 주요배역을 맡았다. 부은은 인기가 좋아 대회에서 인기를 독차지하다시피 했다. 그는 미국민요「나를 유지니 고향에 데려다줘요」,「메기의 추억」등 서양가곡과「그리운 강남」,「닐리리야」등을 불렀다.

그 뒤 반세기가 지난 후, 부은은, 정율성은「메기의 추억」을 녹음테이프에 담아놓는다. 웅글은 고음, 사람은 갔지만 육성은 생생하게 남아있다. 필자는 그 목소리를 들으며 고향에 대한 정율성의 사무치는 그리움을 가슴 찡하게 느꼈다.

"옛날에 금잔디 동산에/ 메기 같이 앉아서 놀던 곳/ 물레방아 소리 들린다/ 메기야 내 사랑하는 메기야"

어린 시절 부은의 천재성을 깨우쳐준 김태오는 그 후 일본 니혼다이(日本大) 법문학부를 졸업하고 경성보육학교 교원을 거쳐 한국의 명문대인 중앙대학교 학장과 부총장을 지냈다. 애석하게도 그는 부은이 중국 3대 악성의 한 사람인 정율성으로 거듭난 사실을 알지 못한 채 1970년에 67세를 일기로 세상을 떠났다.

큰형의 두 번째 체포, 그리고 누나의 죽음

　큰형은 감옥에서 출소한 뒤에도 주저앉지 않았다. 이름을 "정남근(鄭南權)"으로 고치고 노농운동에 뛰어들었다. 광주소작인연합회 집행위원이었던 그는 1923년 2월 17일[30]에 순천 서면청년회에서 주최한 농민대회에서 다른 농민운동 간부들과 함께 「소작인의 정경과 장래 실현」, 「소작인아 단결하라」 등의 제목으로 강연을 하여 농민의 단결과 투쟁의 필요성을 계몽, 선전하고 농민의 계급의식을 고취하였다. 일제의 문서에 의하면 그는 "광주본촌면소작인회" 대표자격으로 1924년 4월 서울에서 개최된 사회주의 노농운동단체인 조선노농총동맹 발기회의에 참석하기도 하였다. 이 조직에는 2백60여 개 회원단체가 가입하였고, 회원 수는 5만 3천여 명에 이르렀다. 큰형은 이 대회에서 전형위원에 당선된다. 대회는 각 지방 노동단체를 조직, 원조하고 노농운동의 원칙에 배치되는 단체는 깨뜨리고, 강습소나 팜플렛으로 노동·농민의식을 높이고, 8시간 노동과 최저임금제를 결의하였다. 그러나 일제는 노농운동을 탄압했고 이들을 모두 "불량선인"으로 몰아 체포했다.
　아이러니하게도 해방된 한국에서도 그 후손들은 자신의 아버지, 할아버지가 조선노농총동맹에 참여했던 사실을 드러낼 수 없었다. 그것이 알려지면 "빨갱이" 자식이라고 고통을 당했다. "조선노농총동맹도 쉽게 입에 담기 힘든 이름이었다. 많은 노동자들에게 조선노농총동맹이라는 조직은 아직도 낯선 이름이다."[31] 그러했으니 정씨네 대가족에게 있어 이 이야기는 결코 쉽게 입에 올릴 수 없는 이야기였을 것이다.
　정효룡은 가명을 썼지만 어느새 일제에 노출되고 있었다. 그리고 어느 날 밤, 그는 집으로 오지 않았다. 늘 있는 일이었다. 정해업은 아들이 어딘가에 숨어 있다가 바람이 잦아들면 집으로 돌아오겠거니 했다. 그런데 여러 날 지나도 소식이 없었다.

---

30) 출처 : 순천 www.suncheon.go.kr/open_content/about/sisa/politics/politics/순천시사/민족운동과 사회운동 /2) 면청년회와 노동청년회의 결성
31) 『박준성의 노동자 역사 이야기』 저자 박준성, 도서출판 이후, 2009년 6월

1924년 12월 28일, 뒤숭숭한 나날이다. 정해업은 높은 덕망 때문에 금정교회 서리집사 4인에 당선되었다. 최흥종이 당회장 겸 담임목사를 지내던 교회이다. 정씨 일가에 대한 최흥종의 영향은 지속적이었다.

　곧 한 해가 지나고 1925년이 왔다. 1월 7일, 정해업은 양림동 예배당 신축에 20원을 기부했다. 당시로서는 쌀 일곱 가마니의 가격이다. 그리하여 일설에서는 정율성의 가정이 당시로 말하면 경제적으로 막막하지 않았던 수준이라고 한다. 그러나 정상훈의 글 「꿈많은 동년」을 참고하면 정해업의 생활은 결코 넉넉하지 않았다. 그에게서 기독교의 위치가 얼마나 중요했는지를 알 수 있다.

　새해가 왔는데도 효룡에게서 소식이 없자 정해업은 밤잠을 이루지 못했다. 불행한 소식이 전해왔다. 전해 12월 10일, 효룡은 또다시 일경에 체포됐다는 것이다. 이번에는 "출판법 위반 공갈죄"로 잡혔다. 아마도 노농운동과 관계되는 선전물을 만들거나 배포했던 것으로 보인다. 부은이도 이제는 부모의 얼굴을 보고 상황을 짐작할 수 있는 나이가 되었다. 형 때문에 침식을 잃어가는 어머니와 아버지를 바라보며 부은은 노래도 부르지 않고 안절부절했다.

　불행은 정씨일가에 또 겹으로 찾아왔다. 효룡이 처음 체포되었을 때와 똑같은 상황이 벌어졌다. 겨울의 마지막 바람이 격자무늬의 문을 드으으 울리는 아침, 이날은 '어서 일어나 아침 먹어'라고 부은을 깨우는 사람이 없었다. 창밖에는 봄을 부르는 바람소리만 세찼다. 언제부터인지 어머니와 아버지, 그리고 큰누나 숭이의 자리가 비어 있었다.

　오전이 다 되어서야 문이 열렸다. 통곡소리가 낮은 초가를 흔들었다. 큰누나 숭이가 죽었다. 무슨 병으로 죽었는지는 알 수 없다. 동생 귀은이가 죽은 지 겨우 삼년, 아직도 귀은이를 잃은 슬픔이 견고하지 않은 딱지 밑에 그대로 있는데 1925년 2월 28일 오전 8시에 큰누나 숭이가 양림리 제중원에서 눈을 감았다. 꽃망울을 터뜨릴 나이, 19세였다. 딸이 박명인 집인지라 최영온은 늘 조마조마해서 비둘기 같은 딸 둘을 숭얼아, 봉얼아, 라고 부르며 무척 이뻐했다. 그런데 딸 다섯 명 중 이제는 봉은이 한 명만 남았다. 부은의 형제 10명 중 다섯이 그들을 떠났다.

부은이도 이제는 사람이 죽으면 다시 만날 수 없다는 사실을 아는 나이다. 그리하여 누나를 목놓아 부르며 울었다.

스무날이 지났다. 정해업은 그 슬픔에 오래 머무를 수 없었다. 정효룡이 체포된 지 꼬박 100일이 되는 날인 1925년 3월 20일, 이날은 대구복심법원에서 정효룡을 판결하는 날이었다. 효룡은 1심에서 징역 1년 6개월, 미결구류 통산 100일로 판결받았다.

두 번째로 잡혀 들어간 아들을 생각하면 정해업은 미칠듯이 가슴이 옥죄어들었다. 지난번에도 반죽음이 돼 돌아온 아들을 생각하면 앉아서만 있을 수 없었다. 정해업은 문을 박차고 나가 바지가랭이가 휘둘릴 정도로 허둥지둥 걸어갔다. 아들을 구할 방도를 찾아야 했다.

또다시 피를 말리는 6월 4일이 왔다. 이날은 2심이 진행되는 날이다. 정해업은 흘러내리는 땀에 저고리가 푹 젖었다. 대구복심법원 앞에서 발을 동동 굴렸다. 드디어 2심결과가 나왔다. 그동안 지푸라기라도 잡는 심정으로 온갖 방법을 다 취했더니 하느님은 드디어 보상을 해주었다. 결과는 "공소취하"였다.

6개월 동안 옥살이를 해 반쪽이 된 아들을 껴안고 정해업은 조심스레 사위를 둘러보았다. 얼른 아들을 어디론가 감추고 싶었다. 바삐 집으로 발걸음을 재촉했다.

아, 큰형이 돌아왔다. 부은은 형의 품에 얼굴을 파묻었다. 얼마나 걱정했는지 모른다. 부은은 형의 상처를 만지며 분노가 치밀어 올랐다.

"형, 내가 그 자식들을 죽여 줄거야! 꼭 죽여 버릴거야!"

부은의 가슴에서 복수의 불길이 타올랐다.

"그래, 너도 어서 커서 형과 함께 그 자식들을 죽여주자."

효룡은 동생이 그동안 많이 성장했다는 생각에 부은을 꼭 껴안아주었다.

그리고 어느 날, 부은은 눈이 휘둥그레졌다. 큰형이 짐을 꾸린 것이다. 오랫동안 3대가 한 집에 살았는데 큰형 식구가 한꺼번에 다 떠나간다. 짐은 단출하여 순식간에 꾸려졌다. 부은이와는 삼촌, 조카 사이지만 절친한 친구이고 심부름꾼이었던 국훈이, 상훈이까지 다 떠나버렸다. 그들 일가족은 상해로 향했다.[32] 섭섭하기 그지없었다. 무엇보다 형이 걱정스럽다. 가지마, 또 경찰에 잡히면 어떡해. 하지만 부은은 덥석 잡아끌던 형의 팔을 슬그머니 놓았다. 아버지와 어머니의 기색이 그랬다. 나라독립을 위해 내친걸음 여기에서 멈추면 사나이도 아니지.

큰형 일가가 떠나버리자 집안은 휑뎅그렁했다. 부은은 문밖으로 뛰쳐나가 그들이 보이지 않을 때까지 손을 흔들었다. 그렇게 본 큰형의 뒷모습이 마지막일 줄은 몰랐다.

형들이 사라진 뒤로 길이 쭉 뻗어 양림천의 작은 다리까지 이어졌다. 형들이 떠난 길은 곧 부은이 떠날 길이었다. 그리하여 나중에 부은이 중국으로 떠나갈 때 모든 것은 미리 정해진 듯이 그처럼 자연스러운 일이었다.

그것은 나라의 운명에 따른 이들 가족의 운명이었다.

대혁명의 소용돌이속에서

누님까지 사망하자 부은은 더욱 형들이 그리웠다. 자나깨나 대문 밖을 바라보며 언젠가 문득 큰형, 둘째형이 중국에서 돌아와 이 집이 또다시 활기에 넘치고 자신도 친구들 앞에서 어깨에 힘을 주고 다닐 수 있기를 바랐다.

그러던 어느 날, 부은은 먼 길을 떠나는 아버지와 작은 누님 봉은이를 보고 깜짝 놀랐다.

"아부지, 누님, 어디로 가는거야?"

봉은이 기쁜 어조로 말했다.

"아부지랑 나랑 둘째 오빠 보러 가. 그러니까 넌 의은형이랑 같이 집을 잘 돌봐!"

이 때 부은은 숭일학교 5학년이고 의은은 중학교 1학년이었다.

봉은이는 한창 꽃피는 이팔청춘 낭랑 19세였다. 키는 훤칠하게 크고 목소

---

32) 『항일전사 정율성 평전』, 이종한 저, 지식산업사 출판. 2006년 12월 출간

리도 쇳소리처럼 맑다. 어머니를 닮아 성격이 시원시원하고 주장이 분명했다. 오빠들이 있는 중국으로 간다는 것이 그에게는 무엇으로도 바꿀 수 없는 행복이었다.

"와! 중국으로 가는 거야?"

부은은 부러운 심정으로 아버지와 누님이 보이지 않을 때까지 힘껏 손을 저었다.

정율성은 "나의 정력서"에 다음과 같이 술회했다.

"누나 정봉은은…1926년 전후에 아버지와 함께 나의 둘째형 정인제를 보러 중국 한구에 왔다."

그동안 충룡은 운남육군강무당을 졸업했다. 그는 조선호남-조선청년독립단 대표 자격으로 1923년 1월부터 약 5개월간 상해 창흥리1호에 머물면서 국민들을 단합하기 위해 개최된 대한민국임시정부 국민대표회의에 참가하였다. 이때로부터 조선총독부 경찰부는 "정인제"라는 이름으로 충룡의 행적을 추적하기 시작했다.

대표회의에는 중국, 러시아, 한국에 있는 조선인 독립운동가 약 120명이 모였다. 상해에서 발행된 1월 31일 〈독립신문〉은 맨 아래쪽 귀퉁이에 "ㅇㅇ청년ㅇㅇ단 대표 정인제"라는 이름으로 그의 회의참석 소식을 게재했다. "ㅇㅇ"은 그의 신분을 은폐하기 위한 수단으로 보인다. 1월 29일에 그는 안창호의 사회로 개최된 심사자격회의에서 대표자격 인증을 거쳤다. 국민대표회의는 독립운동의 방향 등에 대해 심도있게 토론했다. 무장독립, 외교독립 등 여러 가지 견해들이 난립하고 파벌과 이념 간의 대립으로 인해 진통을 겪었다. 그동안 충룡은 어떻게 하는 것이 나라를 구하는 길인지에 대해 심각하게 고민했다.

충룡은 상해 대한민국임시정부를 해체하고 새롭게 조직해야 한다는 창조파와 임시정부를 유지하면서 개조, 보완해야 한다는 개조파 사이에서 갈등했다. 1923년 3월 16일에 조선총독부 경무국이 발송한 문서에는 그가 "중도파"로 분류되어 있다. 하지만 그는 이해 6월 3일에 발표된 임시정부개선 촉구의 개조파 "성명서"에 서명하면서 중도파로부터 개조파로 전향하여 항일독립이념을 새롭게 정립했다.

그의 1924년 근무지는 사천중경육군30사 사령부였다. 그는 당시 의열단 성원 25명 중의 한 명이었다.

의열단은 "조선의 독립과 세계의 평등을 위하여 신명을 희생하기로" 약속하고 1919년 11월 9일 밤 길림성 파호문 밖 중국인 반씨 집에서 한국 밀양 출신 김원봉이 고향친구 윤세주 등 독립운동가들과 함께 설립한 비밀결사조직이다. 김원봉은 충룡의 상관이었고 나중에는 부은의 상관이 되었다.

김원봉은 12세에 한일합방, 국권이 피탈되었다는 소식을 듣고 대성통곡을 했다. 1916년 18세에 고향을 떠나 천진 덕화학당, 남경 금릉대학 등에서 군사학, 독일어, 영어를 공부하고 현재의 길림성 류하 대두자촌에 건립된 신흥무관학교에서 공부했다.

그의 의열단은 일제 침략기관 파괴와 침략원흉 응징을 활동목표로 삼았다. 암살대상에는 일본식민지로 전락한 대만의 직접적인 통치자 "대만 총독"도 망라되어 있다. 의열단은 1920년 3월부터 1925년까지 밀양, 종로경찰서 폭파, 부산경찰서장 폭사, 일제밀정 처단, 동양척식주식회사와 조선식산은행습격 등 일제에 대한 수백여 차례의 투쟁에서 큰 성과를 거두었다. 하지만 곧 이런 국부적인 테러활동으로는 혁명을 성공할 수 없다는 결론에 도달하고 방향과 방침을 수정했다.

이 해 1926년에 중국 광동국민정부가 발동한 북양군벌을 반대한 북벌전쟁이 폭발했다. 북양군벌은 원세개 사망 후 각 성을 나누어 차지했다. 중앙정부에 대한 통제권을 뺏기 위해 각기 열강들을 업고 일본과 서양 제국주의자들의 이권개입의 길을 열어주어 외침을 가속화시켰다. 이에 앞서 1924년 1월 소련의 도움으로 제1차 국공 양당의 합작이 실현되었다.

"한국의 재중(在中) 독립운동가들 가운데는 중국혁명의 성공이 곧 한국의 독립해방의 첫걸음이 된다는 인식에서 중국혁명의 추이를 주시하며 그의 성공에 큰 기대를 걸거나 혹은 혁명운동의 대열에 자진 참여하려는 움직임이 활발해졌다."³³⁾ "좌익이건 우익이건 모든 조선인은 중국에서 일어난 이 새로운 물결의 파도가 높아지는 것을 보고, 그것이 조국해방의 첫걸음이라고 생각하고는 대단히 기뻐했다."³⁴⁾ 이들의 항일구국투쟁을 적극 지원하는 손중산의 호법정권과 공산국제의 지원이 있고 공동의 적을 물리치기 위해 중국공산당의 활동이 공개된 광주가 당시로는 조선인 혁명가의 가장 좋은 혁명의 무대였다. 중국혁명을 완성시키고 국제적인 연대를 통해 나라독립을 실현하는 것, 이것이 바로 이들의 어깨에 놓인 이중사명이었다.

1927년까지 800여명의 조선인 청년들이 북벌전쟁에 참가했다. "만주의 독립군 약 400명이 의용병으로 왔고, 시베리아에서는 러시아 10월혁명 이래 계속 투쟁한 경력을 갖고 있거나 다년간에 걸쳐 시베리아 유격대에서 활동한 경험이 있는 사람들이 100명 이상 왔으며, 또한 국내에서도 100명이 왔다. 모스크바에서 직접 훈련을 받은 마르크스주의 학생 30명도 보로딘의 고문단에 끼어 함께 왔다."³⁵⁾ 황포군관학교에는 제3기부터 제6기에 40명이 넘는 조선인 학생들이 재학했고 훗날 조선민주주의인민공화국의 주요지도자가 된 최용건 등 조선인 혁명가들이 군사교관, 생도대장 등 요직을 담당했다. 국립중산대학교에도 1927년 5월까지 52명의 조선인 학생들이 재학했다.³⁶⁾

김원봉의 의열단도 발빠르게 광동으로 이동했다. 1926년 3월, 김원봉은 당시 황포군관학교 교장실 부관으로 있던 한국인 손두환의 주선으로 상해에서 비밀리에 황포군관학교 학생모집을 책임진 중국인 진과부를 만났다. 김원봉과 박건웅 등 그의 의열단 17명은 진과부의 편지를 가지고 황포군관

---

33) 「1930년대 의열단(義烈團)의 항일청년투사(抗日靑年鬪士) 양성(養成)에 관한 연구(研究)」-의열단(義烈團) 간부학교(幹部學校)를 중심으로- 김영범(金榮範)
34) 『아리랑』, 님 웨일즈, 김산 지음, 송영인 옮김, 2009년 12월 30일, 동녘출간, 제203페이지
35) 『아리랑』, 님 웨일즈, 김산 지음, 송영인 옮김, 2009년 12월 30일, 동녘출간, 제203페이지
36) 「광주봉기의 조선인 영령들을 찾아서」 권혁수 : 동북사범대학 역사문화학원 박사과정지도교수, 〈길림신문〉 2009년 2월 7일

학교 정치부주임인 중국인 소력자를 찾아갔고, 그를 통해 편지를 장개석 교장에게 보냈다. 소력자는 중공당원이었다. 장개석은 이들의 입교 및 학비면제를 약속했다. 간단한 입시시험을 거쳐 이들은 전부 황포군관학교 제4기 학원에 합격했다. 김원봉은 보병과 제1단(單) 제5련, 박건웅은 제4련에 소속됐다.

"군교에서 공부하는 동안 김원봉은 탁월한 조직능력과 우수한 영도재능을 발휘했다. 1927년 1월에 그는 정치부 소위교관으로 학교에 남았다. 당시 황포군관학교에서 교관을 담당한 사람들 중에는 한국독립운동가 김산, 김규광도 있었다." 중국공산당원 김규광은 당에 의해 황포군관학교 제4기 입오생 교관으로 파견되었으며 1926년 초에는 국민혁명군 제4군 광주류수부대 패장, 부대장, 연지도원을 담당했다.

이들 김원봉, 박건웅, 김규광, 김산은 모두가 둘째형 정충룡 정인제의 동지들이다. 아울러 이후 부은의 직속 상관이 되어 남경에서의 혁명인생에 가장 중요한 영향을 미쳤다. 그중 박건웅은 부은의 미래 자형이기도 했다. 이들은 국공합작의 북벌전쟁에 적극 참전해 새로운 투쟁경험을 모색했다.

국민혁명군 북벌군은 불과 수 개월만에 파죽지세로 밀고나가 역량이 훨씬 강했던 북양군벌들을 소멸하고 호남, 호북, 강서를 점령하며 대 승리를 거두었다. 천군(川軍)에서 복무했던 충룡이는 의열단과 밀접한 연계를 가지는 한편 처절한 북벌전쟁에서 북양군벌과 혈전을 벌였다.

정율성은 다음과 같이 술회했다.

"둘째형 정인제는 …중국대혁명시기에 국민혁명군 제24군에서 중좌참모를 담당하고 무한 등지에서 활동했다."

여기에서 작은 문제점이 발견된다. 국민혁명군 제24군 전신은 천군 제8사 독립여이다. 하지만 충룡이 복무했던 "사천중경육군30사"는 북벌전쟁시기에 "국민혁명군제28군"에 편입됐다. 정상적인 상황이라면 정충룡은 국민혁명군 제24군이 아닌 제28군에 소속돼야 한다. 정율성이 잘못 기억했던가,

아니면 어떤 특별한 원인으로 인해 충룡이 제24군에 편입됐던가 양자 중의 하나일 것이다.

정해업은 충룡이와 밀접한 연결을 가지고 있었다. 정해업의 중국행에 실마리가 될만한 자료가 있다. 김규광의 중국인 아내 두군혜의 증언이다.

"가정생활이 곤란해 부친과 여동생, 즉 정율성의 누님을 남조선으로부터 중국으로 데려와서 종군가족으로 있었다."

이 증언이 틀림이 없다면 정해업의 중국행이 가족의 중국이주를 염두에 둔 행보가 아니었을까? 언젠가 중국에 와 독립운동을 하려고 상해를 떠났던 정해업이다. 이제 이곳에서 삶의 터전을 마련하고 독립운동을 하는 효룡과 충룡의 뒷바라지를 할 수 있다면 이 역시 그의 오랜 소망이 아니었겠는가.

당시 중국은 대도시에서 가장 큰 셋집이 월 4,50원 정도이고 고기 한 근에 10전이었다. 일반적인 경우에는 중좌참모 월급이 170원이었다. 가족을 먹여 살릴만한 능력은 가능했다. 충룡의 종군가족 타산이 있었을 법한 대목이다.

1926년 9월 7일, 국민혁명군은 한구를 공략했다. 1927년초에 무창, 한양, 한구를 합병해 수도로 정하고 통일적인 무한시정부를 세운다. 정해업의 한구행은 아마도 충룡의 신변이 안정된 1927년 초 이후에 이루어진 듯 싶다.

정해업은 배를 타고 상해에 도착해 다시 기차를 타고 수일에 걸쳐서야 중국 한구에 도착해 충룡을 만났다. 중국국민혁명군 중좌계급장을 단 늠름한 아들을 보자 여로의 피로도 까맣게 잊고 아들을 덥석 품에 안았다. 1919년 12월에 중국으로 떠난 후 거의 8년이나 보지 못했다. 얼마나 보고 싶었던 자식인가! 27세의 씩씩하고 튼튼한 자식을 품에 안고 보니 그동안 허공에 떠있던 마음이 차분히 갈앉으며 심신이 편안했다.

'지금쯤 독립이 이뤄져서 아들을 앞 세우고 귀국할 수만 있다면 얼마나 좋으랴!'

정해업은 문득 이런 생각을 하며 자식을 더욱 꽉 껴안았다.

정씨네 일가는 충룡이를 만나는 이 여정에 새 인연이 기다리고 있는 줄은 감감 몰랐다.

외가와는 달라진 길, 그리고 무한에서 맺은 인연

정해업과 봉은이 씩씩한 군인 충룡이 뒤를 따라 부지런히 발걸음을 옮겼다.
한구의 번화가가 한눈에 안겨왔다. 한구는 화중복지로 호북, 호남, 강서 등 아홉 개 성을 관통하는 교통요지다. 중국 4대통상항구의 하나로 전국의 상업무역의 중심지다. 길이 사방팔방으로 환히 트이고 각 나라 국기가 펄럭이는 외국은행, 중국 현대금융기구들, 전통식 민간금융기구인 전장(錢庄), 표호(票号), 전포(錢鋪) 등이 수풀처럼 섰다. 영국, 프랑스 등 외국 조차지에는 고딕식, 로코코식, 바로크식 서양건물이 도처에 화려한 모습으로 솟아있다. 봉은은 거리를 둘러보며 황홀한 표정이다.

충룡이 발걸음을 멈춘 곳은 풍경이 수려한 곳에 우뚝 솟은 붉은색 벽돌로 지은 5층짜리 서양식 건물 앞이었다. 정해업의 눈이 휘둥그레지고 봉은의 입이 커다랗게 ㅇ자형이 되었다.

"어머, 내가 다닐 학교가 이거예요?"

충룡이 빙그레 웃었다. 동생이 놀라는 것이 재미있고 행복했다.

그들은 한구성약슬여학교 앞에 서있었다. 1911년에 이탈리아수녀가 창립한 성약슬여자학교(聖若瑟女校)는 약 이태 전에 건물을 신축하고 이사했다. 유치원부로부터 중학부까지 설치돼 전국에 유명했는데 이듬해에는 또 고등부까지 두어 유학생들의 마음을 사로잡았다. 학교는 200여명의 학생이 있고 50여명 학생이 기숙했는데 프랑스어반과 영어반으로 나뉘어 있었다. 정문에 우뚝 솟은 두 개의 시멘트 원형기둥이 흰색 테두리를 한 베란다를 받쳐준다. 정문에는 "정경정경(靜敬淨竟)", 즉 침착, 수례, 정결, 진보를 뜻하는 교훈이 걸려 있었다. 안으로 들어가면 교실바닥은 주홍색 널마루가 깔려 있고 유리창에는 우드블라인드가 걸려 있다. 복도는 널찍하고 바닥과 층계는 테라조로 돼있어 깔끔했다. 봉은은 기뻐서 입을 다물지 못했다. 정해업도 싱글벙글했다.

▲ 정율성의 누나 정봉은이 유학했던 중국 무한의 한구성약슬학교(漢口聖約瑟學校) 옛 모습.

봉은은 이 학교 초중부 3학년에 입학했다.

그동안 봉은은 가사를 돕기 위해 1918년 7월 1일에 능주공립보통학교를 자퇴한 후 더는 공부하지 못했다. 그리하여 정해업의 부채감이 컸다. 그런데 딸은 유학을 하게 되었고 둘째 아들은 씩씩한 군인이 되어 독립운동에 매진하고 있었다. 이번 한구행에 정해업은 무척 만족했다.

금상첨화라고 할까. 정씨가문에 새 인연이 등장했다.

키는 크지 않지만 몸매가 다부지고 눈빛이 강한 22세의 청년, 빠른 평안도 사투리로 자신의 견해를 조리정연하게 설명하는 그는 충룡의 후배였다. 그는 봉은의 마음을 확 사로잡았다. 이를 눈치 챈 정해업은 무척 기뻤다. 그가 바로 박건웅, 일제의 추적기록에는 "김정우"라는 이름으로 더 많이 기록돼 있다.

정율성은 누님 정봉은이 "1926년 좌우에 부친과 함께 중국 한구에서 …박건웅을 알게 되었다."라고 술회했다.

박건웅은 평안도 의주의 가난한 소작농 집에서 태어났다. 어머니는 산후 바람으로 그가 태어난 지 몇 해 되지 않아 사망하고 그는 몇 살 위인 누나의 보살핌으로 컸다. 14세의 어린 나이에 3.1운동에 참가하고 민족의 출로를 찾기 위해 홀로 중국으로 왔다. 1924년에는 상해청년동맹에 참가해 활동했다. 1925년에는 조선공산당 당원으로서 김원봉과 함께 북평레닌주의정치학교 지도자를 담당했다. 1926년에는 황포군관학교를 졸업하고 국민혁명군 소위로 있었다. 이즈음 그는 무한촉성회를 조직하는 일 때문에 무한으로 왔다.

북벌군은 파죽지세로 양자강 유역까지 도달해 승리를 거듭했다. 한국독립운동가들은 북벌전쟁의 승리에 열광했다. 한반도의 독립이 눈앞에 보이는 듯했기 때문이다. 이제 다음은 "화북으로! 그리고 조선으로!" 이들의 가슴은 "미칠듯이 기뻐 날뛰었다!"[37]

국민혁명군의 승리는 민족독립의 모델을 제시했다. 바로 국공합작이다. 해내외에 흩어져있는 한국인 독립단체들은 서로 연합하여 민족유일당을 만들고 공동으로 일제에 대항하자는 목소리가 높아졌다. 김규광이 광동에서, 부은의 외숙모 김필례의 형부 김규식은 상해에서 민족유일당 촉성회를 조직했다. 박건웅은 무한에서 촉성회를 조직하기로 했다. 그러나 뜻밖의 사태가 벌어졌다. 1927년 4월 12일, 장개석은 총부리를 공산당에 돌렸다. 상해에서 3일만에 300여 명이 피살되고 500여 명이 체포되고 5천여 명이 실종되었다. 광주에서는 2,3개월내에 2,100여 명이 피살되었다.[38] 조선혁명자들은 경악했다. 그들의 모델-국공합작이 파탄되고 국민당과 공산당은 적대적인 관계가 되었다. 그들은 좌절과 실망 속에서 고민했다.

장개석의 남경정부가 무한국민정부와 대립하자 국민혁명군에 있던 조선인군인들과 황포군관학교에 있던 조선인학생 약 200명은 모두 무한국민정부를 지원하기 위해 무한으로 옮겨왔다. 그중 150명이 황포군관학교 무한분교에 입학했다.[39] 무한분교는 국민당 좌파와 중국공산당이 연합해서 꾸린 학교로 공산당원 운대영이 정치총교관을 담당했다. 4월 18일 박건웅도 무한으로 이동했다.

---

37) 『아리랑』 님웨일즈, 김산 지음, 송영인 옮김, 2009년 12월 30일. 217쪽
38) 『장개석: 계구에서 자호까지』 방영강 저, 화문출판사(蔣介石：從溪口到慈湖 方永剛 華文出版社)
39) 대형다큐멘터리 「중국관내의 조선민족 혈흔」, 서봉학, 〈연변일보〉, 2006년 3월 10일

무한에서 충룡은 상해에서 늘 만나곤 했던 박건웅을 얼싸안으며 반갑게 포옹했다.

"자네 결정을 잘 했어. 이번 국공합작은 실패했어. 하지만 일본이 중국에 대한 전면적인 침략을 준비하고 있는 상황에서 오로지 이 길만이 중국혁명의 성공의 길이라고 생각하네. 우리도 마찬가지네. 민족유일당 촉성회를 설립해야만 독립운동을 성공시킬 수 있네!"

충룡은 자기보다 8살이 어린 후배지만 박건웅을 깊이 믿었다.

박건웅은 7월초에 무한지역 독립운동가 150명으로 무한촉성회를 조직했다. 시국이 시국이니만큼 시간은 많지 않았지만 봉은이와 박건웅은 처음 만났을 때부터 서로를 사랑했다. 정해업의 한구행은 원만했다. 중국국민혁명군 중좌로 있으면서 나라의 독립을 위해 매진하고 있는 둘째아들을 만났고 봉은이는 유학을 시켰다. 게다가 사위가 될 사람까지 점찍어놓았다. 마음이 흐뭇했다. 하지만 한편으로는 딸 다섯에서 유일하게 살아남은 봉은이가 독립운동가의 아내로 중국에서 살 것을 생각하니 마음이 짠했다. 이른 아침, 정해업은 딸을 불렀다.

"봉은아, 이걸 가지고 열심히 공부하거라. 아부지는 하나밖에 없는 딸을 꼭 공부시키고 싶었다. 이걸로 학비와 생활비에 보태거라."

금팔찌들이었다.[40] 봉은은 눈물이 글썽거렸다. 그 어려운 세월에 어떻게 마련한 것일까. 정해업은 금팔찌를 봉은의 두 팔에 끼워주며 딸의 머리를 쓰다듬었다.

정해업이 고향으로 돌아온 지 얼마 되지 않아 부은의 작은 외삼촌 최영욱 부부도 미국에서 돌아왔다. 1927년 7월 〈중외일보〉에는 "금의환향한 최영욱 박사 부부"라는 제목의 기사가 실렸다. 기사에는 최영욱이 "조지아주 에모리대학 의학박사 학위"를, 김필례는 "액네스컴대학[41]과 콜럼비아대학 학사학위"를 취득했다는 소식이 실렸다. 그들은 신지식으로 무장된 열강들로

---

40) 박의란 구술
41) 현재 엑네스컷대학이라고 번역됨.

부터 나라를 되찾으려면 더욱 많은 지식인이 필요하고 민중에 대한 신지식 계몽이 필요하다고 생각했다.

이로써 부은 형제는 외가와는 다른 길로 나가고 있었다.

최영욱은 미국에서 돌아오자 바로 양림동에서 제중원 원장을 하면서 나환자와 빈민에 대한 치료봉사를 했으며 국민계몽을 위한 강연회에도 나섰다.

김필례는 아이를 낳을 수 없는 여자가 됐지만 유아교육에는 발 벗고 나섰다. 1922년에 양림동의 유치원 인수를 위해 동료와 함께 자선음악회를 개최했다. 그해에 북경에서 개최된 세계기독교학생대회에 참석해 식민지사회 여성해방에 대해 역설했다. 미국 유학기간에는 세계기독학생연맹에 참가하고 돌아와 한국기독교여자청년회를 조직해 세계연맹에 가입하고 농촌부녀자교육운동을 일으켰다. 수피아 여자중학교 교감을 맡아 여성교육에 힘쓰며 반일단체인 신간회의 자매단체 근우회를 창설해 여성해방운동에 앞장섰다.

큰외삼촌 최흥종은 반일독립운동에 헌신적으로 뛰어들었다. 하지만 일제가 "황국 신민의 신사 참배는 의무다"라는 것을 이유로 1930년대부터 교회를 직접적으로 탄압하기 시작하자 한계에 부딪쳤다. 교회는 수많은 항쟁과 희생을 했지만 결국 단단히 무장한 일본군 앞에서 이 국면을 돌려세우지는 못했다. 양심적인 신자들은 뿔뿔이 흩어지고 살아남은 교회는 민중의 삶을 외면했다. 민중의 아픔과 십자가를 피했다. 오직 모여서 형식적 예배를 드림으로써 천국행 티켓과 축복권을 얻는 것이 유일한 목적이며 뜻이 되었다. 교회가 변질되자 최흥종은 1935년 3월 광주청년기독교회 회장을 사임하고 자신의 사망통고서를 발송했다. 자신은 이미 죽은 몸이니 더는 찾지 말아달라고 했다. 그는 스스로 거세수술을 받고 거지들과 나환자들을 이끌고 깊은 산골에 은거해 그들을 돌보면서 오로지 나환자의 "아버지"로 살았다. 이는 일제의 신사참배 강요에 대한 자신만의 항쟁방식이었다. 나라는 망했고 세속에서의 그는 죽었다. 오로지 하나님을 위한 신자의 삶만이 남았다.

정해업의 자식들은 분명히 외가의 깊은 영향을 받고 독립운동에 나섰으면서도 길은 달랐다. 1919년 3.1운동의 실패와 더불어 직업혁명가의 길을 걸었다. 비록 정해업의 자식들이나 외가가 모두 나라독립을 위한 길로 나아갔지만 하나는 폭력으로 침탈된 국권을 일제로부터 되찾아 나라를 구하는 길이요, 하나는 비폭력방식인 기독교를 통한 국민계몽, 국력향상과 사회봉사로 나라를 구하는 길이었다.

멀리 앞에 바라보이는 빛나는 등대를 향해 그들은 다 같이 헌신하며 힘차게 노를 저어 나아갔다. 하지만 그것을 향해 가는 길은 달랐다. 당시로서는 더 빨리 광복으로 나가는 길을 나름대로 선택했을 따름이다. 하지만 반세기가 흘러간 뒤, 이들은 서로 달라져 있었다. 하나는 좌요, 하나는 우였다. 이데올로기라는 것이 수십 년 세월 뜨거운 애국의 피로 광복을 맞이한 어느 시점에서부터 뛰어 넘을 수 없는 골짜기를 만들었다. 열강들에 의해 남북이 분단된 뒤, 이데올로기는 동족상잔의 치유할 수 없는 상처와 희생을 만들었다. 그것은 한반도 역사의 비극이었다.

부은이 작은 외삼촌 최영욱의 양자가 되었더라면 어찌 되었을까? 호남지역 첫 양의사였던 최영욱처럼 미국유학을 하고 의술로 나환자와 빈민을 구제하는 길을 걸었을까? 김필례처럼 기독교로 나라를 구하는 길을 걸었을까?

이 때 부은의 길은 이미 결정돼 있었다. 그것은 바로 형들이 간 길이었다.

1927년, 둘째형의 희생

식민지 한반도는 역사의 소용돌이에서 뒤뚱거렸다. 따라서 그 역사에 깊이 얽힌 부은 가족의 운명도 결코 평탄할 수 없었다. 정씨일가의 기쁨도 잠시였다.

비보, 그리고 또 비보…

어느 해, 어느 날, 어떻게 전해졌는지는 알 수 없다. 봉은이 보내온 전보였을까? 편지였을까? 아니면 봉은이 귀국해서야 알게 된 것일까?

둘째형 충룡이 희생되었다. 부은은 언제 알았을까? 부은의 나이 열세 살이었다.

정율성은 다음과 같이 술회했다.

"어떤 사람들은 그가 대혁명 중에 희생됐다고 한다. 또 급성뇌막염을 앓다가 죽었다는 설도 있다."

한구에서 씩씩한 아들을 품에 안았던 느낌이 아직 생생한데 아들이 죽었다니, 아버지 정해업은 믿을 수가 없었다. 눈앞이 캄캄할 뿐이었다.
충룡은 대혁명 중 언제 희생된 것일까?
장개석의 정변에 이어 무한정부 왕정위도 7월에 곧 총부리를 공산당에 돌렸다. 중공중앙 임시상무위원회의 결정에 의해 8월 1일 북벌군 2만여 명이 남창봉기를 일으켰다. 당시 엽정의 부대와 하룡의 부대에는 많은 조선인혁명가들이 있었다. 김원봉도 남창봉기에 참가했다. 하지만 남창봉기는 경험 부족으로 실패하고 말았다.
12월에 광주봉기가 일어났다. 엽정이 총지휘를 맡고 엽검영이 부총지휘를 맡았다. 엽정의 군사참모로 모스크바군사학교 출신의 조선인 포병교관 양달부가 임명돼 직접 전투지휘에 참여했고 김산은 엽정의 비서 겸 엽정과 양달부의 통역을 담당했다. 엽검영이 이끄는 국민혁명 제4군 교도단의 병력은 약 1300여명이었는데 그중 교도단 제2영 5련은 무한군사정치학교 특별반의 150여명 조선인학생으로 이루어졌다. 김규광이 정치지도[42]로, 박건웅은 포사격수를 담당했다. 황포군관학교 특무영에는 조선인혁명가 150여명이 있었다. 그중 제2련은 전부 조선인으로서 훗날 조선민주주의인민공화국 전임 부주석을 담당했던 최용건이 연장직을 맡았다.[43] 봉기군은 광주시의 주요거점을 모두 점령하고 새로운 혁명정권인 광주소비에트정부를 공식 설립하였다. 10여명의 조선인 혁명가들이 소비에트정부 설립대회에 참가하였는데 김규광은 반혁명숙청위원회의 간부, 김산은 노농무장부의 간부였다.
중국의 한 인터넷자료에는 김원봉도 광주봉기의 참가자라고 나온다.[44] 하지만 아직 이를 뒷받침할만한 충분한 자료는 없다.

---

42) 『불멸의 발자취』 김성룡 저, 최룡수 감수, 민족출판사 2005년 12월, 72쪽
43) 대형다큐멘터리 「중국관내의 조선민족 혈흔」, 서봉학, 2006년 3월, 〈연변일보〉 연재
44) 黃埔軍校走出的中共人物傳 http://www.tiexue.net

그렇지만 광주봉기도 영국군과 일본해군의 함포사격 지원을 받은 국민당군의 반격으로 실패하고 만다. 봉기군은 5700명의 희생자를 냈다. 이중 200여명은 조선인혁명가들이었다. 중국혁명의 성공을 한반도혁명의 성공으로 생각하고 자신을 바쳐 싸운 사람들, 이들은 한반도 독립운동의 지도자들이고 미래 한중관계의 대들보여서 그 희생이 더욱 컸다.

이들을 기념하여 광주시 중산2로 홍화강의 광주 봉기열사릉원에는 《중조인민혈의정》이 섰다. 비석에는《중조 두 나라 인민의 전투적 우의는 만고에 빛나리!》라는 엽검영 원수의 추모글이 아로새겨져 있다. 기념비 뒷면에는 다음과 같은 비문이 새겨져 있다.

"…봉기에 참가한 혁명사병들 중에는 조선청년 150여명이 있었다…싸움에서 그들은 위대한 국제주의 정신과 두려움을 모르는 혁명영웅 기개를 떨쳤다. 광주봉기에서 희생된 조선동지들은 영생불멸하리!"

충룡은 "대혁명" 가운데 언제 어디서 어떻게 희생되었는가? 뇌막염으로 희생되었는지, 아니면 총탄을 맞고 희생되었는지? 일제에 대한 증오로 갈고 닦았던 총으로 용감히 싸웠던 그는, 중국혁명의 성공과 조국의 국권회복을 보지 못한 채 조용히 눈을 감았다.

봉은이는 어찌하였을까?

오빠의 희생소식은 청천벽력이었다. 아무리 통곡해도 오빠는 다시 나타나지 않았다. 이 때는 박건웅마저 곁에 있지 않았다. 정세가 갑자기 긴박하게 돌아갔기 때문이다.

왕정위는 무한경비사령부와 공안국을 총동원하여 공산당원뿐만 아니라 일반 애국청년들까지 체포해 학살했다. 북벌에 참가하고 무한에 있던 조선의열단의 혁명자들 대부분은 엽검영을 따라 남창 방향으로 이동했는데 무한에 남은 류자명 등 조선혁명자 10명이 1928년 2월 27일 불행하게도 체포되어 무한경비사령부 간수소에 갇혔다. 이 때 박건웅은 상해 대한민국임시정부의 공함을 가지고 상해와 무한 사이를 수 차례 오가며 무한경비사령부

와 교섭했다. 결국 6개월만인 8월 28일에 그들은 모두 석방되었다.[45]

오빠만을 믿고 왔던 봉은이의 한구 유학생활은 이렇게 갑자기 끝났다. 봉은이는 성약슬여학교에서 겨우 한 학기를 공부하고 오빠를 잃은 슬픔 속에서 쓸쓸히 한구를 떠났다. 1931년 봉은의 사립수피아여학교 학적부 "입학전경력"란에는 "中·漢口府若瑟女校初中三學年一學期 修了"[46]라고 적혀있다. 그 때로부터 박건웅과 봉은은 6년이란 긴 시간의 편지를 주고받았다.

충룡의 희생소식은 정씨일가에 끝없는 슬픔을 안겨주었다. 부은은 둘째형이 남긴 만돌린을 타면서 멀리 서녘을 바라보았다. 그곳 중국에 형이 누워있다. 부은의 얼굴에서는 눈물이 흐르고 만돌린에서는 슬픈 곡이 흘러나왔다.

슬픔은 여기서 끝나지 않았다.

1927년, 범상치 않은 그 해는 쉽게 지나가지 않았다. 깊숙한 상처를 남기지 않고는 결코 지나가려고 하지 않았다. 식민지시대, 항쟁의 시대, 불운의 시대, 격정의 시대였기 때문이다.

큰형의 세 번째 피체

큰형 정효룡이 또 체포되었다. 이번에는 일년이 아닌 "8~9년"의 긴 형량이다. 정율성은 다음과 같이 증언했다.

"큰형 정남근은 중국에서 비밀리에 조선으로 돌아와 공산주의운동을 하다가 일본인에 의해 체포돼 8,9년간 감금되었다."

안타깝게도 이들 확인해줄 체포기록은 찾지 못했다. 성효룡의 사망일자에 근거해 이때 즈음으로 추리할 따름이다. 그가 조선노농총동맹활동에 참가했던 행적에 근거해 살펴보면 그는 노농운동의 중심에서 항일하다가 체포되

---

45) 대형다큐멘터리 「중국관내의 조선민족 혈흔」, 서봉학, 2006년 3월, 〈연변일보〉 연재
46) 여기서는 알아볼 수 없는 글임.

었을 것으로 짐작된다. 두 번째로 피체되었을 때 그는 "정남근"이라는 이름을 썼는데 세 번째로 피체되었을 때에는 또 다른 이름을 썼을 가능성이 크다.

그 해, 1927년 10월 29일 오후 3시, 광주도심의 일본식 2층 목조건물인 흥학관에 굳은 표정의 사람들이 들어갔다. 주요 좌석에 최흥종이 서 있고 그 옆에 정해업이 있었다. 한결 수척해진 모습의 최흥종은 이해 1월 독립운동 혐의로 시베리아에서 러시아 당국에 재차 체포되어 40일간의 감금생활을 겪고 귀국했다.

3·1운동 이후 일제는 "문화정치"라는 기만적인 개량정책을 실시해 민족 독립운동 역량을 분열, 약화시켰다. 민중을 각성시키기 위해 민족주의 세력과 사회주의 세력은 1927년 2월 15일 일제의 식민통치에 대항하는 전국적인 독립운동단체 "신간회"를 창립했다. 각지에서 지회가 잇달아 창립되며 따라서 이날 광주지회도 흥학관에 간판을 걸었다.

며칠 뒤 〈중외일보〉에는 정해업의 이름이 활자에 찍혀 나왔다. 최흥종이 회장에 선임되고 정해업이 간사 15인 명단에 올라있었다. 부은의 계몽선생님 김태오의 이름도 나란히 찍혀 있었다. 31일에는 제1차 간사회를 조직했는데 최흥종의 사회로 각 부서 담당자를 결정했다. 정해업은 조직 및 선전부 임원으로 상무간사를 담당했다. 자식들의 희생이 잇단 상황에서 자기도 반일단체 구성원이 되었다는 사실이 큰 위안이 되었을 것이다.

이즈음 부은이네는 광주면에서 5리쯤 떨어진 시골 월산리로 이사했다. 형이 투옥됨에 따라 중국으로 갔던 형수와 조카들이 광주로 돌아왔기 때문이 아니었을까? 부은이네 생활은 날로 쪼들렸다. 외삼촌 최흥종이 주선한 셋집에서 살며 땅 몇 마지기를 소작했다. 부은은 왕복 20리를 도보로 통학했다.

정상훈의 술회에 따르면 부은이 이사한 월산리(주월동)의 이 마을은 시냇물이 돌돌 흐르는 어귀에 큰 느릅나무가 서 있었다. 나무 밑에는 수십 명이 놀 수 있는 마당이 있고 그 옆에는 삼간짜리 기와집 사찰이 있었다. 마을 주변에는 오동나무숲이 울창하고 멀지 않은 곳에 돌로 쌓은 우물이 있었다. 동남으로 바라보면 멀리 무등산이 솟아있고, 마을 서북쪽에는 대나무숲이 병풍처럼 우거져 있었다. 그 뒤로는 황토재와 닿아있고 거기를 넘어서면 기름진 송정들판이 가로 누워있었다.

　귀은이, 숭이는 저 세상으로 가버리고 둘째형은 중국에서 희생되고 큰형은 투옥됐다. 아버지와 어머니, 누나 봉은이, 작은형 의은이, 자기까지 달랑 다섯 식구가 돼버린 부은은 쓸쓸하기 그지없었다. 더구나 낯선 동네였다. 부은의 가슴속에 큰 구멍이 뚫렸다. 아직 10대 초반의 부은이가 할 수 있는 선택은 없었다. 민족의 적, 그 자신의 적이 분명해졌을 따름이다.

　날씨는 유난히 무더웠다. 당장 소나기라도 내릴듯 구름이 낮게 드리워서 덥고 답답했다. 이날 소년 부은의 또다른 성격을 보여주는 사건이 발생했다. 이 부분에 대해 그의 조카 정상훈은 그의 글 「꿈많은 동년」에서 자세히 보여주었다.

　이날, 갑자기 까치 몇 마리가 하늘로 날아오르면서 일제히 울어댔다. 뒤이어 검은 고양이가 날카롭게 울어대며 사찰 지붕을 넘어 황망히 사라졌다. 웬일일까? 자세히 살펴보니 큰 구렁이 한 마리가 나무에 칭칭 감겨 긴 혀를 날름거리며 까치둥지를 노려보고 있었다. 까치새끼들이 벌벌 떨며 큰소리로 울었다. 아이들은 두려워서 확 흩어졌다.

　"에이! 괘씸한 놈! 까치를 넘보다니!"

　부은은 신을 벗어 던지고 느릅나무에 오르기 시작했다.

　"안돼! 안돼! 구렁이한테 물리면 죽어!"

　아이들이 부은의 옷자락을 잡아당기며 소리를 질렀다.

　"이 녀석아! 신령님을 건드리지 말어, 신령이 나와 바람을 쏘이는 거니까 까치새끼들을 먹도록 내버려둬! 잘못 건드렸다가는 마을사람들이 큰 화를 당하게 되는 거야!"

　느릅나무 밑에서 장기를 두던 좌상노인이 부은에게 호통을 쳤다.

　우리 민족은 뱀신을 믿었다. 팔뚝만한 새끼줄에 흰종이를 촘촘히 박아 늙은 느릅나무에 매어놓고 뱀신을 상징하는 이 새끼줄에 굿을 하고 제물을 올린다. 일본인이 경북궁 정문인 광화문을 헐어버리자 광화문의 수호신 구렁이가 나와서 그 일본인을 물어 즉사시켰다는 전설도 있다.

　하지만 부은은 나무에 발을 단단히 붙이고 나뭇가지로 구렁이를 힘차게 후려쳤다. 구렁이는 나무에서 떨어지고 사람들은 한 발이 되게 늘어진 구렁이를 둘러싸고 의논이 분분했다.

"조만간 마을이 큰 화를 당할 것 같아. 이를 어찌할까?"

그제야 부은도 슬슬 겁이 났다. 그동안 형제 여섯 명이 죽고 큰형이 투옥됐다. 또 화를 당하면 어떻게 하나. 부은은 집으로 달려가 아버지에게 자초지종을 말했다. 아버지는 빙그레 웃더니 중국 전국시대 초나라 재상 손숙오에 대한 이야기를 했다.

"옛날에 한 아이가 길에서 쌍두뱀을 만났어. 사람들은 머리가 둘인 뱀은 보기만 해도 죽는다고 했지. 아이는 쌍두뱀을 보았으니 난 이제 죽겠구나. 죽을 바에는 아예 쌍두뱀을 죽이고 죽자, 그렇게 마음을 먹었어. 쌍두뱀을 죽이고 보니 이 뱀을 보는 사람 또한 죽을 것 같아서 그 뱀을 땅에 묻어버렸어. 그 아이는 물론 죽지 않았지. 후에 나라를 이끄는 훌륭한 재상이 됐단다. 넌 남들을 위해 악한 것을 물리쳤으니 훌륭한 사람이 될거야."

부은은 머리를 힘껏 끄덕였다. 아버지의 인정을 받고나자 한결 마음이 든든해졌다.

"뱀신"을 잡았다고 야단하던 사람들은 마을에 별 일이 없는 것을 보고는 부은을 칭찬했다. 부은을 말리던 좌상노인도 '뱀신'을 슬그머니 가져다가 술독에 넣고 약주를 담갔다.

날씨가 무더운 이 곳에는 뱀이 많았다. 학교로 갈 때면 부은은 늘 아이들 앞에서 참대가지를 들고 길을 헤치다가 뱀이 나타나기만 하면 때려죽였다. 강에서 미역을 감다가 물 위에 뱀이 떠있으면 아이들은 부은을 불렀다.

"뱀! 뱀! 부은아! 부은아!"

부은은 나뭇가지로 침착하게 뱀을 후려갈겨 단번에 죽여버리곤 했다.

"뱀은 사람을 겁내는거야! 그러니까 사람은 뱀을 겁내지 말아야 해! 계속 때려죽이면 언젠가는 모두 없어질 꺼야!"

월산리에서 양림동의 학교를 가자면 10여 리 길을 걸어야 했다. 시냇물을 건너고 논둑길을 6리나 걸어야 큰 길까지 나갈 수 있었다. 가을이 되면 부은은 앞에서 참대막대기로 이슬을 털어 길을 열어주었다. 지각할까봐 아이들이 뒤에서 독촉하면 부은은 대꾸했다.

"난 너희들을 위해 앞에서 걷는 거야. 그러니까 너희들은 나를 아부지라고 불러야 돼!"

그러면 아이들은 까르르 웃었다.

이 때 부은은 벌겋게 언 다리를 조심스레 드러내고 이슬에 젖은 바지가랭이를 비틀어 물기를 짰다. 부은은 비어있는 큰형, 둘째형의 자리를 메우며 자신이 형으로 나서는 연습을 했다. 이는 십대 초반의 부은이가 세상을 이기는 방식이기도 했다.

만돌린과 축음기

숭일학교 마지막 겨울방학이었다. 부은은 비둘기를 키우는 일에 정신이 팔려 비둘기 20여 마리를 길렀다.

어느 가을날의 일요일이었다. 그는 할머니집에 놀러온 상훈이와 함께 무등산의 오솔길을 따라 이모네 집으로 심부름을 갔다.[47] 그는 이모네 동네에서 흰비둘기가 날아다니는 것을 보았다. 부은이네 마을에는 흰비둘기가 한 마리도 없었다. 흰비둘기를 꼭 가지고 싶었다. 부은은 비둘기를 좇아 골안으로 깊이 들어갔다. 비둘기의 집에 이르렀는데 주인이 없었다. 날이 어두워질 때까지 기다렸더니 주인은 그의 정성에 감동해 흰비둘기 한 쌍을 주었다. 부은은 흰비둘기를 안고 귀가길에 올랐다. 그런데 조심하지 않아 흰비둘기 한 마리가 그만 푸르릉 날아가 버렸다. 벌써 날이 어두워 짐승들의 울음소리가 들려왔다. 하지만 부은은 다시 마을로 돌아가 사정사정해서 비둘기 한 마리를 더 얻었다. 흰비둘기 한 쌍을 품에 안고 집으로 왔을 때는 캄캄한 밤이었다.

그로부터 20여년 뒤, 그는 비둘기에 대한 노래 두 곡을 짓는다. 경쾌한 어

---

47) 『作曲家鄭律成』丁雪松 等 著, 遼寧人民出版社, 2009年 7月, 「夢幻的童年」鄭直 231頁

린이합창가곡 「평화비둘기」와 「흰비둘기 높이 날아예네」는 창작되자 반응이 뜨거워 곧 중국 각 학교에 보급되었다. 그 중 「평화비둘기」는 1953년 중국의 전국대중가요평의에서 3등상을 받았다. 그는 아마도 흰비둘기를 얻기 위해 왕복 20리 산길을 걸었던 유년의 추억을 아스라이 떠올렸을 것이다. 그의 슬픔으로 충만된 십대의 인생에 한가닥 위안이 되었던 흰비둘기, 그리고 흰비둘기가 훨훨 날았을 때의 그 환희가 이 음악에 담겨있다.

김태오가 부은이의 음악적 재능을 일깨웠다면, 음악에 대한 그의 열정을 미래에 연결시켜 준 사람은 외삼촌 최흥종이었다.

최흥종은 음악을 통해 기독교를 받아들였다. 서양인들이 양림동으로 와 선교인촌을 세울 때 그는 축음기를 난생 처음 구경했다. 낮에도 도깨비가 나온다는 으시시한 양림동에 미묘한 선율이 울리고 아름다운 여성의 노래가 울리자 최흥종은 깜짝 놀랐다.

"저 속에 틀림없이 사람이 들어있어!"

그 때만 해도 최흥종은 광주에서 소문난 주먹이었다. 건달 짝꿍인 최재익이 반박했다.

"아니야! 사람이 어찌 저렇게 작은 함 속에 들어있단 말이냐! 정신 나간 소리 하지 말아!"

둘 다 소문난 주먹인지라 어느 한쪽도 지지 않고 입씨름을 벌였다.

1904년 12월 22일, 광주는 하얀 눈보라 속에 휩싸여 있고 바람소리가 양림산에서 귀곡성을 울렸다. 두 사람은 광주천 징검다리를 건너 선교사촌으로 향했다. 축음기에 사람이 있는지 없는지를 확인하기 위해서였다. 이런 기록이 있다.[48]

그들은 김윤수를 만나 물어보았다.

"형씨, 그 노래가 나오는 기계 안에 사람이 들어있지요? 그 사람 좀 만나야겠소."

---

48) 『화광동진의 삶, 오방 최흥종 선생 기념문집』, 321페이지, 오방기념사업회 출판, 2000년 12월

최흥종은 떡 버텨 서서는 목에 빳빳하게 힘을 주고 말했다.
"그래 남자, 여자, 누구를 만나고 싶소?" 김윤수는 정색하고 물었다.
"두 사람이 들어있습니까?"
최흥종이 놀라며 물었다.
"남자 목소리, 여자 목소리 따로따로 나오지 않습디까?"
"거 기왕이면 다홍치마라고, 여자를 만나고 싶소."
"그래요? 그럼 잠깐만 기다리시지요?"

물론 축음기 속에서 여자가 나타날 리 만무했다. 교인이었던 김윤수는 갓 결혼한 자신의 아내를 소개하고 나서 최흥종과 최재익을 방에 안내했다. 김윤수는 이들이 광주에서 악명 높은 건달패라는 것을 알고 이들에게 전도를 하여 참다운 기독교인으로 만들고 싶었다.

당시 낙후된 한국에서 축음기는 큰 인기였다. 양림교회 주일학교는 어린이들을 불러 모아 기독교를 전도하기 위한 방법을 고안했는데 그중의 하나가 축음기였다는 기록이 있다. 최흥종은 축음기를 통해 기독교문화를 전수받으며 음악에 깊이 매료되었다. 서울에 갔던 걸음에 손으로 돌리는 축음기를 사고 레코드판도 사왔다. 그 때로부터 솔방울을 발견한 다람쥐처럼 어린 부은은 매일 외삼촌 집을 들락거렸다.

부은은 축음기 옆을 떠나지 않고 매일 외삼촌 집에서 밥을 먹었다. 레코드판에는 서양의 독창가곡도 있고 민요도 들어 있었다. 부은은 슈만의 「환상곡」, 「유모레스크」, 「신대륙으로부터」의 합창곡, 그리고 안기영의 독창가곡, 민요 등을 좋아했다. 새 노래가 나오면 노트에 베껴두었다가 친구들에게 가르쳐주었다. 10여 리밖에 있는 아이들도 찾아와 노래를 배웠다.[49]

외삼촌은 부은이 골똘히 음악을 듣는 모습이 대견하고 기특했다. 그래서 한 마디 했는데 그것이 바로 부은의 운명이었다.

"부은아, 넌 앞으로 음악가가 되면 좋겠구나."

---

49) 『중국의 광활한 대지우에서』, 연변인민출판사, 1987년 출판, 19쪽, 「불멸의 노래와 더불어」, 최문섭

외삼촌은 선견지명이 있었다. 먼 훗날 부은은 자신의 또다른 이름을 "선율대성"의 의미로 "정율성"이라 고친다. 이 때 그는 외삼촌의 말씀을 떠올리지 않았을까.

외숙모 강씨는 생각이 달랐던 모양이다. 이렇게 핀잔을 주었다.

"넌 하루 종일 음악만 듣고 공부는 언제 하냐? 아예 너의 집으로 가져다 듣거라… 그러찮으면 너의 아버지더러 한 대 사달라고 하려무나."[50]

부은은 그 말을 듣자 곧 집으로 돌아왔다. 부은이 갑자기 외삼촌집에 발길을 딱 끊자 어머니 최영온은 이상한 생각이 들었다.

"부은아, 왜 외삼촌 집에 놀러가지 않니?"

"다시는 안 갈래요. 나도 커서 돈벌면 축음기를 살거예요."

며칠 후 최흥종이 누님집으로 왔다가 굽신 인사를 하는 부은에게 의아한 어조로 물었다.

"부은아, 너 요즘 공부가 많이 바쁜 게로구나. 왜 우리 집에 와서 음악을 듣지 않니?"

부은은 빙긋 웃을 뿐 아무 말도 하지 않았다.

최영온이 동생에게 며칠 전 부은이 하던 말을 전해주었다. 최흥종은 금방 알아차리고 얼굴색을 흐렸다. 그 이튿날, 최흥종은 땀을 뻘뻘 흘리며 축음기를 안고 왔다.

"누님, 부은이가 축음기를 얼마나 좋아해요. 이 축음기를 개한테 줘요."

부은은 집에 축음기가 있는 것을 보고 좋아서 깡충깡충 뛰었다. 하지만 이튿날 곧 축음기를 외삼촌집에 돌려보냈다. 축음기는 두 집 사이를 왔다갔다 하다가 어디론가 사라져버렸다.

외삼촌의 축음기는 부은에게 새로운 세계를 열어주었다. 부은은 김태오에게서 노래를 배우는 것만으로는 음악에 대한 엄청난 갈증을 만족시킬 수 없었다. 외삼촌의 레코드를 통해 동서양 명곡을 널리 접했다. 둘째형이 남겨놓은 만돌린으로 이제 제법 멋진 곡도 연주할 수 있었다. 자기 손에서 미묘한

---

50)『作曲家鄭律成』, 丁雪松 等 著, 遼寧人民出版社, 2009年 7月, 「夢幻的童年」鄭直 231頁

음악이 흘러나올 때마다 더 깊이 매료되었다.

최문섭은 다음과 같이 술회했다.[51]

어떤 날에는 하루 종일 만돌린을 타면서 노래를 부르곤 했다. 그럴 때면 아버지는 책망조로
"부은아, 음악도 쉬엄쉬엄 해야지. 나라를 빼앗긴 신세에 어찌 밤낮 노래만 부르겠느냐? 그래도 공부를 더 많이 해야지, 이렇게 세월을 보내면 장차 어찌하겠느냐?"라고 하시며 땅이 꺼지게 한숨을 내쉬었다.
그러면 정율성은 며칠간 만돌린도 타지 않고 노래도 부르지 않았다. 그 대신 책을 보거나 고기잡이를 하고 비둘기를 기르는데 정신을 팔곤 했다. 마음씨 고운 아버지는 막내아들의 흥취를 너무 꺾는 것 같아 언짢아져서 그를 불러놓고 말했다.
"부은아, 너 만돌린을 어디다 두었느냐? 만돌린을 타지 말라는 말도 아니고, 노래를 하지 말라는 말도 아니란다. 네가 너무 지나칠까 봐 그러지. 외적과의 싸움에서도 최후의 결전에는 북을 치고 나팔을 불며 승전고를 울렸단다. 전쟁터에서 군대가 진군할 때 사기를 돋구는 데는 우렁찬 군가가 있어야 해. 그런데 우리에겐 군가가 없거든…"

아버지는 아마도 탑골공원 팔각정에서 군악을 울리던, 붉은 융으로 된 뚜껑에 새깃털을 꽂은 모자를 쓰고 붉은 융의 예복을 입은 대한제국 시위대 군악대를 떠올렸을 것이다. 1900년에 설립된 군악대는 십년도 채 버티지 못하고 1907년 일제의 군대 강제해산에 따라 해산되었다. 일제에 합병된 한국에서 자신의 군악대는 상상도 할 수 없는 일이 되었다. 민족적인 굴욕을 구한말시기 말단직에 있었던 아버지는 잘 알고 있었다.

아버지의 탄식은 부은의 가슴속에 스며들었다. 그리고 그가 성인이 된 어느 날 갑자기 강하게 울렸다. 그것은 아마도 그가 「팔로군행진곡」을 창작한

---

51) 『중국의 광활한 대지우에서』, 연변인민출판사, 1987년 출판. 18쪽, 「불멸의 노래와 더불어」, 최문섭

날이 아니었을까.

아버지 정해업이 어찌 상상이나 했을까! 만돌린을 좋아하는 막내아들에게서 세계에 유례없는 두 나라 군가가 탄생했다는 사실을.

"앞으로, 앞으로!/ 우리의 대오 태양 향해 나간다… 자유의 깃발 휘날린다."

그러나 정해업은 그 날을 끝내 보지 못하고 세상을 떴다.

고슴도치와 음악

부은은 숭일소학교를 졸업했다. 1928년 봄, 중학교 입학이 코앞에 닥쳐왔다. 하지만 진학하지 못했다. 당시 광주에는 일본인이 꾸린 공립중학교가 있었지만 아버지는 반일애국정신이 철저한 기독교학교인 전주신흥중학교에 부은을 보내고 싶었다. 하지만 입학비와 기숙사비, 식사비가 문제였다. 정해업이 밤잠을 설치며 생각해 낸 방법이 있었다. 수박농사였다.[52]

아버지는 며칠 동안 마을 앞뒤 골짜기를 돌아다니며 땅을 찾았다. 마을에서 7,8리 떨어진 산비탈에 밭 한 뙈기를 일구고 이웃집 박팔만을 통해 그 땅 주인 천씨에게 연락을 취했다. 천씨는 그 땅을 수박 500포기를 심을 수 있는 분량으로 예산해서 수박 한포기당 3전씩 15원의 소작료를 받아갔다. 당시 수박 한 통 값은 5전이었다.

식구들은 또 참외 50여 포기를 심고 오이도 30여 포기 심고 일부 채소도 심었다. 그해 따라 날씨가 좋았다. 수박이 익을 즈음 하늘은 불볕더위를 쏟았다. 수박은 선연한 무늬를 새기며 속속들이 익어갔다. 부은은 원두막에 나가 아버지와 함께 수박밭을 지켰다. 새벽에 일찍 일어나 산아래에 내려가 샘물을 길어오고 수박 밑에 풀을 깔아주었다.

"힘들지 않니? 좀 쉬었다 하려무나… 나라 잃고 돈 없으니 무슨 방법이 있

---

[52] 『作曲家鄭律成』, 丁雪松 等 著, 遼寧人民出版社, 2009年 7月, 「夢幻的童年」, 鄭直 232頁

나?"
 아버지는 긴 한숨을 쉬었다.
 상훈이는「꿈많은 동년」에서 수박농사에 대해 자세히 묘사했다. 이러한 묘사들을 살펴보면 상훈이는 광주에 있으면서도 늘 월산리 할머니집으로 들락거리며 부은이 삼촌과 붙어 다녔던 것으로 짐작된다.

 마을에서 수박밭까지는 오솔길밖에 없고 주위에는 우중충한 나무들이 꽉 덮혀 무시무시하여 혼자서 이런 오솔길을 걸을 때면 진땀이 절로 났다.
 밤이 되면 하늘에는 별들이 반짝이고 소나무에서 부는 바람소리와 모골이 송연해지는 승냥이 울부짖는 소리가 들려오고 가끔 먼 하늘가로 별똥이 날아떨어졌다. 이 때 고슴도치들은 마치 저들의 세상인 양 사면팔방으로부터 수박밭으로 살금살금 기어들었다. 부은은 밤마다 양철통을 두드리고 소리를 질렀다. 부지깽이로 모닥불을 뒤집든가 풀밭을 샅샅이 훑고 노래를 부르며 수박밭을 지켜 고슴도치들이 달려들지 못하게 했다.

 음악은 몽둥이 만큼이나 위력이 있었다. 고슴도치들은 부은의 노래에 혼비백산해 도망치는 수밖에 없었다.
 55세의 정해업은 이 때 벌써 몸이 많이 쇠약했다. 매일 밤 수박밭을 몇 바퀴씩 돌고나면 기침을 자지러지게 하곤 했다. 효룡이와 충룡이를 생각하면 잠이 오지 않고 게다가 가난은 그를 무겁게 짓눌렀다. 망국의 한이 사무친 그는 가끔 옛시를 읊조렸다.

 "층암절벽 그 높이 알수 있어도/ 예로부터 사람마음 알기 어려워./ 나라잃은 이 눈물 어디에 뿌릴고?"

 지성이 감천이라고 수박은 대풍이었다. 길이 가팔라서 온집 식구들이 수박을 지게에 지고 날랐다. 수박을 팔아본 적이 없는 정해업은 또 이웃집 박팔만에게 부탁해 수박을 팔았다. 수박은 크고 달고 값도 싸서 잘 팔려나갔다. 부은은 수박을 고르는 재간이 남달라서 모두들 부은에게 부탁해 수박을 골랐다.

정해업은 그렇게 번 돈에서 35원을 갈라내어 부은의 학비를 장만했다. 쌀 한말에 30전, 35전이었으니 그 돈은 쌀 10말의 값이다. 큰 돈이었다. 피땀에 절은 그 돈을 꼬기꼬기 접어서 아내 최영온에게 주었다.

"무슨 일이 있어도 이 돈은 쓰면 안 되오. 알았어요?"

아버지는 아내에게 단단히 당부했다.

부은이 중학교 입학에 대한 꿈에 부풀고 있을 때 뜻밖의 소식이 전해졌다. 이해 8월 5일 부은의 계몽선생님 김태오가 일제에 의해 체포된 것이다. 김태오는 동지들과 함께 광주 증심사(證心寺)에서 반일조직인 전라남도 소년연맹창립대회를 조직하다가 발각되었다. 그런데 9월 28일에 광주지방법원에 의해 이른바 보안법 위반으로 판결받고 투옥되었다.

돈이 생기자 봉은이도 1년동안 중지했던 학업을 다시 시작했다. 이 해 10월 3일, 봉은이는 광주수피아여학교 고등과 2학년에 입학했다. 기약없는 인연이지만 박건웅에 대한 그의 사랑은 깊어만 갔다. 독립운동가의 아내가 되기 위해 그는 열심히 공부했다.

부은은 설레는 마음으로 설을 맞았다. 새해에는 전주에 가서 신흥중학교 기숙사에 있으면서 공부를 할 수 있다. 처음 하게 되는 기숙사 생활은 상상만 해도 황홀했다. 그런데 뜻밖에 새해 초봄부터 아버지가 고혈압으로 자리에 누웠다. 천식까지 도졌다. 큰형, 둘째형 때문에 피 마르는 시간을 보낸데다가 노천에서 밤을 새며 수박농사에 과로한 탓이다. 최영온은 부은의 학비에서 10원을 덜어 남편의 약을 지었다.

전주신흥학교 학적부의 기록을 보면 부은은 9월 2학기에야 입학했다. 3월이면 1학기에 입학할 수 있었는데 아마도 학비가 부족해서 2학기에 입학한 것으로 보인다. 학교로 떠나는 부은에게 어머니가 돈 25원을 꺼내 주자 아버지는 버럭 화를 냈다.

"당신, 왜 그 돈을 허물어 썼어? 내가 신신당부를 했잖아, 한 푼도 쓰지 말라고 말이여."

"당신의 병도 중요하잖아요. 당신이 튼튼해야 이 집이 살잖아요."
어머니가 나직한 목소리로 웅얼거렸다.
그래도 아버지의 화가 가라앉지 않자 부은이 말했다.
"아부지, 성내지 말아요. 좀 아껴 쓰면 되잖아요."
정해업은 한숨을 길게 내쉬었다. 납입금은 한 학기에 3원 50전이었고, 수업료가 월 1원 50전, 기숙사의 식비는 매월 4원 40전 또는 5원 정도였으며 그 외 비용까지 합치면 이 돈으로는 어림도 없다. 부족한 돈을 아들의 손에 쥐어주는 아버지의 마음이 천근만근이었다.
15세의 부은은 난생 처음 많은 돈을 품에 넣고 수백 리나 떨어진 전주 신흥학교로 출발했다. 가슴 벅찬 중학교생활이 시작되었다.

전주신흥중학교-부은의 첫 투쟁

부은은 9월에 광주를 떠나 수백 리 밖의 전주에 있는 전주신흥중학교에 입학했다. 오웬기념각을 설계했던 미국인 선교사가 설계하고 한 해 전에 신축된 전주신흥중학교 붉은색 삼층 벽돌 건물은 소년의 꿈을 반사하며 눈부시게 빛났다.
전주신흥중학교는 부은이 입학한 1929년부터 5년제로 승격했다. 1920년 후반부터 교사 대부분이 일본에서 대학을 다녔거나 국내에서 전문학교를 마친 유능한 선교사들이어서 교육의 질이 높았다. 국훈이도 부은이와 같은 해에 입학했고 그 뒤 상훈이도 소학교를 마치고 아래 학년에 입학했다. 삼촌 조카가 함께 있으니 서로 큰 힘이 되었다.
중학교 생활은 부은에게 크나큰 환락을 안겨주었다. 주위환경이 변하고 학교가 큰 데다가 많은 학과목들은 이름도 들어보지 못한 것들이어서 어느 것이나 신기했다. "부은은 농구팀과 합창단에 들었으며 영어과목에 대해서도 흥미가 대단했다.[53]"

---
53) 『作曲家鄭律成』 丁雪松等 著 遼寧人民出版社 2009년 7월, 「夢幻的童年」 鄭直 234頁

생활비를 적게 가지고 간 탓에 생활이 어려웠는데 다행이 학교측에서 갖은 방법을 다해 아르바이트 자리를 마련해 주었다. 교내 비누공장, 양초공장에 가서 일하거나 변소청소, 강당청소, 기숙사의 식량관리를 하고 선교사들의 집에 가서 장작패기, 물긷기, 등사, 전도지 배부 등의 일을 하였다.

전주신흥중학교의 음악적인 환경은 십대 소년 부은의 음악성장에 큰 영향을 주었다. 음악과 종교의 연관성 때문에 기독학교인 신흥중학교는 다른 학교에서는 엄두도 못내는 음악 활동을 활발히 할 수 있었다.

부은의 바로 윗 학년 선배인 박철규씨는 다음과 같이 회고했다.

"신흥중학교 기독청년회가 주관하여 서문밖 교회에서 음악회를 열었는데 이때 일본 여학교 음악선생이 바이올린 독주를 했고, 보통과에 근무하는 교사가 피아노 독주를 했으며, 우리 학생들은 합창을 하였다. 또 일반인 기독청년회가 주최하여 시내 극장에서 음악회를 개최하였을 때는 서울에서 일류 음악가들을 초청하여 공연했는데 이때 신흥학교 합창단이 그 음악회에 출연하여 「저 못 가에 삽살개…」 등의 합창을 해 준 일이 있었다. 당시 신흥중학교에는 밴드부가 있었는데 10여명으로 구성되었으며…이 밴드부는 학교 행사뿐만 아니라 각 교회의 행사에 참가하여 봉사하기도 하였다."

지육부(智育部)는 크리스마스 전날이면 크리스마스 축하 공연을 했다. 빅토르 위고의 「레미제라블」 등이 공연되기도 했다. 기타 문예공연활동도 많았다. 함께 전주신흥중학교를 다녔던 정상훈의 증언에 의하면 부은은 학예회에서 늘 독창을 맡았다.

전주의 3·1운동을 주도했던 전주신흥중학교는 반일정서가 강했다. 학생들은 수업시간에 몰래 한국역사를 배우거나 반일가곡을 배웠다. 이들은 경찰들의 불심검문에 대비하기 위하여 이런 서적들을 쌀독에 감추어 두었다. 부은이 입학하기 전의 일이지만 음악선생 이경혁은 1910년대에 한국 애국가를 작사했고, 중국에 가 만주에서 싸우는 한국독립군 자제들에게 이 노래를 가르쳤다. 그러다가 일경에 체포되어 옥살이를 했다. 그는 20년대 초에 반일 애국 주제로 유명한 한국 최초의 가극 「열세 집」을 창작해 무대에 올린 사람이다. 학교 사생들이 매일 불렀던 전주신흥중학교 교가는 가사만 다른 한국독립군가였다. 이런 반일정서는 정율성의 정치성향에 큰 영향을 미쳤다.
　선배들은 기숙사에서 신입생들에게 혁명가곡을 가르쳤다. 정율성은 이렇게 술회했다.

"나는 어려서 혁명선배들로부터「인터내셔널가」,「라 마르세예즈」,「적기가」 등을 남몰래 배웠다. 이런 노래를 부를 때면 내 눈앞에는 수많은 노동대중들이 대오를 형성하여 진군하는 모습이 나타난듯 하여 나도 모르게 목청이 높아졌다. 그러면 노래를 부르던 동지들은 나에게 눈짓을 하며 '소리를 낮춰'라고 하였다."

　그해 겨울, 광주학생운동이 태풍처럼 한국의 학교들을 휩쓸었다. 11월 3일에 광주에서 한국학생들과 일본학생들이 충돌했고 그것이 도화선이 되어 전국 190개 학교들에서 민족차별과 식민지 노예교육에 항거하는 시위가 벌어졌다. 봉은이도 광주에서 학생운동에 참가했다.
　전주신흥중학교는 비밀리에 투쟁을 준비했고 날짜는 12월 12일로 정했다.
　부은은 그날을 손꼽아 기다렸다. 하지만 학교는 갑자기 조기방학을 선포했다. 정보를 미리 입수한 일경이 학교에 압력을 가한 것이다. "당시 전교생이 조기방학을 한다고 선언하자 학생들은 울면서 교실을 떠나지 않았다. 나가다가 주저앉아 우는 학생도 있었으며, 운동장에서 가방을 내동댕이치고 발버둥을 치는 학생도 있었다."[54]
　부은이도 하는 수 없이 학교를 떠나려고 짐을 쌌다. 이 때 비밀연락이 왔다.
　"개학전에 학교에 나오래!"
　일경의 감시가 아무리 심해도 티오르는 전주신흥중학교 학생들의 반일정서는 막을 수 없었다. 정율성은 이렇게 술회했다.

"1929년에 나도 광주학생사건에 참가했다."

---

54) 당시 2학년이었던 박철규씨 증언, 「전주신흥학교90년사」, 한국컴퓨터선교회 홈페이지

그가 말한 "광주학생사건"은 바로 전주신흥중학교에서 광주학생운동을 성원해 일으킨 사건이다. 부은이처럼 "멀리 시골에 사는 학생들은 미리 학교 기숙사로 몰려들었고 간부들은 기숙사에서 학생들을 규합했다." 기숙사는 투쟁일이 다가올수록 보이지 않는 물결이 차오르듯이 점차 흥분이 고조되었다.

창문으로 내다보니 벌써 정보를 입수한 일경들이 학교 주변에 군데군데 초소를 설치하고 철통같이 경비했다. 다가교 근처 천변에는 모닥불이 타오르고 일경들은 24시간 경계근무를 했다. 부은은 서로 눈짓으로 동지의 결의를 읽으며 드디어 자신도 반일투쟁의 일원이 되었음을 실감했다. 소리없이 문이 열리고 소곤거리는 소리가 들려왔다.

"25일 개학날 아침 8시반 집합!"

부은은 가슴이 뛰었다. 투쟁의 시각이 닥쳐왔다. 전날 밤, 부은은 선배들의 지도하에 불빛이 밖으로 나가지 못하도록 기숙사 문을 막아놓고 태극기와 전단을 준비했다. 내용은 민족차별 금지, 식민지 교육철폐 등의 내용이다.

25일 아침 8시 30분, 부은은 두근거리는 마음으로 태극기와 전단을 나누어가졌다. 삼삼오오 짝을 지어 다가교 쪽으로 달려나가 등교하는 학생들을 규합하였다. 모두들 중앙동으로 뛰어가며 구호를 외쳤다. 부은이도 동기들 틈에 끼어 높은 소리로 외쳤다.

"자주독립만세!"

"학도야 우리의 붉은 피를 뿌리자!"

"검거된 동지들의 석방을 부르짖자!"

부은의 상급학년이고 당시 교우회 문예부와 운동부의 임원이었던 박철웅은 다음과 같이 증언했다.

"우리들은 '독립만세'를 부르면서 중앙동으로 행진해 갔다. 연락을 받은 일경들은 총을 들고 허겁지겁 시위현장으로 달려왔고, 공포를 쏘면서 닥치는 대로 학생들을 끌어갔다."

부은의 선배였던 박철규씨는 다음과 같이 증언했다.

"순사들을 헤치고 다리를 건너 왼쪽으로 꺾어서 시내로 진입하면서 학생들이 만세를 외치니 시민들이 운집하기 시작했다. 그때 한문교사 김영국 선생님이 우리를 보고 그 자리에 선 채로 눈물을 흘리고 계셨다. 학생들은 전단을 뿌리면서 시가지를 돌았는데 그때 나는 몇몇 학생들과 함께 도립병원 쪽으로 갔다가 거기서 경찰에게 붙들렸다."

이날 체포된 학생은 도합 35명이었다.

부은은 다음과 같이 증언했다.

"나는 당시 나이가 어려서 경찰이 잡아가지 않았다. 당시 나는 상급 학생들을 따라서 했다."

이틀 후인 1월 28일자 〈동아일보〉에는 큰 활자로 "全州新興校生 三十五名 收監"이라는 제목의 기사가 실렸다. 일경은 얼어터지는 겨울인데도 학생들을 벌거벗겨 냉수욕을 시키고 사정없이 구타했다. 일부 수감자는 그 후유증으로 사망하고 말았다.

닷새가 지난 1월 30일은 음력 설이었다. 멀리서 농악소리가 은은히 들려왔다. 기숙사의 분위기는 분노와 슬픔으로 한결 무거웠다. 한 달 후 또 교사 이용희가 학생운동을 획책했다는 이유로 체포됐다. 그 후에도 부은이와 동기인 10여명 학생들이 비밀결사대를 조직하고 반일강연을 시도하다가 체포됐다. 이런 정치적인 환경은 부은의 혁명인생에 심각한 영향을 미쳤다.

아버지와 형들은 이제 혈육을 넘어 그의 동지들이었다.

아버지, 세상을 뜨다

1931년 여름방학이 다가왔다.

이 해 방학은 유난히 바빴다. 학교에서는 학생들에게 브나로드운동에 참가해 방학기간 농촌에 가서 계몽운동을 진행하라고 호소했다. 부은은 "낮에는 곤충표본을 채집하고 밤에는 야학을 꾸려 노래며 춤을 가르쳐 주거나 조

선어를 가르쳤다."⁵⁵⁾

브나로드운동은 19세기 후반에 러시아의 귀족청년과 학생들에 의해 전개된 농촌운동이며 "브나로드"란 러시아 말로 "민중 속으로"라는 뜻이다. 한국에서는 1931년 7월 〈동아일보〉의 주최로 "학생 하기 브나로드운동"이라는 이름으로 시작됐다. 문맹퇴치, 계몽운동으로 개칭하면서 폭넓게 지속되었으나 1935년 조선총독부 경무국의 명령으로 중단되었다.

이 시기 한국농촌은 일제의 수탈로 인해 점점 더 가난해졌다. 1930년도에는 농민 75%가 빚을 지고 있었다. 사람들은 보릿고개를 넘으며 들풀, 관목 잎사귀와 줄기를 콩에 섞어 먹었다. 점점 더 많은 토지가 일본인들에게 넘어가고 거리에는 걸인들이 늘어갔다. 사람들은 남부여대하여 살길을 찾아 일본으로, 중국으로 떠나갔다.

부은은 마을 아이들과 부녀자들을 모아 놓고 글과 노래와 춤을 가르쳤다. 인근 마을에서도 배우러 왔다. 매일 저녁 "마을의 사찰 앞마당은 사람들로 웅성거렸으며 뒤늦게 온 사람들은 빈자리를 찾기 어려웠다." 부은이 이때 가르친 노래들은 주로 윤극영 곡 「반달」, 「고기잡이」, 홍난파 곡 「나의 살던 고향」 등이었다. ⁵⁶⁾

아버지 정해업은 부은이가 하는 일을 적극 도와 나섰다. 그가 조직했던 웅변대회와 연설회, 야학, 강좌 등으로 민중을 계몽하고 일제의 식민정책을 반대하는 신간회 광주지회 활동내용과 비슷했기 때문이다. 하지만 신간회는 일제의 탄압을 받고 약 3개월 전인 1931년 5월, 해산되고 말았다. 이는 정해업에게 큰 허탈감을 안겨주었다.

그동안 봉은이도 가난한 아이들에 대한 교육활동에 적극 나섰다. 어느새 아버지와 오빠들, 그리고 외가와 박건웅의 영향이 그에게 미치고 있었다. 1930년 8월 20일자 〈기독신보〉에는 "정봉은"이라는 이름이 처음으로 활자

---

55) 『作曲家鄭律成』, 丁雪松 等 著, 遼寧人民出版社, 2009年 7月, 「夢幻的童年」, 鄭直 234頁

56) 『作曲家鄭律成』, 丁雪松 等 著, 遼寧人民出版社, 2009年 7月, 「夢幻的童年」, 鄭直 234頁

에 찍혀 나왔다. 양림교회는 가난하여 학교에 다니지 못하는 300여 명의 아동들에 대해 하기아동성경학교를 개최하고 성경, 조선문, 산술, 창가, 수공예 등을 가르쳤다. 봉은은 광주수피아여학교 고등과에서 공부하는 한편 교사가 되어 열심히 봉사했다. 이해 3월 19일에 졸업을 했지만 봉사활동은 멈추지 않았다. 그의 이름은 이듬해 1932년 8월 31일자 "하기아동성경학교"에 대한 〈기독신보〉 보도에도 나온다.

이해 봉은의 학적부 "가족 수" 부분에 "4명"이라는 글이 적혀있다. 그러고 보면 이 4명이란 아버지, 어머니, 봉은, 부은이다. 이 즈음 의은이는 아마도 중국에 간 듯하다. 의은의 나이 19세, 그는 1926년에 공립광주고등보통학교를 졸업하였다. 일제의 기록[57]에 의하면 그는 "광주고등보통학교 졸업 후 소화 3년(1928년) 5월부터 다행상을 했다"고 나온다.

막내아들 부은이 돌아오자 집은 한결 화기가 돌았다. 그새 키가 껑충하게 컸다. 낮에는 방학숙제와 곤충표본수집을 하고 저녁에는 강의를 하며 들락거리는 아들이 대견하다. 정해업은 부은이 산골짜기를 다니며 채집해놓은 100여종의 곤충표본에 "숙달된 필치로 곤충이름, 채집시간, 채집지점을 꼼꼼이 적어"넣으며 오랜만에 행복했다.

이 때 정해업의 병은 점점 더 깊어갔다. 제중원 원장이고 의학박사인 처남 최영욱도 그의 병에는 속수무책이다. 자식은 땅에 묻는 것이 아니고 가슴에 묻는다. 속으로 부터 나오는 병을 어찌 약물로 치유하랴. 마을사람들에게 처방도 지어주는 정도로 한의학에 대해 다소 알고 있는 그였지만 자신의 병에 대해서는 어쩔 수가 없었다.

야학을 꾸리고 곤충표본을 채집하고, 부은에게 이 해 방학은 유달리 짧았다. 9월 25일에 학교에서는 신체검사가 있었다. 학적부 기록을 보면 부은은 키가 1.59미터, 가슴둘레가 0.75미터, 체중이 47.67킬로그램, 영양 中, 시력이 1.5로 아주 건강했고 충치가 하나, 편도선비대증이 있을 뿐이다. 학적부는 부은의 "소행란"에 "순직하다"(純直), "성격란"에 "침착하고 온화하다",

---

57) 「군관학교사건 진상」, 조선총독부 경무국, 소화 9년 12월, 독립기념관자료

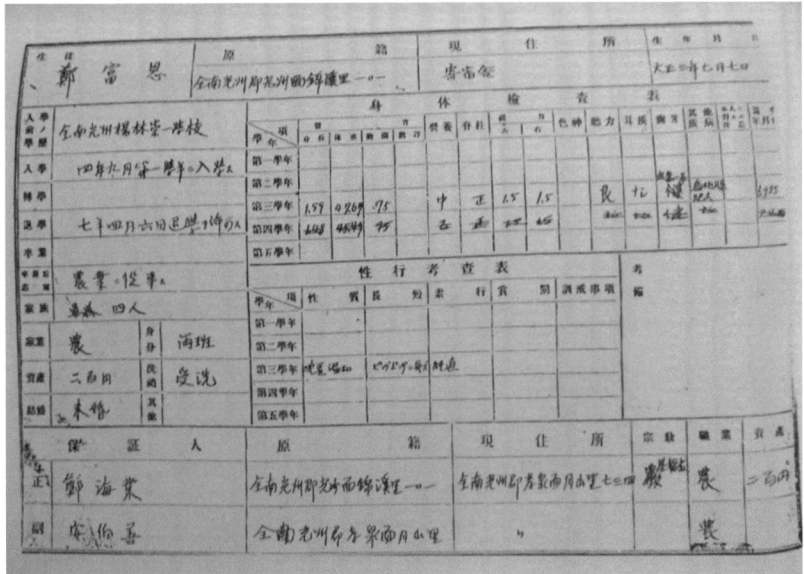
▲ 정율성의 전주신흥중학교 학적부.

"장단점"란에 "탁구를 잘 친다"라고 기록했다. 그는 호남탁구대회에서 우승을 따낸 적이 있으므로 "탁구"는 그의 특기이기도 했다. 그는 학교 농구팀과 탁구팀의 선수였고 전주의 100미터, 200미터 육상선수이기도 했다. 그리고 학교에서 열리는 학예회에서는 늘 독창을 담당했다. 이 무렵 우리 앞에는 스포츠, 음악 등 다양한 취미와 특기를 가지고 있는 17세의 건강하고 적극적이고, 그러나 침착하고 온화한 성격의 소년 부은이 나타난다.

이렇듯 활기찬 중학교생활을 보내고 있는 그에게 청천벽력과 같은 소식이 전해졌다.

11월 겨울의 바람이 기숙사 창문을 흔들던 어느 날 느닷없이 날아온 전보문에는 "부병위, 급귀가"라고 씌여 있었다. 부은은 눈앞이 캄캄했다.

'아부지, 아프면 안돼! 안돼!'

부은은 속으로 부르짖었다.

정상훈은 다음과 같이 술회했다.[58]

"부은은 하루 동안 굶으면서 밤 11시에 광주역에 도착했다…일찍 그에게 그처럼 많은 즐거움을 주었던 고향이 쓸쓸하기만 했다. 광주역에서 집까지는 십 리 길을 걸어야 했고, 중도에 황량한 묘지도 지나야 했다. 여우들의 울음소리가 들려왔지만 어서 아버지를 만나려는 일념으로 단숨에 집까지 뛰어갔다.

부은이 헐떡이며 집문에 들어섰을 때 아버지는 비록 운명은 하지 않았지만 혼수상태에 빠져있었다. 어머니가 연신 "부은이 왔소."라고 아버지를 부르자 아버지는 방금 꿈에서 깨어난듯 한참 멍하니 천정을 바라보다가 부은을 알아보고 "부은아, 돌아왔냐!"라고 힘겹게 말하며 부은의 손을 꼭 쥐고 눈물을 흘렸다. 부은은 "아버지, 어디가 안 좋아요?"라고 물었다. "괜찮다. 낼이면 나을거다. 너무 걱정하지 말아라. 그리고 너 돈이 부족해서 많이 고생했겠구나.""아니예요. 고생하지 않았어요.""아직도 할 일이 많고도 많은데…" 아버지의 눈에서는 두 줄기의 눈물이 흘러내렸다…

새벽에 어머니가 집안에서 부은을 불렀다. 아버지는 마지막 숨을 모으며 맥없이 부은이의 손을 쥐고 "네 형들은?…"라고 하고는 말을 채 맺지 못하고 두 손을 조용히 가슴에 가져다 놓으며 숨을 거두었다…"

아버지는 임종에 이르러 얼마나 효룡이와 의은이가 보고 싶었을까. 이 날이 1931년 11월 5일이었다.

부은은 산처럼 든든했던 아버지를 잃었다. 형들이 없어서 혼자 상주가 된 부은은 아버지 묘 앞에 엎드려 내성동곡을 했다. 하늘도 땅도 내답이 없었나.

이제 아버지가 없는 월산리를 떠나야 했다. 양림동에 사는 의은의 친구 양씨가 자기집 사랑방을 내주어서 부은은 어머니, 누님과 함께 이삿짐을 챙겨서 양림동으로 돌아왔다. 그립던 양림동이고 월산리보다는 학교가 더 가까

---

[58]『作曲家鄭律成』, 丁雪松 等 著, 遼寧人民出版社, 2009年 7月, 「夢幻的童年」, 鄭直 236頁

워 다소 위안이 되었다. 하지만, 계속 남의 집에 머물러 있는 것은 장구지책이 아니었다.

그해 겨울 방학은 유난히 길고 우울했다. 부은은 숭일학교 시절의 선생님들의 집으로 찾아 가『부활』,『안나 카레리나』,『삼국지연의』,『수호전』,『링컨전기』등 외국 명작들과 조선고전명작들을 빌려 읽으면서 슬픔을 달랬다. 먼 훗날, 중국에서 사랑하는 처녀를 만났을 때 그가 가장 먼저 생각한 선물은『안나 카레리나』였다. 이 책을 통해 그의 양림의 꿈과 희열과 슬픔이 처녀에게로 전해졌고 그들의 사랑은 싹이 트고 꽃이 피고 열매를 맺었다.

1932년 3월, 새 학기가 돌아왔다. 전주로 향하는 부은의 걸음은 천근만근이었다. 이제 마지막 두 해가 남았다. 그의 학적부 "보증인"란에는 아버지대신 부보증인이 보충됐다. 4월이 되자 학비를 내지 못한 채 신체검사를 했다. 수치들은 지난 번보다 모두 낮게 나왔다. 체중도 2킬로그램 줄었고 영양도 "下"였다.[59] 아버지의 사망 후 부은의 집 형편이 더욱 나빠졌음을 증명했다.

청명이 다가왔다. 부은은 하루 종일 아버지 생각에 목이 메었다. 이튿날, 부은은 퇴학을 신청했다. 그에게 사춘기의 즐거움과 혁명의 감동을 주었던 전주신흥중학교를 그는 그렇게 떠나고 말았다.

방황의 시기에 가장 위로를 준 친구는 둘째형이 남겨놓은 만돌린이었다. 음악이란 마음의 거울이다. 만돌린을 타면서 쓸쓸한 심경을 털어냈다. 새 노래를 부르거나 오선지에 베끼곤 했다. 주일마다 한번씩 10여 리나 떨어져 있는 아버지의 묘지에 찾아갔다. 묘지에 봉선화, 백일홍, 채송화 등을 심었다. 돈이 없어 비석을 세우지 못한 것이 마음에 걸렸다. 봄에는 가토하고 진달래를 꺾어 놓고 여름에는 벌초를 하고 가을에는 단풍나무를 꺾어 놓았다. 아버지 묘지에서 부은은 가끔 혼자서 만돌린을 타거나, 또는 친구들과 여러 명이 함께 아버지가 생전에 좋아했던 노래를 불렀다. 부은의 첫 음악회는 이렇게 아버지의 묘 앞에서 진행되었다.

정해업은 화초 속에서 막내 아들의 노랫소리와 만돌린소리에 귀를 기울이

---

59) 정부은의 전주신흥학교 학적부, 키가 줄어든 것은 오기가 아닐까 싶다.

며 묵묵히 미소를 짓는 듯하였다. 그 뒤 60여년이 지난 1996년 10월, 그가 한 번도 보지 못한 중국인 며느리가 바다를 건너와 부은의 묘으로 술을 붓고 무릎을 꿇고 절을 올렸다. 정해업은 그 모습 또한 화초속에서 지켜보며 미소를 지었으리라.

부은이 늦어서야 집에 들어서면 초조히 기다리던 어머니가 책망조로 물었다.
"왜 이렇게 늦었어?"
"아부지가 오랫동안 놀다가라고 해서요. 어머니, 아버지가 꼭 살아 계신 것만 같아요. 금방 다시 돌아오실 것만 같아요."
"그런 일이 어디 있어? 그런 소리는 하지 말어."[60]
어머니는 긴 한숨을 내쉬었다.

어머니 역시 남편의 빈자리는 무엇으로도 메울 수가 없었다. 몇해 전 숭이를 잃은 제중원이 저 앞에 보인다. 신룡이, 귀은이, 숭이, 충룡이, 그리고 이름도 없는 딸 둘마저 다 저 세상으로 갔다… 맏아들 효룡이는 감옥에서 살아서 나올 수 있을 것인지? 자식 열을 낳았지만 죽고 흩어지고 곁에 부은이와 봉은이 둘만 남았다. 이제 봉은이도 중국으로 시집을 가 독립운동가의 아내로 살 것이다. 나라를 되찾는 길이란 자식을 바치는 길이라는 것을 그녀는 뼈를 갈아내는 고통을 통해 알았다. 가슴이 먹먹했다.
'부은이는 안 보낼꺼야. 부은이만은 꼭 데리고 있어야지!'
최영온은 이렇게 마음을 달래곤 했다.

모든 음악가의 천재성은 수많은 여건 외에도 시대의 자극에 의해 분출된다. 부은에게 그 자극은 어떤 것이었을까?

형들의 길을 따라

1933년 2월 말, 햇빛이 창문에 빛났다. 겨울은 저 아득한 지평선으로 뒤태를 보이며 사라지고 쌀쌀한 바람은 옷깃을 파고들며 봄의 숨결을 전해준다.

---

[60] 『作曲家鄭律成』, 丁雪松 等 著, 遼寧人民出版社, 2009年 7月, 「夢幻的童年」, 鄭直 237頁

갑자기 발자국소리도 없이 문이 열렸다. 한 줄기 바람처럼 의은이 나타난 것이다. 부은은 벌떡 일어나 엉거주춤 서 있고 최영온과 봉은이는 소스라쳐 놀랐다. 곱슬곱슬한 머리가 이마에 땀과 함께 찰싹 달라붙은 의은이, 어떤 긴장이 양미간에 서려있어 잘 생긴 미남형 얼굴이 한결 성숙해 보였다. 소리없이 웃는 순간 어머니는 가슴에 얹었던 손을 쓸어내리며 떨리는 숨을 내쉬었다.

의은은 구들에 올라와 부은의 어깨를 힘 있게 끌어안았다. 누나 봉은에게 빙긋 미소만 지었다. 언제 왔냐, 언제 가냐 묻는 사람도 대답하는 사람도 없는 그들의 만남이었다.

부은이 미처 그동안의 회포를 풀기도 전에 의은이는 소리없이 사라졌다. 며칠씩 보이지 않다가 새벽에 잠을 깨어보면 곁에 누워있다. 작은 형은 무척 조심성이 많아졌다.

이때 21세의 정의은은 의열단의 남경조선혁명군사정치간부학교 모집책을 담당했다. 1932년 가을, 김원봉의 의열단은 민중에 기반을 둔 무장투쟁을 전개하기 위해 중국 국민당의 지원을 받아 중국의 수도 남경에 비밀리에 조선혁명군사정치간부학교를 설립하였다.

정봉은의 딸 박의란의 증언이 있다.

"외할머니(최영온)에게서 들었는데요, 이 때 의은 외삼촌은 남경에 가족이 있었대요. 외숙모는 머리방을 했다고 들었어요."

이런 조건을 이용해 그는 비밀 독립운동에 종사하고 있었다.

1931년 9월 18일 밤, 일본 관동군은 선전포고도 없이 남만철도를 폭파하고 심양 동북군에 진공을 시작했다. 일주일 만에 요녕성, 길림성의 30개 주요 도시와 12개의 철도를 점령하고 1932년 1월 초까지 열하성을 제외한 만주 전역을 다 차지해버렸다. 이해 1월 28일에는 공공연히 상해를 공격했다. 3월 1일에는 신경(장춘)에 괴뢰정부 만주국을 세웠다. 중국을 삼키려는 일제의 야욕은 점점 더 강해졌다. 중국은 반일감정이 전례없이 팽배하고 항일의 목소리가 나날이 높아졌다.

이런 상황에서 김원봉은 본부를 남경으로 옮기고 황포군관학교에서 같이 공부했던 삼민주의 '역행사' 서기인 등걸과 접촉하고 조선독립운동에 대한 국민당정부의 지지를 도모했다. 당시 금방 결성된 '역행사' 주요 성원들은 하충한, 등문의, 강택 등을 망라해 모두 황포군관학교계의 군인들이었다. 기타 외곽조직은 복흥사로서 남의사라고 부르기도 했다.

김원봉은 1932년 3월에 이들을 통해 장개석에게 "한·중합작에 관한 건의"라는 제목의 문서를 보냈다. 그는 이 글에서 한·중합작의 단계와, 합작 후 한국, 일본, 중국 각지에서의 의열단 반일활동계획을 상세히 설명했다. 특히, 중국 내 활동계획으로 길림성 동남부를 근거지로 한국혁명군을 양성하고, 열하와 요서지방의 구국군과 합작해 투쟁하며, 안동과 봉천 사이의 철도인 만철 및 안봉선을 파괴 교란해 관동군을 타격할 것 등을 제시하였다.[61] 장개석은 곧 이에 동감하고 이 일을 '역행사'의 하부조직인 민족운동위원회에 맡겼다. 이 조직은 한국, 대만, 베트남 등 피압박 약소민족들의 독립자유 쟁취운동을 지원하는 것을 취지로 했다.

4월 29일, 대한민국임시정부의 조선인애국단 단원 윤봉길이 상해 홍구공원에서 개최된 일본 천황 생일연 및 상해점령전승 기념행사에 폭탄을 투척하였다. 상해 파견군 총사령관 시라카와 요시노리, 상해 일본거류민단장 가와바타 사다쓰구 등을 죽이고, 총영사 무라이, 제3함대 사령관 노무라 기치사부로 중장, 제9사단장 우에다 겐키치 중장, 주 중국 공사 시게미쓰 마모루에게 중상을 입혔다. 이로써 일제에 큰 타격을 주고 한중 민중을 크게 고무시켰다. 아울러 장개석의 대한정책이 보다 적극적인 방향으로 나가도록 했다. 며칠 뒤인 5월 5일에 일본은 장개석을 협박해 중국군이 상해에 주둔하지 못하고 보안대만 둘 수 있으며 일본이 상해 군대 주둔권을 취득한다는 내용의 강도조약- 중일 "송호정전협의"를 체결했다. 며칠 뒤, 김원봉은 "문무합일"의 혁명간부훈련반을 조직할 것을 제출해 장개석의 동의를 거쳤다. 그해 가을, 등걸이 책임지고 '역행사'의 당산 훈련기지인 '선사암'에 '조선

---

61) 1930년대 의열단(義烈團)의 항일청년투사(抗日靑年鬪士) 김영범(金榮範), 한국독립운동사연구(제3부) 제조회사 : 한국독립운동사연구소, 1989년

혁명간부학교'를 설립했다. 학교는 대외에는 군사위원회 간부훈련반 제6대라는 이름을 걸고 중국측 책임자로는 하응흠, 등걸이고 조선측 책임자로는 김원봉으로 했다.[62]

의은은 김원봉의 비밀지령을 받고 남경조선혁명군사정치간부학교 학생을 모집하기 위해 국내로 침투했다. 먼저 나주로 가서 18세의 김재호[63]를 포섭했다. 소식을 기다리라고 단단히 약속해놓고 집으로 돌아왔을 때는 3월이었다.

의은이 돌아오자 어머니 최영온은 약속이나 한듯이 봉은이 짐을 꾸렸다.

"한번 시집가면 그집의 귀신이 되는 거니까 남편 잘 섬기며 자식 낳고 잘 살어! 그 사람은 나라를 위해 싸우는 특별한 사람이라니까 아내 구실을 잘 해야지. 알았어?"

어머니 최영온이 기어코 눈물을 쏟아냈다. 봉은이 시집가게 되었다. 박건웅이 남경에서 드디어 결혼하자는 소식을 보내 온 것이다.

정율성은 다음과 같이 술회했다.

"1933년 봄, 나의 누나 정봉은이 중국 남경에서 박건웅과 결혼하게 하기 위해 셋째형 정의은이 그를 남경에 데려다주었다."

"어머니하고 아버지의 결혼은 김규식 선생께서 중매하신 거라고 어머니가 말했어요."

이것은 봉은의 딸 박의란의 증언이다.

그런데 따지고 보면 봉은은 이미 6년 전에 박건웅을 한구에서 만났고 두 사람은 장기간 편지내왕이 있었다. 한구에서 봉은이와 박건웅이 만났을 때 김규식이 다리를 놓아준 것인지는 알 수가 없다. 김규식은 김필례의 형부로 상해임시정부 요직을 그만두고 남경중앙정치학원 교수 겸 김원봉의 의열단 중앙 집행위원을 담당하고 있었다.

---

62) 江宁歷史文化大觀 作者 : 中國人民政治協商會議南京市江宁區委員會, 2008, 南京 ■ 版社 : 국민정부가 강녕에서 조선항일지사를 훈련
63) 독립유공자 공훈자료, 김재호

아무튼 그들은 드디어 6년이란 세월을 뛰어넘어 서로에게로 달려갔다. 부은은 누님이 간다는 소식을 듣자 어머니 앞에 무릎을 꿇었다.

"어머니, 나도 중국 갈래요. 형들처럼 일본을 빨리 몰아내기 위해 싸울 거예요!"

어머니는 단호히 머리를 저었다.

"넌 안 돼! 엄마 곁에 하나는 남아야지!"

부은은 머리를 떨어뜨리고 길게 한숨을 내쉬었다.

봉은은 작은 보따리 하나를 이고 의은과 함께 어둠속으로 사라졌다. 중국 상해를 거쳐 남경으로 가 박건웅을 만났을 때 봉은은 가슴이 세차게 뛰었다. 6년 전 한구에서 둘째 오빠 충룡을 통해 만났던 청년, 한구약슬여학교에서 공부하는 동안 결혼을 약속했던 사람, 얼마나 오랜 세월 이 날을 기다려 왔던가. 박건웅도 봉은에게서 눈을 떼지 못했다. 체격도 큼직하고 시원시원한 그녀는 여성스럽다기보다 편안하다는 표현이 더 어울렸다. 수많은 시간 편지를 쓰고 기다리며 얼마나 이 처녀를 그리워했던가.

박건웅은 이때 의열단 중앙집행위원, 남경조선혁명군사정치간부학교 사회학, 조직방법 교관을 맡았다. 한편으로는 남경 백하로에 있는 김원봉의 집에 모여 한국에서 온 청년들을 설득해 학교에 입학시키는 일을 하기도 했다.

이들은 남경의 어느 작은 셋집에서 몇몇 동지의 축복 속에 화촉을 밝혔다. 남경조선혁명군사정치간부학교 제1기생 졸업식이 있은 4월 23일, 학원들과 내빈들 사이로 2명의 여성이 유독 눈길을 끌었다. 그 중 하나가 봉은이다. 봉은은 "혁명가"를 높이 부르며 독립운동가 아내의 인생역정을 시작했다.[64]

3대가족이 벅적거리던 정씨네 가정은 강물이 줄어 냇물이 되고 냇물이 줄어 도랑물이 되듯이 이제는 달랑 어머니와 부은이 단 둘이 남았다. 부은은 여전히 중국행을 포기하지 않았다. 매일 문밖 마루 위 발자국소리에 귀를 기울이며 의은형을 기다렸다.

---

64) 한국사데이터베이스 홈페이지 韓民族獨立運動史資料集 31, 義烈鬪爭 4, 국한문 경찰신문조서(國漢文), 金公信 신문조서(제二회)

2개월 뒤, 늦봄 5월. 날씨는 점점 더워지고 여름 불볕더위를 밀고 오는 기운이 무등산 너머로부터 전해졌다. 장삿꾼 차림의 의은이 또 발걸음 소리도 없이 문을 열고 들어섰다.

정율성은 다음과 같이 술회했다.

"나의 누님이 금방 결혼한 뒤, 의열단은 나의 셋째형 정의은을 조선에 파견해 의열단이 꾸린 조선혁명간부학교 학생을 모집해오라고 했다."

의은은 지난 2월에 이미 시간약속을 해놓은 김재호를 비롯해 남경조선혁명군사정치간부학교 생도 몇 사람을 더 모집했다. 전날은 담양에 다녀왔다. 의열단으로부터 김승곤을 포섭해오라는 지령을 받은 바 있다. 김승곤은 남경조선혁명군사정치간부학교에서 전술학 교관을 하는 김종을 통해 소개받았는데 그의 조카였다. 조직기밀의 누설을 방지하기 위해 의열단은 단내 동지의 소개를 통해 생도에 대한 심사를 했다.

김승곤은 다음과 같이 증언했다.[65]

"1933년 봄에…어떤 사람이 숙부님한테서 왔다고. 이름이 정의은. 의로울 '의(義)' 자와 은혜 '은(恩)' 자야… 그래 그 사람이 아버님을 만나서, 그래가지고, 처음에는 공부시켜 준다고 … 말이 그렇죠. 고향에서는 절대 비밀이죠."

김승곤은 "숙부가 공부시켜 준다"는 말에서 "독립운동"의 의미를 알고 바로 대답을 했다. 한창 중학교를 다니던 중이었다. 그는 임시정부가 일본 앞잡이들을 처단하는 단원들을 모집한다는 소문을 들은 바 있었다. 그의 사촌 김일곤도 따라 나섰다. 김일곤은 열일곱 살에 광주학생운동에 참가하고 일본경찰에 체포돼 한동안 고생을 했었다.

"일본 사람들이 이리저리 휘젓고 다니는 꼴을 도저히 그냥 볼 수가 없더라고."

---

65) 대한민국 민족처단협회 홈페이지, 면담일시 장소ㅣ2001년 12월 1일, 12월3일 서울보훈병원, 면담자ㅣ김행복(국방부 군사편찬연구소 전사부장) 이하 김승곤 증언 자료 참고. 김승곤, 한국광복회 회장, 2008년 2월 24일 93세로 서울보훈병원에서 작고.

정의은은 그들과 시간, 장소, 지점을 약속한 다음 깊은 밤중에야 집에 들어섰다.

부은은 어머니에게 중국으로 가겠다고 또 한 번 졸랐다. 어머니의 태도는 여전히 단호했다.

"너 좀 생각해보렴. 아버지가 세상을 뜨고 맏형과 둘째형도 그렇게 되었잖아. 셋째형도 앞으로 어떻게 될지 누가 안다더냐? 이번에는 너의 누이도 가 버렸는데, 너까지 가게 되면 나는 혼자서 어떻게 지내겠느냐?"[66]

최영온은 다른 자식은 다 나라에 바쳐도 부은이만은 곁에 두고 싶었다.

부은은 혼자 속을 끙끙 앓았다. 의은이 역시 답답했다. 다른 사람은 포섭하고 동생은 하지 못했다.

이튿날, 한낮이다. 의은은 그동안의 여독 때문에 깊은 잠이 들어있고 어머니는 이웃으로 마실을 갔다. 부은은 조용히 책을 읽고 있었다. 오랜만에 형이 옆에 있어 한결 마음이 넉넉했다. 너무 조용해서 뜰안의 석류나무에서 빨간 꽃봉오리가 피어나는 소리마저 들릴듯 했다.

갑자기 발자국소리가 거칠게 울리고 문이 활짝 열렸다. 사복경찰 두 명과 검정 옷을 입고 허리에 칼을 찬 일본경찰이 들이닥쳤다. 어느새 냄새를 맡은 것이다. 그들은 의은이를 다짜고짜 잡아 일으키고 두 손에 수갑을 채웠다. 그제야 정신을 차린 부은이 벌떡 일어나 그들에게 달려들었다. 경찰의 다리를 부둥켜안으며 힘껏 고함을 질렀다.

"사람 살려요! 빨리 와서 사람 구해요!"

그들은 부은에게 주먹질을 하였다. 어머니가 달려오고 마을사람들이 달려왔다. 어머니는 일본경찰에게 달려들며 소리를 질렀다.

"이 날강도들아, 하늘이 무심할 줄 아느냐! 네놈들은 부모도 없고 형제도 없는 놈들이더냐!"

실랑이를 하는 동안 빨간 석류꽃이 땅에 가득 부서져 내렸다. 일경은 어머

---

[66] 『作曲家鄭律成』, 丁雪松 等 著, 遼寧人民出版社, 2009年 7月, 237頁.「夢幻的童年」, 鄭直

니를 사정없이 뿌리치고 의은을 끌고 가버렸다. 최영온은 분노하여 땅을 쳤다. 순간, 부은이도 중국에 보내기로 마음을 먹었다. 일본에 짓밟히는 세상을 사느니, 자식을 다 바쳐 맞서 싸우는 것이 낫다. 성격이 강인하고 괄괄한 그녀는 그 길로 서석병원 원장인 동생 최영욱을 찾아갔다. 헐떡거리며 의은의 체포경과를 설명했다.

"영욱아, 여비 좀 해줘. 도저히 못 참겠어. 부은이도 보내야 돼! 네가 좀 해줘!"

최영욱은 연민어린 눈길로 누님을 바라보았다. 자형이 사망한 지 1년 반밖에 되지 않는다. 충룡이 희생되고 효룡이도 아직 투옥 중인데 의은이 또 경찰에 잡혔다. 그가 간절히 양자로 두고 싶었던 부은이마저 중국으로 떠난단다. 그는 돈 50원을 누님의 손에 쥐어주며 안타깝게 말했다.

"누님, 한 집에서 어찌 한 나라의 독립운동을 다 해낼 수가 있겠소. 한동안 시기를 기다리면 좋을 터인데."[67]

동생에게서 여비를 받아쥐자 최영온은 눈물이 솟구쳤다. 부은이만은 보내고 싶지 않았다. 그런데 집으로 돌아와 보니 국훈이마저 덩달아 부은이를 따라나섰다. 그도 감옥살이를 하는 아버지 정효룡을 위해 복수하겠다는 것이다. 하나 남은 아들과 큰손자까지 한꺼번에 떠나게 되자 최영온은 참지 못하고 눈물을 쏟았다.

다행이 의은이 풀려났다. 의은이는 상인으로 가장하였기에 아직 신분이 발각되지 않은데다가 작은 외삼촌 최영욱이 여기저기 뛰어다니며 구명을 한 덕에 경찰서에는 며칠만 갇혀있었다. 의은은 경찰들이 또 눈치를 채고 달려들가봐 부은이와 국훈이보다 한걸음 앞서 집을 나갔다. 기차를 타고 대구를 거쳐 부산으로 가서 부은이네를 기다렸다.

이날 밤, 부은은 시간을 놓칠까봐 온 밤을 뒤척였다. 인생의 특별한 날이 다가오고 있다. 드디어 날이 새고 부은이는 어머니 앞에 무릎을 꿇고 절을

---

[67] 『作曲家鄭律成』, 丁雪松 等 著, 遼寧人民出版社, 2009年 7月, 238頁. 「夢幻的童年」, 鄭直.

올렸다.

"어머니, 내가 돌아올 때까지 꼭 잘 있어요! 꼭 잘 있어야 돼요!"

부은은 중국으로 떠났다. 조카 국훈이와 함께 조국의 독립을 위해 싸우러 간다. 하지만 싸우러 가는 사람답지 않게 그의 품에는 둘째형이 준 만돌린이 안겨있다. 대문을 나서면서 뒤를 돌아보자 빨간 석류꽃 사이로 그새 폭삭 늙어버린 어머니의 모습이 보였다.

양림산은 참나무, 흑호두나무, 굴참나무, 대나무, 층층나무, 팽나무, 동백, 능소화가 울창하다. 호랑가시나무는 번들번들한 잎사귀를 가득 펼치고 잎사귀의 겨드랑이마다 작은 연둣빛 흰 꽃을 피웠다. 아마도 가을이면 빨간 열매가 익어 겨우내 흰 눈이 뒤덮인 양림산에서 빨간 등불이 될 것이다. 꽃무릇의 줄기는 고요한 여름잠에 들어갔다. 이제 9월이면 뜨거운 열정이 솟아나 빨간 꽃무리를 피우며 양림산 언덕에 불길같이 번질 것이다. 아름다운 음악에 눈을 뜨게 해준 오웬기념각, 민족의 자부심을 느끼게 해준 숭일학교, 피라미잡이에 취했던 양림천… 부은은 유년의 즐거움과 청춘의 고뇌가 어우러진 양림산 언덕을 다시 한번 둘러보았다.

부은은 연둣빛 쑥돌이 곳곳에 보이는 길을 따라 걸으며 혼자 외롭게 남은 어머니를 향해 힘껏 손을 저었다.

"어머니, 잘 하고 돌아올께요."

하지만 그는 이곳으로 다시 돌아오지 못했다. 보이지 않는 장벽이 그를 돌아오지 못하게 했다. 기나긴 수십 년 세월 동안 그는 이곳을 사무치게 그리워하게 된다.

이것이 고향에서의 마지막 날이 될 줄이야.

이 날이 1933년 5월 8일이었다.

제2장

불평과 희망의 노래
(1933.5-1937.10)

제2장 불평과 희망의 노래
(1933.5-1937.10)

중국으로, 중국으로

뱃고동소리가 길게 울려 퍼졌다. 헤이안마루호가 부두에 도착했다. 이 여객선은 목포에서 부산, 일본 나가사키를 경유해 상해로 간다.

목포부두가에 19세의 두 청년이 사람들 틈에 섞여 두리번거리고 있다. 부은이와 국훈이다.

그들은 돈벌이하러 가는 차림을 했다. 의은에게서 여러 가지 주의사항을 들었기 때문이다. 부은은 상해행 배표 두 장을 끊었다. 직원이 창문으로 얼굴을 배시시 보이며 말했다.

"이 배표를 가지고 수상경찰서에 들려서 조사를 받고 배에 오르세요."

그 말에 심장이 콩닥콩닥 뛰었다. 국훈이 얼굴에도 초조한 빛이 일었다. 부은은 국훈이를 바라보았다. 침착하자, 침착하자.

이 때 이틀 전에 미리 출발해 광주에서 지낸 김승곤, 김일곤도 표를 사들고 목포수상경찰서의 조사를 받고 있었다. 김승곤은 다음과 같이 증언했다.

"뭐 하러 가느냐고 그래서… 돈 벌러 간다고. 중국말 아느냐고 그래. 모른다고 그러니까. 중국말도 모르는데 어떻게 돈 벌러 가? 그래요. 고개를 숙였죠. 인솔해 갖고 가는 사람이 그러더구만. 순사한테는 절대로 공손히 해야 한다고. 경우에 따라서 돈이나 조금 벌러 가는 중이라고 그랬어. 여비 조금 벌어서 구경도 할겸 해서 … 그랬더니 뭐라고 그러는지 알아요? 일본말로 '샹하이데 신데고이'. 상하이에 가서 죽고 오라고 그래요…그렇게 악질이라요."

일본수상경찰은 도끼눈을 해가지고 부은과 국훈에게도 까다로운 질문을 던졌다. 사전에 의은에게서 교육을 받은대로 이리저리 둘러댔다. 경찰은 부은의 품속에 있는 만돌린을 흘깃 바라보고는 표에 도장을 쾅 소리나게 찍었다. 갑판 위에 오르자 선들선들한 바람이 땀에 젖은 이마를 시원히 식혀주었다.

배가 목포를 떠나 부산에 이르자 부은은 눈길로 선창 안을 샅샅이 살폈다. 이윽고 사람들 틈으로 장사꾼 차림을 한 의은이 보이자 안도의 숨을 내쉬었다. 하지만 곧 외면하고 곁눈으로 의은을 지켜볼 뿐이었다. 이때 다른 다섯 쌍의 눈길들도 의은을 조심스레 지켜보고 있었다. 의은이는 이들을 다 알아보지만 이들은 서로 일행인 줄을 몰랐다.

일본 나가사키에 이르자 일본순사들의 조사가 또 시작됐다. 떠나기 전에 의은은 나가사키 순사들은 조사가 특별히 까다롭기 때문에 각별히 신경을 쓰라고 당부했다. 부은의 마음이 또 옥죄어 들었다.

순사 2명이 배 안으로 들어왔다. 하나는 한국인이고 하나는 일본인이었다. 일본인은 그래도 싱글싱글 웃는데 한국인은 표독스러운 표정으로 다가왔다. 그는 부은이네 앞에 있는 한국청년 둘에게 날카롭게 물었다.

"상해에는 왜 가?"

승선통제를 받지 않기 위해 그 중 한 청년이 공손히 대답했다.

"돈 벌러 가죠. 돈 벌러."

"중국말 알어?"

두 청년은 당혹해하며 머리만 저었다.

"모른다고? 모르면서 어떻게 돈을 벌어? 다시 돌아가! 돌아 가라구!"

한국인 순사가 짐을 막 끌어내며 소리를 질렀다. 부은이네는 더욱 긴장했다. 그들이 바로 김승곤, 김일곤 사촌형제들이었지만 부은이네는 알지 못했다. 멀리서 의은이 초조하게 바라보고 있었다. 이 때 두 청년이 손이야 발이야 애걸했다.

"우리는 책에서 배웠어요. 상해가 세계적인 관광도시라는 걸 말이에요. 그러니까 꿈에라도 상해에 가보고 싶었어요."

▲ 1933년 정율성 일행이 남경에 도착한 후 이 주택가의 어느 한 집에 이동해 머물면서 조직의 심사를 받았던 화로강 명양가 효자방, 그 후 학지방(學智坊)으로 개명됨. 필자 촬영.

"그래요. 우리는 돈 벌어서 상해를 구경할 거예요. 포부를 갖고 가는 거예요!"

그렇게 실랑이를 하다가 순사들은 시끄럽다는 듯 손을 내저으며 가버렸다.

그들은 배에서 닷새를 보내고 5월 13일에 상해에 도착했다.

김승곤은 다음과 같이 증언했다.

"우리만 간 줄 알았더니 일행이 일곱 명이었어요. 정의은, 또 의은이 동생 정부은, 전주 사람 이명선, 이것은 가짜 이름이에요. 그 다음에 신익희 선생 사위 심재호. 중국에 가서 그의 사위가 되었어요. 그리고 내 종형 심일곤. 중국 가서 문명철…"

김승곤의 증언에는 "정국훈"이 빠져 있었다. 그가 67년이 지난 이때에 국훈이를 기억하지 못하는 것은 아마도 그번 행에 남경까지 간 후로 국훈이가 종적없이 사라졌기 때문이다. 정의은은 이번 국내행에서 남경군관학교 생도 6명을 포섭한 셈이다.

김승곤과 정율성의 증언에는 다소 차이가 난다. 정율성은 다음과 같이 술회했다.

"나의 형은 문명철, 왕현순, (1941년 진서북 120사에서 항일전쟁 중 희생), 이명선, 최계원(전자 단장, 후자 사단장, 1950년 한국전쟁에서 희생), 호건, 황훈, 정국훈(1937년에 나는 연안에 간 후 그들이 어디에 있는지 모른다.) 등을 모집했다. 우리는 1933년에 목포에서 여객선 '헤이안마루호'를 타고 부산, 나가사키를 경유하여 상해에 왔으며 다시 남경의열단으로 갔다."

이중에 김일곤, 김재호, 이명선은 각기 가명[68]으로 기록돼있지만 김승곤은 없다. 그 외 왕현순, 황훈, 최계원은 김승곤의 증언에는 없는 사람이며 모두 부은과 같은 기에 남경조선혁명군사정치간부학교에 입학한 동기생들이다. 어찌하여 김승곤과 정율성의 진술이 엇갈리는지는 알수 없다.

드디어 상해부두에 도착했다. 경찰이 쫙 깔려 있었다. 배에서 내리자 부은 일행은 곧 사전에 약속한대로 마차꾼에게 "홍쿠, 홍쿠!"라고 소리쳤다. 홍구공원에는 프랑스 조차지가 있어서 경찰들이 신경을 쓰지 않았다.

국제도시 상해의 번화한 거리를 시골 혁명가들은 넋을 놓고 바라보았다. 미국, 로마, 프랑스, 희랍식의 이국적인 건물이거나 문예부흥 시대를 연상케 하는 고전적인 서양건물들이 가끔은 거대한 윤선 모양으로, 또는 아기자기한 동화속의 집 모양으로 화려하게 일어섰다. 특이한 디자인의 교회당, 호텔, 은행, 영화관, 가게들… 굽 높은 구두를 신고 치포를 입은 귀부인들이 황포차에 앉아 달려가는 모습… 조계의 키 높은 프랑스오동나무 사이로 큰 꿈을 가진 부은 일행을 태운 마차가 힘차게 달렸다.

일행은 프랑스 조차지의 여관에 이틀간 묵었다. 상해가 목적지인 줄 알았는데 밤이 되자 출발명령이 떨어졌다. 모두들 의아해서 의은을 쳐다보는데 의은이 짤막하게 말했다.

---

68) 김일곤(문명철) 김재호(호건) 이명선(최명선) 이정순(왕현순) 김승곤(황민) 황훈, 최계원(장원, 유적)

"묻지 말아줘. 그냥 따라오기만 하면 돼. 나도 다는 몰라."

모두들 어리벙벙했지만 곧 의은을 따랐다. 도착하고 보니 기차역이다. 물결처럼 흘러가는 사람들을 비집고 막차를 잡아탔다. 3등 차칸은 이불짐을 지닌 뜨내기 품팔이꾼들이거나 긴 다부살을 입고 가죽 모자를 쓴 신사들, 외투 깃을 밖으로 펼치고 베레모를 쓴 멋쟁이 등, 벼라별 사람들로 빼곡했다. 가끔 숙식을 파는 장사꾼까지 등장해 더욱 붐볐다.

어디로 가는지 알 수 없었다. 얼마를 갔는지도 알 수 없었다. 알아 들을 수 없는 중국말로 쉘라쉘라하던 여객들은 모두 잠에 골아떨어졌다. 퀴퀴한 냄새가 진동하는 가운데 차창으로 캄캄한 밤이 흘러갔다. 긴장과 피로 때문에 잠이 몰려왔지만 마음 놓고 자서는 안 되었다. 부은은 만돌린을 품에 안은 채 캄캄한 창밖을 바라보았다.

드디어 먼동이 텄다.

"엉?"

모두들 놀라며 밖을 바라보았다. 성벽이 눈에 띄었다. 여러 층집은 되어 보일 정도로 높았다. 진회색 성벽이 끝없이 흘러지나간다. 낯선 도시… 탄로날까 봐 한국말은 금지였다. 벙어리처럼 손짓으로 창밖을 가리키며 멀뚱멀뚱 서로의 얼굴만 쳐다보았다. 모두의 시선은 의은에게로 집중됐다.

기차는 서서히 속도를 줄였다. "南京"이라는 간판이 들어왔다.

"수도 남경이야."

의은이 나직한 소리로 알려주었다.

남경 화로강 효자방

의열단에서 접선하는 사람이 왔다. 그는 일행을 하나하나 뜯어보더니 김승곤과 김일곤을 골라냈다. 둘을 와락 끌어안았다. 김승곤의 숙부 김용재였다. 가명은 김종, 김승곤과 그의 사촌 김일곤은 세 살 때 헤어진 숙부를, 얼굴도 모르는 숙부를 그렇게 만났다.

김용재는 3.1운동에 참가했다가 일경의 추적을 피해 중국으로 망명했다.

부모에게는 장사를 한다고 속이고 장사자금을 몽땅 가지고 떠났다. 만주에서 의열단에 가입하고 광동에서 황포군관학교를 졸업했으며 이때는 남경군관학교 전술교관이었다.

숙부와 조카들이 상봉하는 정경을 바라보며 부은은 한 번도 본적 없는 자형 박건웅을 떠올렸다.

"이제 개학하면 자형을 만나게 될꺼야."

라고 의은형이 말했다.

"네가 가게 되는 군관학교 교관이거든."

부은은 자신도 곧 누님과 자형을 만나게 될거라는 생각에 마음이 설렜다. 남경은 6조대의 왕조가 머물렀던 옛성으로 거대한 진회색 벽돌 성벽에 둘러 쌓여있었다. 일행은 마차를 잡아타고 성문 안으로 향했다. 성문은 경계가 삼엄했다. 중국헌병이 그들을 멈춰 세웠다. 뭐라고 큰 소리로 묻는데 무슨 말인지 알아 들을 수 없었다. 앞에 탔던 사람들이 급히 성밖으로 도로 나오려고 하자 헌병은 험악한 표정으로 길을 가로막았다. 모두들 당황하여 어쩔 줄을 몰랐다. 이 때 김용재가 다급히 달려가 헌병에게 뭐라고 하자 헌병은 그제야 통과시켰다.

남경에도 경찰들이 깔리긴 마찬가지였다. 여관에 도착하자 김용재는 신신당부했다.

"부탁은 하나야. 절대로 어디든 나가지 말아요! 나가서 우리말을 해서는 절대로 안돼요! 언제든 밀정이 따를 수도 있다는 걸 명심해요!"

김용재가 사라지고 나자 다들 통성명을 했다. 모두가 미리 정해진 가명을 썼다.

"난 유대진이야."

부은이 어색하게 말했다.

그는 유대진, 황청해, 김중민이란 이름을 썼으며 맨 나중의 이름이 정율성이다. 지금까지 일경의 문서에서 "유대진"과 "유대근"은 많이 발견했지만 "황청해", "김중민"은 아직 발견되지 않았다. 정작 그 자신은 "유대근"이라는 이름을 쓴 적이 없다. 아마도 등사기나 구식 인쇄기를 많이 썼던 당시의 잉크사정 때문에 "劉大振"이 "劉大根"으로 오기된 듯하다.

약 한 달간 밖에 나가 음식을 사먹으며 여관에서 대기했다. 그냥 내버려 두는 것 같지만 조직에서는 그들의 적응상황에 대해 심사하고 있는 중이었다.

어느 날, 부은은 작은형 의은과 조카 국훈의 자리가 빈 것을 발견했다. 그들은 어디로 갔을까? 의은형은 조직의 지령에 따라 또 생도 모집이거나 기타 임무를 집행하러 갔을 것이다. 하지만 아무런 훈련도 받지 않은 조카 국훈은 어디로 간 것일까? 설마 경찰에 잡혀간 건 아니겠지? 부은은 무척 걱정이 되었지만 누구에게 물을 수도 없어 답답했다.

이것이 그들과의 마지막 이별일 줄은 꿈에도 몰랐다.

어느 날, 그들은 이동명령을 받았다.

"어서 준비하고 떠나!"

5분도 채 안 되어 모두들 다급히 짐을 정리하고 후닥닥 밖으로 나가 대기 중이던 마차에 탔다. 마차는 이리저리 달리다가 진회색 기와집이 빼곡하게 들어앉은 골목에 들어섰다. 2층집이 나타났다. 이곳은 남경 화로강 명양가 효자방이다.

이곳은 옛날에 봉황이 이곳에서 아침에 떠오르는 해를 향해 우짖었는데 그를 따라 수많은 새들이 우짖었다고 하여 명양가(鳴陽街)로 불렸다. 하지만 세월이 흐르면서 이름이 와전되어 이 때는 양들이 운다는 의미의 명양가(鳴羊街)가 되었다.

명양가 효자방은 남경 성벽 서남각에 있다. 서쪽에는 묘오율원이라는 암자가 있어 향불의 연기가 바람을 타고 은은하게 풍겨왔다. 그 중간에는 또 거대한 호가화원이 자리하고 있다. 청나라 상인 호희재의 화원이었는데 당시 남경의 가장 큰 개인화원의 하나였다. 검은색 기와를 얹은 담장 안에는 하늘처럼 푸른 연못, 신기한 바위로 이루어진 가산, 온갖 나무와 화초가 울창한 언덕, 섬세한 조각을 한 고풍스러운 집들과 회랑들이 적당한 위치에 우아하게 자리잡고 있었다.

효자방은 호가화원의 주인 호광원이 부친을 묻고 묘궐을 지어 효심을 다한 곳이다. 따라서 이곳에 지은 집들은 효자방이 되었다. 이른바 "문화대혁명"이 시작되자 효자방은 모든 낡은 것을 타파하는 검은 지명리스트에 올라 "배우는 지혜의 방"이란 의미의 "學智坊", 즉 학지방으로 고쳐졌다. 남경사람들의 발음은 학지방이나 효자방이나 똑같다.

효자방의 2층집에서 당시 어떤 무서운 일이 벌어졌는지는 알 수 없다. 아무튼 바다 건너 한국으로부터 풋내기 혁명가들이 찾아왔을 때 이 집은 3년간 방치된 흉가였다. 밀정들에게 탄로되지 않기 위해서라면 흉가 따위는 아무래도 괜찮았다. 하지만 얼마 되지 않아 동네방네에는 기괴한 소문이 돌기 시작했다. 효자방에 이상한 말을 하는 사람들이 들었다는 것이다. 동네 아이들이 돌맹이로 쾅쾅 문을 두드려댔다. 그래도 밀정이 눈치를 챌까 봐 아무 소리도 내지 못하고 지냈다.

부은 일행이 중국에 와서 처음 부딪친 일은 장바구니를 들고 장보러 가는 일이었다. 한국은 남존여비 문화로 인해 남자들이 부엌에 들어가는 것을 수치로 생각했다. 부엌에 들어가면 고추가 떨어진다는 속담이 이를 설명한다. 당시 한국남자가 장을 보러 간다는 건 상상도 할수 없는 일이었다.

"내가 설거지를 할께. 네가 장 보러 가."

"아니야, 내가 다 치울께, 네가 장을 보러 가."

고추가 떨어진다는 부엌일을 할지언정 장 보러는 가지 않겠다고 서로 앙탈을 부렸다. 김승곤은 다음과 같이 술회했다.

"중국 남자들은 장바구니 들고 시장가요. 우리는 시장에 가기가 제일 겁이나. 서로 안 갈려고 그래요. 싫다… 시장에 갔다 와라 나 혼자 다 치우마. 다른 사람이 집에서 밥하고 설거지하는 조건으로 시장에 가요. 시장에 갈 때 장바구니를 뒤에다 감춰 가지고 가요. 그런데 일단 시장에 가면 괜찮아요. 남자들이 많이 있으니까. 한참은 그것 때문에 고생했어요. 제일 걱정이 시장에 가는 거였어."

이 대목에서 잠시 장바구니를 등 뒤에 감추고 벌개진 얼굴로 주변을 흘끔거리며 시장으로 가는 부은의 모습을 상상해본다. 중국에서의 첫 문화갈등이었다.

그들은 이 흉가에서 근 3개월을 지냈다. 그동안 부은은 불쑥불쑥 문득 사라진 의은형과 국훈이를 떠올리곤 했다. 그들이 어디로 왜 사라졌는지? 남경 어딘가에 있을 누나 봉은이가 그리웠다. 자형이란 사람도 궁금했다. 이 무렵 봉은이와 박건웅은 남경시내 감로항5호 부근에 셋집을 얻고 김원봉 부부 등과 가까이에 있었다.[69] 부은이 이것을 알 리가 만무했다.

드디어 의열단의 정치심사와 검증이 끝났다. 7월 하순경에 부은은 효자방에 있던 동지들과 함께 남경에서 멀리 떨어져있는 교외 효릉위의 한 절로 이동했다.

효릉위의 이 절은 국민당 군사위원회 간부훈련반 제5대가 머물렀던 곳이다. 남경군사간부학교 제1기생은 모두 졸업하고 9명이 아직 사업배치를 받지 못한 채 남아있었다. 부은 일행은 이곳에서 중국어 공부를 시작했다. 매일 중국어 교사가 와서 북경 표준말을 가르쳤다. 중국말은 권설음이 많아 혀를 위로 동그랗게 자주 꼬부려야 하기 때문에 발음이 힘들었다. 8월 20일경부터 예비교육이 시작됐다.

부은은 남경군사정치간부학교 제2기 개학날이 오기를 손꼽아 기다렸다. 이날은 자형 박건웅을 만나고 누님의 소식을 듣는 날이기도 하였다.

남경조선혁명군사정치간부학교

또 이동명령이 떨어졌다. 후딱 짐을 싸 가지고 어둠을 타서 마차를 타고 소리소문 없이 어디론가 이동했다.

동이 틀 무렵 그들이 도착한 곳은 남경에서 수십 리 떨어진 곳에 있는 강녕진(江寧縣)의 허름한 사찰, 증조사였다. 제1기가 공부한 강소성 탕산 선사암의 학교가 일본특무[70]들에게 탐지되는 통에 김원봉은 등걸과 상의 후 제2기부터는 이곳으로 옮겼다.

여섯 채로 된 사찰에는 "군사학교분사(軍事學校分舍)"라는 목재 간판이

---

69) 한국사데이터베이스 홈페이지 韓民族獨立運動史資料集 31, 義烈鬪爭 4, 국한문 경찰신문조서(國漢文) 문서제목 증인 金聖濟 신문조서
70) 비밀요원

부착되어 있고 국민당 정부에서 파견한 헌병 2명과 경찰 1명이 경비했다.[71] 멀지 않은 곳에는 오랫동안 인적이 끊긴 거대한 묘지가 보였다. 울창한 수림 속에서 낡은 사찰은 고즈넉하다 못해 쓸쓸하기까지 했다. 하지만 이런 밀폐된 환경은 비밀스런 사명을 지닌 한국 젊은이들에게 커다란 해방감을 주었다.

아침 저녁으로 가을바람이 살랑살랑 불기 시작한 9월 16일, 드디어 남경 조선혁명군사정치간부학교 제2기생 입학일이 닥쳐왔다. 부은은 중국중앙육군군관학교 입교생과 동일한 흑색 군복, 군모, 각반 및 휘장을 착용하고 왼쪽 가슴에는 청색 테두리 흰바탕에 붓글씨로 "군사위원회 정훈연구반(軍事委員會 政訓硏究班)"이라고 적힌 표찰을 부착하고 소총을 소지했다. 그는 동기들과 함께 의열단에 가입했다. 그것이 입학의 첫 절차이다. 부은은 의열단 서약서를 꼼꼼이 읽었다.

"의열단(義烈團)은 일본제국의 압박기반에서 조선을 해방 독립시키고, 공산주의사회의 건설을 도모한다, 의열단(義烈團) 입단 후 단의 명령에 절대 복종한다."

부은은 서약서에 "유대진"이라고 또박또박 서명했다.

사위는 물뿌린 듯 조용하고 청년들의 힘찬 숨소리만 들려왔다. 그들은 신명을 내걸고 조국독립을 선택했다. 서명된 이름은 모두 가명이다. 철저한 보안을 위해 의열단은 진짜 명부 한 권, 별명명부 두 권이 있었다. 별명명부 하나는 의열단에서 부르는 이름이고 다른 하나는 국민당 정부에 전달하는 것이었다. 그러므로 "유대진"은 의열단에서 쓰는 이름이고 기타 가명 "황청해, 김중민" 중의 어느 한 이름은 국민당 정부에 전달하는 이름으로 썼을 것이다. 일제의 눈을 피하기 위해 학교는 학원들의 외출 및 한국말 사용을 엄격히 금지했다.

---

71) 『민족운동사료』 810쪽

김원봉은 제1차 국공합작이 깨진 후 반공노선이 더욱 강화된 국민당과 깊은 관계를 맺고 그 지원을 받았다. 하지만 그는 여전히 공산주의 실현을 의열단의 최종 분투목표로 했다. 제1차 국공합작 기간에 그는 장개석의 비준을 얻어 의열단을 거느리고 황포군관학교에 입학했고 장개석이 공산당을 배반했을 때에는 항일하려는 국민당 좌파를 각성시키기 위해 주은래, 담평산, 엽정, 주덕, 유백승 등 중공인사들, 그리고 아직 공산당원이 아니었던 하룡의 영도하에 일어난 무창봉기에 참가했었다. 이때는 정치, 경제여건이 부족한 상황에서 실용주의적인 항일정책을 실시했다. 지도부에서는 그가 악명이 자자한 '남의사'의 도움을 받는 것에 반대의견이 분분했고, 일부는 의열단을 떠나기도 했다. 하지만 그는 "일본제국주의를 타도하기 위해서는 조금이라도 유리한 조건이기만 하면 다 이용한다"[72] 는 것으로 동지들의 반대를 일축했다.

　대부 교관실 및 강당 입구에는 "복종단체명령, 행동규율화, 생활단체화"라는 훈육표어가 붙어있고 벽에는 "타도 日本제국주의", "조선독립만세", "중국혁명만세" 등 구호들이 붙어 있었다.

　개학식날 교장과 교관, 그리고 내빈들이 도착하자 부은의 눈길이 바빠졌다. 김원봉 교장을 망라한 교관 10명과 의열단 중앙집행위원이며 남경중앙정치학원 교수이고 외숙모 김필례의 형부인 김규식이 참석했다. 이 학교 고문인 중국인 강택과 국민당 정부 군사위원회 소속 육군 중장 등이 배석했다.[73] 일일이 소개하는 사람들 속에 자형 박건웅은 없었다. 약 40일전 8월 초순, 박건웅이 김원봉과의 의견차이 때문에 이미 의열단을 떠나 북평으로 떠났을 줄을 부은이 어찌 알았으랴.[74] 누님과 자형을 만날 수 없다는 생각에

---

72) 『대륙에 남긴 꿈, 김원봉의 항일역정과 삶』, 역사공간, 한상도 지음, 1994년, 74페이지, 「항전별곡」, 이정식, 한홍구 엮음, 거름, 1986년, 135쪽, 내용은 김원봉 휘하에서 싸웠던 조선의용군 김학철 증언

73) 『한국독립운동과 중국군관학교』, 문학과 지성사, 한상도 저

74) 한국사데이터베이스 홈페이지韓民族獨立運動史資料集 31, 義烈鬪爭 4, 국한문 경찰신문조서(國漢文) 문서제목 증인 金聖濟 신문조서

▲ 정율성이 졸업한 조선혁명간부학교 교장 김원봉.

그의 마음 한구석이 허전했다.

　나중에 안 일이지만 박건웅은 광주무장봉기 실패 후 조선공산당재건동맹의 중앙부 의원, 한국대일전선통일동맹의 조직선전부장 등을 담당했었고, 부은이 남경에 도착한 6월의 어느날, 김원봉과의 의견차이 때문에 이미 의열단을 떠난 것이다.

　교장의 훈화가 있게 되자 40여 명의 눈길이 일제히 김원봉 교장에게로 쏠렸다. 의열단을 이끌어 경찰서, 일제고관, 조선총독부에 큰 타격을 준 김원봉, 일제는 김원봉에 대해 체포 즉시 나가사키 형무소로 이송할 것과 소요 경비는 외무성에서 직접 지출한다는 훈령을 일제 상해주재 일본총영사관에 하달했다. 말로만 들어왔던 민족영웅을 직접 마주하게 되자 부은은 긴장하고 격동했다.

　35세의 김원봉은 키는 크지 않고 몸매도 마른 편이지만 눈망울이 유난히 검고 눈매가 부리부리하며 코가 우뚝한 전형적인 미남이다. 얼굴빛은 좀 검

제2장 불평과 희망의 노래 _ 125

은 편이고 중산복을 입기 좋아했다. 머리는 양쪽으로 갈라 짧게 깎아 사람들에게 단호한 인상을 주었다. 특히 그의 침착하고 강한 눈빛이 사람을 끌어당기는 힘이 있었다.

그의 동지였던 김규광은 그에 대해 이렇게 묘사했다.[75]

"김원봉은 굉장한 정열의 소유자였습니다. 동지들에 대해서도 굉장히 뜨거운 사람이었지요. 그는 자기가 만난 사람을 설복시키고 설득시켜 동지로 만들겠다고 결심하면 며칠을 두고 싸워서라도 모든 정열을 쏟아서 뜻을 이뤘지요. 그렇기 때문에 동지들이 죽는 곳으로 뛰어드는 것을 겁내지 않았던 것 아닙니까? 그만큼 남으로 하여금 의욕을 내게 하는 사람이었지요. 그것이 김원봉의 가장 큰 능력이었습니다."

일제는 그에 대해 다음과 같이 기록했다.[76]

"보기에는 우유부단한 것 같지만 성질이 극히 사납고 또 치밀하여 오안부적의 기백을 가지고, 행동도 또한 극히 경묘하여 신출귀몰한 특기를 가졌다."

김원봉의 훈화는 정열적이고 강인한 그의 성격 그대로 뜨거운 감화력으로 젊은이들을 전율시켰다.

"중한민족은 절대적으로 제휴하여 동삼성을 탈환함으로써 조선의 독립을 달성해야 하는 바, 이 목적하에 제군은 본교에서 열심히 기술을 습득하고 학습을 연마하여 장래의 발전을 기약하도록 하라."[77]

이어 이 학교 고문 강택이 정열에 찬 연설을 했다.

"조선혁명은 반드시 무력으로 성공해야 합니다. 제군들은 한중합작은 반드시 필요하며 합작으로만이 조선의 독립이 가능하다는 것을 반드시 명심하기 바랍니다."

개학식을 마치며 참가자 일동은 혁명가, 애국가, 적기가, 추도가 등을 불렀다.

---

75) 『혁명가들의 항일회상』, 면담 이정식/편집해설 김학준, 84쪽, 민음사, 1988년 출간
76) 『대륙에 남긴 꿈, 김원봉의 항일역정과 삶』, 한국독립운동사연구소 기획, 한상도 지음, 역사공간 출간, 2006년, 32페이지
77) 조선총독부 경무국 문서 「군관학교사건의 진상」, 김원봉, 80전페이지

혁명가

조선의 벌판에 불이 붙고/ 조선의 멧뿌리에 불이 붙는다. /시뻘건 화염의 그 속에서/ 흰옷 입은 대중의 함성이 난다. /나가라 싸워라 조선의 대중아 / 모두 다 전선에 나가 싸워라…

추도가(追悼歌)

산에 나는 까마귀야 시체보고 울지마라 /몸은 비록 죽었으나 혁명정신 살아있다/ 만리장성 고독한 몸 부모형제 이별하고/ 홀로 섰는 나무 밑에 쓰러진다 혁명군…

노래를 부르며 부은은 눈물이 글썽해진다. 옥살이를 하는 큰형, 희생된 둘째형, 어딘가에서 지하공작을 하고 있을 작은 형, 혁명가의 아내 누님, 혼자 외롭게 있을 어머니… 하늘에서 아들을 지켜볼 아버지를 생각하자 저도 몰래 어깨를 편다. 힘찬 구호제창 소리가 장내를 울렸다.
"조선혁명 성공 만세!"
"중국혁명 만세!"
"중한 합작 혁명 성공 만세!"
"세계혁명 성공 만세!"
정율성은 "나의 정력서"에 이렇게 썼다.

"모집되어 온 우리 학생들은 의열단이 꾸린 조선혁명간부학교 제2기에 입학했다. 도합 53명이었다. 교장은 김원봉, 교원은 석정(1942년 5월 태항산 소탕전에서 희생됐다.), 신악, 김정, 왕현지(그들은 모두 황포군관학교를 졸업했으며 이미 사망했다.)등이다… 당시 김원봉은 '의열단은 공산주의를 위해 싸운다'라고 말했으며 마르크스-레닌주의 서적을 학습하고 「국제가」, 「적기가」, 「소년선봉대가」, 「최후의 결전」 등 혁명가곡을 배웠다."

처녀작과 「교가」

부은은 매일 아침 다섯 시 반에 기상해 반 시간 체조를 하고, 여섯 시 반에 밥을 먹고, 일곱 시부터 수업을 받았다. 오후 한 시부터 훈련을 하고, 여섯 시에 저녁을 먹었다. 정치과목에 경제학, 중국혁명사, 조선운동사, 각국혁명사, 삼민주의, 조선정세 등을, 군사과목에 간이지도관측, 전술학, 폭탄제조 및 사용법 등을, 실습과목에 사격, 야간연습을 배웠다.

부은과 동기였으나 일제에 의해 체포된 안정득은 다음과 같이 진술했다.[78]

"우리들 동료 간에는 그것을 요약하여 공산주의적 독립운동이라고 칭하고 있다… 즉 선내에서 대중을 획득하고 공산주의를 선전, 주입하는 한편 직접 행동방법을 훈련, 교양하여 혁명공작을 하고, 그 속에서 결사분자를 선발하여 유격대, 전진대를 조직하고 무력에 의해 요로대관을 암살하고 정치, 경제기관 등 중요 건조물을 폭파하는 등 직접 폭동을 일으켜 목적을 향하여 매진함과 동시에 공산당을 재건하고 대중혁명을 일으켜 목적을 달성하게 한다."

이들은 사관학교 3년 과정을 7개월에 끝냈다. 김승곤은 이렇게 술회했다.

"아침에 책상에 앉아서 공부 좀 하고 나면 오후에는 무조건 야외연습장에 나갑니다. 왜, 고생을 하면서도 마음이 편한고 하니, '아! 우리 일을 할려고 하기 때문에 이런 고생을 한다.' 이런 마음을 먹고 하니까 그렇게 고통스럽지 않아요… 낙오자는 하나도 없어. 전부 패스했죠."

생도들은 훈련장이 부족하여 천 평이 넘는 공동묘지를 개발했다. 부은은 하늘에 뜬 달을 보며 자주 홀로 있을 어머니를 떠올리곤 했다.

'어머니는 어찌하고 계신지? 어머니가 혼자 있는 집에 도둑이 들지는 않았는지?'

2010년 2월 27일 토요일, 필자는 서울 올림픽 공원 328호의 한 아파트에서 정율성의 이모손녀, 즉 최영온의 여동생 최오숙의 손녀 신광자를 만났다. 광주태생이라서 이름이 광자라는 그녀, 1921년생으로 정율성보다 일곱 살 어렸다. 이 때는 89세였지만 머리칼 하나 흐트러지지 않은 모습으로 원두커

---

[78] 한국사데이터베이스 홈페이지 韓民族獨立運動史資料集 30, 義烈鬪爭 3, 국한문 경찰신문조서(國漢文) 문서제목 安貞得 신문조서(제三회)

피를 갈아서 정교한 커피잔에 내놓았다.

"내 기억 속의 양림동 할머니는 늘 혼자 살았어요. 그래서 할머니는 늘 나를 앞세우고 언니 집으로 다녔지요."

어느 날 이들은 잠자리에 나란히 누워 한담을 했다. 지게문 사이로 갑자기 대문이 열리는 소리가 들렸다. 사람 소리였다. 동생이 낮은 소리로 말했다.

"별난 도둑놈 다 있네."

그 말에 광자는 무서워서 할머니 겨드랑이로 기어들었다.

최영온이 큰소리로 말했다.

"쥐가 들었는갑네!"

이 때 도둑의 기침소리가 들려왔다.

"쥐가 고추가루단지 매운 냄새 때문에 기침 허네!"

도둑의 기침소리가 더 자지러지자

"쥐도 감기 들었나 보네!"

라고 말했다.

그러자 문소리가 나고 도둑의 발자국 소리가 다급히 문 뒤로 사라졌다. 최영온은 일부러 인기척을 내서 도둑이 제 발로 도망치게 했다. 그녀는 수많은 외로운 밤을 그렇게 이겨나가고 있었다.

혁명훈련은 혁명가곡을 떠날 수 없었다. 모든 행사 뒤끝에는 반드시 「혁명가」, 「애국가」, 「적기가」, 「추도가」를 불렀다. 조선혁명군사정치간부학교에서 불려진 노래들은 대부분 작사자, 작곡자 미상으로 돼있다.

최근 필자는 아주 의미있는 자료를 발굴했다. 제목은 「남경조선혁명의용군학교 교가」[79]이다. "김두봉 작사 정율성 작곡"으로 돼 있으며 "이 학교는 강소성 강릉현에 있으며 1932년에 창건되었다."라는 주해가 달려 있었다. 애석하게도 한문으로 옮겨놓은 글이어서 한글원본 가사를 알 수 없었다.

중역의 가사를 다시 우리 말로 의역하면 대개 이런 뜻이다.

---

[79] 『동북군정대학 길림분교』 제1권, 요녕민족출판사, 1994년 7월 출간. 姚作起 主編, 273쪽

"이국산천에서 천막치고 우리 젊은이 공부하네/ 이곳에서 우리의 총칼을 푸르게 갈자/ 우리의 원수를 소멸할 준비를 하자/ 우리는 조선의 청년 혁명 선봉대"

이것을 뒷받침해주는 자료가 있다. 조선혁명군사정치간부학교 "교가는 김원봉이 남경 거주 한국 한학자에게 의뢰한 가사에 작곡 경험이 있는 입교생이 곡을 붙였다[80]."라는 것이다. 김두봉은 저명한 조선어 학자이고 김원봉의 처 외숙부로서 조선혁명군사정치간부학교 제3기 교관을 담당했다. "작곡경험이 있는 입교생"이 정율성이었던 것일까?

또 하나의 자료가 있다. 한국문화진흥원 '한국 근대의 음악원형' 홈페이지에는 독립가곡이 정리돼 있는데 독립가곡명 목록 작곡자 란에 "교가(조선혁명군사정치간부학교) 정율성 추정"이라고 밝혀져 있다. 하지만 상기 "교가"는 한문의 이 교가와 그 내용이 다르다. 고증이 필요한 부분이다.

이국의 사찰에서 복수의 칼을 갈며 부르는 청년투사들의 힘찬 교가소리는 청춘의 힘찬 숨결과 더불어 증조사의 풍경을 울리고 적막한 묘지를 깨우며 수백 년 잠자던 계곡으로 깊이 파고들었다.

겨울이 오고 1934년 새해가 밝았다.

졸업, 그리고 작은 형의 피검

매일 공부하고 훈련하고, 훈련하고 또 공부하는 중에 시간은 빠르게 지나갔다. 어느덧 날카롭던 바람이 슬슬 부드러워지고 점점 따뜻한 바람이 불어왔다. 졸업을 앞에 두고 모두들 졸업고사, 논문준비에 바빴다. 의열단 지도부는 학원들을 한 명씩 불러서 활동 희망지, 활동방식, 활동지역에 대한 잠입 방법, 활동 중에 예상되는 애로, 활동지역으로 이동 도중 검문(檢問) 대응책 등에 관해 자세히 문의하고 임무를 부여했다.

---

80) 『약산 김원봉 평전 시대의 창』, 2008년 2월 출간, 김삼웅 저

비밀임무를 받고 긴장과 흥분으로 상기되어 돌아오는 동지들을 보며 부은은 자신에게 떨어질 임무가 무엇일지 궁금하고 초조했다. 중국어를 유창하게 하지 못하는 것이 가장 마음에 걸렸다. 3월 중순, 졸업이 아직 한 달이나 남았는데 갑자기 한 사람, 두 사람 자리가 비었다.

'어디로 파견된 걸까? 왜 졸업도 하지 않고 떠나는 걸까?'

어느날, 부은이와 함께 중국으로 왔던 김승곤, 김일곤 두 사촌형제의 자리도 비었다. 약 2주일 사이에 15명의 자리가 휑하니 비었다.

김원봉은 만주문제와 기타 국제문제가 복잡하게 얽혀 일본과 소련의 전쟁도 곧 일어날 것이라고 판단했다. 이로 인해 제2차 세계대전이 발발하게 되면 일본은 사면초가에 들것인 즉 이 절호의 기회에 민중무장으로 대일전에 뛰어들 수 있는 전위조직을 만듦으로써 중국을 비롯한 국제적인 연대 속에서 독립을 완성한다는 취지였다. 그는 제2기생들에게 "의열단 지부와 조선공산주의 혁명당 및 전진대를 조직할 것, 각급 민족운동단체를 통일단체로 규합 주도권을 장악할 것, 연고지와 파견지역에 조직망을 확충하고 조직원을 각급 작업장, 공장에 침투시켜 활동거점을 확보할 것" 등[81]을 지시하였다.

한편으로는 국민당에 일본인들의 정보를 제공하고 적들의 배후를 교란하는 역할을 하여 협력을 강화했다. 학생 모두 일본어를 잘했으므로 국민당측은 이에 대해 만족했다. 당시 남경조선혁명정치군사간부학교 중국측 책임자였던 등걸은 다음과 같이 증언했다.[82]

"탕산훈련반 시기는 우리가 대일 전면항전을 준비한 시기로, 그 준비 계획은 주로 일본인의 정황을 살펴 초안되는 것이고, 또 일본인의 정황변경을 알아보고 수정해야 하는 것이기 때문에, 우리는 언제든지 일본인의 정확한 정황을 수시로 알아야 되었습니다…

이 반의 졸업생들은 이런 일에 중국인보다 비교적 큰 공헌을 할 수 있고,

---
81) 『韓國獨立運動과 中國軍官學校』, 문학과 지성사, 한상도 저, 제291페이지, 1994년
82) 등걸 증언, 『삼민주의역행사의 한국독립운동에 대한 원조』, 『한국독립운동사자료집 중국인사증언』 박영사, 1983.72쪽

또 그들 자신도 이 방면에 즐거이 진력하겠다고 하여, 졸업자 중의 약 반수가 적 배후에 혹은 적이 빈번히 활동할 가능성이 큰 지구에 파견되었습니다. 그러므로 졸업생들은 동삼성 대련, 호로도(葫蘆島), 그리고 평진(平津) 등지에 모두 파견되어 잠복공작하였습니다."

의열단은 항일투쟁의 주요무대를 중국 동북지역과 한국 국내로 정하고 항일투쟁의 주력군으로는 노동자, 농민, 학생층을 지목했으며, 결전의 시기가 되면 국내외에서 동시다발적으로 투쟁하려는데 목적을 두었다.[83] 그 일환으로 제2기생에서 15명을 선발해 중국중앙육군군관학교 낙양분교 조선인특별반에 보내 보다 수준높은 차원의 교육을 받게 했다.

부은이 슬슬 초조해지고 있는데 어느 날 김원봉이 그를 호출했다. 부은은 군모와 옷깃을 바로잡고 긴장된 얼굴로 사무실 문을 두드렸다. 교장은 뜻밖에 부은에게 아무런 임무도 주지 않았다.

"곧 출발해 남경에서 대기하시오! 반치중, 황영주, 김천복과 한 조로 출발하시오!"

부은이도 졸업식에 참가하지 못하고 출발하게 되었다. 졸업식 일자는 그 뒤로부터 2주일 더 지난 4월 23일이었다.

정율성은 다음과 같이 술회했다.

"1934년 겨울에 우리는 혁명간부학교를 졸업했다."

부은의 출발일자를 일제의 자료에서 찾아보았더니 뜻밖에도 4월 5,6일경이었다. 정율성은 왜 이 날을 "겨울"로 기억하는 것일까?

필자가 남경을 답사한 날이 마침 2010년 4월 6일, 76년 전의 이 날에 부은은 학교를 떠났다. 날씨는 화창했고 노란 유채꽃이 바다를 이루며 피어났다. 현무호, 남경제일공원 등에는 온갖 꽃들이 화사하게 피고 새들이 청아하게

---

83) 『대륙에 남긴 꿈, 김원봉의 항일역정과 삶』, 한상도 지음 | 역사공간 | 2006.02.24

우짖었다. 날씨도 슬슬 더워져서 뱃놀이, 꽃놀이하는 사람들이 많았다. 하지만 정율성은 졸업시간을 겨울로 기억했다. 무엇 때문이었을까?

필자는 남경의 기상역사 자료에서 그 답을 찾았다. 정율성이 봄을 겨울로 기억한데는 특별한 이유가 있었다. 부은이 학교를 떠난 며칠 뒤, 1934년 4월 12일에 눈이 내렸다. 이 날은 21세기인 지금까지 남경의 백년역사에 가장 늦은 종설일로 기록되어 있다. 남경 천지가 하얀 눈으로 뒤덮였었으니 정율성이 그 때를 겨울로 기억할 수밖에 없는 것이다. 때아닌 눈에 활짝 핀 꽃들이 수난을 당했다. 졸업 후 부은의 혁명행로가 결코 평탄하지 않을 것을 암시하듯 날씨마저 예사롭지가 않았다. 봄을 겨울로 기억할 만큼 남경으로 배치되어 가는 부은의 마음 역시 추웠던 것 같다. 다른 동기들은 모두 임무를 부여받고 떠나는데 그는 "나이가 어린 탓"에 임무를 부여받지 못했다.[84]

하지만 결과적으로 보면 김원봉은 정율성에 대해 다른 생각이 있었던 것이다.

부은은 깊은 산 증조사를 나와 긴장된 마음으로 걷거나 마차를 타고 수 시간 뒤에 검은 성벽으로 둘러싸인 남경에 들어섰다. 부은이 의열단 아지트인 남경 화로강 묘오율원에 도착했을 때에는 항불 냄새가 자욱했다. 시주들은 항불을 올리며 두 손을 모아 소원을 빌었다. 묘오율원 동쪽에는 거대한 호가화원이 있고 호가화원에서 동쪽으로 한참 가면 부은이 남경에 도착해 심사를 거치는 동안 거주했던 효자방 구역이 있다.

효자방과 묘오율원은 쭉 한 선에 있어 급한 걸음으로 약 십여 분 정도 걸어가면 도착할 수 있지만 이 두 아지트를 거치는 순서는 달랐다. 금방 심사를 받는 풋내기들은 효자방에 머물고, 의열단의 검증과 훈련을 거쳐서 합격한 사람은 묘오율원에 배치됐다.[85]

묘오율원에는 약 반년 전만 해도 국민당 군정부 학병대가 주둔해 있었다.

---

84) 「我的政歷 鄭律成」, 年月日不詳, 2011年 鄭小提提供, "그 때 나는 나이가 어려 분배를 받지 못했다."
85) 김학철 저, 『격정시대』, 요녕민족출판사, 1986년 8월 출간.

▲ 남경 화로강에 있는 고와관사(古瓦官寺)라는 절은 2003년에 복원됐으며 정율성이 남경조선 혁명군사정치간부학교 졸업이후 머물렀을 때에는 묘오률원(妙惡律院)이란 암자였다. 이 곳은 김원봉의 조선혁명당 아지트였다. 필자 촬영.

학병대는 사실 화학병으로 장개석이 일제와의 전면대전을 준비해 1933년 2월 8일에 비밀리에 세운 부대이다. 학병대는 그후 항일전쟁에서 일본군에 큰 타격을 준다. 그들이 떠난 자리가 바로 의열단의 아지트였다.

  2010년 4월, 필자가 이곳으로 찾아왔을 때에는 화로강 그 어디에도 묘오율원은 없었다. 노란 칠을 올린 와관사라는 절이 있을 뿐이다. 묘오율원은 화로강 어디에 있었던 것일까? 막막한 심정으로 와관사에 들어선 나는 뜻밖에도 나무 운이 좋았다. 와관사에서 남경불교협회 상무이사인 채사주 선생을 만나게 된 것이다. 그는 한평생 화로강에서 살아온 분으로 남경의 산 지도였다. 그는 나를 와관사 뒤뜰로 안내했다. 벽에 가득 쌓여있는 편액들 중에서 하나를 힘겹게 골라서 내 앞에 내놓는다. 얼핏 보기에도 수많은 세월의 흔적이 역력한 편액이다. 자세히 살펴보니 아, 묘오율원! 이곳에서 "묘오율원"을 만나다니! 나는 가슴이 뭉클했다. 묘오율원 편액이다. 세상에 이렇게 묘한 일도 있다니! "妙悟律院"은 횡액이고 종액들도 있었는데 좌종액은 "祝箇箇入不退地", 즉 "한 번 들어가면 돌아서지 않는다"는 뜻이고 우종액은 "願人人重諸善根", 즉 "모든 사람들이 착한 근본을 얻는다"라는 뜻이다.

와관사는 동진 흥녕 2년에 처음 세워졌고 명나라 때는 봉유사로 불렸으며, 청나라 광서년간에는 그 자리에 묘오율원 암자가 섰다. 묘오율원은 50년대 말부터 공장 등으로 쓰이다가 2003년에는 와관사로 재건된 것이다. 정부은이고 유대진이었던 정율성, 그리고 조선독립운동가들의 꿈이 어린 편액을 손가락으로 하나하나 만져보노라니 나도 모르게 눈물이 흘러나왔다.

묘오율원에 발을 들여놓은 부은이 어찌 며칠 전에 작은 형 정의은이 일경에 피검된 줄을 알았으랴!

일경은 남경조선군사간부학교 사건 추적에 혈안이 되었다. 아직은 작은 학교지만 중국정부의 지지를 받는다는 것에 그들은 눈이 홱 뒤집혀 있었다. 큰 화근이 되기 전에 소멸시켜야 했다. 국내외에 일경의 그물이 촘촘히 펼쳐졌다. 의은은 "大星"이라는 가명을 썼음에도 불구하고 일본정탐에 의해 뒤를 밟히기 시작했다. 이 때 의은은 이미 조선공산당 당원[86]이었다.

1934년 4월 2일, 의은은 상해에서 갑자기 들이닥친 일경에 체포되었다. 일경은 그를 포승줄에 단단히 묶어 상해주재 일본총영사관으로 끌고 갔다. 정의은의 진술서를 보면 일경은 그에게 "군관학교 연락용의자"라는 딱지를 붙여 심문했다. 하지만 의은은 그럴 듯하게 둘러대며 침착하게 대꾸했다.

"거주지는 어딘가?"

"강소성 무석 민행로 ㅇㅇ리 820번지요."

"무슨 일에 종사하는가?"

"1928년 5월부터 다(茶)행상에 종사했습니다. 한구에 있던 형이 사망하자 한구로 가서 사업을 했는데 결국 실패했습니다. 한구, 무석 등지를 수금하러 다니고 있지요."

"지난 3월에 왜 중국으로 왔는가?"

---

86) 「我的政歷 鄭律成」, 年月日不詳, 2011年, 鄭小提提供

"누님 봉은이가 한구 기독교학교에서 공부하겠다고 해서 한구로 안내했습니다."

"지난 5월에는 왜 동생 부은이와 함께 상해로 왔는가?"

"부은을 한구에 있는 누님에게 보내주었습니다."

"어찌하여 남경군관학교 학생을 모집하게 되었는가?"

"동생을 데리고 상해로 오던 중 남경군관학교 모집 용의자들과 만나게 되었지만 일을 시작하기 전에 피검됐습니다."

일경은 갖은 방법을 다 하여 정보를 짜내려고 했지만 의은은 계속 하던 말만 되풀이했다.

부은은 의은형이 체포된 줄도 모르고 언젠가 누님의 셋집에서 누님, 자형, 의은형과 함께 누님이 지은 밥을 먹으며 오순도순 회포를 풀 날을 꿈꾸었다. 식구들을 보지 못한지 거의 일년이 다가왔다.

'어머니는 어떻게 지내고 있을까? 옥살이를 하는 큰형은 어찌 되었을까? 함께 떠났던 조카 국훈이는 어디로 갔을까?'

다재다난했던 1934년, 그리고 큰형의 희생

그해 5월 1일, 상해주재 일본영사관은 정의은에게 온갖 심문을 다 들이댔으나 별 수확이 없자 "3년간 지나 체류금지" 조치를 취해서 광주지방법원 검사국으로 송국했다. 한동안 고생을 하다가 다행이 외삼촌 최영욱의 보증으로 풀려났다. 큰외삼촌 최홍종이 이들 가족을 혁명가의 길로 이끌어준 사람이라면 작은 외삼촌 최영욱은 이들 일가의 가장 든든한 뒷심이었다.

증조사의 남은 제2기생들은 5.1국제노동절에 일제의 단속이 더 심할 것을 우려해 한동안 잠잠히 있다가, 그 후에야 비밀리에 화로강의 묘오율원으로 이동해왔다. 5월 하순부터 증조사의 군사학교에 대한 정보가 일본영사관에 탐지되기 시작했다. 묘오율원에 이동한 제2기생들은 모두 은폐대기 상태로 들어갔다. 부은이도 각별히 조심했다.

드디어 이들은 하나 둘 중국과 한국에 파견되고 남경에는 제2기생이 부은을 비롯해 세 명만 남았다.

6월 8일 남경주재 일본총영사관 부영사 구라모토 실종사건이 발생해 남경이 발칵 뒤집혔다. 사실은 일본이 중국정부를 위협하여 남경 부근의 군사요지를 점령하고자 조작한 음모였다. 그 불똥이 남경조선혁명군사정치간부학교에도 떨어졌다. 국민당은 혹시라도 이 학교로 인해 외교문제로 비화되고 일본이 국민당에 압력을 가할까 봐 조심했다. 따라서 김원봉측도 제3기 학생모집을 뒤로 미루고 잠잠해지는 수밖에 없었다.

엎친데 덮치는 격으로 6월부터 금방 침투된 2기생들이 벌써 피검되기 시작했다. 화로강에 날아든 〈동아일보〉에는 피검소식이 실렸다. 묘오율원의 분위기는 긴장으로 굳어졌다.

이해 일제의 침략활동은 점점 더 심해졌다. 2월 19일에 동변도, 토굴집, 요남 등지에서 대토벌을 감행, 3월 1일에 장춘에서 만주의 괴뢰정권인 만주제국의 "황제" 즉위식을 진행, 4월 1일에는 당산연선에서 야전연습을 감행, 4월 17일에는 영미재화세력을 배제하고 중국을 독점하겠다는 성명을 발표… 중국에 대한 전면침략의 발걸음을 미친듯이 다그쳤다.

1934년은 다재다난 했다. 이 해 여름은 남경 백년사상 가장 무덥고 가장 가물었던 한 해이다. 1905년부터 백년의 기상자료에 근거하면 이 해가 가장 혹독하게 더웠다. 최고온도 43도, 최다고온일 53일, 최장고온일 23일이다. 하늘은 태양이 열 개나 걸린듯 불벼락을 퍼붓고 땅은 혹서에 타들어 거북등처럼 갈라졌다. 50여 개의 항선이 중지되고 식수난으로 난리가 났다. 농민들은 살길을 찾아 떠나고 장개석은 냉수 욕조에 앉아서 사무를 보았다.

백년사상 마지막에 내린 눈이 가장 늦은 해, 여름이 가장 무더웠던 해, 유례없는 다재다난의 해였다.

의열단에도 혹독한 시련의 한 해였다. 일제는 중국, 한국에서 검거선풍을 일으켰다. 일제의 문서에 의하면 1934년에 피검된 남경군관학교 인원수는 72명[87], 이 속에 정의은이 있었다.

---
87) 국사편찬위원회 한국사데이터베이스

소화9년, 이해 8월 13일, 경기도 고등경찰은 "의열단 검거의 건"이라는 제목의 비밀문서를 작성했다. "특비 1641호", 잉크가 어지럽게 핀 구식 타자기로 의열단 단원들의 신상정보가 상세하게 기록돼 있다. 이 중에 부은이 있었다.

"유대진, 키 5척 3촌 가량, 얼굴모양은 동그랗고 안색은 황색, 전남 출생"

이 문서는 이튿날 8월 14일에 경무국장, 경성지방법원, 각도 경찰부장 등에게로 날아갔다. 이때로 부터 부은의 이름은 "유대진", 또는 "유대근"이라는 이름으로 일본고등경찰 문서에 나타나 추적목표가 되었다. 가끔은 붓글씨로, 가끔은 타자체로 나타났다.

날씨는 찌는 듯이 무더웠고 일제의 검거선풍 때문에 모든 행동이 조심스러워졌다. 같이 있던 송문욱은 만주로 파견됐다. 부은에 대한 일제의 추적문서[88]는 다음과 같이 기록했다.

"義烈團본부에 기거하지 않고, 南京시내에 거주하면서 항상 본부에 출입하고 있는 사람 陳友三, 즉 池泰善, 黃永周, 劉大振 三人인데… 제三기생의 감독, 감시, 연락 등의 사무를 맡아 본부와의 연락은 위 三人이 맡고 있는 것으로 생각한다."

의열단 지도부는 단원 개개인에게 고유번호를 부여하고, 의열단 중앙의 통신만 가능케 했으며, 단원 상호간의 수평적 연락은 제한했으므로, 임무는 그 본인과 싱급만이 일있다. 그러니 이 세 사람도 시로 상대방의 임무에 대해서는 알지 못했다.

이 즈음 부은은 밤마다 남경 어느 한 교회에서 범계삼(范繼森)이라는 중국소년과 만나 노래연습을 했다. 그들이 어떤 계기로 만났는지에 대해서는

---

88) 한국사데이터베이스 홈페이지「韓民族獨立運動史資料集」31,「義烈鬪爭」4, 국한문 경찰신문조서(國漢文)

알 수가 없다. 의열단의 지령이었는지도 알 수 없다. 아무튼 그 낯선 이국에서 극비의 사명을 띤 부은이가 서로 음악을 말할 수 있는 지기를 만났다는 것은 그야말로 행복한 일이었다.

　남경 태생의 범계삼은 부은보다 세 살 어린 17세의 소년이다. 짙은 눈썹아래 갸름한 외겹 눈, 콧날이 유달리 상큼하고 목이 특별히 긴 그는 성격이 호방하고 열정적이고 용모 또한 미소년이었다. 16세에 전국운동대회에서 장강을 헤엄쳐 건너 1등을 한 운동선수이기도 했다. 그는 영화관을 무척 좋아했다. 무성영화시대에는 영화를 상영하기 전에 무대 아래 오케스트라 박스에서 피아노를 연주하곤 했는데 그 소리를 듣기 위해서였다. 집이 무척 가난해 피아노 같은 건 꿈도 꾸지 못했다. 피아노에 대한 그의 열정이 당시 남경시 민중교육관에서 음악지도로 있던 하작량의 마음을 움직였다. 그는 범계삼을 민중교육관에 불러다가 피아노를 가르치고 매일 밤 민중교육관에서 밤늦게 연습하도록 배려했다.

　위의 자료에 근거하면 부은이 민중교육관에서 범계삼을 만났을 가능성이 크다. 하지만 현재로는 부은이 범계삼과 "교회"에서 만나 교류했다는 자료가 유일하다.[89]

"(범계삼은) 밤이면 교회에 가서 피아노 연습을 했다. 당시 남경에 있던 정율성과 음악적인 교류가 있었다. 그는 그에게 피아노 반주를 해주었다."

　진회색 성곽 속의 답답한 이국문화 속에서 교회로부터 들려오는 서양음악이 유독 부은에게 친근하게 다가왔을 것이다. 마력에 이끌리듯 저도 몰래 교회로 다가가는 부은, 양림동 언덕의 유년을 짜릿하게 떠올리며 피아노 소리가 들려오는 방문을 들여다보는 순간, 한 소년과 찰랑 눈이 마주쳤다. 피아노 음악에 대한 갈망으로 충만된 부은의 눈길을 읽고 웃는 소년의 미소, 음악은 곧 그들의 마음을 이어주었다.

---

89) 『奉獻的一生- 范継森紀念文集』, 徐嘉生 上海音樂學院出版社, 2008-05

"쳐봐."

부은이 머리를 저었다.

"그럼 노래해."

그리하여 부은은 양림교회에서 부르던 노래를 부르고 범계삼은 신나서 피아노 반주를 했다. 범계삼은 부은을 자기와 같은 음악소년으로 알았으리라. 가난하고, 음악을 사랑하고, 교회음악의 영향을 받고, 스승을 만나고, 스포츠를 좋아하고, 일본의 침략을 당하고, 공동의 운명 때문에 그들의 우정은 깊어갔다.

남경민중교육관은 남경제일공원에 있었는데 대중의 자질향상, 대중에 대한 교육을 목적으로 도서관, 박물관, 체육관, 영화관 등으로 구성된 민중교육중심이다. 이곳에는 좌익작가, 좌익예술인 단체들도 숨어 있었다. 이들은 신흥음악, 희곡 등으로 비밀리에 대중들에게 항일의식을 고취했다. 부은은 범계삼과 내왕하며 중국 좌익예술가들의 영향을 받았다.

정율성이 남경에서 "한 한족 교사를 통해 피아노 공부를 했다."라는 자료가 있다.[90] 그는 누구였을까? 범계삼을 가르친 남경민중교육관의 예술부 지도원 하작량이 아니었을까?

그해 여름이 아직 끝나지 않은 9월, 부은은 범계삼을 향해 손을 힘껏 흔들었다. 범계삼이 상해국립음악전문학교 입학을 앞두고 화려사 교수반에 입학해 피아노를 공부하게 된 것이다.

"잘 가!"

멀어져가는 범계삼, 정율성은 중국 최고의 음악전당으로 가는 그가 얼마나 부러웠을까.

녹립운농가로서 음악공부는 사지에 물과했다. 그 생각을 곧 잊고 말지만 뜻밖에도 한낱 옷깃을 스친 인연이었던 범계삼이 그 후 그의 인생에 또 하나의 징검다리를 놓아줬다.

다재다난 했던 1934년이었다. 정의은이 체포된 지 4개월이 되는 이 해 무

---

90) 『중국의 광활한 대지우에서』「불멸의 노래」최문섭 19쪽, 1987년 8월 연변인민출판사

더운 여름날, 부은에게는 또 하나의 슬픈 소식이 전해졌다. 큰형 정효룡이 사망했다. 정율성은 다음과 같이 술회했다.

"큰형 정남근은…일본사람들에게 체포되어 8,9년간 감옥살이를 하다가 1934년에 병사했다."

1934년 8월 5일 오전8시, 정효룡은 광주군 광주읍 황금정 60번지에서 홀어머니와 부인 박태문씨, 아들 국훈이와 상훈이가 지켜보는 가운데 눈을 감았다. 자신이 청춘을 바쳐 싸우며 이루고자 했던 조국의 광복을 보지 못한 채 한 많은 세상을 마감한 것이다.

이 대목에서 문득 남경에서 슬그머니 사라진 국훈이를 떠올리게 된다. 그가 갑작스레 발길을 돌린 원인이 아버지 정효룡이 위중한 상태로 출옥하게

▲ 2012년 4월 할아버지 정효룡의 국가유공자 신청 자료를 보완하기 위해 인천에서 중국 연길로 필자를 찾아온 정효룡의 장손(정국훈의 큰아들) 정준승씨, 필자는 자료를 그에게 주었고 연길공항에서 함께 기념촬영을 했다. 그후 2014년 3월 1일에 정효룡은 드디어 희생된지 80년만에 국가로부터 국가 유공자로 인정받았다.

된 소식을 접한 때문이 아니었을까? 정효룡은 아버지 정해업의 호주상속수속도 하지 못한 채 사망하고, 그로부터 2년 뒤, 국훈은 사망한 아버지 정효룡의 이름으로 그 수속을 마친다.

향불연기가 자욱한 화로강의 묘오율원에서 큰형의 사망소식을 들은 정율성의 마음이 얼마나 비통했으랴! 흐르는 눈물을 내버려둔 채 일제에 대한 원한을 가슴에 깊이 새길 뿐이었다.

특별했고 다재다난 했던 1934년은 그렇게 흘러갔다.

율성, 음악으로 대성하리

1935년 봄.

김원봉의 호출이 왔다. 부은은 수많은 길을 에돌아 나즈막한 검은 기와집들이 빽빽히 들어선 남경 백하로 그의 비밀 주거지로 찾아갔다. 김원봉은 깊은 생각에 잠긴 듯 묵묵이 부은의 보고를 들었다. 보고가 끝나자 머리를 들고 그 특유의 검은 눈빛으로 21세의 청년 부은을 바라보았다. 어떤 일을 결정했을 때의 흔들림없는 굳건한 눈빛이다. 부은은 가슴이 툭툭 뛰었다.

김원봉이 입을 열었다. 짤막했고 결연했다.

"고루전화국에 침투하시오. 일본전화를 도청해서 직접 나한테 보고하시오."

부은은 내심의 기쁨을 가까스로 누르며 재빨리 대답했다.

"옛, 명령에 복종하겠습니다!"

아, 얼마나 오랫동안 기다렸는가! 남들은 하나 둘 임무를 맡고 밀파되어 떠나갔지만 자신은 그 지루한 나날을 별로 중요하지 않은 일들만 했었다. 드디어 중요한 임무를 수행하게 되었다.

"특히 상해에 있는 일본영사관 요시다란 자를 잘 감독하시오."

김원봉은 부은의 어깨를 힘차게 잡아주었다.

정율성은 다음과 같이 술회했다.

"당시 일본인들은 남경에서 매우 창궐(猖獗)하게 활동했다. 늘 특무를 파견해 뒤를 밀행하고, 심지어 조선인을 일본공민으로 여겨 잡아가기도 했으며, 한국인첩자 특무들이 늘 조선인 활동상황을 전화로 일본영사관 요시다에게 보고했다. 요시다는 조선혁명자를 관리하는 경찰이다…그러므로 우리는 남경정부에 교섭해 일본인의 전화를 도청하기로 하였다… 남경정부는 동의하였다."

이 때 일본은 이미 장강 이남까지 침입했고 남경정부를 압박해 중국수군을 철수시키고 화북으로 통하는 대문을 여는데 성공했다. 일본은 5년 내에 중국 동북에 이민 300만을 이주시킬 결정을 내렸다. 일본은 남경정부와 "하매협정"을 체결함으로써 "전국의 모든 반일단체 및 반일활동 단속"에 대해 계약을 했다. 남경정부가 뒷걸음을 칠수록 일본은 더 바짝 나아갔다. 일제에 대한 정보가 필요했던 남경정부는 공동의 이익 때문에 김원봉의 제의에 동의했다.

김원봉은 엄숙한 표정으로 부은에게 말했다.

"절대적으로 자신을 잘 은폐해야 하겠소. 일경의 눈에 걸리지 않도록 조심하시오. 비밀을 엄수하며 반드시 나와 단선으로 연결해야 하겠소. 대진동지를 믿겠소!"

"옛, 꼭 잘 해내겠습니다!"

부은은 벌떡 일어나 차렷 자세를 취하며 힘차게 대답했다.

김원봉은 부은에게 중앙본부와 연결방식, 주의사항 등을 자세히 설명했다.

"그리고 나이는 네 살 줄여서 17살로 해야겠소. 이제부터 대진동지는 열일곱살이오."

"알겠습니다!"

나이에 대한 대화는 필자의 상상이다. 필자는 이때에 김원봉이 조직적으로 정율성의 나이를 고친 것으로 추정했다.

일제의 1934년 추적기록을 보면 부은의 나이는 뱃속나이까지 계산하는 조선 나이계산법으로 1914년생임이 분명했다. 1936년 기록은 한 살 더 많았다. 그런데 연안에서 1940년 11월 16일에 쓴 "자전"에서부터 그의 중국의 모든 보존서류에는 4살 줄인 1918년생으로 기록되어 있다. 정율성의 나이는 그가 타계한지 20년이 되는 1996년에 부인 정설송이 남편의 고향을 방문하고 호적등본을 보고서야 밝혀진다. 그 순간 그의 아내로 수십년을 살아온 정설송이 얼마나 놀랐을까!

정율성은 왜 나이를 속여야 했던 것일까.

우연의 일치라고 보기에는 무리인 자료가 발굴됐다. 자료에 의하면 바로 이 때인 1935년 남경의 전화국들은 전화수들을 전부 16, 17세의 여성으로 바꿨다. 치밀한 성격의 김원봉은 일제의 의심을 덜고, 국민당의 경계심을 덜어 전화국의 주의를 끌지 않기 위해 정율성의 나이를 네 살 줄여서 17세로 전화국에 투입시킨다. 김원봉에 의해 그 때로부터 정율성은 평생 네 살을 줄인 나이로 살았다.

1934년 일제의 기록에 따르면 부은의 키는 "5척 3촌", 환산해보면 겨우 161센티미터이다. 20세 남자의 키로는 작지만 열일곱 살 전화수라고 하면 적당한 키다.

그 후에도 원래의 나이를 회복하지 못한 데는 그의 인생역정에 남경 경력과 김원봉의 그림자가 너무 깊게 자리했기 때문이다. 국민당과 김원봉의 깊은 관계 때문에 남경 시절 김원봉과 줄곧 비밀스런 단선연계를 취했던 정율성은 그 후 자신의 또 다른 조직인 중국공산당에 자신의 청백함을 증명하기가 쉽지 않았다. 그는 연안에서와 중화인민공화국 이후 '문화대혁명' 기간에 "국민당 특무"로 의심을 받아왔다. '나이를 원래대로 회복하는 것은 국민당과 김원봉의 관계 속에 빠져 더 큰 불신을 자초할 뿐이다. 차라리 이를 영원한 비밀에 부쳐버리자'라는 것이 정율성의 판단이었을 것이다. 정율성은 연안에 들어간 1937년부터 40여년간 자신의 나이를 부인 설송과 자식에게까지 속이며 가슴 깊이 묻었다.

부은은 남경 전화국에 침투할 때 김원봉의 지시를 받고나서 감격하여 자리에서 벌떡 일어났다.

"알겠습니다! 꼭 임무를 잘 수행하겠습니다!"

이 때다. 부은은 차마 자신의 귀를 믿을 수 없었다. 어찌 이런 일이…있을 수가 있을까. 그는 얼떨떨한 기분으로 고개를 돌려 의자에 곧은 자세로 앉아있는 지도자를 바라보았다.

"음악을 공부하시오!"

김원봉이 재차 말했다.

'음…악이…라니? 내가… 뭘… 잘못 듣지는 않았…을까?'

부은은 아직도 망설이며 대답을 하지 못했다. 김원봉의 얼굴에 미소가 일어났다. 부은은 그 미소의 의미를 터득하려고 머리를 갸우뚱했다. 너무나도 깊이 묻어둔 소중한 꿈이 이뤄진다는 것을 부은은 믿을 수가 없었다. 수많은 동지들이 쓰러지고 있었다. 오로지 한 사람, 또 한 사람의 생명으로 독립 운동의 맥을 이어가는 의열단이다. 음악을 공부하라고 하다니, 틀림없이 잘못 들었을 것이다. 김원봉의 얼굴의 미소가 부은에게 더욱 아득하게 느껴졌다.

"음…악…이라고, 정말 음…악이…라고 하…셨나요?"

부은은 기어드는 소리로 물었다. 얼굴로부터 목까지 붉은빛이 번졌다. 혹시라도 엄청난 실수를 저지를까 봐 두려웠다. 놓칠세라 김원봉의 얼굴에 나타나는 표정을 낱낱이 살폈다.

부은의 어리둥절한 모습을 보며 김원봉은 큰 소리로 웃었다. 그 웃음에 부은은 깜짝 놀라며 어쩔 줄을 몰랐다. 혹시 자기가 전혀 엉뚱한 말을 했을 수도 있다는 생각이 든 것이다.

김원봉은 부은이 알아들을 수 있도록 또박또박 말했다.

"상해국립음악전문학교에 가서 공부하시오. 스승을 모시고 음악을 공부하시오! 경비는 조직에서 부담하겠소. 신분을 위장할 수 있고 또 음악은 혁명에 반드시 필요하오!"

부은은 뜨거운 피가 확 솟구치는 것 같았다. 감격과 감동으로 인해 얼굴이 붉게 상기되고 눈가에 눈물이 핑 돌았다. 그랬다. 김원봉은 부은에게 음악공부를 하라고 했다. 상해국립음악전문학교에 가서 성악을 공부하라니, 이것이 정말인가? 그랬다. 정말이었다.

작년 9월 섭섭한 마음으로 범계삼의 상해행을 배웅할 때만 해도 이 날이 있으리라고는 상상도 하지 못했다. 음악은 개인적인 일이라고 생각하고 꿈을 가슴 속에 깊이 묻어버렸다. 그런데 음악공부가 이제는 혁명의 과제가 되었다. 일제와의 싸움에 필요하게 됐다.

"성악을 잘 배우겠습니다! 성악을 공부해서 반드시 독립혁명에 바치겠습니다!"

부은은 벌떡 일어나며 큰소리로 대답했다.

정율성은 이렇게 술회했다.

"약 1935년 봄 무렵, 김원봉은 나더러 고루전화국 일본전화검사소에 가라고 했다…이와 동시에 의열단은 나더러 음악을 배우라고 했다. 매주 상해에 가서 음악을 배우라고 했다."

이 즈음에서 우리는 또 한번 문제의 그 "교가"에 대해 상기할 필요가 있다. 정말로 「남경조선정치군사간부학교 교가」를 정율성이 작곡했다면 김원봉은 부하의 역할을 독립혁명에 극대화할 방안을 구상했을 것이다.

그동안 부은의 보고에는 늘 "범계삼", 교회, 민중교육관, 상해국립음악전문학교, 중국의 좌익예술가 등 사회관계와 활동무대가 나타나곤 했다. 김원봉은 중국민중과의 협력을 조선독립운동 성공의 전제로 삼고 있었으므로 그의 의열단원들은 반일의 앞장에 선 중국 좌익 예술가들 속으로 들어갈 필요가 있었다. 남경과 상해의 일본인 전화도청 임무를 수행하는 부은에게 위장을 위해서는 음악학도라는 신분이 썩 잘 어울렸다. 또 의열단에는 수도 남경과 중요도시 상해를 이어주는 연락원이 필요하나. 부은은 혁명에 필요한 이 몇 가지 요소를 동시에 충족시킬 수 있었다. 김원봉의 머리 속에는 완벽한 그림이 그려졌고 그는 이에 만족했다.

정율성은 김원봉이 거주했던 백하가 골목길들이 여느 때보다 훨씬 넓어보였다. 쉘라쉘라 싸구려를 부르는 상인들 목소리도 기분좋게 들렸다. 검은 성벽으로 둘러싸인 남경이 평소에는 넘을 수 없는 문화의 장벽처럼 답답하기만 했는데 이날 따라 이렇게 다정해 보이기는 처음이었다. 그는 두 다리와 팔에 날개라도 돋친 듯 날다시피 화로강으로 달렸다.

'다른 동지들은 최전선에서 싸우고 있었다. 숨어 다니며 지하공작을 하고 일경에 체포되어 피를 흘리고 있다. 그런데 나는 음악을 공부할 수 있다. 이는 동지들의 피로 바꾼 대가이다. 그 대가를 나는 반드시 갚으리라!' 아마도 이 때 부은이 자신의 이름을 "정율성"으로 고쳤을 것으로 짐작된다. 한 가지 임무를 맡을 때마다 그의 이름은 달라졌다.

정율성은 이렇게 술회했다.

▲ 정율성이 김원봉의 파견을 받고 침투했던 남경 고루전화국 옛터, 현재는 기초만 당시의 고루전화국의 것이고 몸체는 새로 지은 건물, 남경 고루우정빌딩이 자리하고 있다. 필자 촬영.

"후에 나는 혁명에 참가했고, 성악을 공부하게 되면서 노랫소리로 사람들의 불평과 희망을 말하고 싶었다."

율성, 율성… 선율로 대성하리! 음악을 통해 나와 모든 사람들의 "불평과 희망을 말하리라."[91] 음악은 또 하나의 무기로 되리라.

당시의 특수한 사명으로 보아 그가 순수한 음악가를 꿈 꾸었을 리는 없다. 그는 음악의 혁명역할에 감동했으며 이러한 음악은 그의 혁명과 일치한 것이었다.

부은의 또 하나의 이명 "정율성".

---

91) 『作曲家鄭律成』, 丁雪松 等 著, 遼寧人民出版社, 2009年 7月, 309頁. "歌唱革命"鄭律成

그의 영원한 이름이 된 "정율성",
그리고 그 이름대로 전개된 "정율성"의 인생역정…

스승 크리노와를 만나다

새로운 임무를 맡은 정부은-정율성은 김원봉의 지시대로 화로강 묘오율원을 떠나 남경의 유명한 명승지인 계명사와 북극각 사이에 셋집을 잡았다. 이곳에서 고루전화국은 서남쪽에 위치해 있었는데 도보로 약 20분 정도면 도착할 수 있을 정도로 가까웠다. 북극각 언덕에 올라가면 곧바로 전화국이 보였고, 북극각으로 부터 계명사까지 뻗은 길에는 수림이 우거져서 밀정들을 따돌리기도 좋았다. 계명사 북쪽에는 현무호가 있어 풍경이 수려했다.

양복을 단정하게 입은 "17세 소년" 정율성이 고루전화국의 일본전화검사소에 들어서자 일본인 전화에 귀를 기울이고 있던 중국인 2명이 그를 의아한 눈길로 바라보았다. 이곳은 보통사람이 들어올 수 있는 곳이 아니었다. 국민당이 통제하는 곳이었다.

"난 성이 왕씨야. 이름은 신경이고, 산동사람이야!"

"난 성이 반씨야. 복건사람이고."[92]

이 때 정율성도 자신을 소개했을 것이고 아마도 또 다른 이명을 썼을 것이다.

그들의 인사는 이렇게 간단했다. 더 많은 말이 필요 없는 곳이었다. 그들은 각자 특수한 사명을 가지고 있었기 때문이다.

남경은 수도였고 정치·군사의 중심지였다. 1927년, 남경이 수도가 된 당시에는 공전식 전화기가 2천여 대 있었다. 장개석은 1928년에 미국 자동전화회사로부터 싱능이 좋은 5천 내의 사동전화기를 구매해 선화기를 모두 바꾸었다. 1934년 하반기 부터 1936년 초까지 백만 원을 투자하여 성남 강녕현에 분국을 설치하고 전화기를 1,800대를 증설했고 고루분국에도 300대를 증설했다. 정율성은 매일 고루분국 일본전화검사소를 출근하며 일본인들

---

[92] 「我的政歷 鄭律成」, 年月日不詳, 2011年, 鄭小提提供

의 전화를 도청하여 직접 김원봉에게 보고했다. 그의 임무에 대해 아는 사람은 김원봉뿐이었다.

이해 7월, 정율성은 김원봉이 영도하는 민족혁명당에 가입해 조국의 독립을 위해 신명을 바칠 것을 맹세했다.

주말이면 정율성은 설레는 마음으로 기차에 앉아 상해로 달렸다.

지난 세기 20년대부터 상해는 세계 유명 경제·문화도시로서 외국음악가들에게는 금빛의 낙원이었다. 전 세계의 저명한 음악가들이 이곳으로 몰려와 음악재능을 과시하고 돈을 벌어갔다. 특히 백러시아인들이 많았다. 1905년에 발생한 러시아 부르주아혁명 및 1917년 러시아 프롤레타리아 혁명시기에 많은 수의 러시아인들이 중국 동북 할빈 등지에 이주했다가 다시 상해로 왔다. 이들은 상해를 이상적인 피난소로 생각했다. 당시 상해국립음악전문학교는 성악조 주임 주숙안을 제외하고는 모두 서양인들이었다.

정율성은 얼기설기 얽힌 상해거리 골목을 누비어 어렵사리 상해국립음악전문학교를 찾아갔다. 그곳에서 남경의 친구 범계삼을 만났을 때 얼마나 기

▲ 정율성이 범계삼과 두시갑을 만나 크리노와를 소개받은 상해국립음악전문학교 옛터, 지금은 상해음악학원. 필자 촬영.

뺐을까! 범계삼은 이해 1935년에 상해국립음악전문학교 고중반 입학시험을 본 20여 명 중에서 가장 우수한 2명으로 뽑혀 저명한 러시아 피아노교수 자하로프에게서 수업을 받고 있었다.

범계삼은 중국 제일대 피아니스트로서 그 후 상해음악학원 피아노학부 학부장을 담당하며 중국의 일류 피아노교육가로 성장한다. 하지만 그는 지난 세기 60년대에 발생한 이른바 "문화대혁명" 시기에 홍위병들에게 핍박을 당하다가 1968년에 일찍 한 많은 세상을 떠나게 된다.

범계삼은 한참동안 머리를 쥐어짰다. 정율성은 중국어 기초, 음악 기초가 약해 입학시험을 볼 수가 없었다. 개인지도교사의 가르침을 받아야 했다.

"방법이 있어. 그 친구면 좋은 선생님을 소개시켜 줄 수 있을거야."

범계삼은 성악학부에서 공부하는 동창생 두시갑에게 정율성을 소개해주었다.

두시갑은 정율성보다 한 살 어리며 북경의 "원성양고기점" 주인의 아들로 회족이다. 그는 1934년에 상해국립음악전문학교 성악학부에 입학해 러시아의 저명한 저음가수이고 모스크바음악학원 명예교수인 수스린에게서 저음을 배우고 있었다. 이듬해 1936년에는 선성해와 함께 상해백대음반회사에서 일했다.

"좋아. 크리노와 선생님을 소개시켜 줄게."

두시갑은 시원스레 대답하고 앞장서서 정율성을 스승에게 안내했다.

크리노와는 모스크바 대극원의 여중음 가수였다. 1927년에 상해에 온 뒤 러시아가극원에서「오네긴」등 가극의 여주역을 담당했다. 그가 개설한 크리노와 성악관은 상해에서 명성이 드높았다. 1934년 9월 상해국립음악전문학교 성악학부 주임 주숙안 교수가 병가를 내자 이 학교 대리교수로 초빙되었다. 몇 달 뒤 주숙안이 돌아오자 학생들은 크리노와가 계속 교직에 있게 해 달라고 학교측에 청원했다. 이를 달성하지 못한 그의 제자 채소서 등 여러 명은 학교를 중퇴하고 그의 성악관으로 들어가 계속 공부를 했다.

"이름을 어떻게 부르나요?"

하얀 피부에 날카로운 눈썹을 가진 여교수가 피아노에서 머리를 들고 정율성을 바라보았다.
"정, 율, 성입니다!"
정율성이 또렷이 대답했다.

엄격한 인상과는 달리 건반 위를 물결치는 아름다운 피아노 소리, 감미로운 중음의 러시아 노래… 정율성은 두근거리던 마음이 진정되고 음악을 따라 감동으로 설레였다.

크리노와 성악관에서 정율성은 그의 인생의 중요한 인연인 당영매를 만났다. 호남 장사에서 국문 교사의 딸로 태어난 그녀는 정율성과 동갑인데 동창생 향우와 결혼했다. 상해국립음악전문학교에서 수스린으로부터 성악을 배우다가 1937년부터는 학교를 휴학하고 크리노와 성악관에 다녔다. 크리노와는 교수방법이 독특해서 당영매의 음역을 넓혀주고 그의 고음구의 발음문제를 해결해 주었다.

이때부터 정율성과 두시갑, 당영매, 향우의 인연이 수십 년간 끈질기게 이어진다.

크리노와 성악관에 입학하고 나서 정율성은 그동안 그리웠던 누님 정봉은의 집으로 달려갔다. 이국타향에서 혈육이고 동지이고 스승인 누님과 자형을 만나는 기쁨은 이루 형용할 수 없는 것이다. 봉은에게는 한 살 된 딸 정란이가 있고 또 다른 아기를 임신하고 있었다. 자형 박건웅은 독립운동에 바빴고 가정생활의 중임은 봉은의 가녀린 어깨에 매달렸다. 생활고 때문에 곱던 얼굴에 기미가 가득하고 영양이 부족해 입술이 말라 있었다. 정율성은 끼니를 굶으면서도 조직에서 지급하는 생활비를 아껴 누나에게 주었다. 그해 9월 12일, 무더위가 기승을 부리고 폭죽소리가 요란하던 추석날, 상해적십자병원에서 봉은은 둘째 딸 의란이를 낳았다.

상해에서 남경으로 오가는 완행열차는 약 10시간 또는 12시간씩 걸렸다. 정율성은 한 번도 거르지 않고 주일마다 약속된 시간에 크리노와 성악관에 도착했다. 크리노와 교수는 정율성의 음악재능과 열정에 대해 아주 만족했다. 정설송은 다음과 같이 증언했다.

"크리노와교수는 정율성의 음악재능을 높이 평가하고 매우 발전 전망이 있다고 하면서 이탈리아에 가서 한동안 더 공부하게 되면 앞으로 "동방의 까루소"가 될 수 있다고 말하였다."

까루소는 20세기초 서방 음악계에서 이름을 떨친 유명한 이탈리아 가수이다. 누군들 "동방의 까루소"가 되기를 원하지 않으랴. 하지만 정율성은 그렇게 할 수 없었다. 식민지 청년인 그는 일제와 싸워 나라를 되찾기 위해 음악을 배운다는 사실을 잊지 않았다. 크리노와의 격려는 그에게 커다란 힘이 되었다.

크리노와는 엄격한 스승이었지만 제자를 무척 아꼈다. 여성인 그는 정율성이 경제적으로 어려움을 겪고 있다는 사실을 쉽게 알아챘다. 자신의 생활비로 누님까지 돕고 있다는 사실을 알고는 정율성을 무척 대견해했다.

"율성군, 난 군에게서 학비를 받지 않겠어요. 난 꽃을 좋아하니까 괜찮다면 꽃을 사와요. 한 달에 한두 번이면 돼요."

"고맙습니다. 선생님!"

정율성은 스승의 배려에 감동돼 머리를 깊이 숙였다.

정율성은 달마다 한두 번씩 꽃묶음을 사서 크리노와의 피아노 위에 조심스레 놓곤 했다. 대신 더욱 열심히 공부했다. "남고음 성악을 연습하고 피아노를 쳤으며 성악공부와 악기공부를 동시에 했고" "날이 밝을 무렵이면 숲속에서 높은 소리로 목청을 틔우는 연습을 하거나 바이올린, 만돌린 연습을 했다."[93] 매번 정율성의 숙제는 크리노와를 흡족하게 했다. 정율성은 미리 교과서를 예습하여 스승에게 뜻밖의 기쁨을 주곤 했다.

어느날 크리노와는 기쁜 어조로 정율성에게 말했다.

"곧 세계명곡음악회가 있어요. 군에게 남고음 테너 선창의 기회를 주겠어요. 잘 해봐요!"

"알겠습니다. 꼭 잘 해내겠습니다!"

---

93) 『作曲家鄭律成』丁雪松 等 著, 遼寧人民出版社, 2009年 7月, 240頁. 「五月之歌」羅靑

정율성은 심장이 쿵쿵 소리를 내는 것 같아 가슴을 눌렀다. 매일 북극각 산속에서, 계명사 수림에서, 현무호 호반에서 목청을 틔우고 노래를 불렀다. 복부근육을 발달시켜 발성의 울림을 크게 하기 위해 그는 복부에 모래주머니를 올려놓고 호흡을 연습했다. 그리하여 그의 복부는 툭 치면 딱 소리가 날 정도로 단단했다.

드디어 음악회가 열렸다. 정율성은 몸에 맞는 검은색 양복에 나비넥타이를 받쳐 멋지게 차려입고 처음으로 얼굴에 분장을 했다. 눈썹을 진하게 그리고 머리에 기름을 발라 올빽스타일을 하고 남고음 테너 선창이 되어 노래를 불렀다.

음악회는 대성공을 거두었다. 그 모든 박수가 자신에게로 향하는 것임을 깨닫는 순간 격한 감동을 금할 수 없다. 뛰어서 무대를 내려갔다. 진작 기다리고 있던 크리노와는 두팔을 크게 벌리고 힘껏 포옹을 했다.

"좋았어! 성공이야, 성공했어! 우린 성공했어!"

그녀는 남고음 가수로 성공의 가도를 달릴 정율성의 앞길을 바라보고 있었다.

"군이 이탈리아에 가서 공부한다면 반드시 훌륭한 가수가 될거예요. 내가 친구들을 소개할 것이니 생활면에서는 걱정하지 않아도 돼요."

그는 또 한 번 간절하게 이탈리아 유학을 권했다.

하지만 정율성은 그렇게 할 수 없었다.

5월의 노래, 더 큰 세계로

상해에서 정율성은 김원봉과 의견차이가 있는 혁명의 스승들을 만난다. 이들은 그의 인생에 결정적인 영향을 미친다. 자형 박건웅, 그리고 자형의 동지인 김규광, 김산, 김규광의 중국인 아내 두군혜이다.

이 때 중국공산당은 일본을 몰아내기 위해 적극적으로 제2차 국공합작을 시도했다. 1935년 8월 1일에 "항일구국을 위한 전체 동포에게 고하는 글"을 발표해 국공의 공동대일, 공동구국을 촉구했다. 일본은 더 속도를 내어 1935년 10월 "화북자주격려안"을 통과하고 "화북5성자치"를 통해 분할통

▲ 뒷줄, 정율성의 남경의 혁명스승들이었던 자형 박건웅(오른쪽 1), 김규광(오른쪽2), 두군혜(오른쪽 3), 앞줄, 오른쪽으로부터 정율성의 조카 박의란(정봉은과 박건웅의 딸), 김규광과 두군혜의 아들 두건, 두렴. 정소제 제공.

치를 시도했다. 분노한 중국민중은 반일민족통일전선을 결성해 공동으로 대적하자는 목소리가 높아졌다.

　중일전쟁의 기운이 솟구치고 국공합작의 여건이 마련된 상황에서 광주봉기에 함께 참가했던 김규광, 김산, 자형 박건웅은 "조선민족해방동맹" 창설 준비에 바빴다. 제2차 국공합작이 이루어질 경우를 대비해 전 조선민족적 항일통일전선 구축이 필요했다. 이를 통한 중국민중과의 연합항일이 주요 과제가 되었다.

　김규광은 승려출신으로 1919년에 3.1반일독립운동에 참가했다가 두 차례나 옥살이를 했다. 1923년에 중국으로 망명해 북경민국대학에서 정치경제학을 공부하며 의열단에 참가해 선전부장을 담당했다. 이 시기에 그는 김산을 만났다. 김산은 1920년에 중국 만주로 가서 신흥무관학교를 졸업하고 북경협화의과대학에서 의학을 공부하던 중이었다. 김산은 김규광을 통해 맑스주의를 접하고 1925년 6월에 중국공산당에 가입했다. 그들은 함께 조선혁명단체인 "창일당"을 창립하고 공산주의잡지인 《혁명》를 발간했다. 중국 최초의 맑스레닌주의 전파자이고 중국공산당 창시인의 한 사람이었던 이대소도 가끔은 이 잡지에 기고하고 이따금씩 충고와 비판을 해주었다. 김규광과 김산은 대혁명 시기에 함께 광주봉기에 참가했다.

김규광은 1935년까지 당시 중공상해중앙국 문화사업위원회 서기 겸 문화총동맹 서기였던 주양의 영도를 받았고, 그 후에는 상해문화계구국회 공산당, 공청단 위원회 서기 전준서의 영도를 받았다. 그는 아내이고 상해시부녀구국회 조직부장인 두군혜의 직접 상관이기도 했다. 그는 두군혜와 함께 상해좌익작가연맹에 참가했으며 유일한 이국맹원이었다.

광주봉기 실패 후 김산은 북평시공산당위원회 조직부장 등을 담당하며 당의 지하공작을 해 왔으나 일제에 의해 두 차례 체포된 경력 때문에 조직의 불신을 받았다. 결국 당적을 박탈당하지만 계속하여 석가장에서 학생운동을 지도하고 공산당 지부를 세웠다. 석가장 당사(党史)에는 1935년에 유한평(劉漢平)이라는 중공당원(조선인)이 석가장에 와서 2년간 중단되었던 석가장 당조직을 회복, 재건했으며 1936년 1월에는 중공석가장시공작위원회를 건립했다고 기록되어 있다. 그가 바로 김산이다. 또다시 적들의 추적을 당하게 되자 이해 1936년 5월에 상해로 피신했다. 유명한 애국민주인사 이공박이 영도하는 《독서생활》 잡지 편집위원이었던 김규광은 김산의 당적회복을 위해 중국공산당 상해시위원회에 보고를 올렸다. 하지만 상해시위는 아무런 답변도 하지 않았다.

자형 박건웅과 김규광, 김산 모두 정율성의 마음을 사로잡은 정열적인 혁명가들이었다. 이들은 또한 북벌전쟁, 대혁명 시기 둘째형 정충룡의 동지들이었다.

정율성은 김규광의 아내 두군혜를 형수님처럼 좋아하고 존경했다. 두군혜는 유난히 검고 깊은 눈을 가진 아름다운 여성이다. 그는 광동태생이고 중산대학 중국문학학부에서 공부했다. 1926년에 일본 유학을 준비했는데 그의 일본어 교사가 바로 김규광이었다. 중산대학 학생이었던 김규광은 그에게 공산주의 이론과 마르크스주의를 전수했다. 두군혜는 집안의 반대에도 불구하고 일본유학을 중도에 포기하고 돌아와 김규광과 결혼했다.

광주봉기가 실패한 날, 김규광은 러시아로에 있는 기숙사에 숨어있는 조선인 동지들을 구하기 위해 두군혜의 도움을 받았다. 두군혜는 김규광과 함께 솜옷과 돈 10원을 가지고 길에 가득 널린 시체들을 뛰어넘어 러시아로 기숙사로 달려갔다. 그 뒤 두군혜는 김규광을 따라 혁명의 길에 들어섰고 공산당에 가입했다.

1936년, 김규광, 김산, 박건웅은 드디어 조선반일민족통일전선인 "조선민족해방동맹"을 창설했다. 정율성도 이 조직에 가입했다.

1936년 4월, 남경의 날씨는 봄기운이 왕성했다. 현무호는 석류꽃이 만발하고 연꽃이 망울지고 푸른 숲에서 새들이 즐겁게 지저귀었다. 봄은 왔지만 화북사변 이후 남경의 곳곳에는 전쟁의 화약냄새와 위기감이 도사리고 있었다.

▲ 정율성이 남경에서 나청을 만난 현무호가 이 현무문 안에 있다. 현무호공원은 중국에서 가장 큰 황가원림호수이고 중국에 하나밖에 없는 황가원림이다. 필자 촬영.

이날 오전 정율성은 검은색 양복에 까만색 구두를 신고 현무호 환주의 호씨 성을 가진 한 어민의 집으로 찾아갔다. "조선민족해방동맹"의 지시였다. 그 어민의 집 뒷채에 김산의 동지이고 지하공산당원인 중국인 나청이 세들어 있었다.

나청은 "양주선비"라고 불릴만큼 글재주가 뛰어났다. 1930년에 그는 하남길홍창부대에 가서 통일전선공작을 했는데 이를 지시한 사람이 바로 당시 중공북평시위원회 조직부장이었던 김산이다. 나청은 화북사변 이후 민족위기가 전례없이 고조되자 석가장에서 김산과 함께 12.9학생운동을 조직하고 석가장당지부를 세워 당원을 발전시켰다. 이 때 나청은 당국의 추적을 피해 남경으로 피신해 있었다.

"청형 계셔요?"

정율성이 목청을 돋구자 나청이 문을 나와 정율성을 맞이했다. 정율성은 나청을 "청형"이라고 불렀다. 정율성에 대한 그의 첫인상은 이러했다.

"내가 밖으로 나가보니 주인집 뒷문으로부터 검은 세비로를 입고 발에는 구두를 신은 영준하고 이목구비가 단정한 소년이 마주 보였다. 첫눈에 틀림없이 조선사람이라는 것을 알 수 있었다. 그는 왼손을 이마 위로 가져가 멋진 중절모를 약간 들고는 허리를 앞으로 굽히며 예절있게 오른손을 내밀었다. 그는 나와 악수하면서 유창하지 못한 중국말로 인사했다.

"나청형이시지요? 저는 정율성이라고 합니다. 장명(김산)과 김규광이 소개해서 찾아왔습니다."

나청은 조선혁명동지로부터 포부가 큰 이 젊은이의 이름을 들은 기억이 있어서 자신도 모르게 그를 얼싸안았다. 나라의 운명이 풍전등화인데 똑같이 망국의 운명을 지니고 사방으로 떠돌면서 구국의 길을 찾는 우리의 이국형제는 이렇게 서로 만났다."

바로 며칠 전에 나청은 서명도 없고 주소도 없는 엽서 한 장을 받았었다. 엽서에는 이런 글이 적혀있었다.

"본점에서 사람을 보내 내 일을 맡게 되네. 일일이 인계하고 수속을 마치고 곧 석남을 떠나 만나뵈리다."

나청은 곧 김산의 글씨를 알아보았다. 김산이 석가장을 떠나 온다는 소식을 전한 것이다. 나청은 김산이 보낸 젊은이를 만나자 형제를 만난 듯이 기뻤다. 그는 버드나무가 가느다란 가지를 드리운 호수가의 초가집에 정율성을 안내하고 방 두 개를 가리키며 말했다.

"아우, 이게 바로 내 집이라네. 이제는 자네 집이기도 하네. 이후 음악공부를 하고 남은 시간에는 아무 때든 이 집으로 오게. 저기 저 교두의 '환주식당'은 내가 끼니를 때우는 곳이네. 내가 집에 없을 때는 저 식당에 가서 요리를 청해서 밥을 먹게."

나청은 정율성을 "환주식당"으로 데리고 가서 음식을 대접했다. 두 사람은 처음 만났지만 곧 오래전부터 알고 지낸 듯이 친밀해졌다.

이때쯤 〈신화일보〉에는 금릉대학, 중앙대학, 국립희곡학교 등의 애국학생들의 동호인 찾기 광고가 실렸다. 나청은 광고에서 연락이 끊어진 공산당원 추취도의 이름을 보고 무척 기뻤다. 곧 이들을 만나고 정율성을 소개했다. 이들은 애국구국을 취지로 하는 "5월문예사" 동호회를 만들고 연꽃이 만발하는 현무호 복판에 뜬 대형유람선 2척에서 창립식을 가졌다. "노신독서회", "10월문단" 등 단체회원 대표와 회원 약 50여명이 참석했는데 정율성은 11명의 이사에 당선되었다. 대회는 "5월문예사" 창립선언을 발표하고 발기인 추취도가 즉석에서 7언시를 발표했다.

"5월 석류 곱기도 한데/ 중화벽혈(碧血) 더더욱 아름다워라./ 백성 원한 숙치 뉘 씻으랴./ 시대청년 용맹히 돌신하리."

정율성의 머릿속으로 고향집 뜰 안의 빨간 석류꽃, 처마 아래 마루에 선 어머니 최영온씨의 모습이 떠올랐다. 「남경조선혁명정치군사간부학교 교가」를 작곡한 경험 때문이었을까. 정율성은 즉석에서 이 시에 작곡했다. 「5월의 노래」, 그가 고음으로 이 노래를 불렀을 때 청년들의 박수소리가 현무호에 파문을 일으키며 울려 퍼졌다.

정율성은 만돌린을 타면서「국제가」와「의용군행진곡」을 높이 불렀다. 창립식은 금방 격앙된 분위기로 달아올랐다. 정율성은 또 참가자들의 요구에 의해「아리랑」을 불렀는데 그는 앞에 이렇게 말했다.

"나의 조국 조선의 수도인 서울 부근에는 아리랑이라는 작은 고개가 있었습니다. 잔혹한 조선왕조시기에 이 작은 고개에는 수백 년간 사형을 집행해 온 형장이 있었답니다. 바로 여기 남경의 우화대와 같은 곳이지요. 많은 죄수들이 구부정한 소나무에 매달려 목 졸려 죽었지요. 죄수들 중에는 폭정에 반대해 투쟁한 청년들이 많았습니다. 한 청년이 형장으로 끌려가면서 노래를 지어 높이 불렀는데 그것이 바로 아리랑이었답니다."

나청이 기록한「아리랑」가사는 내용으로 보아 만주에서 독립군이 부르면서 유행했던「압록강아리랑」이었다.

"지금은 압록강 건너는 신세/ 삼천리 강산을 잃었구나./ 아리랑 아리랑 아라리요./ 아리랑고개를 넘어간다…"

그 때 중국 전 지역에는「5월의 꽃 들에 피었네」라는 노래가 한창 타오르는 들불같이 곳곳에서 퍼지고 있었다.

오월의 꽃 들에 피었네/ 꽃은 투사의 선혈을 뒤덮네/ 쇠망해가는 민족을 구하기 위해/ 그들은 완강하게 항전했다네/ 오늘의 동북은 벌써 함락된지 4년/ 우리는 매일 고통속에서 보내고…

나청은 정율성이 부른「아리랑」이「오월의 꽃 들에 피었네」와 같은 중국인의 보편적인 망국의 한과 항일정서를 불러일으켰다고 회억했다. 추취도는 다음과 같이 술회했다.

"나청은 회의에서 나라 때문에 고민하고 있는 청년들의 마음을 불러일으켰고 정율성은 즉흥적으로 조선노래를 불렀다. 그들 때문에 남경 청년들의 전투적인 우의는 이 때로부터 시작되었다."

1936년은 정율성에게 있어 중국인들과의 인연이 갑자기 폭 넓게 맺어진 한해였다.

좌익예술가들과의 비밀적인 모임

이날 정율성은 크리노와에게서 수업을 받고나서 바로 프랑스 조계지 여반로로 달려갔다. 외국인들과 예술인들이 많이 사는 여반로에는 김규광 부부의 집이 있었다. 정율성에게 익숙해진 구역이다. 사천반점(四川飯館)을 지나 상해문예계의 유명한 인물들이 많이 거주해서 잘 알려진 256동에 이르렀다. 정율성은 러시아 망명자들이 지었다는 멋진 백러시아풍 건물의 문을 조심스레 두드렸다.

"친구 왔어? 어서 들어와!"

금테안경을 걸고 여느 때와 같이 양복신사 차림을 한 집주인 성가륜이 머리를 끄덕여 반갑게 맞아주었다. 26세의 성가륜은 광동출신이고 영화회사인 전통회사에서 근무했으며, 이때는 "좌익희곡가연맹음악소조"가 영도하고 선성해 등이 지휘하는 "과외합창단"의 단원이었다. 이듬해인 1937년에는 전한이 작사하고 선성해가 작곡한 영화 "밤의 노래"의 주제곡을 불러 하룻밤 사이에 전국에 유명해졌다. 그는 술, 담배, 트럼프, 여자는 멀리 하나 책은 훔쳐서라도 읽고 휘파람 불기를 좋아하는 미모의 청년이었다.

객실에는 정율성과 함께 크리노와 교수에게서 가르침을 받고 있는 25세의 채소서, 독서생활출판사 주임인 20세의 주외치가 와 있었다. 이 후 채소서와 수외치 모두 중국음악계의 유명한 음악가가 된다.

윗층 계단에서 또박또박 굽 높은 구둣발 소리가 나더니 갸름한 얼굴에 단아한 검은 빛나는 옷차림의 여성이 들어섰다. 정율성은 29세의 이 아름다운 여성이 상해탄 3대 여류작가의 한 사람인 시인 관노인 줄은 나중에야 알았다. 그는 이 아파트의 맨 윗층에 살았다. 영어, 독일어, 러시아어를 정통했고 미모에 필력까지 갖춘 이 범상치 않은 여성은 지하공산당원이었다. 이듬해 상

▲ 1936년 정율성과 함께 상해 심가륜의 집에서 항전가곡보급운동 비밀모임에 참가했던 전임 중앙문화부 부부장 주외치. 2009년 12월 23일 북경 자택에서 필자와 인터뷰를 하였다. 필자 촬영.

해가 함락되자 왕정위 정부에 잠복해 전설적인 지하당 공작자로 변신한다.

정율성은 자리를 찾아 조용히 앉았다. 뒤이어 또 여러 명이 들어섰으나 정율성은 대체 누가 누군지 알지 못했다. 모두가 상해에서는 유명한 좌익예술가들이었다.

성가륜이 혀가 조금 긴 독특한 발음으로 새 노래를 불렀다. 목소리는 남고 음이었는데 클라이막스로 올라가는 부분에서 장내의 분위기는 급기야 달아올랐다. 성가륜이 가르치는 노래는 모두 항일가요였기 때문이다. 목소리를 최소한으로 낮추었지만 열혈청년들의 우국우민 충정의 격정은 감출 수 없었다. 그는 노래와 발성을 가르쳤다.

좌익예술가들은 음악으로 대중의 항일정서를 불러일으켜 외적에 공동대항하는 앞장에 섰다. 상해는 구국항일가요 열창운동의 중심이 되어 공장, 학교, 농촌으로 운동을 파급시켰다. 하지만 남경정부는 일제와의 마찰을 피하기 위해 항일구국노래 보급운동을 탄압했다. 노래금지, 공연금지, 출판금지, 노래조직 단속, 노래집회 해산 등 강제조치를 취하고 노래보급 조직자들을 체포했다. 그리하여 모임은 극비리에 진행됐다.

2009년 12월, 당시 상해 성가륜의 집에서 정율성과 함께 항일가요를 배웠던 주외치를 북경 그의 저택에서 만났다. 그는 1934년부터 1937년까지 상해에서 좌익문예활동, 진보서적 출간사업에 참가했다. 1936년에 창립된 상해문화계구국회에서 저명한 애국민주인사 이공박의 비서로 있었으며 중국가곡작가협회 집행간사였다. 그는 60년대에 중앙문화부 부부장을 담당하는 등 북경시절 줄곧 정율성의 상사(上司)였다. 92세의 노인이었지만 활동적이고 기억력이 비상했다. 그는 다음과 같이 증언했다.

"1936년도에 저는 상해의 좌익예술가 비밀모임에서 정율성을 몇 번 만났습니다. 음악가 성가륜의 집에서였지요. 상해국립음악전문학교의 남고음 가수 채소서(蔡紹序)와 유명한 여류 시인 관로(關露)도 있었습니다. 극히 비밀적인 모임이다보니 우리는 자기에 대해 소개하지 않았고 서로 묻지도 않았습니다. 우리는 서로 이름을 부르지 않고 '친구'라고만 불렀지요.

성가륜은 우리에게 항일가요들을 가르쳐 주었습니다. 우리는 매번 새 가요를 배운 다음 각기 자기 활동구역에 가서 대중들에게 항일가요를 보급했습니다. 제 기억에 정율성은 목소리가 아주 좋았습니다. 성가륜이 우리에게 소리 내는 방법을 가르쳤습니다. 정율성은 우리말을 유창하게 하지 못했습니다. 발음이 아주 특별했습니다. 나는 조직이 있었는데 중국가곡작가협회에서 활동했습니다. 이 협회에는 선성해도 있고… 그런데 정율성은 이 조직 구성원은 아니었습니다. 성율성이 무슨 경로를 통해 왔는시는 모릅니다. 나만 좌익과 관계있다는 것만 알 수 있습니다. 당조직과 관계있는 조직이었는데 이에 대해 물어 볼 수는 없었습니다."

주외치와 비슷한 증언을 한 사람이 또 있다. 그는 중국음악가협회 전임 상무부주석(常务副主席) 손신이다. 손신은 1936년 초에 상해에서 좌익예술가들로 조직된 사곡작자연의회 회원이었다. 2009년 12월 북경의 자택에서 그를 방문했을 때 92세 손신은 다음과 같이 증언했다.

"저는 1936년도 상해시절에 벌써 정율성이라는 한국청년이 있다는 말을 들었습니다."

정율성은 어떻게 중국의 유명한 좌익예술가들을 만나게 된 것일까?

주외치의 대답은 이러했다.

"아마도 한국복국운동단체에서 파견돼 온 것 같습니다."

이로보아 정율성은 조선반일민족통일전선인 "조선민족해방동맹"의 파견을 받았을 가능성이 크다. 당시 김규광, 두군혜는 모두 좌익작가연맹 맹원이었고 좌익예술가들과 밀접한 관계를 가지고 있었다. 김규광은 이공박이 직접 영도하는《독서생활》편집위원이었고 두군혜는 상해구국회 조직부장을 맡고 있었다.

정율성은 상해에서 매주 중국의 저명한 좌익예술가들의 비밀단체모임에 참가해 노래를 배우고 남경으로 돌아와 대중들에게 항일가곡을 보급했다.

정율성은 5월문예사 회원들 중 연령이 가장 어렸다. 4살 줄인 탓이다. 추취도를 비롯해 모두들 정율성을 막내 동생으로 대하고 그를 좋아했다. 그는 고루전화국에서 일본인전화를 도청하여 의열단에 알리고 매주 상해로 가 성악공부를 하는 등의 시간을 제외하면 늘 5월사의 회원들과 같이 활동했다.

정율성은 정기적으로 회원들을 현무호에 집합시켜 상해 좌익예술가 비밀모임에서 배운 항일구국가요를 가르쳤다. 만돌린을 타면서 노래하는 것으로 회원모임을 엄호했다. 나청은 정율성이 "광범한 남녀청년대중들을 흡인하고 단결하는 사업에서 다른 골간분자들보다 더 큰 역할을 했다."라고 증언했다.

어느 날 5월사는 대형 윤선을 세내어 "국방문예와 대중문학"이라는 주제의 토론회를 개최했다. 이는 당시 전국 좌익예술가들의 토론초점이기도 했다. 정율성은 유창하지 않은 중국말로 열변을 토했다.

"조선은 망했습니다. 그런데 중국에 와보니 중국국민들도 망국의 위험에 직면해있습니다. 어떤 사람들은 지금 아주 위험한 생각을 가지고 있습니다. 조선은 인구가 적고 일본은 인구가 많기 때문에 조선이 망국멸종에 이르렀다, 하지만 중국은 일본보다 인구가 많기에 일본이 어쩔수 없을 것이다, 마치도 구렁이가 코끼리를 삼키려는 것과 같다, 삼켰다고 해도 구렁이는 살지 못한다, 그러니까 일본에 대해 걱정할 것 없다, 중국은 망할 수 없다, 라고 말합니다. 이는 위험천만한 생각입니다. 중국의 노농대중과 지식인, 광범한 동포들은 긴밀히 단결하여 한마음 한뜻으로 견결히 항일하도록 장개석을 핍박해야 합니다. 이렇게 해야만 중국을 구원할 수 있습니다. 따라서 조선도 구원될 수 있습니다."

정율성은 중국말을 잘 하지 못했지만 웅변가마냥 설득력이 있었다. 그의 연설은 "그의 노래마냥 내용이 생동하고 감정이 열렬하고 절주가 선명하고 매력적이었다."[94]

이 때 왕빙이란 이름을 가진 회원이 소리쳐 말했다.

"정율성은 망한 나라의 청년입니다. 때문에 그의 웅변에는 경험자의 아픔이 들어있습니다. 그는 각오가 아주 높기 때문에 우리 중국청년들의 훌륭한 본보기이고 우리의 훌륭한 전우입니다!"

박수소리가 대형 윤선을 울렸다.

당시 양한생, 전한, 마언상 등 남경 희곡계의 진보적인 명류들은 톨스토이의 『부활』, 『안나 카레리나』, 조우의 『우뢰』, 전한의 『매낭곡』, 그리고 양한생이 창작한 희곡들을 공연해 민중을 계몽했다. 정율성은 추취도 등 5월문예사 간부들과 함께 민중을 동원해 이들의 희곡을 관람하게 하는 한편 저명한 예술인들과 만났다. 그는 자신이 가장 좋아했던 「의용군행진곡」의 작사자 전한과 그의 가족을 만나 남경 아세아반점에서 함께 식사를 하고 함께 뱃놀이를 하면서 잊을 수 없는 하루를 보냈다. 중화인민공화국 창립 이후, 「의용군행진곡」은 국가로 지정되었다.

그동안 정율성을 지켜본 나청은 이렇게 술회했다.

---

94) 『作曲家鄭律成』, 丁雪松 等 著, 遼寧人民出版社, 2009年 7月, 244頁. 「五月之歌」羅青

"짧은 몇 개월을 만나면서 정율성이 나에게 준 인상은 소박하고 진지하고 열정적이고 강직했다."

공동의 사명 때문에 그는 중국민중 속으로 들어가 식민지운명에 처한 중국민중과 자연스레 융합됐고 중국문화와 예술에 대해서도 가슴을 열고 자연스레 받아들였다.

조직의 불신, 김산을 배웅하다

그해 5월 하순, 정율성이 중국민중 속에서 왕성한 활동을 펴고 있을 때 누나의 가족이 남경으로 왔다. 자형 박건웅이 큰 딸 정란이를 업고 품에 작은 딸 의란이를 안았다. 누나의 창백한 얼굴을 보고 정율성은 깜짝 놀랐다. 몸이 허약하여 바람이 불면 날아갈 것 같았다.

"누나, 큰 병에라도 걸리지 않았어? 왜 이렇게 됐어?"

정율성은 자신도 모르게 소리를 질렀다.

"아니야, 괜찮아!"

봉은이 쑥스러운 듯 남편을 쳐다보며 웃었다.

▲ 독립운동가 김산.

누나가 또 임신했다. 두 살짜리 정란이가 조잘대며 여기저기 일을 치고 여덟달내기 의란이가 벌벌 기어 다니며 여기저기 응가를 했다. 독립운동가의 아내가 되는 일은 결코 쉽지 않았다. 임신을 의학적으로 좌우지 할 수 있는 세월이 아니어서 더 힘들었다. 박건웅은 아내가 안쓰러워 한국 광주에 가서 장모님의 보살핌을 받으며 셋째를 해산하면 좋겠다고 했다. 그런 까닭에 봉은은 한국으로 떠나기 전에 동생을 보러 왔던 것이다.

나청은 정율성과 누님 일가를 셋집에

초대했다. 이들은 나청과 함께 각양각색의 꽃이 만발하는 아름다운 현무호를 돌아보며 즐거운 시간을 보냈다.

"꼭 안전에 주의해! 나라가 독립되면 우리 고향에서 만나는 거야, 알았어?"

누님은 동생에게 누누이 당부하고서야 큰딸 정란이를 데리고 고향으로 돌아갔다. 자형 박건웅이 여덟 달밖에 안 되는 의란이를 키웠다.

이해 1936년 6월, 날씨는 한층 무덥고 찌르레기 울음소리가 요란했다. 김산이 남경 나청의 셋집으로 찾아 왔다. 건강상태가 좋지 않아 얼굴빛이 파리하고 표정이 우울했다. 김산은 상해에서도 복당에 실패하자 더욱 고통스러웠다. 당은 그를 믿지 않았고 두 차례나 옥고를 치르며 당의 비밀을 엄수한 그를 반역자로 의심했다.

김산의 상황은 정율성에게 충격이 컸다. 진정한 혁명가는 자기 몸을 바쳐 혁명에 불태워야 하지만 또한 조직의 불신과 포기를 당할 준비도 해야 한다는 것을 깨닫는다. 하지만 자신의 인생에도 김산과 비슷한 상황이 벌어질 줄은 미처 몰랐다.

정율성과 나청은 김산과 함께 남경의 명승지를 두루 돌아보았다. 그의 안타까운 마음을 다소라도 덜어주기 위해서였다. "남경의 계명사, 주추대, 명고궁 및 성 외곽의 우화대, 중산릉, 요중개묘 등에는 이들의 발자국과 긴 한숨과 비가가 스며있었다. 개인에 대해, 국가와 민족에 대해, 소비에트와 소련에 대해, 인류의 아름다운 미래에 대해 이야기를 나누었다. 젊은 정율성은 그들의 이야기를 들으며 내심의 격동을 금할 수 없었다."[95]

김산은 고통 속에서도 "조선민족연합전선 행동강령"을 기초했다. "강령"은 "사회적 계급, 정당, 정치적 신념이나 종교적 신념에 관계없이 조선독립의 원칙에 동의하는 모든 조선 사람의 단결"을 주장했으며 "중국의 항일운동, 소련, 일본의 반파쇼인민전선 및 파시스트 침략자에 반대하는 전 세계의 평화전선과 더불어 거대한 공동전선을 형성하기로 하였다."

---

[95] 『作曲家鄭律成』, 丁雪松 等 著, 遼寧人民出版社, 2009年 7月, 15頁 「相識相愛永別」 丁雪松

김산이 나청의 집에 머문지 두 달이 되는 어느 날, 나청이 조금 가라앉은 목소리로 김산을 불렀다. 나청은 김산에 비해 나이가 몇 살 위지만 김산의 북평공산당 조직부장 시기의 옛부하이다. 또한 절친한 친구였다.

"김형, 조언 좀 들어보시겠습니까?"

"말씀하시오, 나형."

"내 생각에는 김형이 여기서 이렇게 고민하지 말고 차라리 연안 보안으로 가는게 어떨까 싶습니다. 얼마 전 6월에 당중앙 기관이 와요보에서 보안으로 이동했답니다. 당중앙을 찾아가 문제를 반영하고 직접 해결 받는 방법이 복당에 도움이 될 듯 합니다."

김산은 깊은 생각에 잠기더니 머리를 끄덕였다. 그에게는 당조직의 신뢰를 회복하고 조직생활을 하는 것이 생명처럼 중요했다. 그는 조선민족해방동맹의 의견을 청취했다. 김규광과 박건웅은 모두 동의했다. 조선민족해방동맹의 입장에서 보자면 이 조직에 대한 중국공산당 중앙의 승인과 연락이 시급했다. 김산은 자신의 복당문제와 조선민족해방동맹의 사명을 지니고 연안행을 결정했다.

이해 8월 1일, 정율성은 나청, 김규광과 함께 포구역으로 가서 열차에 오르는 김산을 배웅했다. 나청은 거금 200원을 김산의 손에 쥐어주었다. 뿡-, 열차의 기적소리가 땅을 뒤흔들었다. 새로운 희망으로 한결 밝아진 김산이 차창밖으로 그들을 향해 손을 저었다. 김규광과 나청은 이것이 마지막 이별이 될 줄은 꿈에도 생각하지 못했다.

김산은 천진에 도착해 중공중앙북방국에 당중앙으로 갈수 있게 해 줄 것을 신청했다. 북방국은 연안행 소개신을 떼주고 안내자 주소주를 배치해 김산의 연안행을 안내했다.

이때쯤, 1936년 하반기 부터 당조직은 김규광과 두군혜에 대해서도 태도가 돌변했다. 갑자기 당조직 생활에서 제외했다. 김산과의 친밀한 관계가 당조직의 불신을 초래한 것이다. 김규광의 바로 위 상사였던 전준서는 두군혜가 간절하게 질문하자 이렇게 말했다.

"다른 원인이 아닙니다. 왕명(주해: 1931년에 중국 공산당 위원회 대리서기직에 부임했으나 1 9 3 5 년 준 의회의 이후 실권을 잃게 된다.) 동지는 백명의 조선인 중에 99명은 믿을 수 없는 사람이라고 했습니다. 그래서 당신들의 조직관계를 중지시켰습니다."

김산이 떠나간 뒤 뜻밖에 정율성에게도 조직의 불신이 시작됐다.

이날, 정율성은 화로강 묘오율원 본부에 갔다. 본부에는 전국 각지에서 포섭돼 온 조선혁명당 당원들이 훈련을 받고 있었다. 당시 민혁당 당원이었던 김학철도 와 있었다.

김학철은 원명은 홍성걸, 원산에서 출생해 서울 보성중학교 졸업 후 혈혈단신으로 상해로 건너가 조선민족혁명당에 가입했다. 그는 조선민족혁명당의 기관지《앞길》의 경비를 마련하기 위해 상해 프랑스 조차지에 숨어 살며 돈 있는 일본 사람들을 습격하고는 남경으로 피신하여 잠잠해질 때까지 화로강에서 은거생활을 하곤 했다. 그 후 김학철은 황포군관학교를 졸업하고 조선의용군 분대장을 담당하며 유명한 태항산 호가장전투에서 부상을 당해 일본에서 감옥살이를 했다. 김학철과 정율성의 인연은 끈끈했다. 두 사람은 후일 다시 북한에서 만나고 중국에서 만나 깊은 우정을 나눈다.

당시 김학철은 정율성이 바이올린을 들고 다니는 것이 무척 언짢았다. 그의 글에서 그 때의 분위기를 느낄 수 있다.[96]

"정율성과 나는 1936년 여름 남경 화로강에서 처음 서로 알게 되었다…

"저런게 다 여기 와 있니?"

내가 다소 경멸하는 어투로 옆에 서있는 노철룡에게 물어보았더니 노철룡도 역시 빈정거리는 투로 귀띔하는 것이었다.

"박선웅 알지? 그 저남이다… 풍삭생이."

……

"그 자식 피아노로 왜놈을 칠 작정인가?"

……

---

96)《청년생활》잡지, 1987년 1기 11쪽,「정율성을 추억하여」, 김학철 저, 연변인민출판사 출간,

이와 같이 우리는 정율성의 거동을 일소에 붙이고 말았다.

우리 행동대원들은 다 같이 권총과 폭탄으로 일본놈들을 습격하는 행동만이 유일정확하다고 확신하였고 또 긍지감으로 가득 차 있었으므로 정율성의 음악쯤은 웃음거리로밖에 여기지 않았던 것이다."

당시 정율성은 김원봉과 단선연계를 하다 보니 고루전화국에서 지하활동에 종사하고 있음에도 민혁당 당원들은 이를 알지 못했다. 그런데다가 김원봉을 떠난 "박건웅"에 대해 탐탁치 않게 여기는 분위기도 박건웅의 처남이었던 정율성에 대한 반감에 일조한 것이다.

의열단과 조선민족해방동맹 모두 조선독립운동단체이지만 이들은 서로 의견차이가 있었다. 조선민족해방동맹 측은 김원봉이 장개석 정부의 "파쇼단체이고 악명높은 정보기관"인 남의사의 지원을 받아 "공산주의"혁명을 한다는 것에 대해 원칙적으로 받아들일 수 없다. 이런 주장이 그 후 정율성이 의열단을 떠나도록 영향을 준 원인이기도 했다. 박건웅이 김원봉과의 의견 차이 때문에 의열단을 떠났고 이때는 조선민족해방동맹의 지도자라는 사실이 알려진 상황에서 정율성에 대한 김원봉의 태도가 중요했다.

그해 가을, 김원봉은 정율성이 상해 "조선민족해방동맹"과 밀접한 관계를 맺고 있는 것을 알고 더는 상해 성악공부 경비를 지급하지 않았다. 정율성은 크리노와와 작별인사를 할 수밖에 없었다. 크리노와는 "동방의 까루소"가 될 것으로 기대했던 정율성이 1년 만에 자신을 떠나는 것에 무척 아쉬워했다. 그로부터 일년 뒤 1937년 11월 11일, 일본군의 상해함락 전날에 크리노와는 심장병으로 갑자기 상해에서 세상을 뜨고 말았다.

정율성은 음악을 자습하는 수밖에 없었다. 10월 상순, 나청이 초조한 얼굴로 찾아왔다.

"아우, 난 국민당 특무들의 체포리스트에 올랐어. 얼른 떠나야겠는데 아우가 집을 잘 봐줘."

나청은 동지들과 함께 남경에서 장개석의 매국투항노선을 반대하는 대규모 애국학생운동을 조직했다. 학생과 대중들은 남경의 국민당 외교부를 포위하고 항일을 촉구했다. 진노한 남경정부는 나청 등 6명을 주모자 명단에 넣고 포위망을 좁혀왔다.
"청형, 근심하지 마세요. 제가 꼭 잘 지킬 겁니다."
나청의 집은 5월 문예사의 중요한 연락거점이고 정율성은 연락원이었다. 나청은 지방에 내려가 한동안 피신해 있다가 상해로 갔다. 김규광과 두군혜가 반갑게 맞이했다.
"김형, 저는 강소인민항일구국회를 건립할 준비를 하고 있습니다. 김형께서 전국항일구국연합회를 소개해주십시오. 연합회의 지지가 필요합니다. 남경 5월문예사 이름으로도 연합회에 가담할 생각입니다."
"알겠습니다. 제가 연합회 주요 지도자들인 장내기, 심균유 등을 소개해드리지요. 그리고 나에게 중공 당내 문건들이 있는데 가지고 가십시오. 사업에 도움이 될 겁니다."
나청은 김규광을 통해 전국항일구국연합회 지도자들을 소개받고 그들의 지지를 얻었다. 그러나 강음반점에서 끝내 밀행하던 국민당 군경에 의해 체포되었다. 군경은 그의 몸에서 전국각계구국연합회와 김규광부부에게서 받은 문건을 수색해냈다. 나청은 이들을 보호하기 위해 문건의 출처를 말하지 않았다. 하지만 경찰은 곧 전국각계구국연합회의 지도자 심균유, 이공박 등 7명을 체포했다. "7군자 체포사건"은 국내외를 발칵 뒤집었다. 나청은 감옥에 갇혀있는 동안 유일하게 정율성을 통해 외부와 연락을 취했다.
뒤이어 서안사변이 발발하고 장학량, 양호성의 요청으로 주은래, 엽검영 등이 장개석과 국공담판을 진행했다. 장개석은 핍박에 의해 내전을 중지하고 공산당과 연합해 항일할 것에 관한 6가지 사항에 동의했다. 제2차 국공합작의 분위기가 무르익었다.
1937년, 또다시 봄이 왔다. 정율성은 마음이 뒤숭숭했다. 매일 남경고루전화국 일본전화검사소로 출근했지만 무슨 영문인지 일본인들은 전화로 더는 중요정보에 관계되는 이야기를 하지 않았다. 김원봉의 불신을 받고 있는 상황이라 김원봉에게 회보할 날짜가 돌아오면 답답하기 그지없다.
어느날, 김원봉이 굳은 표정으로 말했다.

"이제는 전화국 일은 그만 두고 화로강으로 돌아가서 대기하고 있으시오."
정율성은 북극각의 셋집을 떠나 화로강 묘오율원으로 돌아오는 수밖에 없었다.

나중에야 밝혀진 사실이다. 국민당의 일본문제관계 특무 서유용이 국민당의 일본 전화검사에 관한 기밀을 일본영사관에 팔아먹었다. 그리하여 일본인들은 더는 전화로 정보에 관계되는 말을 하지 않았고 정율성도 할 일이 없어진 것이다. 남경정부는 1937년 7월에 그를 총살하였고 이 사건은 〈중앙일보〉에 크게 보도됐다.

정율성은 화로강에서 대기하며 음악을 자습했다. 고뇌가 깊어갈수록 음악은 더욱 가깝게 다가왔다. 이때 그의 음악인생에 중요한 인연이 다가 오고 있었다.

선성해와의 첫 만남

드디어 일제는 중국에 대한 전면침략의 야망을 이빨까지 드러냈다. 1937년 7월 7일, 노구교사변이 발생했다. 일본군은 군인이 실종됐다는 구실로 완평현성을 공격했고 이로 인해 중일전쟁이 발발했다. 1937년 7월 31일, 국민당 남경정부는 중국공산당과 민중의 강력한 요구에 의해 정치범을 석방했다. 나청과 "7군자"도 석방되었다. 8월 2일, 정율성은 첫 사람으로 나청을 맞이했다. 나청을 포옹하며 눈물이 글썽해서 말했다.

"나형, 국민당은 끝내 내 사랑하는 형을 돌려주었구려!"

이튿날, 그러니까 1937년 8월 3일은 중국음악사에 있어 중요한 날이다. 그로부터 70여년이 지난 2009년의 한 차례 국가최고급의 평의에서 새중국 3대악성[97]이 탄생하는데 그중의 두 거성이 처음 만난 날이기 때문이다. 반파

---

97) 2009년 9월, 새중국창립 60주년을 기념하고자 중앙선전부, 중앙조직부 등 중앙의 11개 부위에서 공동으로 조직한 '쌍백인물'평의에서 1억국민의 투표로 정율성이 '새중국창립 특수기여 영웅모범인물' 100명에 선정, 이 속에 3명의 음악가가 있는데 정율성 외에 국가를 창작한 섭이, 교향악 「황하대합창」을 창작한 선성해가 있다.

▲ 1937년 8월 3일 정율성이 감옥에서 나온 나청을 만나러 갔다가 선성해를 처음 만난 남경중앙반점. 필자 촬영.

쇼항일이라는 거대한 역사파도의 추동력에 의해 그들은 서로를 향해 다가왔다. 드디어 중국 지도 위의 남경중앙반점이라는 지점에서 만나 굳게 악수했다. 이때 정율성은 미래를 음악으로 예측할 수 없는 한낱 애호가에 불과했다.

 이날 오전, 나청이 투숙한 남경중앙반점의 아래층에서 30대 초반의 말쑥한 신사가 올라왔다. 머리를 옆으로 갈라 단정하게 빗어 올린 귀골이 장대한 미남이었다. 쌍겹눈이 유난히 검고 깊었다. 관골이 있어서 누가 보나 광농인이라는 인상이 늘었다. 나청과 성율성은 이 비범해 보이는 신사가 누군지 몰랐다. 그는 나청에게 악수를 청하며 격정에 찬 어조로 말했다.

 "나 선생님, 저는 선성해라고 합니다. 그동안 노고가 많으셨습니다."

 정율성은 그 말에 깜짝 놀랐다. 정말로 음악가 선성해일까? 광동태생인 선성해는 프랑스 빠리음악학원에서 작곡과 지휘를 배우다가 나라가 일제에 침탈되자 1935년에 분연히 귀국했다. 대중들의 마음에 항일의 불길을 지피기 위해 항일가요 보급운동에 앞장섰다. 상해에서 마음을 감동시키는 그의 노래들을 배우고 돌아와 가르치면서 얼마나 흠모했던 이름인가! 정율성은 숨을 가다듬었다.

"선생께서 이 반점에 머물고 계신다는 소식을 듣고 뵈러 왔습니다. 그동안 7군자들과 함께 정말로 잘 싸우셨습니다."

그의 뒤에 40대의 신사가 서있었다. 저명한 화가, 문학가인 풍자개였다. 그도 나청에게 위문을 표했다.

선성해는 나청에게 약 2년 전부터 창작하기 시작한 「민족해방교향곡」을 보여주었다. 1941년 봄에야 완성된 이 작품은 중국의 첫 교향악이다. 그는 「구국군가」도 함께 보여주었다. 이 노래는 전해인 1936년 초에 그가 상해 "애국학생연합확대선전단"을 따라 교구에 가서 구국선전을 하다가 감동을 금할 수 없어서 5분 내에 창작하고 그 자리에서 보급한 것으로 유명했다. 그는 겸손하게 말했다.

"제가 이 노래를 불러드릴테니 의견을 제출해주시기 바랍니다."

나청은 음악에는 문외한인지라 얼른 곁에 있는 정율성을 소개했다.

"이 친구는 저의 조선 아우입니다. 음악을 사랑하기 때문에 간절히 스승님을 모시고 음악친구를 사귀고 싶어하지요. 부지런하고 부단히 노력하는 친구랍니다. 애국청년들을 몇 명 더 불러다가 함께 선 선생의 위대한 애국주의, 혁명주의가 담긴 새 악장을 감상하도록 합시다. 이후에도 이 아우에게 많이 가르쳐주기 바랍니다."

정율성은 얼른 손을 내밀어 선성해와 악수를 나누었다. 이 때 나청이 불러온 청년들이 우루루 방에 들어섰고 선성해는 곧 노래를 불렀다. 정율성은 그의 노래를 몇 번 따라 부르자 곧 익숙해졌다. 자신도 몰래 목청을 높여 불렀다.

"총구는 대외로 발걸음 맞춰 나가자!/ 백성 상하지 않게 자기사람 치지 말자/ 우리는 강철의 대오 우리는 강철의 마음/ 중화민족을 수호하고 자유인이 되자/…"

정율성의 격앙된 노래와 반일에 대한 그의 독특한 정서표현은 선성해와 그 자리에 있던 애국청년들을 깊이 감동시켰다. 선성해는 아주 만족스러워하며 말했다.

"율성 아우, 나랑 같이 상해에 가서 항일주제의 레코드를 만들어보지 않겠나? 영화에 삽입곡을 불러 넣고 말이지. 상해에서 음악공부를 더 하면 좋겠네."

정율성은 너무 기뻐 자기 귀를 의심했다.

상해에서의 음악공부가 중단된 후 정율성은 실망이 컸다. 그런데 음악스승 선성해가 상해에 오라고 했다. 경제면에서도 자립할 수 있게 되었으니 이보다 좋은 일이 어디에 있겠는가. 또 상해에는 김규광과 자형 박건웅이 조직한 "조선민족해방동맹"이 있어 그곳에서 중국민중과 어울려 독립운동을 할 수 있었다.

"선 선생님, 고맙습니다. 바로 상해로 찾아가 뵙겠습니다!"

그 뒤 정세가 돌변했다. 8월 13일 일본은 상해를 공격했다. 일본은 3개월 내에 중국을 멸망시키겠다고 떠들었다. 포성이 천둥 같고 화광이 충천했다. 일본군은 남경에도 야만적인 폭격을 감행했다. 정부기관, 병원, 방송국, 기차역 등 중요건물은 물론 주거지역까지도 폭격했다. 8월 중순, 중국공산당은 남경에 대표를 파견해 장개석과 제5차 담판을 진행했고, 장개석은 9월 23일 이에 관한 담화를 발표함으로써 항일민족통일전선의 형성 및 제2차 국공 합작이 시작됐다.

전국 각지에 있던 김원봉 휘하 민족혁명당 성원들은 본부의 긴급소집령을 받고 화로강으로 모여들었다. 국공합작의 좋은 국면이 출현하고 중국항전이 시작되자 모두들 흥분했다. 상해에서 지하활동에 종사하던 당원들도 이 때 화로강으로 모여왔다. 상해 북정거장[北站]이 벌써 폭격을 맞은 까닭에 서정거장[西站]에서 기차에 올라 절강성 가흥(嘉興)을 에돌아 소주를 경유해 겨우 남경에 도착했다. 정율성은 임무대기 중인 전우들의 전투의지를 고무하기 위해 국제가, 라 마르세예즈 등 혁명가곡들을 가르쳤다.

김원봉의 불신 때문에 정율성은 민족혁명당을 떠나기로 결심했다. 자신의 정치이상에 맞는 조선민족해방동맹에서 독립운동을 하고 아울러 선성해도 만날 생각이었다.
"율성아우, 우리 각자 자기 일을 처리하세. 아우가 선성해 선생을 만나지 못하면 우리 함께 연안으로 가세."
정율성으로부터 상해로 가겠다는 말을 듣고 나서 나청이 말했다.
"연안이요?"
"그렇네. 연안시에는 지금 우리 주력부대가 있고 중국인민항일홍군대학도 있어. 우리가 만날 마지막 지점은 상해 두군혜씨 집이네."
처음으로 정율성의 머리속으로 "연안"이란 단어가 들어왔다. 아, 주력부대가 있다고 한다. 대학도 있다고 한다.
"알겠습니다, 청형! 두군혜씨 집에서 만납시다."
정율성은 나청과 굳게 악수하고 9월 초에 상해로 출발했다. 정율성은 의열단에는 알리지 않고 몰래 떠났다. 정율성은 결국 항일승리의 희망을 국민당보다는 중국공산당에 걸고 민족해방동맹의 입장에 합류한 것이다.

음악으로 대중의 불평과 희망을 말하다

상해는 전쟁터가 되었다. 포동의 수많은 난민들이 적십자회로 몰려들었다. 부상자들이 넘쳐나고 난민들이 많아 참상이 말이 아니었다. 도처에서 허물어진 빈집들이 보이고, 수많은 사람들이 어디론가 피난을 떠나고 있었다.
정율성이 상해에 도착했을 때 선성해는 이미 없었다. 약 두 주일 전인 8월 20일날 "상해화극계구국(救國)협회 전시이동연극 제2대"의 일원으로 출발해 이 때쯤 개봉에서 항일선전을 하고 있었다. 정율성은 중요한 인연을 놓친 것이 무척 아쉬웠다.
그는 자형 박건웅을 찾아갔다. 박건웅은 김규광의 집에 있었다.
김규광의 집은 상해의 프랑스 조계지인 여반로구에 있었다. 행인이 적고 나무들도 많지 않아 유달리 한적한 여반로구였다. 그런데 일본군의 공격이 시작되자 골목에 선 스페인식 건물들이 모두 텅텅 비다시피 해서 더욱 휑뎅그레 했다.

두군혜가 수척해서 반쪽이 된 얼굴로 반갑게 맞아주었다.
"쑈쩡, 오랜만이에요. 어서 들어와요."
조카 의란이는 한 살이 넘어 아장아장 걸어 다니고 말도 곧잘 재잘거렸다. 낯선 외삼촌을 보자 얼른 얼굴을 두군혜의 품속으로 숨겼다.
"뚜마마, 뚜마마…"
두군혜를 엄마처럼 졸졸 따라다니는 조카의 모습에 가슴이 저려왔다.
"아, 무서웠어? 우리 의란이 외삼촌이 무서웠어?"
라고 하며 두군혜는 의란이를 품에 안았다. 하지만 두군혜의 얼굴에는 깊은 그림자가 드리워있었다. 그것이 무엇인지 정율성은 나중에야 알았다. 김규광과 두군혜 부부의 둘째아들 두렴이 죽었다. 네 살이었다. 전해 12월에 광동 외할머니집에서 이질로 죽은 것이다.

일본이 상해를 공격하자 부부는 매일 전선지원을 위해 바삐 돌았다. 그 와중에도 이 강직한 여성 두군혜는 자신과 김규광의 사업보고를 팔로군 상해 판사처 주임 반한년에게 제출하며 당조직 관계회복을 시도했다. 하지만 결과는 여전했다.

두군혜의 얼굴에 어린 깊은 슬픔에 정율성은 가슴이 찡했다.
"쑈쩡은 우리 집에 함께 있어요."
오갈데 없는 정율성에게 두군혜는 아무렇지 않은 표정으로 상냥하게 말했다. 정율성은 김규광의 집에 머물렀다.

어느날 두군혜는 정율성과 마주앉아 의미심장한 이야기를 했다.
"쑈쩡, 지금 국공합작이 시작되어 전국인민이 한마음 한뜻으로 일제의 침략에 대처하고 있어요. 돈 있는 사람은 돈을 내고 힘 있는 사람은 힘을 바치고요. 사람이 많이 부족해요. 쑈쩡은 노래도 잘하고 악기도 잘하니까 "상해대공영화연극독자회"에 참가해 대중들에게 항일가곡을 보급하면 어떻겠어요?"
"아, 좋습니다! 당연히 참가해야지요!"

정율성은 두군혜의 소개로 "상해대공영화연극독자회" 제5대 "대공전지복무단"에 가입했다.

이날, 정율성은 재빠른 걸음으로 두군혜가 소개한 곳을 향해 뛰어갔다. 골목 여러 개를 지나서 큰 길에 들어서는데 앞에 낯익은 얼굴이 눈에 띄었다.

"아, 두시갑! 어디로 가고 있어?"

정율성이 소리를 질렀다.

"엉? 정율성이구나! 그동안 상해에서는 통 보이지 않더니 어디에 가 있었어?"

일년만에 만난 친구는 서로 반갑게 인사했다.

그동안 두시갑은 계속 수스린 교수에게서 성악교육을 받았는데 일제가 상해를 향해 포사격을 하자 학업을 그만두었다. 수스린 교수는 그의 예술자질과 재능이 아까워 재삼 만류했지만 그는 미련을 두지 않고 교문을 나섰던 터였다.

"일제의 야만적인 침략에 정말 이제는 더는 참을 수가 없어! 지금 상해의 문학예술계는 모두 항일구국단체를 결성해서 싸우고 있어. 난 그들을 찾아가는 중이야."

정율성은 친구의 어깨를 힘있게 껴안으며 말했다.

"잘 됐어! 자네, 나랑 같이 가자구! 나도 지금 싸우러 가는 중이야."

"그래? 잘됐어! 같이 가자구!"

두시갑은 다음과 같이 술회했다.

"거리에서 마침 정율성을 만났다. 그는 나에게 "상해대공영화연극독자회" 선전대에 참가하자고 했다. 나는 그의 의견에 동의하고 곧 함께 가서 참가했다… 곧 거리에서 선전활동을 펼쳤다. 「구국군가」, 「청년전가」 등을 통해 대중들에게 항일정신을 불러일으키는 가곡을 가르쳤다."

지도부에서는 정율성에게 제5선전대대 음악대장을 맡겼다. 정율성은 팀을 이끌고 거리에 나가 항일구국가곡을 가르쳤다. 한편으로는 부상병들을 위로하고 방송을 통해 유창한 일본말로 일본병사들에게 반전선전을 하였다.

그는 「의용군행진곡」, 「고향으로 돌아가자」, 「대도행진곡」, 「마덕리를 보위하자」 등 노래를 부르며 민중들을 항일정신을 불러일으켰다. 격정의 시대는 창작의 산실이었다. 그는 문득 강한 창작충동을 느꼈다. 선율이 머릿속에서 빛났다. 얼른 골목으로 달려가 쪼크리고 앉아 선율을 적었다. 그는 서소창이 작사한 「유격전가」에 작곡을 한 뒤 목청을 높여 불러보았다. 가슴이 다 후련했다. 정율성은 팀원들에게 노래를 가르쳐 주고 나서 조를 나누어 거리에서 시민들에게 가르치도록 했다.

"일제의 포화 두렵지 않다/우리의 칼은 예리하다/유격전쟁을 발동하자/적의 중심에 들어가자/적의 시설을 파괴하자/적의 병력을 약화시키자/목적을 달성하면/잽싸게 빠져나오자"

시민들은 걸음을 멈추고 귀를 기울였다. 곧 그를 따라 노래를 불렀다. 거리골목에서 자신의 선율이 수많은 목소리로 확대되어 울려왔다. 합창을 지휘하는 그의 얼굴에서 땀이 비오듯 했다. 자신의 노래에 대한 대중의 반응에서 그는 더 큰 자신감을 얻었다.

두군혜 등 상해부녀구국회의 영도하에 부녀들의 항일의 열의가 전례없이 고조되었다. 주부들은 부상자들을 위문하고 결혼기념물품이거나 쌀, 솜조끼를 지원하고 베개에 "민족해방", "조국 되찾자"등 문자를 수놓아 지원했다. 두군혜는 결혼할 때 중국 광주에서 산 솜이불을 뜯어서 16개의 베개를 만들어 전선을 지원했다. 정율성은 그녀의 영향을 받아 「전투부녀가」(관노 가사), 「전시부녀가」(임낭 가사)를 작곡하여 가르쳤는데 역시 시민들의 반응이 뜨거웠다. 그의 음악에는 대중들의 절절한 감정이 들어있었다.

정율성의 이 때의 노래들은 "민요틀에 얽매이거나 그대로 답습하지 않았고 이미 창작된 대중가곡을 그대로 베낀 흔적도 없다. '유격전을 발동하자'의 전주, 음계를 보면 연속적인 절분음 및 전주, 음게의 분포와 발전이 당시로는 아주 창의적이었다."[98]

"이 작품들은 정율성음악창작의 '서곡'이었다."[99] 그의 음악의 대 폭발은 뒤에 있었다.

---

98) 『論鄭律成』, 延邊人民出版社, 1987年10月 54頁, 「中國新軍歌与鄭律成」陳奎及

99) 『論鄭律成』, 延邊人民出版社, 1987年10月 3頁, 「鄭律成論」梁茂春

전면적인 항전이 고조됨에 따라 북경, 천진, 상해 등 전국 각지의 "전지복무단"과 "항전가창단"은 수백 개로 늘어났다. 당시 음악은 곧 전투무기였다. 음악은 대중의 불평과 희망을 수없이 많이 복제해 수많은 사람들 속에서 거대한 에너지를 만들었다.

정율성은 음악으로 말할 수 있는 자신을 발견했다. 그는 혁명과 음악의 통일에 깊이 매료되었다.

환승역, 두군혜

포동의 전쟁불길은 상해 전역으로 퍼졌다. 국제 정세는 점점 긴박해졌다. 상해를 떠나야 했다. 조선민족해방동맹은 남경으로 철수하기로 했다. 연안으로 함께 가자고 했던 나청은 나타나지 않았다. 두군혜의 집을 마지막 약속지점으로 정했던 나청과의 약속은 지킬 수 없다.

정율성은 두군혜에게 연안의 상황에 대해 자세히 알아보았다. 두군혜는 중국공산당의 상황에 대해 소개하고 홍군이 2만 5천 리의 간거한 노정을 지나 이미 섬북에 이르렀으며 연안은 전국 항일구국의 심장이 되었다고 알려주었다.[100] 이 때 연안은 항일군정대학 외에도 중앙에서 경비를 모아 섬북공학을 창립하고 이미 학생을 모집해 이달 9월부터 수업을 시작하고 있었다. 그리하여 정율성은 더욱 간절히 연안에 가고 싶었다.

정율성은 다음과 같이 증언했다.

"상해에 있는 기간 두군혜의 정치교육을 통해 나는 많은 것을 알게 되었다. 그는 중국공산당과 연안의 상황에 대해 자세히 설명했다. 그 때 나는 나이가 어렸으므로 아직도 공부를 하고 싶었고 공산주의를 신봉했기에 전방에 가서 항일하고 싶었다. 그리하여 자형과 두군혜에게 연안으로 갈 문제를 상의했다. 그들은 모두 내가 연안에 가는 것에 대해 찬동했다."

---

100) 『作曲家鄭律成』, 丁雪松 等 著, 遼寧人民出版社, 2009年 7月, 16頁 「相識相愛永別」 丁雪松

두군혜는 곧 정율성을 데리고 애문의로에 있는 상해팔로군판사처를 찾아갔다. 연안으로 가려면 소개신이 필요했다. 소개신은 신분증명과 같았다. 주임 반한년은 정율성에 대한 두군혜의 소개를 듣더니 곧 소개신을 써 주었다.

9월 20일경, 정율성은 자형과 조카 그리고 민족동맹의 지도자들과 함께 밤기차를 타고 상해를 떠나 남경으로 갔다. 상해와 300여 키로미터를 사이 둔 남경은 폭격으로 쑥밭이 되었다. 상해전역에 희망을 품었던 사람들이 하는 수 없이 피란을 떠나고 있었다.

정율성은 연안으로 출발할 예정이었지만 "민족동맹에는 돈이 없었다."[101] 다시 말해 조선민족해방동맹에 돈이 있다면 정율성은 동맹의 자금으로 연안으로 가게 된다. 정율성의 연안행은 민족해방동맹의 파견이라고 볼 수 있다. 그동안 조선민족해방동맹에 대한 중국공산당중앙의 승인을 얻어내기 위해 대표자격으로 연안에 파견된 김산에게서는 아무런 소식이 없었다. 정율성은 "공부"를 하고 "전방에 나가 항일"하고자 연안에 가는 외에 민족동맹을 대표해 김산과의 연결을 시도한 것으로 이중의 사명을 지녔다.

정율성의 연안행은 여비 때문에 차일피일 미뤄졌다.

"좀 기다리자꾸나. 김형과 두군혜씨에게 방법이 있을 거야. 며칠 후면 곧 남경에 올 거야."

자형 박건웅이 말했다.

10월 9일 깊은 밤, 김규광과 두군혜가 뒤늦게 남경에 도착했다. 상해팔로군판사처 주임 반한년이 두군혜에게 남경팔로군판사처 처장 리극농을 찾아 복당문제를 해결해보라고 권했기 때문이다. 상해에 아직 해야 할 일이 많아서 남경에는 사흘 정도 머물렀다가 돌아갈 생각이었다. 전쟁으로 어수선한 때에 뜻밖에 임신을 한 두군혜는 얼굴에 피로가 가득 어려 있었나. 하시만 그녀는 씩씩한 어조로 정율성을 위안했다.

"연안 가는 경비는 너무 걱정하지 말아요. 큰 뜻이 있다면 세상에 해내지 못할 일이 있겠어요!"

---

101)『我的政歷 鄭律成』, 年月日不詳, 2011年, 鄭小提提供

두군혜와 김규광은 한참동안 머리를 맞대고 의논하더니 정율성을 불렀다.

"쑈쩡[102], 우리를 따라 와요. 이공박 선생이 우리가 떠나온 이튿날에 상해에 들렀다가 요즘 남경으로 오셨다는 얘기를 들었어요. 한번 부딪쳐 봐요."

"형님과 형수님만 믿겠습니다."

정율성은 그들 부부를 따라 문을 나섰다.

도처에 허물어진 집들이 가득하고 거리 골목이 어수선하다. 며칠 전에만 해도 하늘을 뒤덮었을 프랑스오동나무들이 폭격을 맞아 질서없이 잘려있었다. 얼마를 걸었는지 회색 청수벽돌로 쌓은 중후한 건물 앞에 이르렀다. 초인종이 울리고 잠시 후 보통 키에 검은 구레나룻이 길게 자란 30대 중반의 건장한 사나이가 만면에 웃음을 띠고 나타났다. 이공박이었다.

이공박은 강소사람으로 학생운동, 북벌전쟁에 참가했고 미국유학을 거쳐 민주주의를 일찍 받아들였다. 귀국 후 동인들과 함께 신문, 도서관, 잡지 등을 창간해 민중계몽에 힘썼다. 전국각계구국연합회 상무위원 및 집행위원으로 있으면서 통일전선을 구축해 대중적인 반일운동을 일으킨 저명한 민주인사이다. 항전이 폭발한 후 이공박은 주은래의 결정에 의해 민족혁명전쟁전지총동원위원회 위원 겸 선전부장을 담당하고 전국 각지를 돌며 통일전선사업에 주력하고 있었다. 9년 뒤, 1946년 7월에 국민당 특무에 의해 암살당했다.

김규광은 이공박이 1934년에 상해에서 창간한 《독서생활》 반월간의 편집위원이었고 두군혜 역시 이공박이 상무위원을 맡고 있는 전국각계구국연합회 이사여서 이공박과 밀접한 관계를 유지해왔다. 이공박은 손을 내밀어 김규광과 두군혜에게 악수를 청했다.

"로찐[103], 쑈뚜로구만. 용케들 남경으로 오셨군요. 어서들 들어오십시오."

"쑈쩡이 연안으로 떠나려 한다고요? 좋지요. 좋은 일이지요! 연안은 팔로

---

102) 쑈쩡, 정군이라는 뜻, 자기보다 어린 사람을 지칭할 때 앞에 작을 小자에 뒤에 성씨를 넣어 부름.

103) 로찐, 김선생이라는 뜻, 자기보다 나이가 많은 사람을 부를 때 늙거나 오래다는 뜻의 老자 뒤에 성씨를 넣어 부름.

군, 신사군의 대후방이니까 젊고 우수한 청년들이 많이 필요합니다. 저도 상황을 봐서 명년쯤에는 꼭 연안으로 가보려고 합니다. 쑈쩡, 잘해 보라구, 우리 연안에서 만나자구!"

이공박은 호탕하게 웃으며 은전 30원을 흔쾌히 내놓았다. 당시 쇠고기 한 근에 30전이었으니 쇠고기 100근을 살 수 있는 돈이었다.

"고맙습니다, 이 선생님!"

정율성은 너무 고마워 꾸벅 인사를 했다. 마음이 날듯이 가벼웠다.

그 길로 두군혜는 복당문제 때문에 남경주재 팔로군 판사처를 찾아갔다. 고루전화국에서 멀지 않았다. 청색벽돌과 기와로 정교하게 지은 아담한 2층 양옥 부후강 66호에서 주임 이극농은 짧은 상고머리에 동그란 검은테 안경을 하고 예리한 눈빛으로 두군혜를 바라봤다. 그는 중학교시절에 학생운동에 참가했고, 21세의 나이에 안휘성정부 비서로 활동했으며, 한때는 국민당에 잠복한 중공 정보요원이기도 했다. 그의 설명은 두군혜에게 큰 타격을 주었다.

"조직은 동지의 사업에 대해서는 아주 존중합니다. 다만, 동지의 애인의 문제가 아직 밝혀지지 않았습니다."

김규광씨를 의심하다니! 두군혜는 머리가 아찔했다. 겨우 여관으로 돌아왔다.

두군혜는 다음과 같이 술회했다.

"나의 문제뿐이 아니어서 참을 수가 없었다… 진리를 위해 분투하는 중국공산당에 어찌 식민지가 있을 수 있단 말인가? 나는 당내의 조선동지들이 차별을 당하는 것 때문에 더욱 고통스러웠다."

30대 후반의 씩씩한 장교가 여관으로 찾아왔다. 공산당원이었고 공개적인 신분은 국민혁명군 제18집단군 총참의인 선협부였다. 선협부가 이극농의 파견으로 온 것인지 아니면 두군혜가 연락해서 온 것인지는 알 수 없다. 상해팔로군판사처의 소개신이 있으면 연안통행증은 발급받은 셈이지만 두군혜는 선협부에게 또 정율성에 대한 소개신을 부탁했다. 이중의 보호장치인 셈이다. 두군혜가 한국인 남편 김규광이 의심받는다는 소식을 듣고 역시 한국인인 정율성의 연안행에 대해 더욱 걱정스러웠던 건 아닐까.

선협부는 만년필로 소개신을 적으며 재빠른 어조로 말했다.

"연안은 반드시 서안팔로군 판사처를 거쳐서야 갈 수 있습니다. 임백거 주임에게 소개신을 써드리지요. 이 청년은 당의 통일전선 구축에 필요하고 재능이 뛰어난 청년이라고 말입니다."

"고맙습니다. 선 총참의께서 소개해주시면 틀림없이 쑈쩡을 믿어줄 겁니다."

두군혜가 사의를 표했다.

"서안에서 연안은 약 400킬로가 되지요. 차로는 3일 걸려야 할테고 걸어서는 아마도 한주일 넘게 걸릴 겁니다. 혼자는 절대로 못갑니다. 위험하기도 하려니와 국민당에 잡힐 수도 있으니깐요."

선협부는 자세히 설명하며 글씨가 채 마르지 않은 소개신을 정율성에게 넘겨주었다. 정율성은 소개신을 받아 품속에 소중히 보관했다.

선협부는 두군혜 부부의 처지에 대해 무척 동정했다. 그 뒤 선협부는 두군혜 부부의 복당문제를 당조직에 제출했다가 조직의 호된 비평을 받는다. 얼마 뒤 서안에서 임무를 집행하던 중 국민당에 의해 암살을 당했다.

그로부터 14년이 지난 1950년의 어느 날, 그녀는 끝내 중앙조직부로부터 복당통지를 받게 된다. 중앙조직부의 결론에 의하면 두군혜의 당적이 중지된 원인은 남편 김규광 때문이었고 김규광은 "조선인 김산"때문이었다. 중앙조직부는 김규광을 '트로츠키파'라고 의심했는데 사실무근이므로 두군혜의 당적을 회복시킨다는 것이다.

하지만 이 때의 두군혜는 이극농의 말에 큰 충격을 받고 여관에 몸져눕고 말았다.

정율성이 연안으로 떠난다는 소식을 들은 5월 문예사 친구들이 정율성을 찾아왔다. 그들은 일기장, 세수수건, 치약 등을 선물하며 석별의 정을 나누었다. 저녁에 두군혜는 아픈 몸으로 정율성을 환송하는 만찬을 준비했다. 두군혜의 창백한 얼굴을 바라보며 정율성은 강직하고 따뜻한 이 여성혁명가를 내심으로 존경했다. 그의 인생에 상해는, 그리고 남경은 환승역이었다. 그 환승을 두군혜가 해주었다.

"형수님, 여기 앉으세요."
 정율성은 품에 만돌린을 안고 의자를 마당에 내놓았다.
"형수님, 떠나기 전에 마지막으로 형수님께 노래를 불러드리겠습니다."
 이때 두군혜는 복통 때문에 고통스러워 했다. 하지만 애써 웃음을 지었다.
"그래요, 어서 불러요. 쑈쩡의 노래는 오랫동안 들어 볼 수 없겠는걸요."
 별이 반짝이는 남경의 하늘가로 존경과 고마움, 석별의 마음을 담은 울려 나오는 굵은 소리의 남고음이 만돌린소리와 함께 울려 퍼졌다.
 바이올린과 만돌린, 일본어로 출판된 금테디자인의 『세계예술가곡선』과 『세계저명가극선』을 품에 안고 23세의 정율성은 혁명의 스승 김규광, 박건웅, 두군혜에게 차례로 인사했다. 뒤에서 든든히 받쳐주던 그들을 떠나 홀로 먼 길에 오르려고 하니 갑자기 가슴이 허전했다. 잘도 조잘거리는 두 살짜리 조카 의란이를 품에 안고 얼굴에 자리 나도록 뽀뽀를 해줬다. 의란이 자지러지게 웃어댔다. 모두들 손을 젓는 가운데 정율성은 서안행 열차에 몸을 실었다.
 차창가로 남경의 검은 성벽이 뒤로 물러나고 잎사귀가 노란 키 높은 오동나무들이 달려왔다. 문득 아버지와 형들의 모습이 떠올랐다. 이제 앞에 펼쳐질 길은 어떤 것인가?
 정율성이 떠난 뒤 두군혜는 끝내 여관에서 유산을 하고 탈진상태에 빠졌다. 창밖으로 폭격소리와 피난민들의 아우성소리가 요란했다. 깊은 가을 환절기의 옷가지는 턱없이 부족했다. 유산한 지 닷새밖에 안된 두군혜는 남편의 커다란 바지를 껴입고 민족해방동맹의 지도자 박건웅 등과 함께 두 살바기 의란이를 달래며 피난민 행렬에 섞여 한구로 향했다.
 이즈음, 정율성은 서안팔로군판사처에서 선협부의 소개신으로 까다로운 심사를 무난히 통과하고 전국 각지에서 몰려온 청년들과 함께 연안으로 출발했다.

제3장

자유의 깃발 휘날린다
(1937.10-1942.8)

제3장 자유의 깃발 휘날린다
(1937.10-1942.8)

잘못 채워진 첫 단추, 예고된 시련

황하 중류 황토고원 구릉지대에 사면을 황토병풍을 두른 분지가 있다. 분지 중앙에 있는 작은 성채가 연안이다. 1300여 년 전에 세워진 성채는 벽을 전부 돌로 쌓았는데 구조가 든든하고 건축이 웅장했다. 동서남북에 문이 있는데 동문과 남문에 성문이 있었다. 동쪽에 청량산이 있고, 서남에 봉황산이 있고, 남쪽에 가령산이 있어 천연병풍으로 연안을 감싸고 있다. 연하수와 남천하가 유유히 흘러 지나며 땅을 적셔주어 이 가난한 옛 성채에 한가닥 생기를 부여했다. 헌원황제의 능침이 교산 봉우리에 모셔져 있었으니 명실공이 5천년 문명의 발상지라 할 수 있다.

하지만 이곳은 기후가 건조하여 바람이 불면 누런 황토파도가 인다. 땅은 메말라 곡식이 자라지 못하고 산들도 나무가 자라지 않아 말 그대로 벌거숭이다. 날씨는 조석으로 기온차가 심하고 사람들은 가난했다. 독특한 지리환경 때문에 이곳은 여러 왕조에 걸쳐 전략요충지였다. 그리하여 이곳에서는 금과철마(金戈鐵馬)의 비장한 역사가 수없이 재연되곤 했다. 지난 상반세기 연안의 역사 또한 명실공이 금과철마의 역사가 아니겠는가!

1937년 1월의 매서운 겨울날, 침울하고 폐쇄된 고원 옛성 연안으로 모택동과 그의 홍군총부가 옮겨와 도시 서쪽 봉황산 기슭에 자리 잡으면서 세계의 이목을 끄는 곳이 되었다. 2만 5천 리 장정의 고난은 지나가고 모택동은 이곳에서 십여 년을 머무르며 천군만마를 지휘해 또 한 번 중국역사의 새로운 페이지를 썼다.

▲ 2010년 4월의 연안, 범상치않은 역사가 깃든 보탑산이 우뚝 서있다. 필자 촬영.

산단단화가 황토벼랑에서 불꽃마냥 피어날 때 흰 저고리에 흰 두건을 한 연안사람들의 신천유와 요고무가 황토고원의 골짜기를 울렸다. 전국 각지로부터 구국의 웅심을 품은 젊은이들과 지식인들의 발걸음이 끊이지 않았다. 연안 옛성은 중국혁명의 성지가 되었다. 사람들은 항전승리의 희망을 연안에 걸었다.

연안을 찾는 젊은 대오 속에 정율성이 있었다. 정율성은 1937년 "10월에 연안에 도착"했다. 정율성은 다음과 같이 술회했다.

"당시의 연안은 아주 황량했다. 산은 나무가 없는 벌거숭이었고 모두 토굴집에서 살고 좁쌀밥을 먹었는데 생활은 아주 간고했다."

이 때 연안에는 선후로 조선인 혁명가 6명이 들어왔다.
1937년 1월에 보안 소비에트 주재 민족해방동맹 대표 김산과 보안의 중국

공농홍군대학 제1기 1과 졸업후 연안 홍군총부의 작전과장으로 부임한 무정이 연안에 들어왔다. 중국공산당 당원으로 서안사변에 참가해 장학량의 사령부 경위영 제1련 지도원으로 직접 중대를 이끌고 장개석의 교통퇀 병영 습격전투에 참가했던 21세의 서휘도 역시 1월에 들어왔다. 이 때 그는 연안의 서북청년 제1차구국대표대회 집행위원으로 활동하고 있었다.

4월에 중공천진시위원회 서기 겸 중공하북성위원회 위원이었던 이철부(한위건)가 연안에 들어오지만 7월 10일에 연안에서 개최된 당중앙 소비에트구역대표대회에 참가한 후 장티푸스로 사망하여 청량산에 묻혔다. 그는 1933년 왕명의 좌경노선에 반대하는 보고서를 여덟 차례나 중공하북임시성위원회에 제출해 투쟁책략개변을 촉구했으나 결국 "우경기회주의 반당"이란 누명을 쓰고 당에서 제명되었다. 그 후 왕명 노선이 부정되자 당에 복귀하여 1936년부터 중공하북성위원회 위원 겸 중공천진시위원회 서기로 유소기, 팽진 등과 함께 활동했다. 그의 "철부노선"은 1945년에 개최된 당중앙 7차 대표대회에서 충분한 긍정을 받으며 중국공산당사의 중요한 한 페이지로 남는다.

9월에는 조선공산당 재건사업에 참가했었고, 상해에서 중국공산당에 가입해 강소성 지하당이 발간한 《소년진리보》를 제작하며 항일투쟁을 해온 김찬이 북경대 지질학과 학생이고 항일구국청년단 단원인 중국인 부인 도개손과 함께 연안에 왔다.

그리고 10월에 정율성이 들어왔다. 정율성은 연안에 온 여섯 번째의 조선인 혁명가였다.

연안에 도착한 후 첫 번째 일은 섬북공학에 입학하기 위해 등기표를 써서 해당 부서에 바치는 것이다. 그는 다음과 같이 술회했다.[104]

"나는 1937년 10월에 연안에 도착한 후 남경에서의 모든 상황을 영광스러운 역사로 간주하고 아주 상세하게 적었다. 나에 관한 연안의 공문서를 보

---

104) '나의 정력서' 정율성. 정소제 제공

▲ 1938년 연안의 어느 한 산마루에 앉아 만돌린을 타고있는 정율성(오른쪽1) 정소제 제공.

면 알 수 있다."

그런데, 첫 단추가 잘못 채워졌다. 불신의 씨앗이 심어졌다. 남경에서 국민당의 지원을 받은 김원봉의 휘하에서 김원봉과 단선연계를 하며 지하활동을 한 것이 조직에서 불신의 씨앗이 된 것이다. 젊은 정율성은 공부하고 싶었던 염원이 실현된 기쁨에 도취되어 앞에 파란만장한 삶이 기다리는 줄은 꿈에도 상상하지 못했다.

섬북공학은 중국공산당이 꾸린 사상 첫 고급간부학교였다. 항일군정대학이 군사간부양성을 주목표로 했다면 섬북공학은 주로 문화수준이 비교적 높은 백색구역의 학원들을 위주로 근거지 정권건설과 당 건설에 필요한 간부를 양성했다. 학교는 군사화를 실시했는데 정율성은 "제1기 7대"에 소속됐다.

11월 1일, 500여 명의 학생들은 섬북공학 마당에서 개학식을 했다. 그야말로 사투리의 천국, 중국말 그대로 "남강북조(南腔北調)"였다. 중국에 온지 4년 반이 채 되지 않은 정율성은 표준말도 잘 알아듣지 못하는 상황이라 중국인들도 알아듣지 못하는 전국 각지 지방 사투리는 더욱 알아들을 수 없었다. 언어장애가 심했다. 이날 모택동도 개학식에 참가했다. 정율성은 소문으로만 들었던 위인 모택동을 처음 보았다. 모택동은 500여 명 학생들 앞에 나서더니 진한 호남 말투로 시국에 대해 분석하고 4억5천만 민중에 의거해 그들을 동원, 조직, 무장시켜야만 항전의 승리를 쟁취할 수 있다고 강조했다.

연안생활은 어려웠다. 보릿가루, 기름은 배급했고, 학원당 수당금 1원이 배당되었다. 당시 보리 한 됫박의 가격이 80전이었으니 이들의 호주머니에는 돈이 거의 없는 셈이었다. 학원들은 토굴집을 파서 생활하면서, 밭을 일구고 채소를 심어 식사문제를 해결했다. 강의실은 물론 식당과 자습실도 없었다. 겨울이어서 기온이 20도로 내려가도 노천에서 수업하고, 독서하고, 밥을 먹었다. 이에 반해 과외생활은 풍부했다. 구류경기나 군사연습을 했고 매주마다 약 천여 명이 참가하는 문화오락야회가 개최되곤 했다.

아마도 이 즈음 정율성은 김산을 만났을 것이다. 우정 때문에, 민족해방동맹의 일 때문에 할 얘기가 많았다. 김산은 항일군정대학 교수로 일본경제학과 물리, 화학, 일본어, 조선어를 강의했다. 그에게 흔치 않은 기쁜 일이 있었다. 4월에 중국인 아내 조아평이 아들을 낳은 것이다. 그를 끈질기게도 사랑했던 부인 역시 강직한 혁명가였다.

김산은 연안을 찾아가는 도중 폐결핵이 재발해 구사일생으로 살아났다. 천산만수를 넘고 천신만고를 거쳐 연안을 찾아갔지만 연안 섬감녕(陝甘寧) 변구정부 보안처는 여전히 그를 의심했다. 복당이 되지 못한 상황에서 민족해방동맹에 대한 중공중앙의 인정을 받아내는 일은 너욱 운운할 수가 없었다. 이처럼 고통스러운 때에 그는 서안 봉쇄선을 돌파하고, 1937년 4월 30일 연안에 도착한 미국기자 님 웨일즈의 인터뷰를 받았다.

님 웨일즈(본명 헬렌포스터 스노우)는 모택동, 주은래, 주덕, 장문천 등 위인만 인터뷰했었다. 그들에 관한 자료를 찾던 중 연안도서관의 모든 영문도서 차용기록에 김산의 이름이 적혀 있는 것에 호기심이 생겼다. 그녀의 끈질긴 추적과 권고로 그들의 인터뷰는 영어로 진행되었다. 어찌 보면 김산은 인터뷰를 통해 정치이상의 한계에 부딪친 자신을 정리하고 싶었는지 모른다. 님 웨일즈는 김산을 인터뷰한 7권의 필기장을 가지고 미국으로 돌아갔다. 하지만 그녀와의 만남은 강생의 의심을 더욱 가중시켰다. 섬감녕변구정부 보안처 명단에는 김산의 이름이 중요 관리대상으로 기록되었다.

당시의 연안은 국공합작 시기여서 변구는 합법적인 지위를 취득했다. 국민당도 공개적인 군사진공을 멈추었다. 하지만 주변의 모든 군사요지는 다 국민당에 의해 겹겹이 포위되고 봉쇄되어 있었으며 철조망이 둘러져 있었다. 변구 내 각 현의 현정부, 보안대, 우전국, 전신국 등 국민당 기구들에 중앙정보국 특무들이 득실거렸고 내왕하는 상인, 평민 중에도 간첩들이 있어 내외로 간첩망을 이루고 있었다. 이 와중에 1937년 4월, 서안담판에 참가하려고 출발했던 주은래가 피습당한 사건이 일어났다. 주은래는 목숨을 구했지만 섬감녕변구정부 보안처는 섬감녕변구의 간첩제거, 특무숙청 보위사업을 더욱 강화했다. 보안처 처장이 섬감녕변구 보안사령부와 연안위수사령부의 부사령을 겸직하고 있었으니 그 권력이 얼마나 막강한 지 알 수 있었다.

그해 11월 29일, 정율성이 연안에 도착한지 한 달이 지나서였다. 한 범상치 않은 인물이 연안에 도착했다. "검은색 가죽옷에 검은색 가죽으로 된 레닌모자에 긴 가죽신을 신고 가죽가방을 옆구리에 끼고 비서를 거느리고 멋지게 다녔다. 말투는 무척 느렸고 진한 교동발음이었으며 언제나 이를 악물고 말하는 모습이 소름이 오싹 끼치는 느낌을 주었다."[105] 이 40세의 남자가 바로 소련주재 중공공산국제대표단 사업을 담당했던 강생이다.

그는 상해에서 특무과 공작을 하다가 체포된 적이 있다. 그는 왕명을 따라 모스크바로 간 후 국제공산당주재 중공대표단 부단장이 되었다. 왕명과 강생은 트로츠키파, 국제간첩, 일본특무, 국민당특무, 특무혐의 등등 죄명으로 중국에서 소련에 간 혁명자들과 조선인혁명자들을 박해하거나 살해했다. 중국동지 8명이 살해되고 이립삼은 중형이 언도되었다.

---

105) 「康生在中央社會部」-『百年潮』, 2003年第05期, 作者 王珺:

이 특별한 인물이 연안에 도착하자 연안의 분위기는 살벌해지기 시작했다. 그해 12월, 중앙은 "중앙특별공작위원회"를 열어 전당의 정보, 보위사업을 통관하도록 했는데 그 주임에 강생이 부임했다. 연안의 수많은 혁명가들의 비극의 서막이 열렸다. 어떤 위협을 느꼈던 것일까. 김산은 강생이 부임한 12월에 전선으로 보내달라고 당중앙에 신청했다.

설이 지나고 1938년이 시작되자 강생은 무시무시한 존재감을 드러내기 시작했다. 그는 1월에 중공기관 간행물인 《해방》 주간에 「일괴 정탐과 민족의 공적 트로츠키 비도를 제거하자」라는 글을 발표하고 왕명과 함께 진독수를 트로츠키파, 일본간첩으로 몰아갔다. 이는 당내 대숙청의 서막을 예고했다.

1월, 김찬 부부가 일제 간첩혐의로 체포되었다. 이는 김산에게 위험을, 정율성에게는 큰 시련을 예고했다. 하지만 정율성은 연안의 모든 충성스러운 혁명가들과 마찬가지로 이 위험을 알아채기에는 너무 젊고 순진했다.

3월 3일, 섬북공학제1기 졸업식에서 정율성이 작곡한 「섬북공학졸업동학가」(정호비 사)가 우렁차게 울렸다. 이는 그의 연안에서의 첫 작품이다.

"견결히 전선을 향해/동지들 망설이지 말자/ 미련을 두지 말자/…동지들은 건강한 무쇠사나이/견결히 항전을 위해/ 민족해방사업을 위해/먼저 떠나라 동지들/우리도 재빨리 따라가리라/견결히 전선을 향해…"

졸업생들은 노래를 부르며 전선으로 떠날 준비를 했다. 정율성의 마음도 설레었다.

노신예술학원에 입학하다

뜻밖의 기쁜 소식이 들려왔다. 섬북공학을 졸업한 후 정율성은 금방 설립된 노신예술학원에 배치돼 음악학과에서 공부하게 되었다. 이 학교는 얼마 전 모택동, 주은래 등이 발기하여 꾸린 종합예술학교로 모택동이 원장을 담당했다. 크리노와로부터 배우던 성악공부가 중단된 후 정율성은 줄곧 음악

▲ 정율성이 공부했고 음악학부 교사로 있었던 연안노신예술학원이 2010년에도 옛 모습 그대로였다. 필자 촬영.

공부를 하고 싶었다.

4월 10일, 기독교 교회당을 개조해 만든 중앙강당에서 개학식이 개최되었다. 정율성은 일찍 도착해 자리를 찾아 두리번거렸다.

"쑈쩡!"

갑자기 귀에 익은 여성의 부름소리가 들려왔다. 정율성은 설마 하는 마음으로 소리 나는 방향을 돌아보았다. 놀라서 그만 입을 딱 벌리고 말았다. 회색 군복들 사이로 손을 젓는 사람, 2년 전 상해 크리노와 성악관에서 함께 수업을 받았던 당영매였다. 그의 뒤에는 남편 향우가 빙그레 웃으며 서 있었다.

"우린 또 이렇게 만났어요!"

정율성은 그들에게로 뛰어가 힘 있게 손을 잡았다.

이들 부부는 향우의 둘째형이 주선한 벨기에 황가음악원 유학의 기회를 포기하고 나라를 구하는 길에 나섰다. 그들은 두 살 나는 아들을 백부에게 부탁하고 연안에 들어왔다.

"우린 다 쑈쩡의 선생님이야. 앞으로 우리 말 잘 들어!"
당영매가 농담했다.
"알겠습니다, 선생님! 잘 가르쳐 주십시오!"
정율성 또한 씩씩하게 농담을 받았다. 개학일은 즐거운 재회로 시작되었다.
두 사람은 노신예술학원 음악학부 교사였다. 당영매는 전교 성악지도, 교직원 구락부 부주임를 겸했다. 정율성은 음악전업 제4반에 소속됐는데 학생은 고작 10명이었다.

생존조건이 열악했지만 이들의 정신적인 낭만은 연안을 설레게 했다. 섬북공학, 노신예술학원, 항일군정대학의 만여 명 학생이 회색군복을 입고 거리를 물결같이 누비며 다녔다. 그중 노신예술학원 학생들의 복장차림은 천연적인 예술색채가 있었다. 특히는 여학생들이 당시 연안의 패션을 이끌었다. 군복 깃에 흰색셔츠를 돋보이게 한다든가, 소매에 다른 색상의 천을 대어 양식을 바꾼다든가, 군모지만 베레모처럼 뒤통수에 삐딱하게 쓴다든가 등등이다. "이런 작풍은 나중에 소부르주아 지식인정서"로 인정돼 호된 비판을 받기도 했다.

정율성은 언덕에 앉아 별과 달을 쳐다보며 만돌린을 타고 바이올린을 켜면서 연습을 했다. 입학초기에 학생들 중에는 외국노래를 아는 사람이 적었다. 그리하여 외국노래를 부르는 정율성의 모습은 이상하게 보였다. "모두들 그는 산만하고 주변의 환경에 잘 어울리지 않는다고 생각했다. 남들은 마르크스-레닌주의를 공부하고 항일구국가곡을 부를 때에 그는 일본어로 출판된 세계가곡집 양장본을 가지고 다니면서… 때로는 원문으로 때로는 일본문으로 혼자 베토벤, 슈베르트, 푸치니의 명곡을 불렀다. 모두들 그는 너무 특별하고 수위의 분위기에 맞지 않는 사람이라고 생각했다."[106]

시간이 흘러감에 따라 학교는 예술적인 분위기가 점점 더 짙어갔다. 학생들은 슬금슬금 정율성을 찾아와 그의 『세계예술가곡선』, 『세계저명가극선』

---

106) 『論鄭律成-鄭律成音樂作品硏討會論文集』, 延邊人民出版社, 1987.10. 135頁, 唐榮枚, 「加深認識鄭律成」

을 구경했다. 그러다가 모두들 앞다투어 빌려갔다. 당시 노신예술학원도서관에는 중외문학명작은 수두룩했지만 유독 세계음악자료는 없었다. 그리하여 이 두 권의 가곡집은 특별히 진귀했다. 이 책들은 곧 음악학부의 교과서로 채납되었다.

이 때의 연안은 아침부터 저녁까지 노래로 넘쳤다. 당시 섬북공학과 항일군정대학, 노신문학예술학원은 노래운동의 주력이었다. 보고를 듣거나 대회를 할 때마다 먼저 반 시간 또는 한 시간 앞당겨 집합하여 항일가요를 배우거나 항일가요 합창을 했다. 각 연대끼리 시합을 벌이거나 서로 다른 연대에 노래를 요청하면 노래는 파도같이 이곳에서 울렸다가 저쪽에서 울리거나 동시에 이곳저곳에서 울렸다. 식전에도 부르고 식후에도 부르고 수업 전에도 불렀다. 학생들이 부르고 군인들이 부르고 백성들도 불렀다.

정율성은 다음과 같이 술회했다.

"연안은 혁명의 성지이고 당시 중국인민의 등탑과 희망이었다. 사람들은 혁명에 대한 희망을 가지고 전국 각지로부터 찾아와 이곳에서 혁명의 불씨를 가지고 전국 각지로 흩어져갔다. 그리하여 연안은 생기로 충만되고 곳곳에 열정과 명랑한 웃음이 흘러넘쳤다."

정율성은 연안의 거대한 에너지를 발견했다. 중국혁명의 승리, 일제의 패망과 조선독립에 대한 믿음이었다. 이런 느낌이 새롭게 번식하며 음악적인 형상을 잉태했다.

날개 돋친「연안송」

이해 1938년 4월 하순의 어느날, 개학한지 얼마 되지 않았다. 악상이 예고 없이 찾아 왔다. 정율성은 갑자기 가슴을 뜨겁게 적시며 밀려드는 선율에 당황해하며 다급히 펜을 들었다.

정율성은 다음과 같이 술회했다.

"나는 생기발랄하고 청춘의 숨결로 넘치는 연안을 깊이 사랑하게 되었다. 나는 연안에 대한 노래를 짓고 싶어 밤낮 골머리를 앓았다. 그 때 나는 작곡을 배운 적이 없었지만 혁명적인 격정 때문에 펜을 들게 되었다."

정율성의 창작시스템은 언제나 머릿속에 먼저 선율이 있은 다음 가사창작을 부탁하는 것이다. 그는 토굴집 앞으로 흥얼거리며 지나가는 희곡학부 2반 여학생 막야를 소리쳐 불렀다.

"막야!"

막야는 20세이다. 복판에 가리마를 한 갈래머리에 군모를 베레모처럼 삐딱하니 뒤통수에 붙여 쓰고 검은 눈을 치뜨고 약간 튀어나온 귀여운 이를 드러내고 정율성을 쳐다보았다.

"쑈쩡, 왜요? 무슨 일 있어요?"

"쑈머, 연안을 노래하는 노래를 만들고 싶어. 이 노래는 아름답고 전투적이고 격앙된 노래여야 해. 연안을 노래하는 것은 혁명을 노래하는 거니까. 가사를 좀 만들어줘."

"가사요? 가사는 안 써봤는데요. 한 번도 안 써봤어요."

막야는 진한 눈썹을 삼각으로 치뜨고 머리를 저으며 말했다. 귀여운 이빨 때문에 그는 늘 웃는 것처럼 보였다.

"안 해봤으면 해보면 되는 거야. 가장 중요한 건 연안을 정말로 사랑하는 감정이 있는가 하는 거지."

"감정이야 당연히 있지요. 아주 많지요."

"그럼 바로 그 감정을 쓰는 거야."

"아, 그럼 한 번 해볼까요?"

막야는 시원스레 대답했다.

막야는 차의 고향 복건성 안계현 사람으로 정원에 화려한 못이 있는 "만향별장" 2층 양옥에서 태어났다. 아버지는 국민당 장교였다. 그는 부자집 아가씨였지만 16세부터 마을에서 여성 계몽운동을 했다. 중공상해지하당이 이끄는 상해구국연극제5대에 참가해 구국운동을 하다가 1937년에 연안에 도착했다. 12세에 첫 시나리오집 『만찬을 앞두고』를 발표해 재녀로 소문났고 18살에는 상해에서 《여자월간》 주필로 있으면서 소설과 시나리오를 발표했다.

그러마고 선선히 대답했던 막야는 소식이 없었다. 정율성을 만나면 난감한 표정을 지으며 도망치곤 했다.

며칠 뒤 늦은 오후 다섯 시경, 정율성은 대회를 마치고 금방 북성문을 빠져나와 헐떡거리며 산비탈을 오르고 있었다. 멀지 않은 둔덕에 노신예술학원이 보였다. 땅에서는 물큰물큰 봄기운이 풍겨왔다. 봄바람은 한결 따뜻해 잉태 중인 새 생명의 기운이 느껴졌다. 연안성을 감싼 황토병풍과 멀리 보탑산, 그리고 도심을 Y자로 가르며 은띠처럼 흘러가는 연하수에 석양이 물들었다. 정율성은 문득 발걸음을 멈추고 연안을 굽어보았다. 대회를 마친 항일군정대학 학생들, 회색군복의 물결이 흘러가고 황토벼랑에 노랫소리가 메아리쳤다.

어머니를 홀로 두고 양림동 언덕을 내려오며 중국으로 떠나올 때, 그는 자신의 길이 이 곳 섬서성 황토고원의 한 작은 분지에 와 있을 줄은 미처 몰랐다. 연안은 부호였다. 반파쇼, 나라독립, 민족해방, 인간의 존엄, 항전승리의 부호였다. 자신의 고향과는 수천 리 떨어진 이 작은 분지에 대해 정율성은 깊은 사랑을 느꼈다. 머릿속의 주제선율들이 강하고 풍부한 소리를 내기 시작했다. 그는 목청을 높여 선율을 불러보았다.

문득 옆에 막야가 있는 것을 발견했다. 막야도 연안의 정경을 굽어보고 있었다. 두 눈은 빛났고 살짝 튀어나온 이 사이로 감탄이 흘러나왔다.

"아, 연안!"

정율성이 소리쳤다.

"쑈머, 그 감정을 써봐. 이 모습을 써봐. 이 생동한 연안을 쓰면 된다구."

막야는 연신 고개를 끄덕이더니 땅에 막 쪼그리고 앉았다.

"좋아요. 좋아요. 이제는 나올 거예요. 쑈쩡, 기다려요!"

막야는 무릎에 필기장을 꺼내놓고 글을 쓰기 시작했다. 그 때의 정경을 막야는 이렇게 술회했다.

"그는 나에게 가사를 써달라고 몇 번이나 말했었다. 하지만 나는 뭘 써야 하는지 생각이 나지 않았다. 이 때 그의 말은 곧 나의 가슴에 격정을 불러일으켰다. 장엄하고 웅위한 연안 옛성, 석양에 눈부시게 물든 산 위의 보탑, 맑은 연하수가 소리치며 노래하고 곧 달이 동방에서 솟았다. 이 아름답고 감동적인 풍경에 나는 격동을 금할 수 없어 상상의 나래를 펼쳤다."

막야는 가사를 다 쓰고 나서 「연안을 노래하자」라는 제목을 달아 몇 번 읊조려보더니 정율성에게 주었다.

"석양은 산마루의 보탑에 비끼고/ 달빛은 강가의 반딧불 비추네/ 봄바람 광야에 불어오고/ 뭇산들 튼튼한 성새 이뤘네/ 아 연안 장엄하고 웅위한 옛성/ 곳곳에서 항전노래 울리네/ 아 연안 장엄하고 웅위한 옛성/ 네 가슴에 더운 피가 끓는다./ 천백만 젊은 마음에 사무친 적개심을 품었다/ 산과 들에 늘어선 대오 튼튼한 전선을 이뤘다…"[107]

정율성은 가사를 읽으며 격동을 금할 수 없었다. 그와 막야의 흥분한 눈길이 서로 부딪쳤다.
음악창작이란 영혼의 골짜기에 묻혀있는 인간의 사랑과 분노와 기쁨과 슬픔과 환희를 이끌어내는 일이다. 너무 긴 시간이 걸리지 않았다. 며칠 사이에 그동안 쌓였던 악상에 의해 세부음악이 봄바람을 맞은 봉오리마냥 재빨리 피어났다. 그는 산꼭대기에 올라가 몇 번이고 감정을 내어 불러보았다. 그는 허겁지겁 산을 내려오며 막야를 불렀다.
"쏘머, 쏘머!"
토굴집에서 갈래머리의 막야가 달려 나왔다. 정율성은 목청을 가다듬고 노래를 불렀다. "아, 연안~~"라는 대목에 이르자 막야는 눈물이 솟구쳤다. 자신의 가사가 정율성에 의해 이처럼 서정적이고 정열에 넘친 노래로 변한

---

107) 《연변음악》, 2008년 15,16호. 역자 김득만

것이 신기했다.

　정율성은 곧 상해시절 크리노와 성악관의 동창생이고 지금은 선생님인 당영매를 찾아갔다.

　북경이 막 가을에 접어들 무렵, 바람이 살랑살랑 불었다. 2009년 9월, 필자는 시간을 놓칠까봐 아침도 먹지 못하고 조양구에 있는 중국예술연구원을 찾아갔다. 키가 훤칠하고 약간 마르고 두 눈이 검고 안온한 표정의 그는 전형적인 중국 지식인의 모습이었다. 당영매와 향우의 아들 향연생이다.

　"연안노신예술학원에서 아버지가 정율성씨를 가르쳤습니다."

　"아, 그럼 부친께서 정율성 선생님의 은사님이셨군요?"

　"아, 그렇게는 말씀드리지 못합니다. 그냥 가르쳤지요."

　아버지와 어머니가 다 정율성의 은사였음에도 그는 겸손했다.

　이 즈음 91세의 당영매는 미국의 아들집에 거주하고 있었다. 그는 연안에서 태어난 아들에게 "연생"이라는 이름을 지어주었고 아들은 그 의미를 잊지 않고 평생 연안출신 예술인에 대한 연구와 기록을 해왔다.

　이 때 30세의 당영매, 그녀는 외국노래를 많이 불렀는데 노랫소리가 아름다워 연안의 "밤꾀꼬리"라고 불렸다. 그녀는 정율성이 지은 노래를 들어보더니 무척 감동했다. 두 사람은 아침마다 산꼭대기에 올라가 2인창을 연습했다.

　며칠 뒤의 저녁, 연안대예당에서 모택동과 중앙 지도자들이 참석한 대규모의 음악회가 개최됐다. 첫 종목이 「연안을 노래하자」였다. 막야는 미리 관중들이 보이는 장소에 자리를 잡고 까만 눈을 똑바로 뜨고 열심히 반응을 살폈다. 정율성과 당영매가 무대에 올랐다. 정율성이 만돌린으로 반주를 하고 당영매는 아름다운 목청으로 노래를 불렀다. 관중석에 빼곡이 앉은 수많은 눈길들이 무대로 쏠렸다. 마지막 부분은 정율성과 당영매가 함께 불렀다.

　"아 연안 장엄하고 웅위한 성벽/ 튼튼한 항일전선 이뤘다/ 너의 그 이름 만고에 빛나리/ 역사에 길이 빛나리라"

막야는 청중들의 홀린듯한 눈길에서 대성공을 알아챘다. "모 주석이 미소를 지으며 노래를 자세히 듣고 있었다."[108] 노래가 끝나자 앞자리에 앉았던 모택동을 비롯한 중앙 지도자들이 힘차게 박수를 쳤다. 그 모습을 보며 막야도 손바닥이 아프도록 박수를 쳤다.

이튿날, 노신예술학원 비서장 위극다가 정율성을 찾아왔다.

"쑈쩡! 좋은 소식입니다. 중앙 선전부에서 「연안을 노래하자」라는 노래를 가져갔습니다."

"아, 그랬습니까!"

정율성은 기뻤다.

며칠뒤 위극다는 중앙선전부에서 찍은 등사본을 막야의 눈앞에 펼쳐보였다. 살펴보니 「연안을 노래하자」라는 제목이 「연안송」으로 고쳐져 있었다. 위극다는 제목을 고친데 대해 의견이 있느냐고 물었다. 막야는 기뻐서 손뼉을 쳤다. 물론 아무런 의견도 없었다.

「연안송」은 나래가 돋쳤다. 연안에 퍼지고 각 항일근거지에 퍼졌다. 국민당 통치구역과 해외 화교들 속으로 퍼졌다. 「연안송」은 동남아, 미국에도 전해졌다. 당시 뉴욕에서는 팔로군을 위해 모금할 때마다 섭이의 「의용군행진곡」과 정율성의 「연안송」이 연주되곤 했다. 미국인으로 연안의 첫 외국인이고 변구위생부 고문인 마해덕(馬海德)의사는 발음 때문에 정율성의 이름을 부를 수가 없어서 "아, 연안"이라고 불렀다.

「연안송」은 애국청년들과 진보적인 지성인들을 설레게 했다. 이들은 「연안송」을 부르며 혁명의 성지 연안으로 달려왔다. 1940년 초까지 연안에는 4만명 규모의 지식인들이 몰려들어 그야말로 "천하영웅호걸 운집"이라는 말이 손색이 없었다. 이들에게 서정성과 전투성이 완미하게 결부된 「연안송」은 연안의 상징이고 청춘, 자유, 희망과 애국의 노래였다.

정율성은 "중국에서 최초로 '서정송가'라는 새로운 음악장르를 창출"[109]했

---

108) 『作曲家鄭律成』, 丁雪松 等 著, 遼寧人民出版社, 1983, 「火一般熾烈的歌手」 劉白羽 53頁

109) 『鄭律成音樂世界管窺』, 中國人民大學 「音樂 舞蹈硏究」, 1998.1期, 延邊大學音樂

다. "「연안송」의 선율은 조선민요(특히 「낙화암」 등과 같은 민요)의 음조특점을 흡수했고 서양의 서정곡의 음악풍격을 참고했다."[110] "첫 부분과 재현부가 있는 세번째 부분은 중국에서 일반적으로 사용하지 않는 3박자로 돼 있다. 두 번째 부분은 행진곡 형식의 2박자로 씩씩하고 박력이 넘치는 강렬함을 보여준다. 선율도 서양의 서정적 풍격과 행진곡의 분위기가 잘 조화되어 있다."[111] "「연안송」은 연안에 대한 혁명대중들의 숭경과 열애의 감정을 완미하게 부각했다…독특한 예술풍격으로 정율성은 창작초기에 벌써 혁명가곡 창작의 고봉에 올랐다."[112] 이것이 중국 대표적인 음악평론가들의 평가이다.

중앙음악학원 양무춘 교수는 다음과 같이 말했다.

"그의 창작생애를 살펴보면 1938년에 그는 연안에 온지 반년밖에 안되었고 20여 세밖에 되지 않았다. 그는 작품을 많이 써본 사람도 아니다. 그런데 그는 벌써 「연안송」과 같이 성숙한 작품을 썼다. 이는 그의 천재성의 폭발이었다."

정율성은 성악은 조금 배웠지만 작곡은 배운 적이 없었다. 악기도 만돌린, 바이올린을 알고 피아노를 조금 배운 것이 전부다. 외국인인데다가 중국에 온지 5년밖에 안 되었다. 중국어도 유창하지 못했고 중국문화에 대해서도 알지 못했다. 그런데 그의 노래는 어찌하여 당시 그처럼 큰 공명을 일으켰던 것일까? 이는 참으로 기적이고 음악사의 미스터리다. 60여년이 지난 지금도 「연안송」은 연안상징의 가곡이고 연안을 기념하는 작품으로 첫손에

系教授 金成俊
110) 『論鄭律成』, 梁茂春 저, 「정율성을 논함」-정율성음악작품연구토론회 논문집 4쪽, 연변인민출판사, 1987년
111) 중국 연변대학 음악학부 김성준 교수, 『鄭律成音樂世界管窺』, 〈延邊大學學報〉 1997.4期 中國人民大學 「音樂 舞蹈研究」, 1998.1期.
112) 『論鄭律成』, 梁茂春 저, 「정율성을 논함」-정율성음악작품연구토론회 논문집 4쪽, 연변인민출판사, 1987년

꼽힌다. 어찌하여 이런 일이 있을 수 있었던 것일까?

전임 심양음악학원 원장이고 음악평론가인 왕애림 교수는 재미있는 화두를 내놓고 자신이 답을 했다.

연안은 혁명성지이다. 당시 연안에서 산생한 작품은 모두 민족적인 것이었다.「동방홍」,「산단단화 빨갛게 피었네」등이다. 그 시대의 역사배경을 말해준다. 그런데「연안송」이 나왔다.「연안송」은 지금 들어도 아주 서양적이다. 많은 젊은이들은「연안송」을 부르며 연안으로 달려갔다.「연안송」을 통해 연안은 낭만적이고 이상적이고 아름답고 인류가 가고 싶은 아름다운 곳으로 되었다. 정율성의「연안송」이 아니고, 다른 작곡자의 다른「연안송」이었더라면 상황은 달라졌을 것이다. 연안송은 섬북사람들이 받아들였을 뿐 아니라 전 중국이 다 받아들였다.

그런데 그는 당시 조선인이다. 조선인이 이런 노래를 만들었다. 이건 참 재미있는 현상이다. 한족이 볼 때 이는 이민족 문화의 침투이다. 이런 침투로 인해 음악형상은 더욱 광대해지고 더 지속적이고, 더 많은 사람이 이해하게 했다. 이런 실례는 얼마든지 있다. '중국에서 오래 불리는 우수한 소수민족음악은 한족이 쓴 것이 많다. 본 민족이 여산 진면모를 알아보지 못해서가 아니라 여산 속에 자신이 들어가 있기 때문이다'라는 말로 이민족 문화의 침투에 대해 해석할 수 있다. 다른 민족이라 해도 팔로군에 대한 열애, 항일 등은 공동의 감정이지만 음악에 대한 특수한 감각, 즉 그 자신의 민족적인 음악 감각이 이 속에 침투될 때에는 음악적 시야가 더욱 광활해질 수 있다. 게다가 그가 배운 기독교음악, 상해에서 배운 서양음악, 벨칸토창법까지 결부돼 있었다.

정율성은 음악이라는 이 자유왕국의 통로를 통해 중국민중에게로 다가갔다. 이민족의 감성과 자신만의 언어로 연안에 대한 깊은 사랑을 음악화 했다. 사랑은 기적을 낳는다. 모든 천재의 영혼은 사랑이다. 사랑만이 인류의 가장 순수한 경지에 오르는 길을 가르쳐주기 때문이다. 외국인이라는 것, 언어장애로 인한 부자유, "특별하고 주위의 분위기에 맞지 않는 사람"이라는 것이 독특한 감성의 발굴에 오히려 도움이 됐다.

「연안송」의 대성공에 정율성 자신도 깜짝 놀랐다. 반응이 이처럼 강렬할 줄은 미처 몰랐다. 정율성은 다음과 같이 술회했다.

"항전 8년 동안 이 노래는 정식으로 출판된 적이 없다. 나는 이 노래가 날개라도 돋친듯 연안에서 전방으로, 해방구에서 국민당 통치구로, 남양에서 동남아까지 날아가리라고는 생각도 하지 못했다… 이 노래가 이처럼 빠른 속도로 널리 알려지고 큰 생명력을 갖게 된 것은 연안이 혁명의 성지이고 전국 항일의 중심이었기 때문이다. 전국인민들은 연안을 경모했고 이들의 마음은 연안으로 쏠렸으며 이들은 충심으로 연안을 노래하고 싶어했다."

1993년 6월 5일, 중화민족문화촉진회는 「연안송」을 "20세기 화인(華人) 음악경전"으로 발표하고 영예증서를 발부했다.

「연안송」은 정율성의 능력에 대한 사람들의 놀라움을 불러일으켰지만 사실상 그 속에는 합리적이고 역동적인 힘이 내재되어 있었다. 이 부분에서 우리는 독일 작가 괴테의 말을 인용해 볼 필요가 있다. "목적을 위하여 평범한 외부수단을 사용하지 않고 우리 마음 속의 분위기를 불러 일으키는 것이 바로 음악의 위대하고 고귀한 특권이다."[113] 그리고 위대한 음악가 베토벤의 말을 인용해 볼 필요가 있다. "음악은 인간을 덮고 있지만 인간이 이해할 수 없는 좀 더 높은 지식의 세계로 통하는 유일한 무형의 통로다."[114]

가족의 수많은 희생 속에서 환상해왔던 민족독립의 꿈, 민중의 항일염원을 응집시킨 연안이란 이 특수한 환경에서 정율성의 개인적인 소망과 공적인 소망이 하나로 되었다. 이는 그의 음악적인 창의성을 극대화하였다.

「연안송」은 정율성이 중국 음악계에 두각을 나타난 첫 작품이다. 이는 정율성의 천재적인 음악폭발의 시작에 불과했다.

---

113) 『음악가 괴테』, 저자 로맹 롤랑, 박영구 옮김, 182쪽, 웅진닷컴, 2001년 2월
114) 『음악가 괴테』, 저자 로맹 롤랑, 박영구 옮김, 183쪽, 웅진닷컴, 2001년 2월

한 처녀가 그를 향해 다가오다

정율성의 이름은 연안에 퍼졌다. 노신예술학원에도 퍼졌다. 노신예술학원에 입학한지 한 달이 채 되지 않았는데 벌써「연안송」과 같은 출세작을 내놓았기 때문이다.

이날, 여기주임은 처음 연안에 온 진보청년들에게 노신예술학원 음악학부 상황에 대해 소개하고 정율성을 소개했다.

"정율성 동지는 조선인입니다. 우리 모두 정율성 동지의 고향노래를 들어보는게 어떻겠습니까?"

여기주임의 말에 모두들 박수를 쳤다.

이날 정율성은 만돌린을 타면서 한국민요 「아리랑」을 불렀다.

"백두 천지서 나리는 물은/ 이천리를 휘돌아 흘러가는데/ 지금은 압록강 건너는 신세/ 삼천리 강산을 잃었구나/ 아리랑 아리랑 아라리요/ 아리랑 고개로 넘어간다/…"

연안성에 처음으로 조선민족의 가장 오랜 대표적인 민요「아리랑」이 울려 퍼졌다. 슬프지만은 않았다. 희망을 가지고 부른 노래였기 때문이다. 이날 정율성은 또 당영매와 함께「연안송」을 불러 청년들의 마음을 설레게 했다.

"연안에서 그는 상당히 활약적인 인물이었다."[115] 항일군정대학에서 회의를 할 때면 수천 명이 노래를 부르는데 그 때마다 정율성이 무대에 올라가 지휘를 했다. 이 때 그는 무척 영준하고 씩씩해 보였다. 박진감이 있는 그의 표정 있는 손길을 따라 노래 소리는 파도처럼 솟았다 가라앉았다 하면서 연안의 성벽에 메아리쳤다.

주말야회에도 정율성의 모습은 늘 보였다. "그의 목소리는 특별히 우렁찼다. 하지만 중국노래를 부를 때에는 발음이 분명하지 않았다. 그는 이탈리

---

115) 『作曲家鄭律成』, 丁雪松 著, 遼宁人民出版社, 2009年 7月, 7頁「相識相愛永別」, 丁雪松

아, 영문노래 등 외국노래를 부르기 좋아했다."[116]

그는 또 모든 사람들의 기억에 각인될만큼 독특한 종목을 공연했다. 입으로는 쇠사슬로 고정한 하모니카를 불고 손으로는 만돌린을 타고 발로는 타악기를 치고 그의 표정과 몸마저도 악기가 되어 풍부한 소리를 연주했다. 그 혼자의 3중주는 연안사람들은 물론 큰 도시에서 온 사람들도 처음 보는 풍경이어서 한 번 보면 잊지 못했다.

특히 여학생들은 정율성을 눈여겨보고 정율성을 화제에 곧잘 올렸다. 정율성에게 말을 걸고 싶어 하고 가까이 하고 싶어 했다. 어느 날 한 여학생이 선포했다.

"정율성은 내가 찍었으니 누구도 건드리지 말어."

어느 날 그 여학생이 정율성을 향해 다가왔다.

이날 황혼녘, 아직도 봄이 머물러 있어 날씨는 포근했다. 정율성은 새로운 인연이 다가오고 있는 줄은 감감 몰랐다. 서쪽으로 기울어지는 석양은 산마다 금빛 노을을 물들여 주었다. 노을이 비낀 연하는 금빛물결을 출렁이며 기분 좋게 흘렀다.

정율성은 성격이 적극적이었다. 어려서 믿음직한 아버지와 든든한 형들을 두었기 때문일 것이다. 언제든 재빨리 친구를 만들고 사회관계를 형성하곤 했다. 이러한 성격바탕은 남경, 상해시절에 그가 지니고 있었던 혁명사명감에 의해 더욱 확장되었다. 이민족으로 혈혈단신이었기에 오히려 더 적극적으로 중국 민중 속으로 들어갔다. 연안에서도 그랬다.「연안송」의 성공은 그의 이런 성격특징을 더 발휘시켜 재빨리 주류 속으로 들어가게 했다.

이 즈음 그는 항일군정대학 여성대 대장 조령과 함께 산책길에 올랐다. 특별히 무슨 일이 있어서 산책한 것도 아니었다. 이 시간은 모든 노신예술학원 학생들에게 공평하게 주어지는 산책시간이었다.

당시 연안의 저녁은 연하 강가에서 산책하는 노신예술학원 학생들로 진풍

---

[116] 丁雪松談鄭律成 時間：1981年7月16日,7月24日, 1981年9月4日, 1996年7月12日,7月24日 采訪地点：台基厂大街一号丁雪松家 采訪人,記彔整理人：梁茂春 2011年 11月 鄭小提提供

경을 이루었다. 국민당의 봉쇄로 공가에서 배급하는 조명용 기름은 아주 적었다. 저녁식사가 끝나면 이러지도 저러지도 못하는 애매한 시간이 남아있었다. 날은 어둡지 않으나 책은 볼 수 없었다. 그렇다고 기름등잔을 쓰기에는 아까운 시간이었다. 이 때면 사생들은 약속이나 한 듯이 연하강변으로 나와 산책을 했다.

정율성이 조령과 열심히 이야기를 나누고 있는데 여학생 대여섯이 달려왔다.

"조령아, 넌 우리하고 북문외 연하강가에서 만나자고 했잖아. 그런데 왜 다른 사람하고 산책하고 있어?"

"그런게 아니야, 지금 너희들을 기다리고 있잖아. 얼른 와, 내가 이 동지를 소개시켜 줄께."

조령은 여학생들에게 정율성을 소개했다.

"이분이 바로 「연안송」을 작곡한 정율성 동지야."

여학생들은 멀리에서만 흠모하던 정율성을 만나자 환성을 올렸다. 정율성은 한꺼번에 여학생 여럿이 둘러서자 얼굴을 붉히며 엉거주춤했다. 수백 명 또는 수천 명의 합창을 지휘했던 정율성이지만 여학생들에게는 아직 면역이 안 된 상태였다.

한 쌍의 까만 눈이 정율성을 주시했다. 그가 바로 정율성을 미리 점찍은 정설송이었다.

▲ 중경시절의 정설송, 중경에서 성도, 서안을 거쳐 연안으로 갔다. 정소제 제공.

정설송은 사천성 중경 파현 목동진에서 태어났다. 아버지는 소상인이었고 어머니는 효도수절밖에 모르는 구식 주부였다. 설송이 아직 어머니 뱃속에서 4개월 밖에 안 되었을 때 아버지는 화농성 여드름으로 사망했다. 그녀는 천강의 슬픈 호자소리 속에서 유년을 보내고 성립 여자직업학교에 입학했다. 이 학교는 학비와 식사대를 내지 않아도 되었다. 2학년 학기가 지나는데 중경은행에서 직원모집 시험이 있어 바로 합격했다. 그는 중경 신문들에 민족해방에 관한 글들을 발표하고 중경 직업청년구국회 이사, 부녀구국회 상무위원으로 활동하면서 중국공산당에 가입했다. 항전이 폭발하자 정율성보다는 약 3개월 늦은 1938년 1월에 연안으로 달려왔다. 이때는 항일군정대학 제4대대 여성대 구대장을 담당했다.

정설송은 이렇게 술회했다.

"그가 바로 노신예술학원 음학학부의 학생 정율성이었다. 이전에 나는 야회에서 멀찌감치 그를 본 적이 있다 …그는 갈색 점퍼를 걸쳤는데 양미간에 영준함과 강직함이 깃들어 있었다. 석양은 능선이 분명한 그의 얼굴을 비춰주었다. 그는 부끄러움을 타고 말수가 적었다. 한어를 유창하게 하지 못했고 진한 강소, 절강의 말투를 썼다."

정율성과의 첫 만남에 정설송은 오래도록 마음이 설레었다. 그녀도 일찍 중경에서 퉁소(洞簫), 피리, 손풍금 등 악기와 서방 종교음악을 배우고 성가대에 다닌 적이 있는 음악애호가였다. 얼마 후 그녀는 항일군정대학 제5대대 여성대 대장으로 임명되어 대오를 이끌고 연안성에서 20리나 떨어진 유수점으로 갔다. 그곳의 여름이 그녀에게는 아주 길어 보였다.

그날 황혼녘 연하강가에서 정설송을 만난 뒤로 정율성 또한 오래도록 그녀의 모습이 머릿속에 아른거렸다. 단아한 얼굴이며 야무진 말투, 까만 눈동자… 호감에 불과했지만 호감이 있기 전과 그 후는 달랐다. 이런 느낌은 직간접적으로 그의 음악창작에 또 하나의 활력소로 되었다.

「연안송」으로 시작된 정율성의 음악천재성은 이 시기 점차 모습을 드러내기 시작했다. 이해 여름 정율성은 막야와 수차 합작해 「항전주년기념가」, 「아동행진곡」, 「육탄용사」 등을 작곡했고 다른 작사가들과 합작해 「대무한보위」 등을 작곡했다. 그중 「대무한보위」는 아마도 무한에 있는 자형 박건웅과 그가 존경하는 혁명스승 김규광, 두군혜 등을 염두에 두고 창작했을 것이다.

남경이 1937년 12월 13일에 함락되면서 국민당중앙당부와 국민정부군사위원회 등 핵심부문은 무한으로 옮겼다. 당시 국민정부군사위원회의 중공대표는 정치부 부부장을 맡은 주은래였다. 이해 6월부터 일제는 발톱까지 무장한 병력으로 무한을 조여왔다.

　제2차국공합작과 더불어 김원봉이 이끈 민족혁명당과 김규광, 박건웅이 이끄는 민족해방동맹 및 기타 조선혁명단체들은 의견 차이를 극복하고 통일전선인 조선민족전선연맹을 조직했다. 10월 10일, 한구에서 조선의용대를 창설했다. 취지는 "중국항전에 참가해 일본군벌을 타도하고 조선혁명운동을 추동하는 것"이었다. 창립식 전날 주은래가 조선의용대집회에 와서 "동방피압박민족과 해방투쟁"이란 제목으로 연설을 하고 곽말약이 축하시를 읊조려 조선혁명자들을 크게 고무격려했다. 주은래는 조선의용대 대장 김원봉에게 마의(馬義)라는 중국인 비서를 파견해 협조하도록 했다.

　조선의용대는 설립 즉시 무한보위 선전행사와 중국항전에 투입되어 용감히 싸웠다. 정세가 돌변하면서 중국군은 무한에서 철수하지 않으면 안 되었다. 당시 국민정부군사위원회 정치부 제3청 청장이었던 곽말약은 『홍파곡』에 이렇게 술회했다.

"길가의 담벼락이나 큰길 위에 콜타르로 굵직하게 써놓은 일본어 표어가 눈길을 잡았다. '병사들은 전선에서 피를 흘리고 재벌은 후방에서 향락에 빠져있다', '병사들의 피와 목숨, 장군들의 금메달'이 표어는 어제 내가 만든 글귀인데 담벼락과 물탱크 길바닥에 벌써 써놓았다.

　그것은 조선의용대 친구들에게 감사해야 할 일이었다… 내가 직접 본 바에 의하면 그들은 한구시를 문자 그대로 하나의 정신적 아성으로 만들어놓았다. 내가 자동차로 거리를 돌아볼 때 그들은 표어를 쓰느라 여념이 없었다… 그 중에는 단 한명의 중국인도 끼어있지 않았다는 것을 나는 잘 알았다. 우리 중국에도 일본말을 아는 인재가 적지 않을 것이다…그런데도 무한이 함락운명에 직면한 이 위급한 시각에 우리를 대신해 대적군 표어를 쓰고 있는 것이 오직 조선의 벗들뿐이라니!"

그 후 조선의용대는 국민정부군사위원회 정치부 제3청의 영도하에 대만의용대, 재중국 일본인민반전동맹과 함께 동아시아국제연대를 결성하고 국민정부 각 항일전구에 나뉘어 일제와 싸웠다. 이들은 정율성에게 큰 힘이 되었다.

대추나무 우거진 조원의 음영

이해 8월 15일, 정율성은 노신예술학원을 졸업하고 항일군정대학 정치부 선전과 음악지도로 배치되었다. 항일군정대학 대문에 들어서는 순간 정율성은 문득 두 눈이 까만 정설송이라는 처녀를 떠올렸다. 손꼽아보니 설송을 연하강반에서 만난 뒤로 벌써 수 개월이 지났다. 아무리 항대 여학생들을 살펴보아도 그녀는 보이지 않았다.
'대체 어디로 간 걸까? 혹시 전선으로 떠난 건 아닐까?'
그리움이 그의 마음을 심란하게 했다.
항일군정대학의 전신은 중국공농홍군대학이다. 1936년에 섬서 와요보에서 설립됐는데 주로 홍군중의 고급, 중급 간부를 양성했다. 1937년에 연안으로 이동한 후 이름을 중국항일군정대학으로 고치고 지식인들도 받아들여 간부로 양성했다. 정율성이 항일군정대학에 교사로 왔을 때에는 4기 학생 5~600여명이 공부하고 있었다. 정율성은 매일 7개 대대를 윤번으로 돌며 혁명가곡을 가르치고 음악 지도자를 양성했다.
이해 11월, 선성해와 두시갑이 동시에 연안에 도착했다. 정율성은 이들과 힘있게 포옹하며 감동적인 해후를 했다.
선성해는 그 동안 상해화극계 전시연극 2대를 거느리고 항일문예선전을 했다. 무한에서는 국민정부군사위원회 정치부에서 항전음악을 지도했다. 상해에서 정율성에게 크리노와를 소개해주었던 두시갑은 이미 중국 첫 남저음독창가수로 명성이 높았지만 정율성과 같이 "상해대공영화연극독자회" 선전대에 참가한 뒤로 계속 선전대를 따라 무한 등지를 다니며 항일선전을 했다. 그는 연안노신예술학원에 교사가 부족하다는 당영매와 향우의 다급한 편지를 받고 급급히 연안으로 왔다.

선성해는 노신예술학원 음악학부 주임으로, 두시갑은 성악교사가 되었다. 항일은 이렇게 기약 없이 헤어진 그들을 운명처럼 서로 얽히게 했다.

이즈음, 김산은 여전히 항대에서 강의를 하고 있었다. 정율성은 그와 자연스레 학교에서 만났다. 김산은 여전히 복당은 되지 않은 채였다. 얼굴에 병색이 돌고 폐결핵이 채 낫지 않아 만날 때마다 정율성은 마음이 짠하게 아팠다.

"아우는 잘 하고 있더군. 우리 학생들이 부르는 노래를 들어보니「연안송」을 참 잘 지었더라구. 다른 노래들도 모두 잘 지었고, 계속 잘 할거라고 믿겠어!"

김산은 기뻐하며 정율성의 어깨를 힘있게 잡아주었다.

이 때 보이지 않는 차가운 눈들이 그들을 살피고 있었다.

연안 북쪽 교외 소펌구 대평천에는 산을 등지고 연하를 마주하고 있는 작은 마을이 있다. 북쪽 산마루에는 높고 낮은 토굴집들이 보였다. 이곳은 원래 지주의 장원이었는데 대추나무가 많아서 그 이름이 조원이다. 5월이면 노란색 꽃을 피워 은은한 향기를 풍기고 가을이면 붉은 마노와 같은 대추를 가득 달고 상서로운 분위기를 더해준다. "무릉도원은 아닐지라도 이곳의 맑고 그윽한 분위기는 연안에서 보기 드문 것이었다."[117]

1938년에 중앙특별공작위원회는 남가평에서 이곳으로 이사해 왔다. 조원은 중앙사회부(1939년 중앙특별공작위원회를 개칭한 명칭)의 대명사이다. 연안에서 가장 기품 있고 고즈넉하기까지 한 이 곳에 강생이 있었다.

강생은 여전히 트로츠키파, 일본간첩 숙청에 열중했고 수많은 사람들에 대해 감시망을 펼쳤다. 1938년에만 해도 여러 명이 잡혀 나왔다. 일부는 신짜 간첩이고 대부분은 아니었다. 정율성이 김산을 만나는 순간부터 감시 범위에 들었다. 하지만 정율성은 이에 대해 전혀 눈치를 채지 못했다.

어느새 여름이 지나가고 가을이 깊어갔다. 10월 19일, 특별한 날이었다.

---

[117] 『康生在中央社會部』, 作者 : 王珺 期 刊 : 百年潮 年, 卷(期) : 2003, (5)

황토바람이 사정없이 바지가랭이를 휘둘렀다. 문득 이불 짐을 맨 김산이 찾아왔다. 김산의 수척한 얼굴에 한 가닥 기쁨이 어려 있었다.

"율성이, 난 이제 전선으로 가네. 여건이 여의치 않아 당중앙의 해맹승인을 받아내는 일은 하지 못했네, 그려! 시기가 성숙되면 자네가 해보게. 아마도 자네 자형이랑 김형이랑 소식을 안타깝게 기다리고 있을 걸세."

"알았어요, 형. 그런데 형은 건강이 안 좋아 보이는데 전선에 가도 되나요?"

정율성은 신열 때문에 얼굴색이 좋지 않은 김산을 안타깝게 바라보았다.

"그래도 여기서 계속 의심당하기보다는 차라리 전선에 가서 일본놈들과 한바탕 싸우는 게 나아. 전선에 가면 조직에서는 내가 얼마나 견정한 혁명가인지 알게 될 거야."

"그래요… 꼭 건강 조심하세요."

"알았어. 상황이 되면 소식 보낼게."

김산이 손을 저었다.

"아니에요, 형!"

정율성이 김산을 쫓아갔다.

"배웅해 드릴께요."

"저기 일행이 있는걸, 로왕이 있어, 사람 좋아. 걱정하지 말라구."

앞에 손을 젓는 사람이 있었다.

"어이, 빨리 서둘자구!"

그래도 정율성은 발걸음이 떨어지지 않아 다짜고짜 김산의 짐을 받아들었다. 문득 불안감이 엄습했다. 왕씨 성을 가진 사람도 한창 "트로츠키분자"로 조사를 받던 사람이기 때문이다.

"형, 형…"

정율성이 머뭇거렸다.

"왜?"

김산이 의아해 묻는다.

"전선에, 전선에 안 가는게 좋을 것 같아." 정율성이 마침내 생각이 정리된

듯 재빨리 말했다. "안 가는게 좋을 것 같아, 형."[118]

김산은 정율성의 불안한 얼굴에서 그 뜻을 알아챈다. 결연한 어조로 말했다. "난 철같이 살아온 사람이야. 죽음 같은 건 두렵지도 않아!"[119]

김산은 다른 길을 선택할 수 없었다. 그 상황을 알아채자 정율성은 더욱 불안했다. 그 자신에게도 김산의 전선행을 돌려세울만한 아무런 힘도 없었다. 문득 서휘가 전선에 있다는 생각을 하며 근심스러운 어조로 말했다.

"서휘가 전선에 있어요. 형, 전선에 도착하면 바로 소식 보내줘요."

이 이야기는 사실 조원에 아직 푸른 마노와 같은 대추가 달려있었던 여름부터 은밀히 시작됐었다.

1938년 8월, 강생의 테이블에는 "이 범인은 일본침략자의 간첩이므로 제 고향에 보내야 한다"는 보고[120]가 놓여있었다. "당시 제 고향으로 보낸다는 것은 처형을 은유하는 표현이었다."[121]

강생은 부임하자마자 이른바 "트로츠키파", "간첩"들을 여러명 숙청하면서 연안에서 막강한 권력자로 부상했다. 자신의 성과를 확대화하기 위해 그는 적에게 피체되었다가 빠져 나온 적이 있거나 행동거지나 용모가 "간첩"을 연상시키는 혁명자들을 대거 "간첩"으로 몰았다. 국민당지구 혁명경력이 있는 사람들은 "트로츠키파"로 몰아 투옥시키거나 사형에 처했다. 김산의 "트로츠키파" 여부에 대해서도 심사했다. 김산이 "트로츠키파"들에게 일본어를 강의한 적은 있지만 정치관계는 없다는 결론을 내렸다.[122] 그러나 일경에 2차나 피체된 경력이 문제였다. 게다가 외국인이고 누구도 알아듣지 못하는 영어로 외국기자 님 웨일즈와 22차례 인터뷰를 한 적이 있다. 김산이

---

118) 《시사저널》 205호, 「민족통합의 길 김산의 아리랑」, 성우제 기자, 1993년 9월 내용·일본 특무(간첩)로 몰린 김 산이 전선으로 나가라는 명령을 받았을 때 정율성을 비롯한 그의 친구들이 만류했으나…

119) 《시사저널》 205호, 「민족통합의 길 김산의 아리랑」, 성우제 기자, 1993년 9월

120) 『김산평전』, 이원규 저, 제589쪽, 실천문학, 2007년 출간. 주해내용: 관련 비밀문건을 열람한 최용수교수의 증언,

121) 『김산평전』, 이원규 저, 제589쪽, 실천문학, 2007년 출간.

122) 『김산평전』, 이원규 저, 제601쪽, 실천문학, 2007년 출간.

"일본간첩"으로 강생의 처형명단에 오르게 된 것은 아주 자연스러운 일이었다.

그로부터 2개월이 지난 10월 8일, 밖으로 길에 뻗은 대추나무 가지의 풍성한 잎사귀 사이로 빨간 대추들이 가득 달리고 소슬한 가을바람이 살랑살랑 불어오는 날이었다. 이날 강생은 재빨리 한 명령서에 사인을 했다.

"일본 특무기관 정보 인원으로 처리하라. 위원회 결정에 의해 비밀로 사형하라."[123]

그로부터 열하루가 지난 날 19일, 조원의 키 높은 백양에 황금색 잎사귀들이 무성했을 때 김산은 출발통지를 받고 새로운 희망에 부풀어 "전선"으로 출발했다. 멀리에 보탑산이 보이고 연하수가 반짝였다. 황토먼지가 뽀얗게 이는 어느 인적이 드문 산모퉁이에서 김산은 33세의 젊은 나이에 총탄을 맞고 쓰러졌다. 상황을 알아챈 순간 그의 머릿속으로 본 적이 없는 18개월의 아들의 모습이 스쳐 지났다. 그에 대한 처형은 "당시 연안의 경비 책임자인 고강이 부하를 시켜서 총살하는 방식으로 이루어졌다."[124] 일행 왕씨도 그렇게 쓰러졌다.

김산의 죽음에 대해서는 대추나무가 우거진 조원만이 알고 있었다. 정율성이 형처럼 믿고 따랐던 혁명스승 김산은 이렇게 사라졌다. 이 때 연안은 곳곳에 대추의 향기가 감돌았다. 알이 너무 커서 개머리대추라는 이상한 이름을 가진 대추들이 거리의 난전을 빨갛게 물들이고 있었다.

어느날 서휘가 전선으로부터 돌아왔다. 정율성은 다짜고짜 김산에 대해 물었다.

"김형 봤어? 못 봤어? 정말이야?"

정율성은 고함치듯이 물었다. 영문도 모르는 서휘가 연신 고개를 젓자 정율성은 그 자리에 털썩 주저앉았다. 눈물이 텀벙텀벙 흘러내렸다.

---

123) 『김산평전』, 이원규 저, 제589쪽, 실천문학, 2007년 출간. 주해내용: 관련 비밀문건을 열람한 최용수교수의 증언.
124) 『미완의 해방노래』, 「비운의 혁명가 김산의 생애와 아리랑」, 백선기 저, 韓國正宇社, 1993년 12월. 제48쪽

"끝내 중간에서 살해됐구나!"[125)]
서휘도 털썩 주저앉았다. 두 사람은 한참동안 말없이 눈물을 쏟았다.
이런 자료가 있다.[126)]

미즈노 나오키(水野直樹)는 「김산의 족적」에서 L씨의 증언이라면서…"연안에서 정율성이 알려준 소식에 의하면 장지락(김산)이 전선에 가기를 원하여 당의 허가를 얻은 다음 왕이라는 당시 트로츠키 분자로 의혹을 받고 있던 인물과 같이 전선에 가게 되어 정율성도 그들을 환송하였는데, 그 후 보위국 사람에게서 들은 바에 의하면, 전선으로 떠난 것이 아니라 '천국에 갔다'는 것"이다.

이때로 부터 김산은 정율성의 마음속 가장 깊은 곳에 있었고, 김산에 관한 모든 것은 정율성의 생애에 금기어로 변해 다시 이 세상에 전해지지 않았다.
그로부터 3년이 지난 1941년, 님 웨일즈와 김산 두 사람의 공저로 된 다큐 『한 조선인혁명가의 생애 이야기』(《아리랑》)이 미국에서 출판되면서 비운의 혁명가 김산이 새롭게 태어난다. 지난 세기 1981년에 홍콩에서 출판된 중문판이 어찌어찌하여 김산의 아들 고영광의 손으로 들어오며, 그의 신원 소청을 통해 1984년 1월 김산은 당중앙에 의해 복당하고 명예를 회복하였다. 김산 처형 46년만에 있은 결과였다.
이듬해 3월, 연안의 다른 혁명자들과 함께 조선인 중국공산당 당원 김찬과 그의 중국인 아내 도개손도 "일본간첩"으로 극비리에 처형당했는데, 1982년에야 북경에 사는 아들 김연상에 의해 부부 모두 명예를 회복했다.
이 시기 국민당의 자료에 느닷없이 정율성의 자형 박건웅의 이름이 나타

---

125) 《시사저널》 205호, 「민족통합의 길 김산의 아리랑」, 성우제 기자, 1993년 9월
126) 『비운의 혁명가 김산의 생애와 아리랑 미완의 해방노래』, 백선기 지음, 正宇社, 1993년 12월, 13쪽

났다.[127)]

"박건웅이 연안을 다녀왔으며 곧 입경할 것이니 주시하기 바란다."

김규광이 이끌었던 조선민족해방동맹이 박건웅과 맹원들을 연안에 밀파한 것으로 보인다.[128)] 박건웅은 당시 주은래 등 중국공산당 고위층과의 관계를 통해 비밀리에 연안을 다녀간 것일까? 이들은 무한과 중경에서 줄곧 중공중앙 대표들인 주은래, 동필무, 등영초 등과 긴밀한 연결을 가지고 있었다. 정율성은 자형 박건웅을 만났던 것일까? 알 수가 없다.

김산의 운명은 정율성에게도 큰 파장을 미쳤다. 김산은 이미 김규광, 두군혜의 정치생명에 큰 영향을 끼쳤다.

이제는 정율성의 차례였다. 그것은 아주 공포스런 정치시련이었다.

하지만 다행스럽게도 「연안송」의 거대한 영향력이 조원으로부터 시작된 그 여파의 속도와 영향을 크게 늦췄다.

모택동이 경극을 설명해주다

정율성의 창작은 이제 멈출수 없는 강물처럼 도도히 흘러나왔다. 정율성은 창작의 전성기에 들어선 것이다. 그는 항일대학의 동료들이 작사한 「오늘의 9.18」, 「시월혁명행진곡」, 「여명곡」, 「초병가」, 「북로군행진곡」 등에 작곡했다. 그의 이름은 연안에 점점 더 많이 알려졌다.

이해 여름, 경극 「송화강」이 중앙대강당에서 공연됐다. 정율성은 남경에 있을 때부터 좌익예술가들을 접촉하면서 중국의 예술쟝르들을 보다 폭넓게 섭렵했다. 하지만 경극의 특이한 발성과 음조, 악센트와 대화 등은 여전히

---

127) 『김산평전』, 이원규 저, 제588쪽, 실천문학, 2007년 출간. 주해내용: 자료 제공자의 요청으로 문서명을 밝히지 못한다. 이 사실은 왕명철(王明哲)이라는 정보원에 의해 보고되었다.
128) 『김산평전』, 이원규 저, 제588쪽, 실천문학, 2007년 출간.

낯설었다.

극이 곧 시작되는데 옆에 누군가 털썩 앉았다. 머리를 돌려보니 모택동이다. 모택동은 정율성을 보더니 이렇게 말한다.

"자네는 고구려인이지?"[129]

정율성은 얼른 대답했다.

"그렇습니다."

모택동은「연안송」을 통해 정율성을 알게 된 것이다. 그에게 손을 내밀어 악수를 청했다.

"자네 아마도 경극을 잘 알아보지 못하는 것 같아서 내가 설명을 좀 해야겠네…"

모택동은 스스름없이「송화강」의 자세한 스토리를 말해주었다. 정율성은 그의 이야기에 귀를 기울이며 위인의 진솔한 모습에 깊이 감동했다

이 즈음, 정율성은 섬북 민요의 매력에 푹 빠졌다. 그중 신천유에 깊이 매료되었다. 절주는 명쾌하고 소박하고 대범하고 구조는 자유롭고 특별했다. 삶의 자질구레한 고민을 하소연하거나 사랑하는 임에 대한 절절한 그리움과 불평을 뿜어내는 내용이 많았다. 직설적으로 표현했음에도 함축성이 있고 유머적이면서도 진지했다. 섬북 민간음조는 정율성에게 문화적인 큰 차이와 강렬한 여운을 남겨주었다. 이를 통해 자신의 음악이 중국대중에게로 다가 갈 수 있는 또 하나의 통로를 찾았다.

정율성은 시간만 나면 연안거리를 돌아다니며 섬북 민요를 수집했다. 워낙 한어가 서툰 그는 천상의 언어같은 섬북 사투리를 알아들을 수 없었다. 다행이 음악은 인간의 공동의 언어였다. 섬북 민요는 정율성이 양림동 언덕에서 만났던 교회음악, 외삼촌의 축음기에서 들었던 서양음악과 조선의 민요들과 뒤섞여 그 자신만의 것으로 융합되고 있었다.

흘러가는 연하의 물소리는 흡사 신천유의 소박한 노랫소리와도 같았다.

---

[129]『作曲家鄭律成』, 丁雪松 등 저, 요녕인민출판사, 2009년 7월, 166쪽 "一个正直勤奮的文藝戰士" 白得易

황혼녘에 연하 강변에서 산책을 하는 청춘남녀들을 바라보면 마음 한구석에 그리움이 비같이 내렸다. 정설송에 대한 그리움이 어느새 그의 악상에 녹아들고 있었다.

연안의 계절은 어느새 겨울에 들어섰다. 세수물이 차가워 손이 막 시리고 옷깃으로 연안의 황토바람이 사정없이 스며들었다. 이 때 정율성은 벌써 주제곡을 창작했다. 곧 항일군정대학 제3대대 정치처 선전고장 웅복을 찾아갔다.

"쑈쑴, 가사를 하나 써주지 않겠어요?"

웅복은 정율성의 어색한 중국말에서 내용을 짐작했다. 내용보다도 정율성의 흥분이 이미 그를 감화시키고 있었다.

"사랑의 노래요? 좋아요. 참 좋은 주제군요."

그는 시원스레 대답을 하고 며칠 뒤 가사를 들고 온다. 노을빛이 흐르는 연하강변에서 가사를 읽노라니 미세한 슬픔이 전해졌다. 읽을수록 그 슬픔이 더 짙게 전해졌다.

"연수요 연수요/ 내님 오빠 군대 가요/ 군대요 항일군이죠/ 남자라면 군대죠/ 호미 들면 농사짓고/ 총을 들면 싸우죠/ 구국 멋지죠/ 연수요 연수요/ 난 오빠 군대 보내요./ 오빠는 전방서 싸워요/ 적을 힘껏 족쳐요/ 난 천짜고 농사해/ 솜옷 식량 만들죠/ 나 걱정 말아요/ 연수요 연수요/ 내님 오빠 군대 가요/ 아아아아…"

그것은 요란한 외침이 아니었다. 애틋하고 애잔하고 슬프면서도 강직한 연인의 격려와 긍지가 깊이 스며있는 노래이다. 사랑하는 임을 생사를 알 수 없는 전방에 보내면서 적과 잘 싸우라고, 항일군이 되는 것은 남자가 해야 할 일이라고, 안하면 안 되는 일이라고 격려한다. 서로 보이지 않을 때까지 손을 젓는 그들 사이로 연하가 묵묵히 흘러가고… 사랑하는 사람과 이별하고 적과 싸우는 것이 그 시대 젊은이들의 운명이 아니던가!

음악은 기억이다. 기억이 가지고 있는 정서이고 그 울림이다. 「신천유」 민요가락에 뒤섞여 처녀의 비장하고 슬픈 연정을 토로하는 「연수요」가 겨울의 연안성을 따뜻하게 울렸다.[130]

「연수요」는 "민요풍의 서정가이다."[131] "상(商), 치(徵)혼합 7성조식으로 특수한 색채와 운미를 형성하며 선명한 황토고원의 특색으로 소박하고 순진한 감정을 표현했다."[132] "우리나라(중국) 최초로 섬북 민간 음조를 흡수한 창작가곡의 하나이다."[133] "「연수요」는…「연안송」의 자매편이다. 후자는 우리나라 근현대 음악사의 '송가' 체제의 물길을 열었고, 「연수요」는 「가요풍」으로 창작된 서정단편의 걸작이다."[134] 이것이 평론가들의 관점이다.

「연안송」에 이어 정율성의 천재성이 또 한 번 과시됐다. 정율성은 봇물처럼 터져 나오는 음악의 희열에 흠뻑 젖어 있었다.

1938년 11월 13일, 완연한 겨울이다. 항일군정대학에서는 새로 여성대대를 모집하여 제8대대를 설립했다. 새로운 얼굴의 단발머리들이 학교에 차고 넘쳤다. 문득 단발머리들 사이로 낯익은 까만 눈을 발견했다.

"아, 쑈띵?"

두 사람의 눈길은 회색군복의 인파 속에서 별같이 빛나며 부딪쳤다. 그것은 오랜 기다림이었다. 정설송이 유수점에서 임무를 마치고 연안으로 돌아온 것이다.

"아, 쇼쩡!"

설송은 방긋 웃었다. 종이 울렸으므로 급히 항일군정대학 학생들 사이로 사라졌다. 그 뒤로부터 정율성은 수천 명의 비슷비슷한 회색인파 속에서 단발머리 설송을 찾아 두리번거렸다.

며칠 뒤 연안에 첫눈이 왔다. 눈은 벌거숭이 연안의 겨울산들을 하얗게 단

---

130) 「人民音樂1978年第一期注明」, 『延水謠』, 創作于1938年冬.
131) 「鄭律成音樂世界管窺」, 中國人民大學, 『音樂 舞蹈研究』, 1998.1期, 延邊大學音樂系敎授 金成俊
132) 『論鄭律成』, 延邊人民出版社, 1987年 10月 5頁, 「鄭律成論」, 梁茂春
133) 『論鄭律成』, 延邊人民出版社, 1987年 10月 5頁, 梁茂春
134) 『論鄭律成』, 延邊人民出版社, 1987年 10月 20頁, 「珍貴的种子」, 喬建中

장했다. 항일군정대학의 지붕과 뜰안, 그리고 돌층계에도 하얗게 눈이 뒤덮여 검은 칠을 한 대문 양옆에 페인트로 칠한 교훈 "단결, 긴장, 엄숙, 활발"이라는 여덟 글자가 더 선명하게 안겨왔다. 정율성은 상큼한 눈 냄새를 맡으며 온통 정갈하게 변한 연안을 즐거운 눈길로 바라보았다. 첫눈의 변화가 아닌 그 자신의 마음의 변화였음을 알게 된 것이다.

연수요, 연안에서 맺은 첫사랑

설송을 찾기는 어렵지 않았다. 확신에 찬 걸음으로 제8대대로 찾아갔을 때 제1대에서 쇳소리처럼 맑은 목소리로 힘있게 구령을 하는 처녀가 설송이었다. 설송은 제1대 대장이었다. 오관이 단정하여 얌전할듯 하지만 대원들을 바라보는 그의 엄한 눈빛과 쩡쩡한 구령소리는 카리스마가 넘쳤다. 정율성은 회색군복들 틈에 서서 조용히 설송을 지켜보았다.

항일군정대학 제8대대는 연안에서 특별한 존재였다. 여학생들은 대부분 대도시에서 왔고 가정 경제사정도 탄탄했으며, 신도서들을 많이 읽은 사상이 개방적인 여성들이었다. 이들 중에는 지식인이 많고 극 소수만이 노동자거나 농민, 또는 가정주부였다. 그들은 "항일구국" 등 이상을 가지고 있고 연안을 자신의 이상을 실현할 수 있는 곳으로 인정했다. 당시 연안에는 지식인이 모두 4만명이 있었는데 그중 여성이 2만명이었다. 1937년에 연안의 남녀비율은 30대1, 1941년에도 18:1이었다. 젊은 지식인으로서는 연안으로 가는 것이 가장 멋진 선택이었다. 혁명을 위한 그 시대에 그들은 자신의 이상과 신앙을 위해 개인의 이익을 희생할 준비가 되어 있었다.

여성비율이 턱없이 낮은 상황에서 항일군정대학 제8대대는 남자들의 배우자 찾기 경쟁터이기도 했다. 당시 여성들은 대부분 간부들에게 시집갔다. 이런 혼인은 상당부분 조직에서 소개하는 형식이었는데 여성들은 흔히 동의하는 쪽을 선택했다.

이런 상황에서 여성대 대장인데다가 용모도 예쁜 설송에 대한 연안 고위 간부들의 끈질긴 구애가 이어졌다. 중화인민공화국이 설립된 후 이들은 모

▲ 1938년 연안항일군정대학 여성대 대원들에게 노래를 가르치는 정율성. 정소제 제공.

두 당중앙 최고층 지도자 반열에 오른다. 하지만 설송의 마음 속에는 진작 정율성이 있었다. 그는 주저없이 거절했다. 남자들은 "정 대장은 재능용모가 비범해서 남보다 뛰어난 사람이 아니라면 거들떠보지도 말아야 돼!"[135] 라고 말하곤 했다.

항일군정대학 간부회의 때마다 율성과 설송은 자연스레 만나곤 했다. 8개 대대를 지도하는 정율성이 어느 날부터인가 제8대대로 찾아오는 횟수가 눈에 띄게 늘어났다. 열성스레 노래를 가르치고 음악골간들에게 강의를 하고 나면 식사시간이 지나가는 일도 비일비재 하였다. 그 때마다 여학생들은 그를 식탁으로 이끌었다. 정율성은 기다렸다는 듯이 기뻐하며 그들 사이에 끼어 식사를 하고 함께 노래를 부르곤 했다. 물론 그 자리에 늘 설송이 있었다.

계곡사이로 밀려드는 황토바람이 토굴집 종이창문을 어지럽게 두들겼다. 하지만 정율성의 마음은 포근했다. 가슴 속에 사랑이 싹튼 것이다. 그리움이

---

135) 公木傳 高昌 著, 广東人民出版社, 2008年 12月, 11쪽

물결쳐 올 때면 항일군정대학 부근의 산비탈에 서서 수천 명 학생들 중에서 설송의 모습을 정확히 찾아내곤 했다. "혁띠로 허리를 잘끈 동이고 다리에 각반을 치고 생기 있는 모습으로 여성대대 본부로 드나드는 모습을 바라보곤 했다."[136] 보고를 청취하거나 회의를 하는 장소에서 보면 설송은 웃음기가 없는 엄숙한 표정을 해서 도저히 다가갈 수가 없었다.[137] 그리하여 정율성은 설송에게로 조금씩 다가가는 방법을 고안했다.

이날 설송은 자신의 토굴집으로 돌아왔는데 이상한 느낌이 들었다. "창문 쪽에 있는 책상은 잘 정돈되어 있고 책상 위의 도장은 붉은 도장즙이 흘러나왔었는데 깨끗이 닦아져 있었다. 며칠 후, 창턱에는 마른 꽃묶음이 놓여있었다. 누가 가져온 것일까?"

그리고 어느날, 금방 토굴집에 들어서자 책상 위에 놓인 책 두 권이 눈에 뜨인다. 한 권은 『안나 카레리나』이고 다른 한 권은 『동백꽃』이다. 당시 연안에는 세계문학명작을 읽는 바람이 불고 있었다. 두 책 모두 언젠가는 빌려다가 읽어야지 하던 책들이다. 설송은 기뻐서 얼른 책을 살펴보았다. 그런데 웬 쪽지가…

　　꼬마 여군관에게 드림.
　　　정율성

설송의 얼굴에 붉은 구름이 피어났다. 그 동안의 모든 변화의 비밀이 밝혀졌다.
'아, 이 사람이었구나…'
설송은 들뜬 마음으로 기름등잔 아래에서 책을 탐독하기 시작했다. 마그리트와 안나 카레니나의 비참한 운명이 그녀의 마음을 깊이 움직였다. 설송

---

136) 『作曲家鄭律成』, 丁雪松等 著, 遼寧人民出版社, 2009年 7月, 8頁, 「相識相愛永別」, 丁雪松

137) 『作曲家鄭律成』, 丁雪松等 著, 遼寧人民出版社, 2009年 7月, 8頁, 「相識相愛永別」, 丁雪松

이 마지막 페이지를 다 읽고나서 여운에 잠겨있을 즈음, 정율성이 문 가에 나타났다. 수천 명의 합창을 지휘하던 정율성답지 않게 얼굴을 붉히며 더듬거렸다.

"우리 친구로 사귑시다. 여성들 중에서 쑈띵이 가장 특별해 보였습니다. 깔끔하고 세련되어 보입니다. 쑈띵은 경박한 사람이 아니고 아주 무게가 있는 사람으로 느껴집니다."[138]

설송은 다음과 같이 술회했다.

"그리하여 우리의 만남은 시작되었다. 그는 나에게 나라를 잃고 아버지와 형제들을 잃은 아주 전기적인 색채가 있는 가족사를 이야기했다. 나는 그를 깊이 동정했다…나도 중경에서 혁명에 종사했던 일들에 대해 말했다. 항일구국의 열정은 우리의 마음을 서로 연결시켰다. 우리는 모두 자기의 조국을 사랑했고 우리의 아름다운 강산을 짓밟는 일본제국주의자를 증오했다. 우리는 혈기가 끓어 넘치는 청년이었고 비슷한 경력을 가지고 있었다. 우리는 음악을 사랑했고 세계문학명작을 즐겨 읽었다. 우리 사이에는 공동 화제가 있었다."

정율성과 설송은 사랑에 빠졌다. 정율성의 마음은 매일 사랑의 기쁨이 넘쳤다. 그는 설송에게 한국말로「아리랑」등 한국민요를 가르쳐주고 함께 불렀다. 이제「아리랑」은 정율성 혼자의 노래가 아니었다. 두 사람의 노래였다.

정율성과 설송은 여가시간이면 함께 나란히 연하강변을 산책했다. 세계의 정세, 항일전쟁, 국가의 전도 등 큰 문제에서부터 사업과 생활에서 부딪히는 사소한 문제들까지 토론했다. 『동백꽃』의 주인공 아망과 마그리트의 순진한 사랑에 대해 동정하고 그들의 비참한 결말에 대해 애석해했다.

정율성은 상해시절 한 음악회에서 남고음 테너선창으로 세계명곡을 불렀던 이야기를 들려주었다. 그 때 찍은 사진을 보여주자 설송은 감탄을 연발

---

138) 『作曲家鄭律成』, 丁雪松等 著, 遼寧人民出版社, 2009年 7月, 8頁, 「相識相愛永別」 丁雪松

했다.
"잘 다린 검은색 양복을 차려입고 나비넥타이를 맸구나. 참 영준하고 멋있어요!"
"쑈띵도 노래공부를 해봐. 목소리가 참 좋은데 저음을 배우면 좋겠어. 그래, 남저음 가수 두시갑을 소개해줄게. 노신예술학원 선생님이야."
하지만 설송은 자신에게 가수는 적합하지 않다고 생각하고 완곡하게 거절했다.
그들의 이야기는 갈수록 많아졌고 헤어지는 순간부터 서로를 그리워했다.
1938년의 12월의 마지막 밤, 설송은 율성에게 소나무에 눈꽃이 소담하게 핀 그림이 있는 연하장을 선물했다. 그것은 사랑을 의미했다. 정율성은 세상 전체를 다 가진 듯한 기쁨에 빠졌다. 만나는 사람마다 연하장을 보여주며 말했다.
"난 끝내 뜻을 같이 할 반려를 만났습니다!"
그렇게 「연안송」과 사랑을 동시에 획득한 잊을 수 없는 1938년을 보냈다.
1939년 1월 1일 양력설날, 정율성은 서휘 등 조선동지 9명과 만났다. 이들은 뜻깊은 양력설을 쇠기로 하고 공동으로 김구, 김원봉, 김규광 등 장성이남 조선혁명지도자들에게 민족단합을 촉구하는 편지를 보냈다.

"우리는 주의와 당파를 가리지 말고 조국의 독립과 해방을 바라는 동포라면 조국독립의 깃발 아래 뭉치기 바랍니다. 우리의 지금의 유일한 임무는 조국 독립을 위하여 분투하는 것이라고 생각합니다. 우리가 통일하고 단결해야만 조선민족을 해방할 수 있습니다…"

이 편지는 계림의 조선의용대 본부에서 운영되고 있는 조선의용대통신 3호에 게재되어 국내와 중국 전 지역 동포들에게 전달되었다. 이 때 자형 박건웅, 그리고 김규광은 모두 본부에 있었고 두군혜는 사천 노주 보육원에서 전시고아들을 돌보고 있었다.
정율성은 뛰어난 성과를 인정받아 양력설 후 1월 10일에 중국공산당 예비

당원에 가입했고 5월에는 정식당원으로 되었다.

이제 사랑에 빠진 정율성에게는 매일 행복한 일을 발견하는 일만 남은 듯했다.

1939년, 세기의 인연

1939년은 정율성에게 잊을수 없는 한 해이다. 기쁨과 슬픔이 함께 찾아왔다. 모두가 폭풍우와 같은 것이어서 정율성 인생의 낙차는 너무 컸다.

그의 인생에 또 하나의 인연이 나타난다. 그 인연은 그들이 세상을 떠난 후에도 끈끈히 이어졌다.

양력설이 지난 어느 날, 정율성보다 한 살 위인 여반이 코밑 수염을 움씰거리며 찾아왔다. 그는 상해에서 배우로 있다가 최근에 항일군정대학 문공단 예술지도로 왔다. 성격이 쾌활해서 한번 만난 사람도 금방 친해지곤 했다. 정율성의 어깨를 탁 치며 큰소리로 말했다.

"쑈쩡! 우리 대학 문공단 감독실에 나랑 같이 전근해 온 사람이 있어. 주로 가사편집 창작을 하게 된다구. 문공단은 선전과 이웃에 있으니까 자주 만나게 될걸. 서로 인사나 해두면 좋겠어!"

"좋지요! 그렇게 합시다!"

그리하여 정율성은 여반을 따라 연안 남문외 신시장 북쪽산에 있는 한 토굴집에 이르렀다.

"여보게, 박사! 전우를 소개할 테니 나와보라구."

여반이 우렁찬 소리로 불렀다.

'박사라니! 학식이 대단하겠는 걸!'

정율성은 저도 몰래 감탄하며 '박사'를 바라보았다. 검은 눈썹, 검은 눈에 주먹코, 유난히 두툼한 입. 그리고 턱에 구레나룻이 가득한 청년이 억센 머리칼을 흔들며 뛰어나왔다.

"우리 항대의 음악지도 쑈쩡이야. 한 사람은 시를 쓰고 한 사람은 곡을 쓰고, 두 사람은 완전 배필이네 그려!"

▲ 정율성과 합작한 「팔로군 대합창」의 가사 작사자 공목이 연안에서.

그리하여 정율성은 이 털복숭이 '박사'가 시인인 줄을 알게 되었다. 정율성보다는 네 살 위인 하북출신 공목이었다. 알고 보니 '박사'는 진짜가 아니고 별명이었다. 북경사범대학을 졸업한 그는 박식하고 문장을 잘 지었다. 그는 한 살짜리 딸을 남에게 주고 아내와 함께 진수전선에서 싸우다가 연안으로 왔다.
"쑈쩡이 바로 「연안송」, 「연수요」 작곡자야. 정율성이라구."
공목의 눈과 입이 동시에 커다랗게 변했다. 그는 속으로 중얼거렸다.
'아, 작곡자가 무척 젊구나! 나이든 작곡인 줄로 알았잖아.'
정율성에 대한 공목의 첫 인상은 이러했다.[139]

"중키에 바르고 곧은 체격, 얼굴색은 붉었고 두 눈에서는 정기가 빛났다.

---

139) 『作曲家鄭律成』, 丁雪松 等 著, 遼寧人民出版社, 2009年 7月, 185頁, 「八路軍大合唱'是怎樣產生的」, 公木

아, 얼마나 젊은가. 갓 스무살쯤 되어 보인다. 영준하게 생긴 이 젊은이는 어조에 살짝 "서양"말투가 섞여있다. 부끄러움을 타는듯 했지만 악수할 때에는 억센 힘을 느꼈다."[140]

"「연안송」과 「연수요」는 섬감영변구에서 거의 모든 사람들이 부를 줄 아는 노래입니다. 우리가 있었던 와요보에서는 도처에서 이 노랫소리가 들려옵니다. 대중들이 좋아하는 노래지요."
라고 공목이 말하자 정율성은 몹시 부끄러워했다.
"습작품입니다. 아직도 많이 배워야 합니다. 중국민족 전통에서 배우고 민간음악에서 배워야지요. 백성들이 즐겨 듣는 중국풍과 중국기개를 가진 작품을 만들어야지요."
공목은 성이 장씨였으므로 정율성은 그를 '로짱'이라고 불렀다.
"로짱, 앞으로 서로 많이 합작합시다!"
그들은 힘 있게 악수했다.
얼마 후 공목은 중경신화사로 소환된 웅복을 대신해 정율성이 있는 선전과의 시사정책 교육담당으로 전근됐다. 둘은 함께 연안 남문외 서산요의 토굴집에서 이웃으로 살게 됐다. 이들은 함께 물을 길어 밥을 지어먹고 함께 선전과의 일을 했다. 정율성은 노래를 만들고 공목은 시사보고를 만들어 각 연대와 대대에 가서 전파했다. 무척 바삐 보냈다.
"미안해, 우리 서로 협력을 잘 하자고 했는데 난 도저히 가사를 쓸 사이가 없어. 우리 합작은 아마도 물 건너간 것 같아."
"아닙니다. 협력은 꼭 해야죠. 로짱은 보고를 하고 난 노래를 가르쳐주고, 우리가 서로 힘을 모아 선전하는 것도 협력이지요."
그리하여 이들은 매일 누런 가방을 메고 지도와 승냥이를 때릴 몽둥이를 들고 함께 산을 넘고 강을 건너 연대나 대대로 갔다. 정율성은 전장에서 노획한 일본군 외투를 입고 다녔다. 공목이 시사보고회를 소집하면 정율성은

---

140) 『論鄭律成』, 延邊人民出版社, 1987年 10月, 122頁, 「試論新歌詩 鄭律成」, 公木

노래보급을 하여 청중들의 흥분을 자아냈다. 휴식시간이면 또 합창을 조직했다. 보고가 끝나면 노래로 마무리했다. "정율성은 불씨였다. 정율성이 가는 곳마다 타오르는 불길처럼 노래 소리가 폭발하곤 했다."[141]

이 때 항일군정대학에도 조선인 혁명가들이 나타나기 시작하더니 그 숫자가 점점 더 많아졌다. 1938년 말부터 조선의용군 제2전구 대원들이 연안으로 와 항일군정대학에서 공부했다. 이해 1939년에는 30여명이 되었다. 비록 국공합작을 실현했지만 "이들은 중국 국민당이나 국민당지구 항일활동에 대해서는 기대를 걸지 않았다."[142] 반대로 중국공산당에 항일승리의 기대를 걸고 조선인 항일단체를 설립해 중국공산당이 영도하는 전장에서 일제 파쇼를 타도할 준비를 했다. 이들은 조선의용군 북상의 기초를 마련했다.

항일군정대학 교사 중에도 조선인 혁명가들이 있었다. 서휘는 항대 적공훈련반 주임이고 최창익은 교사, 허정숙은 항대 의무소에 있었다. 이외 무정은 팔로군포병학교 교장을 담당하고 진광화는 중앙당교에서 공부했다. 정율성은 더욱 고무되었다.

사랑은 그의 노래를 더욱 서정으로 충만되게 했다. 그는 「내님에게 전해다오」, 「산노래」, 「생산요」 등을 지었는데 금방 연안성이 들썩하도록 불려지곤 했다.

이 때 정율성과 공목의 사랑선은 서로 엇갈리고 있었다. 정율성이 사랑의 행복에 도취돼있을 때, 공목은 사랑의 배신에 고통스러워하고 있었다. 토굴집을 드나들 때에 한 사람의 얼굴은 희망에 빛나고 한 사람의 얼굴은 실의로 어두웠다.

주말부부로 살던 공목의 아내가 그만 동료와 사랑에 빠졌다. 한 살이 채 안된 아들은 연안보육원에 맡겨두고 있었다. 공목은 아내가 이혼을 요구하자 분노를 참을 수 없었다. 서랍에서 권총을 빼어들고 항일군정대학 남쪽에 있는 문화학교로 달려갔다. 커다란 눈에 불꽃을 튕기며 연적을 찾아다니다

---

141) 『作曲家鄭律成』, 丁雪松 等 著, 遼寧人民出版社, 2009年 7月, 186頁, 「八路軍大合唱'是怎樣產生的」, 公木
142) 『조선의용군의 독립운동』, 염인호 저, 나남출판사, 2003년 11월, 88쪽

가 결국 항일군정대학에 압송되어 당내 경고처분을 받았다. 그 소식을 알고 정율성은 무척 안쓰러웠다.

어느 날 정율성은 공목에게 말했다.

"난 로짱의 필기장의 원고들을 다 뒤져봤습니다. 그중 「가람요」에 작곡하고 있습니다. 시간은 좀 걸리겠지만 시가 참 마음에 듭니다."

공목은 깜짝 놀랐다. 이 작품은 가람촌의 농민항일영웅이 밥과 반찬에 투약해 적과 함께 숨진 비장한 사건을 시화한 것이다. 이처럼 긴 장시를 노래로 만들다니, 정말 노래로 부를 수 있을지 공목은 반신반의했다.

"로짱, 「야밤 초병송가」도 노래로 만들겠습니다."

공목은 한창 실의에 빠져있던 중이라 별로 시답지가 않았다.

'작곡이란 워낙 이렇게 속 썩이고 대우도 못 받는 일인가보다.'

어느 날 정율성은 공목을 눌러 앉히고 서정적인 목소리로 노래를 불렀다.

"하늘가 구름 속에 유성 몇 개 나타나/ 시내물에 비껴 흐느끼누나/ 들려오네 누군가 타는 고향노래/ 들려오네 벌레의 나직한 울음소리/ 멀리 외로운 등불은/ 한 점의 반딧불 같네/ 보일듯 말듯 명멸하며/ 깊은 어둠 비추네/ 겹겹한 산 그림자 비추네/ 그대, 존경스런 초병이여/ 총가목을 부여잡고/ 길목에 우뚝 서있네…"

정율성은 "짙은 조선족 음조의 맑은 목소리로 노래를 불렀다."[143] 공목은 "놀랍고 신기하고 기뻐서 그의 손을 꼭 잡고 아무 말도 하지 못했다." 자신의 시 「야밤 초병송가」가 어느새 서정적인 영탄조 독창곡으로 변했다.

"로짱이 쓴 시는 아귀가 맞고 대칭되어서 음악성이 강해요. 작곡하기가 아주 좋습니다."

정율성의 말에 공목은 큰 용기를 얻었다. 「야밤 초병송」은 곧 연안에 퍼졌

---

143) 『作曲家鄭律成』, 丁雪松 等 著, 遼寧人民出版社, 2009年 7月, 187頁, 「八路軍大合唱'是怎樣產生的」, 公木

다. 새로운 영역을 발견한 공목은 점차 괴로움에서 벗어나 창작에 몰두했다. 정율성도 늘 그를 독촉하며 작사를 부탁하곤 했다.

날씨는 점점 부드러워지기 시작했다. 3월 하순이었다. 어느 날 또 여반이 달려와 정율성과 공목을 불렀다.

"광미연이 왔어.「오월의 꽃 들에 피었네」를 지은 장광년 있잖아! 난 상해에서 배우로 활동할 때부터 잘 알고 지냈는데 쑈쩡하고 '박사'는 같이 가서 만나보지 않겠나?"

정율성도 공목도 몇 년 전에 봄의 들불처럼 전국에 퍼져 민중의 항일격정을 불러일으켰던 그 노래를 기억하고 있었다.

"오월의 꽃 들에 피었네 /꽃은 투사의 선혈을 뒤덮네/ 쇠망해가는 민족을 구하기 위해/그들은 완강하게 항전했다네…"

"아, 그분 오셨어요? 오래 전부터 뵙고 싶었습니다!"

그리하여 여반은 정율성과 공목을 안내해 연안교제처(초대소)로 갔다.

초면이지만 정율성은 자기보다 한 살 위인 호북 사람 광미연에게 매료됐다. 광미연은 오관이 단정하고 선비처럼 수려하게 생겼지만 그의 시에는 광활한 대지와 산천을 아우르는 넓은 흉금과 기개가 엿보였다. 그는 벌떡 일어나 자신이 창작하고 선성해가 작곡 중인「황하대합창」의「황하송」을 낭송했다.

"… 탁류는 굽이굽이/ 아홉굽이 또 아홉굽이/ 곤륜산 아래 황하로 내달리며/ 중원대지 남서로 갈랐구나./ 아! 황하!/ 너는 중화민족의 요람!/ 5천년의 오랜 문화/ 여기서 발원했거늘/ 그 얼마나 많은 영웅이야기/ 여기서 전해졌을까. /…아! 황하!/ 너는 일사천리로/ 호호탕탕하게 남북양안에/ 천만개의 무쇠팔을 뻗쳤다/ 우리민족의 위대한 정신은/ 너의 품안에서 영원히 발양되리라…"

모두들 흥분하여 박수를 쳤다. 광미연은 열띤 어조로 열변을 토했다.

"성해 형은 나의 시낭송을 듣더니 바로 악상이 떠올랐나 봐! 나보다 더 흥분하더라구!"

정율성도 흥분을 금할 수 없었다. 심장이 뛰고 머릿속으로 어떤 선율이 뜨겁게 지나갔다.

교제처에서 돌아오자 정율성은 바로 이웃 공목의 토굴집으로 뛰어들었다.

"로짱, 우리도 하나 씁시다! 대합창을 씁시다, 로짱!"

"무슨 대합창?"

"팔로군에 대한 대합창이지요, 바로 이걸 씁시다!"

"난 음악에 대해 전혀 몰라. 난 음악 무식쟁이야."

공목이 주저하자 정율성이 바람을 불어넣기 시작했다.

"로짱은 전방에서 돌아왔으니깐 팔로군에 대해 쓸 수 있을 겁니다. 될 겁니다!"

정율성이 손가락을 꼽으며 말했다.

"「군가」, 「행진곡」, 「기병가」, 「포병가」, 또 하나 「즐거운 팔로군」, 그리고 「초병송」도 넣읍시다. 이렇게 7,8수 또는 8,9수가 되면 되는 거지요!"

공목은 정율성의 말을 듣자 좀 자신이 생기는 것 같았다. 손바닥으로 주먹을 힘껏 쳐서 동의를 표했다.

"그래! 좋아! 그렇게 해보자구!"

4월 13일, 연안에서 가장 큰 섬북공학 강당에서 「황하 대합창」 첫 공연이 막을 열었다. 「황하 대합창」은 이때로 부터 중화민족의 정신을 상징하는 중국 최고의 음악경전이 되었다.

이 때 정율성에게는 천군만마의 움직임 소리가 들려오기 시작했다. 「팔로군 대합창」의 전체적인 구조와 윤곽이 보였다. 머리 속에서는 주제선율이 싹이 트고 가지를 치고 잎사귀를 피우며 하나하나의 큰 나무로 성장하고 있었다. 그렇게 여름이 왔다. 강렬한 자외선이 대머리투성이인 연안의 황토고원을 쨍쨍 내리 쬐었다.

이 때 공목은 가사를 구상하며 파혼의 아픔을 점점 잊어가고 있었다.

아픔은 이제 정율성의 차례였다. 창작의 희열에 젖은 정율성은 등 뒤로부터 소리소문 없이 다가오는 시련에 대해 아무런 준비도 없었다. 그리하여 그 시련은 더욱 폭풍우와 같은 것이었다.

폭풍우, 특무로 의심받다

이날 오전, 갑자기 조직의 호출이 전달됐다. 정율성은 깜짝 놀랐다.

정율성이 지정된 토굴집에 들어섰을 때 낯선 사람이 엄숙한 어조로 말했다. 중공중앙사회부 요원이었다. 왠지 오싹했다. 이때 사회부에는 이미 많은 사람들이 일본특무, 간첩으로 잡혀 들어가 있었다.

"남경, 상해의 역사에 대해 잘 진술하시오. 왜 동지가 일본인 전화를 도청하게 되었습니까?"[144]

정율성은 깜짝 놀랐다. 이 역사를 의심하다니?

"조직에서 저를 일본전화 검사소에 파견한 것은 혁명의 필요 때문이었습니다. 저는 국민당과는 아무런 조직관계도 없습니다. 중국의 조선혁명단체는 항일문제에서 국공합작과 마찬가지로 국민정부와는 국제합작 및 상호이용관계였습니다."

"수집한 정보는 누구에게 주었습니까? 누가 증명합니까?"

"제가 전화국검사소에서 일본인 전화를 도청한 임무는 당시 아주 비밀이었습니다. 저의 상급 김원봉 동지를 제외하고는 남경의 조선동지들도 알지 못합니다."

담당자의 얼굴색이 변했다.

"조선민족해방동맹의 주요 지도자들과는 어떤 관계입니까?"

정율성의 머릿속으로 김산의 마지막 모습이 스쳐 지났다. 불길한 예감이 들었다.

"장명과는 무슨 일로 만났습니까? 장지락 말입니다."

정율성의 머리는 복잡해지기 시작했다. "장명", "장지락"… 김산이다. 정신을 바짝 차렸다. 김산에 대한 처형, 김찬 부부에 대한 처형… 곧 사태를 파악했다.

---

[144] 『作曲家鄭律成』, 丁雪松 等 著, 遼寧人民出版社, 2009年 7月, 18頁, 「相識相愛永別」, 丁雪松 이하 물음 전부.

"어느 토요일 우연히 무의식적으로 만나 별 뜻없는 이야기를 나누었습니다."[145]

토굴집을 나서는 정율성의 얼굴에 검은 구름이 비꼈다. 벌써 점심때가 다 가왔지만 식욕이 없었다. 문득 정신을 차리며 설송에게로 달려갔다. 설송은 그의 기색을 보자 깜짝 놀란다.

"무슨 일이 있어요? 얼굴색이 왜 그래요?"

그들은 총망히 빈 토굴집을 찾아가 마주 섰다. 정설송은 다음과 같이 술회했다.

"그는 고통스러운 어조로 말했다. 그가 정치적으로 의심을 당하고 있다는 것이다. 당의 활동에도 참가할 수 없게 됐다. 그의 당적도 정지될 뻔 했지만 「연안송」을 써서 영향력이 있기 때문에 겨우 당적을 보류했으며 조직은 그와 개별적인 단선연계를 할 것이라고 했다. 그는 토굴집에서 이 말을 하였는데 머리를 깊이 수그리고 기운이 빠진 모습이었다."

설송은 깜짝 놀랐다.

"민족해방동맹 지도자들은 모두 광주봉기에 참가했고 공산주의를 신앙한다고 했잖아요. 왜 의심한대요?"

"그건 사실이야. 그런데 왜 의심하는지 모르겠어."

설송도 당황하기는 마찬가지였다. 그는 정율성을 사랑하지만 그의 과거 경력에 대해 제3자를 통해 알아본 적은 없다. 조직에서 정율성을 의심하다니, 이를 어쩌면 좋을까?

"당을 믿고 조직을 믿어요. 역사는 똑똑하게 밝혀질거예요."

이 때로부터 정율성은 자주 조직에 불려갔다. 그의 문제는 당중앙 조직부에까지 반영되었다. 어느 날 당중앙 조직부장 진운이 그를 불렀다. 그의 적후공작상황에 대해 자세히 묻고 나서 다음과 같이 말했다.

---

145) 『김산평전』, 이원규 지음, 실천문학사, 2006년 10월, 611쪽.

"쑈쩡은 「연안송」과 같은 우수한 가곡을 창작했고 표현이 좋기 때문에 당적은 보류하기로 했습니다. 하지만 상술한 문제에 대해서는 반드시 분명하고 솔직하게 진술해야 합니다!"

정율성은 깜쪽같이 사라진 김산, 김찬부부, 당조직생활에서 제외된 두군혜, 김규광이 떠올랐다. 이들을 통해 혁명자는 조직의 의심을 당할 수도 있으며 그 시련을 이겨야 한다는 도리를 예습한 적이 있지만 그것으로 위안이 되지는 않았다.

정율성은 "일본특무"로 의심당하고 있었다. 강생은 소련의 피비린내 나는 "숙청"경험을 그대로 옮겨왔다. 연안의 조선인은 물론 대만인들까지도 당원은 활동을 정지시키고 비당원은 공산당 가입이 중지됐다. 조선인 혁명가들 중 개별적인 사람만이 예외였다. 팔로군 포병대 대장 무정과 중앙당교 학습 중인 왕외였다.

7월 10일, 항일군정대학 총부의 만여 명 학생들이 부교장 나서경의 영도하에 황하를 건너 전선으로 이전했다. 재학 중이던 조선인 학생들도 대부분 항일군정대학 총부를 따라 전선으로 이동했다. 공목은 계속 항일군정대학 제3분교 정치과에 귀속되고 정율성은 노신예술학원 음학학부 교사로 전근됐다.[146] 짐을 꾸려가지고 항일군정대학교 문을 나서면서 정율성은 문득 어떤 불안이 엄습했다.

'혹시 설송이 나를 믿지 않는다면 어쩌지?'

정율성은 잠시 설송이 기거하는 항일군정대학 기숙사 토굴집을 바라보았다. 이제 모든 좌절은 다 괜찮다. 설송은 잃을 수 없었다. 정율성은 노신예술학원에서 학생들을 가르치는 한편 항일군정대학에서 음악지도를 요청할 때마다 달려갔다.

정율성이 항일군정대학의 기관이거나 연대로 실북 나들듯 드나들자 공목

---

146) 我的政歷 鄭律成, 年月日不詳(2011年 鄭小提提供)에는 "1939년 12월에 항일군정대학이 전방으로 이동할 때에 나도 노신예술학원에 소환되었다."라고 썼으나 "항일군정대학의 전방이동시기가 1939년 7월이므로 정율성도 이때에 노신예술학원"에 전근된 것으로 추정된다.

은 의아한 생각이 들었다. 한동안 「팔로군대합창」에 대해서도 말이 없었다. 전근되어 간 사람이 왜 자꾸 드나들지?

"쑈쩡, 자넨 노신예술학원 교사인데 왜 자기 학교에서 노래를 가르치지 않고 우리 학교에 와서 가르쳐?"

공목이 이렇게 눈치 없이 물으면 정율성은 그냥 히죽 웃는 것으로 대답했다.

항일군정대학 3분교 교장 비서 임청원은 공목의 고향사람이다. 서로 친하게 지냈다. 기관구락부 활동을 책임진 그가 늘 정율성을 불러들이는 것을 보고 공목은 이렇게 물었다.

"쑈쩡은 왜 부르면 바로 오고, 부르지 않아도 오는 거야? 기관에도 오고 연대에도 오고, 왜 여기서 음악지도로 있을 때보다도 더 자주 오는 거야?"

임청원이 한눈을 찔끔했다.

"내가 그냥 살짝 눈짓만 해도 달려옵니다. 아직도 모르시군요? 대단히 큰 자석이 우리 학교에 있답니다."[147]

"그건 또 무슨 소린가?"

그제야 공목은 정율성이 설송 때문에 온다는 것을 알았다. 그동안 그렇게 친하게 지냈어도 공목은 정율성과 설송이 연애하는 것은 모르고 있었다. 공목이 파혼을 겪는 동안 정율성이 일부러 자신의 연애를 비밀에 부친 까닭이다.

하지만 7월 20일경, 설송도 항일군정대학을 떠났다. 항일군정대학의 여성대대와 중앙당교 여성대가 합병돼 중국여자대학이 설립되었는데 설송은 고급연구반에 입학했다. 공부하는 한편 구락부 주임을 담당하고 전교 문예 오락 활동을 지도했다.

"정설송은 여병대대를 이끌고 군사훈련을 했다. 정설송은 카리스마로 넘치는 목소리로 구령을 우렁차고 힘차게 불렀다. 전체 대원들은 발걸음이 일치하고 질서정연했다. 모주석과 중앙수장들은 그들의 훈련을 보고 칭찬했다. '낭자군, 정말 대단하군.' 그리하여 정설송은 '여협객'이라는 별명이 생

---

147) 『公木傳』, 高昌 著, 广東人民出版社, 2008年 12月, 11쪽

겼다."¹⁴⁸⁾

정율성이 근심했던 일들이 발생하고 있었다.

어느 날 밤, 하늘에 둥근 달이 떴다. 설송의 방으로 한반 동창생인 왕각과 팽극이 찾아왔다. 눈치를 챈 설송이 그들의 뒤를 따라나섰다. 달빛이 그들의 그림자를 비춰주었다.

"넌 정말 그 사람을 믿을만 해?"

왕각이 슬쩍 한 마디 했다.

"조직에서는 그 사람 믿을 수 없다고 하는데 잘 생각해봐."

팽극이 말했다.

그들은 조직의 파견을 받고 온 것이다. 설송은 마음이 심란했다. 그는 친구들에게 정율성의 혁명경력과 가족 혁명사에 대해 이야기했다. 그 말을 듣고 나서 왕각과 팽극은 설송을 동정했다.

"쑈쩡을 포기하는 건 정말 아쉬워. 얼마나 훌륭한 청년인데. 조직에 잘 설명해봐."

학교 정치처 부처장 림납이 또 찾아왔다. 그의 남편은 소련 숙청운동에서 이미 실종된 상태였다. 그는 설송에게 못박아 말했다.

"적은 아주 교활해. 경각성을 반드시 가져야 해. 좋기는 정율성과 관계를 끊는 거야!"

설송은 안절부절 했다. 조직을 믿지 않아서는 안 되었다. 그런데 정율성을 믿으면 조직을 믿지 않는 것으로 된다.

며칠 후, 이번에는 부교장 가경시가 찾아왔다.

"듣자니 정율성과 가까이 지낸다고 하던데, 잘 고려해 봐요. 설송은 우리가 중점적으로 양성하는 사람이야. 아주 능력이 있어. 그런데 왜 '특무혐의'가 있는 사람과 연애를 해?"

지도자들이 한 사람 또 한 사람 설송을 찾아와 설득했다. 이 때로부터 정율성과 설송은 공개적으로 만날 수 없었다. 비밀리에 만나 일기를 교환하고

---

148) 『中國第一位女大使 丁雪松回憶彔』, 楊德華, 286頁, 2000年 10月, 江蘇人民出版社

는 총망히 헤어졌다. 일기를 보면 잠시 마음이 갈앉는 듯 하지만 다음의 일기를 기다리는 동안 또다시 고통스러웠다.
　산비탈의 구기자나무에는 열매가 빨갛게 열리고 멧대추나무에는 채 익지 않은 대추들이 가득 달려 있었다. 여자대학 학생들은 정율성이 지은 노래 「연수요」를 부르며 농사일을 했다. 정설송은 그 노래 소리를 들으며 정율성이 있는 노신예술학원을 안타깝게 바라보았다.
　정율성은 조직의 의심대상이고 정설송은 조직의 발전대상이다. 두 사람의 그래프는 이렇게 각기 다른 방향을 가리키고 있었다.

군가의 탄생-자유의 깃발 휘날린다

　답답한 가슴이 어느 날인가 트이기 시작했다. 그 동안 억눌렸던 선율이 밀물처럼 차올랐다. 정율성은 노신예술학원 문을 나서자 주먹을 부르쥐고 항일군정대학으로 달렸다. 연하의 물소리가 세차게 들렸다. 정율성은 헐떡거리며 공목에게 말했다.
"로쨩, 이젠 해봅시다!"
"뭘?"
"「팔로군 대합창」 말입니다. 항일군정대학 3분교가 개학하면 로쨩도 시간이 없을 겁니다. 시작합시다!"
　공목은 정율성의 눈빛에서 어떤 예감을 하며 자신도 흥분했다.
"알았어. 바로 들어가자구!"
　이 때로부터 정율성과 공목은 정식으로 「팔로군 대합창」 창작에 들어갔다. 공목은 이렇게 술회했다.

"합창은 「군가」, 「행진곡」, 「즐거운 팔로군」, 「야밤초병송」, 「기병가」, 「포병가」, 「군민은 한집식구」, 「팔로군과 신사군」 등 8수로 구성되었다. 우리는 바로 이 '8'자를 노렸다. 명제, 구성으로부터 가사 구절까지 유일한 합작자는 정율성 동지였다. 이전에는 내가 미리 창작한 시에 그가 작곡했지만 이번에는 그가 미리 구상한 곡에 근거해 내가 작사했다. 때문에 모든 면에서 그의 말을 들어야 했다."

가사 하나를 지을 때마다 정율성의 요구는 아주 구체적이었다.
"로쨩, 「기병가」는 반드시 말발굽 소리가 들려야 해요."
"「포병가」는 꼭 하늘땅을 뒤흔드는 기세가 있어야 합니다."
"「행진곡」은 구절의 길이에 운율이 있어야 해요. 절주도 좋아야 하고요. 중간에 서너 자로 짧은 구절을 만들면 좋을 것 같습니다."

그 때마다 공목은 그 커다란 눈에 진지한 빛을 띠고 공손히 머리를 끄덕였다. 정율성 앞에서 그는 "박사"가 아니라 소학생이었다. 그는 자신이 정말로 「팔로군대합창」이라는 이 거작을 잘 써낼 수 있을지에 대해 반신반의했다. 나가는 대로 한 번 해보자는 마음뿐이었다.
정율성은 다음과 같이 술회했다.

"연안에서 사람들은 모두 항일을 원한다. 팔로군은 항일의 주력이다. 이런 감정적인 충동으로 이 노래를 지었다."

공목은 정율성의 잔소리를 들으며 몇 번이고 가사를 고쳤다. 정율성이 만족해야만 탈고할 수 있었다. 이해 7월, 공목은 단 10일만에 8편의 가사를 썼다.
정율성은 공목의 가사가 완성되는 족족 바로 창작에 들어갔다. 피아노도 없고 풍금도 없었다. 머리를 흔들고 입으로 흥얼거리고 손을 내저어 박자를 맞추었다. 어떤 때에는 토굴집 안에 있는 나무책상 주위를 뚜벅뚜벅 걸으면서 구상했다. 공목이 보다가 웃음을 참지 못하면 그는 슬그머니 토굴집을 빠져나가 산비탈에 올라가 창작했다.
가끔 선율이 생각나지 않아 방황할 때면 고민이 또다시 물밀듯 쳐들어왔다. 저도 몰래 여자대학이 있는 왕가평 쪽을 멍하니 바라보았다. 설송이 일기를 보내오지 않은지 오래됐다. 우리의 사랑은 계속될 수 있을 것인가? 사람들의 눈을 피해 가만히 만나곤 했었는데 이제는 만나지 못한지도 오래되었다. 정율성은 머리를 세차게 흔들었다.

산전의 아픔은 크기 마련이다. 그는 머리칼이 부시시하고 코밑에 수염이 가득 났다. 얼굴은 초췌하고 옷은 꾀죄죄했다. 이제부터는 그가 "공목박사"의 잔소리를 들을 차례였다. 그는 콧노래로 곡을 부르고나서 공목의 의견을 청취했다. 공목이 잔소리를 하면 그는 바로 그 부분을 잘라내고 새로 창작했다. 이런 일들이 반복됐다.

이날 그는 이맛살을 찌푸리고 중얼거렸다.

"「팔로군행진곡」, 이 앞부분이 문제야. 팔로군은 천하무적의 대오인데, 첫 구절부터 강한 힘이 들어가야 하는데, 우리의 대오 태양 따라… 우리의 대오 태양 따라…"

그는 선 자리에서 뱅뱅 맴돌며 반복적으로 가사를 곱씹었다.

"안 돼? 또 고쳐야 돼?"

공목이 답답해서 물었다.

갑자기 정율성이 무릎을 탁 치며 소리쳤다.

"그래, 그래, 이렇게 하면 되겠어!"

"어떻게 한다는 거야?"

정율성이 주먹으로 박자를 맞추며 노래를 불렀다.

"전진, 전진, 전진-, 우리의 대오 태양 따라 조국의 대지를 밟으며…"

"와-"

공목이 입을 벌린 채 다물지 못했다. "전진, 전진, 전진!"을 앞에 가져오자 노래는 완전히 압도적인 모습이다. 적을 향해 용왕매진하는, 하늘땅을 진동하는 함성과도 같은 기세, 이것이야말로 팔로군의 기세다.

나중에 정율성은 다음과 같이 설명했다.[149]

"왜 이렇게 고쳤는가? 우리 팔로군은 이렇게 큰 대오인데, 전방으로 나가 왜놈과 싸우는데, '우리의 대오 태양 따라'의 악구로 표현하면 부족하다는

---

149) 『作曲家鄭律成』, 丁雪松 等 著, 遼寧人民出版社, 1983年 9月, 「歌曲創作的 '源' 与 '流'」, 鄭律成, 273~274

생각이 들었기 때문이다. 기백이 있어야 한다. 그리하여 "전진 전진 전진"을 앞에 넣었다…주제를 틀어쥐자 기백이 나왔다. 이렇게 창작한 것은 생활속에 격정이 있었기 때문이다. 생활에 익숙하면 창작한 작품도 기백이 달라진다."

공목이 기뻐서 소리를 질렀다.
"이 노래 우리가 만든 거 맞아?"
정율성도 소리쳐 반문했다.
분명히 자신의 뜨거운 가슴에서 나온 곡임에도 낯설게 느껴졌다. 자신에게 들려줄 때마다 가슴이 뛰고 흥분했다.
이렇게「팔로군행진곡」이 탄생했다.
이렇게「중국인민해방군 군가」가 탄생했다!

"전진 전진 전진/ 우리의 대오 태양 따라/ 조국의 대지 위에/ 민족의 희망을 안은/ 우리의 힘을 막을자 누구냐/ 우리는 싸움의 전위/ 우리는 민중의 무장/ 두려움없이 굴함없이/ 영용히 싸워 왜놈을 국경밖에 몰아내자/ 자유의 깃발 높이 날리자/ 아, 나팔소리 울린다/아, 항전의 노래 우렁차다…"

첫곡이 "공목박사"에 의해 통과됐다.
9월초, 드디어「팔로군대합창」이 완성되었다. 정율성은 공목의 토굴집에 뛰어들며 이렇게 말했다.
"로쨩, 가사에 곡을 다는 것은 범에게 날개를 달아주는 것과 같습니다."
"범에게 날개를 달아준다? 표현이 별로인데."
"박사"가 머리를 갸우뚱했다.
정율성은 큰소리로 웃으며 이렇게 대꾸했다.
"그런 거 상관 안해요. 우리의 범은 일본놈을 잡아먹는 범이고 반동파를 잡아먹는 범입니다. 날개를 달면 더욱 용맹하고 더 날카롭지요. 왜 별로입니까?"
노래는 날개가 돋쳤다.「팔로군대합창」은 항일대학에서 불려지고 이어 기타 대학교와 부대들에서도 불려졌다. 노래는 연안을 벗어나 전선으로, 적후로 퍼져나갔다.

그 중의 「팔로군행진곡」, 이것이 바로 중앙군사위원회 주석 등소평의 명령에 의해 「중국인민해방군 군가」로 공식 제정된 불후의 노래이다. 이 가사중 "자유의 깃발 높이 날리자"라는 부분은 그 후 각 정치시기 마다 바꾸었다. "모택동의 기치 높이 날리자"는 새중국에 들어선 후 고친 것이다.

공목은 이런 말을 한 적이 있다. "그 때 우리 두 사람은 담이 꽤 컸던 것 같다. 아무런 청시도 없고 아무런 회보도 없이 쩍하면 군가요, 행진곡을 썼다. 이런 환경은 그 연대에만 가능했고 그 시기를 제외한 그 어떤 시기에도 불가능했다." 그는 또 1998년 12월 하순에 《대공보》에 발표한 글에서 "사상정신이 아직 노역되지 않은 연대에만 이렇게 자유정신이 흘러넘치는 가사가 창작되고 분출될 수 있었다."라고 했다.

실제로 「팔로군행진곡」은 한 번 들으면 잊을 수 없도록 특이한 전율을 느끼게 했다. "항전 시기는 적이 강하고 아군이 약한 단계였으므로 팔로군의 역량은 강대하지 않았다. 당시의 조건에서는 유격전 위주였으며… 수만 명의 군대가 일군을 전멸하는 식의 대병퇀 작전은 아직 할 수 없었다. 하지만 정율성의 이 군가가 창작한 형상은 유격대 소부대의 형상이 아니라 대병퇀의 형상으로서 하늘땅을 진동하는 힘이 느껴진다… 바로 이 때문에 이 노래는 생명력이 가장 강하고 영원히 불리고 있다."[150]

기타 7수의 노래들도 반향이 강렬하기는 마찬가지였다.

"「팔로군 대합창」중의 「팔로군 행진곡」과 「팔로군 군가」는 소재가 근사하고 모두 행진곡의 형식을 취했지만 구체적인 창작처리에서 정율성은 걸출한 재능을 나타냈다. 전자가 견인불발의 성격을 부각하고 깊고 격렬한 호기를 내뿜었다면 후자는 온건하고 강의한 발걸음 소리 속에서 감개무량하고 비장하고 거대한 기세를 보여주었다. 이 대합창에서 두 노래는 부동한 형상으로 상호보완하며 공동으로 이 군대의 양강지미(陽剛之美)와 분발하

---

150) 『論鄭律成』, 延邊人民出版社, 1987年 10月, 33頁, 「划時代的軍歌創作」, 唐訶

는 영웅적 자태를 부각하였다."151)

그 해는 온 연안이 「팔로군 대합창」으로 들썩했다. 이 쪽에서 "전진전진 전진, 우리 대오 태양 따라…자유의 기발 높이 날리자…"라고 부르면 저쪽에서는 "철의 흐름 2만5천리 그 하나의 견정한 방향을 향해 흘러가네…"를 불렀고 또 이 쪽에서는 "북에는 황하 남에는 장강 파도는 세차게 동으로 흐르네…"를 불렀다. 이 작품이 있은 후에야 팔로군은 비로소 자신을 대표하는 노래를 갖게 되었다.

눈송이가 흩날리는 겨울 어느 날, 중앙대강당에서는 「팔로군 대합창」 음악야회가 열렸다. 노신예술학원 합창대와 악대가 공연하고 정율성이 총 지휘를 했다. 합창은 천군만마가 일사천리로 내달리는 기세를 담고 공연장에 울렸다. 박수소리가 합창의 절주에 맞춰 대오의 발걸음 소리처럼 공연장을 울렸다. 사람들의 상상은 반파쇼 전쟁의 승리에 와 있었다. 음악과 청중의 소망이 하나가 되었다.

「연안송」, 「연수요」, 「팔로군군가」, 「팔로군행진곡」 등은 정율성 창작의 첫 전성기의 대표작인 동시에 중국음악사에 길이 남는 작품이다. 정율성은 "창작에 종사한 시간이 아주 짧았지만 동시에 송가, 행진곡, '민요체 서정곡' 이 3개 영역에서 기초적인 가작 여러 편을 창작해 그의 재능, 재질을 나타냈고 그가 개척해 나갈 길이 넓음을 예시했다."152)

정율성은 천재였던가? 한 사람의 천재성은 사회적인 요소의 자극으로 폭발되어 나오는 경우가 많다. 이 물음에 대해 음악평론가 왕애림은 흥미있는 견해를 내놓았다.

"이국인 작곡자가 중국민족 해방사업에 뛰어든 경우는 적다. 중국과 조선은 공동으로 일본침략을 받았고 조·중 두 나라 인민은 공동으로 민족의 생사존망을 해결하는 사업에 투신했다. 정율성 일가는 모두 항일했고 애국적

---

151) 『論鄭律成』, 延邊人民出版社, 1987年 10月, 60頁, 「時代的丰碑-論鄭律成的合唱歌曲創作」, 戴嘉枋
152) 『論鄭律成』, 延邊人民出版社, 1987年 10月, 「珍貴的种子」, 喬建中 29頁

이었다. 그는 중국 상해에 와서 싸우다가 만강의 열정을 안고 항일대오를 찾아 연안으로 왔다. 중국공산당의 항일대오에 들어와서야 항일구국의 소원을 달성할 수 있었으므로 중국공산당과 운명을 같이 했다. 중국인민에게 항일열정이 있다면 정율성의 항일열정은 두 배였다. 이민족으로서, 약소민족으로서 그는 중국의 민족해방사업에 더욱 큰 기대를 걸었다. 중국민족을 구해야 내 민족을 구할 수 있기에 그 염원이 더욱 강렬했다. 한 민족이 아니고 두 민족에 대한 공통의 사명감, 적에 대한 복수감, 가슴에서 터져 나오는 이런 느낌, 음악에 이것이 아주 중요하다. 이런 감정을 그의 작품에서 느낄 수 있다. 나는 11살에 항일에 참가했기에 정율성의 감정과 음악을 이해한다. 이런 강렬한 감정, 두 배의 민족사명감 이것이 정율성의 천재성을 자극했다…정율성의 음악은 불가초월, 불가대체이다. 정율성은 민족적으로, 개인적으로 매우 집요하고 열렬하다."

「팔로군대합창」에 대한 폭발적인 반응, 정율성은 장내를 휘둘러보았다. 그가 찾는 사람은 단 한명, 설송이었다. 설송과 함께 이 기쁨을 나누고 싶었다.

모택동의 관심, 왕진과의 우의

여자대학에서도 정율성의 「팔로군 대합창」은 매일 반드시 울렸다. 오랫동안 정율성을 만나지는 못했지만 이 노래로 인하여 설송은 정율성을 떠난 적이 없었다. 노래를 부를 때마다 그리움으로 가슴이 떨렸다. 그는 더욱 큰 모순에 빠졌다. 설송은 이렇게 술회했다.

"나는 온갖 모순 속에 빠졌다. 고민, 의심, 우려가 나를 들볶았다… 만일 그가 정말로 "나쁜 사람"이라면 어찌 이처럼 혁명격정으로 차 넘치는 가곡을 만들 수 있단 말인가? 그가 "특무"라면 어찌 이처럼 진심으로 혁명성지 연안을 노래하고 우리의 당과 팔로군을 노래할 수 있단 말인가?…나는 정율성이 쓴 노래를 사랑하고 그의 우렁차고 서정적인 노래 소리를 사랑한다.

재질이 뛰어난 청년음악가를 나는 잘라버릴 수가 없었다. 그는 이미 집과 나라를 잃은 사람이다. 이 때 나까지 그와 관계를 중단한다면 그는 얼마나 타격이 클 것인가!

하지만 나는 공산당원이었다. 입당한 그날부터 나는 당의 기율을 지키겠다고 맹세했으니 조직의 권고를 듣지 않을 수 없었다…"

그리하여 정율성이 성공의 기쁨을 안고 눈치껏 설송을 찾아왔을 때 설송은 얼굴에는 가득 먹구름이 끼어 있었다.

"축하해요. 그런데…일이 있어… 얼른 가봐야 해요!"

라고 짧게 말하고는 얼른 학교 안으로 사라졌다.

설송은 그와의 만남을 피하고 있었다. 정율성은 자신의 토굴집으로 돌아오면서 전신의 기운이 다 빠졌다. 설송만은 자신을 믿어주기를 바랐는데, 자신에게 힘이 되어주기를 바랐는데…

하지만 정율성은 강했다. 그는 언제나 다시 일어났다. 전쟁 시기에 그러했거니와 그 후의 평화 시기에도 그랬다.

노신예술학원은 이해 여름에 이미 연안 북문외로부터 동쪽교외 교아구로 이사해 왔다. 교아구 어귀에는 에스파니아 신부가 건축한 고딕식 교회당이 있었는데 이는 연안의 유일한 석조구조의 서양건축이었다. 예배당이 노신예술학원의 대강당으로 되고 기타 건축물은 학생기숙사가 되었다. 이 때 음학학부 교사는 도합 6명, 주임은 선성해였고 교사는 이환지, 당영매, 향우, 두시갑, 정율성이었다. 선성해는 자유작곡학과를 가르치고 향우는 작곡법을 가르쳤다. 정율성은 무엇보다도 선성해와 함께 근무할 수 있어서 기뻤다.

정율성은 다음과 같이 술회했다.

"선성해와는 한동안 연안에서 함께 사업하며 시간을 보냈습니다. 이 동지는 생활 속에 자주 심입하였습니다. 과거 상해에서 그는 늘 부두로 나갔습니다. 그 후 연안에서는 간고한 상황에서도 각종 인물들을 접촉하며 늘 민요를 수집하곤 했습니다. 그는 또 대중 속으로 들어가 합창을 지휘했습니다."

선성해는 겨울이면 커피색 외투에 커피색 양복을 입고 커피색에 점무늬가 있는 목수건을 둘렀다. 광동방언이 심한 탓에 말을 많이 하지 않았다. 성격이 내성적이었지만 그의 음악인인 열정은 주변 사람들을 충분히 감동시켰다. 낮에는 수업을 하고 밤이면 초롱불을 켜들고 굶주린 승냥이를 방비하면서 산을 넘고 폭탄구덩이를 에돌아 각 구역의 야회를 조직했다. 물질생활이 지극히 결핍한 상황에서 연안은 야회를 통해 정치적인 연대감과 응집력을 강화했다. 프랑스에서 지휘를 전공한 그는 야회마다 악대와 합창단, 그리고 관중들의 열정을 성공적으로 불러일으키곤 했다. 그의 토굴집에는 늘 학생들이 몰려 있었다. 야밤 삼경이 됐는데도 학생들이 흩어지지 않아서 날이 밝을 때까지 강의한 적도 많았다. 정율성은 선성해로부터 많은 가르침을 받곤 했다.

「팔로군 대합창」음악회가 있고 난 뒤 어느 날, 한 팔로군전사가 정율성을 찾아왔다.

"정율성 동지, 우리 359려 왕진 여장께서 동지를 만나려고 합니다. 함께 갑시다."

정율성은 처음으로 백전백승의 철군이라고 소문이 높은 왕진을 만났다. 국민당 완고파들이 군대를 증가해 섬감녕변구를 포위하려들자 이해 10월, 왕진의 부대인 120사 359려는 진찰기변구로부터 섬감녕변구로 이동해왔다. 31살의 왕진은 중간 정도 키에 단단한 체구를 가지고 있고 코밑에 수염이 가득했다. 눈코 뜰 새 없이 바쁜 왕진이지만 이 때는 자애로운 큰형처럼 호탕한 웃음을 터뜨리며 정율성의 손을 잡고 흔들었다.

"오, 자네가 바로 소문 높은 정율성이구만. 모 주석께서 자네에 대해 무척 관심이 많으시더군. 나더러 자네를 만나보라고 하셨어."

정율성은 깜짝 놀랐다. 경극을 실명해주던 모택동의 모습이 떠올랐다. 중국의 항전을 지도하는 거인이 한 외국청년을 배려한다는 것은 상상할 수 없는 일이었다. 왕진의 말을 듣고서야 정율성은 사연을 알게 되었다.

이 때 더욱 많은 조선혁명가들이 연안으로 찾아왔다. 그중 약 20여 명은 당의 파견을 받고 모스크바 동방노동대학을 졸업하고 연안으로 왔다. 이들 중 일부는 왕진의 359려에 배속되었다. 어느날 모택동은 왕진을 불러 이렇게 말했다.

"노신예술학원에 젊고 재질이 넘치는 작곡가가 있네. 정율성이라고 하는데 자네는 알고 있었나?"[153]

"네. 이름은 알고 있습니다."

"자네! 새로 조선동지들이 왔다는데 같이 불러서 서로 얘기들을 나누게 하면 좋을 거네."

모택동은 이국청년 정율성이 동족을 만나지 못한 그리움을 헤아려주었다.

"네. 알겠습니다."

이때로부터 정율성과 전설 속의 영웅 왕진의 우정이 시작되었다. 왕진은 1939년 11월에 있은 황토령 전투에서 양성무 장군이 노획해서 자신에게 선물한 일본군도를 정율성에게 선물했다. 그후 그들의 우정은 왕진이 중화인민공화국 부총리가 된 다음에도 계속 이어졌다.

이날 왕진과 함께 그의 려에 갔을 때 조선인혁명가들은 마치 오랜만에 친형제나 만난 듯이 정율성의 손을 잡고 놓지 않았다. 그 중에는 수더분한 용모에 솔직하고 소탈해서 형님처럼 금세 가까워지는 사람이 있었다. 동북에서 항일연군에 참가해 싸웠고 이때는 359려 특무련 지도원을 담당하고 있는 주덕해였다. 그는 새중국 이후 연변조선족자치주 초대주장을 담당하며 정율성과 깊은 우정을 나누었다. 이날 정율성은 오랜만에 한국말을 실컷 하며 함께 항전의 결의를 더욱 굳게 다졌다. 그리고 이들과 함께 주덕 총사령의 융숭한 식사초대를 받았다.

왕진은 다음과 같이 술회했다.

"나는 모주석의 부탁대로 정율성 동지를 조선동지들과 만나게 했다. 그리고 이들과 함께 주 총사령의 초대로 식사를 했다. 정율성 동지는 당의 사업에 충직한 전사로서 정직하고 견강하고 솔직하다. 우리는 서로 면목을 익히

---

153) 『作曲家鄭律成』, 丁雪松 等 著, 遼寧人民出版社, 2009年 7月, 1頁, 「怀念鄭律成同志」, 王震

면서부터 수십 년을 변함없이 친하게 지냈다. 나는 그를 아주 좋아한다. 그의 혁명열정을 좋아하고 그의 됨됨이를 좋아하고 그의 작품을 좋아한다…"

정율성의 악상은 끊임없이 분출되었다.

11월 하순의 어느 날, 하늘에서는 눈이 내렸다. 초모자를 쓰고 막대기를 짚은 정율성이 헐떡거리며 교아구에서 십여 리 떨어진 문화구로 달렸다. 모자와 옷에는 가득 눈이 내렸다. 머릿속으로 비장한 선율이 반복적으로 울렸다. 그는 산비탈에 있는 한 토굴집에 이르러 몸의 눈을 털 사이도 없이 문을 열고 들어섰다.

"쑈쭈, 나야. 정율성."

"아, 정 선생님 어떻게 오셨습니까?"

주자기가 놀라서 물었다.

호남 사람인 주자기는 항일군정대학 시절 정율성에게서 음악을 배운 학생이며 이때는 항일군정대학 분교 정치과에 근무했다.

"알고 있었어? 베쑨의사가 불행하게도… 전선에서 희생되셨대. 부상자를 수술하고 그만 손가락이 감염되면서…"

"그러…셨답니까?"

외국인이었던 관계로 베쑨의사에 대한 정율성의 존경은 각별했다.

카나다인 노먼 베쑨은 중국항전이 폭발하자 1938년에 카나다인과 미국인으로 구성된 의료대를 거느리고 연안으로 왔다. 그는 전선으로 나가 수술실을 설치하고 어떤 때에는 연속 69시간에 115명의 환자를 수술했으며 자신이 직접 환자들에게 수혈을 했다. 그는 그해 11월 12일에 하북성의 한 마을에서 49세의 젊은 나이로 순직했다.

"우리 함께 추모노래를 만들자구."

12월 1일, 중앙당교 대강당에서 추도회가 열렸다. 모택동 등 중앙 지도자들과 연안의 많은 군민이 참가했다. 이날 정율성이 작곡한 「영별곡」이 비통하게 울려 퍼졌다. 같은 외국인으로서 베쑨에 대한 정율성의 음악적인 형상은 남달랐다.

"추풍은 가랑비를 뿌려주고/ 연수는 애도곡을 울리네/…친애하는 베쑨의 사여/ 그대 고요히 잠드시라!/ 그대의 뒤에는 전 세계 피압박형제들이 있네/ 모두 일어 났네/우리는…"

해방 후 정율성은 이 노래가 유실된 것이 무척 유감스러웠다. 세상을 떠나기 반년 전, 정율성은 주자기와 함께 이 노래를 회억하여 다시 적어보았다. 뜻밖에도 1985년 가을 중앙문헌연구실 보존서류에서 이 노래가 발견되어 주자기의 깊은 감회를 불러일으켰다.

이해 말, 연안에서는 섬감녕변구음악가협회 대표대회가 개최되었다. 항일군정대학, 노신예술학원, 여자대학, 섬감녕변구 민중극단, 봉화극단, 팔로군 총후근부 정치부 등 음악가영조직의 대표들이 모였다. 대회는 정율성, 선성해, 이환지, 두시갑 등 10여명을 섬감녕변구 음악협회 집행위원회 위원으로 선출했다.[154] 며칠 뒤, 1940년 1월 4일에 정율성은 변구문화협회 제1차대표대회에 참가했다. 대표가 450여 명, 방청자까지 하면 700여 명이 참가한 대회에서 정율성은 집행위원으로 당선되었다. 집행위원회는 모택동 등 정계 지도자들과 주양, 선성해 등 문예분야 지도자, 예술가 약 90여 명으로 구성되었다.[155]

「연안송」으로부터 「팔로군 대합창」에 이르기까지 일련의 창작성공은 짧디짧은 2년 사이에 정율성 음악창작의 첫 전성기를 형성했다. 정율성은 선성해 등과 함께 나란히 저명한 예술가의 일원이 되었다. 연안은 전국 항전의 중심이고 좌익예술가들의 중심부다. 따라서 그도 항전중심음악의 지도자, 전국 좌익음악가 대표가 되었다.

오랜만에 함박눈이 펑펑 쏟아져 내렸다. 황토고원은 하얀 눈으로 뒤덮혔다. 소나무 가지에 소담히 앉은 눈송이, 설송, 설송… 정율성은 서랍에서 설송이 준 연하장을 꺼내 오랫동안 바라보았다. 그에게 좌절의 고통을 안겨주

---

154) 『鄭律成在延安』, ──劉建勛 (《延邊大學學報》, 1982年 第四期)
155) 延安文藝史 上, 主編 艾克恩. 副主編 孫國林 曹桂方, 河北教育出版社, 2009年 5月, 169頁

고 아울러 창작의 기적과 희열을 안겨준 1939년은 이렇게 지나갔다.

산단단화는 불길같이 피어나고

오랜만에 서휘가 정율성이 거주하는 노신예술학원 토굴집으로 찾아왔다.
"정동지, 좋은 방법이 하나 있는데."
서휘는 뜬금없이 이런 말을 하며 혼자 싱글거렸다.
"무슨 뜻이지?"
정율성이 어리벙벙한 얼굴로 물었다.
"정동지가 쏘땅 때문에 고민하길래 제가 묘안을 생각해 봤어요."
그제야 설송과의 일 때문에 하는 말인 줄을 알게 되었다. 벌써 오랫동안 설송과 만나지 못했다. 설송은 늘 무슨 핑계로든 만남을 거절했다. 정율성은 무척 고통스러웠다.
"무슨 묘안?"
예상했던대로 정율성이 대뜸 반색했다.
"쏘땅에게 뚜르게네브의 『전야』를 읽게 하면 어떻겠어요?"
"지금 소설 얘기를 하고 있는 거야?"
정율성이 못마땅한 어조로 말했다.
"예. 쏘땅을 감동시키는 겁니다. 주인공 엘레나의 이국적 사랑이 참 기가 막힙니다." 서휘는 자신만만한 어조로 엘레나의 사랑스토리를 이야기했다. "러시아 처녀 엘레나는 쏘땅처럼 굉장히 예쁘고 매력적입니다. 귀족 집안의 처녀여서 쫓아다니는 귀족 청년들도 많았습니다. 하지만 그녀는 쌍테페테르브루크에서 조국의 해방사업을 위해 투쟁하는 터키 식민지 불가리아의 투사 인사로프를 만나 사랑하게 되지요. 인사로프는 불행하게도 병사하게 됩니다. 엘레나는 사랑하는 사람의 뜻을 이어 인사로프의 고국 불가리아에서 특별간호사일에 종사하면서 계속 민족해방을 위한 투쟁을 이어나갑니다. 어떻습니까? 대단하지 않습니까?"
"소설로 쏘땅을 설득하다니. 그게 어디 될 말인가…"

정율성이 실망하며 머리를 저었다. 현실은 소설이 아니었다.

서휘는 자신이 기껏 생각한 묘안이 거부되자 안타까워했다.

그동안 서휘는 중공중앙사회부에 정율성의 남경조선혁명군사정치간부학교 역사에 대한 증인을 섰다. 당은 서안사변에서 큰 역할을 한 서휘를 믿었다. 일단 그 부분의 혐의에서는 벗어난 셈이다. 하지만 정율성에게는 고향을 떠나 남경으로 오기까지의 증인과 남경에서 일본인 전화를 도청한 상황에 대한 증인이 없다.

정율성을 제외한 대부분의 조선동지들은 국민정부군사위원회 전구에서 일제와 싸우다가 조직적으로 이탈해 연안에 온 조선의용대 제2구 대원들이다. 또 중국 동북지방에서 항일운동을 전개하다가 당의 파견을 받고 소련으로 가 교육받고 연안으로 온 사람들이다. 이들은 중국공산당, 조선공산당, 소련공산당의 영도를 받았다.[156] 이들의 정치신분은 조직적으로 보장이 돼 있기에 중공중앙사회부의 조사를 통해 당조직의 신뢰를 바로 얻을 수 있었다.

이해 1940년까지 항일군정대학을 졸업한 조선인 혁명가들만 해도 40명에 달했다. 이들은 연안과 각 지구의 팔로군 작전부대에 배속되었다. 일부는 중앙 직속 경호연대에 배치되어 모택동의 신변에서 경호일을 맡았다.

정율성은 김산이나 김찬처럼 일제에 체포되었던 경력이 없는 것이 다행일 뿐이다.

연안에 국제주의적인 분위기가 점점 더 농후해졌다. 전해인 1939년 11월에 인도중국지원의료대가 들어섰고 일본사병각성동맹이 설립됐으며 이해인 1940년 3월에는 또 일본반전동맹이 섰다. 이듬해 1941년에는 조선 혁명가, 일본 혁명가들을 비롯해 말레이시아, 태국, 미얀마, 베트남, 필리핀, 인도, 그리고 기타 중국내 한족을 비롯한 각 민족으로 구성된 동방각민족반파쇼대동맹이 설립되었다. 따라서 중국혁명에 참가한 외국인에 대한 사람들의

---

156) 此材料摘录于中共中央組織部干部調配局 1978年 7月 30日《關于參加過在華朝鮮人抗日團体的朝鮮族老干部干部問題的調査報告》附件. (蘇北在延邊檔案館査閱資料時当印取材)

이해의 폭도 넓어졌다.

정율성은 국제반파쇼동맹의 의미에 대해 잘 알았고 자신을 그 일원으로 간주했다. 정율성은「인도혁명가」,「일본반전동맹가」등을 창작해 국제 반파쇼 역량의 성장을 고무했다.

4월, 봄이 왔다. 연하의 물결이 봄빛을 받으며 흘러가고 나른한 햇빛이 토굴집 마당을 비췄다. 정율성은 작년에 작곡하다가 멈춘 공목의 시「가람요」를 합창가곡으로 완성하느라고 바빠 보냈다. 곡에 영문으로 피리, 바이올린, 하모니카, 이호, 북 등 9종의 악기와 악기사용 숫자까지 자세히 표기했다. 그 중 바이올린과 이호가 가장 많았는데 각기 4개를 사용하였다. 정율성은 9종의 악기의 기묘한 화음을 상상하며 노래를 불렀다.

"3월이라 3월 3일이지만 봄바람은 가람산에 불어오질 않네."

정율성은 문득 노래를 멈추고 눈을 들어 한곳을 바라보았다. 멀지 않은 골짜기에서 산단단화 한 송이가 한 점의 불꽃처럼 안겨온다. 주변의 산들을 휘 둘러보았다. 골짜기마다 마른 검불속에서 빠끔히 피어난 선홍색의 산단단화, 산단단화 계절이 왔다. 가슴에 묻혀있던 그리움이 꿈틀했다.

산단단화가 연안 황토고원의 응달에서 무더기로 불길같이 피어날 때, 정율성은 수차 연락을 해서야 꿈에도 그리던 설송을 만났다. 사람들의 눈을 피해 멀찌감치 떨어져서 오르막을 지나고 평지에 들어섰다가 또다시 오르막을 향해 걷는다. 설송은 입에 천근 자물쇠를 단듯 말이 없었다. 주변에 사람들이 없는 것을 확인하고 나서야 입을 열었다.

"우리 잠시 서로 만나지 말아요. 조직에서 날 몇 번이나 찾아 이야기했어요. 그들의 의견을 존중하지 않을 수 없군요."

정율성은 가슴이 철렁했다.

"그럼 설송이도 날 안 믿는 거잖아? 설송이도 내가 문제 있다고 생각해?"

설송은 정율성의 얼굴을 차마 바라 볼 수 없었다.

"나도 조선 동지들의 상황에 대해서는 알 수 없잖아요. 하지만 율성씨의 역사문제에 대해서는 언제든 밝혀질 때가 있을 거라고 생각해요. 좀 더 적극적인 방법으로 조직에 상황을 잘 설명하기 바랄께요."

정율성은 머리를 저었다.

"내가 어떻게 해야만 증명이 되겠어? 조선은 일본사람들에 의해 점령되었어. 내가 그곳에서 태어났다고 누가 증명할 수 있겠어? 남경에 오기까지는 작은 형이 증명을 서야 하는데 작은 형은 이미 일본사람들에게 체포돼 조선으로 압송됐어. 남경군사간부학교에서 공부한 부분은 다행히 서휘가 있어서 증명이 됐어. 하지만 일본사람들의 전화를 도청한 사실은 김원봉만이 알고 있어. 고도의 기밀이기 때문에 난 지금까지 다른 동지들에게 발설한 적이 없어. 당시 남경의 동지들 중에는 이 일에 대해 아는 사람이 없어. 난 김원봉의 영도를 받았고 그와 단선연계를 가지고 있었어. 지금 김원봉은 대한민국임시정부를 따라 대후방 중경에 가 있어. 어떻게 증명해야 하는 거야? 난 국민당과 아무런 관계를 가져본 적이 없어. 김원봉만이 이 일을 알고 있는데…"

정율성은 안타깝게 말했다.

그날의 정경에 대해 설송은 다음과 같이 술회했다.

"나는 문제의 심각성을 알고 무슨 말로 위안해야 할 지 몰랐다. 잠시 후 정율성은 말했다. "당신은 인물과 재주가 뛰어났어. 모두들 당신을 칭찬하고 조직에서도 당신에게 기대가 큰 거 알아. 정말 미안해. 내가 당신을 너무 힘들게 해서 미안해. 난 당신에게 어울리지 않는 사람이야…" 우리는 또 한참동안 묵묵히 걷기만 했다. 나는 큰마음을 먹고 정율성에게 이런 약속을 했다. "날 믿어요. 난 당신을 기다릴 거예요." 정율성은 반신반의했다. "다른 사람들이 당신을 쫓아다니면 어떡할 거야?" "그건 걱정 말아요. 난 그렇게 쉽게 변하는 사람이 아니예요." 우리는 유감스러운 마음으로 헤어졌다. 나의 이 한 마디는 그에게 한 줄기 희망을 주었다. 하지만 나는 앞날이 더욱 보이지 않았다. 언제 어느 때에야 정율성의 결백이 증명될 수 있단 말인가?"

기다리겠다고 하는 설송의 약속은 정율성에게 희망이었다. 기다림이 남아

있다는 것은 참으로 다행스러운 일이었다.

홍소육, 삼불첨과 술 석 잔

여름이 왔다.
어느 날, 정율성과 공목은 총정치부의 통지를 받고 헐떡거리며 문화구 청년식당으로 달려갔다. 왜 사무실에 부르지 않고 식당으로 부르는지 두 청년은 온갖 추측을 다 해보았다. 뱃속에서는 꼬르륵 소리가 요란하다. 뭔가 맛있는 것을 먹을 것 같은 예감 때문이다.
중앙군위 총정치부 선전부 부장이고《팔로군 군정잡지》주필인 소향영이 그들을 향해 손짓했다. 소향영은 "군인 수재"로 소문이 높았다. 당시 그가 작사한「홍군원정곡」이 널리 불려졌는데 등소평도 이 노래가 좋아서 배웠다는 일화가 있다. 정율성보다 네 살이 많은 그는 광동 태생이고 우뚝한 코, 짙은 눈썹 양미간에 총명이 넘쳤다.
"어서 자리에 앉게."
소 부장이 자리를 잡아주었다.
"내가 오라고 한 것은 자네들에게 한 턱 내기 위해서네.「팔로군 대합창」을 지었으니 한턱 먹을만도 하지. 참으로 장한 일을 하였소! 이 노래들은 각 근거지에서 전사들의 대환영을 받고 있소. 계속 더 노력하시오!"
"알겠습니다! 고맙습니다!"
두 사람이 힘차게 대답하자 소부장은 그들을 의자에 끌어당겼다.
"연안에서 제일 유명한 요리를 시켜주지. 자, 홍소육, 삼불첨을 시켜오시오! 술도 가져오시오!"
먹을거리가 극히 부족한 시대에 고기요리 이상의 기쁨은 없었다. 호남요리 홍소육은 삼겹살에 얼음사탕, 고추 등 양념을 넣어 만든 요리이다. 모택동이 좋아하는 요리로 유명하다. 삼불첨은 연안의 명품요리이다. 계란에 밀가루를 넣어 만든 달콤한 과자인데 젓가락에 붙지 않고 사발에 붙지 않고 입술에 붙지 않는다 하여 삼불첨이란 괴상한 이름이 붙었다.

정율성과 공목은 모두 술을 마실 줄 몰랐다. 수장이 술을 부어주자 우물쭈물했다. 소 부장이 껄껄껄 큰소리로 웃으며 말했다.
"오늘은 특별한 상황이니 석 잔은 마시도록 하시오!"
"명령에 복종하겠습니다!"
"첫 잔은 자네들이 계속 합작해 더 큰 성과를 따내기를 기원하네! 둘째 잔은 자네들이 더 진지하게 노농대중을 따라 배우기를 기원하네! 셋째 잔은 자네들이 더욱 노력에 박차를 가해서 군대를 위해 노래를 더 많이 창작하기를 기원하네!"
"알겠습니다!"
마신 술은 곧 온 몸으로 배어 들며 둥둥 뜬 기분이다. 소부장은 좋은 소식을 알려주었다.
"자네들이 지은 노래는 곧《팔로군 군정잡지》에 실리게 되네. 더욱 창작에 정진하게."
이해 여름에「팔로군 대합창」중의「팔로군군가」와「팔로군행진곡」이 중공 중앙군사위원회에서 발간한《팔로군 군정잡지》에 발표됐다. 이 잡지는 모택동 등 중앙 지도자들이 편집위원을 담당했다. 이는 중앙군위에서 정식으로 이 노래를 인정했다는 증거이다.
수십 년 세월 수많은 군가가 나왔다.「팔로군 행진곡」이 1988년에 중앙군위에 의해「중국인민해방군 군가」로 선정되기까지는 수없이 많은 선택과 도전, 세월의 시련에 직면했던 셈이다. 이때 정율성과 공목은 모두 자신들이 한 시대와 한 나라를 대표하는 위대한 작품을 만든 줄은 모르고 있었다. 그들에게 연안의 명품요리를 대접한 소부장도 그 누구도 몰랐다. 위대한 작품은 시대가 선택하는 것이기 때문이다.
두 청년은 다만 벼락 맞은 소고기처럼 운 좋게 생긴 홍소육과 삼불첨의 맛에 깊이 빠져 정신이 아득할 뿐이었다. 토굴집으로 돌아오자 정율성은 동료들에게 요리자랑을 했다.
"우린 말이야, 홍소육과 그…그 뭐지? 그…"
"앗따, 뭔데?"

모두들 군침이 돌아 다그쳐 물었다.

"그…아, 싼거메이꽌시(三個沒關係)를 먹었어."

정율성이 어색한 중국말로 말했다. 모두들 난생 처음 듣는 요리이름에 머리가 터질 지경이었다. 정율성은 "세 가지가 붙지 않는다"는 의미의 "삼불첨"을 "세 가지와 관계없다"는 의미의 '싼거메이꽌시'라고 부른 것이다. 동료들은 한참만에야 그 뜻을 알아듣고 모두들 폭소를 터뜨렸다. 그 후로부터 "삼불첨"은 동료들에게서 "싼거메이꽌시"로 유행했다.[157]

정율성은 그 후에 또 공목과 합작해 「고아탄」, 「추수가」, 「우리의 행진곡」 등을 합작했다.

이 때 노신예술학원은 새로운 변화를 맞이했다. 창립 초기에는 군사화 교육을 진행하고 학제도 짧았으며 학생들은 사업단으로 파견되거나 농사일을 하는 등 공부할 사이가 없었다. 1940년, 1941년에는 신민주주의혁명 성공 후 건국에 필요한 인재양성을 목표로 전문화, 정규화의 교육방침을 실시하고 비교적 체계적인 교육을 진행했다. 상해 등 대도시의 유명 인재들이 대거 모여들었다. 200~300명이 되는 교직원들 속에는 저명한 작곡가, 가수, 연주가, 소설가, 희곡가, 이론가와 시인, 화가, 철학가들이 있었다. 비교적 전문화한 교육환경이 마련됐다.

당시 노신예술학원 음악학부 상황에 대해 이환지는 다음과 같이 술회했다.

"제4기의 학습은 비교적 정규적이었습니다. 선생님도 많았습니다. 여기 동지는 전방으로 나가고 음악학부 주임은 선성해가 담당했습니다. …후에 교사역량이 증가됐지요. 음악작업실[音樂工作棚]도 설립했고 교사들은 구유, 마가, 정율성, 임홍 등이 더 왔지요… 후에 교수를 남낭한 교사들, 성악에서는 두시갑, 반기, 정율성, 이여연, 당영매 이 5명 대장(大將)이 있었고, 임홍과 나는 기본악과, 합창지휘에 대한 강의를 담당했지요. '음악이론'은 내가 주로 담당하고 '음악감상'학과는 향우가 담당했지요."

---

157) 서진청 증언, 1986년 연변에 와 정율성음악회에 참석한 정설송을 인터뷰.

국내외 명작도 가르쳤고 학술 및 예술적 분위기도 농후했다. 예술단체들도 많이 나타났다. 가끔 연미복을 차려입고 서양음악회를 하거나 서양가극을 공연했다. 피카소 작품 전시회, 세계 판화 전시회 등도 개최했다. 전체적인 분위기가 민주적이고 관용적이고 자유로웠다.

이 때의 분위기를 설명할만한 전형적인 일화가 있다. 정율성의 동료 두시갑은 희곡학부의 새극, 미술학부의 장정과 함께 자유롭고 산만한 예술가의 분위기를 고집해 일명 연안 "삼검객"으로 모르는 사람이 없었다. 두시갑의 십팔번은 러시아민요 「볼가강 뱃사공의 노래」와 괴테 작사, 무소르스크키 작곡의 「벼룩의 노래」였다. 장정은 북평예술전문학교 국화학부를 졸업한 저명한 미술가였고, 새극은 영화계 배우이고 감독이었다. 이들 삼총사는 취향도 비슷해서 회색 팔로군 제복을 절대로 입지 않았다. 두시갑은 장정이 디자인해 준 마전망토를 쓰고 다녔다. 새극은 짧은 외투에 붉은색 네모꼴 디자인이 있는 목수건을 두르고 쪽배 모양의 검은 융단 모자를 쓰고 직접 만든 개화장을 짚었다. 황혼녘이면 삼총사는 이야기에 열중하며 연하 강변을 산책했다. 어느새 모 중요기관이거나 수장의 토굴집 앞에 이르는 때가 있었는데 차림이 하도 수상해서 보초병이 검문을 했다. 그러자 장정이 발끈 화를 냈다. 보초병의 옷깃을 틀어잡고 "당신은 뭘 하는 사람이야?"라고 고함쳤다는 것이다.

이런 자유로운 분위기에서 제4기부터 전공교육이 강화되었다. 교실이 없는 까닭에 학생들은 모두 교사의 토굴집에서 수업을 받았다. 배움의 열망으로 타오르는 학생들을 보며 정율성은 개인적인 고민을 눌러버리고 교수와 창작에 몰두했다.

그의 학생이었고 전임 중앙가무단 부단장이었던 맹우는 다음과 같이 증언했다.

"제가 노신예술학원 제4기 입학시험을 볼 때 선생님은 선성해 선생님이랑 나란히 시험관 자리에 앉아 계셨습니다. 선생님은 주로 남고음을 가르쳤습니다. 선생님이 상해에서 러시아 교수님으로부터 수업을 받았고 공연에도 참가했다는 것을 알기 때문에 우리는 선생님을 아주 흠모하고 존경했습니다. 선생님이 러시아 노래를 부를 때는 정말로 듣기 좋았습니다. 목청도 좋고 감정 전달도 정말 멋지셨지요.

우리는 늘 선생님의 토굴집으로 가서 가르침을 받곤 했습니다. 선생님은 틀이 없고 우리가 물어보는 문제에 대해 자세히 설명해주곤 했습니다. 특히 성격이 쾌활했지요. 선생님은 토굴집을 아주 우아하게 꾸몄습니다. 벽에는 무슨 그림을 붙여놓고 구석에 돌 등으로 앉을 수 있는 자리를 해놓고 그 위에 황양 가죽을 펴서 의자처럼 꾸며놓았지요."

이해 5월 4일, 선성해가 중앙의 위탁을 받아 기록영화 「연안과 팔로군」의 후기 제작을 위해 소련으로 떠났다. 정율성과 동료들은 섭섭한 마음으로 선성해를 배웅했다. 선성해가 보이지 않을 때까지 손을 흔들어 배웅하면서 그것이 선성해의 마지막 모습인 줄은 몰랐다. 위대한 음악천재 선성해는 소련에서 소독전쟁에 휘말려 극빈생활을 하던 중 1945년 10월 30일에 크레믈린궁 병원에서 병으로 세상을 떴다. 이 때 그의 나이는 겨우 40세였다.

겨울이 오고 해가 저물었다. 정율성이 사랑의 아픔을 견디고 있을 때 공목은 「팔로군 대합창」의 성공을 동력으로 파혼의 아픔에서 완전히 벗어났다. 이 겨울에 그는 이런 시를 썼다.

"일어나자, 햇빛 속으로 가자!/ 일어나자, 노래 속으로 가자!/ 일어나자, 전진하는 대오 속으로 가자!/ …몸에 내린 먼지를 털어버리자!/ 내 영혼에 내린 먼지를 털어버리자!…"

이해 겨울 그는 아내와 헤어지고 햇빛 속으로 걸어갔다. 하지만 정율성은 그렇게 할 수가 없었다.

1941년 설이 지나고 얼마 되지 않아 설송은 수덕, 미지현 공작단 부단장이 되어 연안을 떠났다. 근 1년이 되도록 편지 한 장 없었다. 정율성은 묵묵히 이 모든 것을 견디고 있었다.

설송은 사실 사람들의 눈이 무서워 편지를 보내지 못했다. 정율성이 그리울 때면 그는 정율성이 지은 「내님에게 전해다오」를 불렀다.

"연하수 흐르고 흘러/ 굽이굽이 전방으로 흘러가네./ 흐르는 강아 그리움 전해다오/ 내님에게 소식이나 전해다오…"

조선의용군

1941년 연초부터 정율성에게는 또다른 큰 흐름이 다가오고 있었다. 그것은 오래전부터 기다렸고 수많은 곡절을 거쳐 만나게 되는 것이다.

1월 10일, 한반도 독립운동 역사의 중요한 한 페이지가 기록됐다. 항일근거지 태항산에서 조선인 혁명단체인 조선청년연합회가 설립됐다. 연안항일군정대학을 졸업하고 팔로군의 화북항일전선에 투입된 조선청년들과 1938년, 1939년에 북상한 조선의용대원들로 구성된 이 조직은 "일본침략자통치를 뒤엎고 중국인민과 공동으로 민족해방을 위해 분투"할 것에 대한 강령을 채택했다. 팔로군 부총사령 팽덕회가 창립대회에 참가하여 일제의 압박을 반대해 중국항전에 참가한 조선인민의 영용한 정신에 대해 높이 찬양했다. 회장에 팔로군 포병퇀 퇀장(炮兵团团长)[158]인 무정이 당선되었다.

이 때까지만 해도 정율성은 무정이 자신에게 특별한 인연이 될 줄은 몰랐다. 무정에 의해 자신의 인생행로가 크게 변화할 줄은 더욱 몰랐다.

무정은 함경북도 경성에서 태어나 서울에서 자랐다. 14살에 3.1운동에 참가하고 18살에 압록강을 넘어 북평의 문화대학에서 공부했다. 북방군관학교 포병전업을 졸업한 후 군사재능이 뛰어나 22세에 포병 중좌군관이 되었다. 그 후 그는 군벌부대의 직위를 버리고 북벌전쟁에 참가했으며 중국공산당에 가입했다. 1927년 장개석은 총부리를 공산당에 돌렸고, 무정도 체포

---

158) 오른 명사로서 '퇀'은 중국 군대 편제의 한 단위이며 일부 나라의 '연대'에 상당하다. '퇀장'은 군직의 하나로서 이 퇀을 책임지고 지휘하는 직위 또는 그 직위에 있는 사람을 지칭한다.

▲ 팔로군 포병단 단장 무정.

되어 무기형에 언도되었다. 무창의 만여 명 중국학생들이 그의 석방을 요구하는 시위행진을 한데다가 무창법원에 동지가 있어 상해 탈출에 성공했다. 1929년에 폭발한 상해폭동에서 조선인이지만 군사재능이 뛰어나 총지휘를 담당했다. 그는 홍군 장정 당시 군위 제1종대 제3제대 대장 겸 정위를 담당했고 홍군의 생사존망에 관계되는 군사행동에 많은 전공을 세워 모택동, 팽덕회의 깊은 신임을 받았다. 그는 2만5천 리 장정에 참가했던 30명의 조선인 혁명가들 중 유일하게 살아남은 사람이다. 1938년 1월 팽덕회의 추천을 받아 이군의 첫 포병부대인 팔로군총부 직속 포병부대를 설립하고 부대장을 맡음으로써 아군 포병사업의 선구자가 된다.[159] 1940년에 그의 포병부대는 중외를 진동한 유명한 백툔대전에서 적의 토치카를 격파하고 진격로를 열어주는 등 중요한 역할을 발휘했다.

연안에 온 후 그가 처음 만난 조선인 혁명가는 당시 중공중앙 북방국 부서

---

159) 《人物》 잡지, 2000년 제10기, 任熙俊 저, 「我軍炮兵先驅 國際主義戰士--武亭」

기였고 후일 중화인민공화국 주석이었던 양상곤의 소개를 거쳐 만난 서휘이고, 두 번째로 만난 사람이 정율성이다. 그는 김산과 함께 보안으로부터 연안에 들어왔음에도 두 사람의 만남에 대한 기록은 아직 없다.

무정은 이 때 조선의용대 북상전이를 영접할 조직적 준비를 마치고 낙양에 연락원을 파견했다.

1938년에 한구에서 조직된 조선의용대는 "1940년까지 2년간 총 6개 전구 13개 성에서 싸웠다… 호북회전, 곤륜관 쟁탈전, 중조산 반소탕전 등 전투에 참가"[160] 해 용맹하게 싸워 중앙군 사령관 감사장과 국민당 정부의 훈장을 수여받았다. 하지만 국민당은 1939년 1월부터 소극항일, 적극반공의 방침을 시행하고 황하 이남으로 계속 후퇴했다. 조선의용대의 목적은 중국혁명을 성공하고 압록강을 건너 본국으로 진격해 독립을 실현하는 것이다. 조선의용대를 늘일 수 있는 동포 거주지역인 황하 이북을 떠나는 것은 물고기가 물을 떠나는 것과 같아 자멸의 길이었다. 조선의용대는 중국공산당만이 중국항전의 승리를 이끌 수 있다고 판단하고 1940년 11월, 비밀리에 북상을 결정했다. 그 와중에 1941년 1월 6일 환남사변이 발생하고 국민당의 제2차 반공고조가 일어나자 조선의용대의 북상은 더욱 가속화되었다. 이들의 화북 후방에로의 전이는 김원봉이 극히 비밀리에 중경 판사처 주은래의 지지를 얻어 진행시켰다.

1941년 5월 말, 이들을 환영하는 대회가 팔로군 제385려 주둔지 섭현 서달촌 광장에서 성황리에 개최되었다. 진석련 려장이 환영사를 하고 팔로군 부총사령 팽덕회, 팔로군 정치부 주임 나서경, 제129사 사단장 유백승, 정위 등소평이 의용대 성원들을 접견했다. 이날 385려 선전대가 환영공연을 했는데 공연복이 희한했다. 옷을 짧게 잘라 조선 저고리를 대신하고 천을 몸에 감아 치마를 대신했는데 유머적이고 감동적이었다. 조선의용대 대원들도 감동을 주체할 수 없어 무대에 뛰어올라 조선 노래를 부르고 춤을 추었다.

정율성은 조선의용대의 도착소식에 큰 기쁨을 느꼈다. 정율성은 혈혈단신

---

160) 『華北前線幷肩抗日』, 張治宇《軍事文摘》, 2007年 第11期 76頁

으로 연안에 왔지만 그의 조선동포 혁명가들은 이제 부대를 이끌고 태항산으로 왔다. 얼마나 기다렸던 소식인가! 이들 중에는 정율성의 남경 전우들도 많았다. 민족해방의 사명은 이들을 또다시 역사의 길목에서 만나게 했다.

또 하나의 기쁜 소식이 기다리고 있었다.「팔로군 대합창」의 금빛후광이었다. 산단단화가 불길같이 피어나는 6월 9일, 정율성이 작곡한「팔로군 대합창」이 "5.4" 중국청년절 상금응모 갑등상을 수상했다. 110명의 150건의 작품이 응모되었는데 23편이 선정됐다. 상금은 갑등상에 40원, 을등상에 20원이었다. 당시 노신예술학원 직원의 월 수당이 변구화폐로 3~5원이었으니 이는 그야말로 거금인 셈이다. 이 상금은 모택동이 300원, 주은래, 왕가상 등이 200원씩을, 기타 중앙지도자들도 일부 기부해서 만든 것이다. 정율성에게는 또 한 차례의 긍정과 보상이었다.

그리고 7월 8일 오후 네 시, 연안문화구락부에서 합창「최후의 결전」이 비장하게 울리는 가운데 화북조선청년연합회 섬감녕변구지회가 성립되고 회장에 정율성이 당선됐다. "정율성은 조선동포들을 대표해 답사를 하고 토론의 사회를 보았다. 회의는 연안에 조선간부학교를 설립하여 조선혁명 지도자를 양성할 것에 대한 요구를 진동남총회에 요청할 것에 대해 만장일치로 통과했다."[161]

정율성은 이제 중국혁명의 중심 연안의 음악 지도자인 동시에 조선 혁명단체 지도자였다.

남경 화로강에서 정율성의 전우였고 조선의용대의 북상을 따라 태항산으로 온 김학철은 이렇게 술회했다.[162]

"친한 전우 서넛이서 시냇가에 바람을 쏘이러 나간 즉 마침 태항산 노신예술학교의 여학생 서넛이 냇둑에 둘러앉아 냇물을 바라보며 노래를 부르고 있었다…한데 그 부르는 노래 소리가 어찌나 애연한지 우리는 저도 모르게

---

161) 〈해방일보〉, 1941년 7월 9일, "關內地區朝鮮人反日獨立運動資料匯編 下策, 1116頁 遼宁出版社, 1987年
162) 《청년생활》, 1987년 1기 제12쪽,「정율성을 추억하여」, 김학철

▲ 1994년 3월 KBS해외동포특별상을 수상하고 돌아온 작가 김학철선생을 필자가 모시고. 30년대에 서울에서 상해로 독립운동하러 간 김학철은 정율성과 남경시절에 만나 태항산과 연안, 그리고 북한과 중국에서 끈끈한 인연을 이어오다가 2001년에 타계하셨다.

걸음을 멈추고 귀들을 기울였다…

노래가 끝나기를 기다려서 내가 가까이 가 "그게 무슨 노래요?"하고 물어본 즉 그중의 하나가 얼른 일어서며 「연수요」죠, 라고 대답해주고 상긋 웃었다…"작곡자 말인가요? 작곡자는 정-율-성. 그리구…" "정-율-성? …어느 정율성?…"

나는 그 하찮게 여기던 정율성이가 이런 곡을 지었으리라고는 도저히 믿어지지가 않았다.

그러나 "도저히 믿어지지 않는" 일은 잇달아 또 나타났다-

팔로군 정치부(당시의 부장은 나서경)에서 우리 선전부에 보내온 악보-「팔로군행진곡」…에도 작곡자가 뚜렷이 "정율성"으로 밝혀져 있었다!

(고놈의 "풍각쟁이"가?)…

우리는 모두 벌린 입을 다물지 못하고 서로 얼굴만 마주보았다."

김학철은 음악이 이처럼 큰 항일의 무기로 될 줄은 꿈에도 생각지 못했다.

중국 항일전쟁은 조선 혁명자들을 양성하고 단련해 낸 위대한 용광로였다. 연안에서 중국 혁명과 조선 혁명을 동시에 하게 된 정율성은 샘솟는 듯한 정열을 느꼈다.

이 때, 독일은 소련에 대한 대규모 침략을 감행했다. 일본이 소련을 진공하려 한다는 정보를 입수한 당중앙은 7월에 "전국에 일제에 대한 공격을 호소하며 국민당이 적극적으로 반공격을 하지 않더라도 팔로군, 신사군은 독립적으로 공격"을 할 것을 호소했다. 소련에 대한 일본의 침략을 견제하는 한편, 일본이 중국의 거점들을 포기하게 하려는 데 목적이 있었다. 정율성은 즉시 새극과 합작해 합창 「반공격준비」를 창작했다. 노래는 빠른 시간내에 연안을 통해 각 근거지로 날아가 반공격의 분위기를 고조시켰다.

밤이 되어 연안의 하늘에서 달이 뜨고 별이 반짝일 때면 정율성은 광주 양림산 언덕에 서서 자신을 기다릴 어머니를 생각했다. 이제 혼자 부르던 「아리랑」, 정설송과 함께 부르던 「아리랑」은 연안에서 동포 항일투사들의 목소리로 울려 퍼졌다.

"독립군 아버지 찾아서 나간/ 아들딸은 해가 가도 소식도 없네./ 서간도 깊은 골짝 칠흑 어둠에/ 승냥이 울음소리 가슴이 탄다/ 아리랑 아리랑 아라리요/ 아리랑 고개를 넘어 간다/ 삼천리 금수강산 광복되는 날/ 천리길 마다않고 돌아를 가리/ 압록강 서린 설움 던져나 두고/ 이천만 얼싸안고 춤을 추리라/ 아리랑 아리랑 아라리요/ 아리랑 고개로 넘어간다"

무정 장군과의 깊은 인연

1941년 11월, 연안은 중요한 회의의 개막을 앞두고 있었다. 6일부터 21일까지 진행되는 섬감녕변구 참의회 제2기 제1차 회의다. 정율성과 설송의 사랑에 결정적인 영향을 일으킬 인물이 다가오고 있었다.

무정 장군이었다.

사나이답게 잘 생긴 너부죽한 얼굴, 힘있는 손으로 말고삐를 틀어잡고 균형잡힌 자세로 말을 타고 앞을 내다보는 준엄한 눈빛에서 민족의 수난을 가슴에 깊이 새기고 민족의 독립과 해방을 위해 수많은 벼랑을 지나서 달려왔을 그의 험난한 혁명노정이 보였다.

정율성은 무정을 만나자 무척 반가웠다. 지난 7월에 연안문화구락부에서 개최된 화북조선청년연합회 섬감녕변구지회 성립대회에서 무정을 만난지 5개월만이다. 그동안 정율성은 지회장 역할을 열심히 했다. 마침 회의 전이라 무정에게는 한가한 시간이 있었다. 정율성은 화북조선청년연합회 섬감녕 변구지회의 활동상황에 대해 자세히 보고하였다.

"잘했네.「연안송」,「팔로군 대합창」이 있어서 나는 자네가 항상 자랑스럽다오. 조선 혁명사업도 중요하지만 노신예술학원을 비롯해서 변구 음악사업과 자신의 창작에도 더 정진하시오."

"알겠습니다!"

사업보고가 끝나고 개인 상황에 대한 이야기를 주고받다가 무정은 깜짝 놀랐다. 무정은 정율성이 무창에서 자신과 함께 북벌군에서 싸웠던 전우 정인제의 동생이라는 것을 알고 기뻐서 정율성의 어깨를 그러안고 흔들었다.

"난 자네 큰형, 둘째형을 잘 알아. 잘 알지! 자네 큰형은 중국과 한국을 넘나들면서 독립운동을 했지. 애석하게도 자네 둘째형은 민족독립의 큰 뜻을 채 펴지 못하고 희생됐어. 그 형님들에 그 아우구만. 훌륭한 아우를 두었어. 아우가 형들이 못 다한 큰 뜻을 펼쳐드려야지!"

순간 정율성은 눈물이 글썽해졌다. 연안에서 형들을 만났더라면 얼마나 좋았으랴!

"원! 마음이 약해서는 안 되지! 우리는 강심장이여야 되는 거요!"

무정은 정율성의 어깨를 잡고 힘 있게 다독였다. 무정은 정율성의 첫사랑이 조직의 불신으로 인해 암초에 부딪쳤다는 말을 듣고 가슴을 탕 쳤다.

"내가 증명을 서 줄께. 아우의 가족은 모두 혁명가 집안이야. 일제타도와 민족의 독립을 위해 목숨을 바친 가족이야."

그러는 무정이 형처럼 느껴져 정율성은 한결 마음이 든든했다.

이때 설송은 변구 참의회 회의를 위해 근 1년간 수덕선거사업을 마치고 며칠 전에 연안에 돌아왔다. 멀리 보탑산이 보일 때부터 정율성이 기다리고 있는 것 같아 그리움으로 설렜다. 이때 항일군정대학, 중국여자대학의 동창들은 모두 결혼했다. '인생에는 귀속이란 것이 있어야 하는데 나는 언제까지 기다려야 하지?' 마음이 번거로웠다.

설송은 회의장을 나왔다가 문득 꿈에도 그리던 정율성의 얼굴을 발견했다. 얼굴에 가득 기쁜 표정을 담고 손짓해 부르는 정율성, 꿈을 꾸는 것 같았다. 총총히 달려가 다급히 물었다.

"해결됐어요? 문제가 해결됐어요?"

"아니야, 그렇지만 기쁜 소식이 있어!"

"기쁜 소식이 뭔데요?"

"무정퇀장께서 오셨어."

"무정?!"

설송의 귓가에 언젠가 여자대학 가경시 부교장이 하던 말이 스쳐 지난다.

"무정은 2만5천 리 장정을 거친 조선동지야. 당은 그분을 아주 신임하고 있어."

"그분이 어디 계셔요?"

라고 묻는 그에게로 무정퇀장이 빙그레 웃으며 다가왔다. 무정은 설송에게 정율성의 혁명가족사에 대해 이야기했다. 설송은 귀가 솔깃해서 그의 말을 들었다.

"쑈밍, 정율성은 아무 문제가 없습니다. 그의 가정은 혁명가 집안입니다. 내가 큰형, 작은 형 모두 잘 알지요. 큰형은 중국공산당원으로 중국과 조선에서 혁명했습니다. 둘째형 인제와는 무한에서 함께 싸우면서 같은 지부에서 당 생활을 했어요. 아무 걱정 하지 말고 지금 정율성을 꽉 잡으시오. 놓치면 안 되는데, 다른 처녀가 가져가면 어떡할라구."

무정이 호탕하게 웃으며 말했다. 설송은 그의 말을 듣자 "한 줄기 맑은 바람이 머릿속의 구름과 안개를 깨끗이 쓸어낸 것처럼 마음이 편안해졌다."[163]

정율성은 설송의 얼굴에서 피어나는 기쁜 표정을 지켜보며 오랜만에 활짝 웃었다.

"자, 자, 두 사람 여기 이렇게 서봐. 사진기가 있을 때 사진 한 장 찍자구. 여기서는 사진 한 장 찍기가 어디 쉬운 일인가. 어서 서봐."

무정은 설송을 정율성의 곁에 끌어당기며 포즈를 취하라고 했다.

이 때 설송은 또다시 조직의 권고가 머리를 맴돌았다. 당에서 정율성에 대해 아직 아무런 결론도 내리지 않았는데 이렇게 해도 되는 걸까? 난 당원이야. 당을 절대적으로 믿는다고 했는데 이럴 순 없어…

"제가 지금 회의준비가 바빠서요. 지금은 안돼요. 저 갈께요…"

설송은 구실을 대고 얼른 회의장으로 달려갔다.

먼 훗날, 정설송은 이렇게 한탄했다.

"이렇게 돼서 우리 두 사람은 연안에서 사진 한 장 남기지 못했지요."

무정탄장의 증언으로도 설송의 마음을 돌릴 수 없게 되자 정율성은 고개를 떨구었다.

섬감녕변구 제2기 참의회 제1차 회의가 개최되었다. 변구회의에서 무정은 「변구 예술일군들에 대한 대우를 높일 것에 대한」 문화교육 제안부분 제31호안을 제출해 134표의 다수로 채택됐다. 또 「조선 혁명인사들과 단결하고 그들을 원조할 것에 대한」 특종제안 제11호안을 제출해 158표의 다수로 채택됐다.

참의회 회의 후, 중공 진기로예 변구위원회, 변구정부는 무정의 제안에 따라 "조선혁명사업을 원조할 것에 관한 결정"을 지었다. "일본제국주의는 중조 두 민족의 공동의 원수이며" 중국과 조선 서로를 위해 "조선혁명가들과 친밀히 단결하고 조선청년연합회와 의용대를 물심 양면으로 도와주며" 조선혁명을 원조하기 위해 "조선인을 우대"하고 "조선인민초대소"를 세우는

---

163) 『作曲家鄭律成』, 丁雪松 等 著, 遼寧人民出版社, 2009年 7月, 22頁, 「相識相愛永別」, 丁雪松

등 관련 조례와 규정을 만들었다. 또 진기로예 변구정부는 일본인, 조선인 참의원을 초빙하기로 결정하고 화북조선독립동맹 서기 박효삼을 조선인 참의원으로 초빙했다.

바쁜 가운데서도 설송의 눈길은 자주 무정에게로 쏠렸다. 정율성을 잃지 않으려면 유일하게 잡아야 할 사람이 무정이었기 때문이다.

두 사람의 아리랑, 봉황열반

정율성은 앓기 시작했다. 자꾸 신열이 나고 기침이 났다. 조직으로부터 의심을 당하고 사랑의 좌절을 당한 것이 깊은 병을 불렀다. 하지만 휴식할 상황이 아니었다. 중요 합창 공연을 준비해야 했다. 그것은 곽말약의 장시「봉황열반」으로 된 50여 명의 대합창이었다.

환남사변 발생 후 국민당은 국공합작에서 공산당이 국민당을 배반한 것으로 대서특필했다. 중공중앙 남방국은 국민당 당국에 항의하는 한편 모든 공개장소와 기회를 이용해 사회 각계와 중경 주재 미, 영, 소 등 나라 외교, 군사인원, 기자들에게 환남사변의 진상을 폭로했다. 그런데 문제는 장개석 역시 중국의 가장 영향력 있는 문화계 지명인사들을 회유하고 있어 최대한의 효과를 볼 수 있는 계기가 필요했다. 남방국은 1941년 11월 16일, 곽말약의 문학창작 25주년 및 탄신 50주년 기념행사를 통해 환남사변의 진상을 알리고 권위 있는 민주인사들을 쟁취하려는 계획을 당중앙에 제출해 통과했다.

곽말약은 당시 서거한 노신의 뒤를 이어 중국 문화계 영수의 지위에 있었으며 진보적인 문화계의 깃발이었다. 그는 중경에서 주은래가 영도하는 국민정부군사위원회 정치부 제3청 청장, 문화사업위원회 주임으로 있었는데 그의 수하에는 전국 문화계의 가장 영향력 있는 항일구국 저명인사들이 운집해 있었다. 장개석도 그의 중요성을 잘 알기에 직접 그를 초청하여 성대한 연회를 베풀며 그의 주변의 저명인사들의 마음을 잡으려고 애를 썼다.

곽말약은 자신의 생일기념 행사에 대해 사절했다. 이에 대해 주은래는 "선생에 대한 이 기념활동은 의의가 큰 중대한 정치투쟁입니다. 우리는 모든 민주적이고 진보적인 역량을 동원해 적들의 정치, 문화면의 파쇼통치를 물리쳐야 합니다."라고 설득했다.

노신예술학원도 이 기념행사를 준비했다. 음악학부는 곽말약의 장시 「봉황열반」 대합창을 선정하고 11월 상순부터 연습에 들어갔다.

봉황은 중국 전설 속의 신조이다. 전설 속의 천방국에 한쌍의 신조가 살았는데 이들은 500년을 살고 나서 향나무를 모아 모닥불을 피워 스스로 타 죽었다. 하지만 이들은 잿불 속에서 다시 살아나 더욱 아름다워지고 다시는 죽지 않았다. 이것이 바로 봉황인데 수컷은 봉, 암컷은 황이었다. 5.4운동을 배경으로 쓴 장시 「봉황열반」은 이를 통해 민족의 재생, 자아의 재생을 보여주었다.

노신예술학원 음악학부가 이 작품을 선택한데는 당시 연안 봉황산 기슭에 자리 잡은 중공중앙에 대한 상징적 의미도 있었을 것으로 짐작된다. 신비하고 아름다운 전설이 깃든 봉황산 기슭에서 중공중앙은 항전의 결심을 더 굳게 다지고 새 중국의 탄생을 열어가는 열반을 준비하고 있었다.

연안에 하나밖에 없는 피아노의 멜로디가 황토고원에 울려 퍼졌다. 이해 봄에 주은래는 화교가 팔로군에 증정한 구식 독일 피아노를 중경으로부터 연안에 보내와 노신예술학원에 증정했다. 피아노 반주에 맞춰 합창연습이 시나브로 진행되고 있다. 당시 노신예술학원 음악학부에 재학했고 그 후 중앙가무단 부단장이었던 맹우는 이렇게 술회했다.

"「봉황열반」 합창에는 남녀 솔로가수가 필요했습니다. 정율성 선생님은 "봉"을 맡고 이여연 선생님이 "황"을 맡았지요. 선생님은 외국인이다 보니까 발음상 단어를 또렷하게 뱉어내지 못하셨어요. '독수리'의 배역도 하셨는데 "평황평황, 니먼 스러마"라는 구절에서 선생님은 이 "스"자 발음을 아주 이상하게 하셨어요. 우리는 웃음을 참지 못해 폭소를 터뜨리곤 했지요. 선생님은 매일 이 구절을 반복적으로 연습하시곤 했어요."

정율성은 연안에서 언어의 한계 때문에 여러 가지 벽에 부딪쳤다. 발음,

성조는 작곡에도 영향을 미쳤다. 성조를 잘못 파악한 음부는 다른 의미를 전달할 수 있기 때문이다. 신작이 나오기만 하면 그의 이웃에 살았던 노신예술학원 동료 구유가 늘 시정해주곤 했다. 결국 발음과 성조 때문에 정율성의 "봉" 역할은 다른 성악가에 의해 대체되고 정율성은「봉황열반」합창에서「뭇새들의 노래」의 솔로를 담당했다. 당시 피아노 반주를 했던 구유는 다음과 같이 술회했다.

"정율성 동지는 창작에 재능이 있을 뿐더러 아주 개성있는 가수이기도 하다…그는 우렁차고 명쾌한 음색을 가진 격정으로 충만된 희곡적인 남고음을 가지고 있었다. 이런 천부는 아마도 해양성 기후를 가지고 있는 조선반도에서 자란 것과 관계되지 않나 싶다."

국민당의 3차 반공고조가 이어지고 있는 가운데 연안은 봉황열반에 들어섰다. 조선의용대에게도 봉황열반이었다. 국민당 전구를 떠나 공산당 전구로 북상해 연안에 모였고 중국혁명과 한민족독립의 이중사명을 완성해야 했다. 정율성에게도 한 차례 봉황열반이었다. 벌써 불신을 당한지 2년 반, 당조직과 사랑의 불신 앞에서 반드시 새로 태어나야 했다.
평황평황, 니먼 스러마(봉황 봉황, 너희들은 죽었느냐?)
정율성은 매일 이 구절을 연습했다.
스러마…스러마…스러마…
죽었느냐…죽었느냐…죽었느냐…
독수리는 모든 악세력을 상징했다. 스러마…스러마…스러마…를 연습할 때마다 정율성은 자신의 마음에서 울리는 소리를 들었다. 죽지 않으리… 죽지 않으리… 죽지 않으리…
이 노랫소리는 하얀 입김을 내뿜으며 황토고원에 울려 퍼졌다.
11월 16일, 연안 문화구락부에서는 "곽말약 창작 25주년 및 50대수(大壽) 경축 행사"의 일환으로「봉황열반」대합창 제1차 공연이 있었다. 합창 대원들은 모처럼 얼굴에 분장을 했다. 남자들은 검은색 광목으로 지은 레닌복을, 여성들은 하얀 털실로 뜬 네모난 깃과 하얀 소매깃을 단 검은색 광목 불라우스를 입었는데 당시에는 가장 사치스러운 공연복이었다.

이때 섬감녕변구 제2기 참의회 제1차 회의도 진행 중이었다. 설송은 회의장에서 바삐 돌았다.

50여명의 합창이 울렸다. "봉"은 낡은 사회의 억압에 분노하며 죽음을 앞에 두고 절규하고 부르짖었다.

우주여 우주, 그대는 왜 존재하느냐?… 머리를 들고 내 하늘에 묻노니…머리를 수그리고 내 땅에 묻노니… 멀리 바라보며 내 바다에 묻노니…

"독수리"역을 맡은 정율성의 우렁찬 고음이 울렸다.

너희들은 죽었느냐?/ 너희들은 죽었느냐?

당시 피아노 반주를 했던 구유는 다음과 같이 술회했다.

"그는 강렬하고 우렁찬 목소리로 '하늘패왕'의 개성을 잘 표현했다."

이 때 정율성은 매일 신열이 났다. 「봉황재생가」 부분을 부를 때 그는 마음도 타고 정신도 타고 몸도 탔다. 그는 피라도 토하고 싶은 마음으로 봉황의 재생을 노래했다.

…조수가 밀려온다. 죽음은 광명으로 갱생한다. 봄 조수가 밀려온다. 죽었던 우주가 갱생한다. 생명의 조수가 밀려온다. 죽었던 봉황이 갱생한다…우리는 살아났다…날자! 노래 부르자!…

요란한 박수 소리 속에서 정율성은 탈진한 상태로 무대에 서 있었다.

그리고 12월 5일, 소련 10월 혁명절 및 곽말약 탄신 50주년 기념행사로 「봉황열반」대합창 제2차공연이 있었다. 이 때 변구 참의회는 이미 11월 21일에 끝났다. 정율성은 여전히 폐결핵이 심한 상태로 무대에 섰다. 신열이 올라 붉게 상기된 얼굴로 때로는 침울하게, 때로는 분노하며, 때로는 희망으로 불타며 열창했다. 이 때 당중앙은 민주선거를 통해 산생된 변구정부 부주석 비서로 설송을 선정했다. 설송은 조직의 중점양성을 통해 자신의 능력을 뛰어나게 표현했고 조직은 이를 인정했다. 설송에게는 정치가도가 열렸다.

공연이 끝나자 정율성은 비틀거리며 고요한 산속으로 들어갔다. 조직에서는 그에게 휴가를 주었다. 연안과 같은 악조건에서 폐결핵은 오로지 휴양이

가장 좋은 치료였다. 정율성은 터져오는 기침과 신열 속에서 산속의 토굴집에 누워 기나긴 잠에 빠졌다. 몽롱한 가운데 그의 귓가에 봉황의 노랫소리가 들렸다.

"… 머리를 들고 내 하늘에 묻노니…머리를 수그리고 내 땅에 묻노니… 멀리 바라보며 내 바다에 묻노니…"

결혼, 주덕 장군이 총을 빌려주다

이 때 설송은 변구부주석 비서 임직을 앞두고 기쁨보다는 슬픔이 앞섰다. 곧 새해가 온다. 정율성은 어찌해야 하는가? 얼마나 평생을 함께 하고 싶은 사람인가! 이렇게 정율성을 영영 잃게 되는 것일까?

문득 귓가를 스치는 소리, 여자대학 가경시 부교장의 말소리다. 무정은 2만5천 리 장정을 거친 조선 동지야. 당은 그분을 아주 신임하고 있어.

"하늘은 유난히 맑고 바람 또한 가볍게 불어치는 오전이었다.[164]" 설송은 북문 밖에서 조금 떨어진 산비탈로 헐떡거리며 올라갔다. 중앙조직부 토굴집에 이르렀을 때는 벌써 점심 때였다. 긴장해서 숨이 막힐 것 같았다. 설송은 당시 상황을 다음과 같이 술회했다.

"나는 공산당원이었기에 반드시 조직의 결정에 복종해야 했다. 나의 혼인 문제도 마찬가지다. 그리하여 나는 중앙조직부장 진운을 찾아갔다. 그는 마침 오침을 하고 있었는데 나를 보자 침대에서 일어나 이야기를 나누었다.

"사적인 문제를 조직에 요청해도 될까요? 벌써 여러 해 동안 조사를 했는데 정율성이 대체 특무가 맞나요 아니나요?"

"지금까지는 그에게 특무라는 그 어떤 자료도 나오지 않았습니다. 하지만

---

164) 『作曲家鄭律成』, 丁雪松 等 著, 遼寧人民出版社, 2009年 7月, 23頁, 「相識相愛永別」, 丁雪松

그에게 특무가 아니라는 것을 증명할 그 어떤 자료 또한 나오지 않았습니다."

진운 부장의 대답은 애매모호했다.

"변구참의회에서 저는 무정 동지를 만났습니다. 그분은 정율성의 가족에 대해 잘 알며 혁명가정이라고 말씀하셨습니다. 그이는 정율성이 아무 문제도 없다는 것을 담보한다고 하셨습니다."

"엉? 그랬습니까?"

진운 동지는 잠시 말이 없다.

"저는 정율성과 3년간 교제해왔습니다. 서로 감정이 깊습니다. 조직에 요청합니다. 제가 그이와 결혼해도 되겠습니까?"

진운 동지는 나를 바라보며 빙그레 웃었다.

"동무들끼리 결정하시오. 조직에서는 간섭하지 않겠습니다."

하루 또 하루, 가을이 가고 봄이 오고 하늘의 기러기는 몇 번이고 강남을 오고 갔다. 우리는 3년여 기다려오다가 끝내 행복한 이 날을 맞이했다. 내가 이 기쁜 소식을 정율성에게 알렸을 때 그는 너무 흥분하여 눈빛이 뜨겁게 반짝거렸다."

기나긴 시련의 시간은 지나가고 정율성의 사랑은 봉황열반을 거쳐 드디어 재생했다. 정율성은 꿈을 꾸는 것 같았다. 잠을 깨면 설송이 새처럼 푸르릉 날아 갈까봐 겁났다. 그녀 손을 꽉 잡았다. 설송이 야무지게 말했다.

"우리 당장 결혼해요!"

"그래, 우리 당장 해!"

정율성은 병이 있다는 것도 까맣게 잊고 설송과 함께 나는 듯이 산을 내려갔다.

그리고 정율성은 특별한 방문을 했다. 주덕 총사령을 방문한 것이다. 당시 노신예술학원 학생이었고 그 후 남경예술학원 도서관 관장이었던 화은은 다음과 같이 술회했다.

"이 작곡가의 이름은 노래 때문에 모르는 사람이 없었다. 그러므로 우리 팔로군의 총사령 주덕은 그를 아주 중시했고 그와 내왕하며 밀접한 관계를 유지했다. 이날, 순박하고 자애로운 주 총사령은 인자한 미소를 띠고 정율성의 방문을 맞이했는데 그에 대해 특별히 친절했다. 이야기를 나누던 중 정율성의 연애, 결혼이 화제에 올랐다. 주덕은 그의 애인의 이름, 직업, 취미 등에 대해서도 물었다… 주덕은 그들의 결혼 준비에 대해 물었다…그 때 중국의 적후항일전쟁은 아주 치열해서 팔로군은 총, 대포, 탄약이 아주 부족했다. 그런 상황에서 주 총사령이 그에게 보총을 차용하도록 동의하고 총알 두 줄을 주었다는 것은 세계적으로 두 번 있을 수 없는 특별한 대우였다…"

주덕 총사령의 배려로 보총[165]을 빌린 정율성은 설송에게로 달려와 말했다.
"쑈띵, 나랑 같이 사냥하러 가자!"
그들은 손을 잡고 백설로 뒤덮인 깊은 산속으로 들어갔다. 두 사람의 세계, 꿈만 같았다. 산속은 고요했다. 눈부신 은빛 세계였다. 공기 또한 청량하고 맑았다. 설송은 정율성이 가르쳐준 아리랑을 불렀다.

"아리랑 아리랑 아라리요/ 아리랑 고개를 넘어간다…"

두 사람은 함께 아리랑고개를 넘었다. 봉황열반을 했다. 정율성은 설송의 어깨를 끌어안고 속삭였다.
"당신의 마음은 백설처럼 순수하고 깨끗하고 수정처럼 투명하고 맑아. 당신의 마음을 얻을 수 있어서 나는 세상에서 가장 행복한 사람이 됐어!"[166]
두 사람의 행복에 겨운 웃음소리가 고요한 산을 흔들었다.
황양을 잡으려면 교아구 뒷산에서 20~30리는 들어가야 했다. 황양은 아

---

[165] 개인 자이로 보병들이 가지고 다니는 소총
[166] 『作曲家鄭律成』, 丁雪松 等 著, 遼寧人民出版社, 2009年 7月, 24頁, 「相識相愛永別」, 丁雪松

주 예민해서 사냥꾼을 발견하기만 하면 바로 도망을 갔다. 사냥꾼은 정신을 집중해야만 황양을 발견할 수 있고 발견하기만 하면 얼른 몸을 숨기고 총을 들어 조준했다가 바로 명중해야 잡을 수 있었다.

갑자기 정율성이 입에 손을 대고 쉬-하더니 눈 위에 난 짐승의 발자국을 따라 가만가만 앞으로 나갔다. 땅, 방아쇠를 당기는 소리, 멀지 않은 곳에서 황양 한 마리가 쓰러졌다. 너무 기뻐서 설송이 막 달려가 황양을 끌어오려고 하자 정율성이 얼른 설송을 말렸다.

"가만있어. 이건 암컷이니 부근에 꼭 수컷이 있을 거야."

아니나 다를까 또 한 마리를 잡았다. 정설송은 다음과 같이 술회했다.

"그의 총은 특별히 정확했다. 두 발의 탄알로 황양 두 마리를 잡았는데, 헛방이 없고 정확해서 노신예술학원에서 유명해졌다. 그는 머물렀던 집의 주인과 황양으로 찹쌀과 대추를 바꾸고 미리 찹쌀떡을 솥에 쪄서 만들었다. 다른 한 마리는 양고기 산적을 만들었다. 우리의 혼례식에는 황양도 있고 떡도 있었는데 당시 연안에서는 흔치 않은 일이었다."

범상치 않은 1941년이 막 저물어가는 12월, 노신예술학원의 한 단층 방에서 결혼식이 진행됐다. 「봉황열반」에서 "황"을 담당했던 이여연 등 문화구락부의 동지들이 손을 맞추어 음식을 준비했다. 꽃천 이불을 벗겨내 긴 상에 펴고 꽃병에 꽃을 꽂고 상에 땅콩, 대추, 사탕을 놓았다. 조선 동지들이 소나무가지에 오색찬란한 종이들을 매달아 분위기를 돋우었다. 창문에는 붉은색 종이로 커다란 기쁠 "囍"자를 오려서 붙였다.

결혼식에는 무정, 나서경 등이 참가했다. 주양 원장이 사회했으며 진백달이 "천하정인들이 마침내 권속을 이루기 바라노라"라는 제자를 써서 부쳤다. 방 두 개에 잔치객들이 빼곡히 앉거나 섰다.

뜨거운 박수 소리 속에서 결혼식이 시작됐다. 향우가 반주하고 신랑 정율성이 굵은 남고음으로 노래를 불렀고 이어 신부 정설송이 부드럽고 아름다운 목소리로 노래를 불렀다. 모두들 웃고 떠들며 땅콩, 대추, 사탕을 먹었다.

신랑 신부가 연애과정을 말하는 순서가 왔다.

"저는 설송을 아주 사랑했습니다…"

정율성은 긴장해서 무슨 말을 했으면 좋을지 몰라 뒷말을 잇지 못했다.

그러자 설송이 불쑥 나섰다.

"제가 말씀드리겠습니다. 왜 정율성 동지를 사랑하게 되었는지 말씀 드리겠습니다…"

설송의 용감한 표현에 선생님의 결혼식에 참가했던 맹우 등 여학생들은 눈이 휘둥그래서 감탄을 금할 수 없어했다. 참으로 설송 답다고 모두들 박수를 쳤다.

연회가 시작되자 4인 1조씩 각자 위치에 앉았다. 각 조의 대표가 임시 주방에 와서 양념에 무친 황양고기 한 사발, 철망 1개, 목탄 한 봉지씩을 배급받았다. 불 위에 철망을 놓고 고기를 구워서 웃고 떠들며 맛있게 먹었다. 그들의 결혼식은 연안에서 자자하게 소문이 났다. 세월이 70년 흘렀지만 맹우 등 아직 생존한 노신예술학원의 학생들과 동료들은 그들의 결혼식을 생생하게 기억하고 있었다.

정율성은 드디어 사랑하는 처녀 정설송과 함께 화촉을 밝혔다.

밀월 속에서 1942년의 새날이 밝아왔다.

며칠 뒤,「봉황열반」대합창 제3차공연이 산기슭에 금방 낙성된 섬감녕변구정부 대강당에서 진행됐다. 정율성은 봉황의 재생의 기쁨을 가슴 뿌듯이 느끼며 열창했다.

…조수가 밀려온다. 죽음은 광명으로 갱생한다. 봄 조수가 밀려온다. 죽었던 우주가 갱생한다. 생명의 조수가 밀려온다. 죽었던 봉황이 갱생한다…우리는 살아났다…날자! 노래 부르자!…

또다시 시련 속으로

정율성의 높은 사격술은 노신예술학원에 파다히 알려졌다. 강의 후 시간이 날 때면 정율성은 주덕 총사령이 빌려준 총으로 곧잘 황양 등을 사냥해 사생들의 생활개선을 했다. 정율성의 학생이었던 맹우는 북경 풍대의 딸집에서 필자에게 다음과 같이 술회했다.

"정 선생님이 사냥준비를 하면 우리 여학생끼리 미리 짜고 식당에서 식사하고 난 뒤 가만히 좁쌀떡을 하나씩 소매 속에 감춰가지고 돌아와 선생님에게 드리지요. 선생님은 그것을 칼로 여러 토막을 내서 목탄 불에 구워 주머니에 넣습니다. 그걸 메고 산으로 떠나지요. 한 번도 빈손으로 돌아오는 일은 없었습니다. 선생님이 돌아오면 취사반은 분주해지며 황양이든 토끼든 꿩이든 요리를 해서 식탁에 올리곤 했습니다. 육류가 턱없이 부족한 상황에서 모두들 고기냄새에 특별히 예민했습니다. 고소한 고기냄새가 솔솔 풍기면 음악학부만 먹기에는 참 민망한 일이었습니다. 우리는 매번 작은 그릇에 고기를 담아서 미술, 문학, 희곡 학부에 두 그릇씩 선물하곤 했습니다. 고기가 정말로 먹고 싶어질 때면 우리는 좁쌀떡 등을 가만히 소매 속에 감춰가지고 와서는 선생님의 토굴집에 갖다 놓지요. 그러면 선생님은 우리가 말하지 않아도 바로 사냥을 떠나곤 했습니다."

정율성의 토굴집 이웃에 살았던 구유의 증언에서 우리는 그가 연안에서도 어렸을 때 심취했던 천렵 취미를 그대로 가지고 있었음을 알 수 있다.

"연안시절에 나는 일요일마다 그와 함께 교아구의 골짜기로 산책을 떠났다. 노란색 들장미가 비탈에 가득 피고 시내의 샘물이 찰랑찰랑 흐른다. 그는 바늘 하나를 젓가락 끝에 꽂아 화살을 만들고 참대를 후려서 활을 만든 후 화살을 시위에 걸어 물속의 물고기를 겨냥해 가볍게 날려 보낸다. 바로 물고기를 잡을 수 있었다. 우리는 물고기를 가지고 돌아와 구수한 물고기국을 끓여 먹었다. 어떤 때에는 심산 속에 들어가 황양을 사냥해서 불고기를 구워 먹었다."

이 시기 연안의 분위기는 무척 자유롭고 관용적이었다. 정율성 또한 신혼의 밀월을 보내고 있는 시기여서 그의 노래는 보다 섬세한 소재를 찾았다. 모두가 항전가곡이지만 이 시기에 창작된 가곡들은 「초원곡」, 「어린 복숭아나무」, 「작은 뻐꾸기」 등 비교적 섬세하고 서정적인 음악형상을 창조했다.

1942년 설이 지나서부터 연안은 슬슬 긴장이 감돌기 시작했다. 1941년 전후, 일본군과 괴뢰군의 소탕이 미친듯이 진행되면서 항일 근거지는 급격히 축소되고 극단적인 경제 곤란에 직면했다. 사상을 통일하고 전투력을 제고하기 위해 1941년 5월 모택동이 연안고급간부회의에서 "우리의 학습을 개조하자"라는 제목의 보고를 했다. 이로부터 정풍운동의 서막이 열렸다. 1942년 2월 모택동이 연안간부회의에서 세 가지 작품을 정돈할 것에 대한 보고를 하고, 4월 3일 중앙이 전당 범위에서 정풍운동을 진행할 것에 대한 결정을 내리고 나서부터 연안 정풍운동이 시작됐다. 하지만 정풍 확대화는 많은 억울한 사건을 만들어냈다.

정율성도 새로운 시련에 부딪쳤다.

노신예술학원의 전문화, 정규화 교육방침이 공농병 대중을 이탈한 것으로 인정돼 칼도마에 올랐다. 이 와중에 유명한 〈연안문예좌담회〉가 개최되었다.

모택동은 혁명의 주력이 노농병인데 지식인이 노농병을 이탈하거나 마찰이 생기는 경우가 많아 전투력이 크게 약화되었다고 생각했다. 이 문제를 해결하기 위해 〈연안문예좌담회〉를 개최했다. 모택동과 중공중앙선전부 대리부장 개풍이 사인한 분홍색 회의 안내장이 육속 문예계 주요 지도자들에게로 도착했다. 정율성도 초청을 받고 이 회의에 참석했다.

회의는 정치와 문예의 관계, 가송(歌頌)과 폭로(暴露)의 문제, 보급과 제고의 관계 등 논쟁이 치열했다. 정율성도 적극 자기 견해를 발표했다.[167] 5월 23일, 모택동은 〈연안문예좌담회에서 한 연설〉이란 연설을 발표하여 문예가 노농병을 위해 복무해야 한다는 문예의 방향을 제시했다.

6월 2일에 정풍운동의 최고영도기구인 "중공중앙 총학습위원회"가 나왔

---

167) 丁雪松采訪彔 梁茂春記彔, 2011年 11月, 鄭小提提供

다. 강생, 그 이름과 함께 또 하나의 특대비극이 서서히 막을 열었다.

가장 먼저 잡혀 나온 사람은 왕실미, 북경대학을 중퇴하고 연안으로 달려와 마르크스-레닌주의학원, 중앙연구원 특별연구원으로 있으면서 마르크스-레닌주의 경전 2백만 자를 번역했던 수재다. 그는 연안의 부정적인 부분을 폭로한 글「들백합꽃」을 발표한 죄로 강생에게 찍혔다. 강생은 "닭을 잡아 원숭이에게 보이는"식으로 그를 통해 연안의 작가, 예술가들을 다스렸다. 왕실미는 기타 4명과 함께 "반당집단", "반혁명 트로츠키파, 간첩분자"로 찍혀 당에서 제명당하고 옥살이를 하다가 1947년에 강생에 의해 비밀리에 처형되었다.

왕실미에 대한 비판 강도가 높아감에 따라 노신예술학원에도 긴장감이 고조되었다.

정율성과 설송의 밀월은 짧디 짧은 몇 달 만에 끝나버렸다. 중공중앙 조직부의 동의를 거쳐 결혼했기 때문에 그들은 천진하게도 조직이 정율성을 신뢰하는 것으로 이해했다. 그리하여 그 몇 개월을 참으로 마음 편하게 행복하게 보냈다.

어느 날, 파란 대추가 가지마다 휘어지게 열린 조원으로부터 중공중앙 사회부의 붉은색 도장이 찍힌 서류가 노신예술학원 정치부에 전달되었다. 정율성, 이라는 이름자를 보는 순간, 노신예술학원 정치부 주임 송간부는 바짝 긴장했다. 정율성은 일본 간첩혐의로 정풍의 대상에 지목되었다. 정치부는 정율성을 불러 엄숙하게 조사하고 철저히 교대할 것을 요구했다. 이에 대해 다음과 같은 자료가 있다.[168]

"이 때 같이 입원했던 송간부 동지가 들어와 우리 이야기에 끼어들었다. 연안노신예술학원에서 정치부 주임을 담당했던 이 노간부는 연안 시기 정율성에 대해 신임하지 않았던 사실에 대해 인정했다. 그 원인은 첫째는 소련숙청 확대화의 영향이고 둘째는 조원 계통의 강생이 영도한 사회부에서

---

168) "中國第一位女大使 丁雪松回憶彔", 楊德華, 320頁 2000年 10月, 江蘇人民出版社

무슨 자료를 해왔기 때문이라고 했다…그는 연안 시기에 정율성은 정치적으로 의심당했을 뿐더러 예술면에서도 배척 당했다고 했다."

정율성은 "심정이 좋지 않았다… 그는 어슴푸레 누군가 자신을 감시하고 있는 느낌을 받았다."[169] 당시 노신예술학원은 혐의분자, 중점대상은 모두 사람들이 따라다녔다. 번민과 분노의 나날이 이어졌다. 폐결핵이 또 재발했다. 가슴이 답답하고 신열이 났다. 기침이 터질 때면 숨이 넘어 가는 것 같았다. 이 때로부터 그의 음악창작은 사실상 중단되고 말았다.

이 원인에 대해 중앙음악학원 교수 양무춘은 "1942년 전후가 그의 창작의 침체기"였다고 하면서 다음과 같이 해석했다.

"작품목록에서 보면 그는 38년, 39년에 많은 작품을 썼다. 그는 한국사람인데 음악은 중국 사람을 위해 썼다. 「연안송」, 「연수요」, 「팔로군 대합창」 등 모든 노래는 다 한문으로 창작했다. 그는 중국어를 잘 하지 못했지만 한족들, 모든 혁명자들은 그의 음악을 받아들였다. 그는 진정으로 훌륭한 작품들을 썼다. 그러나 그 이후, 40년, 41년, 42년에는 작품을 얼마 쓰지 못했다. 그는 계속 의심을 당했다. 열혈청년이 이처럼 우수한 작품들을 쓴 시기는 그가 심정이 편안할 때였다. 하지만 객관적인 조건은 그를 편안하지 않게 했다. 그의 창작의 첫 고조는 1938년과 1939년이고 그 이후로는 작품이 아주 적다. 우수한 작품도 적다. 이런 상황은 줄곧 그 후까지 지속되었다."

죽을 바에는 전방에 나가 죽을 것이요

이 때 전방으로부터 비보가 전해왔다. 그의 은사와 전우의 희생소식이었다.

---

169) 『作曲家鄭律成』, 丁雪松 等 著, 遼寧人民出版社, 2009年 7月, 24頁, 「相識相愛永別」, 丁雪松

전투는 5월 25일 새벽부터 발생했다. 만여 명 병력의 일본군 정예부대가 비행기의 엄호하에 갑자기 태항산 팔로군 총부를 포위하였다. 수천 명 기관간부들을 보호하기 위해 두 개 패의 경위부대와 조선의용대가 엄호했다. 이 전투에서 좌권 장군 등 팔로군 장병들과 조선의용대 대원들이 희생되었다. 희생자 중에는 정율성이 존경했던 모교 남경조선혁명군사정치간부학교의 은사 윤세주(석정), 연안에서 늘 만났던 중앙당교 졸업생 진광화가 있었다. 정율성은 비통한 마음을 금할 수 없었다.

윤세주는 김원봉의 고향친구로서 김원봉과 함께 의열단을 창립했다. 일본에서 군사학교를 졸업하고 한국에서 일본 고관을 암살하려다가 체포돼 옥살이를 한 후 남경조선혁명군사정치간부학교 교관을 담당했다. 희생 당시 조선의용대 화북지대 정치교관이었으며 경제, 정치, 군사 서적들을 다수 번역했다. 진광화는 광동국립중산대학교를 졸업하고 연안중앙당교를 거쳐 진기로예당학교 교무과장, 진동남 선전극단 단장, 북방국 당학교 조직과장, 화북조선청년연합회 진기로예분회 회장을 담당했으며 중국공산당 당원이었다. 그가 작사한 노래「최후의 결전」은 조선 혁명가들 중에 널리 불리는 노래다.

조선의용대는 북상해서부터 "이해 6월까지 40여차의 전투에 참가했다."[170] 반년 전에 있은 태항산 호가장 전투에서 의은형의 포섭으로 정율성과 함께 남경조선혁명군사정치간부학교에서 공부했던 왕현순과 남경 화로강에서 함께 적후공작을 했던 전우 여러 명이 희생됐다. 그중 김학철은 부상을 입고 체포되어 일본 나가사키감옥에 수감됐다.

정율성은 일제에 대한 분노와 동지들의 희생에 대한 비통 때문에 주먹을 불끈 쥐었다. 번민할 때가 아니었다. 싸워야 할 때였다. 귓가에 비장한 노래가 울렸다.「최후의 결전」이었다.

---

170) 『관내지구조선인반일독립운동자료 匯編』, 요녕민족출판사, 1987년 출판. 1046쪽, 〈신화일보〉, 1943년 1월 10일

"무거운 쇠사슬을 벗어버리고/ 뼛속에 사무친 원을 풀자/ 무산자 대중아 모두 다 나가자/ 승리는 우리를 재촉한다/ 총칼을 메고 혁명의 길로…"

7월 11일부터 14일까지 화북조선청년연합회는 태항산맥 청장하반에서 제2차 대표대회를 열고 조선청년연합회를 "화북조선독립동맹"으로 개칭하고 조선의용대 화북지대를 "조선의용군 화북지대"로 개칭했다. 화북의 조선 혁명 청년들을 더 큰 범위에서 결성하기 위해서였다. 조선독립동맹은 당시 재중 조선인의 정치단체이고, 조선의용군은 조선독립동맹이 이끄는 무장역량이었다. 정율성 등 섬감녕변구와 산동의 대표들은 교통상황 때문에 회의에 참석하지 못했다. 이 대회에서 정율성이 조선독립동맹의 중국공산당 당조 성원으로 뽑혔다.

조선독립동맹과 조선의용군의 직접적인 지도자는 팔로군 총사령, 중공중앙 해외사업위원회 서기인 주덕이다. 조선독립동맹의 지도자들은 무정 등 다수가 중공당원이었다. 정율성의 어깨에는 또 하나의 중임이 놓여 있었다.

이때 노신예술학원에서는 여전히 정율성에 대해 조사를 하고 뒤를 미행했다. 폐결핵이 점점 더 엄중해졌다. 기침이 심할 때면 피를 토했다. 정설송이 놀라서 소리질렀다.

"어머! 어머! 이를 어떡해! 어서 병원 가요! 병원!"

의사는 자세히 진찰해 보더니 표정이 어두워지며 머리를 저었다.

"다른 방법이 없습니다. 없습니다."

"당시 폐결핵은 불치의 병이었다. 게다가 그에 대한 정치적인 의심도 해제되지 않은 상황이었다."[171] 훗날 정율성의 딸 정소제의 증언이었다. 정율성은 무의미하게 죽을 수는 없었다.

8월, 연안의 날씨는 무더웠다. 정율성은 토굴집에 들어서자 짐을 꾸리기 시작했다.

"죽을 바에는 항일전방에서 죽을 꺼야!"

---

171) 「丁雪松采訪彔 梁茂春記彔」, 2011年, 鄭小提 提供

정율성은 아내에게 말했다.
"당신 건강은 어떡하구?"
"동지들이 전방에서 희생되고 있어! 여기서 무의미하게 죽을 수는 없어! 전방 가서 죽을 거야!"
하지만 조직에서는 일본 간첩혐의자인 그의 전선지원을 승인하지 않았다. 하는 수 없이 그는 무정을 찾아갔다. 정설송은 다음과 같이 술회했다.

"무정이 정율성을 위해 담보를 서고서야 그들은 그를 연안을 떠나 전방으로 갈 수 있도록 놓아주었다."

설송은 병 때문에 수척한 정율성의 얼굴을 보며 그의 건강이 무척 걱정되었다. 하지만 정율성을 막을 수는 없었다. 이 때 설송은 이미 임신한 상태였지만 이를 알지 못했다. 정율성은 "나의 정력서"에 이렇게 적었다.

1942년 8월 15일 당의 결정에 근거해 나는 팔로군 포병퇀 퇀장 무정동지를 따라 태항산 팔로군총부에 조선관련 사업을 하러 떠났다.

8월 15일, 정율성은 설송과 작별했다. 오랜 시련을 이겨내고 이뤄진 결합, 그래서 더 행복했던 짧은 신혼은 또다시 시련을 맞이했다. 살아서 돌아올 수 있을지, 언제 다시 만날 수 있을지. 전선으로 떠나는 사람의 생사를 어찌 알 수 있으랴. 하물며 그는 의사로부터 "불치의 병"으로 낙인 찍힌 사람이 아니던가. 그들은 기약할 수 없는 이별을 했다.
그 때로부터 그들 사이의 소식은 단절됐다. 이제 정율성이 지은 노래 「내 님에게 전해다오」는 그들 부부의 노래였다.

"연하수 흐르고 흘러/ 굽이굽이 전방으로 흘러가네./ 흐르는 강아 그리움 전해다오/ 내님에게 소식이나 전해다오…"

정율성이 떠난 지 얼마 되지 않은 10월, 금빛 가을날 찬바람이 몰아쳤다. 원장 주양은 대회에서 "정율성은 특무이다!"라고 선포했다. 사람들은 깜짝 놀랐다. 이어 노신예술학원의 각 학부와 기관에서 각각 2명씩 10명이 잡혀 나왔다. 음악학부에서는 불행히도 두시갑이 잡혀나왔다. "연안 삼검객"의 한 사람인 두시갑이 참았을 리 만무하다. 의심당할 바에는 죽어버려야지. 라고 생각하며 목숨을 끊으려고 우물에 뛰어들었다. 그러나 마른 우물이었을 줄이야. 상처만 크게 입고 우물로부터 끌려나와 다시 비판을 당했다.

그 후에도 다른 사람들이 계속 잡혀 나왔다. 정율성과 함께「봉황열반」을 불렀던 이여연은 지나친 타격을 받고 비판대회에서 한번 또 한 번 까무러졌다. 당영매의 남편 향우도 잡혀 나왔다.

10월에 금방 노신예술학원 문학학부 교사로 소환돼 온 공목도 학생운동 시절에 2차 피체된 경력이 있는데다가 연안의 부정적인 면을 폭로하는 시를 썼다 하여 "특무집단"에 몰렸다. 혹독한 심문을 참지 못해 2차례나 자결을 시도했으니 성사되지 못했다.「연안송」의 작사자 막야는 연안의 부정적인 면을 폭로하는 소설을 썼다 하여 "반당분자"로 몰렸다. 정설송더러 정율성과 관계를 끊으라고 누누이 설득했던 연안여자대학 부교장 가경시도 강생의 의심을 당해 비판을 받았고 그의 혁명가 아내는 우물에 몸을 던져 목숨을 끊었다.

폭풍우처럼 닥친 불신은 정율성 한 사람이나 그의 동료 몇 사람의 문제가 아니었다. 강생에 의해 연안 정풍기간에 연안의 기관학교 지식인 혁명가 4만 명 중 1만 5천 명이 간첩혐의로 박해를 당했고, 수십 명이 견디지 못해 미치거나 자결했다. 중공중앙은 이 문제를 뒤늦게 발견하고 1943년 겨울에 시정조치를 내렸다.

자칫 이들처럼 비참하고 위험한 운명에 빠질 뻔 했던 정율성은 죽음을 각오하고 떠난 전선행이 오히려 그를 구해준 셈이었다.

제4장

태항산으로 가다
(1942.8~1945.12)

제4장 태항산으로 가다

(1942.8~1945.12)

잎사귀가 붉은 감나무아래에서

우뚝 솟은 태항산은 해발 1500미터나 되고 산맥이 남북으로 줄기줄기 뻗었다. 험악한 절벽이 수림마냥 가득하여 역대 병가들이 요충지 쟁탈전을 벌이던 곳으로 유명했다. 이때는 유격전쟁에 유리한 천연전장이었다. 사위를 둘러보아도 아득한 절벽들이 끝없이 이어져있다.

1940년에 국민당이 제1차 반공고조를 일으킨 후 연안을 연결하는 공산당 교통요도가 파괴되었다. 중앙군위는 팔로군총부에 지시해 연안으로부터 진수근거지, 진중평원, 태항산을 연결하는 비밀교통루트를 개척했다. 정율성은 무정과 함께 이 루트를 따라 태항산을 향해 달렸다.

1942년에 정율성이 연안으로부터 태항산으로 출발했을 당시의 사진 한 장이 있다.[172] 황토고원의 농부처럼 머리를 높이 빡빡 깎고 흰 수건으로 머리를 질끈 동여맸다. 검은색 중국 저고리를 입고 마른 나무더미처럼 보이는 곳에 은폐해 경각성 높은 시선으로 주변을 살피는 모습, 왼쪽에는 멀리 산이 보였다. 폐결핵 때문인지 많이 부어서 원래의 모습을 알아볼 수 없었다. 하지만 정율성은 씩씩했다. 강생이 둥지를 틀고 있는 조원의 그림자에서 벗어났고 믿음직한 지도자이고 형님같이 든든한 무정 장군과 함께 있었다.

그들은 진서 근거지에 이르러 하룡 사령원이 영도하는 진수군구에 도착했다. 진서지구에 속하는 태원에는 당시 5천여 명의 조선인과 적지 않은 일본인이 살고 있었다. 그리하여 120사단에서는 무정에게 중, 일, 조 세 나라 말

---

172) 『작곡가정율성』, 요녕인민출판사, 1983년 9월 출간, 정설송 등 저

을 잘하는 조선인 동지를 급파해달라고 부탁했다. 연안항일군정대학을 따라 120사단 적공과에 와 사업하던 조선인 혁명가 최창익, 허정숙 등이 새로운 임무를 맡고 떠나갔기 때문이다.

그들은 황하에 이르러 한 무리의 사람들을 만나게 된다. 아무리 중국 농부 차림을 했어도 두 눈이 부딪쳤을 때 그들은 서로가 조선사람인 줄을 알 수 있었다. 자세히 살펴보다가 정율성은 입을 딱 벌리고 말을 못했다. 헤이안마루호를 타고 목포에서 출발해 남경조선혁명군사정치간부학교에서 함께 공부했던 김일곤이다. 모교 선생님 김두봉도 있었다. 정율성은 남경시절의 스승과 전우들을 만난 것이다.

정율성은 꿈을 꾸는 듯한 마음으로 소리를 질렀다.
"아, 문명철(김일곤)!"
"아, 유대진!"
그들은 서로를 힘 있게 포옹했다. 얼싸안고 빙빙 돌았다.
"아, 이게 얼마만이냐! 그동안 어떻게 지냈어, 문명철! 아, 김일곤이지!"
"그러게. 얼마만이냐! 우리가 헤어진 지 벌써 8년이야, 8년! 어떻게 지냈어, 유대진! 아, 이제는 정율성이라며?"
"정말이구나. 정말 8년이야! 하하하!"
이들의 뜻밖의 해후에 대해 필자는 최근에 발굴된 자료[173)]에 근거해 전개해 보았다.

최채 증언에 의하면 독립동맹 창립 직후 김두봉 등 노약자들과 김세광, 문명철, 최채 등은 연안으로 가게 되어 태항산을 출발하여 황하강 가에 이르렀는데, 연안에서 태항산으로 나오던 무정과 마주쳤다. 무정은 진서북에 조선인 공작원이 필요하니 보내달라는 120사단의 요청을 전하면서 진서북에 머물러 달라고 지시하여 이 세 사람은 머물게 되었다고 한다(최채의 증언, 1994.연길시 자택에서)무정은 이 때 포병퇀 퇀장직을 사임하고 조선혁명에

---

173) 《역사비평》, 1994년 가을, 역사문제연구소, 역사비평사, 183쪽

진력하기 위해 태항산으로 오는 도중이었다.

또다른 자료[174]에도 문명철-김일곤이 1942년 9월에 진서북에 전근되었다고 나온다. "진서북"은 진수군구에 속한다. 그러므로 무정과 정율성이 태항산으로 떠나던 도중에 만나게 된 것이다.

"대진아, 네가 연안에서 지은「연안송」,「팔로군대합창」등 노래들은 나도 벌써 다 배웠어. 참 잘했어! 정말 멋지게 해냈어! 너의 작은형과 함께 우리 목포에서 헤이안마루호를 타고 중국으로 와 남경군관학교에서 공부하던 시절이 어제인듯 한데 벌써 넌 장한 일을 해냈구나. 정말 잘했어!"

김일곤이 자랑스러운 아우를 고무하듯 정율성의 어깨를 힘있게 쳤다.

김일곤은 정율성보다 2살 더 많았다. 그는 낙양군관학교 군관훈련반 졸업 후 조선의용대에 참가해 화북, 화남 각 항일전선에서 싸웠다. 조선의용대 북상을 계기로 태항산에 왔으며 진동남지구에서 싸우다가 이때는 연안으로 들어가는 길이었다. 그는 아직도 남경조선혁명군사정치간부학교에서 썼던 문명철이라는 이름을 쓰고 있었다. 그에 대해 그의 전우였던 최채는 이렇게 묘사했다.

"그는 기관총, 보총, 권총을 잘 쏘는 이름난 명사수였다. 문명철 동지는 전형적인 군인이었다. 작달막한 키에 딱바라지게 강퍅하게 생겼으며 눈은 호랑이의 눈과도 같이 사납게 보였다. 그는 전쟁마당에 나서기만 하면 눈에 불을 이글거리며 용맹한 호랑이마냥 두려움도 모르고 일본놈들과 용감히 싸웠다. 그는 하모니카도 잘 불고 시도 잘 썼다."

이때 그는 태항산 근거지에서 함께 싸우던 윤복구라는 중국 처녀와 한창 뜨거운 사랑에 빠져있었다. 호랑이 같은 투사였지만 처녀 앞에서는 꼼짝을

---

[174]「진서북 각계에서 조선혁명전우 문명철동지를 추도」연안, 〈해방일보〉, 1943년 5월 17일

▲ 1942년 8월, 항일전선 태항산에서의 정율성. 정소제 제공.

못한다는 것이다. 그의 눈은 사랑의 감로수를 머금고 반짝였고 목소리도 한결 우렁찼다.

정율성은 김두봉에게도 꾸벅 인사를 했다. 머리를 들 때 눈가에는 눈물이 글썽했다.

"선생님! 우리 선생님!"

"대진이 참 잘했어. 연안에서 참 잘 했다구! 이제는 우리 조선인 혁명가들에 대한 사업을 담당한다니까 중임을 잘 떠메고 계속 정진하게! 자네는 더 큰 일을 할 수 있을 거야!"

김두봉은 정율성의 어깨를 껴안으며 무척 자랑스러워한다. 정율성은 가슴이 뭉클했다.

감격적인 상봉 끝에 무정은 김일곤, 최채, 김세광 등 세명을 진수군구 120사단에 소개했다.[175] 그해에 김일곤은 독립동맹 진서북 분맹을 창립하고 조

---

175) 《역사비평》, 1994년 가을, 역사문제연구소, 역사비평사. 183쪽

직위원을 담당했다.

"우리 또 만나자구!"

김일곤은 정율성을 힘 있게 포옹했다.

무정과 정율성은 그들과 작별하고 2000여 리를 달려 팔로군 총부에 도착했다. 정율성은 조선독립동맹의 간부의 신분으로 마전진에서 나서경 주임이 소집한 야전정치부 간부회의에 참가했다. 회의 중간에 휴식시간이 있었는데 나서경 주임이 높은 소리로 말했다.

"우리의 음악가 정율성 동지의 노래를 들어보는 게 어떻겠습니까?"

팔로군 군복을 입고 허리에 혁대를 두르고 다리에 각반을 찬 정율성이 자리에서 일어났다. "그의 중국말은 아주 유창했지만 발음에는 조선말투가 섞여 있었다."[176) 당시 팔로군야전정치부 선전과 간부였던 당평주는 이렇게 술회했다.

열렬한 박수소리 속에서 한 청년이 얼굴을 붉히며 책상이 놓여있는 회의석에 나섰다. 그는 낮은 소리로 다음과 같이 말했다.

"저는 음악가는 아직 아닙니다. 음악을 사랑할 따름입니다. 최근에 근거지 군민대생산에 대한 노래를 작곡했는데 한번 불러보겠습니다. 여러분께서 지적해주시기 바랍니다."

그의 노래는 조선의 이국적인 정취가 묻어있으면서 또한 농후한 중국 민요색채를 지니고 있었다. 목소리는 힘 있게 울렸고 격정으로 충만되어 있었다. 올랐다 내렸다 하는 선율 속에서 사람들은 험산준령의 태항산봉에 올라 광풍 속에 울부짖으며 세차게 흘러가는 청장하의 물소리를 듣는듯 했다. 그가 한 곡을 부르고나자 대뜸 박수소리가 그를 포위했다. "한 곡 더!"라는 동지들의 목소리를 거절할 수 없어서 그는 연속 「연안송」, 「팔로군행진곡」 등 노래를 불렀다. 모두들 감동과 고무를 느꼈으며 혁명대오에 이처럼 재질이 넘치는 음악가가 있음을 자랑스럽게 느꼈다.

---

176) 『作曲家鄭律成』, 丁雪松 等 著, 遼寧人民出版社, 2009年 7月, 146頁, 「太行山上的歌聲」, 唐平鑄

태항산의 날씨는 워낙 독특해서 봄은 겨울 같고 여름은 무더위가 없고 가을은 일찍 서리 내리고 겨울은 눈이 펄펄 휘날린다는 말이 있다. 이때는 감나무 잎사귀가 붉게 타오르고 산초나무에 산초가 빨간 콩알처럼 가득 달린 가을이다. 산초의 톡 쏘는 진한 향이 폐부 깊숙이 스며들었다.

때는 일제의 소탕이 거듭 진행되는 와중이었다. 맑은 청장하가 흐르고 감나무, 산초나무, 호두나무가 우거진 숲속에서 팔로군129사 선전과 간부 가강을 만났다. 가강은 상해 대하대학 정치경제학부를 졸업하고 연안항일군정대학을 졸업했다. 그 외에도 129사 문공단의 음악일꾼 몇 명이 더 있었다. 가강의 얼굴에는 5월 반소탕전의 여운이 남아있었다. 가강은 다음과 같이 술회했다.

우리는 서로를 굳게 포옹했다. 가슴과 가슴이 맞붙었을 때 심장이 뛰는 리듬소리가 들려왔다. 마치도 '전진!전진!전진!'하는 소리가 들리는듯 해서 나는 감동하여 하마터면 눈물을 흘릴 뻔 했다. 하지만 그는 나의 마음을 눈치채지 못한 듯 우리더러 얼마 전에 태항산에 궤멸적인 상처를 주었던 일제의 5월 소탕전의 정경에 대해 알려달라며 조급해 했다.

5월소탕전에서 가강이 관여하는 문공단의 청년배우 2명이 일제에 포로가 되었다. 어느 누구도 5월 전투에 대한 말을 하고 싶어 하지 않았다. 잠시 침묵이 흘렀다.

단풍이 든 감나무 잎사귀가 떨어져 내렸다. 정율성은 문득 고향 무등산에 온 듯한 느낌이 들었다. 붉은 잎사귀 하나를 주어서 자세히 보며 중얼거렸다.

"정말로 붉군요. 우리 고향의 단풍잎보다 더 붉군요. 또 이렇게 두툼하고!"

문공단의 한 전사가 정색하고 말했다.

"연세가 드신 시골사람들의 말에 의하면 일본군이 태항산에서 살인방화를 너무 많이 저질러서 이렇게 붉게 되었다고 합니다. 이전에는 이렇게 붉지 않았다고 하는데요."

"그렇습니다! 우리 고향의 단풍잎도 일본군이 너무 많이 살인을 저질러서 그렇게 붉게 되었지요!"

정율성이 대꾸했다.

"태항산의 감나무잎이 더 붉고 더 두터워진 건 이곳에 조선동지들의 피도 흘렀기 때문입니다…"[177]

가강은 5월 반소탕전에서 희생된 조선의용군 전우들에 대해 말하고 있었다. 붉은 단풍잎 한 장이 이들의 마음을 하나로 엮어주었다. 정율성은 희생된 전우들을 생각하며 내심의 흥분을 감출 수 없었다. 정율성은 높은 소리로 노래를 불렀다.

"우리의 피는 함께 흐른다! 어서 무장하라…"

가강은 그제야 5월 반소탕전의 비장한 정경에 대해 말문을 열었다. 좌권 장군과 수십 명의 팔로군, 조선의용대 지도자 석정과 진광화의 희생을 말했다. 가강과 문공단 단원들은 정율성에게 큰 기대를 품고 말했다.

"이것은 적후전장에서 매일 되풀이되는 일입니다. 후방의 생활과는 완전히 다르지요. 이런 일들은 정동지의 창작을 통해서만이 전투의 노래로 될 수 있을 겁니다!"

정율성은 그들의 말에 연신 머리를 끄덕였다.

"오늘 참 중요한 것들을 새로 느꼈습니다. 전선으로 오지 않았더라면 알 수 없는 것이지요… 참, 내가 너무 늦게 온 것 같습니다!"

동지들의 희생 앞에서 조직의 불신 등은 이제 아무것도 아니었다.

---

177) 『作曲家鄭律成』, 丁雪松 等 著, 遼寧人民出版社, 2009年 7月, 114頁, 「戰歌和戰士」, 柯崗

정바이올린, 팔삭둥이 딸이 태어나다

이해 겨울, 태항산은 눈이 하늘땅을 메우며 두툼하게 내렸다. 그동안 정율성은 무정과 함께 화북조선청년혁명간부학교 창설준비에 바빴다. 무정은 정율성의 병을 고려해 힘든 일을 시키지 않고 휴식을 명령했다. 하지만 그는 가만히 앉아있는 성격이 아니었다. 매일 학교의 크고 작은 일들에 발 벗고 나서서 하나하나 열심히 완성했다.

11월 1일, 조선독립동맹은 중공중앙의 "실력보존, 간부양성, 조선해방준비"의 방침에 따라 섭현 중원촌 보정사 절에서 화북조선청년혁명간부학교를 설립했다. 5개반의 학생들은 군사, 정권, 군중공작, 재직간부교육과 생산건설 등 과목을 수강했다. 9월에는 조선의용군 본부와 조선독립동맹이 주둔하고 있는 남장촌에서 이 학교를 확대 개편해 "화북조선혁명군정학교"를 설립했다. 개학날 팔로군 129사 사령부는 목천에 "조선혁명초석"이란 글자를 새긴 금기를 증정했다.

▲ 1942년 8월 정율성이 교육장을 지냈던 "화북조선혁명군정학교", 지금은 하남점진(河南店鎭) 남장(南庄)유치원. 필자 촬영.

낡은 절을 보수해 만든 학교는 교탁이나 책걸상이 따로 없었다. 학생들은 얇은 이불을 깔고 앉아 무릎 위에 필기장을 놓고 공부했다. 민족의 독립과 해방을 위해 어렵사리 태항산으로 모여든 조선청년들은 동맹국의 승리와 독립의 큰 꿈을 가지고 열심히 공부했다. 무정이 교장을 담당하고 정율성이 교육장을 맡았다.

이 학교는 3년 동안 조선혁명에 당정군 지도골간 300여 명을 양성했다. 북한 정부수립 후 내각 부수상 최창익, 조선인민군 부총사령 무정, 조선최고인민회의 의장 김두봉, 조선인민군 부총참모장 박정덕 상장, 박금파 중장 등 모두 이 학교에서 학습했거나 사업했다. [178]

1943년 설을 쇠고 나서 정율성은 조선독립동맹 섬감녕분맹 대표의 자격으로 1월 15일에 개최된 화북조선독립동맹성립 2주년 기념일행사에 참가했다. 그 후 정율성은 음악이 혁명동력이 되게 하기 위해 태항산구 조선의용군내에서 조선문예협회를 설립했다. 이해 3월 18일의 〈해방일보〉는 다음과 같이 보도했다.

"…조선 음악가 정율성은 태항산구조선의용군에서 조선문예협회를 조직할 것을 발기했다. 협회는 4월 중순에 정식으로 성립된다."

봄이 되자 청장하의 물소리가 한껏 청청하다. 태항산맥의 불쑥불쑥 높이 솟은 산봉우리들은 마치 하늘나라 거인들이 빙 둘러서서 손에 손을 잡고 굽어보고 있는 듯했다. 마지막 꽃샘추위를 하느라 내린 눈이 산꼭대기에 아직 하얗다. 마침 필자가 태항산을 방문했을 때가 바로 그때와 같은 철이었다. 2009년 4월, 나무들은 거친 태항산의 날씨를 묵묵히 견디며 잎사귀를 피우고 꽃을 피울 날을 기다리고 있었다.

이 봄에 정율성은 또 한 번 비통한 소식을 들었다.

"문명철이 희생되다니? 어느 문명철인가? 설마…함께 헤이안마루를 타고

---

[178] 『華北前線幷肩抗日』, 張治宇, 《軍事文摘》, 2007年, 第11期, 76頁

중국으로 왔던…설마 황하에서 만나 어깨를 치며, 또 만나자구, 라고 하던… 설마 그 일곤이가? 설마…"

그랬다. 그 김일곤이었다.

4월 14일, 김일곤은 무공대를 거느리고 진서북의 전장에서 싸웠는데 백여 명이 되는 일제의 포위 속에서 마지막 수류탄을 적들에게 던지고 자신도 함께 희생되었다. 희생되기 몇 달 전 그는 사랑하는 중국처녀 윤복구에게 「승리를 위하여」라는 중문시를 보냈다.

"최후의 돌격나팔이 울리기 전에
사랑스런 중한 아들 딸들이여
우리의 마력을 힘껏 내보자
1943년은 우리에게
광명하고 찬란한 봄을 가져오리라…"

그는 그 날을 보지 못하고 세상을 떠났다.

그로부터 52년이 지난 1995년, 그가 사랑했던 중국처녀 윤복구는, 머리가 파뿌리가 된 이 태항산 여혁명가는, 전우들과 마을사람들을 통해 사랑했던 사람- 조선의용군 김일곤의 묘지를 찾아내고 그 유골을 그의 고향 한국에 보냈다.

6월 6일에 진행된 추도식에서 무정의 연설이 가슴을 쳤다.

"나는 이 추도회에서 감상적인 눈물을 흘리지 않는다. 우리에게는 피와 힘의 표현만 남았을 뿐이다. 우리는 최대의 희생을 준비해 민족의 독립을 쟁취하고 사망자를 위해 복수할 것이다."

이날 정율성은 전우들과 함께 「조선의용군추도가」를 높이 부르며 총을 굳게 잡았다. 남경 화로강 시절의 전우이고 호가장 전투에서 체포돼 당시 일본 나가사키 감옥에 수감 중인 의용군 전사 김학철이 작사한 노래였다.

"사나운 비바람이 치는 길가에/ 다 못가고 쓰러지는 너의 뜻을/이어서 이

룰 것을 맹세하노니/진리의 그늘 밑에 길이길이 잠들어라/불멸의 영령…"

이 즈음, 설송은 두 달 전에 태어난 딸 때문에 매일 정신없이 보내고 있었다. 정율성이 어찌 상상이나 했으랴. 그들은 서로 소식이 끊긴지 오래됐다.
정율성이 태항산으로 떠난 뒤, 그는 변구 부주석 이정명의 비서로 매일 바쁜 나날을 보냈다. 늘 정율성의 그 한 마디가 마음에 걸렸다.
"죽을 바에는 전방에 나가 죽을 거야!"
그의 생사가 걱정되었다. 그는 불치의 병을 안고 간 사람이 아닌가.
설송은 영양부족과 과로에 결핵까지 겹치면서 내내 감기를 달고 살았다. 꽃샘추위를 하느라 눈이 가득 내린 날, 해산달이 아직 두 달이 남았는데 그만 산비탈을 내려가다가 무릎이 꺾이며 쓰러졌다. 아이는 조산됐다. 1943년 4월 18일이었다. 산모가 허약한데다가 조산까지 한 아이는 겨우 2kg정도였다.
설송은 다른 산모들과 함께 한 토굴집에서 조리했다. 음식이 특별히 귀했던 세월이다. 다른 산모들은 남편이 끓여온 따뜻한 닭고기 국이거나 맛나는 음식을 먹는데 그는 아무것도 먹을 것이 없다. 강직한 설송이지만 이때는 보살핌이 필요한 연약한 산모였다. 마음이 쓸쓸했다. 변구정부 비서장 이유한이 당시로서는 아주 귀한 과자를 가져왔다. 왕동유가 설송이 그의 거처에 보관했던 마른 밀가루국수 몇 묶음을 보내왔다. 색다른 음식이라고는 이것이 전부였다. 남편 정율성이 더욱 그리웠다.
'내 남편이 있었더라면 뛰어난 명사수겠다, 아마도 양고기, 닭고기국은 매일 끊지 않고 가져왔을 걸.'
설송은 이런 생각으로 자신을 위안했다.
이 즈음, 정풍운동의 일환인 반특무투쟁이 진행되었다. 강생은 이른바 "구급운동"을 강도 높게 진행하여 많은 억울한 사건을 만들어냈다. 설송은 때마침 해산을 하는 바람에 다행스럽게도 이 운동을 피할 수 있었다. 과거 정율성과의 결혼을 극구 말렸던 친한 친구 왕동유 등 그의 전우들도 모두 의심 당하고 심문 당하다보니 문안을 오는 사람마저 없어 더욱 외로웠다.

설송이 퇴원하자 조직에서는 한쪽 팔을 잃은 팔로군 전사를 배치해 산후조리를 돕게 했다. 해산한 지 6개월이 되었을 때이다. 선천적으로 모유가 없는데다가 아기는 매일 기침을 심하게 했다. 의사는 백일해에 걸렸다고 했다. 정설송은 그 때 상황에 대해 이렇게 술회했다.

"아이는 너무 야위어서 뼈에 가죽을 씌워 놓은 듯했다. 할 수 없어 신시장에 나가 정율성이 국민당 통치구역에서 연안에 가지고 온 바이올린을 팔아서 어미 양과 새끼 양을 샀다. 양을 키워 젖을 아기에게 먹였다. 바이올린을 기념하기 위해 나는 아이 이름을 "소제(小提)"라고 지었다."

소제(小提), 바이올린이란 뜻이다.
정바이올린, 이것이 정율성 딸의 이름이다.
정율성의 꿈이 어린 바이올린이 다른 사람의 손으로 넘어갔을 때 설송은 살점을 도려내는 듯 아팠다. 하지만 양젖을 배불리 먹고 새근새근 잠이 든 아이를 보자 안도의 숨을 내쉬었다.
어머니가 된 설송은 암양과 매일 실랑이를 벌였다. 암양도 어미였다. 어찌 미욱한 짐승이라고만 하랴. 어미 양도 자식이 소중한 줄을 알았다. 어미 양은 젖을 모조리 자기 새끼에게만 먹였다. 설송은 반항하는 어미 양의 뒷다리를 자신의 다리로 바짝 고정시키고 젖을 짰지만 벌써 새끼가 다 먹은 뒤였다. 하는 수 없이 새끼 양과 어미 양을 갈라놓았다. 그러자 어미 양은 우리를 뛰쳐나가 새끼 양을 찾아 헤매며 애처롭게 울부짖었다. 설송은 어미 양을 찾아 나섰다. 밤이 되었는데도 양은 나타나지 않았다. 하는 수없이 참의회의 사람들이 모두 동원되어 산을 뒤지며 어미 양을 찾아주었다.
설송은 출근하게 되자 소제를 당지의 한 아주머니에게 부탁했다. 하지만 그 아주머니는 한창 이혼 중이어서 아기에게 도무지 마음을 붙이지 못했다. 설송이 아기가 근심되어 집으로 돌아오면 토굴집 문은 잠기고 아주머니는 어디론가 가버리고 없었다. 밖에 서서 발을 동동 구르며 아기의 울음소리를 들을 때면 가슴이 찢어지는 것 같았다. 비로소 혁명가 여성이 아이를 키운다는 것이 얼마나 힘든 일인지를 알게 되었다.

 더욱 힘든 일은 뒤에 있었다. 정설송은 다음과 같이 술회했다.

"정풍과 "실족자 구원"운동이 고조된 가운데 나도 비판을 받았다. 그들은 "사천지하당"을 …모두 "국민당 특무"라고 했다. 우리는 한 곳에 집중돼 심사를 받았다. 나는 반 살이 된 소제를 데리고 20명과 함께 한 토굴집에 갇혔다."

 정설송은 억울함과 분노 때문에 어쩔 바를 몰랐다. 그는 오랫동안 조직의 의심을 당해온 정율성을 더욱 이해하게 되었다.
 이 때 어린 소제는 또 백일해가 재발했다. 숨이 넘어가도록 기침을 하며 밤새 울었다. 하루 이틀 사이에 나을 병이 아니었다. 이를 어쩐단 말인가! 당시 심사를 받는 사람들 중에 아기를 가진 여성은 정설송 하나뿐이었다. 아기 때문에 당의 사업에 영향을 주는 일은 당시의 분위기에서 있을 수 없는 일이었다. 자신의 생명까지도 바쳐야 하는 혁명가이기 때문이다. 그리하여 연안에 온 여성들은 대개 자식을 남에게 주었거나 친지에게 맡기고 온 사람들이다.
 설송은 심각한 고민에 빠졌다. 소제를 어떻게 하지?
 설송의 토굴집 동료들 중에는 나이 든 부부가 있었는데 마침 자식이 없었다. 그들은 소제만 보면 이뻐서 어쩔 바를 몰라했다. 그들은 정설송처럼 바쁘지 않았다. 설송은 문득 이런 생각을 했다. 그들에게 소제를 주면 어떻게 되는 걸까? 한번 주면 영영 찾지 못하게 되는 건가?
 혼자 갈등하면서 더욱 남편 정율성을 그리워했다.

적후무공대, 태항산에 울려퍼지는 팔도민요

 태항산에 여름이 가고 가을이 왔다.
 태평양전쟁 발발 후 일제는 화북을 그들의 "성전기지"로 정하고 혁명근거지에 대해 미친듯한 "소탕"과 "삼광정책"을 실시했다. 당중앙은 주력부대로

"반 소탕"전을 진행하는 동시에 무장 공작대를 조직해 적후에서 강대한 대적 정치공세를 벌이기로 결정했다. 조선의용군도 팔로군과 함께 적후정치공세에 투입되었다. 정율성은 드디어 짓밟힌 민족과 희생된 전우들을 위해 복수할 날이 왔음을 기뻐하며 총을 힘 있게 잡았다.

조선의용군 전사들은 중, 조, 일 3국 언어에 숙달했고 지식수준이 높았으며 일본 국정에 밝았다. 그동안 전쟁포화가 울부짖는 국민당 전구와 태항산 근거지에서 힘든 무장선전임무를 진행해왔으므로 경험이 풍부했다. 1941년 1월부터 약 1년이 넘는 동안 이들은 중, 조, 일 삼국 문자로 된 삐라 12만 3,800장을 살포하고 벽에 표어 1,453개를 썼다. 또한 앞뒤로 전선에서 일어로 선전할 수 있는 전사 2만여 명을 양성하여 팔로군의 적군 와해공작에 큰 공을 세웠다. [179)]

당평주는 다음과 같이 술회했다.

"1943년 무렵 가을부터 정율성 동지는 무공대에 참가해 산서, 하북 교차 지구인 원씨, 찬황 일대에서 활동했다. 나는 그를 수행하지는 않았다. 하지만 그에게서 여러 번 무공대 활동을 통해 교육과 단련을 받았던 일들에 대해 들었다."

당평주는 다음과 같은 이야기를 기록했다.

정율성은 팔로군무공대에 참가해 3명의 조선인, 1명의 일본인과 함께 적구에 깊이 들어가 활동했다. 야간작업이 많았는데 가는 곳마다 석회와 솥밑 굽의 재를 이용해 전선대와 나무에 중, 조, 일문으로 항일표어를 썼으며 인민정부 포고를 붙이고 선전삐라를 살포했다. 적들이 없는 마을에 들어가 아이들에게 혁명가곡을 가르쳤다. 깊은 밤이면 삼삼오오 한 조가 되어 괴뢰군 진지에 대고 투항선전을 했다. 괴뢰군들 중에도 일제의 강제징병에 끌려온

---

179) 『華北前線幷肩抗日』, 張治宇《軍事文摘》, 2007年, 第11期, 76頁

사람들이 많아 적후무공대의 선전에 귀가 솔깃해 했다. 국내외 반 파쇼정세와 항전의 성과에 대해 설명하고 공동의 적 일제를 물리치고 항전의 승리를 취득할 것에 대한 선전을 하면 괴뢰군들은 그들에게 길을 내주곤 했다. 쌍방은 북평으로부터 한구로 통하는 평한선 철도 부근에서 총을 몇 방 쏘고는 닭 피를 가득 뿌려 가짜 전투현장을 만들어 일제를 속였다. 정율성의 무공대는 무사히 그 지역을 벗어났다.

무공대의 활동이 적들에게 발각돼 매복전에 드는 경우도 있었다. 정율성은 마을에 자주 드나드는 초약장수가 특무일 가능성이 높다는 결론을 내렸다. 전사 몇 명을 데리고 길목에 매복했다가 번개같이 달려들어 그를 체포했다. 그는 일제의 특무였으며 이 마을의 중과 내통하고 있었다. 정율성은 무공대를 이끌고 중을 체포해 상급에 넘겼다.

상급에서는 정율성에게 공무원 전사를 배치해주었다. 어느 날 적들과의 조우전에서 그 전사는 그만 부상을 당하고 적에게 체포되었다. 무공대는 내선을 통해 그의 변절여부를 알아보았다. 그가 끝까지 당의 비밀을 엄수하고 있음을 확인한 뒤 길목에 매복해 적을 공격하고 그를 구출했다.

공교롭게도 한창 정풍운동의 일환인 "실족자 구급운동"이 진행 중이어서 그 전사는 억울하게 조직의 의심을 당했다. 정풍영도소조 간부가 정율성을 찾아와 상황을 조사하자 정율성은 그의 결백을 증명하는 자세한 자료를 써주었다. 그랬음에도 그의 안위가 걱정돼 팔로군 129사 선전과 간부 당평주를 찾아가 목숨으로 비밀을 엄수한 그의 사적을 널리 홍보해달라고 부탁했다.

"정율성과 함께 연안노신예술학원의 동료로 있었던 화은은 다음과 같이 증언했다."[180]

"정율성은 우리에게 그가 진동남팔로군에서 일본놈들과 싸울 때에 바로 황양을 잡듯이 일본군의 머리를 겨냥해 총을 쏘았는데 거의 매번 명중했다고 했다."

---

180)『再現鄭律成同志的婚礼』, 華恩 (作者原系南京藝術學院圖書館館長 , 曾在魯藝學習) www.zhonghuahun.cn

그로부터 30여 년이 지난 1974년, 정율성은 자신의 태항산무공대경력으로 "무장선전대"라는 제목의 영화시나리오를 창작한다.[181] 이 작품의 배경 역시 1943년 가을이다.

이 해에 태항산 근거지는 자연재해가 심했다. 조선의용군은 자급자족하여 백성들의 부담을 덜기 위해 이른 새벽에 일어나 20리가 넘는 산비탈에 가서 황무지를 개간했다. 곡식을 심고 감자, 호박, 토마토, 고추, 배추, 줄당콩을 심었고 또 자기 집 앞에도 채소밭을 일구었다. 그런데 날씨가 유달리 가물어서 곡식과 채소는 불볕더위에 말라버렸다. 설상가상으로 메뚜기 떼들이 구름같이 밭에 덮쳐 순식간에 밭을 망쳐버리곤 했다. 게다가 적들의 봉쇄가 심했다.

자연재해를 이기기 위해 조선의용군은 방직공장, 신공장, 민중병원 및 운수판매합작사를 꾸렸다. 조선의용군에는 많은 지식인들이 있어 체력노동을 해본 경험이 부족했지만 생산노동에 적극 참가했다. 조선의용군 대원들은 섭현 하남점에서 안양읍진까지 80~90리를 걸어 솜을 운반했는데 한 사람당 백근을 메고 맨발로 하루에 도착하곤 했다. 장거리 운수대는 또 식량과 소금을 날라 오기도 했다.

조직에서는 정율성의 병을 고려해 장거리 운반 등 힘든 노동은 하지 못하도록 명령했다. 정율성은 화식방에 가서 밥을 짓고 돼지풀을 캐어 돼지죽을 끓여 먹이고 땔나무를 했다.[182] 천렵을 하고 덫을 산비탈에 놓아 꿩이며 산토끼 등을 잡아 전사들의 화식을 개선했다.

그는 청장하 강변의 돌 틈에서 개구리를 잡았다. 약 30미터 되는 끈에 낚시를 가득 달아 거기에 개구리를 꿰고는 그 한쪽 끈에 큰 돌멩이를 매어서 물속에 놓았다. 다른 한쪽 끈은 물가의 바위에 단단히 비끄러 맸다. 새벽에

---

181) 그가 구술하고 다른 사람이 정리한 것으로 된 이 작품은 2009년 할빈정율성기념관 개관을 앞두고 그의 딸 정소제가 유물을 정리하다가 발견했으며 소북(蘇北)에 의해 정리 제공됐다.
182) 『作曲家鄭律成』, 丁雪松 等 著, 遼寧人民出版社, 2009年 7月, 148頁, 「太行山上的歌聲」, 唐平鑄

▲ 1942년 8월 이후의 여름, 혹은1943년 여름, 태항산 화북조선청년혁명간부학교 교육장을 지내던 시절 동지들과 함께 청장하에서 미역을 감고있는 정율성, (앞줄 왼쪽 두 번째.) 정소제 제공.

물속에서 고기 미끼가 달린 줄을 살랑살랑 거두면 틀림없이 메기들이 펄떡펄떡 뛰었다. 그날은 전사들이 물고기국을 먹는 날이다.

어려운 상황일수록 혁명음악으로 투지를 고무하고 정신을 통일할 필요가 있었다. 정율성은 자신이 창작한 가곡을 가르치는 한편「그리운 강남」등 가곡을 가르쳤다.

"정이월이 다 가고 3월이라네/강남갔던 제비가 돌아오며는/ 이 땅에도 또다시 봄은 온다네./ 꽃피는 봄이 오며는…"

이 노래를 가르칠 때에 정율성은 이렇게 말했다.
"지금 우리의 조국은 일본인의 통치를 받고 있습니다. 하지만 얼마 지나지 않아 봄은 꼭 올 것입니다."

그리하여 전사들은「그리운 강남」을 부를 때마다 항일전쟁의 승리의 봄을 눈앞에 그려보곤 했다.

그는 어디선가 축음기를 얻어다가 학습과 전투, 생산의 여가에 세계명곡을 가르쳐 전사들의 문화생활을 풍부하게 했다. 하지만 예술인재가 적고 정율성 또한 중책을 짊어진 상황이어서 창작을 못하다보니 부를 수 있는 노래가 턱없이 부족했다. 의용군 부녀대장이었던 이화림은 이렇게 술회했다.

"그 때 군정학교 교무주임인 정율성은 자기가 작곡한 노래들을 가르치는 외에 가사를 지어 옛 곡에 부치는 이 "군중창작활동"을 적극 창도했다."

조선의용군 전사들은 조선팔도에서 모여온 사람들로 각기 자기 지역의 민요를 부를 줄 알았다. 하지만 이런 가사들은 전투사기를 높이고 승리의 신념을 굳게 다져야 하는 항전의 특수한 시대에 어울리지 않았다. 정율성이 옛 곡에 새 가사를 지어 부르는 대중적인 창작활동을 일으키자 민족의 독립과 항전 분위기에 맞는 노래들이 많이 나왔다.

조선의용군은 힘든 나날을 보냈다. 먹는 음식은 옥수수가루에 겨를 섞은 것이었다. 항일시기의 생활에 대해 한 마디로 "좁쌀에 보총"이라고들 하지만 당시 상황에서는 조밥을 먹기가 하늘의 별따기였다. 겨를 섞은 옥수수가루마저도 적구의 백성들이 목숨을 걸고 날라온 것이었다. 그마저 배급되지 않는 때에는 겨를 먹어야 했다.

의용군 전사들은 익은 감에 겨를 발라 말린 다음 그것으로 가루를 내어 닦아먹었는데 먹은 뒤에는 변비 때문에 고생했다. 그들은 말린 돌미나리 가루를 겨에 섞어 떡을 만들어 먹었다. 소금이 귀해 쿠앤이라는 돌을 가루내어 미나리 김치를 담그고 피마자 기름을 만들어 미나리를 볶아먹었다. 미나리는 참으로 고마운 나물이었다. 정율성은 여성대 대장 이화림더러 「미나리타령」을 만들어보라고 제의했다.

이화림은 조선민족의 유명한 고전민요 「도라지」에 미나리 가사를 맞췄다. 여성들을 모아놓고 산나물을 캐면서 남성전사들을 깜짝 놀랠 공연을 준비했다. 아니나 다를까 그들의 「미나리타령」 공연은 대박이 났다.

"미나리, 미나리 돌미나리/태항산 골짜기의 돌미나리/ 한두 뿌리만 뜯어도 /대바구니가 찰찰 넘치누나/ 에헤야 데헤야 좋구나/ 어여라 뜯어라 지화자자 캐여라/ 이것도 우리의 혁명이란다…"

구락부 열성분자 유동호는 「호메가」를 지었다. 이 노래는 조선의용군이 이미 태항산을 떠나 연안에 갔을 때 지은 노래다. 유동호는 대생산운동을 고무하기 위해 평안도 민요인 「호메가」에 새로운 가사를 붙였다. 마지막 구절은 그야말로 우스웠다. 김을 매러 가자는 노래인데 마지막 구절은 "빨리 베어 쌀을 내어서/ 추석날 밤 떡해 먹자"라는 것이다. 노래로나마 먹고 싶은 떡을 먹은 셈이다. 이 노래는 지금까지도 조선족 자치주에 전해지고 있다.

정율성이 금방 태항산에 도착해 129사 선전과의 가강과 나눈 대화를 보면 그는 태항산에서의 음악창작에 큰 기대를 품었던 것 같다. 하지만 음악창작을 할 시간이 없었다. 확인된 작품은 「혁명가」(작사자 미상)와 공목과 합작한 내전반대 주제의 노래 「우리의 행진곡」뿐이다.

1943년 가을, 세계 반파쇼전쟁은 결정적인 전환점을 가져왔다. 태항산 근거지에 좋은 소식들이 날아들었다. 2월에 소련군대는 스탈린그라드 전역에서 승리를 거두었고 곧 독일군에 반격전을 전개하였다. 7월에는 영, 미 연합군이 이탈리아 남부를 점령하였고 이탈리아는 정변이 발생해 9월에 영미에 투항하고 파쇼동맹에서 이탈했다. 9월에는 중, 미, 영군이 미얀마에서 반격을 개시해 일본군이 점차 불리한 지경에 빠졌다. 국제적인 호소식에 힘입어 전국 항일근거지의 투쟁이 큰 성과를 올렸다. 일본군의 대규모 토벌전에 지혜롭게 대응해 위축됐던 근거지를 다시 확보했으며 끊어졌던 각 근거지의 연락을 다시 회복하고 해방구를 공고히 했다.

중국 안팎에서 들려오는 좋은 소식은 정율성을 크게 고무시켰다. 항전승리의 발걸음이 가까워지고 있었다.

불치의 병이라고 했던 폐결핵이 조금씩 낫기 시작했다. 각혈도 멈추었고 기침도 줄어들었다. 사람잡이를 밥 먹듯 하는 조원의 음산한 그림자를 벗어나 태항산에서 전투원을 양성하고 전선에서 직접 적들과 싸우면서 마음의 병이 많이 치유된 것이다.

다시 연안으로

1943년 12월 30일, 설을 하루 앞두고 대오는 연안으로 출발했다. 당중앙은 조선의용군의 희생을 막고 유생역량[183]을 보존하기 위해 연안과 전방에 나갔던 조선인 혁명가들을 연안 나가평에 집중시켜 자체적으로 대오를 발전시키고 혁명역량을 비축하기로 결정했다.[184]

▲ 1942년 8월-1944년 봄, 화북조선혁명군정학교 교육장 정율성(왼쪽1), 태악(太嶽)분구 21군구 사령원 곽경상(郭慶祥 중간), 조선혁명군정학교 교장 무정(오른쪽 1) . 정소제 제공

정율성은 이때 딸 소제가 태어나 매일 병치레를 하고 있는 줄은 꿈에도 몰랐다. 설송이 딸과 혁명 사이에서 머리가 터지도록 갈등하고 있는 줄은 더욱 몰랐다. 소식이 끊긴 설송이 그리웠을 뿐이다.

연안까지는 2천 리, 적들의 봉쇄선 세 개를 뚫어야 했으므로 팔로군이 호송했다. 매일 50km씩 강행군을 했다. 설 추위를 하느라 날씨는 혹독하게 추웠다. 3개월을 행군했지만 아직도 연안은 멀리 있었다. 얼음이 풀려 성엣장이 둥둥 떠내려갔다. 남성대원들은 여성대원을 업고 맨발로 강을 건넜다.

갑자기 앞에서 외침 소리가 들려왔다. 정율성은 얼른 소리 나는 곳으로 뛰어갔다. 강을 건너던 말 두 마리가 쓰러져 다리를 버둥거렸다. 대원들이 발을 동동 굴렀다.

---

183) 전투 참가하는 모든 사람이나 짐승
184) 『作曲家鄭律成』, 丁雪松 等 著, 遼寧人民出版社, 2009年 7月, 25頁, 「相識相愛永別」, 丁雪松

"말을 어서 살려줘요! 우리 말, 우리 말 구해줘요!"

이 말은 조선의용군을 따라 국민당전구 계림에서부터 낙양으로, 태항산으로 수천 수만 리 길을 걸으며 생사를 같이했던 말이다. 어떤 대원들은 눈물이 글썽했다. 당시 의료를 책임졌던 이화림은 이렇게 술회했다.

"나는 약가방을 열고 진통제와 강심제 주사들을 꺼냈다. 내가 배가 불은 말에 주사를 놓고 있을 때 정율성이 어느새 주사기를 들고 여윈 말에 진정제 주사를 놓았다."

당시는 강심제와 진정제가 무척 귀했다. 하지만 조선의용군 지도부는 아끼지 말고 주사를 놓으라고 지시했다. 말 두 마리는 끝내 죽어버렸다. 대원들은 눈물을 흘렸다.

앞에 적들의 마지막 봉쇄구역이 남았다. 황혼녘부터 강행군을 했다. 밤을 통해 90km를 행군해야 했다. 의용군이 전위를 담당하겠다고 했지만 팔로군은 "동무들을 호송하는 것은 우리의 임무입니다."라고 하면서 극구 사절하고 진두에 서서 의용군을 보호했다. 산을 넘어 넓은 협곡에 들어서자 앞에서 명령이 하달됐다.

"흰옷 입은 사람은 우리 편이니 무서워 말고 사람들이 가리키는 대로 뛰기만 하라."[185]

길목마다 흰 양털옷을 뒤집어 쓴 사람들이 길을 가르쳐 주었다. 모두들 그 손길을 따라 정신없이 뛰었다. 날이 희부옇게 밝기 시작했다. 안간힘을 다해 산을 올랐다. 드디어 근거지에 도착했다. 모두들 눈이 덮인 산마루에 그대로 누워 단잠에 빠졌다. 정율성도 깊은 잠에 들었다.

"꽝! 꽝!"

갑자기 폭음이 들려왔다. 모두들 벌떡 일어나 총부터 잡았다. 일본군 토치

---

185) 『중국의 광활한 대지우에서』, 저자, 『조선의용군발자취』, 집필조 연변인민출판사, 1987년 8월, 「진리의 향도따라」, 이화림 249쪽

카에서 대오를 발견하고 박격포를 쏜 것이다. 모두들 은폐하고 명령을 기다렸다. 침묵이 흘렀다. 적들은 이들이 숫자가 많은데 대응사격을 하지 않자 무슨 영문인지 몰라 토치카 안으로 기어들었다. 큰 전투를 피하기 위해 얼른 자리를 떠야 했다. 그런데 사람들은 다리가 아파 얼른 일어나지 못했다. 그 때의 정경을 이화림은 다음과 같이 술회했다.

"이때 언제나 활약적인 정율성은 "자, 이젠 연안이 멀지 않아요, 멀지 않아요."라고 소리치며 사람들을 부축하여 일으켜 세워주었고 "자, 노래를 합시다. 노래를 하면 힘이 나요."라고 하면서 선창을 하였다. 그 바람에 대오는 활기를 띠기 시작했다."

대오가 산을 넘어 내려오는데 갑자기 골짜기 건너편의 산비탈에서 "노루인지 사슴인지 모를 짐승"[186]이 껑충껑충 뛰어갔다. 이때 이화림의 뒤에서 걷고 있던 정율성이 앞으로 뛰어가며 소리쳤다.
"어, 어, 쏘지들 마시오. 내가 쏴 볼게요."
정율성은 선 자리에서 짐승이 뛰는 방향을 따라 총부리를 천천히 돌리며 겨냥하더니 방아쇠를 잡아당겼다. "땅-"하는 총소리와 함께 짐승이 데굴데굴 골짜기로 굴러 떨어졌다.
"콩나물 장수만 한다더니, 명사수로구만."
여기저기서 찬사가 쏟아졌다. '콩나물'은 음악기호를 말한다.
대오는 마을에 행장을 풀고 이틀간 정율성이 잡은 노루인지 사슴인지 모를 그 짐승고기를 먹으며 휴식을 취했다.
4월 7일, 대오는 끝내 연안에 도착했다. 멀리 보탑산이 보이자 대오는 환성을 울렸다. 겨울에 떠났는데 봄이 되어 도착한 것이다. 농사채비를 하는 사람들이 산중턱에 가득 보였다. 대오는 변구에서 잡아준 숙소에 들어 첫 식사로 노란 조밥을 먹었다. 태항산에서는 설에나 먹는 조밥을 먹게 되자

---

186) 『중국의 광활한 대지우에서』, 저자, 『조선의용군발자취』, 집필조 연변인민출판사, 1987년 8월, 「진리의 향도따라」, 이화림 249쪽

모두들 기뻐서 어쩔 바를 몰랐다. 이화림은 이렇게 술회했다.

"이때 정율성이 말했다.
"모두 저녁을 자시고 저 산에 올라가 봅시다. 연안의 밤경치를 구경하잔 말입니다."
그러자 내가 말했다.
"밤에 보아 뭘 해. 그래도 낮에 보아야지."
"그건 모르고 하는 말씀이얘요. 금강산 절경을 못 보면 한이라는 말과 같이 연안의 밤경치도 못 보면 한이래요."
그날 저녁 우리는 밥술을 놓기 바쁘게 정율성에게 끌려 앞산에 올랐다.
산에 올라 아래를 굽어보니 교교한 달빛 아래 굽이쳐 흐르는 연하의 물결은 은회색 비단필을 펼친 듯했고 머리를 들어 맞은편 산중턱을 바라보니 숱한 불빛이 흘러나오는 층집들이 한눈에 안겨왔다.
"야, 여기는 서울 같구나!"
경기도가 고향인 어느 친구가 소리치자 누군가 또 말을 받았다.
"글쎄 말이야. 난 서울은 못 가봤지만 여긴 꼭 마치 중경 같아. 저게 몇층짜리 집이야? 3층은 될 것 같아. 그런데 왜 낮엔 저런 집을 못 봤을까?"
그 말에 정율성이 호탕하게 웃으며 말했다.
"어, 이 친구들, 그건 층집이 아니라 토굴집이라는 게야. 말하자면 움집이란 말야. 산의 등고선을 따라 두 줄 세 줄씩 움집을 팠는데 밤에 보면 층집 같아 보이는 거야."
그 말에 우리는 배를 끌어안고 웃었다.
이 때 어디선가 「연안송」의 노래소리가 은은히 들려왔다.

보탑산 산봉우리에 노을 불타고
연하수 물결 위에 달빛 흐르네
……

오매불망 그리던 마음의 고향, 영광의 땅에 첫발을 들여놓은 뜻깊은 날에 이 노래의 작곡자인 정율성과 함께 그 노래에 귀를 기울이노라니 그 감회가 말로 형언하기 어려웠다."

동지들을 숙소에 안내하고 나서 정율성은 어둠을 헤치고 집으로 뛰어갔다.

불야성의 연안, 일본의 패망

한밤중에 불쑥 정율성이 나타나자 설송은 놀라서 입을 딱 벌렸다.
1년 8개월간 생사조차 확인할 수 없었던 사람, 의사도 머리를 젓던 "불치의 병"을 가지고 떠나간 남편이다. 그런데 전혀 앓던 사람 같지가 않다. 군복을 입고 각반을 맨 허리에 권총을 차고 씩씩하게 자신을 바라보고 있다. 설송은 기쁘다는 말 대신 남편의 가슴을 치며 설움을 쏟아냈다.
"지금 아이를 남에게 주려던 참이었어요! 소제는 이제 당신이 돌보세요!"
이때는 정율성이 놀라서 입을 딱 벌렸다. 토굴집 가득 낯선 냄새, 방긋방긋 웃고 있는 아기, 이 아기가 내 딸이란 말인가? 얼른 달려가 살펴보았다. 갸름한 외겹 눈, 딸은 아빠를 똑 빼 닮았다. 정율성은 설송의 하소연을 들으며 처음 보는 딸을 품에 안고 무척 가슴 아파했다.[187]
이때 설송은 연안에서 90리나 떨어진 안색의 조사조 조장을 담당하라는 지시를 받고 소제 때문에 고민하던 중이었다. 그야말로 앞길이 막막했다. 정설송은 소제를 마을사람들에게 주거나 남에게 위탁해 기르는 방법을 생각하는 중이었다.
"이제 열흘 뒤면 생일이에요!"
정율성은 또 한번 놀라 입을 벌렸다.
정율성은 어미양 두 마리를 사다가 딸에게 매일 양젖을 배불리 먹였다. 정설송은 다음과 같이 술회했다.

---

187) 『作曲家鄭律成』, 丁雪松 等 著, 遼寧人民出版社, 2009年 7月, 25頁, 「相識相愛永別」, 丁雪松

"나는 그에게 소제를 넘겨주었다. 그의 생활능력은 나보다 훨씬 강하다. 그는 근무병이 있었는데 어미양 두 마리를 사다가 젖을 짜서 소제에게 먹였다. 문앞에는 또 수박과 토마토와 각종 야채를 심었다. 그는 아이를 나보다 훨씬 더 쉽게 다루었다."

정율성은 자기가 떠난 뒤 연안에서 진행된 "구원운동"에 대해 전혀 몰랐다. 그런데 어느 날 노신예술학원 원장 주양이 노신예술학원에서 "정율성은 특무다"라고 선포했다는 사실을 알고는 분노해서 가만히 있지 못했다. 그는 권총을 차고 주양을 찾아가 질문했다.
"나를 특무라고 선포했다고 하는데 내가 특무라는 증거를 내놓으시오!"
주양이 대답했다.
"당신은 특무가 아니오. 소부르주아 경향이 엄중할 뿐이오."
"내가 특무가 아니라면 나의 공문서에서 특무에 관한 자료를 빼시오!"
"이건 상급의 통일적인 지시에 따라 할 일이오."
정율성에게 깊은 상처를 주고 그를 불치의 병으로 몰고 갔던 연안정풍은 이렇게 끝났다. 하지만 정율성은 이 악몽이 그 후 또다시 살아나 파란만장한 삶을 연출할 줄은 몰랐다.
먼 훗날, 연안정풍시에 수많은 사람을 "특무"로 잡아냈던 주양도 그 악몽 속으로 끌려들어갔다. 언제나 정치운동의 앞장에 섰고 당중앙 요직에 있었던 그였다. 하지만 지난 세기 60년대에 시작된 "문화대혁명"은 피하지 못했다. 감옥살이를 하고나서 주양은 연안 시기에 자신이 "특무"로 몰았던 사람에게 깊은 반성을 했다.
"연안에서 당신들 모두 얼마나 억울했겠습니까. 이건 나의 잘못입니다. 당시 나는 '특무'학교 교장을 했지만 지금은 '반성원' 원장을 하고 있답니다."
설송은 안색현으로 떠났다. 정율성은 딸을 돌보는 한편 조선혁명군정학교 총교 설립을 위해 바삐 보냈다.
어느덧 시월이 다가왔다. 추석 무렵이다. 소제가 갑자기 토하며 앓기 시작했다. 금방 백일해를 앓았는데 또 이질에 걸린 것이다. 가느다란 숨을 내쉬며 혼수상태에 빠진 딸을 보며 정율성은 가슴이 아팠다. 더는 살려낼 가망이 보이지 않았다. 인편에 편지를 보내 설송더러 얼른 마지막으로 아이를 보라고 했다.

설송은 안색으로부터 나가평까지 90리 길을 어떻게 달려왔는지 모른다. 하늘에는 추석 보름달이 휘영청 밝은데 끝없는 슬픔에 잠겨 말을 달리다보니 전신이 땀에 흠뻑 젖었다. 토굴집에 들어서기 바쁘게 소제를 살펴보니 뼈만 앙상하고 몸은 불덩이 같다. 그 밤을 눈물로 지새웠다. 이튿날 아침, 안타까운 눈으로 정율성을 바라보았다. 그는 변구에서 파견한 안색조사조 조장이다. 그가 가지 않으면 사업은 중지상태에 처하게 된다.

"어서 가봐. 아이는 내가 꼭 살려낼게. 걱정하지 말고 어서 가."

정율성이 그를 위안했다.

설송은 눈물을 뿌리며 말에 올라 또다시 안색으로 달렸다. 정율성은 적후에서 가져온 해열제 주사약을 얻어 아기에게 놓고 온갖 방법을 다해 구완했다. 어찌어찌 하다보니 아기는 점점 호전되기 시작했다. 천만다행이었다.

설송은 그동안 사업을 잘해 변구정부와 서북국 지도부의 표창을 받았다. 얼마 후 서북국 조사연구실로 전근되었다. 설송은 소제를 서북국 숙소에 데리고 가서 보모를 구해 보살폈다. 정율성은 매주 토요일마다 서북국으로 모녀를 만나러 가곤 했다.

이 때 연안으로 찾아오는 국제 손님들이 점점 더 많아졌다. 조선혁명군정학교 연안총교에도 미국인을 비롯해 외국인들이 많이 찾아왔다. 국제적인 교류를 위해 연안 전체가 나서서 비행장을 부설했다. 조선의용군은 "왕외, 정율성 등 지도자들의 인솔하에 80여 명이나 동원되었다."[188] 10여 톤짜리 롤러를 굴려 집채 같은 바위돌을 날랐다. 이 노동에서 조선혁명군정학교 총교는 총지휘부로부터 여러 차례 붉은기를 수여받고 표창을 받았다.

나가평의 교사는 12월 10일에 완공되고 조선혁명군정학교 연안총교 개학

---

188) 『중국의 광활한 대지우에서』, 저자, 『조선의용군발자취』, 집필조 연변인민출판사, 1987년 8월, 「항전의 만리길」, 최동광 167쪽

식이 이듬해 1945년 2월 5일에 거행됐다. 주덕 총사령은 조선 동지들이 민족통일전선을 건립하고 전 조선 인민을 단결해 자신의 무장을 갖추며 민족의 독립해방을 쟁취하기 위해 군사, 정치, 경제 및 생산에 대한 지식을 학습하기를 바랬다. 이날 개학식에는 일본해방연맹 대표, 베트남 대표, 미국 손님들도 참가했다.

총교 지도부는 도합 7명, 교장에 김두봉, 부교장은 박일우, 대대장에 박효삼, 정율성은 기타 2명과 함께 조교부 부과장을, 총무과장은 왕진의 359려에서 특무련 지도원을 담당했던 주덕해가 담당했다.

총교는 중국항일군정대학을 본받아 비교적 정규화한 규모를 갖췄다. 태항산분교, 산동분교, 신사군지구분교 등도 가지고 있었다. 선후로 오옥장, 서특립, 주양, 유백승 장군 등이 와서 강연하였다.

그동안 무정은 섬감녕변구정부 참의원에, 박효삼은 등소평의 제의로 진기로예변구정부 참의원에, 김세광은 진서북변구 참의원에 선출되었다. 외국인으로서 중국 각 항일지방정부의 참의원 의원에 선출된 것은 그 전례가 없던 일이다. 이밖에 서휘는 중화청년연합회 집행위원에, 박일우는 중국공산당 제7차 대표대회 대표로 선출되었다.

1945년 4월 연안에서 중국공산당 제7차 대표대회가 개최됐다. 대회는 항일전쟁 승리 후의 대책에 대해 의논하고 해방구의 무장을 총동원해 일본침략군을 향해 전면적인 반격전을 개시할 것을 호소했다. 모택동 주석은 「연합정부를 논함」이라는 연설에서 "중국인민은 조선인민의 해방을 지원해야 한다."라고 하였다.

5월 25일, 박일우는 조선독립동맹을 대표한 발언[189]에서 모택동 주석의 이 연설에 대해 감개무량하여 다음과 같이 말했다. "그는 비록 아주 짧게 말했지만 아주 철저했으며 기타 제국주의와 국민당의 말과는 완전히 달랐다. 예를 들면 카이로회담에서도 조선독립이 운운되었지만 꼬리가 달려 있었다.

---

189) (주해: 『관내지구조선인반일독립운동자료회편』, 楊昭全 등 편, 요녕민족출판사, 1987년, 「王巍同志在中共七大會上的發言」, 1483~1445쪽 왕외와 박일우는 동일인물임.)

그들은 '상당한 시기가 지나야 독립할 수 있다.'라고 했다. 최근 미국이거나 국민당의 언론에서도 그들의 설법이 철저하지 않음을 볼 수 있다. 이 뿐 아니라 그들은 또 다른 음모와 시도가 있다. 때문에 모 주석의 이 말씀을 듣고 우리는 더욱 신심이 생겼다." 그는 이어 일제 식민지 조선의 현상황을 분석하고 조선독립동맹의 항일사업 성과 및 문제점, 앞으로의 임무에 대해 피력했다. 그가 발언하는 동안 장내는 수 차례 뜨거운 박수가 터져나왔다.

대회기간 주덕 총사령은 「해방구 전장을 논함」이란 연설에서 "우리는 조선독립동맹에 감사를 드린다. 숭고한 국제주의 정신으로 사업한 그들은 우리에게 아주 거대하고 값진 도움을 주었다."라고 높이 평가했다.[190]

회의개최에 앞서 중공중앙 판공청은 연안에 네 번째 조선혁명가로 들어왔다가 장질부사로 작고한 이철부의 묘지를 방문하고 대리석 비석을 세웠다. 모택동은 7차 당대표대회에서 이철부가 왕명의 모험노선에 대해 일찍 첨예한 반대의견을 제출했던 일을 회상하면서 철부 동지의 당시 주장은 기본적으로 옳았다고 재차 긍정했다.[191]

그동안 조선독립동맹은 더욱 박차를 가하여 적후 지하투쟁에서 큰 성과를 거두었다. 북경, 천진, 석가장, 내몽골 울란호트를 망라해 화북과 화중지구에서 많은 조선청년들이 근거지로 와 조선의용군에 참가했다. 동북에서도 성과가 컸다. 1945년까지 남만에서 1천여 명의 조선의용군이 조직됐고 북만에서는 1천명의 조선의용군과 2천명의 조선독립동맹지하소조가 건립됐다.[192]

반파쇼 승리의 발자국 소리가 씩씩하게 들려왔다. 1945년 5월 9일, 독일파쇼는 소, 미, 영 등 승전국 앞에 무릎을 꿇고 투항서에 조인했다. 7월 26일, 중, 미, 영 3국은 "포츠담공보"를 발표하여 일본의 투항을 촉구했다. 8월 6일과 9일, 미국은 일본의 히로시마와 나가사키에 각 각 원자탄을 던졌다. 8월 8일, 소련은 일본에 선전포고를 하였다. 8월 10일, 주덕 총사령은 제1호

---

190) 『조선의용군사』, 연변인민출판사, 2006년 출판, 최강 저, 168쪽
191) 『조선의용군사』, 연변인민출판사, 2006년 출판, 최강 저, 526쪽
192) 『조선의용군사』, 연변인민출판사, 2006년 출판, 최강 저, 140-148쪽

령을 내려 일제에 대한 전면반격을 선포했다.

8월 10일, 연안방송은 일본이 동맹군에게 투항하고자 한다는 일본 통신사의 소식을 보도했다. 8월 11일 정오 12시, 연안의 모든 조선인 혁명가들이 달음박질하여 집합장소로 모여들었을 때 주덕 총사령의 제6호령이 전달되었다.

"중국 및 조선 경내에 진입하여 작전하고 있는 소련 홍군과 배합하여 조선인민을 해방하기 위하여 나는 지금 화북에서 대일작전을 하고 있는 조선의용군사령 무정과 부사령 박효삼, 박일우에게 즉시 소속부대를 인솔하고 팔로군과 원 동북군 각 부대와 함께 동북으로 진군하여 일본군과 괴뢰군을 소멸하고 동북의 조선인민을 조직함으로써 조선해방의 임무를 달성할 것을 명령한다."

사람들은 격동하는 마음을 억누르지 못해 뜨거운 눈물을 흘렸다. 드디어 이 날이 왔다. 이 날을 위해 그동안 얼마나 많은 희생과 혈전과 분투를 해왔

▲ 1945년 9월, 연안 나가평에서 조선독립동맹과 조선의용군, 그리고 조선항전간부 수백명이 연안을 떠나 한반도로 출발하기 전 촬영. 앞줄 가운데 두 살난 딸 정소제를 안고 있는 사람이 정율성. 정소제 제공.

던 것인가! 중국혁명의 성공은 조선혁명 성공의 토대이고 조선혁명은 중국혁명의 계속이라는 것을 새삼 실감했다.

조선혁명군정학교는 즉시 학교에 관한 모든 업무를 중지하고 조선의용군 편제에 의해 동부 진출준비를 일사분란하게 진행했다. 김두봉을 필두로 하는 조선독립동맹과 무정 사령원을 필두로 하는 조선의용군이 함께 출발하기로 했다.

때는 나가평 조선혁명군정학교 농장에서 기장과 메밀이 푸르싱싱 자라고 정율성의 토굴집 앞 밭에서 토마토, 수박이 탐스럽게 열리고 있을 때였다. 정율성은 한달음에 서북국으로 달렸다. 8월 염천의 햇빛에 온 몸이 젖은 줄도 몰랐다.

설송은 다음과 같이 술회했다.

"그는 나에게 오랫동안 기다려온 이 기쁜 소식을 전했다. 그는 나의 의견을 물었다. "우리 함께 조선으로 가는 거지? 어때?" 그는 내가 조국에 미련을 두고 그와 함께 동행하지 않을까봐 매우 두려워했다. "물론이죠. 뭘 더 물어봐요?" 나의 대답은 통쾌하고 명확했다. 그는 기뻐서 어쩔 줄을 몰랐다. 그때 우리는 모두 아주 단순했다. 당의 다년간의 교육을 받았기 때문에 세계해방을 자기 임무로 간주했다. 정율성이 어려서 집을 떠나 중국에 와 항일투쟁에 참가했는데 지금 서광이 밝아올 때 내가 어찌 그를 따라 조선해방을 맞이하지 않겠는가?"

설송은 곧 서북국과 변구정부 지도부의 비준을 받았다. 전임 서북국의 지도자였고 당시〈변구군중신문〉사장이었던 서각재는 설송을 위해 "정설송 동지를 보내며"라는 시를 써서 나어린 여장부를 찬양했다.

"십만의 정예전사 해동으로 떠나는데/ 전마를 따라 원정에 오른 여아의 웅심/ 삼한이 새천지를 개척하리니/ 당년의 규염공을 알아보리라."

4일 뒤, 1945년 8월 15일, 드디어 그 날이 왔다! 일본왕은 동맹군에게 무조건 항복을 선포했다!
　연안은 불야성을 이루었다. 승리를 경축하는 폭죽소리가 하늘과 땅에 진동하고 양걸대, 요고대의 징과 북소리가 황토고원에 메아리쳤다. 나가평총교의 광장에서는 횃불을 높이 추켜든 학원들이 나가평 언덕을 오르내리면서 "항일전쟁 승리 만세!" "조선독립 만세!"를 높이 불렀다. 정율성은 설송과 손에 손을 잡고 인파 속에서 목청껏 구호를 외쳤다.
　모닥불이 하늘로 솟구치며 타올랐다. 조선의용군 전사들은 모두 오랫동안 보따리에 싸두었던 한복을 꺼내 입고 손에 손을 잡고 춤을 추었다. 「조선애국가」, 「조선의용군행진곡」, 「강강수월래」에 맞추어 춤을 추며 35년 암흑의 밤을 밀어내고 승리의 서광을 맞이했다.[193]
　귀를 먹먹하게 하는 노랫소리, 구호소리 속에서 정율성은 자신도 모르게 눈물을 흘렸다. 머릿속으로 양림동 고향집에서 기다리고 있을 어머니 최영온, 고향의 하늘에서 내려다보고 있을 아버지 정해업, 효룡 형, 무한에 잠든 충룡 형이 차례로 떠올랐다. 봉은 누님과 의은 형, 외삼촌 최흥종과 최영욱, 외숙모 김필례…조카 국훈이와 상훈이…또 정란이, 의란이… 필름처럼 떠오르는 고향 양림동의 호랑가시나무… 물고기를 잡던 양림천… 중경에 있는 자형 박건웅, 김규광, 두군혜, 나청 형… 이들 모두가 그의 길을 가르쳐준 스승님들이었다. 또 승리의 이 날을 보지 못하고 희생된 은사님 석정, 희생된 전우 진광화, 김일곤, 왕현순 등, 그리고 나가사키 감옥에 수감 중인 김학철… …
　마침 그 날이 음력으로 7월 8일, 정율성의 생일 이튿날이었다. 하늘에는 아직도 은하수가 흐르고 있었다. 견우와 직녀의 만남이 그와 정설송의 만남만큼이나 어려웠을까? 한국과 중국, 항전이 두 사람의 이국인연을 맺어주었다.
　"당신은 중국의 항전을 위해 싸웠어요. 이제는 내가 조선의 독립을 위해 싸울 차례에요."

---

193) 『조선의용군사』, 연변인민출판사, 2006년 출판, 최강 저, 182쪽

귀에 속삭이는 설송의 목소리, 정율성은 목이 메어 설송을 꼭 껴안을 뿐이었다.

이날, 정율성의 고향에서도 이 역사적인 시간을 맞이했다. 낮 12시, 작은 외삼촌 최영욱 박사의 서석의원에는 국훈이, 상훈이가 와 있었다.

이날 이들 형제는 홀로 남은 어머니 박씨를 도와 조랑마차를 몰고 목장에 사료를 실러 학강다리 집에서 광주역 창고가 있는 곳으로 떠났었다. 길에서 낮 열두 시에 중대방송이 있다는 광고를 보았다. 소 사료 밀기울과 썩은 콩을 싣고 나니 시간이 되어 서석의원으로 달려간 것이다. 상훈이 다음과 같이 술회했다.

"대문 안에 들어서니 원장 최박사는 이 때 벌써 라디오를 밖에 내다 놓으시고 툇마루 턱에 걸터앉아 계시더니 우리를 보자 반가워하시며 말씀하셨다.

"국훈아, 너 잘 왔다! 지금 일본천왕-소화(韶和)가 울며불며 연합국에게 무조건 항복한다고 했다. 그리고 각 곳에 나가있는 일본 군대들은 무조건 무기를 내버리고 투항하라고 명령을 내렸다."

"국훈아! 우리도 이제는 독립국으로 당당하게 나라 있는 국민이 되는구나! 이제 일제는 물러갈 것이고…"

국훈이는 감격과 흥분된 마음으로 "할아버지!" 한마디 하고 엉엉 소리 내며 울기만 했다.

"우리는 걷잡을 수 없는 흥분으로 하여 아무것도 손에 잡히지 않았다. 아버지와 집안사람들 때문에 고생과 근심걱정으로 청상과부로 늙으신 우리 어머님! 혁명을 한다고 어린애들을 해외에 보내신 우리 할머님! 우리 친척들! 무등산에 계신 최흥종 목사님! 일제가 우리나라를 강점하지 아니했더라면… 생각할수록 일제에 대한 증오심과 복수심이 물밀듯 솟아오르는 것이었다…"

이들은 중국에 있는 부은 삼촌이 돌아올 날을 상상했다. 부랴부랴 최흥종의 둘째 딸집으로 뛰어가 최흥종 할아버지에게 일제의 패망소식을 전하라고 부탁했다. 그리고는 곧 최영온 할머니와 의은 삼촌, 봉은 고모에게로 뛰어갔다.

이틀 뒤, 광주극장에서 전라남도 건국준비위원회 조직을 결성했다. 이날 회의에는 정율성의 큰외삼촌 최흥종도 참가했다. 지조를 지키기 위해 자신은 이미 죽었노라고 부고를 냈던 그는 일제의 패망과 함께 수년간 은거했던 산골에서 나와 대중들 앞에 나섰다. 사람들은 만장일치로 최흥종 목사를 전라남도 건국준비위원회 위원장으로 선출했다. 이날 모시저고리와 바지에 두루마기를 몸에 잘 맞게 받쳐 입은 최흥종은 대중들의 환호성 속에서 두루마기 섶을 벌려 잡고 덩실덩실 춤을 추었다. 장내는 노랫소리, 춤판으로 흥성거렸다.

일제가 투항했다. 해방이 됐다. 하지만 해방의 그날이 정율성의 고향 길을, 그리고 수많은 사람들의 고향 길을 막아놓는 날이 될 줄은 아무도 생각하지 못했다.

임을 위한 행진곡–조국 향해 나아가자

정율성은 떠날 준비로 바삐 보냈다. 모든 물건을 팔아 당나귀 한 마리를 사고 두 개의 작은 나무궤를 만들었다. 하나는 딸 소제를 담을 상자고 하나는 이불과 옷가지 등 물건을 담을 상자다. 조직에서 말 한 마리를 배정해주었다.

떠날 준비에서 빼놓을 수 없는 일이 있었다. 조직의 정풍결론을 받아내는 일이었다. 설송은 다음과 같이 술회했다.

"나는 이유한을 찾아가 정치결론을 받고 정율성은 주양을 찾아가 정치결론을 받았다. 우리 둘에게 써준 정치결론은 모두 좋았다."

하지만 이 결론은 그 후에도 정율성의 장편 대하소설과도 같은 파란만장한 이야기의 복선이 된다. 이 역시 운명이었던가!

정율성은 머릿속으로 악상이 물밀듯 떠올랐다. 짧은 시간 내에 원자탄마냥 폭발하는 것이어서 한 그릇에 담기에는 너무 벅찼다. 그것은 「조국 향해 나아가자」였다.

"하나 둘 셋 발 맞춰 총을 메고 나가자/씩씩하고 용감한 조선의 용사들/ 오늘은 화북 거쳐 내일은 만주리라/ 앞의 장애 물리치고 조국 향해 나가자/ 진리로 굳게 뭉친 우리 강철대오는/모든 정신 행동 인민 위해 노력해/ 용감히 싸우리라 조국의 해방 위해/ 끝까지 싸우리라 인민의 자유 위해"

9월 3일, 정율성은 소제가 누운 나무 궤를 실은 당나귀와 이불이 담긴 나무 궤를 싣고 설송을 태운 말을 끌고 토굴집을 나섰다. 토굴집 앞 마당에서 빨갛게 익은 일년감과 곧 수확을 앞에 둔 커다란 수박이 그들의 발목을 잡았다. 어디 그뿐이랴. 연안을 둘러보며 이 황토고원에 역력한 그들의 청춘의 숨결과 고민, 정열과 분투의 자국들…

이런 감정은 그들뿐이 아니었다. 떠나는 이들은 대오 속에서 「연안송」을 목청껏 부르며 손을 저어 연안과 작별했다. 아, 청량산, 보탑산이여, 세계 반파쇼투쟁의 승리와 민족해방의 희열을 아울러준 연안이여, 잘 있거라! 아, 잘 있거라 "작은 조선마을- 나가평"이여!

이날 조선독립동맹총부와 조선의용군사령부는 무정, 박효삼, 박일우, 김두봉, 최창익, 한빈 등 지도자들의 통솔하에 중공중앙에서 동북으로 파견한 임풍(林楓)의 연안 간부부대 2,000명, 이 대오를 보호하는 경위부대와 함께 동북 진군의 길에 올랐다.[194] 이 대오 속에 정율성의 세 식구와 말 한 마리, 당나귀 한 필도 있었다. 설송은 다음과 같이 회고했다.

길에서 사람들은 더욱 많이 웅위하고 호기스러운 노래 「조국 향해 나아가자」를 불렀다… 이 노래는 정율성이 귀국 소식을 듣고 솟구치는 감동 속에서

---

194) 『조선의용군사』, 연변인민출판사, 2006년 출판, 최강 저, 183쪽

총망히 지은 노래이다. 길에서 조선 전사들은 아침에도 부르고 간고한 행군길에서도 불렀다. 동북에 이르렀을 때에는 거의 모든 조선족들이 불렀다.

　이 노래는 정율성이 작사 작곡한 2곡의 작품 중의 하나이다. 유감스럽게도 이 노래는 1987년에 출간된 『정율성을 논함-정율성 음악작품 연구토론회 논문집』에 수록된 정율성의 노래에는 수록되지 않았다. 채 가셔지지 않은 "문화대혁명"의 여운 때문이었던 것으로 짐작된다.

　정율성은 대오 속에서 공목을 발견했다. 두 사람은 말없이 서로를 꽉 껴안았다. 그는 동북 문공단 일원으로 연안 간부부대를 따라 동북으로 진출하고 있었다.

　해방구의 백성들은 그들이 이르는 곳마다 달려 나와 중국혁명에 생명과 선혈을 바친 이 특수한 대오에 더운물을 부어주고 대추, 과일들을 호주머니가 불룩하도록 넣어주며 열정적으로 맞이했다. 황하부터는 달랐다. 산서경내는 일본 괴뢰군이거나 토비들이 출몰하는 적후여서 안전하지 않았다. 몇 사람씩 쪽배를 타고 황하를 겨우 건넜다. 오후 네 시가 되어 휴식을 취하는데 토비들의 습격 정보가 하달되었다. 이때는 벌써 가을이어서 추적추적 가을비가 내리다가 비바람이 세게 불어쳤다. 급행군을 하여 새벽 한 시가 넘어서야 안전한 숙영지에 도착했다.

　일본군이 아직 점령 중인 동포 철도에 이르자 팔로군은 조선의용군에 탄약을 보충 지급하여 전투준비를 갖추게 했다. 옷을 뒤집어 흰색이 밖에 나오게 입고 아기와 가축들이 울지 못하게 하라는 명령이 내렸다. 정율성과 설송은 소제가 울까 봐 속이 조마조마했다. 게다가 캄캄한 밤이어서 앞사람을 놓치면 길을 잃을 가능성이 있었다.

　산길은 울퉁불퉁해 걷기가 힘들고 산 하나를 넘으면 다음 산이 가로놓이곤 했다. 설송은 말을 타고 가는데도 온몸의 뼈가 다 물러 나는 것 같아 말에서 내려 한참씩 걷곤 했다. 정율성은 마부가 되어 말을 탄 설송과 당나귀를 탄 소제를 보살폈다. 어떤 때에는 절벽을 만나 거의 벽에 바짝 붙어 가다시피 했다. 자칫하면 사람이나 말, 당나귀 모두 천길 벼랑으로 떨어질 가능성이 있다. 정율성과 몇몇 전사들은 앞에서 당나귀를 끌고 뒤에서 부축하여 서야 아슬아슬하게 벼랑턱을 넘었다.

바람은 더욱 세차고 한기는 뼛속까지 스며들었다. 정율성과 설송은 옷이란 옷은 모조리 두 살 난 소제에게 껴입히고 그것도 모자라 보따리처럼 꽁꽁 감싸 주었다. 소제는 무사히 산을 넘었는데 어떤 동지들의 아기는 추위를 견디지 못해 동사하기도 했다. 그 밤에 120 리 길을 급행군했다.

간고한 행군 속에서도 정율성은 노래 두 곡을 또 구상했다. 하나는 한국의 유명한 3.1독립운동을 기념하는 「3.1행진곡」이고 다른 하나는 「조선해방행진곡」이었다.

"적들의 사슬은 이미 분쇄되고/ 조국의 산천은 다시 빛발치리라…"

조국을 사랑하는 그의 정열적인 모습을 보며 설송은 또 한 번 깊은 감동을 받았다. 행군이 힘들기는 해도 정설송은 가끔 오랜만에 하는 가족 나들이 같은 기분을 느꼈다. 그는 다음과 같이 술회했다.

"나는 말을 타고 정율성은 마부가 되어 말과 당나귀를 끌었다. 우리는 결혼 4년 만에 처음으로 이처럼 긴 시간을 함께 있었다."

대오는 장가구에 도착하여 진동남에서 온 100여 명 조선의용군 전사들을 만나 함께 팔로군이 접수한 화물차에 올랐다. 진찰기군구 사령원 섭영진과 팔로군 부총참모장 등 지도자들이 나와 환송했다. 또다시 급행군으로 아슬아슬하게 적구를 지나 금주에 도착했을 때 풀이 죽은 일본 포로병들이 소련 홍군의 감독 밑에 노동하고 있었다. 그 정경을 보자 모두들 여로의 피로를 잊고 속이 다 후련했다.

이튿날 다시 심양행 열차를 타고 신민역을 지날 때 해가 서산에 너울거렸다. 문득 플랫폼에서 기차를 기다리는 조선사람들이 보였다. 정율성과 동지들은 그들을 향해 "조선독립 만세!", "약소민족 해방 만세!"를 높이 외쳤다.

「조선의용군행진곡」을 높이 불렀다. 멍하니 바라보던 조선사람들은 그제야 조선의용군인 것을 알고 힘차게 "만세! 만세!"를 불렀다. 이 짜릿한 감동이 정율성의 머릿속에서 새로운 선율로 울렸다.

그들은 심양 근교의 조선인 마을에서 숙영하면서 조선동포들을 보호했다. 그들이 심양에 도착했을 때에는 10월 말이었으니 연안을 떠난지도 벌써 50여 일이 지났다. 정설송은 다음과 같이 술회했다.

"그동안 소제의 키가 컸다. 소제는 우리가 연안에서 준비한 나무상자에 누웠는데 어느 날인가부터는 다리를 펴지 못했다. 아이에게 좀 더 큰 나무상자를 바꾸어 줘야 했다."

기열료 항일 근거지에 있던 조선의용군 선두부대가 벌써 도착해 있었다. 심양으로 오는 도중 이들은 팔로군과 함께 산해관에서 적들과 싸웠고, 금주에 도착해 괴뢰군에 있는 조선인 병사들을 450명 받아들였다. 요양에 도착해 괴뢰만주국 경위군의 무장을 해제하고 요양을 해방했다. 심양에서 비밀리에 조직된 조선의용군 천여 명, 기로예군구, 태항산, 산동군구의 조선의용군 300여 명도 심양에 모였다. 여러 갈래의 조선의용군 대오는 마치 합수목에서 만난 물결마냥 심양에서 더 큰 물결을 이루었다.

이밖에 산동 군구 조선의용군 50여 명은 안동에, 북만에서 조직된 조선의용군 천여 명은 할빈에, 그리고 철령에서 조직된 의용군 부대 1,000여 명이 있었다. 이들과 심양의 조선의용군 대오를 합치면 1945년 11월 10일까지 조선의용군 총수는 4천 명이었다.

36년간 일제 치하에서 조국을 등지고 두만강, 압록강을 넘어 중국에서 일제와 싸웠던 조선의용군 전사들이 서로 뜨겁게 포옹했다. "중국항전 승리 만세", "조선독립 만세"를 높이 부르며 상봉을 했다.

정설송은 붐비는 사람들 틈에서 왕각을 만났다. 정율성이 의심을 당할 때 제일 먼저 찾아와 헤어지라고 설득했던 절친한 친구다. 심양에서 만나니 더욱 반가웠다.

"나 지금 조선으로 가!"

"그래? 정말이냐?" 왕각은 놀라움과 근심 걱정이 가득한 눈길로 친구를 바라보았다.

"너 조선말은 할 줄 아는 거야?"

"몰라! 나도 걱정이야. 조선에서 잘 해낼 수 있을지."

강직한 설송이지만 이때는 슬슬 현실적인 문제를 걱정하기 시작했다.

"넌 잘 할 수 있을 거야. 넌 무슨 일이나 다 잘 하잖아."

왕각이 위안했다.

"그래, 난 할 수 있을 거야. 율성씨도 중국에서 해냈는 걸. 나도 잘 할 수 있을 거야."

정설송도 이렇게 자신을 위로했다.

1945년 11월 7일, 심양에서 10월혁명 및 소련 홍군 기념탑 낙성식이 있었다. 이날 동북 인민자치군(팔로군)과 함께 열병식에 참가한 3,500명 조선의용군 대오는 거수경례를 하고 보무당당히 행진하며 그들의 존재를 나타냈다. 조선의용군은 중국 민중과 생사고락을 같이 하면서 남으로는 계림, 장강 양안, 북으로는 서북고원, 황하, 태항산, 장성, 흑룡강까지 중국의 광활한 대지에서 일본 침략자들과 싸워 역사의 발자취를 남겨놓았다. 이제 그들의 역사적인 사명은 새 조선의 건설이었다.

하지만 이 때 정율성에게는, 그리고 그들에게는 뜻밖의 소식이 들려온다.

한반도의 분단 소식이었다.

일제의 패망을 그처럼 기뻐했던 날, 1945년 8월 15일에 한반도는 이미 또다른 역사 비극이 서서히 막을 열고 있었다. 일본의 패망 직전에 소련은 중국 만주와 북한 지역에서, 미군은 남한에서 일본군과 싸웠다. 일제가 항복하게 되자 미국은 소련의 승인 하에 1945년 8월 15일 "3.8도선 이북 일본군의 항복은 소련이, 이남 일본군의 항복은 미군이 접수한다"는 태평양 연합군 최고사령관 더글러스 맥아더의 "일반명령 제1호"를 발표함으로써 3.8선을 획정했다. 3.8선은 미·소 간 항복 접수 구획선으로 제안된 것이지만 한반도에 대한 대국 사이의 이익다툼에서 결국 분단의 비극으로 자리 잡게 되었다.

새로운 한반도 건설에 희망을 품었던 조선의용군은 반도 이북을 통제하는 소련 홍군에 의해 무장해제를 당하고 귀국을 거절당했다. 정설송은 다음과 같이 술회했다.

"그러나 소련이 점령한 북조선의 상황은 우리에게 커다란 물음표를 안겨주었다. 그들은 중국팔로군과 어깨 걸고 싸운 조선의용군을 배척하였다. 선두부대가 신의주에 도달했지만 그들에 의해 쫓겨났다. 여러 차례 교섭 끝에 상대방은 소수의 동지들만 귀국하는 것을 허용했다."

정율성과 정설송은 다행히 그 소수에 들었다. 하지만 정율성의 고향길은 막혀있었다. 아버지와 형의 산소가 있고 어머니와 봉은누님, 의은형과 외삼촌들이 있는 남쪽 고향 광주로 가는 길은 막혀있었다.

이 때 중국은 전면 내전이 일어났다. 국민당 정부는 관내 조선인들에 대해 일본인 취급을 하고 재산을 몰수하고 미국 선박을 이용해 조선으로 추방시켰다. 한편으로는 동북지구 관할권을 토비들에게 넘겨 동북 조선인들의 생명과 재산을 위협했다. 청나라 때부터 월경해 동북지구 원시림을 논으로 개간하고 살았던 조선인들의 삶이 송두리째 흔들렸다. 200만 명중 100만 명이 피난 귀국길에 올랐고 오도 가도 못하는 100만 명은 토비들의 손아귀에 들어갔다. 중국에서의 마지막 조선독립동맹 회의가 중공중앙 동북국의 지도하에 심양에서 개최되었다. 설송은 다음과 같이 술회했다.

"11월 10일, 심양교구 조선학교에서 소집된 의용군 장병대회에서 무정은 소수의 노간부만 조선에 귀국해 당정 사업을 하고 대부분은 동북에 남아 조선족 집거지구에서 대중을 조직 발동해 공고한 동북 근거지의 건립을 위해 기여해야 한다고 정식으로 선포했다. …적지 않은 조선 전사들은 동북 해방 전투에 참가하고 산해관을 넘어 우리 대군을 따라 전투하며 해남도 전역에까지 참가했다. 1950년에 김일성이 사람을 파견해 우리 측과 담판하고 1만여 명 조선족 전사들을 요구하여 조선인민군에 편입시킨 것은 그 다음의 일이었다.

이 결정은 조선의용군 전체 지휘원과 전사들이 예상하지 못했던 뜻밖의 결정이었다. 소련 홍군의 저지로 귀국하지 못한 것이 이해되지는 않았으나 같은 사회주의 진영의 큰 이익에 복종해야 하는 것으로 알았다… 팔로군 및 중국 인민과 장기간 생사고락을 함께 하면서 깊은 감정이 있었고 중국의 급박한 해방투쟁 상황과 기로에서 헤매는 조선동포들의 실정을 눈으로 보았기 때문이다."[195]

정율성 일가는 조선 귀국자 명단에 들어 일부분의 조선독립동맹 요원들과 함께 개인자격으로 평양행에 올랐다. 남은 조선의용군은 동북에 남아 100만 명의 조선인민대중을 보호하고 국민당이 발동한 내전에서 팔로군과 어깨 걸고 싸웠다. 조선의용군은 통화 '2.3 반혁명 폭란'을 평정하고 임강 보위전, 요심전역의 장춘, 심양 해방전, 사평전역 개원 해방 전투, 북만의 할빈 해방 전에 참가하고 남만의 수천 명 토비를 숙청했다. 관내로 진군하여 호남 의창 전투에 참가, 토비를 숙청하고 사천으로 진격하였으며, 해남도 전역 등에 참가하여 혁혁한 전과를 올렸다.

이 즈음, 중경주재 대한민국임시정부 의회 국무위원이었던 자형 박건웅도 딸 의란이를 데리고 귀국을 준비했다. 하지만 대한민국임시정부도 조선 남반부를 통치하는 미군정에 의해 개인자격 귀국만이 허용되었다. 조국을 위해 해외에서 수십 년을 분투한 독립운동가들의 귀국이지만 미·소 강대국에 의해 운명이 결정되는 비참한 현실이었다.

박건웅은 상해 대한민국임시정부 요인만 타는 비행기를 타고 귀국할 수 있었으나, 딸 의란이를 위해 이듬해 3월 상해-부산행 배를 타고 귀국하여 드디어 사랑하는 아내 봉은이와 큰딸 정란이, 작은 아들 의성이와 뜨거운 상봉을 했다. 정율성의 혁명 스승이었던 김규광은 대한민국임시정부 요원들

---

195) 『조선의용군사』, 연변인민출판사, 2006년 출판, 최강 저, 203쪽

과 함께 비행기를 타고 귀국했다. 가족과는 한국에서 다시 만나기로 했지만 결국 복잡한 상황에 의해 생이별을 하고 말았다.

　2009년 9월 18일, 필자가 추석 월병을 선물로 사들고 북경에 있는 두군혜의 큰아들 두건씨의 집을 방문했을 때다. 두건 씨는 나에게 어머니 두군혜와 아버지 김규광의 사진을 보여주었다. 그에게서 나는 수십 년 후 어느 날, 김규광의 또 다른 부인의 아들이 서울에서 북경으로 비행기를 타고 가 반세기 만에 그들 삼형제를 찾아 서로를 포옹했다는 이야기를, 그리고 지난 세기 90년대에 두건 씨 형제들이 처음으로 아버지의 나라를 찾아왔다는 이야기를 들었다. 작고한 김규광과 두군혜는 자식들을 통해 이런 식으로 기나긴 그리움을 풀고 하늘나라에서 상봉했다.

　이 즈음 한국에서 발행된 1945년 12월 6일자 〈자유신문〉의 2면에는 뜻밖에도 정율성에 관한 뉴스가 실렸다. 이 시기에 입국한 대한민국임시정부 선전부 비서 안우생을 인터뷰한 내용이었다.

"조선사람으로 예술활동을 하고있는 이는 다 연안에 있는데… 음악가로 鄭律成씨는 연안서 제일가는 指導者요 作曲家라고 한다."

　광복과 더불어 부은을 애타게 기다리던 그의 가족들은 이 신문을 보았던 것일까? "정율성"이라고 이름을 고친 사연은 1936년에 귀국한 봉은이를 통해 알고 있었으리라. 하지만 이 때 부은의 고향행은 막혀 있었다. 정부은, 아니 정율성은 이 즈음, 압록강을 건너 한반도 북반부에 발을 들여놓고 있었다. 1945년 12월, 눈이 가득 내린 겨울이었다.

　목포에서 헤이안마루호에 몸을 싣고 중국으로 떠날 때에는 '나라의 독립을 실현하고 고향으로 돌아오리라' 마음을 굳게 다지며 떠났었다. 그리고 마침내 그 날이 왔지만 정작 고향으로 가는 길은 아니었다.

　운명은 그렇게 정해져 있었다. 그것은 한 개인이 감당할 수 있는 것이 아니었다.

제5장

북한에서
(1945.12-1951.4)

제5장 북한에서
(1945.12-1951.4)

또 하나의 군가

정율성일가는 북한 신의주와 평양을 거쳐 황해도 소재지인 해주에 도착했다.

해주는 아름답고 조용한 도시였다. 북에는 수양산을 등지고 서에는 선리산, 남에는 남산(南山)을 끼고 있어 포근하고 아늑했다. 남산을 넘으면 해주만을 안고 있는 모습이다. 산을 등지고 바다를 바라보는 독특한 지리환경 때문에 예부터 군사, 정치의 요충지였다.

정율성은 해주에서 조선노동당 황해도위원회 선전부장을 담당했다. 설송은 조선말을 배우는 동안 잠시 정율성의 일을 도와주었다. 정율성과 설송은 모두 중국공산당 당적을 조선노동당으로 바꾸었다.

정율성에게는 김 장사를 하던 상인집이 배정되었다. 집은 널찍하고 햇빛이 잘 들었다. 이 집에는 또 항일연군에서 싸웠던 한 노간부 가족이 함께 들었는데 설송은 그녀에게서 열심히 조선요리를 배웠다. 얼마 후 정율성에게는 2층짜리 양옥이 배정되었다.

그 겨울, 한반도는 세차게 갈등했다. 12월 16일부터 25일까지 개최된 모스크바 3상회의는 28일 영국의 동의를 거쳐 한반도에 민주주의 임시정부를 수립하고 5년 동안 4대 연합국, 즉 미국, 영국, 중국, 소련이 임시정부를 신탁통치한다는 결정을 내렸다. 정작 한반도 주체인 남북 국민은 자신의 권리를 행사하지 못하게 한 것이다. 남북의 정치인과 지성인들은 분단 고착을 막고 한반도 완전 독립을 쟁취하기 위해 필사의 노력을 시도했다.

해주에 자리를 잡는 동안 1946년 설이 오고 새해가 되었다. 이해 2월, 조선 북반부 임시 인민위원회 위원장 김일성이 해주로 시찰하러 왔다가 정율성과 설송을 만나주었다. 호남아답게 생긴 30대의 김일성은 키가 후리후리하고 목소리가 우렁우렁했다. 그는 20대에 중국 동북과 조선 북부 변경에서 항일무장투쟁에 종사했는데 조선인들 속에서 높은 성망을 갖고 있었다.[196)]

새로운 정권은 모든 질서가 잡히는 동안 할 일이 끝없이 많았다. 따라서 정율성의 선전부 사업도 매일 바삐 진행되었다. 이 때 정율성과 설송의 위치는 바뀌고 있었다. 토지개혁운동이 시작되자 설송은 정율성을 도와 중문으로 당 교재 등 자료를 써주고 정율성은 그것을 조선문으로 번역해 사업에 활용했다. 도, 시, 군 인민위원회 선거가 진행되자 설송은 연안에서 섬감녕변구의 사업을 한 경험이 있어 정율성을 도와 연설문을 써주고 선거에 관한 글들을 써주었는데 그중 두 편은 〈황해도신문〉에 발표되었다.

북한에는 해방된 새시대에 부를 노래가 부족하고 음악 인재가 부족했다. 정율성은 예술 인재 양성을 위해 해주음악전문학교를 꾸렸다. 정율성의 음악창작은 귀국 후의 격정을 타고 분출했다. 연안을 떠나면서 행군 도중에 구상했던 작품 「3.1행진곡」과 「해방행진곡」을 완성했고 또 「8.15」송가를 창작했는데 북한에서 널리 애창됐다.

전쟁 후 오랜만에 세 식구의 평화가 왔다. 소제는 매일 무럭무럭 자랐고 조선말을 유창하게 잘했다. 일본인 가사 도우미가 있어서 일본말을 알았고 이웃에 소련에서 귀국한 간부가 있어 러시아 말도 알았다. 소제가 4개국 언어로 말할 때면 주변 사람들은 깜짝 놀라곤 했다. 소제는 아빠가 퇴근할 시간이면 아장아장 길 어귀로 나가 아빠를 마중했다. 정율성은 어깨에 소제를 목마 태우고 옛말을 해주었다.

"옛날에 나무꾼 총각이 나무하러 갔어. 나무를 하는데 밤 한 톨이 떨어졌어. '아, 이건 아빠께 드려야지' 라고 하며 품에 넣었어. 또 밤 한 톨이 떨어졌어. '아, 이건 어머니께 드려야지' 하며 품에 넣었어…"

"알았어, 알았어. 또 밤 한 톨이 떨어졌어. '아, 이건 내가 먹어야지' 하며

---

196) 『作曲家鄭律成』, 丁雪松 等 著, 遼寧人民出版社, 2009年 7月, 36頁. 「相識相愛永別」, 丁雪松

품에 넣었어…"

 부녀가 하하호호 웃으며 집에 들어서면 설송은 그동안 배워서 만든 김밥, 장국, 김치로 밥상을 차려놓고 정율성을 맞이했다. 주말이면 정율성은 오토바이에 설송과 소제를 태우고 해주의 조용한 교외에 가서 수렵을 하거나 목청껏 노래를 부르곤 했다.

 평화로운 생활 속에서도 설송은 가끔 한숨을 내쉬었다. 북한에 도착한 후 거의 할 일이 없다. 연안에서 하루 24시간이 부족할 정도로 바삐 돌았던 지도자였고 중국에서 그의 앞길은 창창했다. 하지만 사랑 때문에 이 모든 것을 포기했다. 정율성이 중국에서 넘었던 산을 이제 설송은 북한에서 넘어야 했다.

 어느 날, 설송은 갑자기 식욕이 줄고 기운이 없어졌다. 병원에 가서야 임신사실을 알게 되었다.

 '난 아직 사업배치를 받지도 못했는데 아이부터 가지면 어떡해?'

 설송은 아이를 갖고 싶지 않았다. 하지만 정율성은 반색을 했다.

 "잘됐어. 난 진작 아들을 갖고 싶었거든. 정말 잘 됐어."

 하지만 설송은 유산을 하려고 마음 먹었다. 정율성은 그동안 가정주부로만 있은 설송의 답답한 마음을 잘 알았으므로 그녀의 뜻을 꺾지 않았다. 설송은 해주의 한 진료소에서 수술을 받았다. 그러나 혹 떼러 갔다가 혹을 부친 격이 되었다. 하혈이 심했다.[197] 결국 그녀는 더는 아이를 낳을 수 없는 여성이 되고 말았다. 설송은 정율성의 뜻에 따를 걸, 하고 후회했지만 때는 이미 늦었다.

 한낮은 여름처럼 덥고 아침과 저녁은 선선한 환절기가 왔다. 어느 날, 설송은 평양으로 오라는 조선노동당 중앙의 통지를 받았다.

 "여보, 무슨 일일까? 나 지금 조선말도 할 줄 모르는데, 평양에 가서 뭘 어떻게 해요?"

 설송이 자신 없는 얼굴로 정율성을 바라보며 말했다.

 "반드시 당신만이 할 수 있는 일이 있을 거야. 걱정 말고 가봐."

---

[197] 「中國第一位女大使丁雪松回憶泉」, 丁雪松口述 揚德華整理, 江蘇人民出版社, 2000年, 193쪽

설송은 그 말에 큰 위안을 얻었다. 북한에 온 후부터 모든 일에서 정율성에게 의지했다.

평양에 도착하자 김일성 위원장이 접견한다는 소식을 듣고 깜짝 놀랐다. 김일성은 그에게 중요한 임무를 주었다. 중국 길림에서 중학교 공부를 하고 다년간 항일운동에 종사했던 김일성은 중국어가 유창했다.

"지금 식량이 아주 긴요합니다. 북만에 한 번 다녀와야겠소. 중공중앙 동북국 책임자를 만나서 우리에게 식량을 지원해달라고 부탁해주시오. 설송 동지는 잘 해낼 거라고 생각합니다."

식량자원이 풍부한 남반부와 분단된 북반부는 늘 식량이 부족했다. 김일성은 동북국 부서기가 설송의 연안 서북국 시기의 상사라는 것을 알고 있었다.

"편지를 써 줄테니 반드시 고강 동지를 만나서 직접 전달하시오."

설송은 마침내 북한에서 자신이 할 수 있는 일이 생기자 날듯이 기뻤다. 김일성은 그를 자기 집에서 묵도록 했다.

이때 중국은 제3차 내전이 시작되고 해방전쟁이 치열하게 진행됐다. 1946년 9월 중순부터 팔로군을 "중국인민해방군"으로 개칭했다. 정율성이 작곡한 「팔로군행진곡」은 「인민해방군 행진곡」으로 개칭돼 해방전쟁 기간에 전선과 후방에서 가장 많이 불리는 노래가 되었다.

설송은 도문을 거쳐 목단강을 경과해 하얼빈에 도착했다. 설송은 오랜만에 자신의 상사였던 동북국 부서기 고강을 만났다. 당시 동북은 공고한 근거지가 아직 형성되지 않아 식량이 부족했다. 그럼에도 조선에 약 3만 톤의 식량을 지원했다. 설송이 임무를 완성하고 돌아오자 김일성은 아주 만족했다. 그를 자기 집에 초대하고 일본군에게서 노획한 흰색 명주로 된 낙하산을 선물했다.

평양에 머무는 동안 설송은 노동당 중앙위원장 김두봉을 만났다. 조선독립동맹은 신민당으로 개칭됐다가 곧 조선공산당과 합병해 노동당이 되었다. 김두봉은 설송을 반갑게 맞아주고 나사천으로 된 양복치마를 선물했다.

평양에 다녀온 설송은 한결 생기 있는 모습이었다. 김일성이 선물한 낙하산의 흰색 명주천으로 정율성의 셔츠를 만들고 자기와 소제의 원피스를 만들었다. 세트로 새 옷을 해 입은 세 식구는 무척 행복했다. 설송이 북한에서 오랜만에 자신의 역할을 찾은 기쁨이었다.

  정율성이 은근히 걱정했던 문제가 해결됐다. 설송처럼 뛰어난 조직능력과 총명을 겸비한 여성은 반드시 자신의 능력을 발휘할 무대가 있어야 했다. 없다면 낭비였다.

  하지만 이것은 또한 정율성의 인생에 하나의 엇갈린 복선이 깔리는 것이기도 했다. 그들 자신은 상상도 하지 못한 일이었다. 이것을 계기로 그들의 운명은 서서히 반대 방향으로 변하고 있었다. 이 변화는 그들의 힘으로는 도저히 막을 수 없는 것이었다.

  하늘은 높고 푸르고 들판은 곡식들이 영그는 소리들로 가득 찼다. 평화로운 가을에 북한은 일사분란하게 움직였다. 국가 기구들이 하나에서 백까지 모두 새롭게 구성됐다.

  8.15광복이 됐을 때부터 정율성은 벌써 천군만마가 움직이는 한반도 군가를 생각하고 있었다. 분단된 조선이 아닌 한반도의 군가였다. 하지만 이제는 하는 수 없이 북반부만의 군가를 만들어야 했다.

  얼마 후, 월북시인 박세영이 정율성의 이층 양옥의 문을 두드렸다. 박세영은 1902년생으로 경기도 출신의 시인이며 대표적인 작품으로는 국가인 「애국가」 등이 있다. 정율성은 그의 작사로 「조선인민군 행진곡」을 창작하였는데, 이 작품은 2년 뒤 1948년 2월 조선인민군 창건과 더불어 「조선인민군 군가」로 채택되었다. 그리하여 세계에 유례없는 일이 발생하게 된다. 세계적으로 두 나라 군가를 창작한 사람은 정율성 뿐이다.

  정율성은 선성해의 「황하 대합창」과 같은 한 나라 민족의 정신과 정서를 대표하는 음악을 만들고 싶었다. 그러던 중 그해 3월, 조기천의 시 「두만강」을 읽게 되었다.

  조기천은 정율성보다 한 살 많은 33세였다. 소련에서 고리끼사범대학을 졸업하고 소련 홍군에 가입해 한국전쟁에 참전했다. 조선작가동맹 부위원장, 북조선예술총동맹 부위원장으로 있으면서 많은 작품을 발표했다. 한국전쟁 기간에 종군기자로 있다가 1951년 평양에서 미군 비행기의 폭격으로 사망한다. 이해 3월에 발표한 「두만강」은 그의 데뷔작이었다.

"이 땅의 북변을 굽이굽이 휘돌아/ 흘러 흐르는 두만강이여!/ 부딪치고 감 뛰는 그대의 찬 물결에/ 묻노니 몇 번이나/ 흰옷의 서러운 그림자 비꼈더냐/ 찌푸린 낯 누데기옷/ 재산이란 가슴 속 옹키운 노예의 설음/ 의탁이란 장알진 손지팽이 뿐/ 놈들에게 빼앗기고 짓쫓기는 그 신세/ 두만강이여, 이것이/ 그대 그려둔 조선의 사나이 아닌가?/… .

원한의 강, 피의 강, / 이 땅의 눈물과 고통의 강 두만강!/ 이제야 그대는 와 --- 와 --- 자유롭게/ 번쩍이는 파도의 칼로 앞길을 헤치며/ 하늘을 떠받는 대해로 흘러 흐르누나!/ 두만강이여, 이것이 어느 해 어느 날부터냐?"

정율성은 이 시를 읽다가 문득 통곡하고 싶은 충동을 느꼈다. 일제 식민침탈의 수난의 시대에 조선 백성들은 살길을 찾고 조선 지사들은 구국독립의 길을 찾아 조중국경을 이룬 두만강을 넘나들며 우국충정의 노래, 항쟁의 노래를 불렀다. 조기천의 이 시에는 한민족의 치욕과 한과 굴기가 담겨져 있다. 정율성은 강한 충동으로 이 작품에 작곡했다.「두만강 대합창」은 이렇게 탄생했다. 바로 뜨거운 반향을 일으켰다. 전국 각지에서 백여 차례 연주되었으며[198] 그때마다 뜨거운 박수로 막을 내리곤 했다.

이해 가을, 정율성은 설송을 대동해 특별한 모임에 참가했다. 해주의 어느 유명한 양식집이었는데 이날 참가자들은 모두 연안 시절의 옛 전우들로서 당시 정계의 중요 직위를 맡고 있었다. 금방 자리에 앉았는데 문이 열리고 목발에 의지한 30대의 남자가 들어섰다.[199]

정율성은 입이 딱 벌어졌다. 남경시절 함께 김원봉 수하에 있으면서 남경 화로강에서 늘 만나곤 했던 김학철, 워낙 성격이 강인하고 직접적인 무장투쟁에만 골몰했던 그는 정율성이 화로강에서 바이올린을 들고 왔다 갔다 하는 것에 영 불만이 많았다. 태항산 호가장 전투에서 다리에 부상을 입고 일본군의 포로가 된 후 나가사키 형무소에 갇혀있었다. 그러다가 일본에서 해방을 맞아 남쪽으로 귀국했다. 남한은 미군정이 통치하면서 좌파계열에

---

198) 『論鄭律成-鄭律成音樂作品硏討會論文集』, 延邊人民出版社, 1987年, 161頁
199) 『항일독립군 최후의 분대장 김학철 자서전』, 문학과지성사, 1995년 12월, 317쪽

대한 탄압을 했다. 공산당 계열의 혁명자들은 북으로 야반도주하지 않으면 안 되었다. 학철은 서울 서대문구에 있는 동지의 조카집에서 숨어 지내다가 친구들과 작별인사도 나누지 못한 채 한밤중에 급히 배를 타고 월북했다.

정율성의 눈이 더 휘둥그레졌다. 그의 다리가, 한쪽 다리가…없다!
"자네 다리는?"
"일본 감옥 마당에 파묻었어."
"왜?"
"왜는? 그렇게 되었지 뭘."
라고 김학철은 대수롭지 않게 말했다.

그는 나가사키 형무소에서 고된 심문을 받으면서도 전향서를 쓰지 않아 수술을 받지 못했다. 고름이 흘러나오는 다리에서 나뭇가지로 3년 6개월 간 구더기를 잡아냈다. 결국 다리 하나를 자르고 말았다. 감옥의 의사는 잘라낸 다리를 아무렇게나 구덩이에 묻어버렸다. 감옥의 개들이 마구 달려들자 평소 그를 존경하던 일본인 죄수 의사가 마당을 깊이 파고 다리를 단단히 묻어주었다.

"난 일본에 벌써 묘지 하나가 있는 셈이야."

학철은 농담을 했지만 정율성은 눈물이 나와 학철의 어깨를 탁 치며 힘주어 끌어안았다.

남한의 상황을 알게 된 그는 긴 한숨을 내쉬었다.

"일제는 몰아냈지만 아직도 일본의 잔재가 남아있고 강대국의 군정을 받고 있으니 이 나라는 앞으로 어떻게 되려나?"

어머니 생각이 더욱 간절했다. 손꼽아보면 어머니는 벌써 73세, 어머니 생전에 만날 수 있을 것인가? 봉은 누님, 자형 박건웅, 의은 형은 어찌하고 있는지…외삼촌들, 조카들은 어찌고 있는지…

어머니를 만날 수 없는 아픔, 그것은 남북 분단의 아픔이었다.

"자네 부탁이 하나 있네. 나한테 「동해어부 대합창」을 안 써줄라나? 난 지금 벌써 선율이 있는데, 자네 한 번 솜씨를 보여주게."

정율성은 자기식대로 학철에게 가사를 부탁했다.

"난 대합창이란 걸 한 번도 써 본 일이 없어."

학철이 웬 뚱딴지 소리냐는 식으로 커다란 두 눈을 크게 떴다.

"왜 안 돼? 소설도 만든 사람이 대합창을 못써? 자네, 남에서 조선의용군에 관한 소설책을 출판하기로 했다면서?"

"출판에 넘어가기는 했지만 야반도주하다 보니 그냥 그러고 말았어."

그해에 정율성은 학철과 함께 3장으로 된「동해어부 대합창」을 창작하여 또 한번 북한 음악계를 들썩인다. 김학철과의 우정은 평양과 중국에서 계속 이어졌다. 그들의 운명은 어쩌면 한 틀에서 나온 것처럼 비슷했다. 그 틀이 한반도의 역사인 까닭이다. 둘 다 조선의용군이었던 까닭이다. 역사란 그렇게 불가항력의 힘이 담긴 커다란 틀을 통해 운명이 비슷한 하나의 군체를 만들어냈다. 그것은 거대국 사이에 끼여 걷잡을 수 없는 운명, 중국에서 싸운 조선 혁명가들의 지정학적 운명이라고 할 수밖에.

1946년은 정율성이 북한에서 보낸 첫 해이며, 또 하나의 음악창작의 높은 봉우리에 오른 한 해이다. 도당 선전부장 사업을 맡고 해주음악전문학교를 세우는 등 바쁜 일정도 그의 탁월한 음악을 분출시키는 데에는 방해가 되지 않았다.

이 해는 그가 생명으로 추구했던 가치와 현실의 밀월이었다.

어머니와의 상봉

이해 가을, 뜻밖의 소식이 전해왔다. 조선노동당 중앙은 설송더러 평양에 와서 조선노동당 중앙 교무위원회 비서장을 담당하라고 지시했다.

"여보, 나 평양 가도 되는 걸까? 과연 그 일을 내가 잘 해낼 수 있을까?"

설송이 기쁨 절반 근심 절반으로 정율성에게 물었다. 정율성은 기뻐하며 대답했다.

"당신은 꼭 잘 해낼 수 있을 거야. 당신은 꼭 해낸다구!"

정율성의 긍정적인 대답에 설송은 안도의 숨을 내쉬었다.

"그럼 당신은 어떡해요? 나만 가면 어떡해요?"

설송의 근심은 부질없는 것이었다. 이듬해 1947년 봄, 정율성은 조선 보안

▲ 1947년 북한시절 금강산에서 즐거운 한때를 보내고 있는 정율성과 정설송 부부. 정소제 제공.

간부 훈련대대부(조선인민군 전신) 구락부 부장(중국 인민해방군 문화부 부장에 해당함)으로 임명되었다. 이때 무정은 보안간부 훈련대대부 포병담당 부사령관이었다. 정율성은 또다시 무정의 부하가 되었다. 그는 무정과 여전히 형님 동생하면서 각별하게 지냈다.[200]

정율성은 평양으로 이사했다. 중앙에서 요직을 맡고 있던 김두봉이 이들 부부를 반갑게 맞이했다. 두 집은 함께 평양 교외의 강가에 나가 천렵을 했다. 정율성은 천렵 솜씨가 일품이거니와 물고기 요리 솜씨 역시 일품이다. 김두봉이 샴페인을 터뜨리자 술이 하늘로 솟구치며 한바탕 즐거운 웃음이 터졌다.

얼마 후, 정율성은 흑열병에 걸리고 만다. 불규칙적인 발열, 온 몸의 동통, 사지가 무력하다. 얼굴은 검고 누른빛을 띠었는데 증상이 장티푸스거나 백혈병과 흡사해 무척 근심스러웠다. 다행이 설송이 대련 출장차 이 병을 치료하는 독일 수입제 약을 사 가지고 왔다. 그 주사를 한두 차례 맞은 후 거짓말처럼 모든 증상이 사라졌다.

"당신 때문에 난 죽은 목숨을 건졌어. 고마워!"

정율성은 설송에 대한 고마운 마음으로 약병을 소중히 보관해 이를 기념했다.

---

200) 『作曲家鄭律成』, 丁雪松 等 著, 遼寧人民出版社, 2009年 7月, 56頁을 참고. 「相識相愛永別」, 丁雪松

3월 10일[201] 정율성은 보안간부 훈련대대부 협주단 단장에 부임돼 협주단 (조선인민군 협주단 전신) 건설에 착수했다. 악기를 중국 대련에서 사오기 위해 평양 대동강 서안 채관리 104번지에 있는 평양 이민공사를 부지런히 드나들었다. 평양 이민공사는 무역간판을 걸었지만 사실상 평양 주재 중공 중앙 동북국 판사처였다.

1946년 6월 동북국은 해방전쟁의 준엄한 현실을 고려해 "북조선을 변상적이고 은폐된 후방으로 하여 남만 작전을 지지"하는 방침을 확정하고 조선노동당 중앙의 동의를 거쳐 중공 중앙 동북국 판사처를 세웠다. 은폐하기 위해 대외로는 "평양이민공사" 간판을 걸었으며 주이치를 중공 중앙 동북국 및 동북 민주연군 평양주재 전권대표로 파견했다.

주이치는 1927년에 청화대학에서 공부할 때 공산당에 가입했고 30년대에 강소성 단성위 서기, 중공 하북성위 대리서기, 섬감녕변구 은행 행장 등을 담당했었다. 그는 연안 시기부터 정율성이 창작한 노래를 무척 좋아했고 정율성 부부와 친하게 지냈다.

평양이민공사는 중국 해방전쟁 기간에 많은 일을 했다. 중국 인민해방군 부상병 1.8만명과 가족, 후근 인원들이 조선 민가에 거주하면서 치료를 받았다. 북한 인민들이 전략물자 2만여 톤을 어깨에 메고 운반해주었다. 북한 통로를 이용해 남북만의 물자교류를 거침없이 진행했는데 1947년, 1948년 2년 사이의 물량이 51만 톤에 달했다. 1946년 하반기부터 1948년까지 중국의 민주당파, 무당파, 해외 화교 지명인사와 당 지도자 만여 명이 북한 통로를 이용해 이동했다. 북한은 일본 침략군이 남겨놓은 군수품 2천여 바곤[202]을 무상으로 중국에 지원했고 소련군이 일본군에게서 접수한 전략물자를 전부 중국에 지원했다.

설송은 평양이민공사의 소개 편지를 가지고 여순에 가서 직접 악기를 사들였다. 정율성이 사용한 피아노는 조선 주재 동북 상무 대표처에서 증정한

---

201) 『중국조선민족발자취총서 4』, 「결전」, 민족출판사, 1991.7 「인민음악가 정율성」, 한창희 리정문 리두만, 459쪽
202) 차량을 일컫는 북한 말

것이다.

정율성은 악기가 도착하자 강습반을 꾸려 예술인 대오를 건설하고 협주단을 이끌고 북한 각지를 다니며 순회공연을 했다.

이해 가을, 김학철도 평양으로 와서 정율성이 소속된 보안간부 훈련대대부 총사령부에서 함께 일했다. 정율성은 협주단 단장이고 그는《민족군대신문사》사장이었다.[203] 그들은 서로 가까이에 집을 잡고 살면서 더욱 깊은 우정을 쌓았다. 남경 시절에 정율성이 바이올린을 가지고 항일한다고 비웃었던 일은 즐거운 옛말이 되었다. 작곡자와 가사 창작자로 두 사람은 죽이 잘 맞아 돌아갔다. 1950년에는 「조선인민유격대 전가」, 「전우의 죽음」, 「공군가」 등 영향력 있는 작품을 출품했다.

정율성은 1947년과 1948년에는 거의 집에 있을 사이가 없었다. 1940년에 연안에서 창작한 「항일기병대」를 북한 무대에 올렸는데 평양과 전국 각지에서 200여 차례 공연해 대성공을 거두었다.

▲ 1947년-1948년 협주단 단장 시절 창작의 희열을 만끽, 전국 순회 공연을 하면서 대중의 사랑을 많이 받은 정율성. 정소제 제공.

1948년 4월 19일, 남북한이 잊을 수 없는 날이 왔다. 정율성 또한 잊을 수 없는 날이다. 19일부터 평양에서 남북한의 분단을 막기 위한 남북 연석회의가 개최된 것이다. 대동강의 봄물결은 거세게 흘러가고 강 연안의 가로수들은 봄바람에 세차게 흔들렸다. 이 범상치 않은 날을 사람들은 긴장한 채 지켜보았다.

당시 남한에서는 미군정에 의

203)《청년생활》, 1987년 1기,「정율성을 추억하여」, 김학철, 12쪽

해 이승만을 우두머리로 하는 남한만의 단독선거가 진행되었다. 따라서 남한 민중의 단독선거 반대운동이 치열하게 벌어졌다. 북한은 남조선 단독선거, 단독정부를 반대하고 조선의 통일적 자주독립을 위한 남조선의 모든 민주주의 정당과 사회단체는 전 조선 정당사회단체 대표대회에 참석할 것을 호소했다. 그리하여 김구, 김규식 등 남한의 양심적인 정치인들이 북으로 출발했다. 정율성의 자형 박건웅도 22일 새벽 1시에 평양에 도착했다.

이때 박건웅은 남북통일을 위해 남한에서 설립된 좌우합작위원회 선전부장이었다. 그는 그동안 좌우합작위원회 대표로 당선되어 미군정의 러치 군정장관 등이 참가한 한미공동회담에서 미군정의 단독정부 수립을 반대해 굳센 투쟁을 벌였다.[204] 그러는 동안 정치깡패들의 습격을 받곤 했다. 숨어 다니거나 경호원을 둘 정도로 인신 안전이 위협을 받았지만 그는 중국에서 독립운동에 목숨을 걸었듯이 남북 통일정부 수립을 위해 목숨을 걸었다.

정율성이 박건웅과 어떤 방식으로 만났는지는 알 수 없지만 아무튼 그들의 만남은 불가피했다. 정율성은 남경에서 1937년 10월에 연안으로 출발하면서 작별한 후 11년 만에 처음으로 박건웅을 만났다. 두 사람은 만감이 교차해 서로를 힘 있게 포옹하였다.

자형과의 만남은 짧았지만 정율성에게는 너무나 소중한 시간이었다. 자형을 통해 그처럼 알고 싶었던 어머니와 형제들의 소식을 전해 들을 수 있었기 때문이다.

이 즈음 어머니 최영온은 여전히 양림동에 살았다. 3.8선이 생기고 아들이 더는 집으로 돌아 올 수 없다는 사실을 알게 되었을 때 최영온은 땅이 꺼지게 한숨을 내쉬었다.

"우리 부은이 한 번이라도 보고 죽었으면…"

자나 깨나 그가 입에 달고 있는 말은 이것이었다.

의은 형은 폐병 때문에 몹시 앓았다. 하지만 박건웅의 정치 주장이 실현되

---

[204] 『박건웅, 딸보다 조국을 더 사랑한 아버지』 박의란 송지영, 한국엠-애드출판사. 2008년 8월. 154~155쪽

게 하기 위해 국회의원 선거운동에 뛰어다녔다. 봉은 누나는 김필례 외숙모와 함께 여전히 여성운동을 하고 있었다. 최흥종 외삼촌은 음성 나병환자를 위한 시설을 만들고 광주국민고등학교를 설립하고 결핵퇴치사업을 하는 등 사회봉사를 했다. 외삼촌 최영욱은 전라남도 지사를 담당했으며 김필례 외숙모는 한국정신여학교 교장을 담당했다.

이해 여름, 정율성은 어머니 최영온씨의 도착 소식에 깜짝 놀랐다. 한창 협주단을 이끌고 공연 준비에 바쁜 때였다. 정신없이 집으로 달렸다. 머리가 하얀 70대의 할머니, 아, 어머니! 정율성은 달려가 어머니를 덥석 끌어안았다. 그 옆에 서있는 30대 후반의 여인, 아, 누님!

"부은아! 이게 우리 부은이 맞아? 아이고, 우리 부은이 한 번이라도 보고 죽었으면 했더니…"

어머니는 정율성을 가슴에 꼭 껴안고 눈물을 쏟았다. 얼마나 오랫동안 품어보지 못한 아들인가. 봉은이도 동생의 잔등을 쓰다듬으며 눈물을 흘렸.

그들이 어떻게 비밀리에 3.8선을 뚫고 북으로 넘어왔는지는 알 수 없다. 최영온과 봉은의 이북행은 아마도 박건웅과 밀접한 관계가 있었을 것으로 짐작된다.

15년이란 세월이 흘렀다. 어머니 최영온의 이마와 얼굴에 잔주름이 가득하였다. 얼마나 많은 밤을 자식들 때문에 울며 지새웠을까. 남편을 앞세우고 자식 10명 중에 7명을 잃었다. 살아남은 자식 5명을 모두 독립운동에 바쳤다. 그녀는 아들의 뺨을 만지며 목이 메어 말을 잇지 못했다.

정율성은 어머니를 훌쩍 안아 피아노 옆 의자에 모셨다.
"어머니, 나 어렸을 때 부르던 노래 불러볼게. 어머니 잘 들어!"
정율성은 피아노를 치기 시작했다. 목청껏 노래를 불렀다.
설송은 다음과 같이 증언했다.

"정율성은 피아노를 치는 한편 감정을 내어 노래를 불렀다. "어기여차 돛을 올려라. 바다로 나가자. 나는 간다. 나는 간다. 알수 없는 새 세계로…" 그는 계속 많은 노래를 불렀다. 정율성은 중국에 온 후 고향과의 연락이 끊어져서 늘 어머니가 키워준 은혜에 보답하지 못하는 것을 괴로워했다. 모친이 오자 그의 감정 생활의 공백이 메워진 셈이다."

노래를 실컷 부르다가 문득 뒤를 돌아보았다. 누님 봉은이 아직도 눈물을 훔치고 있었다. 정율성은 벌씬 웃었다. 개구쟁이 시절 무지개를 좇아가며 선녀를 만나러 갔던 날이 있었다. 봉은은 '세상에 선녀가 어디 있냐'라며 핀잔을 주었고, 정율성은 '누난 여자라도 선녀가 될 수 없어' 라고 대들었었다. 누님을 만났다. 1936년에 남경에서 헤어진 후 처음이다.
"의란이 잘 있어?"
정율성은 남경에서 아버지의 품에 안겨 자신을 향해 고사리손을 젓던 의란이를 생각했다.
"잘 있지. 외할머니가 여기 오셨으니깐 지금은 아마도 풀이 푹 죽어있을 거야."
중국에서 귀국한 의란이는 한국말을 몰라 형제들은 물론 동네에서도 따돌림을 당했다. 외할머니만이 그의 든든한 뒷심이었다. 외할머니 집에서 먹고 잤다. 어디를 가든 외할머니가 좋아하는 꽃씨를 받아오는 일을 잊지 않았다. 외할머니에게 잘 보이고 싶어서였다.
"넌 커서 자손을 많이 낳고 살겠구나. 꽃씨를 좋아하는 걸 보면."
최영온이 이렇게 말하면 의란은 그것도 칭찬이라고 더욱 신나서 꽃씨를 받아오곤 했다.
2010년 2월, 서울 지하철 미금역 8번 출구 부근의 한 커피숍에서 70대의 박의란씨를 만났을 때 그는 다음과 같이 술회했다.[205]

"그날 외숙모는 외할머니와 어머니가 갔다고 맛있는 밥상을 차렸대요. 그때 다섯살난 소제가 우리 어머니 귀에 대고 소곤거렸대요. 우리 아빠 술 먹이지 말어."

---

205) 2011년 6월 2일 서울에 살고 있는 박의란과 전화 인터뷰.

아마도 그날 정율성이 기뻐서 술을 많이 마셨던 모양이다. 그리고 봉은은 남한으로 돌아갔다. 정율성은 말리지 않았다. 남한에 봉은의 또 다른 가족이 있기 때문이다. 이 해는 행복한 한 해였다.

어머니와 상봉했다. 조선인민군(보안간부훈련대부) 협주단 사업은 궤도에 들어섰다. 조선인민회의, 인민위원회, 문학예술총동맹 등 기구에서 선후로 4차에 걸쳐 그에게 상장과 상금을 발급했다.

이 해는 괴로운 한 해였다. 남북 분단이 고착되고 말았다. 남한에는 1948년 8월 15일 대한민국 정부가 수립되고, 북한은 9월 9일에 조선민주주의인민공화국이 창건되었다. 이 때로부터 정율성은 고향에 대한 그리움을 가슴속에 깊이 묻어야만 했다.

밀월은 짧았다

평양에서 설송이 보여준 뛰어난 능력과 업적은 서각재의 시 그 자체였다. 북한은 정설송의 능력을 알아보았다. 한편으로 그녀의 능력은 본의 아니게 정율성의 인생 궤적에 영향을 미쳤다.

당시 한반도에는 약 5,6만 명의 화교가 있었는데 그중 북에 약 2만 명이 있었다. 대부분 채소업과 식당업에 종사했다. 조선의 경제 건설과 사회 안정 및 중국의 해방전쟁 지원을 위해 화교 사업이 화두에 올랐다.

1946년 11월, 평양에서 노동당 중앙 교무위원회가 설립됐다. 주임은 노동당 중앙 정치국 위원 박일우가 담당하고 비서장은 설송이 담당했다. 박일우는 중국에서 해방구의 현 위서기를 담당했었고 당중앙의 제7차 전국대표대회 대표였다. 북한으로 돌아간 후 노동당 중앙정치국 위원에 당선됐고 1948년 건국 후에는 내무상을 담당했다. 그는 중국어를 잘 했으므로 설송과 사업을 의논할 때에 아무런 장애도 없었다.

조선노동당 중앙교무위원회는 평양에 화교연합총회를 설립하고 화교가 많은 도와 군에 화교연합분회를 설립하고 교무위원회 사업을 체계적으로 진행했다. 설송은 화교 강습반을 꾸리고 약 40~50개의 소학교를 정상화했으며, 평양에 첫 화교 중학교 및 기숙사, 식당을 세우고 차와 피아노 등을 마련했다. 화교신문 〈민주화교〉와 화교방송 프로그램을 꾸리고, 화교들을 해방전쟁 지원, 중국 인민해방군 참군에 동원하는 등 많은 사업을 진행했다. 화교들은 중국 공산당을 옹호하고 북한의 건설사업에도 적극 참가했다.

설송은 마침내 자기의 무대를 찾았다. 설송의 뛰어난 능력과 사업실적에 대해 조선노동당 중앙교무위원회와 중국 공산당 동북국 모두 만족해했다.

1948년 5월 설송은 화교연합총회 위원장을 겸임하였다. 김학철은 이렇게 말했다.

"정설송은 화교위원회 위원장으로 일하게 되었는데 정율성은 그래도 제가 남편이랍시고 그녀를 우리 집에 심부름을 보내기가 일쑤였다. 지내보니까 그녀는 정율성이나 나보다 훨씬 교양이 높은 여자였다. 그녀가 후일 중화인민공화국의 첫 여대사가 된 것도 결코 우연한 일은 아니었다."

이 해는 정율성에게도 빛나는 한 해였다. 「조선인민군 행진곡」이 「조선인민군 군가」로 확정됐다. 그는 공화국 "모범근로자"의 칭호와 "8.15"해방 3주년 기념 공동 준비위원회 상장을 수여받았다. 그가 조선 주류사회에서 최고의 음악 권위로 자리잡은 시점이었다.

하지만 이때로 부터 정율성과 정설송의 인생은 어쩔 수 없이 다른 방향으로 엇나가기 시작했다. 두 사람의 부부 인연으로 하여 그 흐름은 막을 수 없는 것이었다. 정설송이 한걸음 나갈 때마다 정율성은 보이지 않는 손에 의해 주류사회에서 한걸음씩 밀려나기 시작했다. 다음과 같은 자료에서 그 심각성을 알 수 있다. 설송은 이렇게 술회했다.[206]

"이전에 주이치가 평양에 있을 때 나와 정율성은 그를 찾아 속마음을 털어놓은 적이 있다. 정율성의 구구절절한 사연을 듣고 나서 이치 동지는 아

---

206) 『作曲家鄭律成』, 丁雪松 等 著, 遼寧人民出版社, 2009年 7月, 47頁 참고. 「相識相愛永別」, 丁雪松

▲ 1948년 북한시절 정율성과 그의 아내 정설송이 집 뜰안에서 찍은 사진. 정소제 제공.

주 관심있게 말했다. "내 보기에는 당신들이 아예 귀국하는 게 좋을 것 같소!" 그 후 어느 비공식적인 장소에서 그는 김일성 동지에게 우리의 귀국 문제에 대해 넌지시 떠 보았다. 김일성 동지는 아주 너그럽게 대답했다. "정율성 동지를 중국에 소환시켜달라고요? 되고 말고요. 중국 공산당이 우리에게 그처럼 많은 간부를 양성해주었지 않습니까. 지금 정율성 한 명을 달라고 하는데 당연히 되지요."

　주이치는 1946년 7월부터 1948년 10월까지 평양에서 중공 중앙 동북국 전권 대표로 있으면서 북한 주재 중국 판사처의 사업을 이끌었다. 그러므로 이 일은 1948년 10월 이전의 일이다. 정율성과 정설송은 이 때 벌써 북한이냐 중국이냐를 심각하게 고민했다.

　1949년 초, 설송은 화교연합총회에서 중국 상업대표단 대표를 담당했다. 당적도 조선노동당에서 중국 공산당으로 옮겼다. 이때를 시점으로 설송은 더욱 큰 무대에 서게 되고 정율성의 무대는 급속히 위축됐다. 설송은 다음과 같이 술회했다.[207]

　"나의 전근이 뜻밖에 정율성에게도 모종의 영향을 미치게 되었다."

　이 영향은 정율성의 인생 궤적을 바꿀 만큼 큰 것이었다. 상승과 추락, 이들 부부의 운명은 이렇게 엇갈리고 있었다.

---
207) 『作曲家鄭律成』, 丁雪松 等 著, 遼寧人民出版社, 2009年 7月, 47頁 참고, 「相識相愛永別」, 丁雪松

이때 정율성은 여전히 조선인민군 구락부 부장을 담당하는 한편 협주단 단장을 담당했다. 어느 날, 느닷없이 인민군 정위 김일의 호출을 받는다. 뜻밖의 결정이 기다리고 있었다.

"당신의 애인은 중국인이므로 당신이 계속 인민군에 있는 것은 적합하지 않습니다. 국립 음악학교(대학) 작곡부 부장에 취임하시오."

청천벽력이었다. 이는 강등일 뿐 아니라 요직에서 떠나게 됨을 의미했다.[208]

정율성의 자유 영혼의 밀월은 짧았다. 또 한 차례의 정치 선택에서 그는 포기당했다. 이것은 그와 설송을 초월한 국가의 선택이었다. 누군가 한 사람은 상승하고 한 사람은 추락해야 했다. 이에 대한 왕화평의 분석은 이러했다.[209]

"정율성의 집에는 부부 쌍방이 각기 두 나라 집권당 당원이고 두 나라 정부와 군대에서 임직하고 있는 기이한 현상이 나타났다. 이 때 정율성은 조선인민구락부 부장에서 조선 국립 음악대학 작곡부 부장으로 배치돼 요직을 떠나게 됐다. 기실 이는 각 나라 군대의 관례에 불과하다. 해외 국가와 관계가 밀접한 사람은 군대 내에서 중요 직무를 담당하기에 적합하지 않은 것이다."

설송의 판단에 의하면 국가적인 선택 외에도 또 다른 원인이 있었다.

"그는 연안에서 돌아간 사람으로 중국인 아내가 있으며, 평양에 전근된 후 주이치, 문사정 등 중국 동지들과 접촉이 꽤 많았고 관계도 아주 좋았으므로, 조선 측에서 그에 대해 견해가 생겼다. 특히 형님 동생하는 무정이 강등된 후 그도 영향을 받아 불쾌한 일들이 생기게 되었다. 그런 데다가 내가 화교연합 총회에서 상업 대표단으로 전근되면서 당 관계를 조선노동당에서 중국 공산당으로 옮기자 사람들은 그에 대해 경계심이 생긴 것이다."[210]

---

208) 『作曲家鄭律成』, 丁雪松 等 著, 遼寧人民出版社, 2009年 7月, 57頁 참고, 「相識相愛 永別」, 丁雪松
209) 『向着太陽歌唱 : 解讀鄭律成』王和平 中央編譯出版社, 2010年 出版
210) 『作曲家鄭律成』, 丁雪松 等 著, 遼寧人民出版社, 2009年 7月, 56頁 참고, 「相識相愛

정율성의 인생은 남경과 연안에 이어 세 번째로 정치 불신임에 직면했다. 이 때 그는 불가피하게 조선 주류사회와 설송 사이에서 선택해야 했다. 결과적으로는 주류사회에서 이방인으로 밀리는 쪽을 선택당한 셈이다. 1949년 봄, 그는 국립 음악학교 작곡부장으로 강등되고 만다.

국립 음악학교는 1949년 3월1일 조선민주주의인민공화국 내각 결정에 의해 창립된 5년제 대학이다. 그해 4월, 정율성은 작곡부장으로 부임했다. 정설송이 화교연합 총회에서 중국 상업대표단 대표로 된 시기와 거의 같은 시점이다.

그의 음악창작은 공백기를 이어갔다. 한 예술가의 영혼이 좌절의 아픔을 추스르는 데는 시간이 필요했다.

다시 중국으로

정율성의 인생 시나리오는 반전이 너무 심했다. 조선 최고의 음악가, 국가 음악 영역의 최고의 지도자로부터 한낱 대학의 작곡부 부장으로 격하되었다. 반대로 이 때 설송의 앞에는 탄탄대로가 열렸다.

1949년 가을, 중화인민공화국 창립을 앞두고 설송은 북경으로 출장을 갔다. 모택동, 주은래에 의해 새로 임명된 신화사 사장 호교목과 부사장 겸 총편집 진극한이 선후로 설송을 찾았다.

"우리는 평양에 신화사 분사를 설립하고자 합니다. 설송 동지가 이 사업을 맡아주시오."

설송은 깜짝 놀랐다. 이 때까지만 해도 중국은 런던, 프라하 등 극히 한정된 국가에만 분사를 설립했다. 그런데 평양에도 분사를 설립한다고 하니 이는 분명히 아주 중요한 일이었다. 그런데 설송은 선전사업은 해보았지만 신문 분야는 경험이 전혀 없었다. 설송은 몹시 불안했다.

"설송 동지는 분사 사장을 담당하면 됩니다. 업무 골간은 따로 파견해 협조토록 하겠습니다."

永別」, 丁雪松

평양으로 돌아와 설송은 집에 가자마자 정율성에게 자초지종을 말했다. 수심에 찬 눈길로 정율성을 쳐다보며 물었다.

"여보, 나 될 수 있을까? 어떡해? 난 신문 분야는 깜깜한 걸."

정율성은 기뻐하며 격려했다.

"당신 하라고 하면 해. 하라구! 당신은 능력이 돼. 잘 해낼 수 있어!"

정율성의 말을 듣고서야 설송은 마음이 차분해졌다.

9월 16일, 중앙 선전부는 중공 중앙 동북국에 "설송 동지를 신화사 조선주재 특파원으로 임명한다…"는 내용의 전보문을 발송했다. 9월 21일, 설송은 평양 주재 중국기자 일행을 맞이했다. 그리고 평양 시내에서 2층짜리 목재 구조의 집을 구해 신화사 평양 분사 팻말을 걸었다.[211]

설송이 상업 대표단 단장 겸 신화사 평양 분사 사장으로 승진을 거듭하자 정율성은 주류사회에서 점점 더 외면당했다. 음악 활동에서도 많은 불쾌한 일이 발생했다.

설송의 뛰어난 능력은 새 영역에서도 빛났다. 그는 신화사 평양 분사 사업이 정상적인 궤도에 들어가도록 하기 위해 불철주야로 사업했다. 9월 28일, 드디어 "조선 인민은 중국 인민정치 협상회의 소집을 열렬히 환영한다"는 제목의 첫 기사가 중국으로 발송됐다.

1949년 10월 1일, 중화인민공화국이 창립됐다. 이날 천안문 광장을 홍수처럼 메운 열병 대오의 보무당당한 발걸음 소리에 맞춰 정율성이 작곡한 「인민해방군 행진곡」이 우렁차게 울려 퍼졌다. 그 작곡자가 조선인인 줄을 아는 사람은 극히 드물었다.

약 일주일 후 중화인민공화국은 조선민주주의인민공화국과 외교 관계를 수립했다.

정율성은 다시 음악창작을 시작하는 것으로 마음의 상처를 치유했다. 이때로부터 그의 창작은 짧은 공백기를 벗어나 다시 진행된 셈이다. 그는 작가 김사량과 합작해 8.15해방기념 5주년행사에 내놓을 가극 「그의 노래는

---

211) 『作曲家鄭律成』, 丁雪松 等 著, 遼寧人民出版社, 2009年 7月, 50頁 참고, 「相識相愛永別」, 丁雪松

멈추지 않았네」에 대한 창작에 들어갔다. 하지만 전쟁의 발발로 인해 미완의 작품으로 남았다. 이 유감은 그 후 50년대 중반 가극에 대한 그의 끝없는 열정의 폭발에 일조했다.

1950년 6월 25일, 한국전쟁이 발발했다. 전쟁은 그들 부부의 선택을 가속화했다. 정율성의 운명은 또 한 번 송두리째 흔들렸다.

이 날 북한 내무성은 제1조 전보(戰報)를 발표했다. "남조선 괴뢰정부의 이른바 국방군이 6월 25일 새벽에 3,8선 지구에서 3,8선 이북을 향해 불의의 진공"을 했다, 공화국 경비대에 명령해 침략자들을 격퇴시킬 것을 명령했다는 내용이 들어있었다.[212] 갑자기 터진 전쟁 앞에서 이는 북한의 애국자들이 얻을 수 있는 유일한 정보였다. 이 정보에 의한 판단은 '오로지 조국을 위해 싸워야 한다'라는 것이었다. 다른 판단도, 다른 이유도, 다른 선택도 없었다. 정율성도 마찬가지였다. 이 민족 상잔의 전쟁에 말려들 수밖에 없었다.

이 즈음, 정율성은 또 한 번 누님 봉은이를 만난 것일까? 6월 25일, 전쟁 발발과 더불어 피난민 행렬이 북새통을 이루는 상황에서 봉은은 둘째 딸 의란이와 아들 의성이를 기차에 태워 광주 국훈이네 목장에 보냈다. 그는 큰딸과 작은 딸을 데리고 지인의 심부름을 하러 개성으로 출발했다. 가족에게는 바로 갔다가 바로 올 것이라고 약속했다. 그러나 길이 막힐 줄은 몰랐다. 다시 돌아 올 수 없었다. 그 때로부터 그와 두 자식의 이별이 시작되었다. 전쟁은 또다시 수많은 이산가족을 만들었다.

이때 설송은 허리 펼 틈도 없이 바삐 보냈다. 이해 8월 15일, 해방 5주년에 즈음해 곽말약 단장과 이입삼 부단장이 중국 인민대표단을 인솔해 북한을 방문했다. 설송은 신화사 기자 신분으로 이입삼을 따라 지프차로 서울 취재를 떠났다. 도시는 폭격을 맞아 아수라장이 되고 도처에 모래주머니들이 쌓여있었다. 설송이 금방 서울의 한 여관에 머물렀는데 뜻밖의 손님이 찾아왔다.

"제수씨지요? 제가 정의은입니다."

---

[212] 『作曲家鄭律成』, 丁雪松 等 著, 遼寧人民出版社, 2009年 7月, 51-52頁 참고, 「相識相愛永別」, 丁雪松

설송은 깜짝 놀랐다. 먼 기억의 언저리에서 한 익숙한 이름이 불쑥 튀어 올랐다. 정의은, 정율성을 데리고 목포에서 배를 타고 중국으로 가 남경 조선혁명 군사정치 간부학교에 입학시켰다는 작은 형이 아닌가! 설송은 급기야 앞에 선 사나이를 찬찬히 바라보았다. 굽실굽실한 곱슬머리에 수척한 중년의 모습, "눈썹과 눈이 확실히 정율성과 많이 닮았다."[213]

"얘는 제 아들 상만입니다."

의은은 처음 보는 제수 설송에게 십대의 씩씩한 소년을 가리켜 보였다. 이 때 그는 여전히 사회주의 경향을 갖고 활동했는데 신분이 서울직업동맹 총무부장이었다.[214]

"제수씨가 왔다는 소식을 듣고 무척 만나고 싶었습니다. 동생 부은이하고는 20여 년이나 소식이 끊겼습니다. 정말 보고 싶군요!"

의은은 처음 보는 제수의 얼굴에서 동생의 모습을 찾으며 들뜬 표정으로 말했다.

뜻밖에 시숙을 만나자 설송도 무척 기뻤다. 하지만 전쟁 시기에 신분 확인이 어려운 상황에서 섣불리 많은 말을 하지 못했다. 반가운 표정을 지었지만 속은 잔뜩 긴장했다. 설송은 그의 집에 초대되어 식사를 하였다. 모두들 남북이 통일되어 정율성이 고향으로 오고 가족이 함께 만날 날을 기원했다. 하지만 정율성의 인생은 그들의 염원과는 반대의 방향으로 진행됐다.

미군의 공습이 시작되자 설송은 신화사 평양 분사를 평양 북쪽 교외 순안진의 한 시골 교회당에 옮겼다. 낮에는 원고를 쓰고 밤이면 진으로 가 전보문을 발송했다. 날씨가 무더웠지만 불빛이 새어 나갈까봐 문을 천으로 꽁꽁 막고 일을 했다. 새벽이면 또 급급히 철수했다. 지나친 피로와 압박감으로 인해 불면의 밤이 이어졌다. 설상가상으로 3년 전 해주에서 유산했을 때의 후유증이 발작해 쩍 하면 하혈을 했다. 설송의 몸은 점점 더 쇠약해졌다.

한반도의 긴장정세가 계속되자 중공 중앙은 평양에 급히 대사관을 건립

---

213) 『作曲家鄭律成』, 丁雪松 等 著, 遼寧人民出版社, 2009年 7月, 52頁, 「相識相愛永別」, 丁雪松
214) 『我的政歷 鄭律成』, 年月日不詳, 2011年, 鄭小提提供

하기로 결정했다. 7월 10일, 시성문 등 북한 주재 중국 대사관 대사 일행이 평양에 도착하고 바로 대사관의 사업이 시작되었다. 동북 행정위원회 평양 주재 대표단은 일부 동지들이 대사관에 남아 상무참사관을 담당하는 외에 대부분 철수하기로 했다. 중국 대사관은 정설송을 외교관에 부임하라고 지시했다. 외교관에 부임할 경우 정설송은 북한에 남아야 한다. 그러나 이를 받아들이지 않을 경우 다른 동지들과 함께 중국으로 갈 수도 있다.

정설송은 선택의 기로에 섰다. 북한에 남을 수도 중국으로 갈 수도 있다. 어찌할 것인가? 문득 자신의 선택이 정율성의 운명에 중요할 수도 있다는 생각에 정신을 바짝 차렸다. 그 때의 고민을 설송은 다음과 같이 술회했다.[215]

"만일 내가 계속 신화 분사 사장을 담당하고 또 중국 대사관의 외교관으로 평양에 남을 경우 정율성의 처지는 더욱 어려워지고 조선 주류사회에 더욱 융합되기 어려웠을 것이다. 내가 만일 조선인으로 조선 국적에 가입해 노동당원이 되어 처음부터 다시 시작하고 조용히 정율성의 아내로 살아간다고 할지라도 후에 발생한 상황으로 보아 좋은 결과가 있었다고 단언하기 어렵다. 혹은 나와 정율성이 헤어져서 각자 자기 길로 간다고 하자. 이런 선례는 이미 있었다. 하지만 우리의 감정은 이처럼 깊고 두 사람은 천신만고도 다 헤쳐 왔는데 어찌 서로의 정을 끊을 수 있겠는가."

정설송은 총명하고 침착하고 깊은 안목과 지혜로 넘치는 여성이었다. 그는 정율성과 중국 이 양자를 다 가질 수 있는 길을 선택했다. 설송은 다음과 같이 술회했다.[216]

"최후로 한 갈래 길만이 남았다. 그것은 정율성과 내가 함께 중국으로 돌

---

215) 『作曲家鄭律成』, 丁雪松 等 著, 遼寧人民出版社, 2009年 7月, 57頁을 참고, 「相識相愛永別」, 丁雪松
216) 『作曲家鄭律成』, 丁雪松 等 著, 遼寧人民出版社, 2009年 7月, 57頁 참고, 「相識相愛永別」, 丁雪松

아가는 길이다. 그는 중국에서 십여 년을 생활했으므로 중문으로 말하고 쓰는 것이 문제가 되지 않는다. 그는 중국에서 공산당에 가입했고 친구들도 적지 않다. 그는 또 중국 음악계에서 일정한 성과를 거두었다. 해방전쟁 기간에 그의 노래 "중국인민해방군 행진곡"(팔로군대합창)이 아군의 전투 대오에서 울려 퍼졌고 「연안송」을 말하면 모르는 사람이 없다. 어느 쪽을 보나 정율성이 중국으로 가는 것이 내가 조선에 남는 것 보다는 더 나았다."

이 문제에 대해 두 사람은 수많은 밤을 고민하고 토론했다. 하지만 정율성은 한국전쟁이 터진 마당에 중국으로 간다는 것에 납득하기 어려워했다.
"나의 동포들이 지금 수난을 겪고 있는데 이 때 어찌 조선을 떠날 수가 있겠어. 생각만 해도 마음이 너무 불안해."[217]
정율성은 착잡한 기색으로 설송을 바라보았다. 그러나 문득 머리를 수그린다. 그동안 설송은 사랑 하나를 믿고 정율성을 따라 연안에서 직접 이국타향 북한에 오다보니 부모와 친지들을 십여 년간 만나지 못했다. 평양으로 이사한 후 어느 날, 그의 집에는 편지 한 통이 도착했다. 주소란에 "한국 정설송 수"라는 여섯 글자가 적혀있는 편지였다. 어머니와 올케는 수많은 사람을 통해 수소문한 결과 설송이 한국인 남편 정율성을 따라갔다는 소식을 듣게 되었다. 그리하여 무작정 편지를 적어 보낸 것이다. 수많은 손과 입소문에 의해 천산만수를 건너서 너덜너덜해진 편지가 그들의 손에 도착했다. 편지를 안고 설송은 눈물을 펑펑 쏟았다. 자신은 그나마 어머니와 상봉했는데 설송은 얼마나 고향의 어머니와 친지들을 만나고 싶을까. 게다가 북한 주류사회에서 자신의 무대는 갈수록 위축되고 있는 상황이 아닌가. 설송마저 자신을 위해 창창한 미래를 북한에 바치라고 할 수는 없었다.
정율성은 자신이 중국으로 오게 된 이유를 다음과 같이 적었다.[218]

---

217) 『作曲家鄭律成』, 丁雪松 等 著, 遼寧人民出版社, 2009年 7月, 58頁 참고, 「相識相愛 永別」, 丁雪松
218) 『我的政歷 鄭律成』, 年月日不詳, 2011年 鄭小提提供

"조선 주재 중국 상무대표단 단장 주이치는 이 상황을 알고 나서 중국으로 돌아가 사업할 문제에 대해 나와 이야기를 나누었다. 당시 나는 이렇게 말했다. "저는 국제주의자입니다. 어디에서 사업하든 다 마찬가지입니다…" 또 하나의 중요한 원인은 나와 아내의 관계 문제였다."

생각을 바꾸자 정율성도 설송이 그를 따라 북한으로 올 때와 마찬가지로 단순해졌다.
"나는 공산당원이고 국제주의 전사요. 조선이든 중국이든 사회주의 건설을 하기는 마찬가지요."[219]
국제주의 전사, 이는 자신과의 타협에 필요한 중요한 타이틀이었다. 이에 대해 중앙음악학원 교수 양무춘은 다음과 같이 분석했다.[220]

"중국에서 그는 조선사람으로서 만강의 열정으로 중국혁명에 참가했고 중국공산당에 참가했지만 "일본특무"로 의심당하면서 인정받지 못했다. 조선에 돌아간 후에는 또 중국사람으로 인정되고, 소련파가 아니라고 배척받았다. 그는 시종 이렇게 경계인(邊緣人)이었다. 나는 그를 경계인이라고 인정한다. 어느 쪽에나 편입되지 못하고 어느 쪽에서나 중시를 받지 못했다."

정율성의 중국에서의 앞길 또한 가시밭으로 충만돼 있었다.

주은래 총리의 편지

설송은 조선 주재 중국 대사관을 통해 주은래 총리에게 편지를 썼다. 자신은 그동안 조국을 떠나 5년간 국외에 있다 보니 국내 상황에 대해 생소하므로 귀국해 학습할 기회를 주기를 바라며, 정율성도 함께 귀국할 수 있도록

---

219) 『作曲家鄭律成』, 丁雪松 等 著, 遼寧人民出版社, 2009年 7月, 57頁 참고, 「相識相愛永別」, 丁雪松
220) 2009年 12月 22日 下午5点, 梁茂春教授采訪彔, 地点:北京中央音樂學院住宅

승인하고, 정율성의 당적을 중국 공산당 당원으로, 조선 국적을 중국 국적으로 이적해주기를 바란다는 등의 내용이 담긴 편지였다.

주은래 총리는 바쁜 와중에도 재빨리 김일성에게 편지를 보냈다. 정설송과 정율성이 한 가족으로 모이게 하기 위해 정율성을 중국으로 보내주었으면 좋겠다는 내용이었다. 김일성은 곧 흔쾌히 동의한다는 내용의 답장을 보냈다.

정설송은 다음과 같이 술회했다.

"나는 9월에 북경으로 전근되어 온 후 병원에 입원했다. 정율성씨는 여전히 "전쟁이 끝난 다음에 중국으로 가겠소."라고 했다. 그는 평양 교구에 방치되어 어느 쪽도 관리하는 사람이 없게 되었다. 후에 중국 대사관 참사관 시성문 동지가 주 총리의 편지를 가지고 김일성을 찾아가 교섭했다. 김일성은 흔쾌히 대답했다. "중국은 우리에게 이 많은 간부를 양성해주었습니다. 정율성이 중국으로 가려한다면 가게 할 수 있지요." 주 총리의 편지는 정율성씨도 보았다. 편지는 아주 짧았다. 김일성에게 정율성을 중국에 전근시키면 어떻겠느냐, 라고 상의하는 뜻이 담겨있었다."

정율성은 주은래 총리와 김일성의 편지를 가지고 외무성에 가서 중국 귀국 수속을 했다. 정작 수속을 하려고 하니 마음이 착잡했다.
"내 동포들이 지금 수난을 당하고 있는데 마음이 참 불안합니다. 지금 가는게 적당하지 않은 것 같지요?"
외무성 직원은 중국 항전에 참가했던 사람이어서 정율성의 상황을 잘 알았다. 그는 이렇게 권고했다.
"주 총리께서 편지를 보내 돌아오라고 하시는데 이 기회를 놓치지 마십시오. 마음이 불안하면 중국으로 갔다가 다시 미봉할 기회를 찾으십시오. 중국 음악 일꾼의 신분으로 조선에 와서 조선의 항전 사업을 지원하는 것도 좋지 않겠습니까!"[221]

---

221) 『作曲家鄭律成』, 丁雪松 等 著, 遼寧人民出版社, 2009년 7月, 58頁 참고, 「相識相愛

이 말이 정율성에게 큰 위안이 되었다.

9월 15일에 미군이 인천에 상륙한 후 북한은 혼란에 빠졌다. 10월 10일, 북한 주재 중국 대사관은 북한 외무성의 통지에 의해 긴급철수를 했다. 평양도 함락전야였다. 정율성은 직접 마른 식량과 성냥, 소금을 준비하고 77세 고령의 어머니를 업고 피난할 준비를 했다. 이 때 북한 주재 중국 대사관의 정무참사관 시성문이 직접 지프차를 파견해 정율성과 최영온을 중국으로 호송했다.

10월의 캄캄한 밤, 하늘에는 별 하나 없고 방향도 분별하기 힘들었다. 정율성은 앞좌석에 앉아 기사에게 길을 가리켰다. 가끔 전투기가 저공비행을 하며 엄청난 소음을 몰아왔다. 조명탄이 한쪽 하늘을 밝히다가 사라지곤 했다. 길마다 묵묵히 피난하는 사람과 소달구지 행렬이 가득했다. 마음이 무겁고 형용할 수 없이 착잡했다. 다음날 새벽에야 신의주에 도착했다. 다리를 통해 압록강을 건너자 바로 중국 단동이다.

정율성은 부랴부랴 신화사로 달려갔다. 그곳에서 설송이 입원했다는 소식을 듣고 깜짝 놀라 병원으로 달려갔다. 설송은 당초 해주에서 임신했을 때 정율성의 말을 듣지 않은 것을 평생 후회했다. 정율성은 그때 얼마나 아들을 갖고 싶어 했던가. 생화를 든 정율성이 나타났다. 그는 자책에 빠져있는 설송을 위안했다.

정율성은 여러 수속을 거쳐 중국 국적을 취득했다. 이제 그는 중국 인민이었다. 정율성은 여전히 동포가 수난 당할 때에 조선을 떠난 죄책감에 사로잡혀있었다.

그해 12월, 정율성은 항일군정대학 시절 옛 동료이고 유명한 극작가인 구양산존의 인솔 하에 중국 인민지원군 창작조의 일원으로 북한에 나갔다. 이 때 한국전쟁은 미국 등 유엔군의 참전으로 사뭇 치열했다. 정율성은 눈으로 뒤덮인 방공호에서 언 잉크를 체온으로 녹이며 악보를 써 내려갔다.

1951년 1월의 어느 날, 정율성은 폐허로 변한 서울 거리에서 대량의 조선

永別」, 丁雪松

시대 궁중음악 악보들이 나뒹구는 것을 발견했다. 정율성은 조심스레 악보를 모았다. 떨어져 나간 쪽까지 한 장 한 장 주워서 18부로 된 고전 악곡집을 조심스레 보자기에 쌌다. 정율성은 그 악곡집을 중국으로 가지고 와 잘 간직했다.

그 뒤, 45년이 지난 1996년, 백발이 된 정설송이 한국으로 가 한국 문화체육부 산하 국립국악원에 정율성이 소중히 보관해 온 그 악곡집을 기증했다. 이로써 한국 국가적으로 또 하나의 중요한 문헌이 제자리로 돌아가고 한국 음악사에 새 쪽이 기록되었다.

정율성은 포연 속을 헤치며 서울을 세 번 다녀갔다. 이 시기 정율성은 얼마나 고향 광주에 가고 싶었을까. 아버지와 큰형의 산소에 술 한 잔이라도 따르고 의은 형과 조카들, 큰 외삼촌과 작은 외삼촌 일가를 만나고 싶었다. 미역을 감고 피라미를 잡던 양림천, 김태오 선생님을 졸졸 따라다니며 노래를 배웠던 양림동 언덕길, 국훈이와 함께 학교 운동회 릴레이에서 늘 일등하곤 했던 숭일학교… 서울에서 광주까지 직선거리는 약 270킬로미터, 그는 열아홉 살에 떠난 고향을 지척에 두고서도 끝내 가보지 못했다.

1951년 4월, 정율성은 일행과 함께 중국으로 돌아왔다.

역시 4월, 정율성이 집에 돌아온 지 얼마 되지 않아 정설송이 또 북한에 나갔다. 설송은 요승지를 단장으로 하는 중국 인민 제1기 조선 위문단 기자단의 신분이었다. 귀국 후 그 길로 출장차 이별 13년만에 처음으로 중경 목동진 고향행을 했다. 어머니와 형제 올케를 만나 그 동안의 긴 그리움을 풀었다.

정율성은 그가 속해있는 파란만장한 민족사에서 자유로울 수 없었다. 한국 남북전쟁은 정율성 가족에게 또 한 번 상처를 주었다. 정봉은은 길이 막혀 가족과 생이별을 했다. 정의은에 대해 정율성은 "나의 정력서"에 한국전쟁 당시 서울공회 총무부장이었고, 조선공산당원 신분이 폭로되어 이승만 정권에 의해 피살당했다고 썼다. 그의 죽음은 와전된 것으로 그는 살아있었으며, 정율성이 사망한 5년 후 1981년에 사망했다. 의은 형이 살아있는 줄도 모르고 정율성은 그의 '죽음'을 얼마나 애달파했으랴. 박건웅은 정율성이 어머니를 모시고 떠날 즈음 한국의 유력인사들과 함께 집단적으로 북에 이주하여 정착했다. 하지만 1958년 12월~1959년 1월 사이에 "미군정 아놀드 장군의 간첩"이라는 죄명으로 사라지고 말았다.[222]

정율성 형제와는 다른 길을 걸었지만, 일찍 숭일학교 기독청년회를 창립해 일제 식민정책에 저항했고, 광주에서 병원을 꾸려 가난한 백성과 나병환자들을 위해 헌신했던 작은 외삼촌 최영욱의 운명도 비극적이기는 마찬가지였다. 정율성이 중국으로 떠날 때 손에 여비를 쥐어주고 정의은을 구해줬던 최영욱은 해방 후 전라남도 지사를 지냈던 죄로 한국전쟁 기간인 1950년 9월 28일[223] 광주형무소에서 죽음을 맞이했다.

한국은 이데올로기 때문에 이른바 "우"는 인정하나 이른바 "좌"는 인정하지 않았다. 즉 공산당, 사회주의 계열의 혁명가들에 대한 인정은 아직도 쉽지 않은 이야기다. 정율성의 형제들인 정효룡, 정충룡, 정의은은 좌파계열이었던 관계로 수 십 년 동안 국가유공자 명단에서 제외되었다. 그 중 정효룡은 다행스럽게도 희생된 지 80년이 되는 2014년에 제95주년 3.1절을 맞아 건국훈장 애국장을 추서받았다. 정의은이 생명의 위험을 무릅쓰고 남경 조선혁명군사정치 간부학교에 포섭한 김승곤, 김재호 등은 독립유공자로 인정돼 국가 포상을 받았지만, 정의은은 은거생활을 하다가 1981년에 69세를 일기로 생을 마감한다. 지금도 이들 형제는 오로지 중국의 저명한 음악가 정율성의 형제라는 이름으로만 거론되곤 할 뿐이다. 정율성의 자형 박건웅만이 대한민국 임시정부 요인이었던 까닭에 유일하게 독립유공자로 추서되었다. 역사와 국가에 대한 한 사람의 기여와 가치는 그가 속한 국가의 이념 차이에 따라 이처럼 다르다. 이 어찌 한반도 독립운동사의 비극이 아니랴!

---

222) 『박건웅, 딸보다 조국을 더 사랑한 아버지 박의란』, 송지영 저, 엠-애드출판사, 2008년, 197쪽

223) 대한민국사랑회홈페이지 http://loverokorea.org/sub/ho1.html 대한민국호국연보

제6장

행복한 농장
(1951년 4월-1956년 12월)

제6장 행복한 농장
(1951년 4월-1956년 12월)

꽃이 피고 새가 노래 부르고

  1951년 4월, 바람은 훈훈하고 가로수는 새순이 돋기 시작했다. 정율성은 북경 신화사 부근의 한 사합원에 짐을 풀고 중국 생활을 시작했다. 정율성은 북경 예술극원에 배치되고 정설송은 중공중앙 대외연락부 조선처 대리 처장을 담당했다.
  정율성은 가끔 아내와 함께 유리창에 있는 영보재 서화거리에 가서 저명한 화가 제백석 등의 미술작품을 사오곤 했다. 일요일이면 아내와 함께 교

▲ 중국에 정착한 50년대 정율성 일가의 단란한 모습. 정소제 제공.

외 강가에서 천렵을 했다. 강에 그물을 쳐놓고 정설송은 풀밭에서 햇빛을 쪼이며 소설을 읽고 정율성은 수첩에 악보를 적었다. 한두 시간이 지나 그물을 거두어보면 반짝반짝 빛나는 물고기들이 팔딱팔딱 뛰고 있었다. 정율성이 환호성을 올렸다. 물고기를 잡아서가 아니다.

"아, 나 콩나물 주웠어. 콩나물을 주은 거야!"

그는 악보를 콩나물이라고 불렀다. 그새 선율을 창작한 것이다.

그는 가끔 밤늦도록 집에 들어오지 않는 때가 있었다. 정설송은 집안 일을 도와주는 아주머니와 함께 길목에 쪼그리고 앉아 눈이 아프도록 먼 길을 살폈다. 그가 물고기와 그물을 가득 메고 나타나면 정설송은 화가 나서 말했다.

"날 그냥 이렇게 기다리게 하면 어떡해요! 기다리지 않게 하면 안돼요?"

이때면 그는 진지한 기색으로 말했다.

"나와 당신의 일은 성격이 달라. 난 당신처럼 사무실이나 집에 앉아있으면 영감이 떠오르지 않아. 이해해줘."

정설송도 점차 그의 창작방식을 받아들이고 더는 그를 기다리지 않았다. 그에게 자연과 예술은 서로 떨어질 수 없는 사이였다.

그와 어머니 최영온 모두 꽃을 좋아했다. 그는 출장을 다녀올 때마다 화분을 수집해왔다. 난초, 석곡, 공작선인장, 월하미인, 부겐빌레아, 인동 등, 그리고 선인구, 소철과 손가락선인장… 모자의 손길 아래 창턱에는 갖가지 꽃들이 피어났다. 최영온은 중국말을 몰라 동네사람들과 대화를 할 수 없었다. 하지만 남 돕기를 즐기는 성품 때문에 동네방네에 착한 "하얼무니"로 통했다. 동네의 한 집에서 게를 사놓고 먹을 줄 몰라 난감해하자 그녀는 바로 팔소매를 걷고 게를 손질해주며 손짓으로 게의 손질법과 요리법을 가르쳐주었다. 아홉 살이 된 소제는 소학교에 입학했다. 북한 아이였던 소제는 다시 중국 아이가 되어 중문을 배웠다.

정율성 가족의 북경 생활은 서서히 자리잡아 가고 있었다.

이해 여름, 정율성은 수소문 끝에 남경 시절의 스승이고 동지였던 결의형제 나청과 잊을 수 없는 상봉을 했다.

"청형!"

▲ 1951년 여름, 수소문 끝에 북경에서 남경시절의 혁명 스승이고 동지이고 결의형제였던 나청과 꿈같은 상봉을 한다. 뒷줄 오른쪽1 정율성, 2 나청, 3 정율성의 어머니 최영온, 앞줄 왼쪽 1 정소제. 정소제 제공.

"쏘쩡!"

남경에서 헤어진 지 십여 년, "구국결의형제"의 정을 또다시 확인하며 그들은 포옹했다. 젊은 시절의 나청은 어디로 가고 벌써 반백이 넘은 대머리 아저씨였다. 하얀테 안경 뒤의 커다란 눈은 여전히 정으로 넘쳤다. 나청은 당시 재정부 물자국 국장을 담당했고, 중앙인민정부 정무원 제21차 정무회의에서 정무원 참사에 당선되었다. 이날 정율성은 어머니의 중국행을 기념해 마련한 식사에 나청 부부를 초대하고 함께 이화원에서 즐거운 시간을 보냈다.

나청은 아마도 이때 정율성에게 자신의 옛 상사이고 절친했던 친구 김산의 최후에 대해 자세히 물어보았으리라. 나청은 김산이 연안에서 처형된 지 얼마 되지 않아 바로 그 사실을 알고 큰 충격을 받았다. 아마도 당시 연안에 다녀왔다는 박건웅을 통해 알지 않았을까? 나청은 김산의 연안행을 자신이 제안했던 것 때문에 깊은 자책감에 시달렸다. 그는 국공합작 단계였던 1939년에 김산의 "시신이라도 찾으려고 아무에게도 말하지 않고 국민당 군용차를 타고 무한으로 갔다."[224] 그러나 그 곳에서 더는 연안으로 갈 수 없게 되자, 김산의 사진을 평생 책상 위에 모셔놓고 자책하며 살았다. 김산이 중공 중앙 조직부에 의해 복권된 후 나청은 김산의 업적, 억울한 죽음에 대한 글을 여러 편 써서 발표했다. 또 지인에게 부탁해 〈광명일보〉 등 주요 메스컴에도 발표했다. 그는 비운의 혁명가 김산의 억울함을 만천하에 알리는 것으로 살아있는 자의 책임을 했다.

나청은 절친한 친구로 지냈던 김규광, 박건웅, 두근혜의 근황에 대해서도 자세히 물었을 것이다. 1962년에 그는 황산으로 갔다가 입마봉에 서서 문득 김산, 김규광, 박건웅 등 조선 형제들을 추억하면서 시 한수를 지었다.

"입마교에 서서 입마봉을 바라보네/ 어이하면 말을 타고 하늘을 날을까/ 오늘날 천리마가 있다 하거늘/ 북을 향해 절친한 조선 형제 바라 보네"

전임 북경시 정협 부주석이었던 나청은 1999년에 97세를 일기로 별세하며 당시 국가 최고지도자였던 강택민이 조문을 보내왔다.

정율성은 북경 인민예술극원에서 합창대 부대장에 부임했다. 북경 인민예술극원 원장은 노신 예술학원 학생 시절 편집 심사 위원회 주임을 담당했던 이백소였다. 부원장 겸 합창대 대장은 연안 항일군정 대학시절 정율성의 이웃 토굴집에 살면서 문공단 부단장을 담당했고 북한에도 함께 나갔던 구양산존이다.

새 중국의 음악예술 분야는 항전의 시련을 겪은 예술가들에게 장악되어 있었다. 연안 시기 정율성의 동지들이 이 무대의 중견이었다. 정율성은 자신의 정치 이상인 사회주의가 실현된 새 중국에서 꿈을 펼쳐보려고 마음 먹었다. 어느 시인이 형용한 것처럼 민족해방을 금방 맞은 이 시대는 "필 수 있는 꽃은 다 피고 노래를 부를 수 있는 새는 다 노래를 부르는" 생기로 충만한

---

[224] 『김산평전』, 이원규 지음, 실천문학사, 2006년 10월 발간, 612쪽, 상기 내용은 1996년 한국MBC방송에 출연한 나청의 증언이라고 기록돼 있음.

시대였다. 예술가들은 자신의 청춘과 피로 쌓아올린 새 중국 탄생을 노래했다. 한 번도 겪어보지 못한 사회주의 체제이지만 모든 사람이 다 평등하고 행복하게 살 수 있는 인류의 가장 아름다운 사회라고 확신했다. 이 시기 민주적인 분위기도 좋은 작품이 나올 수 있는 데 한몫했다. 정율성에게 북한 초기의 단계가 그의 예술, 정치 이상과 시대의 첫 밀월이었다면 두 번째는 바로 이 시기로부터 50년대 중반까지이다.

정율성은 처음 출근하자 바로 서독 베를린에서 개최될 제3차 세계 청년학생 평화우의 연환절 공연준비에 들어갔다. 1936년 상해 심가윤의 집에서 비밀리에 만나 항전 가곡 보급운동에 참가했던 주외치가 중앙인민정부 문화부 예술사업 관리국 부국장으로 부임하여 정율성의 상급 지도자가 되었다. 그는 이번 연환절의 문예 공연단의 인솔자였다. 중국 청년대표단은 300명으로 구성되었는데 그중에는 구양산존, 황하, 맹우 등 연안 시기 동료, 제자가 많았다. 정율성은 「황하송」 독창을 맡았지만 중국어 발음이 똑똑하지 않아 최종 다른 사람으로 대체되었다.

대표단은 7월 16일에 북경역을 출발해 독일민주공화국, 폴란드, 오스트리아, 소련 등 나라를 방문 공연했다. 공연 종목에는 정율성이 위외 등과 함께 창작한 가무극 「어깨 걸고 전진」도 들어 있었다. 주제곡 「사랑하는 군대 사랑하는 사람」이 울려 퍼지자 극은 고조되고 분위기가 뜨겁게 달아올랐다. 공연이 끝난 후 관중들은 분분히 무대로 올라와 축하를 표했다.[225]

정율성은 공연이 끝나기만 하면 그 도시의 가극원 음악홀을 샅샅이 찾아 다녔다. 그는 황하와 단짝이 되어 어떤 날에는 공연을 하루에 2,3차례씩 보곤 했다. 그는 왕진에게서 받은 일본 군도를 선물할 정도로 황화와의 우정이 각별했다. 정율성은 귀국할 때 출장경비로 탄 국가 수당금으로 카메라 한 대를 사고 나머지는 모두 외국 고전, 현대 가극, 음악회를 관람하고 악보를 사는데 썼다.

이 기간에 정율성은 유럽 정가극에 깊이 매료되었다. 이로 인해 그의 인생

---

225) 『論鄭律成』, 延邊人民出版社, 1987年 10月, 135-136頁, 「加深認識鄭律成」, 唐榮枚

▲ 1951년 민주독일 베를린에서 개최된 제3차 세계청년학생평화연환절 공연에 참석한 정율성. 정소제 제공.

에는 또 다른 복잡한 복선이 깔리게 된다. 그는 "외국 가극 예술"의 중국 접목을 위해 막대한 대가를 치르게 된다.

8개월의 긴 유럽 방문을 마치고 귀국하였을 때는 이듬해 1952년 봄이었다. 북경에는 화사한 나리꽃과 복사꽃이 만개했다. 정율성은 회색 중산복 차림을 했고 하이칼라 머리에 포마드를 윤기 나게 바른 모습으로 묵직한 트렁크를 들고 집에 도착했다. 소제가 뛰어나와 환성을 질렀다.

소제는 아버지에게 크게 실망했다. 아버지가 무슨 보배나 꺼내듯 배낭에서 조심조심 꺼낸 것은 소제에게 줄 장난감이거나 식구들에게 줄 이쁜 옷이 아니었다. 모두 베토벤 명곡 전집, 베토벤의 1~9교향악 피아노 악보, 그리고 악대총보, 피아노 협주곡, 서곡 등이었다.

정율성은 베토벤, 바하, 쇼팽을 좋아했다. 베토벤은 감정이 바다마냥 깊고, 바하의 음악은 음악 사상이 샘물처럼 솟구치며, 쇼팽의 악곡은 혁명성이 있으면서도 민족성이 있다고 찬양했다. "문화대혁명" 전까지만 해도 피아노 위에 늘 쇼팽의 두상을 모셨다.

정소제가 뾰로통해하자 정율성은 싱글벙글하며 배낭에서 선물 봉지를 꺼냈다.

"와, 모자!"

그것은 아이들이 유희를 할 때 쓰는 종이 모자였다. 악보를 사고 남은 동전으로 산 것이지만 그 신기한 외국 디자인과 문양은 소제를 달래기에 충분했다.

정율성은 해외에서 음악 자양분을 가득 섭취하고 돌아왔다. 정보가 폐쇄되고 통신수단이 발달하지 않은 그 시대에 이 한 차례 유럽 방문은 그에게 수많은 정보와 메시지를 제공한 셈이다. 정율성은 새로운 꿈을 향해 나아갔다.

정율성은 관화와 합작해 어린이 대합창「평화의 합창」,「평화 비둘기」를 창작했다. 이 작품들은 10월, 북경 천교극장에서 있었던 아세아 및 태평양지구 평화회의 대표들을 위한 중앙 악단과 중앙 소년방송 합창단의 공연에서 좋은 반향을 얻었고 곧 전국 학생들에게 보급되었다. 이중「평화 비둘기」는 1953년에 있었던 전국 대중가요 평의에서 3등상을 받았다.

북경 인민예술극원이 새로 확충됐다. 중국 희곡계 대사로 불리는 극작가 조우를 단장으로 하고 구양산존 등을 부단장으로 했다. 정율성은 중국 최고의 예술가들과 함께 있으면서 영역이 더 넓어졌고 어깨도 더 무거워졌다.

「강의 노랫소리」, 처갓집을 방문하다

정율성은 여전히 한국전쟁에 대한 불안감에서 벗어나지 못했다. 동포들이 수난을 겪고 있는데 자신은 안일하게 보내고 있는 듯한 죄의식이 계속 밑바닥에서 그를 괴롭혔다.

이해 가을, 마침 창작실에 함께 있던 시인 방평이 정율성을 찾아왔다.

"로쩡, 조선 전선에 가서 생활 체험을 하려고 합니다. 로쩡은 사정을 잘 아시니까 어떻게 하면 좋은 지 가르쳐주시기 바랍니다."

그러자 정율성은 벌떡 일어나며 말했다.

"나도 전선으로 나가서 반침략에 관한 대형 음악을 만들고 싶습니다. 로방은 나에게 가사를 만들어주면 좋겠습니다. 내가 가면 통역도 필요 없겠다, 참 좋을 겁니다."

방평은 물론 너무 좋아 춤을 추고 싶었다.

호남 사람인 그는 천진 교육국에 있다가 창작조로 전근한 시인이다. 진한 눈썹 아래 크지 않은 눈, 곧잘 흰 이를 드러내고 웃는 얼굴이다. 두 사람은 만나자마자 서로 친근감을 느꼈다.

그들은 곧바로 중앙 군위 총정치부에 신청해 소개 편지와 군복을 발급받고 기차표를 샀다. 출발하는 날, 갑자기 중앙 문화부 예술국 부국장 주외치로부터 출발 중지 통지를 받았다.

"명년에 루마니아 수도 부크레시티에서 제4회 세계청년 및 학생 평화우의 연환절이 개최됩니다. 로쩡과 로방은 작품을 준비해주십시오. 반드시 민족적이고 기개가 있는 작품이어야 합니다."

북한 생활 체험은 단념하는 수밖에 없었다.

이때 정율성의 머릿속으로 한 여자아이의 모습이 떠올랐다. 35년 전인 1918년에 중경 목동진에서 태어나 천강의 뱃소리를 들으며 아버지를 잃은 슬픈 유년을 보냈다. 천강의 뱃소리를 들으며 배를 타고 중경으로 공부하러 갔고 그 곳에서 다시 연안에 와 정율성을 만난다. 정설송에게서 수없이 많이 들었던 천강의 뱃소리, 목선 노동자들의 애환이 깃든 노래다. 이 노래야말로 중국인의 '희망과 불평'[226], 용기와 기백이 담겨져 있는게 아니겠는가.

"천강 뱃소리를 취재하러 갑시다!"

정율성은 곧 방평과 함께 사천으로 출발했다.

"가면 꼭 어머니를 뵙고 와요! 공손하게 인사도 잘 드리고요!"

설송이 기뻐하며 남편을 멀리까지 배웅했다.

당시 교통사정은 말이 아니었다. 기차와 버스를 갈아타고 또 갈아타면서 사천에 도착하는데 많은 시일이 걸렸다. 차창으로 붉은색 흙으로 된 구릉,

---

226) 『作曲家鄭律成』, 丁雪松 等 著, 遼寧人民出版社, 2009年 7月, 309頁. 「歌唱革命」, 鄭律成

푸른색으로 뒤덮인 완두밭과 나비모양의 자주색 꽃이 가득 핀 잠두 콩밭을 스쳐 지났다. 거울 같은 논밭이 도로를 따라 반듯하게 펼쳐졌다.

"얼마나 아름답습니까. 마치도 조선을 보는 듯 합니다. 아마 모르시지요? 조선도 이렇게 아름답답니다! 난 이 아름다움을 노래로 만들고 싶습니다!"[227]

조선은 이제 그리움의 대명사가 되었다. 그 그리움마저 중국에 쏟아 아름다운 음악을 만들고 싶었다.

그는 기차에서 며칠째 『삼국지』를 읽었다. 중국 문화에 대한 수업을 하나에서 백까지 차근차근 해야 했다. 그는 고전 명작소설과 고전 시사를 읽는 습관이 있었다. 대량의 서적을 구매해 읽곤 했다. 이날도 『삼국지』를 읽다가 창밖을 가리키며 방평에게 물었다.

"저 나무 외바퀴차는 제갈량이 발명한 목우유마가 아닙니까?"

"맞습니다. 고증에 의하면 제갈량도 저런 운수도구를 썼다고 나옵니다."

이르는 곳마다 현지의 음식을 먹어보았다. 음식을 포함한 모든 중국 문화가 그에게는 생소함과 신기함 자체였다. 기차를 바꿔 탈 때마다 현지 예술단체들의 초청으로 음악 창작에 대한 강의를 했다.

50년대의 천강은 목선 항운의 전성기였다. 사람들은 모피, 약재를 실어다가 팔고 다시 차, 소금 등을 운반해왔다. 목선이 강변에 가득 정박해 있고, 높고 낮은 돛대들이 수림처럼 서 있었다. 목선이 실북 나들듯 하고 뱃소리가 물결을 따라 청산과 구름 사이로 울려 퍼졌다. 또다시 떠오르는 어린 설송의 모습, 천강의 뱃소리는 더욱 친근하고 애틋하게 다가왔다.

날씨가 슬슬 추워지기 시작했다. 회색 목천을 끊어 중국식 솜저고리를 만들어 입었다. 목선 근로자들 속으로 들어가기 위해서였다. 그는 목선을 빌려 타고 목선 근로자들이 부르는 뱃소리를 들으며 그들을 따라 달렸다.

민강은 물이 푸르렀다. 뱃전으로 하얀 포말이 날렸다. 가끔 파도가 하늘높

---

227) 巴山蜀水憶当年——回憶作曲家鄭律成在四川的日子 放平 來源: 中華魂网 主管單位: 中共中央党校 | 主辦單位: 中國延安精神研究, 2010년 6월 1일

이 솟구쳐 올라 가슴이 설레었다. 강 양안의 산은 푸른 참대 숲이 아니면 송삼 숲이었다. 키 큰 수탉이 선홍빛 계관을 쓰고 높은 언덕에 올라 목청껏 울었다. 흑백이 분명한 민가 지붕에서 밥 짓는 연기가 피어올랐다. 양안의 뭍에는 심홍색 암석이 드러나 그야말로 산은 푸르고 수림은 울창하고 물은 청청하고 암석은 붉었다. 강 연안에는 아직 가을을 채 하지 않은 사탕수수, 파랗게 빛나는 귤나무, 광간나무 등 그야말로 화랑 속을 스쳐 지나는 것 같았다. 정율성의 머릿속으로 선율들이 물결처럼 스쳐 지났다.

"여보시우, 쉬원스키! 어서 시를 지으십시오!"

▲ 1952년 겨울에 정율성은「강의 노랫소리」창작을 위해 천강 뱃소리 체험을 하러 사천으로 갔다가 처음으로 중경 파현 목동진에 있는 처가를 방문, 장모님과 처남이 반갑게 맞아주었다. 정소제 제공.

정율성은 기분이 나면 방평을 그렇게 불렀다. 방평의 원 이름이 "허문"인데 중문 발음으로는 "쉬원"이다. 소련식으로 "스키"만 넣으면 그럴듯한 소련이름이 된다. 사회주의 진영의 울타리에 있었던 시대, 소련의 영화와 소설, 시, 생활방식의 영향이 곳곳에 스며 있었다.

방평 역시 기분이 좋아 소리를 질렀다.

"여보시요, 정율성! 어서 곡을 지으십시오!"

그러는 사이 어느새 겨울이 왔다. 그들이 탄 배는 천강의 파도를 거슬러 목동에 이르렀다. 설송의 태가 묻힌 고향 목동의 모든 풍경이 정율성의 가슴속으로 스며들며 깊은 정감을 불러일으켰다. 여관에 들자 부랴부랴 목욕을 하고 머리를 깎고 수염을 파랗게 밀었다. 레닌모를 반듯이 쓰고 체크무늬가 있는 목수건을 두르고 나사천 외투를 단정하게 입고 윤기 나게 닦은 구두를 신었다. 선물을 들고 장모의 집 문을 노크했다.

긴 다부산자에 까만색 융단 모자를 눌러쓰고 전족을 한 안노인이 너부죽한 얼굴에 미소를 띠고 맞아줬다. 뒤에는 레닌모를 쓰고 중산복 윗 호주머니에 만년필을 두 대 꽂고 검은색 헝겊신을 신은 장년이 점잖게 서있었다. 까만 눈이 설송과 똑 같다. 처남, 정설송의 오빠였다.
"자네 왔나. 오래 기다렸다네. 어서 들어오게!"
정율성은 넙죽 엎드려 장모님께 큰절을 올렸다.
장모의 마음이 어찌 평온했으랴. 다른 나라에서 태어났지만 어찌어찌하여 딸과 만나서 결혼을 하고, 자식을 낳고, 함께 조선으로 갔다가 함께 중국으로 돌아온 사람, 파란만장한 길에서도 딸의 손을 꼭 잡고 끈질긴 인연으로 여기까지 찾아온 한국 사위를 장모는 대견한 마음으로 바라보았다. 이로써 정율성은 뒤늦게나마 정씨 가문의 사위로 인정 받았다.
처갓집이 있는 천강은 어려서 피라미를 잡던 양림천처럼 전혀 낯설지가 않았다. 매일 배를 타고 목선 노동자들의 뱃소리를 듣고 기록하며 1953년 양력설을 맞았다. 마침 그가 투숙한 여관에 속성 식자반을 졸업하고 잔뜩 기분이 좋아진 목선 노동자들이 우르르 들어왔다. 이들 속에 뱃소리에서도 메김소리를 담당한 노동자들이 적지 않았다. 그들은 2천 자를 익혀 신문을 줄줄 읽게 됐다고 기뻐했다. 정율성은 땅콩과 해바라기, 사탕수수를 사서 그들을 축하하고 기쁨을 나누었다.
"속성 식자반을 졸업한 것을 축하드립니다. 저희들은 사천 뱃소리를 배우러 왔습니다."
그 말에 모두들 한바탕 웃어댔다.
"뱃소리를 배우다니, 뭘 하러 그걸 배워요! 모두들 비천한 소리라고 깔보는 것인데!"
"그렇지 않습니다. 우리가 먼저 노래를 부를 터이니 임자들도 뱃소리를 불러주시오."
정율성은 일어나 「연안송」, 「연수요」, 「내님에게 전해다오」를 불렀다. 사람들은 그의 우렁찬 노래에 금방 매료되었다. 한 메김소리 노동자가 뱃소리를 부르기 시작했다. 사람들도 따라서 불렀다. 노래는 끝이 없었다. 한 사람이 부르면 미리 연습을 한 듯이 한결같이 따라 불렀다. 행인들이 발걸음을 멈추고 기웃거리고 강가에 배를 정박시키고 휴식을 취하던 목선 노동자들도 달려왔다. 설날이 새도록 사람들은 뱃소리를 불렀고 정율성은 그것을 기록했다.

목선은 이튿날 계속 앞으로 달렸다. 민강은 의빈에서 천강으로 흘렀고, 천강에서 다시 장강 상류로 흘렀다. 의빈에서 서쪽으로 가면 금사강이고 동쪽으로 가면 삼협 즉 천강이다.

의빈의 목선 노동자들은 정율성이 뱃소리를 세계에 소개하려 한다는 것을 알고 무척 기뻐했다. 당장 75톤짜리 대형 목선을 빌려 호호탕탕하게 출발했다. 험한 뱃길을 따라 배가 나아갈 때면 뱃소리는 긴장되고 격렬하게 울렸고 파도를 이기려는 기세로 충만했다. 때로는 무겁고 때로는 탄식하는 듯 때로는 외침으로 변해 자연과 싸우는 인간의 비장함을 보여주었다. 강변은 구경하는 사람들로 가득했고, 호응하는 뱃소리가 하늘을 울렸다. 정율성은 11명의 노동자와 함께 배에서 먹고 자고 함께 노동하면서 천강에서 8일간의 격정적인 항행을 했다.

이들 중에는 나지청이라는 메김소리 노동자가 있었는데 그의 목소리는 천상의 소리였다. 하도 음량이 많고 높아서 그 어느 남고음 가수도 그를 따를 수 없을 정도였다. 그를 발견한 것이 정율성에게는 큰 기쁨이었다. 하지만 그는 전업적인 훈련을 거치지 않았기에 음이 너무 자유분방했다. 정율성과 방평은 그를 북경에 데려가기로 결정했다. 그가 전업적인 교육을 받으면 훌륭한 가수로 될 것이라고 단정했다.

나지청의 특별한 남고음이 강물에 갈기를 일으키며 울렸다.

"높은 산아, 어허차… 세찬 강물아, 어허차…"

"어-허-! 허차! 허차! 어허차!…"

가끔은 긴장되고 급촉하고, 가끔은 부드럽고 애절하고, 가끔은 고통스러운 뱃소리, 정율성은 감동을 금할 수 없어 다음과 같이 말했다.

"연속 며칠간 같은 음악을 들었는데도 싫증이 나지 않습니다. 이 노래에 깊고 심오한 의미가 담겨져 있기 때문입니다."

취재가 끝나자 정율성은 중경 북온천수범루에 묵으면서 방평의 가사에 근거해 뱃소리를 주선율로 한 대합창을 창작했다. 3월 중순에 드디어 「강의 노랫소리」가 완성되었다.

사천행은 정율성의 첫 처가 행이였다.

지음

정율성이 100일간의 심혈이 깃든 대합창 「강의 노랫소리」를 갓난 자식마냥 가슴에 보듬고 왔을 때는 벌써 1953년 봄, 북경에서는 또다시 복사꽃, 개나리가 피고 수양버들이 파란 물을 머금고 있었다. 그새 중국의 첫 국가 가무단인 중앙 가무단이 창립되었다. 정율성은 바로 중앙 가무단 창작조에 전근돼 창작조 조장을 담당했다.

원성태(原聲態) 음악을 기초로 한 대형 무반주 합창 「강의 노랫소리」가 중앙 가무단에 교부되었을 때는 이해 5월이었다. 이 노래에 대한 지휘는 정율성과 한 사합원 울안에 사는 금방 서른 살이 된 엄양곤이 맡았다.

30세의 엄양곤은 정율성보다 아홉 살 어리지만 그의 음악 경력은 짧지 않았다. 1938년 15세에 무한에서 항적 연극 9대에 참여했고 1940년 17세에

▲ 필자가 정율성의 음악지기 엄량곤을 인터뷰.

어린이 악단에서 「황하대합창」을 지휘했다. 국립 음악학원 작곡학부를 졸업하고 선후로 홍콩 중화음악학원과 중앙 음악학원에서 작곡, 지휘를 가르치다가 중앙 가무단이 창립되자 합창 지휘를 담당했다. 키는 크지 않지만 정기 도는 눈매에 지혜가 넘치는 이 젊은이는 그 후 중국 최고의 악대 지휘가 반열에 오른다.

「강의 노랫소리」에 대한 엄양곤의 평가는 이러했다.

"당시 새 중국의 합창사업은 금방 시작되었다. 노동 인민을 묘사한 작품은 대부분 천박하고 표면적이었다. 많은 작자들은 근로자는 반드시 형상이 우람하고 힘 있고 확실해야 한다고 생각했다. 음악에서도 하나, 둘, 하나, 둘 식의 행진 곡조의 반복법을 사용했다. 하지만 정율성이 쓴 이 노래의 선율은 편안하고 유창하고 유유했다. 그는 선창과 합창의 교차적인 수법을 썼는데 화성은 고전적이고 평온하고 깨끗했다. 작품은 간단하고 평범하면서도 경지가 있었으며 아주 순진했다…"

엄양곤은 정율성의 작품에 큰 흥미를 가지고 반복적으로 연구했다.
"정 선생님은 인간의 외형에 대한 묘사보다는 인간의 내면에 대한 묘사에 중점을 둔 것 같습니다. 어떠신지요?"
라고 질문하자 정율성은 기뻐하며 대답했다.
"맞습니다. 바로 그겁니다."

무반주 합창은 합창 예술의 최고 형식이다. 하지만 반주가 없기 때문에 음의 정확도에 대한 요구가 더 높다. 그런데 이 작품에서 가장 중요한 선창을 하는 뱃소리 노동자 나지청의 음이 정확하지 못했다. 서양 발성 위주의 합창대와 어울리지 못했다. 「강의 노랫소리」는 중앙 가무단에서 시창을 시작했지만 결국 세계 연환절 종목에 들어가지 못하고 싸늘한 서랍 속에 들어가고 말았다. 정율성의 좌절이 얼마나 컸으랴.

엄양곤은 정율성 작품의 가치에 대해 잘 알았다. 그는 다음과 같이 술회했다.
"이런 합창 형식의 음악 경지를 쓰는 방법으로 새 중국 인민의 정신 면모를 묘사한 음악 작품은 당시에 아주 적었다. 그의 이 노래는 매우 대담한 창신(創新)이었다… 나와 정율성 동지는 이때부터 서로 지음이 되었다. 그 이후로 그의 몇 부의 대형 합창 작품은 모두 내가 처리하고 지휘했다. 성격과 예술 애호가 서로 같다보니 우리의 합작은 늘 유쾌했다."

 예술가들은 늘 거문고 악사 백아와 그의 작품을 이해하는 종자기의 만남을 부러워했다. 정율성에게 엄양곤은 종자기였다.

 정율성이 자식처럼 사랑했던 대형 무반주 대합창「강의 노랫소리」는 끝내 그의 생전에 공연되지 못한다. 별세 후 21년 뒤인 1997년에야 비로소 북경에서 개최된 중국 인민해방군 창건 70주년 기념행사에서 그의 음악지기 엄양곤의 지휘로 공연되었다. 그의 소원은 이렇게나마 이루어진 셈이다. 정율성이 애써 발굴했던 천강 뱃소리는 그 후 중국 국가 비물질 문화유산 대표작 보호 목록에 등재된다.

「강의 노랫소리」의 실패는 정율성의 자신감에 대한 일종의 충격이었다. 또 다른 충격이 그를 기다리고 있었다. 그것은 전혀 뜻밖의 일이었다.

 이해 10월, 중국음악가협회 제1차 회원대표 대회가 개최됐다. 정율성은 대표는 커녕 회원에도 가입하지 못했다. 당시 그가 작곡한「팔로군 행진곡」은 이미 1951년에「중국 인민해방군 군가」로 결정됐다. 1953년 이 때에는「인민해방군 행진곡」으로 변했지만 이 노래는 유일하게 중국 인민해방군을 대표하는 국가 격의 군가였다. 그는 연안에서 이미 선성해 등과 함께 변구 문화협회, 변구 음악협회 집행위원으로 활동했다. 그의 노신예술학원 제자들을 망라해 연안 시절 음악활동에 종사했던 모든 사람들이 중국 음악가협회 회원에 가입했는데 정율성이 제외되었다는 것은 누가 봐도 납득 할 수 없는 일이었다. 게다가 그는 이때 국가 1급 문예기구인 중앙 가무단 창작조 조장이었다.

 그 전에 이런 일이 있었다.

 9월 23일, 제2차 전국 문련대표대회에서 음악계의 한 지도자의 발언 가운데 음악계는 작가협회처럼 대오가 충실하지 못하며 진정한 음악가는 겨우 몇 사람 밖에 안 된다고 했다. 그가 음악계 상황에 대해 잘못 판단했다고 생각한 정율성은 유치와 기타 2명의 작곡가와 함께 그의 집으로 찾아갔다. 그에게 전국 각지에 있는 작곡가들에 대한 상황을 자세히 설명하고 나서 그가 보다 많은 음악가들을 단합하고 포용하기를 바랐다. 그 지도자는 화를 버럭 내면서 "당신들은 종파주의요!"라고 질책했다. 그들은 불쾌하게 헤어졌다. 아마도 이런 상하급 관계 때문에 그가 응당한 대우를 받지 못하게 한 것으로 짐작된다.

엄양곤은 다음과 같이 술회했다.

"그에게는 불공평한 대우였습니다. 이 사람은 남을 치켜세울 줄 모르는 사람입니다. 당신이 대단하다, 당신은 도사다, 당신을 옹호하겠다 등 이런 말을 할 줄 모릅니다. 지도자는 그를 좋아하지 않았습니다… 연안에 있었던 사람들은 모두 첫 기에 음악가협회에 가입했습니다. 그 사람은 정율성을 일부러 가입시키지 않은 겁니다. 차별한 것이지요… 정율성의 작품은 일반화된 작품이 없습니다. 정율성은 워낙 강직하고 아첨할 줄 모릅니다…장식이 없고 포장이 없습니다. 만나면 단번에 속이 보이는 사람입니다. 현실에서 모든 재능이 있는 사람들이 다 공평한 대우를 받는 건 아닙니다. 정율성도 곡절 속에서 성장했습니다. 곡절이 있었기에 그의 작품에는 더욱 깊은 뜻이 스며있습니다."

시장이 폐쇄된 계획경제구조, 예술가의 신분이 국가 공무원인 상황에서 중국음악가협회라는 이 관변기구의 평가는 한 음악가의 예술활동에 큰 영향을 미쳤다. 정율성은 고민했고 "음악가협회에 찾아가 분노해서 따졌다."

그의 앞에 놓인 산은 음악계 지도자의 차별이거나 사회적인 편견뿐이 아니었다. 중국문화에 대한 이해의 한계였다. 필경 그의 중국 경력은 짧았다. 중국문화를 음악적인 코드로 바꾸려면 시간이 필요했다. 게다가 국내외에서 체계적인 음악공부를 마친 "학원파"들이 예술분야에 밀려들었다. 정율성은 그들과 동등한 시점에서 경쟁해야 했다.

정율성에게 있어 차라리 회원이 되고 안 되고는 작은 문제였다. 연안 시기

눈부신 음악 성과는 이제 먼 과거다. 음악에 대한 체계적인 보충수업을 받아야 했고, 중국 문화 속으로 깊이 들어가 대중 모두가 공감할 수 있는 문화 코드, 음악 언어를 찾아야 했다.
 정율성의 길은 평탄할 수 없었다.

산타클로스

 이해 10월, 정율성은 중앙 가무단 사무실의 등나무 의자에 비스듬히 앉아 있었다. 가을의 찬란한 햇빛이 정율성의 옆 얼굴을 비추었다. 이 때 한창 음악계를 망라한 전국 문학예술연합계 대표대회가 열리고 있었다. 정율성은 회원조차 아니지만 많은 연안 동료, 제자들과 중앙 가무단 음악가들이 대표이거나 이사로 참석하고 있었다. 방평은 조심스레 정율성의 얼굴을 살펴보았다. 일단 시름을 놓았다. 언제나 보았던 편안한 얼굴이었다.
"왜 불렀습니까?"
라고 물었다.
"쉬웡스키! 우리 삼림 속으로 갑시다. 동북의 삼림은 그야말로 아름답습니다. 그곳에 가서 한동안 생활하면 좋은 작품을 써 가지고 올 수 있습니다. 어떻습니까?"
"좋지요. 하지만 난 좀 늦어질 것 같습니다. 먼저들 출발하십시오."
 100일간의 천강 취재를 다녀온 뒤로 방평은 정율성과 친한 친구가 되었다. 정율성의 제의에 토를 달지 않았다. 방평은 한창 전국 문학예술 연합계 대표대회를 방청 중이어서 동행할 수 없었다.
 조장인 정율성은 김범 등 4명을 이끌고 동북 흥안령으로 출발했다. 먼저 심양에 들려 동북 문예공연 대회에 참가했다. 당시 길림성 연변조선족자치구(1955년에 자치주로 개칭함.) 가무단도 이 대회에 참가했다. 정율성은 동포 예술인들을 찾아 고무했다.
"연기가 참 훌륭합니다. 작품들에 생활 맛이 진하고, 기교도 높고, 우리 조선민족의 구수한 토장냄새가 풍깁니다."

그는 또 심양에서 멀지 않은 안산 강철공사에 들렸다. 그동안 그리웠던 공목을 만났다. 조선으로 떠나 다시 못 보는 줄로 알았던 정율성이 갑자기 코앞에 나타나자 공목은 깜짝 놀랐다. 큰 눈이 더 휘둥그레졌다. 두 사람은 서로를 꽉 껴안았다. 「중국 인민해방군 군가」와 더불어 그들은 떨어질 수 없는 인연이었다. 문안을 나눌 사이도 없이 두 사람은 손을 잡은 채 「팔로군 행진곡」을 높이 불렀다.

"흥안령으로 함께 갑시다. 가서 삼림 대합창을 씁시다. 갑시다!"

정율성이 흥분해서 권고했다. 하지만 공목은 안산 강철공사 교육처 처장을 담당하고 있어 갈 수 없었다. 두 사람은 아쉽게 작별했다.

흥안령에 도착했다. 정율성은 잠시 넋을 잃고 하얀 눈바다에 펼쳐진 밀림을 바라보았다. 나무들은 수천 수만 명의 합창대가 거대한 무대에 선 듯 정열한 모습으로 서로 부대끼며 겨울 노래를 부른다. 병풍처럼 빙 둘러선 겨울산봉은 악사들처럼 겨울바람의 교향곡을 울린다.

「강의 노랫소리」는 서랍에 누워있지만 그는 이 작품의 영혼인 소리를 포기하지 않았다. 또 다른 소리를 찾아 떠난 것이다. 천강의 뱃소리가 풍랑속 뱃사람들의 외침이라면 흥안령 벌목 현장에서 부르는 소리는 동북 밀림 속 벌목공들의 외침인 셈이다.

흥안령 이춘임장에서 모두들 모닥불을 둘러싸고 창작에 대해 토론했다.

"우리는 노동자들에 대해 이 불길처럼 더워야 합니다. 함께 노동하고 함께 땀을 흘리고 그들이 무엇을 생각하는지 무엇을 하는지, 무슨 말을 하는지, 무슨 노래를 즐기는지를 알아야 합니다. 특히 작곡가에게는 민요가 보물창고와 같이 중요합니다."

정율성이 불에 장작을 얹으며 말했다. 그리고는 옆에 앉은 김범을 툭툭 건드렸다.

"로찐도 창작에 대해 한 마디 하시오."

김범은 정율성보다 두 살 어리며 의과대학 출신으로 광동 사람이다. 남방 유격구 부대에서 싸우다가 퇴역하고 정율성보다 반년 늦어서 북경 인민예술극원에 왔다. 그는 항전 시기에 「연안송」, 「팔로군 행진곡」을 부르며 적과 싸웠으므로 정율성을 무척 존경했다.

"저는 그만합시다. 광동 사람이라 남방 말투에 남방 사투리가 많아서…"

"뭘 그리 걱정하시오? 나도 조선 말투가 있지 않습니까? 천천히 말씀하면 다 알아 들을 것이니 걱정 말고 한 말씀 하십시오."

그리하여 김범도 용기를 내어 창작에 관해 발언했다.

당시의 모든 예술가들에게는 음악 창작이 하나의 정치 임무였다. 예술이 "정치를 위해 복무"해야 했다. 이때는 "가곡마다 하나하나의 구체적인 정책을 위해 복무"하라는 지시가 내렸다. 50년대부터 정율성은 명석했다. 그는 친구 방평과 단둘이 있을 때면 정치 임무 때문에 도식화, 개념화한 글을 써서는 안 된다고 권고했다. 김범에게도 똑같은 권고를 했다.

그는 채벌 현장에서 노동자들과 함께 일했다. 나뭇가지들이 맞부딪치는 소리가 들려오고 다람쥐들이 이 나무 저 가지를 날아다니며 가지에 쌓인 눈을 한마당 휘날렸다. 노동자들이 톱으로 벌목하는 소리가 골짜기를 울리며 힘차게 들려왔다.

"어허허…넘어간다아아…"

수림을 뒤흔드는 소리.

"어허허… 넘어간다아아아아…"

여기저기에서 들려오는 수림 속의 벌목공들의 메기고 받는 소리, 나무들이 부대끼는 요란한 소리, 거대한 홍송이 굉음을 울리며 산비탈로 굴러 내렸다. 포연같이 휘날리는 눈발…수림 속을 울리는 목도 소리… 그 속에서 그의 「채벌가」가 숙성되어갔다.

어느 날 그는 금방 임장에 도착한 방평을 불러놓고 새로 창작한 「채벌가」를 높이 불렀다.

"어허어, 어허야! 어허어허 허허!/ 나뭇잎이 휘날리오 아/ 나무 가루 휘날리오 아/ 높고 높은 산이요/ 어허 벌목에 바쁘다오/ 높고 높은 산이요/ 어허 벌목에 바쁘다오/…"

그의 목소리는 호방했고 힘 있었다. 그의 두 팔이 곡을 따라 춤을 추고, 그의 몸도 춤을 추듯 너울거린다. 수림 속에서 들려오는 노동자들의 외침소리.

"좋습니다! 좋소! 좋소!…"
이 때의 느낌을 방풍은 다음과 같이 술회했다.

"나는 점점 더 그의 노랫속으로 끌려들어갔다. 마치 그는 우리에게 노래를 불러주는 것이 아니고 감미로운 술을 부어 주는 듯 했다. 우리는 모두 도취되었다. 그의 노래는 나를 숭고한 경지로 이끌어주었다. 나의 마음에 난류가 감돌게 하고 곧바로 나의 몸을 들끓게 했다. 나는 벌떡 일어나 뭔가를 해야겠다는 충동을 느꼈다. 삼림은 뜨거워지고 주변의 적설도 금방 녹아 내릴 것 같았다."

정율성은 노래를 다 부르고 나서 노동자들의 의견을 청취했다. 그들의 요구에 의해 몇 번이고 선율을 고치고는 또 노래를 불렀다. 양무춘은 다음과 같이 해석했다.

"나는 그의 「벌목가」를 분석했는데 아주 대칭적인 구조였습니다. 전체 음악이 대칭을 이루었을 뿐만 아니라 악단 내부의 악구 사이마저도 방정성, 대칭성을 추구했습니다. 악단 사이에도 음악 소재의 통일성을 추구했는데요, 이런 세밀한 처리가 이 노래의 구조를 한결 완벽하게 해주었죠. 예술성도 높여줌으로써 전체 곡의 선율 발전에 내재적인 논리성을 갖추게 했습니다. 이 시기 그의 작품은 아주 대칭적이고 반듯합니다. 이는 정율성 개인의 작품 특징뿐이 아니고 50년대 음악의 특징이기도 합니다… 전쟁 연대에는 돌격하고 돌진하다 보니 그 시기 음악도 돌격, 진군과 마찬가지로 아주 강렬했죠. 어떤 때에는 대칭성을 고려하지 않고 전투성만 고려했었습니다. 그에 비해 이 시기 그의 풍격이 많이 달라졌습니다. 즉 안정적인 행복에 대한 반영이었지요."

어느 날, 방평은 정율성과 같이 임해 설원에서 후이거우즈, 즉 다람쥐 사냥을 했다. 눈이 내리기 시작했다. 하얀 눈으로 뒤덮인 수림, 그들의 모자와 어깨에도 눈이 두툼하게 내렸다. 눈썹, 눈초리에도 눈이 내려 눈사람이 되었다. 정율성이 감탄하며 말했다.

"눈꽃이 날리네. 흥안령에 눈꽃이 날리네. 눈꽃은 기복하는 삼림을 뒤덮었네…"

"아, 지금 시를 짓고 있는 겁니까? 흥이 도도하군요. 좀 더 생각해보면 좋은 가사가 나올 것 같습니다."

정율성은 히죽 웃고는 아무 말도 하지 않았다.

그 후의 또 어느 날, 눈 내리는 날이었다. 그는 회의를 오후 두 시로 소집해놓고 아침 일찍 어디론가 사라졌다. 모두들 회의 시간에 모였지만 그는 나타나지 않았다. 저녁이 되어도 소식이 없고 밤이 깊어가도 소식이 없었다. 모두들 슬슬 걱정이 되어 그가 늘 찾아가곤 했던 사냥꾼 할아버지의 집으로 찾아가 물어보았다. 이날은 만난 적이 없다고 했다. 짐승들이 출몰하는 삼림이어서 모두들 난로 옆에 앉아 초조하게 그를 기다렸다.

밤 11시가 넘어서야 문소리가 들려왔다. 모두들 입을 딱 벌리고 바라보았다. 온 몸과 모자, 눈썹, 눈초리, 수염에까지 모두 서리가 끼었다. 허리와 어깨에는 가득 "후이거우즈"-다람쥐가 달려있어 마치도 동화 속에 나오는 산타클로스와 같았다.

기진맥진 한듯 얼굴은 몹시 초췌해 보였다. 그는 아무런 말도 없이 구석에 엽총과 사냥물을 하나하나 내려놓았다. 가까스로 기운을 차리더니 "후이거우즈"를 굽기 시작했다. 조원들이 맛있게 먹을 때 그는 옷도 벗지 못한 채 잠에 빠졌다. 곧 코를 우렁차게 골았다.

이튿날, 그는 특별히 일찍이 일어났다. 아직 단잠에 빠져있는 방평을 이불 속에서 끌어내고 다짜고짜 밖으로 이끌었다. 그의 서정적인 노랫소리가 눈꽃이 날리는 고요한 밀림의 아침을 정답게 울렸다.

"눈꽃이 날리네 눈꽃이 날리네/ 흥안령에 눈꽃이 날리네/ 눈꽃은 … 산맥을 덮어버렸네./ 삼림은 은색의 바다…"

방평은 잠이 확 깨버렸다. 「채벌가」와는 또다른 색깔의 서정에 반했다. 이 노래가 바로 지금도 유명한 「홍안령에 눈꽃이 날리네」라는 명곡이다. 전날 정율성은 이 노래의 선율을 얻기 위해 하루 종일 밀림 속을 헤맸다. 이 노래는 작사, 작곡을 모두 그가 한 단 2곡의 노래 중의 하나이다. 다른 한 곡은 그가 연안에서 지은 「조국 향해 나아가자」이다.

노래는 "정적이 깃든 삼림에 눈꽃이 내리는 것으로 시작된다. '눈꽃이 날리네 눈꽃이 날리네'로부터 시작하여, 점차 높낮이가 분명하게 눈이 점점 더 많이 내리는 모습을 보여주며 '홍안령에 눈꽃이 날리네'로 이어지고, 눈꽃이 온 하늘을 메우며 펑펑 쏟아지며 은색의 세계를 펼쳐주는 모습을 보여줬다. 그 형상은 한 수의 서정시와 같고, 한 폭의 수채화와 같다…노래는 마지막에 역시 고요한 은백색의 세계로 끝을 맺는다."[228]

눈 내리는 홍안령은 정율성에게 풍부한 악상을 주었다. 그는 동북지역 노동 소리를 이용한 「채벌가」에 이어 또 역시 노동 소리를 이용한 무반주 합창 「유송합창」을 창작했다. "생활 속의 '소리' 음조는 거칠고 강렬한 외침이지만 다듬어낸 '유송 소리'는 웅장하고 무거운 것이었다."[229] 그는 또 2수를 창작하여 「홍안령 조가」를 만들었다. 이 5수의 노래는 모두 선명한 민간 특색을 지니고 있었다. 방평은 이렇게 술회했다.

"마음을 울리는 노래의 "원료"는 백옥과도 같아 대자연 속에 묻혀있고, 노동인민의 뜨거운 생활 속에 묻혀있다. 작곡가들이 찾아내고, 알아보고, 심혈을 기울여 연구하고, 조각하여야만, 작곡가에게서 태어나 가수들의 목소리를 통해 전파된다. 정율성은 이런 작곡가이기에 그가 창작한 노래는 사람의 마음을 움직이는 명곡이 되었다."

대홍안령 생활 체험을 마치고 돌아오는 날, 정율성은 유독 짐이 많았다. 그는 삼림에서 가져온 꿩, 딱따구리 등으로는 표본을 제작해 서재에 걸어놓

---

228) 『論鄭律成』, 延邊人民出版社, 1987年 10月, 137頁, 「加深認識鄭律成」, 唐榮枚
229) 『論鄭律成』, 延邊人民出版社, 1987年 10月, 23頁, 「珍貴的种子」, 喬建中

고 아이처럼 즐거워했다. 힘들게 운반해온 다람쥐 가죽으로는 아내와 딸에게 외투를 지어주었다. 털옷이 완성된 날, 다람쥐가 돼버린 설송과 소제를 두고 온 집 식구는 한참이나 허리를 펴지 못하고 웃었다.

흥안령 생활체험에서 얻은 음악은 정율성에게 자신감을 듬뿍 심어주었다.

행복한 농장

정율성은 피로를 모르는 사람처럼 또 김범 등 5명과 함께 발걸음을 돌려 흑룡강 보천령 농장으로 생활체험을 하러 갔다. 그는 농장 간부였던 양내존과 합작하여 대형 합창「행복한 농장」에 대한 창작을 시작했다.

흑룡강성 보천령 농장은 삼면이 산에 둘러싸이고, 두 면이 강에 에워싸여, 풍경이 수려했다. 이 국영농장은 건국 초기 안정되고 행복한 시대의 정서를 담고 있었다. 정율성의「행복한 농장」은 3장으로 나뉘었는데, 농장의 아름다운 모습, 풍작의 기쁨, 농장에 처녀들이 시집을 오는 행복을 그렸다.「행복한 농장」은 새 중국에 대한 정율성의 믿음이었고, 그의 이상적인 사회상이었다. 사실상 정율성이야말로 새 중국과의 밀월의 행복을 느끼고 있었다.

정율성이 완성된 작품을 중앙 가무단 창작조에 바쳤을 때 뜻밖에도 반응이 미지근했다. 음악형상을 틀어쥐지 못했고 너무 평범하다는 것이다.

"당신이 지은 이 합창은 왜 아무 냄새도 안 나는군요."

이렇게 직접 내쏘는 동료도 있었다. 물론 선의적이었다.

정율성은 바로 몸을 돌려 이웃 찻집으로 갔다. 곧 차를 반냥 정도 사들고 와서 싱글벙글 웃으면서 동료들에게 주었다.

"이 차를 푹 불려서 마셔 보십시오. 곧 맛이 우러날 겁니다!"

하지만 사람들은 그의 음악 맛을 이해하지 못했다.「행복한 농장」은 심사를 거쳐 불합격으로 판정되었다.「강의 노랫소리」처럼 차가운 서랍에 들어박히고 말았다.

정율성은 포기하지 않고 새로운 작품 창작에 들어갔다. 그의 에너지는 놀라울 정도로 넘쳐났다. 주산군도에 가서 직접 군함을 타고 생활체험을 했다. 동해함대 정위 이지명과 합작해「강대한 함대 바다에서 전진하네」,「바다 어부의 노래」,「포정대대 출동」등 군가들을 창작했다. 경극「춘향」의 음악지도를 담당했다. 저명한 배우 언혜주에게 조선 고전 특색에 맞는 각색을 소화하도록 지도했다.

매일 3~4시간씩 피아노 연습을 했다. 그는 남경 시절에 피아노를 조금 배운 것이 전부였다. 피아노를 잘 치기 위해 회색 표지의 필기장에 매일 연습 시간, 작곡 시간, 시창 시간 등을 정해놓고 완성 결과를 기록했다. 그는 필기장에 한글로 다음과 같이 적었다.

모든 정력을 집중해 학습과 창작에 돌격하자!
피아노를 칠 줄 모르는 것은 작곡가의 수치이다!

1955년에 정율성은 중앙악단 창작조에 전근되었다.
그는 북경의 소학교들을 방문하여 음악 형상을 찾고「우리는 얼마나 행복해」를 창작했다. 이 노래는 1980년 전국 소년아동 문예창작 평의에서 1등상을 받았다. 지금도 중국 어린이 가곡의 대표적인 명곡이다. 그는 또 세계 평화 운동 및 청년 연환절 공연 가곡「우의 평화 행진곡」을 창작했는데, 이 작품은 헝가리 수도 부다페스트 광장에서 공연되어 뜨거운 박수를 받았다.

1956년에는 북경에서 천진으로 매주 기차를 타고 천진 중앙음악학원에 가서 소련 음악 전문가의 작곡과를 청강하고 화성과 배기(配器)[230]를 공부했다. 마치 남경시절 매주 기차를 타고 상해를 오가며 음악공부를 했던 21세로 돌아간 듯 그의 열정은 여전했다.

이 해 8월 1일부터 24일, 문화부와 중국 음악가협회의 공동 주최로 북경에서 제1회 전국음악제가 개최되었다. 전국 각 성, 시, 자치구와 해방군 각 군구 문공단의 3천여 명 예술인이 참가했다. 음악제를 앞두고 중앙 악단에서는 작품 종목을 엄선했다. 이 때 소련에서 차이코프스키 음악학원 지휘학부

---

230) 배기(配器): 서로 조화를 이루는 악기(연주)

연구생으로 교향악 및 합창 지휘를 전공한 엄양곤이 돌아왔다. 그는 정율성의 「행복한 농장」을 자세히 보고나서 무릎을 탁 쳤다.

"아주 좋은 작품이군요!"

서랍 속에 들어가 있던 「행복한 농장」은 그의 혜안에 의해 2년만에 햇빛을 보게 된다. 엄양곤은 역시 정율성의 지기였다.

2009년 9월 11일 오후 세 시에 필자는 북경 교외의 하이델베르크 별장에서 중국 최고의 지휘가 엄양곤을 만났다. 명성에 비해 너무나도 수수한 옷차림의 한 노인이 반가운 미소를 지으며 필자를 맞았다. 왜소한 몸집에 세월의 흔적이 주름잡힌 얼굴, 얼마 전에 오랜 세월을 함께 한 부인을 잃은 탓에 어딘가 허전한 표정이 느껴졌다. 하지만 머나먼 변경에서 달려온 필자를 따뜻하게 맞아주었다. 3층으로 된 별장에는 뜻밖에도 키가 껑충한 그의 애완견 두 마리가 있었는데, 이들도 나를 반기며 흥분했다. 겨우 이들을 따돌리고 2층 객실에 앉아 이야기를 나누었다. 그는 필자의 물음을 가장 빠른 속도로 명쾌하게 대답했다. 철관음 차를 공부 찻잔에 따르는 그의 솜씨 역시 일품이어서 취재와 차를 함께 즐길 수 있었다. 고맙게도 약속한 한 시간에 한 시간을 덤으로 더 주었다. 그는 필자에게 다음과 같이 말했다.

"정율성의 작품은 항상 자신만의 경지가 있습니다. 평온하고 거침없어 노래하면서 상상을 하게 합니다. 저는 이 점이 대단하다고 생각합니다. 어떤 작품은 지휘자가 아무리 재능을 발휘해도 그 모양 그대로입니다. 그의 작품은 가소성이 있고 다종의 가능한 처리방법이 있습니다. 그래서 지휘자는 그의 작품을 좋아하게 되는 겁니다."

역시 엄양곤은 정율성의 음악 지기였다. 정율성 작품의 가치와 매력에 대해 잘 알았다. 그는 다음과 같이 술회했다.

"확실히 그의 음악은 차처럼 음미하고 연구해야 한다. 아주 큰 가소성이 있다… 선율은 통속적이고 순박하며 허장성세하지 않으며 입에 쉽게 오른다. 그렇지만 일반적인 대중 가곡과는 다르다. 그는 통속성과 평범성을 통해 자신의 개성을 표현했다."

「행복한 농장」이 공연되던 날, 키는 크지 않지만 단단하고 품위 있는 체구의 엄양곤이 재빠른 걸음으로 무대 위로 올라갔다. 손에 힘 있게 지휘봉을 잡고, 맵시 있는 손놀림과 몸놀림으로 재치와 카리스마로 넘치는 지휘를 했다. 그는 「행복한 농장」에 생명을 불어넣었다. 지휘봉은 공중에서 빛나고 음악은 「행복한 농장」을 그리며 물결같이 흘러나왔다.

"아, 기름진 땅/ 평원 천백 리 곡식이 넘실 거리네/ 콩이 여물고 밀이삭 익어가네/ 바람을 따라 금파도가 이네/ 하늘은 밀밭에 이어지고/ 밀밭은 하늘에 이어졌네/ 끝없이 이어졌네/ 푸르른 하늘까지…아 나의 행복한 농장…"

만족스러운 대성공이었다. 장내에는 박수소리가 가득 찼다. 정율성은 행복에 젖었다.

공연이 끝난 후 중국 음악가협회의 한 책임자는 엄양곤을 덥석 끌어안으며 기뻐서 말했다.

"엄양곤, 당신은 참말로 사랑스러운 사람이야!"

그는 엄양곤이 「행복한 농장」을 살려냈다고 인정했다. 엄양곤은 정색하며 이를 부정했다.

"「행복한 농장」의 성공은 정율성의 작품이 토대였습니다. 우리가 자세히 연구하고, 작품의 깊은 의미를 살려내기만 하면, 이 작품의 풍부한 형상을 발굴해 낼 수 있는 겁니다."

엄양곤은 필자에게 다음과 같이 술회했다.

"그는 감히 없는 길을 향해 걸어갑니다. 남이 하는 대로 하는 사람이 아닙니다. 그래서 나는 그의 성격을 좋아하고 그의 곡을 좋아합니다. 그도 나의 지휘를 좋아했지요."

『행복한 농장』은 1958년에 음악 출판사에 의해 단행본으로 출판되었다. 「행복한 농장」은 행복을 거두었다. 정율성도 행복을 거두었다.

이 때 정율성은 "행복"이란 주제에 깊이 매료돼 있었다. 그것은 사회전반에 대한 그의 판단이었다. 중국에 돌아온 후 그의 작품에서 나타난 승리, 환호, 가송, 노동에 대한 찬양 등은 이런 행복감에 속해있었다. 이데올로기적인 선택도 있었다. 그는 사회주의만이 인류 구원의 길이라고 인정했다. 이것은 그의 진실한 감정이었다. 하지만 이런 행복감은 그다지 오래가지 못했다.

이상과 시대의 밀월

이 해 1956년 9월, 당중앙 8차 대표 대회가 개최되고, 건설 중심이 경제와 문화로 옮겨졌다. 상해시 시장을 담당했던 진의 원수가 과학문화사업을 총관하는 국무원 부총리가 되면서 문화예술 분야에 보다 자유로운 분위기가 형성되었다. 자유롭게 공연 단체를 결성할 수 있게 된 점도 예술인들에게는 귀가 솔깃한 일이었다.

집권당의 핵심 인사들로 구성된 이 특별한 대회에는 정설송도 대표로 참석했다. 정설송은 그만큼 정계에서 중요한 위치에 있었다.

어느 날, 중국 무용연구회 주석이고 중국 민족가무단 단장인 오효방이 중앙문화부 직속의 천마 무용예술 작업실을 설립한다는 소식이 전해졌다. 그는 중국현대무 선구자로서 일찍 30년대에 3차례나 일본에 가 독일 표현파 무용체계를 전공한 일본 스승들로부터 발레와 현대무용을 공부했다. 그는 상해에 무용학교를 꾸려 중국에 현대무를 정착시키려고 애를 썼다. 항일전쟁이 발발하자 전선으로 나가 항전무용으로 전투사기를 고무했다. 해방 후 중국 현대무는 아직도 처녀지였다. 그는 이 작업실을 중국 현대무용 시험전과 산실로 만들려고 마음먹었다. 이 소식에 정율성은 무척 흥분했다. 자신도 문화부에 예술단 건립을 신청하려고 작심했다.

"쉬원스키, 나도 예술단 하나를 세우고 싶습니다. 쉬원스키가 날 밀어줘야 하겠습니다. 예술단의 정치 간부를 담당해주면 좋겠군요."

정율성은 방평을 불러놓고 진지하게 말했다.

그는 방평에게 어떤 풍격의 예술단을 건립하며, 배우는 어떻게 모집하고,

어떻게 강습시키며, 어떤 종목들을 공연하는가 등 자세한 구상을 이야기했다. 그는 조선에서 인민군 협주단을 창립한 경험이 있어 예술단 설립에 자신이 있었다. 이를 통해 자신의 음악 이상과 가치를 실현하고 싶었다.

이 해 3월, 그는 겨우 중국 음악가협회 회원이 되었다. 그는 자신에 대한 이 불공정한 평가에 대해 자신의 음악적인 재능과 열정으로 대답하고 싶었다.

중화인민공화국 창립 초기는 중국 가곡 창작의 황금시기였다. 하지만 길은 결코 평탄하지 않았다. 50년대 중반부터 전국적으로 서정가요에 대한 정치적인 비판이 진행되었다. 일부 서정가요에 대해 "평화 마비 사상" 고취, "소극적"인 역할을 일으켰다고 비판했다. 중·소관계가 점차 갈등을 겪게 되자 서정가요가 "소련의 선율"을 닮았으며 "정서적으로 건강하지 않다"는 등으로 비판했다. 작곡가들은 이 때로부터 점차 손발이 묶이기 시작했다.

정율성은 이것이 피비린내 나는 정치운동의 시작을 예고하는 줄은 몰랐다. 손발이 묶이기는 커녕 방평과 함께 「음악비평에 대한 기대」라는 제목의 글을 써서 〈인민일보〉에 발표했다. 그는 이 글에서 음악계가 서정가요 등에 대한 정치적인 비판 때문에 비평의 분위기가 냉담해지고 있다고 꼬집고 성실한 음악비평이 전개되기를 바랐다.

정율성의 꿈과 열정을 싣고 이 해 가을이 깊어갔다.

어느 날 그는 천진 중앙음악학원에 음악 강의를 들으러 갔다가 어린이 대합창 「평화 비둘기」와 「평화의 합창」을 합작했던 관화를 만났다. 관화는 천진 중앙음악학원에서 근무하다가 중앙악단 창작조에 전근했다. 정율성은 자기보다 8살 어린 그와 친절하게 어깨동무를 하고 정원을 거닐며 자신의 계획에 대해 말했다. "그의 열정과 예술에 대한 상상으로 하여 산생하는 매력, 이 세계에 대한 사랑, 그의 눈에서 반짝이며 흘러나오는 열정적이고 단순한 빛…생활에 대한 그의 홍수와도 같은 격정이 나를 끝없는 희열과 흥분 속에 휘말리게 했다." 이것이 당시의 정율성에 대한 관화의 묘사이다.

이 해에 천진에 있던 중앙악단 창작조는 북경 서단의 석판방 골목 24호의 사합원으로 이사했다. 창작조에는 정율성 외에도 이환지, 장문강, 관화, 방평 등이 있었다. 정율성은 이때 북경 서편문 골목 국무원 숙소에 거주하면서 창작실을 오갔다. 정율성과 한 울 안에 있게 되면서 관화는 놀라운 사실을 발견했다. 정율성이 새처럼 삼림을 사랑하고 대자연을 사랑하는 줄을 알게 된 것이다.

"제가 매주 일요일마다 여러분들에게 신선한 물고기를 공급하겠습니다!"
어느 날 정율성이 선포한 폭탄선언에 모두들 깜짝 놀랐다. 이어 웃음꽃이 만발했다. 해방은 되었지만 아직도 가난하고 육류, 어류가 부족했던 세월이었다. 정율성은 "천진하고 활발한 표정으로 동지들의 유쾌한 표정을 주시하며 득의양양해서 웃었다."[231]

정율성은 일요일이 되면 숲을 그리던 새가 자연을 찾아 떠나듯이 천렵 또는 수렵하러 떠났다. 그리고 일요일마다 약속대로 싱싱한 물고기를 동료들에게 주고 행복해했다. 그리하여 어느 일요일 관화도 정율성을 따라 수렵하러 떠났다. 두 사람은 자전거를 타고 북경 서교 풍대 주변을 씩씩하게 달렸다. 시인 관화의 다음과 같은 한 단락의 멋진 서술은 그야말로 정열에 넘치는 정율성을 한 폭의 아름답고 섬세한 유화마냥 우리 앞에 그려놓는다.

"복흥문 밖의 그늘진 큰길은 넓은 백양나무 잎사귀가 가득 내려 가을바람에 흩날리고 있었다. 두 사람은 사품치[232]는 녹색구름 위를 나는듯이 달렸다. 머리 위에서는 서로 얽힌 버드나무 가지가 하늘에서 벗어 나려는 듯 몸을 흔든다. 넓은 전야에서는 겨울 메밀이 선명한 녹색을 띠고 있다. 넓은 대지는 양귀비처럼 촉촉하고 윤기 나고 검다. 가을서리에 노란색과 붉은색으로 물든 수림이 멀리에서 안개에 휩싸여 몽롱하다. 망망한 지평선의 진한 남색 변두리에서부터 창공의 맨 끝까지 꽃 같은 초목이 도처에 솟아있다. 人자형을 이루는 기러기 떼들은 구름 한 점 없는 쪽빛 하늘 공중에서 우리를 도취시키는 노래를 우렁차게 부른다."

"이건 그야말로 대지의 노래라네!"
정율성은 자전거 페달을 부리나케 돌리며 큰소리로 말했다. 그는 무척 신

---

231) 『作曲家鄭律成』, 丁雪松 等 著, 遼寧人民出版社, 2009年 7月, 97頁, 「生命之旋律」, 管樺
232) 물살이 계속 부딪치며 세차게 흐르다.(북한어)

났고 천진하고 쾌활한 모습이었다. 생명으로 충만된 이 모든 소리와 색채가 그의 창작 작품이기나 한 듯이 감상자의 찬양을 듣고 싶어 했다…그리하여 나는 대자연이 이 작곡가에게 생명의 색채와 향기를 가득 안겨준 것을 알게 되었다."[233]

정율성은 피곤을 모르는 아이처럼 한참은 숲속에, 한참은 어느 언덕에 나타나곤 했다. 그러다가 물속에라도 잠적한 듯 수림 어디에서도 보이지 않았다. 관화는 워낙 수렵에 별 흥미가 없는데다가 피곤하기까지 해서 자연에 대한 정율성의 끝없는 열정에 감탄만 하고 앉아 있었다. 이날은 정율성에게 수렵운이 별로 안 좋은 날이었던 것 같다. 아무것도 잡지 못한 채 시간이 흘러갔다.

"이젠 집으로 갑시다. 아무것도 잡히지 않는데 빨리 가야지요."
관화는 정율성을 독촉했다. 이 때 정율성이 나무아래에서 손짓했다.
"어서 오라구!"
정율성이 한 손으로 그의 팔을 잡고 천진하고 즐겁고 기민한 눈빛으로 말한다. 하는 수 없이 정율성을 따라 한발 한발 다가갔을 때 관화도 그만 환성을 올리고 말았다. 그 때의 정경을 관화는 다음과 같이 술회했다.

"깨끗하고 밝은 호수가 나타났다. 장난꾸러기 아이가 자홍빛 노을이 번지고 주변에 갈대가 설레이는 진한 남색 하늘을 한 조각 훔쳐 놓은 듯했다. 아이가 가만히 훔쳐온 노을 비낀 하늘에는 몇 마리의 들오리가 가만히 엎드려 있다…우리는 아이들처럼 가만히 호숫가에 앉아서 조용히 떠있는 들오리를 감상했다. 맑은 호수에 별들의 모습이 비치기 시작하자 우리는 이 미묘하고 신기한 대자연과 하나로 되었다. 홀연 그가 나의 귓가에 낮은 소리로 속삭였다.
'자네 이걸 동화로 써주게. 난 벌써 선율이 있다네!'"

---

[233] 『作曲家鄭律成』, 丁雪松 等 著, 遼寧人民出版社, 2009年 7月, 97頁, 「生命之旋律」, 管樺

「행복한 농장」의 성공 때문에 정율성은 더욱 창작의욕에 들떠 있었다. 그는 자신이 이제 천마 무용예술 작업실과 같은 예술단을 건립하여 자신의 꿈을 실현할 것이라고 굳게 믿었다. 그 꿈은 바로 이 예술단에서 진정한 정가극을 공연하는 것이었다.

가극계는 "여러가지 원인으로 하여…가극이란 노래와 극의 간단한 조합일 뿐이라고 인정했다. 그리하여 가극의 구조상의 결함을 대대적으로 발전시키는 결과로 이어져 가극은 화극 더하기 노래라는 경향이 나날이 심했다."[234] 이 즈음, 즉 1956년부터 1957년 사이에 희곡, 음악계는 신가극에 대한 대토론을 진행했다. "지방 희곡에 기초해 가극을 발전"시켜야 한다는 관점과 유럽 각 나라들처럼 이탈리아 대창극을 공연하다가 자기 민족가극을 창작하는 "글린카의 길"을 걸어야 한다는 두 가지 관점이 팽팽하게 대립했다. 정율성은 "화극 더하기 노래"식의 가극 관점을 반대했다. 그는 가극 전반에 "음악을 관통시키는" 유럽식 정가극의 구조방식을 중국의 문화토양에 맞게 개조해 정착시키려고 마음먹었다. 그는 이미 1950년에 제3차 세계 청년 및 학생 평화우의 연환절 공연차 유럽을 방문하면서 유럽 정가극에 깊이 매료돼 있었다.

이날 그는 관화에게 자신의 가극 주장을 도도하게 설명하고 "수십 개의 대형 가극을 창작하려는 구상"을 말했다. 그의 어조는 열렬하고 생기가 넘쳤다.

어느덧 나뭇잎은 사라지고 쌀쌀한 바람이 불었다. 11월, 목도리를 꽁꽁 두른 정율성이 방평과 함께 기차에 앉아 멀리 떠나고 있다. 이 시기 그의 발자국은 전국에 찍힌다. 가극의 소재를 찾기 위해서였다. 양무춘 교수는 다음과 같이 해석했다.

"이 시기 그는 심정이 아주 좋았습니다. 특히 58년 전까지입니다. 그의 중요 작품은 모두 이 시기에 나왔습니다."

---

[234] 『論鄭律成』, 丁雪松 等 著, 遼寧延邊人民出版社, 1987年 10月, 86頁, 「音樂戲劇化的成功實踐-試論歌劇, 望夫云的音樂創作」, 居其宏

그는 장사에 도착해 호남성 민간예술 공연대회에 참가했다.

어느 날, 그는 유명한 악록산에 갔다가 진의 원수를 만났다. 진의는 군인이기는 하지만 시를 많이 창작한 시인이기도 하다. 그는 과학문화사업을 주관하는 국무원 부총리를 담당하면서 지식인들과 깊은 우정을 나누었다. 그는 정율성의 음악을 좋아했고 정율성의 파란만장한 음악생애에 귀인으로 나타났다.

겨울의 악록산에서 진의 원수는 경호원도 없이 혼자서 거닐고 있었다. 멀리를 바라보기도 하고 무슨 깊은 생각에 잠기기도 했다. 정율성은 동료들에게 소곤거렸다.

"진의 원수는 시인의 가슴을 갖고 있습니다. 예술 창작은 자기가 구상해야 하고 아무런 속박도 받지 말아야 합니다. 진의 총리는 창작 법칙을 알고 있지요."

그의 말에서 "자기가 구상"해야 한다는 뜻은 당시 수많은 예술가들이 당의 정책을 선전하는 정치 도구로 강요되었던 점을 염두에 둔 말이다. 그가 예측했던 대로 그 후 진의는 유명한 시 「악록산정에서 멀리 내다보며」를 발표하는데 창작 시기가 바로 이 때인 1956년 11월이었다.

정율성은 또 기차를 타고 귀주로 가 귀주성 문예 회보 공연 대회에 참석했다. 그는 이곳에 시급히 발굴해야 할 음악 자원이 있는 것을 발견했다. 그는 뚱족의 노래를 듣기 위해 먼 길을 달려 여평으로 찾아갔다.

정율성이 왔다는 소문이 뚱족 마을에 퍼졌다. 사람들은 도시락을 싸가지고 먼 길을 걸어 모여왔다. 그 숫자가 만여 명에 달했다. 정율성은 상상밖의 일이라 가슴이 뭉클했다. 몇 개의 산비탈에 모닥불이 훨훨 타오르고 노래소리가 끊임없이 들려왔다. 뚱족 대가는 무반주, 무지휘, 다성부의 합창 가곡이다. 뚱족인들은 수많은 세월을 깊은 산속에서 살면서 세세대대 입에서 입으로 이 노래들을 전해왔다. 이 독특한 합창 가곡의 가치를 정율성은 잘 알았다. 천년 삶이 녹아있는 그들의 노래를 듣고 기록하며, 밤새도록 노래를 부르는 그들의 열정에 감동되어 눈물을 흘렸다. 정율성은 구구절절 감탄부호로 충만된 글을 발표해 예술가들에게 호소했다.

"한 무용가가 무용 연습실에만 있거나, 한 음악가가 피아노, 축음기 옆에만 있고, 작곡법과 화성학에 대한 책 몇 권과 민요 가곡 선집 등만 가지고 창작하려 한다면, 인민이 사랑하는 작품은 절대로 만들어낼 수 없다… 예술가들이여! 귀주에 와 꽃등과 여러 형제 민족의 무용을 연구하시라! 그들의 무용은 건강하고 활발하고 아름답고 소박하고 희곡성이 있고 다종다양하다… 음악가들이여! 귀주에 와 음악을 연구하라! 이곳의 음악 선율은 아주 아름답고 아주 감동적이고 아주 풍부하다…미술가들이여! 문학가들이여! 여러 민족 인민의 복장과 찬란한 도안과 밤낮 말해도 다 말할 수 없이 많은 민간 이야기와 시가를 연구하라!…"

이 시기 정율성은 행복했다. 그의 음악 주제 역시 행복이었다.
정율성은 베에토벤을 흠모했다. 그는 1956년 1기《대중영화》에「베에토벤 전 상영에 부치는 말」이란 제목의 글을 발표했다. 이 글의 첫머리에 독일민주공화국 대통령 빌헬름 피크가 베에토벤 서거 125주년 기념회에서 한 말을 인용했다.

"우리는 베에토벤을 존경한다. 그를 독일인으로 간주할 뿐더러, 전 인류의 위대하고 창조성이 풍부한 인물로 간주하기 때문이다. 독일국민은 베에토벤을 존경한다. 그를 걸출한 예술가로 간주할 뿐더러, 조국의 자유, 통일과 독립을 위해 투쟁한 고귀한 전사로 간주하기 때문이다. 우리는 그를 존경한다. 그는 진보를 위해 모든 위협을 두려워하지 않은 전사이며, 위대하고 민주적인 애국자이며, 민족 간의 우호적인 단결의 선양자이며, 더욱이 열정적인 평화의 사자이기 때문이다."

정율성은 이런 베에토벤을 존경했고 베에토벤처럼 살고자 했다. 이것이야말로 정직한 예술가의 완미한 형상이다. 그러나, 이런 삶은 모험으로 충만돼 있었다.
정율성의 이상과 시대의 밀월,「행복한 농장」은 벌써 막을 내리고 있었다.

제7장

자유로의 모험
(1957년 1월-1965년 5월)

제7장 자유로의 모험
(1957년 1월-1965년 5월)

늦가을의 매미, 요절한 예술단 꿈

　1957년, 날씨는 점점 더 더워지고 하늘의 태양은 심상치 않은 열기를 내뿜었다. 중국 역사상 특별한 여름이 오고 있었다. 이 때 중국의 지식인 55만 명을 "계하수"로 만들어 20년간 고통을 당하게 한 중국 특대활극이 서서히 막을 열었다. 유명한 "반우파 투쟁"이다.
　정율성은 정치 기후에 민감하지 못했다. 1957년 여름, 정율성과 방평 등은 귀양에서 생활체험을 하는 중 오효방의 "천마 무용예술 작업실"의 공연을 보았다. 오효방은 당시 신고전 무용을 창작해 북경, 성도, 곤명, 귀양 등 전국을 순회하며 활발한 공연을 펼치고 있었다. 정율성은 흥분하여 방평에게 예술단체를 설립할 계획에 대해 구체적으로 설명했다. 이때 방평은 이미 심상치 않은 기류를 느끼고 있었다.
　"지금 심상치가 않습니다. 로쩡은 못 느꼈습니까? 요즘 신문을 보고 방송을 들어보면 기후가 변하고 있는듯 합니다. '반우파' 어쩌고 하는데, 예술작업실 같은 단체도 수명이 오래갈 것 같지 않군요. 아예 시작 안 하는 편이 나을 것 같습니다. 창작에나 전념합시다."
　방평은 정율성의 말에는 토를 안 달고 부르면 아무런 망설임도 없이 함께 가곤 했었다. 그런 친구 방평이 처음으로 단호히 반대했다.
　정율성은 그제야 방송에 귀를 기울이고 신문을 살펴보았다. 정말로 심상치가 않았다. 화약 냄새가 나고 있었다. 이른바 "우파"에 대한 사냥이 시작된 것이다. 방평의 예언대로 "천마 무용예술 작업실"은 1961년에 해산되고,

따라서 중국의 현대무 탐구도 중단되고 만다. 정율성의 자유의 음악 왕국은 꿈도 펴보지도 못하고 중단되었다.

중앙악단에도 "반우파투쟁"바람이 불어왔다. 부단장 이릉은 선견지명이 있었다. 시국의 수상함을 느끼고 악단을 조직해 남방 공연을 떠났다. 교통과 통신이 극히 불편했던 당시의 상황에서 한 번 남방 공연을 떠나면 상당히 긴 시간이 아니고는 돌아올 수 없었다. 정말로 꽤 오랜 시간이 지난 후 돌아와보니 다행스럽게도 "반우파 투쟁"이 잦아든 뒤였다. 하지만 등골이 오싹했다. 다른 악단들에서는 상급에서 배정한 "정원"에 따라 많은 우수한 음악가, 가수들이 "우파분자"라는 끔찍한 누명을 쓰고 "계급의 적"으로 분류돼 "타도"되어 있었다. 이릉의 선견지명에 의해 천만다행으로 중앙악단의 유명 예술인들은 모두 보호되었다. 정율성에게도 참으로 다행스러운 일이었다.

전국 각지의 수많은 지식인이 "우파"로 타도된 소식들이 매일 신문에 도배됐다. 정율성은 그가 존경했던 "청형" 나청마저 북경의 고급관원으로부터 인민의 적 "우파분자"가 될 줄은 꿈에도 몰랐다. 나청은 남경으로 쫓겨가 장장 20년의 노동개조 생활을 시작했다. 그런 줄도 모르고 운남에서 작가 서가서와 함께 3월부터 구상하기 시작한 대형가극 「망부운」 창작에 푹 빠져있었.

「망부운」은 운남 대리에서 전해져온 유명한 전설이다. 아름다운 공주가 사냥꾼 총각과 사랑을 하자 부왕은 나전 법사에게 부탁해 사냥꾼 총각을 이해에 빠뜨려 돌소라로 변하게 했다. 공주는 슬픔을 이기지 못해 죽고 만다. 겨울이 되면 공주는 구름으로 변해 이해의 하늘에 떠서 돌소라가 된 사냥꾼 총각을 바라본다는 내용의 전설이다.

정율성은 서가서가 「망부운」을 수정하는 동안 귀주에 가서 방평과 합작해 가극 「일곱째 아가씨와 뱀 신랑」 창작에 전념했다. 방평이 시나리오를 이미 2집을 썼는데 광풍 같은 "대약진"이 시작되었다.

1958년 5월에 개최된 중국공산당 제8차 전국 대표대회 제2차 회의는 중국이 공업생산에서 10년 내에 영국을, 15년 내에 미국을 따라잡아야 한다고 호소했다. 8월에 개최된 중공 중앙 정치국 확대회의는 1958년의 철강 생산량이 1957년보다 두 배 높아야 하며, 농촌에서 인민공사제를 실시하기로 결정했다. 중앙 문화부에서는 창작자들이 모두 현실제재를 쓸 것을 호소하고, 예술가들을 모조리 농촌으로 내몰았다. 방평은 쓰던 가극을 밀어놓고 남방의 농촌으로 떠났다.

정율성은 여전히「망부운」창작을 위해 고집스레 운남으로 향했다. 남들은 당의 지시에 호응해 현실제재를 쓰는데, 정율성은 전설을 소재로 창작했다. 그는 남들이 가지 않는 길로 갔다. 결국 대가를 치르게 된다.

「망부운」을 위해 정율성은 수천 리 운남을 4차례나 다녀왔다. 작품의 악곡을 혼자 다 창작하기에는 벅찼다. 연변의 조선족 작곡가 최삼명에게 운남으로 출발하라는 편지를 보냈다.

"「망부운」준비중, 민요의 망망한 바다에 들어왔소! 그러니 어서 운남으로 오기 바라오…"

최삼명이 상황이 여의치 않아 오지 못하게 되자 그는 혼자서 계속 창작했다. 북경으로 돌아왔을 때 그의 손에는 운남에서 채집한 색깔이 화려한 나비표본과 창작이 완료된 가극「망부운」이 들려있었다. 이 작품은 그의 꿈대로 "유럽 정가극의 형식"으로 창작되었다. 그 때까지 "우리나라 전통 희곡 중에는 이처럼 독백을 완전히 폐기하고 순수하게 노래만 부르는 형식은 거의가 아니라 절대적으로 이 하나뿐"이었다.[235]

엄양곤은 필자에게 다음과 같이 술회했다.

"그때의 가극을 보면 여기의「백모녀」등은 노래가 아주 적었습니다. 이른바 화극 더하기 노래 식이었지요. 정율성은 이것이 어디 가극이냐? 나는 대화 없이 처음부터 마지막까지 음악으로 마무리하겠다, 영탄조, 선서조를 취해 모두 음악으로 하겠다, 이것만이 가극이다, 라고 주장했습니다. 그래서「망부운」을 썼습니다. 이건 다른 사람들이 감히 못하는 일입니다. 왜 감히 못하느냐구요? 하면 비판을 받으니깐요. 서양의 그 따위 것이다, 민족 풍격

---

[235] 看歌劇「望夫云所想到的兩个問題」, 郭乃安,『人民音樂』1962年 12期, 14頁

을 중시하지 않고 서양의 그 따위만 추구한다, 서양 것만 수준이 높다고 한다 등의 정치 모자를 쓰게 되지요. 그래서 남들은 감히 못했지만 그의 성격은 자기 득실을 따지지 않는 겁니다."

불행하게도 1957년의 정치 풍파 속에서 정가극 구조로 된 '음악 위주 가극'의 가극 관념은 반당 주장이라는 모자를 쓰고 잔혹한 비판을 받았다. 이와 같은 예술 주장을 했던 가극 작곡가들은 늦가을의 매미처럼 아무 소리도 내지 못하고 숨을 죽이고 살았다. 이런 상황에서 정율성이 정가극 구조의 「망부운」을 안고 왔으니 칼도마에 오르는 건 당연지사였다.

"당시 정치와 예술의 이중의 억압 속에서 「망부운」은 이중의 위험에 직면했다. 하나는 혁명가 정율성이 프롤레타리아 공농병을 쓰지 않고 민간 전설과 신화 이야기 속의 귀족 공주를 대대적으로 가송 했으니 '계급 조화'적인 애정과 자유를 고취했다는 것이다. 둘째는 연하의 세례를 받은 예술가가 '백모녀'의 길을 걷지 않고 '음악 위주'의 주장으로 정가극을 창작했다는 것이다. 전자는 정치면의 반역이고 후자는 예술면의 배반에 속했다".[236]

정치라는 보이지 않는 칼날이 예술가를 단번에 목을 자를 수도 있었다는 사실은 그 때를 지나온 사람이 아니면 이해하기 어려운 일이다. 「망부운」은 온갖 정치 모자를 쓰고 또다시 싸늘한 서랍 속으로 던져졌고 정율성은 온갖 정치 압력에 시달렸다.

정율성은 여전히 자기 꿈에 집착했다. 연안 시절의 전우 양노유, 작가 백득이, 노공 등에게도 가극 시나리오를 부탁했다. 하지만 정치 운동의 쓰나미에 예술가들은 모두 "늦가을의 매미"가 되어 붓을 꺾고 조심스레 사태를 지켜볼 뿐이었다.

벽에 걸린 화려한 색깔의 나비 표본을 볼 때마다 정율성은 「망부운」의 운명을 생각했다. 예술가에게 있어 작품이 사형 당하는 것만큼 큰 고통은 없다. 이 시대의 음악계에서는 자신의 가치가 인정 받을 수 없다는 생각이 강

---

[236] 『論鄭律成』, 延邊人民出版社, 1987年 10月, 87頁, 「音樂戲劇化的成功實踐－試論歌劇, 望夫云的音樂創作」, 居其宏

하게 머리를 치켜들었다.

그는 탈출을 시도했다.

또 하나의 모험

또 하나의 사건이 그의 선택을 부추겼다. 정율성은 "작곡가협회"를 설립하고 중국음악가협회 주석이 이를 담당하면 좋을 듯하다고 제안했다. 많은 동료 작곡가들이 호응해 나섰다. 하지만 이것이 뒤에 무성한 소문을 달고 정치 풍파를 싣고 왔다. 정율성이 중국음악가협회를 분열하려 했다는 것이다. 정율성은 분노했다.

정율성은 방평을 찾아갔다.

"국영농장을 꾸리겠습니다."

방평은 깜짝 놀랐다. 그의 얼굴을 빤히 쳐다보았다. 중앙악단 창작조 창작원, 이는 최고 예술가 엘리트들만이 누리는 특권이다. 그런데 이 특권을 버리려고 한 것이다.

정율성은 진지하게 말했다.

자신이 창작한 작품들이 지배층에 의해 냉궁에 처박히고, 이래라 저래라 간섭하고 명령하는 구조, 예술이 정치의 부속물이 된 상황인데다가, 시장이 존재하지 않는 계획경제 체제에서 음악가의 능동적인 역할은 거세되어 있었다. 폐쇄적이고, 긴밀하고, 예술을 이직화시키는 숨 막히는 구조였다. 수요와 공급이 자유롭게 이뤄지고, 자유 구직 시장이 있었더라면, 정율성의 선택은 훨씬 다양하고 가능했을 것이다. 하지만 그 제한된 시대적 공간에서 그가 찾은것은 고작 농장이었다. 국영농장을 잘 꾸려 양식을 생산하면서 예술단체를 운영해 스스로 창작과 공연을 지배하는, 그런 자신의 유토피아를 꿈꾸었다.

당시 방평은 중국의 첫 대형 국영농장인 "우의농장"에서 겸직하고 생활체험을 한 경력이 있었다. 정율성에게는 좋은 조건이었다. 방평은 친구 따라 강남 가는 친구 같았다. 지난번 "예술단"에 대한 반대는 예외였다. 이번 제의는 거절하지 않을 것이라고 정율성은 그렇게 믿었다.

중·소 관계가 미묘하게 분열 조짐을 보이고 이른바 "소련 정서"의 작품들이 비판받는 상황에서 정율성도 친구에 대한 호칭을 바꾸는 수밖에. "쉬윈스키"는 이제 사용하지 않았다.

"로방은 우의농장에서 겸직한 경험이 있으니 정치 간부를 맡아주면 좋겠습니다. 국영농장 부지는 원수님께 부탁해서 얻겠습니다. 어떻습니까? 한번 해보지 않겠습니까?"

그가 말한 "원수님"은 과학 문화 분야를 관계하는 국무원 부총리 진의였다.

"안 됩니다. 국영농장은 모두 밑지고 있습니다. 쉬운 일이 아닙니다. 잘 생각해보십시오."

생각 밖에 방평은 또 반대했다.

"밑지게 된 것은 농장을 꾸리는 사람들이 농업과학, 경영관리를 모르기 때문입니다. 나는 농장이 꼭 수익을 거둘 수 있도록 할 겁니다. 절대로 식량 생산에 차질이 빚어지지 않게 할 것이고, 국가를 위해 식량을 더 많이 생산할겁니다."

그는 농장을 꾸리는 것도 예술 "창작의 원천"을 얻을 수 있는 좋은 방법이라고 주장했다.

방평은 더욱 단호히 그의 주장을 반대했다. 그는 전국 국영농장 상황에 대해 자세히 설명했다. 일을 잘하는 사람이나 못하는 사람이나 다 "한 솥의 밥"을 골고루 나누어 먹는 당시의 분배체제는 밭이 묵어나고 사람들을 굶주리게 했다. 이 사회체제는 개인의 힘으로 바꿀수 없는 것이었다. 정율성은 머리를 푹 수그렸다. 어떻게 할 것인가? 자신을 칭칭 감고 있는 이 긴밀하고 든든한 정치질서와 이 체제를 떠날 수는 없는 것인가?

정설송은 다음과 같이 술회했다.[237]

"1958년, 정율성은 모 주석 시사가곡 창작을 집중적으로 진행했다. 그는 "이제는 아무것도 창작할 것이 없다. 모 주석 시사 밖에는 없다."라고 말했다."

---

237) 『丁雪松采訪彔 梁茂春記彔』, 2011年, 鄭小提提供

"반우파 투쟁" 등 정치운동으로 뒤숭숭한 나날에 그가 추구했던 것들이 비판을 받으면서 그는 "이제 아무것도 창작할 것이 없어진 것"이다. 하지만 모택동 시사는 예외였다. 모택동이었기 때문이다. 다행스럽게도 모택동 시사는 그 자체대로 문학적인 가치와 역사적인 가치로 충분히 대중의 인정을 받았고 정율성도 이에 깊이 매료돼 있었다. 모택동은 정치가이지만 또한 뛰어난 시인이었다. 그의 시는 호방하고, 대범하고, 기세가 크고, 장려했다. 생동한 형상, 간결한 표현으로 이뤄졌다. 보이지 않는 거대한 손에 의해 모든 사람의 사상, 개성, 작품이 도식화되고 있는 시대에 모택동 시사는 유독 운명에 대한 도전과 자유에 대한 추구, 인간 정신의 승리로 충만되고 자유분방했다. 참으로 역사의 아이러니라고 하지 않을 수 없다. 모택동은 정치권력의 최고 상징이기 때문이다. 바로 그러하기 때문에 정율성은 오히려 일종의 자유를 획득하게 되는 것이다.

그는 모택동이 바로 한 해전 5월에 호남성 장사시 제10중학교의 교사 이숙일에게 보낸 시를 읽고 깊은 감동을 받았다. 제목은 "접련화 이숙일에게 답함"이었다. 이숙일은 모택동의 전 부인 양개혜의 친한 친구였다. 그녀와 그녀 남편 유직순의 사랑도 양개혜가 맺어주었다. 유직순 열사 또한 모택동의 친한 친구였다. 공산당원이었고 혁명자였던 양개혜는 아들 셋을 남겨두고 1930년에 국민당 자객에 의해 피살되었다. 모택동은 사랑하는 아내 양개혜 열사를 잃은 아픔으로 사랑하는 남편을 잃은 이숙일의 고통을 위로했다.

"나는 양을 잃고 그대는 유를 잃었소/ 양유는 훨훨 날아 구중천에 올랐소/ 오강에게 어디에 있느냐 물었더니/오강은 계화주를 주더이다/ 적막한 상아는 넓은 소매를 펼치고/ 만리 창공에서 충훈무를 추더이다/ 홀연 복호를 몰아냈다는 첩보가 전해지자/ 양유는 눈물이 비오듯 하더이다."

이 작품에는 사랑하는 여인에 대한 한 남자의 절절한 그리움이 깃들어 있었다. 한편으로는 "복호"(伏虎)라는 파쇼를 물리치고 민족해방을 쟁취함으로써 양개혜와 유직순 열사를 비롯한 영웅들의 충혼이 위로 받는다는 뜻으로 위인의 넓은 흉금이 반영돼있었다.

정율성은 바로 창작에 들어갔다. 이해에 그는 또 모택동의 시 「16자령 3수」, 「칠율 장정」, 「억진아 루산관」 등에 대한 창작도 시작했다. 이 시들에 대한 음악 형상을 찾기 위해 그는 홍군이 2만 5천 리 장정을 했던 길을 따라 답사했다. 험악한 산길, 높은 산, 수많은 강을 지나 세계를 놀라게 한 인간정신 승리의 대장정에 대한 느낌과 선율을 찾았다. 이 때를 계기로 그의 모택동 시사 가곡 창작의 기나긴 12년의 대장정이 시작되었다.

이 해 가을, 정율성은 오랜만에 누님을 만나 행복하게 웃었다. 누님은 한국전쟁 기간에 길이 막혀 다시 집으로 돌아가지 못했다. 자형 박건웅이 그 뒤 우여곡절 끝에 북한에 정착하면서 그들 부부는 딸 둘을 데리고 북에서 살았다. 전쟁 기간에 용케도 살아남았지만 남에 있는 자식 의란이, 의성이와는 생이별을 했다.

90세를 바라보는 어머니 최영온의 기쁨이 컸다. 남에 있을 때에는 북에 있는 막내 부은을 보고 죽으면 원이 없을 듯 했다. 정작 부은이와 함께 있으니 또 봉은이, 의은이 그리고 손자들이 보고 싶었다. 열 손가락 깨물어 안 아픈 손가락이 어디 있겠는가.

▲ 1958년 가을 북한에 있던 누나 정봉은이 중국 북경으로 와 정율성 일가와 상봉했다. 정소제 제공.

이때 설송은 국무원 외사 판공실 비서조 조장을 담당하며 국사 활동에 바빴다. 스리랑카에 가서 아시아 아프리카 부녀회의에 참석하고, 중국 부녀대표단 일원으로 캄보디아, 베트남을 방문하는 등 출국도 잦았다. 시누이가 오자 바쁜 일정을 접고 오랜만에 이화원으로 식구들의 나들이를 했다. 이들이 이화원에서 찍은 사진에는 새 식구가 있다. 두 살 쯤 돼 보이는 양아들 모모이다. 설송은 다음과 같이 술회했다.

"연안의 그 간고한 연대에도 남편의 보살핌이 없이 딸 소제를 낳아 키웠는데, 평화 시기에는 조건이 좋아졌지만 고집을 부리고 후과를 고려하지 않아 다시 임신할 수 없게 되었다. 50년대 중기에 와서 나는 간절히 아들을 갖고 싶었다. 그리하여 남자아이를 양자로 들이고 이름은 정모라고 지었다."

기역자 문양으로 된 문이 있고 커다란 다알리아가 활짝 핀 이화원 옛 건물 앞에서 찍은 사진을 보면 일가족은 무척 행복해 보였다. 쌀쌀한 날씨여서 모두들 털실 옷을 입었다. 정모는 봉은의 품에 안겨 까만 눈을 동그랗게 뜨고 사진사를 바라보고 있다. 옅은 색 양복에 하이칼라를 한 정율성의 얼굴에 웃음이 가득하다.

정율성과 그의 가족들의 찬란한 웃음 뒤에는 또 하나의 비극이 기다리고 있었다. 정율성도, 최영온도 어찌 이것이 마지막 만남일 줄을 알았으랴. 약 2개월 후, 누님 일가와의 연락이 갑자기 두절되었다. 정율성은 청천벽력과도 같은 소식을 듣고 형용할 수 없는 슬픔에 빠졌다.

정율성의 제3단계 창작 전성기는 오래도록 지속되었다. 중앙음악학원 교수 양무춘은 이 시기 정율성의 창작에 대해 이렇게 말했다. 그의 노래들은 "자랑스럽고, 폭이 넓고, 경쾌했다… 조선족으로서 서남 민간 음악, 소수민족민간음악을 배워 풍격과 표현내용이 더 풍부해졌다."[238]

그러나 1959년부터는 달랐다.

---

238) 2009年 12月 22日 下午5点 梁茂春教授采訪彔, 地点:北京中央音樂學院住宅

동토에서

정율성은 기타 예술가들과 마찬가지로 문화예술인들이 장기적으로 농촌에 거주하면서 창작할 데 대한 상급의 "안가락호"(安家落戶)의 지시에 따라 회래현 북신보 농촌마을에 가서 생활체험을 했다. 그는 자기 돈으로 집 한 채를 짓고 농민들처럼 기운 옷을 입고 농민들과 함께 농사일을 했다. 그는 중국을 휩쓴 "인민공사화와 전민 강철제련 운동에 직접 참가했다. 처음에는 흥분했지만 후에는 사실이 선전과 다른 것을 발견하고 의심이 생기게 되었다."

"대약진"운동이 일어난 후 농촌에서는 인민공사화가 실시되었다. 상급에서 규정한 비현실적인 임무를 수행하기 위해 간부들은 농민들에 대해 명령제를 실시하고, '부풀려서' 보고했다. 대신 개인 생산이 아니고 집체 생산이고 책임제를 실시하지 않다보니 책임지는 사람이 없는 등 악순환이 생겨 생산량이 대폭 감소했다. 설상가상으로 개인재산을 인민공사화하고 집체 식당에서 다 같이 나누어먹는 공산풍이 일어났다. 그러다보니 몇 달 사이에 한 해 식량을 다 먹어버리는 어이없는 일들이 발생하고 아사자가 기하급수로 불어났다. 도시에서도 전민 강철제련 운동이 일어나 비효율적으로 인력이 동원되고 수림이 남벌되는 등 인력, 물력, 재력 낭비가 심했다. 공농업 생산은 충격을 받고 전민이 가난에 빠졌다.

북신보 농민들은 어른은 물론 아이들도 겨떡을 먹었다. 정율성은 자신도 겨떡을 먹으며 안타까운 마음을 금할 수 없다. 누더기를 걸친 아이들의 참상을 눈뜨고 볼 수 없어서 북경에 돌아가서 어린이 옷 한 보따리를 사다가 아이들에게 나누어 입혔다. 병아리 30여 마리를 사다가 이웃 강 할아버지에게 주어 계란이라도 팔아 소금 사는데 보태라고 했다. 강 할아버지의 아들이 몸져 누운 것을 보고 북경에 가서 인삼이 든 첩약을 지어다가 주었다. 시간만 되면 물고기를 잡고 산양 등을 사냥하여 동네 사람들이 영양보충을 하도록 나누어주었다.[239]

---

[239] 『중국의 광활한 대지우에서』 50 「불멸의 노래와 더불어」 최문섭

한번은 사냥을 간 그가 밤이 새도록 귀가하지 않아 마을사람들이 총동원돼 산을 수색한 적이 있었다. 그런데 그가 아침에 노루를 메고 나타날 줄이야. 그는 산속에서 노루 한 마리를 단방에 명중시켰다. 그런데 노루가 그만 부상당한 채 도망을 간 것이다. 끝내 노루를 추적해 잡았지만 숲 속에서 길을 찾을 수 없었다. 가을이라 날씨는 춥고 게다가 배까지 고팠다. 그는 옷에서 뜯어낸 솜에 총을 쏘아 불씨를 얻어 모닥불을 피웠다. 그 밤을 노루고기를 구워먹으면서 지샜다. 그는 노루고기를 마을사람들에게 골고루 분배했다.

정율성은 북경으로 돌아오자 아내 정설송에게 말했다.

"항일전쟁 때부터 1956년까지 나는 모 주석을 진정으로 숭배했어. 나는 조선혁명은 모 주석의 노선을 따라 배워야 한다고 생각했거든… 지금의 상황을 보면 모주석은 혁명을 지도함에 있어 열정은 있지만 과학성은 없어. 대약진은 잘못된 정책이야."

하지만 정설송은 당의 정책이 정확하다고 주장했다. 금슬이 좋던 부부사이에 치열한 다툼이 벌어졌다. 정설송은 다음과 같이 술회했다.

"나는 그를 "우"라고 비평하고 그는 나를 "노예주의"라고 비평했다. 나는 그가 우경착오를 범할까봐 걱정됐다. 그는 무거운 어조로 말했다. "나는 나라의 전도가 걱정되는구려." 그는 장기간 지방으로 내려가 생활체험을 했기 때문에 대중의 질고와 수요에 대해 잘 알았다. 대대적인 강철 제련은 목재를 남벌하고 폐철을 제련하는 낭비라고 했다. 그는 생산력이 아직 발달하지 않은 상황에서 돈을 지불하지 않고 밥을 먹는다는 구호는 아직 너무 이르다고 했다."

정계에 밝은 설송인지라 남편이 못내 걱정되었다. 여러모로 주의를 주었지만 정율성의 입을 막을 수는 없었다.

어느 날, 정율성은 17급 이상 당원간부들만 참가하는 당원 회의에 참가했다. 정치운동 시기마다 당 중앙은 급에 따라 당의 정신을 전달하는 방식으로 혼란을 방비했다. 토론회에서 정율성은 대약진, 인민공사, 강철 제련에 대한 당 정책의 오류를 비판하고 자신의 견해를 피력했다. 당시 광동의 고향에서 생활체험을 했던 김범도 정율성의 견해에 동조했다.

이 즈음, 전국을 들썩인 팽덕회 사건이 터졌다. 1959년 7월 2일부터 8월 16일까지 아름다운 명승지 여산에서 중국 공산당 정치국 확대회의와 제8기 8차 전원회의가 개최되었다. "여산회의"라고 통칭된 이 유명한 회의에서 국무원 부총리 겸 국방부장 팽덕회가 낙마했다. 인민공사화와 대약진운동에 존재하는 문제를 첨예하게 비판한 편지를 모택동에게 보냈기 때문이다. 그는 "군사 구락부"를 꾸려 "내외와 내통"한 반당 집단 우두머리로 몰리며, 몇 년 뒤에 터진 "문화혁명"기간에 더 잔혹한 박해를 받다가 세상을 뜨게 된다.

정율성은 팽덕회를 동정했다.

"팽덕회 총사령이 여산회의에서 제출한 의견은 맞는 겁니다. 그의 의견은 조직 원칙, 당의 장정에 부합되는 겁니다."라고 말했다.

초하루는 피할 수 있어도 보름은 피할 수 없다는 말이 있다. 혹서의 열기와 함께 전국적으로 "우경 기회주의 분자"를 색출하는 피비린내 나는 바람이 불어왔다. 정율성은 1957년 반우파 투쟁은 그럭저럭 넘겼지만 1959년의 반우경 투쟁은 그냥 넘기지 못했다. 중앙악단은 인민공사와 대약진에 대해 반대의견을 제출한 정율성과 김범을 "반우경 기회주의" 운동의 중점 대상으로 정하고 비판했다.

정율성은 "반당"이라는 죄목을 더 썼다. 정율성은 어느 한 차례 당위 선거 회의에서 선거방법이 민주 절차에 맞지 않아 개정 의견을 제출했었다. 그런데 그 의견이 받아들여지지 않았다. 자기의 정당한 의견이 무시당하자 그는 선거표를 던지고 회의장을 나가버렸다. 이 사건이 "반당" 이유가 된 것이다.

그는 또 "중국 음악가협회를 분열"했다는 죄목을 더 썼다. 그가 "작곡가협회" 설립을 제안한 것은 중국 음악가협회를 분열하고 주석의 자리를 빼앗으려 했다는 것이다.

그의 작품도 칼도마에 올랐고 작사를 한 방평도 구설수에 올랐다. 1956년에 광서 계림에서 창작한 노래 「아름다운 이강」이 비판을 받았다. 동시기 작품인 아동가요 「가마우지」는 요행 비판을 면했는데 방평의 설명이 가관이었다.

"다행스럽게도 광서의 한 작은 간행물인 '이강'에 발표한데다가 어두운 색깔의 삽화를 배경으로 하였기에 사람들의 주의를 끌지 못했던 것이다."

비판은 점점 그들을 막다른 골목으로 몰고 갔다. 정율성이 북신보 농촌에 집을 산 것, 천렵, 수렵을 좋아한 사실도 "부르주아 생활방식"으로 비판받았다.

김범은 "나는 인민공사를 너무 일찍 꾸렸다고 했던 나의 견해가 타도된 팽덕회의 견해와 비슷했기 때문에 투쟁을 당하면서 몹시 기가 죽어있었다." 하지만 정율성은 "시종 반당 죄명을 인정하지 않았으며 태도가 완강했다."[240] 그는 대회에서 한 적극분자가 그를 막 몰아세우자 한바탕 대질하기도 했다.

"당신야말로 우경이야! 어디 보자구! 첫째… 둘째…"

정율성은 그 적극 분자의 행동에 대해 예를 들어 하나하나 반박했다.

정율성과 김범은 대회와 작은 회의를 통해 꼬박 4개월 동안 비판을 당했다. 이 사람 저 사람들이 소자보 형식으로 그들의 "죄행"을 적발했고, 이 지도자 저 지도자가 번갈아 그들을 불러다가 "개별담화"를 하면서 당적을 제적하겠다고 위협했다. 그들은 그에게 "엄중우경", "반당" 등 모자를 씌운 문건을 작성하고 그에게 서명하라고 했다. 정율성은 서명을 완강하게 거부했다.

"내가 왜 서명합니까? 난 아무런 잘못도 없습니다. 난 원칙을 견지했을 뿐입니다!"[241]

당시 함께 비판을 받았던 김범은 다음과 같이 술회했다.

"정율성 동지는 서명하지 않았다. 하지만 나는 나의 결론에 서명했다. 운동 후에도 아주 오랜 기간 우리 두 사람은 당내 보고마저 청취하지 못하게 했다."

---

240) 『作曲家鄭律成』, 丁雪松 等 著, 遼寧人民出版社, 2009年 7月, 137頁, 「每当我听見遠方的軍号聲」, 金帆

241) 『作曲家鄭律成』, 丁雪松 等 著, 遼寧人民出版社, 2009年 7月, 75頁, 「時代的歌手」, 丁雪松

그들은 정율성에게 "기층에 내려가 노동개조를 하고 스스로 퇴당하라"고 핍박했다. 정율성은 이것도 거절했다. 마흔이 넘은 정율성은 이때 갑자기 흰 머리칼이 눈에 뜨이게 많아졌다.

상황이 이러다보니 정율성도 "예술이 정치를 위해 복무해야 한다"는 이 강력한 쇠사슬을 벗어나지는 못했다. 방평이나 김범에게 정치 임무 때문에 텅 빈 구호식 가사를 쓰지 말라고 권고했던 그였는데, 이 시기 그의 작품에도 "오늘 쓰고 내일은 버리는" 정치 가곡들이 많았다. 그는 "이런 구호식 노래를 짧은 시간 내에 창작했고, 일반적으로 선율도 아주 유창하지만 가치는 없었다. 또 극히 적게 발표했으며 지금은 불리지도 않는다."[242] 이는 항전 시기 연안에서 정율성이 자신의 진실한 소망에 의해 항전 가곡을 만들었던 경우와는 선명하게 대조가 되었다. 정치가 문예를 도구로 이용했던 시기 정율성의 음악은 이중성을 면할 수 없었다. 그가 이 질곡에서 탈출했을 때의 음악은 신선했고, 그렇지 않은 경우의 음악은 도식적이었고 생명력이 없었다.

중앙음악학원 교수 양무춘은 이렇게 말했다.

"1959년 이후부터 그는 예술성이 높은 작품이 나오기 힘들었습니다. 따라서 이 시기 정치를 위해 복무한 그의 작품은 역시 예술적인 가치가 없습니다. 이는 정율성 개인의 문제가 아닙니다. 우리 전반 음악사, 문화사 내지 정치사의 문제로써 우리는 엄숙한 역사적 반성을 하여 심각한 역사 교훈을 섭취해야 합니다."

이것은 시대가 그에게 찍어준 피치 못할 낙인이었다.

「망부운」, 벨 칸토 가극창작의 고봉에 오르다

"반당", "엄중우경" 모자를 쓴 정율성은 불면의 밤을 보내곤 했다. 외로웠다. 탈출구는 여전히 창작이였다. 1960년 8월, 정율성은 방평과 함께 호남성의 정강산으로 생활체험을 하러 떠났다. 당시 공청단 중앙 서기였고, 개혁

---

242) 梁茂春教授采訪彔, 北京, 2009年12月22日

개방이 후 공산당 중앙 총서기를 담당했던 호요방이 상담에 하향 중이었다. 그는 정율성과 방평을 따뜻이 환대했다. 그는 연안 시기에 항일 군정대학 정치부 부주임을 담당하면서 정율성과 가깝게 지냈었다. 그는 하루를 내어 정율성과 함께 상담을 둘러보았다.

1960년은 이른바 "3년 자연 재해" 시기로 그들이 찾아간 호남 역시 참담한 정경이었다. 농민들과 도시사람들 모두 기아에 허덕였다. 정율성은 방평에게 안타까운 어조로 말했다.

"우리의 농촌이 고급사에 좀 더 오래 머물러 있었더라면 중국은 더 빨리 발전했을 겁니다."

엄양곤은 다음과 같이 술회했다.

"정율성은 당시 착오적인 정책에 부동한 의견을 표시하고 여러 번 비판을 받았다. 하지만 그는 여전히 투지를 잃지 않고 자신의 견해를 견지하고 경솔하게 포기하지 않았다. 한편 태연자약하게 호남, 강서 등지에 생활체험을 하러 떠났다. 그곳에서 그는 중국 혁명역사의 중요한 한 페이지를 반영하는 대합창 「추수봉기」를 창작했다."

그가 정강산에서 창작한 「추수봉기」도 공연되지 못했다. 누가 '엄중 우경', '반당'의 모자를 쓴 사람의 작품을 공연하겠는가.

마침내 잘못된 정책은 전국적인 기아를 초래했다. 국가 통계국은 3년간의 아사자를 1천만 명으로 공식 집계했다. 많은 사람들이 영양실조로 간염에 걸렸다. 다행히 정율성은 황양, 꿩을 수렵하고 물고기를 잡아 식탁에 올렸으므로 식구들의 영양은 보장되었다. 그는 정기적으로 수렵, 천렵을 하여 중앙악단 창작실 동료들과 이웃, 친구들에게 나누어주었다. 그야말로 설중송탄(雪中送炭)이었다.

친구 황하는 일요일마다 "빨리 와서 물고기를 가져가!"라는 정율성의 전화를 기다렸다. 정신없이 달려가 물고기를 받아가곤 했다. 창작조 동료들도 그 시기에 정율성이 잡은 황양, 꿩, 물고기를 먹곤 했다. 정율성이 물고기를 잡아온 날이면 동료들은 함께 구양산존의 집 문 어귀에 앉아 술을 나누어 마시곤 했다.

어느 날 정율성은 북경 근교에 가서 들토끼를 잡았다. 그곳 사람들을 통해 북경 사람들은 들토끼를 들고양이라고 부른다는 말을 듣고 문득 장난기가 발동했다. 연안 시절의 친구이고 유명한 작가인 백인은 토끼 고기는 먹지 않지만 고양이 고기는 잘 먹었다. 정율성은 깨끗이 씻은 들토끼 고기를 가지고 백인의 집으로 갔다.

"여보시오, 친구, 당신이 들고양이 고기를 좋아해서 일부러 가져왔네."
"고맙네, 고마워!"

백인은 기뻐서 곧 주방으로 들어가 정율성이 가져온 고기로 요리를 했다. 밥상에 요리가 올라와서 한참 먹고 나서 물어보았다.

"자네 이 들고양이고기 맛이 어떤가?"
"아, 맛있네. 정말 맛있어!"

백인은 침이 마르도록 칭찬하며 만족스럽게 먹었다. 배고픈 시대였으니 그렇게라도 한 끼니 영양 보충을 한다는 게 얼마나 다행스러운 일이었을까.

정율성을 아는 사람들을 만나기만 하면 그들은 다 그 어려웠던 시기에 정율성이 천렵했거나 수렵한 물고기와 육류를 얻어먹은 일을 빼놓지 않는다. 정율성이 작고한 후 한 친구는 설송에게 편지를 보내왔다.

"율성 동지는 평일 창작 여가에 천렵을 즐겼지요. 물고기를 먹지 않고 남겼다가 친구들에게 나누어 주었지요. 3년 재해 시기에 물고기를 먹을 수 있는 혜택을 많이 누렸답니다. 작은 일에서 큰 것을 보게 되니 고마움이 더 깊어갑니다!"

참으로 특이한 연대에는 예술가들의 운명도 국가 정치에 의해 특이하게 좌우지되곤 했다.

1962년 1월 11일, 북경에서 현급 간부 7천 명이 참가한 중공 중앙 확대 사업회의가 개최되었다. 중국 공산당 창립 이래 가장 규모가 큰 회의로 유명한 "7천인 대회"이다. 당중앙은 "대약진"이래의 착오를 반성하고 "반우경 확대화"의 오류를 시정했고 모택동은 정중히 사과했다. 그러나 다행스러운 일이지만, 산간벽지에 쫓겨나 세상을 떠난 "우파"들은 어찌할 것이며, 무주고혼이 된 아사자 1천만 명은 또 어찌할 것인가.

중앙 악단도 대회를 소집하고 정율성과 김범에게 씌웠던 정치 모자를 벗겨주고 정중하게 사과했다. 이때로부터 정율성은「망부운」의 공연을 위해 불요불굴하게 투쟁했다. 이 상황은 진의 총리에게까지 반영되었다.

3월 2일, 중앙은 광주에서 전국 과학가 좌담회 및 전국 화극, 가극, 아동극 창작좌담회를 소집했다. 회의참가자들 다수가 정율성처럼 정치 모자를 쓰고 박해를 받았거나 노동개조를 했던 사람들이었다. 회의를 사회한 진의 부총리는 이 상황을 알고 매우 격동(감동할 수 없는 걸요)했다. 진의는 "반우파 투쟁"기간에 뇌혈전 때문에 휴양을 했었다. 정치운동의 극좌 피해에 대해 그는 분노하여 말했다.

"나는 위험을 느끼기 때문에 말하지 않을 수 없습니다. 나는 눈물을 흘리며 말합니다. 이런 작풍이 개변되지 않으면 나라는 아주 위험합니다! 우리는 반드시 이 엄중한 형세를 개선해야 합니다. 어느 정도 엄중하냐? 다들 감히 글을 발표하지 못합니다. 감히 말을 하지 못합니다. 좋은 말만 합니다. 이건 안 좋은 징조입니다. 이제 온통 거짓 목소리만 들리게 될 겁니다… 아주 위험합니다!"

진의의 말은 그 후 모두 영험했다. 그는 이 "엄중한 형세"를 바로잡으려고 하다가 결국 자신도 박해를 받고 세상을 뜨게 된다.

이날 진의는 특별히 정율성의 작품에 대해 언급했다.

"정율성 동지는 작품 한 편을 창작했는데, 5년이나 공연허가를 받지 못했답니다. 지금도 이 일 때문에 소송 중이라고 합니다. 이 동지는 아주 완강해서 '난 끝까지 싸우겠다!'라고 하더군요. 악곡을 창작했는데 공연하게 해야지요. 이는 아주 간단한 일입니다! 그의 작품이 틀렸다면 그때 가서 비평해도 늦지 않습니다. (예술가는) 반드시 자신의 의견에 근거해 수정해야 합니다. 이 사람이 고치라고 하면 고치고, 저 사람이 고치라고 하면 고치고, 그렇게 해서는 안 됩니다. 그렇게 하면 작품은 끝나는 겁니다." [243]

진의가 연설하는 동안 60여 차례나 박수소리가 터졌다.

진의의 광주 연설은 정율성에게 유력한 뒷심이 되었다. 그의 「망부운」공연에 직접적인 힘이 되었다. 곧 공연이 비준되고 일사분란하게 공연 준비에 들어갔다.

정율성은 결코 한 지도자의 말 한마디로 공연할 수 있는 작품을 원하지 않았다. 그는 진정한 예술작품을 창작하고 진정한 예술작품이 인정을 받는 그런 시대를 원했다. 하지만 이 시대는 특별했다. 그의 「망부운」 공연조차 이 시대 예술에 군림한 폐쇄적인 정치 구조에 의해 공연된 것이다. 따라서 그 예술을 수요하는 관중이나 시장보다는 역시 그 정치 구조에 의해 막을 내렸다.

이해 1962년 5월 12일, 이른 시간에 잘 정돈된 옷차림으로 극장 좌석에 앉은 정율성, 그의 마음이 얼마나 착잡했을까. 「망부운」은 중앙가극원에 의해 북경 천교극장에서 첫 공연을 했다. 수십 명의 배우들이 화려한 바이족 의상을 입고 무대에 올랐다. 사냥꾼 총각과 공주의 처절한 사랑 이야기와 아름다운 음악이 관중들의 마음을 사로잡았다. 잇달아 천진, 상해에서 공연됐다. 「망부운」이 중국 가극사에서 기념비적인 역할을 했다[244]는 것은 21세기의 평가이다.

그러나 당시 「망부운」은 많은 시비를 몰아왔다. 중국의 가극은 40년대부터 흥기하였지만 당시에는 신가극, 민족가극이 주류를 차지했었다. 「망부운」 등 서방가극 형식으로 된 정가극은 극히 드물었다. 「망부운」은 당시 상황에서 일종의 모험이었다.

음악계 가장 권위적인 관영 잡지인 《인민음악》의 1962년도 12기와 증보판 21기에 「망부운」에 대한 평론 4편이 대문짝만하게 실렸다. 논쟁이 치열

---

243) 『作曲家鄭律成』, 丁雪松 等 著, 遼寧人民出版社, 2009年 7月, 70~71頁, 「時代的歌手」, 丁雪松

244) 多元語境下音樂評論的客觀性──爲中國音樂評論學會第三屆年會而作 周勤如, 《音樂研究》, 2009年 第2期 64~68頁

▲ 1962년 북경에서 공연된 「망부운」의 장면. 정소제 제공.

했지만 긍정적인 평가가 위주였다. 중국 신가극의 새 극목이고, 새 품종일뿐더러, 새 작법이며, 아주 오랜 시기 많은 가극 창작가들이 소망했던 음악 위주의 가극이다, 유럽의 정가극 형식을 취함에 있어 「초원의 노래」 보다 한층 더 대담한 실험을 했다, 새 중국이래 전설 소재로 창작한 첫 대형가극이다, 등이다.

좌담회도 개최됐는데 분위기가 치열했다. 토론은 당시 국내 문예계를 휩쓸었던 "토양지쟁"즉 민족화와 서양화에 대한 논쟁으로 번졌다. 좌담회에서 음악가 진서현은 다음과 같이 말했다.

"이 가극 형식이 서양 가극의 형식을 빌린 것은 분명합니다. 우리는 이 문제를 회피할 필요는 없습니다. 문제의 관건은 다음과 같은 것입니다. 이렇게 대량적으로 서양 관현악대 및 합창·중창 등 수법을 운용한 것이 극중 인물의 성격전개에 유리한가, 아니면 이를 약화시켰는가? 우리의 민족음악으로 하여금 더 풍부한 표현력을 가지게 했는가, 아니면 이를 약화시켰는가? 답은 기본적으로 긍정적인 것입니다."

그의 격동적인 어조에서 우리는 당시 토론의 분위기를 짐작할 수 있다.

관화는 정율성에게 보낸 축하 편지에 이렇게 썼다.

"…이 작품이야말로 진정한 가극입니다. 화극에 노래를 더한 것이 아니지요. 이 작품은 상당한 예술적 매력이 있습니다. 그리고 전체적으로 아주 조화롭습니다."

이 작품에 대한 개혁개방 이후 전문가들의 평가를 보면 이러하다.
「망부운」은 푸치니와 바그너 등 서방의 가극 작곡가가 가극에서 사용한 선서조, 영탄조와 무종선율의 처리 이념을 빌려왔으나, 무기성적인 모방을 하지 않고, 창조적으로 소수 민족의 음악 형식을 운용하여 독특한 민족풍격의 선서조 형식을 창조함으로써, 선서조가 전반 극 음악의 완미한 통일을 이루도록 했다… 그리하여 보다 완정하고 특색이 있는 선서조 체계를 세움으로써 예술 면에서 일대 비약을 이루었다.[245] 그 이전의 몇 부 가극의 옛길을 따라 가지 않고 서구 가극의 전통적인 수법을 취했으며, 동시에 전반 가극의 음악언어는 우리나라 서남지역 여러 민족 민간음악을 토대로 했다. 그러다보니 창작 난이도가 상당히 높았다.[246] 당시 서양 가극 예술에 대한 자료가 극히 제한된 상황에서 정율성이 이처럼 아름다운 가극을 창작해 낸 점으로 보아, 그의 용기와 기백, 그의 음악 천재성과 예술심미 능력은 참으로 존경할 만하고 탄복할 만한 것이다.[247]
중앙 가극원은 설립 50주년을 기념해 2002년에 기념집(册)을 출판했다. 이 기념집에서 작품에 대한 평가는 중국에서 가장 권위있다고 볼 수 있다. 이 기념집에서는 중국 가극 발전사의 중요한 작품으로 1959년에 공연된 「초원의 노래」와 1962년에 공연된 정율성의 「망부운」을 거론했다. 그중에서도 「망부운」은 당시 국내 벨칸토 가극 창작의 최고봉에 오른 작품이라고 높이 평가했다. 이것이 바로 중국 가극사에서의 「망부운」의 가치이다.
정율성의 기쁨은 오래가지 못했다. 이해 1962년 12월, 모택동은 화동의 성위, 시위 서기들과의 담화에서 다음과 같이 지시했다. 희곡에서 "제왕장상, 재자가인이 많아지니 서풍이 동풍을 압도하는 듯합니다…동풍이 우세해야 하겠습니다." 「망부운」역시 "제왕장상이 등장한 가극"이니 무대에서 내려오지 않

---

245) 「望夫云」: 一部"生不逢時"的民族歌劇 卜大■ 《歌劇》2008年02期
246) 『論鄭律成』, 延邊人民出版社 1987年10月 25頁. 「珍貴的种子」, 喬建中
247) 「望夫云」: 一部"生不逢時"的民族歌劇 卜大■ 《歌劇》, 2008年02期

으면 안 되었다. 겨우 3차로 공연을 마무리하고 또다시 어려움에 처했다.

중앙 가극원 연주가이고 음악 평론가이고 음악 번역가인 복대위는 「망부운」에 대해 이렇게 평가했다. 그는 "창작기점을 전당(殿堂)급 수준, 국제급 수준에 맞췄다…「망부운」 예술의 전위성은 당시 형세에는 받아들여질 수 없었다."[248] "당시 중국의 성악 수준과 기타 요소의 한계 때문에 스쳐 지나는 연기나 구름처럼 사람들에게 잊혀지고 만 것이다."[249]

다행스럽게도 45년이 지난 2007년 9월 9일, 중국 국가교향악단이 북경음악청에서 정율성 작품 음악회를 거행하고 가극 「망부운」의 대부분을 음악가극의 형식으로 공연했다. 뒤이어 10월 20일, 정율성의 고향 광주에서 거행된 〈광주 정율성 국제 음악회〉 행사에서도 한·중 두 나라 음악가들이 재차 음악회 형식으로 극중의 이채로운 부분을 공연했다.

정율성에게서 가르침을 받았던 음악가 진대평이 이날 관람 후에 한 말이 인상적이다.

"정율성의 음악은 그의 독창성 때문에…다시 들어도 영원히 새롭다. 정율성 음악은 진지하다. 그는 인류의 음악이 신성한 본질을 갖게 하였다!"

또다시 진정한 가극을 위해

이해 여름, 정율성은 홀로 천렵하러 갔다. 「망부운」 공연은 수많은 논쟁을 몰아왔다. 정치풍운의 변화로 인해 가극의 앞길은 험난했다.

비가 내리기 시작했다. 쳐놓은 그물을 거두면서도 정율성은 깊은 상념에 빠졌다. 갑자기 몸이 휘우뚱 했다. 그에게 늘 친절했던 물이 거칠게 그를 휘감았다. 그는 안간힘을 썼다. 하지만 물살은 세고 기운은 점점 약해졌다. 물 밑에서 문어발 같은 수많은 손이 잡아당기는 듯 했다. 빠른 속도로 빠져들었다…

---

248) 「望夫云」: 一部"生不逢時"的民族歌劇 卜大■ 《歌劇》, 2008年02期
249) 多元語境下音樂評論的客觀性──爲中國音樂評論學會第三届年會而作 周勤如, 《音樂研究》, 2009年 第2期, 64~68頁

이 때 강둑에서 한 사람이 쏜살같이 달려왔다. 얼른 물에 뛰어들어 억센 손으로 정율성을 틀어잡고 숙련된 솜씨로 헤엄을 쳤다. 정율성은 뭍으로 끌려나와 물을 가득 토했다.

정율성은 귀인을 만나 목숨을 건졌다. 이때로부터 그와 평생 절친한 친구로 지냈다. 그가 바로 당시 국방인쇄공장 행정과장이었던 유채원이다. 정율성보다는 열 살 정도 젊지만 그때를 계기로 이들은 망년지교를 맺었다.

"물고기를 더 잡겠습니까?"

"아니, 피곤하네."

정율성은 기진맥진해서 말했다.

그들은 귀로에 올랐다. 그 때까지도 유채원은 자기가 구한 사람이 「인민해방군 행진곡」(당시는 「인민해방군 군가」로부터 「인민해방군 행진곡」으로 개칭되었음.)의 작곡자인 줄은 몰랐다.

"자네는 나의 구명은인인데 어찌 집이 어디에 있는지도 모르고 가겠나? 자네 집 문이나 익혀두고 가야겠네."

그리하여 그들은 유채원의 집으로 향했다. 유채원은 다음과 같이 술회했다.

"우리 집은 구멍탄으로 불을 땠습니다. 어머니가 구멍탄 위에 감자, 옥수수떡 등을 놓고 구웠습니다. 다른 사람 같으면 더럽다고 꺼리겠지만 그는 '아, 이거 맛있는 거네'라고 하며 먹었습니다. 우리는 손님이 왔다고 사이다를 사다 대접했는데, 그는 자기를 외인 취급 한다면서 먹지 않더군요. 그는 틀이 없고 소박한 사람이었습니다."

감자와 옥수수떡을 먹고 나서 정율성은 미안한 어조로 말했다.

"자네는 나를 목숨을 구해주었네. 난 자네 집에서 밥까지 먹었네. 그런데 난 자네를 집에 데리고 갈 수 없다네."

그제야 유채원은 그의 아내가 중앙 고위급 간부이다 보니 집에 낯선 사람을 마음대로 데리고 갈 수 없다는 사연을 알게 되었다.

"그렇지만 난 자네를 믿으니까 나중에 꼭 집으로 데리고 가겠네."

라고 하며 정율성은 유채원의 손을 꼭 잡았다.

그 뒤로부터 그들은 늘 전화로 시간을 약속하고 함께 천렵하러 다니곤 했다. 육리툰, 용산저수지, 운하, 사하 등 북경 교구의 크고 작은 강과 호수는 그들이 자주 가는 곳이었다.

정율성은 자연에서 음악적인 영감을 얻고 상처받은 영혼을 치유했다. 유채원도 그에게는 하나의 자연이었다. 유채원은 입이 무거워서 그의 고민을 다 들어주었다. 한번 들으면 그 말이 다시 나오는 법이 없었다. 정율성에게는 큰 위안이었다. 유채원은 그에게 수많은 고뇌가 깃든 예술계를 떠나 휴식을 취할 수 있는 자유의 언덕이었다.

예술가에게 완미한 작품은 없다. 「망부운」은 정율성에게 가극에 대한 더 큰 갈증을 주었다. 그는 장춘에서 연변으로, 다시 운남으로 코스를 잡고 기차에 몸을 실었다.

무더운 북경을 벗어나 산해관을 넘었다. 동북의 일망무제한 평원에 들어서자 날씨는 한결 시원했다. 정율성의 얼굴에 빙그레 웃음이 피어났다. 그럭저럭 이 해 운은 좋은 편이다. 악몽 같은 "반당", "엄중우경"분자 모자를 벗었고, 시야비야 속에서도 「망부운」이 공연됐다. 게다가 딸 소제도 우수한 성적으로 그가 희망했던 중앙음악학원 작곡학부에 붙었다. 체계적인 음악공부를 못한 것이 평생 원이었는데 소제가 풀어주었다. 이번에는 진정한 가극을 써야겠다고 별렀다. 정설송은 다음과 같이 술회했다.

"1960년대에 정율성은 가극에 대한 열정으로 충만해 있었다. 그는 가극을 쓰고 구상, 창작하는 일에도 참여했다."

정율성은 아마도 완벽한 합작자로 공목을 꿈꾸었던 것 같다. 먼저 장춘에 가서 공목을 만났다. 「팔로군 대합창」의 기적적인 성공 때문에 정율성은 그에게 큰 기대를 품었다. 그 사이 공목은 길림대학 중문학부로 전근되어 교직에 있었다. 나이에 어울리지 않는 깊은 주름과 비쩍 마른 몸매, 세파가 할퀴고 지난 거친 흔적들을 살피며 정율성은 이렇게 물었다.

"아, 왜 이 모양이 되었습니까?"
"그렇게 되었습니다. 근데 로쩡은 왜 그렇게 흰머리가 많이 났습니까?"
"그렇게 되었습니다."
그들은 간단한 한마디로 끔찍했던 세월을 돌이켜 보았다.
공목도 "우파분자"로 찍혀 3년 동안 노동개조를 했다. 이때는 중문학부 대리 주임을 담당하고 있었다.
정율성은 중국 가극계의 논쟁에 대해 설명하고 가극에 대한 자신의 견해를 피력했다.
"나는 '화극에 노래를 더하는' 가극은 반대합니다. 완전한 의미의 가극을 주장합니다."
"나도 그 생각입니다." 공목도 찬동했다. "중국의 극시 (劇詩)는 가시(歌詩)의 기초 위에 발전된 것입니다. 물론 서방의 가극도 극시이고 가시의 기초 위에서 발전된 것이지요. 우리의 신가극(신극시)은 이 길에서 탐구하고 앞으로 나가야 합니다."
"맞습니다. 우리 함께 운남으로 갑시다! 취재를 해서 진정한 가극을 만듭시다!"
정율성과 공목은 견해가 같아서 또 한번 오랜 지기를 확인했다. 하지만 공목은 아직도 "모자 벗은 우파"라는 꼬리 때문에 계속 의심을 받고 있어서 마음대로 외지에 가서 가극을 쓸 상황이 아니었다. 정율성은 무척 아쉬웠다. 그들은 목청을 높여 「팔로군 대합창」의 노래들을 하나씩 다 부르고나서 섭섭하게 헤어졌다.
그 길로 연변으로 갔다. 고향에 갈 수 없는 그에게 연변 조선족 자치주는 제2의 고향이었다. 일망무제한 논밭, 구수한 된장과 시큼한 김치 냄새, 한복을 입고 오가는 사람들, 시원한 막걸리, 「도라지」, 「노들강변」, 「아리랑」에 푹 취하고 싶었다.
며칠 뒤 9월 3일에 진행될 연변 조선족 자치주 창립 10주년 기념행사 준비가 한창이었다. 주장은 정율성의 조선혁명군정학교 시절 총무과장을 담당했던 주덕해였다. 그의 수하에는 태항산 시기 의용군에서 함께 싸웠던 동지들이 여러 명 있었다. 그들은 의기투합하여 헌신적으로 자치주를 꾸렸다. 정율성은 이들을 방해하지 않기 위해 연락을 취하지 않고 기차역에서 내리자 바로 자치주 호텔로 찾아갔다.

정율성은 자주 천렵을 하다 보니 얼굴이 까무잡잡했다. 게다가 푸른색 중산복 차림에 중산모를 쓴 그의 옷차림은 수수했다. 호텔 종업원은 그를 쳐다보더니 "만원입니다." 하고는 가버렸다. [250] 정율성은 연길시 장백공사 신풍대대에 있는 전국 노동모범 최죽송의 집을 찾아갔다.

일망무제한 논밭에서 벼들이 소리치며 노랗게 익어가고 있었다. 그 모습을 보자 광주 월산리 고향을 보는 듯 마음이 설렜다. 농민들은 정율성을 민족의 자랑으로 생각하고 찰떡을 치고 술을 빚어 대접했다. 비좁은 온돌방과 뜰 안에서 노래하고 춤을 추며 반가워했다. 연안에서 조선의용군으로 싸웠던 길림성 통전부 부부장 최채가 뒤늦게 달려왔을 때 정율성은 한창 연변 연극단 배우와 함께 논도랑에서 반두로 고기잡이를 하고 있었다.

"저는 이렇게 공기 좋고 아름다운 농촌 환경에서 좋은 곡을 창작해야 합니다. 호텔에는 안 가겠습니다. 저 같은 사람은 호텔에 안 들여놓을 텐데요."

라고 농담했다. 최채가 한참이나 권고해서야 손을 씻고 자치주 청사로 향했다.

주덕해 주장과 만나자 정율성은 그의 손을 잡고 힘 있게 흔들었다. 연안에서 모택동 주석이 왕진에게 부탁해 정율성을 주덕해 등과 만나게 해주었던 그때의 감격이 다시 떠올랐다. 태항산에서 함께 싸웠던 전우 이화림이 달려왔다. 그는 자치주 위생처 처장을 담당하고 있었다. 태항산에서 함께 「미나리타령」을 불렀던 일, 연안으로 돌아올 때 군마 두 마리가 쓰러져서 함께 주사를 놓았던 일 등이 눈앞을 스쳐 지나갔다. 두 사람은 서로 손을 잡고 놓지 못했다.

"누님, 오랜만에 만났네요. 오랜만이지만 그냥 이래요. 여자들이야 술보다

---

250) 『중국의 광활한 대지우에서』 연변인민출판사, 1987년 출판. 47쪽, 「불멸의 노래와 더불어」 최문섭

사탕을 더 좋아하잖아요."[251]
　라고 하며 연변 호텔 상점에서 산 인삼사탕을 내밀었다.
　정율성은 의용군 전우들을 만나 회포를 풀고, 평양음악대학을 졸업한 작곡가 최삼명 등을 만나 음악창작에 대해 의논했다. 그렇게 동포들이 사는 연변을 둘러 보고나니 마음이 후련했다. 운남으로 출발하는 걸음이 거뜬했다. 운남에서 또 「망부운」의 작가 서가서를 만나 함께 가극 「다사아파」를 구상하고 나니 1962년이 저물어가고 있었다.
　이해에 정율성은 뜻밖에도 어렸을 때 짜개바지 친구였고, 큰형님 정효룡의 둘째 아들인 정상훈과 감격적인 상봉을 했다. 짙은 눈썹에 커다란 눈을 가진 정상훈은 사회주의 사상에 심취해 비밀리에 월북했고, 북에서 또 말할 수 없는 사정이 있어 다시 정율성을 찾아 북경으로 왔다. 그들은 1933년 5월 정율성이 중국으로 떠나던 날에 헤어진 후 근 30년 만에 처음 만났다. 정율성은 상훈이를 부둥켜안자 눈물이 콱 밀려들었다.
　아마도 이 때 정율성은 상훈이로부터 그들 독립운동가 가족의 든든한 경제적 뒷심이었던 작은 외삼촌 최영욱이 한국전쟁 때 광주형무소에서 죽임을 당한 사실을 알게 되었을 것이다. 그리고 역시 이때에 정의은도 이승만 정권에 의해 옥살이를 하다가 출옥 후 세상을 떠났다는 와전된 소식을 들었을 것이다. 정상훈은 한·중관계가 막혀있는 상황에서 정율성 일가에 한국 소식을 전할 수 있는 마지막 사람이었다. 그러나 의은 형에 대한 소식은 와전된 것이었다. 정의은은 죽지 않았으며 좌파계열이었던 까닭에 깊숙한 곳에 은거해 살고 있었다. 그의 자식과 손자들은 신원조회에 걸릴 것이 우려돼 사법고시마저 포기하고 숨을 죽이고 살았다.[252] 그리고 또 이때에 자형 박건웅이 북에서 간첩으로 총살당했다는 소식을, 이로 인해 누님 가족과 연

---

251) 『중국의 광활한 대지우에서』, 연변인민출판사, 1987년 출판. 47쪽, 「불멸의 노래와 더불어」 최문섭
252) 자료없어 포상 못받는 「독립운동 4형제」, 김덕련 기자, 오마이뉴스||입력 2005.03.21 09:35

▲ 1962년 북경의 정율성의 집에서 어머니 최영온이 손자 정상훈과 함께 기념 촬영. 정소제 제공.

락이 두절될 수밖에 없었다는 사실을 알게 되었을 것이다.[253] 이렇게 많은 슬픈 소식을 한꺼번에 들은 정율성의 마음이 어떠했을까. 수많은 말들을 눈물과 함께 삼키며 상훈이를 더욱 꽉 껴안았다.

최영온은 남북에 나뉘어 있는 봉은이와 의은에 대한 그리움을 안고 손자의 잔등을 두드리며 목놓아 울었다. 한족식 비단 저고리를 입고 검은색 지팡이를 짚은 최영온은 손자가 날아갈세라 그의 손을 놓지 않았다. 기어코 집안에서 그 모습으로 사진을 남겼다.

상훈이는 정씨네 가족 중 정율성과 가장 인연이 깊었다. 가족과 함께 중국에서 외국어 교사로 살며 정율성과 자주 만났다. 정율성 별세 후 2002년까지 살며 글을 남겨 삼촌에 대한 증언을 해주었다. 그가 아니었더라면 정율성의 유년은 우리에게 미스터리로 남을 뻔 했다.

1963년 봄, 정율성은 또 강소로 향했다. 역시 붙잡고 놓지 못한 가극 때문이었다. 강소 남통에서 저명한 작가 백득이를 만나 함께 생활체험을 하며

---

253) 박건웅, 『딸보다 조국을 더 사랑한 아버지 박의란』 송지영 저, 엠-애드출판사, 2008년, 197쪽

▲ 농촌청년들과 친구로 사귀며 작곡한 노래를 들려주고 있는 정율성. 정소제 제공.

가극「설란」을 창작했다. 가극의 주요 구조, 인물과 배경 배치 등을 모두 음악 표현의 요구에 따라 정율성이 설계했다. 백득이는 이에 근거해 인물 성격을 창작하고 스토리를 배치했다. 그는 가극이란 대형 종합예술이기 때문에 작가와 작곡가가 함께 생활에 들어가 구상 단계부터 합작해야 한다고 주장했다. 두 사람은 약 2년간 강소와 북경을 오가며 북신보 농촌에서 생활체험을 하며 창작했다. 더불어 콩고 민족영웅을 소재로 한 가극「루망바」와 민간전설을 내용으로 한 가극「맹강녀」창작도 시작했다.

정율성은 또 소주에서 저명한 평탄(評彈) 원로배우 서운지를 청하여 그의 음악을 듣고 녹음했다. 서씨의 창법에는 강남 민요와 거리의 싸구려 음조가 흡수되어 있고 밑바닥 삶의 분위기가 짙어 가극 소재로 훌륭했다. 한편으로는 소주 공군부대의 부탁을 받고 비행장에서 만미터 고공에 올라가 고난도 특기를 관찰하는 등 생활체험을 하며「비행사의 노래」,「전진, 인민공군」등 군가 8편을 창작했다. 소주 생활을 마쳤을 때 정율성의 손에는 이미「설란」의 부분적 음악 녹음테이프가 들려있었다.「설란」의 여주인공이 처음 시골에 내려와 부르는 노래는 서정적이고 아름다웠다.

"봄바람에 실려 강남에 왔네/ 제비는 둥지 틀고 나는 새집에 드네…"

노래에는 청신한 강남풍의 흙냄새가 풍겨와 음악을 모르는 백득의마저 황홀하게 했다.[254]

긴 음악 농사를 짓고 북경으로 돌아왔을 때 최영온은 아들의 손을 잡고 놓지 않았다. 참으로 오랫동안 그리웠다. 벌써 한 해의 끝마당에 하늘에서 눈이 내렸다. 이날, 최영온은 눈길에 미끄러지면서 노인으로는 가장 피해야 할 낙상을 입었다. 얼른 적수담 병원에 가서 사진을 찍었는데 다행스럽게 골절상은 아니였다. 하지만 그때로부터 자리에서 일어나지 못했다.

2년 전까지만 해도 최영온은 매일 버스를 타고 중앙 민족사무 위원회 주임을 담당했던 문정일의 집으로 놀러 다니곤 했다.

문정일은 정율성과 동갑이고 황포군관학교 출신으로 일찍 조선 독립운동에 참가했다. 성은 이씨이나 항일운동을 하면서 어머니 성을 따서 문씨로 고쳤다. 적후에서 중국 공산당이 이끄는 항전 투쟁에 참가했고, 진수 항일근거지 태항산에서 진수변구 참의회 참의원에 부임했었다. 정율성이 조선 청년혁명 군정학교 교육장으로 있을 때 그는 조선독립동맹 서기장을 담당했다. 정율성이 조선족 음식이 먹고 싶을 때마다 문정일의 집으로 가서 밥에 된장국을 말아 김치를 먹을 정도로 사이가 각별했다. 설이면 정율성 일가는 문정일의 집으로 설인사를 다녔다. 그때마다 문정일은 찰떡을 쳐서 정율성 일가를 초대하곤 했다.

최영온에게는 문정일의 어머니 문 여사가 유일한 친구였다. 북경에 산지 18년이 되지만 중국말을 몰라 적막강산이 따로 없었다. 문 여사를 만나는 것이 가장 즐거운 일과였다. 최영온은 문 여사의 집으로 갈 때면 언제나 한복을 정갈하게 입고 도시락을 들었다. 정설송은 미리 시어머니의 한복을 깨끗이 세탁해 걸어놓곤 했다. 시어머니의 치아가 불편했으므로 도시락에는

---

254) 『作曲家鄭律成』, 丁雪松 等 著, 遼寧人民出版社, 2009年 7月, 163頁, 「一个正直,勤奮的文藝戰士」, 白得易

늘 삶은 계란 두 알에 고구마 다섯 개가 들어있었다.

　최영온은 버스를 한 정거장 타고 정류장에서 내려 문정일의 아파트에 도착하면 아래층에 도시락을 맡겼다. 헐떡거리며 문정일의 집으로 올라가면 도시락은 문정일의 부인 한정희 여사거나 아래층 사람들이 올려오곤 했다.[255]

　두 할머니는 다 귀가 멀었다. 싸우듯이 언성을 높여 말하지만 서로 그 뜻이 뭔지 몰라 당신 좋은 대로 해석했다. 두 사람 다 그리운 고향과 흩어진 가족에 대한 이야기를 했다. 최영온은 소식이 없는 딸 봉은이네, 남에 두고 온 의은이네, 그리고 손자들, 감옥살이 시중을 해주다가 눈을 감겨준 큰아들, 중국 무한의 하늘 아래에 잠든 둘째아들, 그리고 무등산 아래에 묻고 온 자식들…하던 얘기를 또 하곤 했다. 서로 상대방의 말을 잘 알아듣지 못하지만 조선말이라도 실컷 하고나면 돌아오는 발걸음이 한결 가벼웠다. 그러던 그녀의 유일한 친구 문 여사가 2년 전, 1961년에 사망하고 나서 최영온은 고독한 나날을 보냈다. 아들과 며느리는 늘 바쁘거나 출장 중이고 말을 알아듣는 소제는 기숙생활을 했다. 집에는 밥 해주는 가사도우미가 있고 손자 모모가 있지만 손짓 발짓으로도 말이 영 통하지 않았다.

　최영온은 매일 가만히 누워있었다. 정율성은 한동안 출장을 그만두고 매일 어머니 시중을 들었다. 회의를 가게 되면 어머니의 몸을 꼭 일으켜서 활동을 시키고 나서야 갔다.

　어느새 1963년이 왔다. 이 해에 정율성은 가극 "설란"의 음악 주선율을 완성하고 마지막 장을 창작하는 중이었다. 「루망바」는 6월에 초고를 완성했다. 그의 계획에는 아직도 「맹강녀」, 「베쑨」, 그리고 「무장선전대」가 남아있었다.

　그의 작품들은 당시 강압정치의 한계를 벗어나기는 어려웠다. 그의 뛰어난 예술감각과 천재성마저도 정치에 이용당하고 지배당하던 시기였다. 중국의 모든 예술가들의 운명이 그러했다.

---

[255] 2009년 9월, 한정희여사 전화인터뷰

어머니의 사망, 또다시 부딪친 벽

1964년.

정율성은 하던 일을 잠시 놓는 수밖에 없었다. 북·중 친선관계 때문에 새 농촌 건설을 주제로 한 북한 현대화극「붉은 선동원」을 경극, 평극, 황매극, 하남방자와 기타 형식으로 전국 각 극단에서 모두 공연했다. 북경 인민예술극원도 이 화극을 공연하기 위해 부원장 겸 부총감독이고 중앙 희곡학원 겸직교수였던 구양산존에게 감독을 맡기고, 정율성에게 음악 창작을 부탁했다.

연변의 조선족 청년음악가 최삼명이 북경에 와 합작했다. 정율성은 그를 「망부운」합작자로 생각할 만큼 그의 뛰어난 재능을 좋아했다. 최삼명은 정율성에게서 한 가지 특이한 점을 발견했다. 정율성은 반드시 일주일의 구체적인 계획을 짰다. 월요일부터 금요일까지 창작을 하고 금요일 저녁은 영화를 보고 토요일은 천렵을 하고 일요일은 휴식했다.[256]「붉은선동원」 작곡은 순조롭게 진행되었다. 구양산존은 다음과 같이 술회했다.

"우리의 이번 합작은 잘 어울렸고, 아주 유쾌했고, 손발이 잘 맞았다. 함께 시나리오를 연구했고, 함께 음악 주제와 형식을 연구했다. 그는 그야말로 손쉽게 만들어냈다. 창작한 음악은 풍부하고 다채로워 조선 신민족풍격으로 충만되었다. 희극성이 풍부해 전반적으로 극의 공연이 한결 빛났다."

이 작품은 이듬해 1월 북경인민극원에 의해 공연됐다. 정율성은 문제부터 찾았다.

"다 좋은데 음악이 좀 무거워. 관현악을 너무 중시해서 음악이 어둡고 무거워졌어."

「붉은 선동원」에 대한 창작을 끝내자 바로「루망바」에 대한 마무리 작업을

---

256) 2010년 6월 10일 연길, 최삼명 저택 녹취.

▲ 1964년 여름 어머니 최영온 별세, 중국식으로 팔에 검은 완장을 두르고 비통한 심정으로 추모하고 있는 정율성과 정소제. 정소제 제공.

다그쳤다.

여름, 최영온은 편안하게 잠든 뒤 다시 눈을 뜨지 못했다. 향년 91세였다. 자식 10명을 낳았지만 모두들 곁을 떠나고 아홉째 부은-율성만이 그녀의 손목을 잡고 지켜보았다. 그녀는 간절히 남편 곁으로 가고 싶었지만 3.8선이 가로막히고, 한·중수교는 아득한 일이어서 갈 길이 없었다. 정율성은 흰 셔츠를 입고 중국식으로 팔에 검은 천을 두르고 어머니를 지켜보며 눈물을 쏟았다. 곁에 동료들이 보내온 화환들이 가득했다.

정설송은 다음과 같이 술회했다.

"나는 처음으로 율성씨가 눈물을 줄줄 흘리는 모습을 보았다. 그는 나를 보며 이렇게 중얼거렸다. '어머니의 유골함을 잘 보관해야지. 앞으로 남북한이 통일되면 노인의 유골함을 고향에 모셔야겠어.'"

정율성의 어머니가 돌아가신 뒤 먼 훗날, 중국은 개혁개방을 하고 한·중 수교가 이뤄졌다. 손자 정상훈이 할머니의 유골함을 안고 한국 전라남도 광주로 갔다. 최영온은 마침내 남편 정해업의 곁으로 돌아가고, 이로써 이미 세상을 떠난 정율성의 소원이 실현되었다.

이해 여름, 날씨는 일찍이 무더웠다. 하늘은 온통 태양볕에 달아올라 불볕 더위가 기승을 부렸다. 정율성은 진땀을 흘리며 텅 빈 집에 가만히 앉아 어머니 최영온의 빈자리를 바라보았다. 마음마저 휑하니 비는 것 같았다.

1964년 6월부터 갑자기 무대마다 "공농병"이 주인공인 이른바 "혁명현대경극"으로 도배되었다. 갑작스럽고 기세등등했다. 배후에 강청[257]이 있었다. 중앙 악단, 중앙 가극원을 비롯한 중국 최고의 예술전당과 전국의 무대에서는 강청이 틀어쥔 이른바 8대 "본보기극"이 홀로 꽃을 피웠다. 그 외의 작품들은 때아닌 찬 서리를 맞고 사라져버렸다.

어느 날 정율성은 전국 경극회보 공연대회에 참가했다. 이날 강청은 서슬 퍼런 얼굴로 이 대회를 비판했다.

"무대에 온통 반면 인물만 있는데 이는 작자의 계급입장 문제입니다!"

음악계에서는 중앙악단 부단장 이릉, 상해 음악학원 원장 하록정 등 중요 음악가들에 대한 전국적인 비판이 진행되었다. 음악, 무용의 "혁명화, 민족화, 군중화" 등 3화정신이 하달되고 모든 서양음악 장르, 서양음악 형식 작품, 서양 관현악기들을 배척했다.

문화예술계는 얼어붙었다. 정율성은 불길한 예감에 휩쌓였다. 아니나 다를까, 그가 일년의 심혈을 기울여 창작한 국제주의 소재의 가극 「루망바」가 6월 외교부 검열에 교부됐다가 공연불가로 판정되었다. 따라서 마무리 창작에 들어갔던 가극 「설란」과 기타 3부의 가극도 중지하는 수밖에 없었다. 그의 가극의 꿈은 좌절되었다.

음악적인 환상과 열정, 음악적인 양심으로 충만된 정율성이지만 의식형태를 깡그리 지배하는 정치권력 구조의 벽은 넘을 수 없었다. 이 높은 장벽 앞

---

257) 모택동의 네 번째 부인, 중공중앙 문화대혁명령도소조 제1부조장

에서 커다란 상실감에 빠졌다. 그 시대 예술가들은 도무지 도망칠 수 없는 정치구조였다. 정치에 예속된 예술은 맞추고 아부하며 발 빠르게 변화하는 카멜레온이 돼야 하는데 정율성은 이를 하지 못했다. 창작한 작품은 정치심사를 넘을 수 없었다. 게다가 그의 작품 수량의 감소에 대한 정치압력 또한 심했다. 중앙 악단은 그의 "혁명의지가 쇠퇴해졌다"라고 비판했다. "이런 상황에서 그는 크게 실망했고 정신적으로 큰 고민에 빠졌다."258)

중앙 악단에서는 정율성에게 시골에 가서 "4청"운동에 참가하라고 했다. 4청운동은 1963년부터 1966년까지 농촌에서 진행된 또 하나의 정치운동이다. 모택동은 사회주의 역사 단계에서 부르주아는 복벽을 시도할 것인 즉 당내 수정주의 근원을 파버려야 한다고 생각했다. 끝없는 계급투쟁의 환경은 정율성을 숨 막히게 했다.

정치권력이 예술인을 한낱 정치도구로 전락시켰던 억압의 시대에 정율성은 어떤 방식으로든 이를 탈출하고자 했다. 하지만 창작의 권리마저 박탈당하는 전례없는 수난의 시대가 오고 있었다. "4청"운동은 그 불길한 발자국 소리의 전주곡이었다.

정율성은 이불짐을 꾸려 하남 허창으로 가서 8개월간 "4청"운동에 참가했다. 매일 "계급투쟁" 구호 소리 속에서 세월을 보냈다. 그 곳도 찢어지게 가난했다. 사람들은 고구마 모종을 식량대용으로 먹었다. 정율성은 고구마 모종을 잘못 먹고 그만 눈을 크게 앓았다. 그때로부터 사물이 잘 보이지 않고 눈앞이 희미해졌다. 처음 안경을 쓰던 날, 정율성은 거울 앞에 망연히 서 있었다.

이때 정설송은 여전히 뛰어난 능력으로 국사에 바빴다. 매일 자전거를 타고 중남해로 출퇴근을 하면서도 짬만 있으면 영어공부를 하여 국무원 직속기관 3.8부녀절 경축대회에서 등영초의 표창을 받았다. 주은래도 이 총명하고 비범한 능력을 가진 부하를 주시했다. 국무원 외사 판공실 비서장이 국외 대사로 파견되자 한동안 비서장 자리가 비었다. 어느 날, 주은래 총리가

---

258) 丁雪松采訪彔, 梁茂春記彔, 2011年, 鄭小提提供

말했다.

"정설송이 아주 잘하지 않습니까! 정설송에게 맡기십시오."

그 소식을 듣고 정설송은 깜짝 놀라 안절부절했다. 그는 평양에서 평양 주재 신화사 사장직을 맡게 되었을 때처럼 불안한 눈길로 정율성을 쳐다보았다.

"여보, 나 될 수 있을까? 난 정말 걱정돼요. 여보!"

"하라고 하면 해요! 당신은 능력이 있어. 당신은 아주 잘 할거야. 꼭 잘 할 거라구!"

정율성은 아내를 격려했다.

아니나 다를까, 정설송은 사업을 뛰어나게 했다. 이듬해에 주은래 총리는 모택동의 제의에 의해 국무원 외사 판공실을 철거하고 비서 다섯 명만 남겼는데 정설송은 비서조 조장으로 승진했다. 주은래 총리의 낮 비서는 2명이었는데 정설송은 그 중의 한 명이었다. 매일 서류를 관리하고, 전보문을 정리해 총리에게 보고하고, 해당 부서에 총리의 지시를 전달했다. 주은래 총리의 사무실인 서화청과 가까운 동화청에 그녀 사무실이 있었다.

열악한 교통 상황 때문에 부부는 북경에서도 일주일에 한번 정도밖에 만나지 못했다. 토요일만 되면 집으로 오느냐 안 오느냐, 간다. 못간다 라는 식으로 서로 통화를 했다. 정율성은 큰 집에 늘 혼자 있었다. 피아노를 멈추고 가만히 있으면 욕조에서 그가 잡아온 물고기가 퍼덕이는 소리만이 들릴 뿐이었다. 정율성은 많이 외로웠다.

이해 말, 중국의 상공에는 거대한 먹구름이 뒤덮였다. 전례없는 정치운동이 다가오고 있었다. 역사의 대재난을 정율성 역시 피해 갈 수는 없었다.

제8장

고난의 강을 건너다
(1966년 5월~1976년 10월)

제8장 고난의 강을 건너다
(1966년 5월~1976년 10월)

전국을 뒤덮은 홍색 테러

5월, "문화대혁명"이 끝내 폭발했다. 현대판 분서갱유, "문화대혁명"이라 이름한 비극이 960만 평방키로미터 대지를 휩쓸었다. 북경은 이 붉은 테러의 근원지이고 그 중심이었다.

중앙 문화부 창작연구소에 임시 소환돼 음악 창작을 했던 정율성은 친구 방평이 북경으로 돌아온다는 소식을 듣고 부랴부랴 중앙악단으로 갔다. 방평은 정율성과 함께 정강산을 다녀온 뒤로 심한 풍습성 관절염 때문에 오랫동안 병석에 누워 있다가 회복되어 일을 시작했다. 그는 두 창작조를 거느리고 산서에서 창작 임무를 집행하고 있었는데 갑자기 정치운동에 참가하라는 통지를 받고 직장으로 돌아왔다. 두 사람은 심란한 얼굴로 서로를 쳐다보았다. 정율성은 방평을 한쪽으로 데리고 가서 낮은 소리로 위안했다.

"너무 걱정하지 마십시오. 모 주석이 이런 말을 했답니다. 장기간 기층에 내려가 창작한 사람은 빈하중농이고, 기층과 도시 사이를 오락가락 하면서 창작한 사람은 부유중농이고, 대도시에 있으면서 기층에 내려가지 않은 사람은 '지주, 부농, 반혁명, 나쁜 분자'라고 했답니다. 우리 두 사람은 늘 기층에 내려가 있었으니 빈하중농인 셈이지요. 이번 운동은 우리를 겨냥한 것이 아니고 주로 상급을 겨냥한 것으로 보입니다."

사실은 상급만 겨냥한 것이 아니었다. 중앙 문화부 부부장 소망동의 "마당 쓸기" 지시가 하달된 후 중요한 지식인들은 싹쓸이로 차에 실려 갔다. 어느 화창한 날에 정율성도 김범 등과 함께 "집중 훈련반"에 실려갔다. 그리고 또 어느 화창한 날에 방평 등은 중앙악단의 책임자를 망라한 중앙 문화 계통의 고급 실무 간부 400여 명과 함께 서교의 "부르주아 개조" 사회주의학원에 실려 갔다. 이들은 서로 "동지"라는 호칭을 쓰지 못하고 "부르주아" 인물로 취급당했다. 청가를 맡지 못하고, 전화 통화를 하지 못하고, 손님을 만나지 못했으며, 사실상 연금을 당했다.

이해 8월, 혹서가 북경을 침몰시켰다. 뜨거운 공기는 파도마냥 사람들을 삼키고, 가로수를 삼키고, 건물들을 삼켰다. 버스는 느릿느릿 까맣게 녹아내린 아스팔트를 달리고, 사람들은 땀을 비오듯 흘리며 헐떡거렸다.

"홍위병"이라는 신생 사물은 전국을 대혼란에 빠뜨렸다. 8월은 지식인에게 폭풍테러의 달이었다. 많은 지식인들이 어느 날 갑자기 "홍위병"들에게 잡혀 혹독한 투쟁을 당하다가 맞아 죽거나 자결했다. 공식 집계에 의하면 1966년 8월부터 9월초까지 "붉은 8월"이라 불리는 기간에 북경시에서만 1772명이 홍위병에게 맞아죽었다.

"홍색 테러"의 물결이 전국을 덮쳤다. "홍색 테러 만세!"의 표어가 모택동을 찬양하는 표어들과 함께 거리에 나붙었다. 모택동이 천안문에서 백만 명 "홍위병"을 접견했다. 거리는 깃발과 대자보를 들고 다니는 "홍위병" 대오가 홍수마냥 도도했다. "홍위병"들은 "혁명은 손님을 접대하는 일도 아니요, 수 놓기를 하는 일도 아니다. 혁명은 폭력이며, 한 계급이 다른 한 계급을 뒤엎는 폭력적인 행동이다…"라는 모택동 어록을 노래부르거나 구호를 외쳤다.

정율성은 "집중 훈련반"에 한동안 갇혀 있다가 "본 직장에 돌아가서 운동에 참가하라"는 지시를 받고 중앙악단으로 쫓겨 갔다. "문화대혁명"에 대한 견해 때문에 금슬이 좋은 부부는 또 다퉜다. 정설송은 이때 국가 관광국 공작조 조장으로 소환되어 있었다.

정설송은 다음과 같이 술회했다.

"나는 당시 모 주석의 "문화 대혁명" 노선을 완전히 옹호했다. 내가 "자본주의 복벽을 방지하자면 이렇게 하지 않으면 안 되는 거예요."라고 하자 그는 "자본주의 복벽을 방지하려고 해도 이렇게 하면 안 되오. 국가는 법률이 있소. 반드시 법에 따라 징벌하고 제재를 가해야 하오."라고 했다. 우리는 생각이 같지 않았다. 나는 그를 "우"라고 했고, 그는 나를 "노예주의", 독립적인 사고 능력이 없다고 했다."

정설송은 이렇게 증언했다.
"모든 정치 운동에서 그이는 언제나 나와 관점이 달랐어요. 그리고 언제나 그의 관점이 정확했어요."
정율성은 비지땀을 흘리며 중앙악단 문 어귀에 도착했다. 중앙악단 주변과 뜰안에는 붉은색 완장을 두른 수많은 홍위병들이 기세등등하게 늘어서 있었다. 대회장은 벌써 "부르주아 권위를 타도하자!", "검은 무리를 타도하자!" 등 구호들로 도배되어 있었다. 회장 문 어귀에는 쇠줄로 엮어 만든 휴지통을 든 "반란파"가 서있었다. 휴지통에는 먹으로 "개대가리(狗頭)"라고 쓴 종이가 붙어있다. 섬뜩했다. 정율성은 두리번거렸다. 친구 방평을 찾았다.
이 때 트럭 한 대가 멈춰 섰다. 오랫동안 씻지 못한 듯 꾀죄죄한 차림의 사람들이 하나하나 뛰어 내렸다. 서교 사회주의학원에 연금됐다가 잡혀온 중앙악단의 간부급 예술인들이었다. 이들 속에는 방평도 있었다. 그가 정율성을 발견했을 때 정율성은 누군가에게 뭘 묻고 있었다.
"어디에 가서 도착신고를 하면 됩니까? 문화부에서 저더러 돌아와 운동에 참가하라고 하더군요."
이때 돌발적인 상황이 벌어졌다. 방평은 깜짝 놀랐다. 그는 당시 상황을 이렇게 술회했다.

"반란파는 휴지통을 쳐들더니 정율성이 회장 대문어귀에 들어서자 갑자기 뜻밖의 동작을 했다. 인격을 능욕하는 "모자"를 즉시 그의 머리에 들씌운 것이다. 그는 분노하여 손으로 그것을 벗어 땅에 던지고 화가 나서 그것을 발로 막 짓밟아 납작하게 만들었다. 큰소리로 물었다. "뭘 하는 거요?!" 반란파는 눈을 부라리더니 그의 옷깃을 거머쥐었다. 그는 즉시 억센 손으로 상대방의 손을 잡아 힘껏 밀치더니 성큼성큼 회의장으로 들어가 버렸다. 그는 이렇게 위풍당당하고 굴하지 않는 사람이었다."

그 후 정율성은 이렇게 말했다.
"난 사람입니다. 피가 흐르는 공산당원입니다. 사람은 사람의 품격이 있고, 당원은 당원의 성격이 있어야 합니다. 절대로 어중이떠중이들이 내 앞에서 위풍을 부리며 아무 짓거리나 하게 할 수 없습니다. 누가 나를 모욕한다면 난 절대로 사정을 두지 않을 겁니다!"
이런 그도 능욕을 피하지는 못했다.
투쟁대회가 시작되자 목에 검은 먹글씨로 "검은 무리"라고 적힌 이름을 건 중앙악단의 예술인들이 나타났다. 서교의 "부르주아 개조" 사회주의학원에 연금됐던 사람들이다. "검은 무리"란 글자위에는 모두 붉은색 승표가 쳐져 있었다. 그들은 한 줄로 서더니 당시 반란파들의 유명 발명인 "분기식 비행기"모습을 하고 섰다. 이는 "문화대혁명"이 만들어낸 특정 술어이다. 즉, 두 다리는 곧게 서고 몸은 90도로 구부리고 두 팔은 뒤로 곧게 펴서 분기식 비행기 모양을 하는 것이다. 3개월 만에 만난 친구 방평, 그리고 평소 친하게 지내던 동료들의 고통스러운 모습을 보며 정율성은 참담하고 망연했다.
이때 반란파들은 창작조의 "3명 3고" 즉 명작가, 명배우, 명교수와 월급이 많고 보수가 많고 상금이 많은 사람들 명단을 부르기 시작했다.
"정,율,성"
소리가 떨어지기 바쁘게 반란파들은 정율성의 옷깃을 움켜잡고 무대 쪽으로 끌어냈다. 그가 항의했지만 소용이 없었다. 일반 사람들이 월급을 30~40원을 받을 때 그는 사급 대우에 따라 200원을 받기 때문에 "3명 3고"에 든 것이다. 그의 목에도 "검은 무리"라는 글자 위에 붉은색 승표가 찍힌 패쪽이 걸렸다. 그는 "입을 굳게 다물고 이를 소리 나게 갈았다."[259]

---

259) 『作曲家鄭律成』, 丁雪松 等 著, 遼寧人民出版社, 2009年 7月, 138頁, 「每当我听見遠方的軍号聲」, 金帆

그날부터 방평 등 악단의 간부들은 모두 허름한 창고에 갇혔다. 정율성은 반란파들에게 수차 항의한 결과로 조건이 좀 나은 곳에 연금됐다. 간부가 아니기 때문이다.

그가 연금된 곳은 성냥갑처럼 작은 다용도실이었다. 목제 침대 머리에는 2층의 변소 하수도관이 묻혀있어 오물이 흐르는 소리가 졸졸졸 들려왔다. 굵은 철관에는 악취가 풍기는 물방울이 배어나와 똑 똑 침대 옆으로 쉴 새 없이 떨어져 내렸다.

친구 김범도 함께 갇혔다. 그는 1959년에도 정율성과 함께 비판을 받았었다. 이번에 또 "검은 무리"로 찍혀 잡혀 나오자 그는 크게 비관했다. 앞날이 막막한 느낌이 들었다.

어느 날, 정율성은 20여 명의 "검은 무리"들과 함께 연습실 앞마당에서 음악학원 부속중학교 홍위병들에 의해 고초를 당했다. 홍위병이 명령했다.

"출신을 보고하라!"

이른바 "검은 무리"들은 출신을 보고했다. 홍위병들은 "지주"라거나 "관료"라거나 "자본가"라고 할 때마다 혁띠로 호되게 갈겼다. 정율성과 김범은 차례로 "빈농"이라고 대답했다. 그러자 홍위병이 찰싹, 찰싹, 귀뺨을 때리며 짤막하게 내뱉었다.

"반역자!"

정율성은 분노하여 주먹을 불끈 쥐고 반격하려고 했다. 김범은 다음과 같이 술회했다.

"나는 그의 팔꿈치를 쿡쿡 찔렀다. '당신이 반항할수록 그 자식들은 더 심하게 때릴 것이오!'라는 뜻이다. 나는 그에 비해 나약했다. 사나이는 눈앞의 손해를 보지 않는다는 생각을 한 것이다. 그 때는 도리가 없는 시대였고, 이성이 상실된 연대였다."

반란파들은 그들을 "우귀사신"이라고 불렀다. "우귀사신"은 불교용어로써 음간의 귀졸, 신인 등을 가리킨다. 그런데 "문화대혁명"시기에는 타도된 지식인을 통칭했다.

어느 날 반란파들은 중앙악단의 "우귀사신"들에게 집합명령을 내렸다.

"정율성, 우귀사신지가(牛鬼蛇神之歌)를 부르시오!"

반란파가 명령했다. 정율성은 분노하여 치를 떨었다. 당시 "우귀사신지가"는 전국의 모든 투쟁대회에서 유행했다.

"나는 우귀사신이다/ 나는 인민의 적이다/ 나는 죄 지은 자 죽어 마땅하다/ 나는 죄 지은 자 죽어 마땅하다/ 인민은 나를 때려 부셔라…"

그는 단연히 거절했다. 그 결과로 "노동개조대"에 편입돼 매일 바닥을 쓸고, 도로를 수리하고, 제초하고, 의자를 옮기고, 변소를 청소했다. 그의 「망부운」도 칼도마에 올라 "제왕장상, 수재가인을 노래"한 것이라고 비판당했다.[260]

정설송도 액운을 면하지 못했다. 반란파들에게 잡혀 나와 "부르주아 반동 노선을 걸었다"는 죄명으로 모욕을 당했다. 반란파들은 그를 "국민당", "CC분자", "특무혐의"가 있다고 하면서 조사조를 그가 혁명활동을 했던 중경에 파견해 조사했다.

정율성이 어느 체육관에서 모욕을 당한 뒤로부터 동네에서는 "검은 무리 가족"이라는 소문이 났다. 소제는 절로 자신을 보호할 수 있었지만 철부지 모모가 문제였다. 동네 아이들은 모모를 왕따 시키고 매일 주먹질을 했다. 정설송은 모모를 문정일의 집으로 피신시켰다. 문정일의 부인 한정희는 모모의 숙식을 담당하고, 숙제를 내고, 공부를 시키고, 피아노를 연습시키고, 탁구를 치게 하고, 헤엄을 치게 했다. 하지만 모모는 어느 한 가지도 하기 싫어했다. 마음에 상처를 입은 그는 매일 아버지와 어머니를 고대해 기다렸다.

정율성은 고민했다. 분노했다. 창작이 금지되고 인민의 "적"이 되었다. 어떻게 할 것인가?

그는 또다시 탈출을 시도했다.

---

[260] 『作曲家鄭律成』, 丁雪松 等 著, 遼寧人民出版社, 2009年 7月, 141頁, 「每当我听見遠方的軍号聲」, 金帆

탈출

 지린내 나는 공간이기는 해도 쉴 수 있는 곳이 있어 좋았다. 정율성과 김범은 다용도실에 멍하니 앉아있었다. 김범이 절망해서 말했다.
 "아마도 업종을 바꾸어 변강에 가서 노동이나 해야 할까 봅니다."
 정율성은 언제나 길이 막힌 상황에서도 밝은 길을 찾아내곤 했다.
 "정말 업종을 바꿔야 한다면 농민이 되어 노동하는 것도 좋아 보이는 군요!"
 정율성이 긍정했다.
 김범은 다음과 같이 술회했다.

 "그는 두 눈을 감은 채 두 손을 깍지껴서 벽에 기댄 머리 뒤통수를 받치고 침대에 누워 평온한 목소리로 말했다. "그렇게 되면 우리는 동북으로 갑시다. 동북에는 황무지가 도처에 널려 있습니다. 우리는 황무지를 개간해 집 몇 채를 짓고 울타리를 세웁시다. 나는 벼를 심고 수렵도 하겠습니다. 들토끼, 노루, 멧돼지, 들오리들이 아주 많지요. 그리고 기러기, 고니도 있지요. 호수, 강에는 물고기들이 많아요. 고기는 문제가 되지 않습니다."

 이때 정율성은 고향 월산리를 떠올리고 있었다. 벼이엉을 한 집, 울타리, 그리고 일망무제한 논밭, 뒷산에서 뛰놀던 멧돼지, 노루, 들토끼들… 강물위에서 유유히 물결을 즐기는 고니, 들오리들… 아버지 정해업과 함께 수박농사를 짓던 정경도 떠오른다. 얼굴에 행복한 아이 같은 표정이 번졌다.
 "우리는 또 수박도 몇 마지기 심을 수 있지요. 수박농사를 지을 줄 압니까?"
 김범이 머리를 흔들었다. 이 상황에 수박농사 같은 얘기를 하는 그가 어이없었다. 하지만 정율성은 흥분하여 말했다.
 "난 어렸을 때 고향에서 수박 농사를 지은 적이 있습니다. 난 어느 수박이 익은 건지, 어느 수박은 생것인지 다 알아요. 잘 여물고 달콤한 수박은 무늬가 또렷하고, 껍질에 얇은 하얀 가루가 한 겹 깔려있지요. 그리고 꼭지가 좀 깊숙이 박혀 있어요. 두 손으로 잡고 눌러 보면 익은 건 펑펑 소리가 납니다."

정율성은 자신의 가슴을 쳤다.

"바로 이 소리가 나지요."

다음은 자기 다리를 쳤다.

"생것은 이렇게 내 넓적다리를 친 것처럼 둔탁한 소리가 납니다."

그는 또 손바닥으로 자기 배를 쳤다.

"지나치게 익은 거는 통통 이런 소리가 납니다."

그는 이렇게 몸 전체에 시범을 보이고도 아쉬워서 말했다.

"이런 소리는 직접 들어야 알 수 있는데, 애석하게도 지금은 수박 철이 아니군요. 내년 7,8월이면 로쩐을 한번 데리고 과일상점에 가야겠습니다. 직접 해보면 금방 알 수 있습니다."

정율성은 단숨에 기나긴 설명을 마쳤다. 그는 "미래에 대해 희망적으로 말했다. 자신의 과거와 미래 전망을 도도하게 말했다. 가족과 자신의 과거 경력을 말할 때에는 매우 감정이 들어갔다. '검은 무리'로 찍혀 갇힌 것에 대해 분노했다."[261]

그는 벌떡 일어나 반란파를 찾아가 자신의 과거 혁명 역사를 말하면서 왜 내가 "검은무리"냐고 따졌다. 나는 간부 직위에 있는 "집권파"도 아닌데 왜 가두는 거냐, 무슨 권리로 나의 인신 자유를 박탈하느냐고 따졌다. 하지만 반란파들을 이길 수는 없었다.

아침이 되자 반란파들은 "검은 무리"들을 죄수처럼 줄을 세워놓고 노래를 부르게 했다.

"난 검은 무리이다. 난 검은 무리이다. 난 죄가 있다…"

정율성은 김범을 쿡 찔렀다. 낮은 목소리로 소곤거렸다.

---

[261] 『作曲家鄭律成』, 丁雪松 等 著, 遼寧人民出版社, 2009年 7月, 139頁, 「每当我听見遠方的軍号聲」, 金帆

"낮은 소리로 불러요. 이렇게 말입니다. '난 검은 무리가 아니야. 난 죄가 없어.'"

그리하여 남들이 부를 때 정율성과 김범은 입을 벌리고 아주 낮은 소리로 노래를 불렀다.

"난 아니야. 난 없어…"

정율성을 따라 하고 나자 김범은 멍에에서 벗어난 듯 마음이 가벼워졌다.

하룻동안 노동개조를 당하고 나서 두 사람은 방으로 돌아왔다. 맥없이 침대에 걸터앉아 있는데 갑자기 정율성이 소리를 질렀다.

"아, 나왔어! 나왔다니까!"

"뭐가 나왔습니까?"

"솔 솔미-미 레 미 솔--파 미…"

정율성이 목청을 가다듬고 노래를 부르기 시작했다.

"구억 산에 흰 구름 감돌고/ 제자는 바람타고 취미에 내리네…"

정율성은 곧 나무판대기에 종이를 펼치고 곡을 써내려갔다. 그는 변소의 오물이 흘러내리는 성냥갑 모양의 작은 공간을 잊었다. 노래하는 그는 아름답고 넓은 자연으로 나와 있었다.

가을이 왔다. 그리고 토요일이 왔다. 그동안 그가 수차 반란파들에게 항의한 결과로 매주 토요일 퇴근시간에는 집에 갈 수 있다는 허가가 내려졌다. 월요일에 반드시 돌아 온다는 것을 전제로 한 것이다.

이날도 뙤약볕에서 "검은 무리"들은 뜰안의 풀을 뽑았다. 정율성도 그 속에 있었다.

"말하지 말 것!"

붉은 완장을 팔에 두른 "규찰대"는 이들을 감시하며 고함을 질렀다. 모두들 입을 굳게 다물고 묵묵히 풀을 뽑았다. 풀은 가을 바람에 마른 땅에 바짝 달라붙어 뽑기가 힘들었다. 반란파들은 뿌리까지 뽑으라고 했다. 모두들 피아노를 치고 바이올린을 켜던 손가락을 땅속에 깊이 밀어 넣고 풀뿌리를 뽑았다. 손가락 끝에 피가 배어 나왔다.

방평은 관절염 때문에 무릎을 꿇을 수 없었다. 설상가상으로 어느 한차례

투쟁대회에서 "홍위병"이 그의 지팡이를 빼앗아 한바탕 매질한 통에 며칠이나 자리에서 일어나지 못했다. 이날 방평은 억지로 병석에서 일어나 처음으로 풀 뽑기에 나왔다.

정율성은 사위를 둘러 보고나서 소리 없이 방평에게로 다가갔다.

"로방, 규찰대원이 변소에 갔습니다. 할 말이 있습니다. 요즘 저 자식들에게 수차 항의했더니 토요일 저녁에는 집에 갈 수 있다고 합니다. 내일 로방 집에 가서 로방 부인과 자제분들을 만나보겠습니다. 부탁이 있으면 하십시오."

방평은 감격해서 얼른 말했다.

"집에 전해주십시오. 난 떳떳하다고 말입니다. 아무 문제도 없고 다 이겨낼 수 있다고 말입니다. 저 자식들이 날 죽일 수는 없을 거고 나도 자살은 하지 않을 겁니다. 기껏해야 시달림을 받는 것이니 아내더러 절대로 두려워하지 말라고 하십시오. 날 걱정하지도 말라고 하십시오."

이때 "규찰대"가 왔다. 손가락으로 두 사람을 가리키며 소리 질렀다.

"당신들에게 경고하겠소! 비밀리에 내통하면 절대로 안 돼!"

방평은 잠자코 있고 정율성은 머리를 들고 일어나더니 냉랭하게 말했다.

"우리 둘은 착실하게 풀을 뽑고 있었소. 아무 말도 하지 않았소. 당신 귀에 무슨 이상이 있는 모양이군!"[262]

"말을 안 했으면 됐어!"

붉은 완장을 낀 "규찰대"는 이렇게 뇌까리고 시무룩해서 물러갔다.

집합을 알리는 호각이 울렸다. 방평은 다리가 너무 아파 일어날 수 없었다. 정율성은 그를 일으키며 나직한 소리로 말했다.

"기다려봐! 이 망나니 자식들! 언젠가 따져볼 날이 올 것이다!"[263]

그날 밤, 정율성은 바로 방평의 집으로 달려갔다. 방평의 아내는 울기만 했다. 정율성은 그녀에게 방평의 말을 전달하고 위로했다.

---

262) 『論鄭律成』, 延邊人民出版社, 1987年 10月, 146頁, 「什么比金子還要重要?」, 放平
263) 『論鄭律成』, 延邊人民出版社, 1987年 10月, 147頁, 「什么比金子還要重要?」, 放平

정율성은 이튿날 아침 이웃에 사는 관화를 보러 갔다. 북경시 문학예술연합회에 전근된 관화 역시 반란파들의 비판 명부에서 오르락내리락 하던 중이다. 전국문학예술연합회 주석이고 문단 거두인 소설가 로사가 8월 23일 홍위병들에게 줄매를 맞으며 비판을 당하고 나서 호수에 몸을 던져 자살했다. 작가들이 무더기로 잡혀 나오고 있었다. 명작들은 불에 타버리고 있었다. 그는 침울한 얼굴로 앉아있었다. 자신의 운명에 대해 걱정하노라니 창밖의 새들도 숨을 죽이고 있는 듯 했고, 바람 소리도 이상한 휘파람 소리처럼 요상하게 들려왔다. 이때 정율성이 히죽 웃으며 들어서자 관화는 놀라서 눈을 둥그렇게 뜨고 바라보았다.

"로쩡은 반혁명이 되지 않았습니까?"

관화는 다음과 같이 술회했다.[264]

"그는 얼굴에 경멸의 표정을 짓고 손을 들어 획 저었다. "상관 안 해." 그는 습관적으로 두 팔을 벌리고 머리를 약간 갸우뚱하고 담담한 어조로 말했다. "나의 입당 소개인이 모두 북경에 있는데 사실이야 언제든 밝혀지지 않겠나? 우리와 같은 사람들이 모두 반혁명이 된다면 대체 누가 혁명자겠어? 반란파들이 혁명자란 말인가?"

둘은 서로 근황을 주고받았다. 정율성은 창작 계획에 대해 말하기 시작했다.

"나는 시사들을 골라서 대합창과 독창곡을 만들려고 하네."

그 말에 관화는 놀라서 눈을 치떴다. 이미 "검은 무리"로 찍힌 상황에서 작곡한다는 사람은 생전 처음이다.

"누가 공연해 준답디까? 지금의 상황으로 봐서는 두 달만 지나면 로쩡이 일요일에 집에 돌아오는 자유마저 없어질 것 같은데요."

정율성은 늘 그랬듯이 관화의 팔을 한번 쓱 당기고 두 팔을 가슴에 포개고

---

[264] 『作曲家鄭律成』, 丁雪松 等 著, 遼寧人民出版社, 2009年 7月, 99頁, 「生命之旋律」, 管樺

는 머리를 갸우뚱했다. 웃다보니 가늘어진 눈으로 관화를 바라보며 말했다.
"그 자들은 영혼을 팔아먹고 부귀영화를 누리러 양관도[265]로 가라고 하게. 나는 가시덤불이 엉키고 굴곡진 외나무다리로 갈 거라네!"[266]
그가 뽐내듯이 말하자 관화는 바이런의 시를 생각했다.
"광풍폭우가 대지를 휩쓸어도 그대는 여전히 정열적이었다…"[267]
정율성은 월요일에 직장에 나가자 바로 방평에게 그의 아내의 소식을 전해주었다. 오랜만에 방평의 얼굴에 기쁜 미소가 피어 올랐다. 그 뒤 어느 날, 방평이 지팡이를 짚고 정율성의 다용도실에 나타났다. 반란파들이 방평을 정율성의 방에 연금시킨 것이다. 정율성은 그 와중에도 반가워 농담을 했다.
"마침 잘 왔습니다. 당신께서 저랑 함께 이 '음침한 구석'에 웅크리고 있게 된 것을 환영합니다."
그때 반란파들은 늘 "검은 무리"들을 "음침한 구석"에서 나쁜 짓을 한다고 떠들어대곤 했다. 방평은 그 뜻을 알아듣고 찌푸렸던 얼굴을 활짝 펴며 소리 내어 웃었다. 정율성과 김범, 방평은 어둡고 비좁은 공간에서 윗층 변소의 오물소리를 듣고 지린내를 맡으며 "문화대혁명"이라는 우매하고 황당하고 극히 비정상적인 기이한 현상에 대해 분석했다. 정율성은 혁명가들의 피로 이뤄낸 새 정권이 이 지경에 이르게 된데 대해 애석함을 금할 수 없었다.
얼마 뒤 방평은 풍을 맞고 반신이 마비되었다. 정율성은 슬픈 마음으로 친구가 들려나가는 모습을 지켜보았다. 그는 주말마다 반제병원으로 가서 방풍을 위문했다.
이 날도 정율성은 김범과 함께 중앙악단 사무청사 내의 모든 변소를 청소

---

265) 고대에 서역으로 통하던 길, 지금의 감숙성 돈황 서남에 위치해 있음, 넓고 편안한 길을 비유함.
266) 『作曲家鄭律成』, 丁雪松 等 著, 遼寧人民出版社, 2009年 7月, 99頁, 「生命之旋律」, 管樺
267) 『作曲家鄭律成』, 丁雪松 等 著, 遼寧人民出版社, 2009年 7月, 100頁, 「生命之旋律」, 管樺

했다. 모든 유리창을 번질번질하게 닦았다. 노동이 끝나자 둘은 다용도실로 돌아왔다.

"심심한데 우리 좀 타유시[268]나 지으며 놀아 봅시다."

얼굴에 그림자가 가득 내려앉은 김범에게 정율성이 유희를 제의했다. 김범은 마지못해 응했다. 정율성이 한 마디를 하면 김범이 한 마디를 했다. 모두가 반란파들을 암묵적으로 풍자하는 시였다. 한번 말할 때마다 속이 시원해지자 두 사람은 점점 더 열을 올렸다. 구절구절 잘 맞아 돌아갔다. 마지막으로 김범이 정율성의 뜻에 따라 소리를 질렀다.

"간수최후소성고!"(看誰最后笑聲高, 누가 제일 나중에 웃는지 두고 보자.)

그러자 정율성은 "침대에서 벌떡 일어나 창문으로 하늘을 내다보며 높은 소리로 웃었다. 그의 웃음소리는 그처럼 천진했다. 그의 뚱뚱한 얼굴의 검고 짙은 눈썹과 희끗희끗한 머리카락은 신기한 별이나 발견한 아이처럼 쾌활하게 춤을 추었다."[269]

정설송은 다음과 같이 술회했다.

"그는 언제나 한 가지 신념을 갖고 있었다. 그는 "상황은 언제든 변화할 것이오. 지금은 구름이 온 하늘을 뒤덮었어도 장래에는 반드시 변할 것이오. 영원히 이러지는 않을 것이오."라고 말하곤 했다."

정율성에게 "문화대혁명"은 썩 낯설지 않았던 것 같다. 그는 이미 연안 시기에 조직의 의심대상이 되어 온갖 풍파를 겪었다. 1959년에 또 한번 "반당"에 찍힌 경험도 있다.

"누가 제일 마지막에 웃는지 두고 보자구!"

---

268) 타유시는 평측이나 운율에 구애되지 않는 시로 통속적이고 해학적이고 평이하고 간결하다. 당나라 장타유(張打油) 시인이 처음 이런 시를 지어 전해지면서 타유시라고 이름을 붙였다.
269) 『作曲家鄭律成』, 丁雪松 等 著, 遼寧人民出版社, 2009年 7月, 139~140頁, 「每当我听見遠方的軍号聲」, 金帆

그는 그 날이 올 것이라고 굳게 믿었다.
하지만 그 길은 멀고 험난했다.

폭풍우 속에서 남은 것은 진정

이날, 정율성은 연습실을 청소하고 김범은 청사 앞 울안의 풀을 뽑았다. 정율성은 연습실 칠판을 닦다가 깜짝 놀랐다. "검은 무리"는 18명으로 줄어들고 그와 김범의 이름은 보이지 않았다. 다시 눈을 닦고 바라보았다. 여전히 둘의 이름은 보이지 않았다. 그는 방으로 부랴부랴 달려왔다. 기운 없이 앉아있는 김범의 어깨를 잡아 흔들며 사실을 알려주었다.

"우린 검은 무리가 아니라니깐! 우린 곧 해방될 겁니다! 걱정 말고 얼굴을 펴십시오."

후에야 안 일이지만 중앙악단은 "검은 무리"를 직원 총수의 5%로 정하고 뽑았다. 그들의 수학적인 계산에 의해 이들 두 명은 그 5%내에 들지 않게 된 것이다. 이들은 매일 노동을 하고는 집으로 돌아 갈 수 있게 됐다. 다용도실은 여전히 그들의 대기실이었다.

한가한 때면 정율성은 김범에게 모란봉 전설, 금강산 전설 등 조선 민간 전설을 들려주곤 했다. 예쁘고 매력적인 금강산 처녀를 말할 때면 그의 묘사가 너무 생생하여 김범은 눈물까지 찔끔거리며 웃었다. 그는 침대에서 두 손을 깍지 껴서 책상다리를 만들고 즐겁게 말했다.

"어떻습니까? 재미있지요? 우리 합작합시다."

하지만 김범은 민간 전설에 관한 작품을 만들면 또 무슨 죄명을 씌울까봐 대답을 하지 못했다.

"문화대혁명"은 파벌싸움으로 번졌다. 반란파들끼리 서로 자신이 "혁명파"라고 하면서 싸웠다. 어느 날, 정율성과 김범은 노동을 끝내고 나서 대회장 맨 뒷켠에 앉아 두 파벌이 싸우는 모습을 구경했다. 갑자기 반란파 한 명이 연단에 뛰어오르더니 고래고래 소리를 질렀다.

"우리 이 대회는 혁명 군중의 대회이다. '검은 무리'는 모두 물러가라!"

그제야 정율성과 김범은 자신들이 여전히 "검은 무리"이며 "혁명 군중"이 아닌 줄을 알게 되었다. 정율성은 분노하여 김범의 손을 이끌고 대회장을 나와 버렸다.

"갑시다! 그 자들은 내버려둡시다! 우린 물고기나 잡읍시다!"

둘은 정율성의 집으로 가서 수영복으로 바꿔 입었다. 자전거를 빌려 타고 조어대로 달려가 산 뒤의 호숫가에 자리를 잡았다. 정율성은 자동차 바퀴 고무로 만든 수영바지를 입고 물속에 뛰어들어 그물이 걸린 나무기둥을 박으며 천렵하는 방법을 가르쳤다. 김범이 그가 하라는 대로 그물을 펼치자 그는 기뻐하며 소리쳤다.

"다 배웠군요!"

그는 맑은 물속을 가리키며 말했다.

"보십시오. 물고기들이 헤엄쳐 들어오고 있습니다. 보이지요? 한 무리나 되는군요! 거의 그물 쪽으로 오고 있습니다. 잠시만, 잠시만, 아, 걸렸습니다. 걸렸군요!"

정율성의 웃음소리가 호숫가에 메아리쳤다. 우울했던 김범도 따라서 기분이 상쾌해졌다. 둘이 실컷 수영하고 돌아오니 2kg 가까이 물고기가 걸려 있었다. 정율성은 물고기를 모두 가방에 담아 김범에게 주었다.

"가지고 가십시오! 식구들에게 맛이나 보이십시오!"

그 후부터 김범도 천렵에 취미를 붙였다.

"반란파들이 우리를 혁명하지 못하게 하면 우리는 물고기나 잡읍시다. 재간 하나를 배우는 것도 일종의 혁명이지요!"

정율성은 이렇게 농담하며 김범에게 천렵에 필요한 나일론 밧줄을 주었다. 김범도 고기그물을 샀다. 종종 정율성의 집으로 찾아가 천렵을 배웠다. 정율성은 밤이면 집 부근에 있는 서호성하에 그물을 쳤다. 새벽이면 고무 옷을 입고 가슴까지 오는 물속으로 들어가 그물을 거두곤 했는데 그때마다 고기들이 걸려서 퍼덕거렸다. 물고기들은 그들의 상처받은 마음을 위로했다.

이때 정율성은 몸에 탈이 나고 있었다. 고혈압이었다. 가끔 얼굴이 붉게 상기되곤 했다. 김범이 걱정돼서 말했다.

"혈압이 높은데 건강을 조심하십시오. 너무 격렬한 운동을 해서는 안 됩니다."

"모르는 말씀입니다. 고혈압을 치료하는 가장 좋은 방법은 천렵하고 수렵하는 겁니다! 난 머리가 아프고 혈압이 높아지면 물고기를 잡거나 사냥을 합니다. 그러면 병이 바로 낫습니다! 자연의 환경에서 넓은 들을 바라보고 바람에 나무가 흔들리는 소리를 듣습니다. 강물의 흐름소리, 새들이 우짖는 소리, 농민들이 트랙터를 몰고 들에서 달리는 소리를 듣습니다. 노동자들이 열차를 몰고 하얀 구름 속으로 질주하고 열차에서 흰 연기가 뭉게뭉게 피어나는 것을 보면 선율이 막 나옵니다. 많은 사람들이 나의 이 습관을 이해하지 못하지요."

그렇게 1966년이 지나갔다. 봄은 어김없이 찾아와 나무는 푸른 잎사귀를 피우고 거리에는 꽃들이 가득 피었다. 이해 4월, 정율성의 운명에는 뜻밖의 변화가 왔다.

중앙 문화대혁명 지도소조 성원 척본우가 중앙악단에 나타났다. 그는 산동 위해 사람이며 상해에서 자랐다. 해방 전에는 당의 지하공작에 참가했다. 그의 글은 모택동과 노신의 문필을 닮아서 논리성이 정연하고 예리하다는 평가를 받았다. 그리하여 19세의 젊은 나이에 중앙 기요원으로 등용되었고 승승장구하여 중앙 판공청 비서장 겸 부국장, 대리주임을 맡고 모택동과 강청의 비서로 있었다. 그의 운명은 극에서 극이었다. "문화대혁명"의 결속과 함께 그는 감옥살이를 6년간 하고 상해 도서관에서 사서로 있다가 퇴직했다.

그는 중앙악단에 가서 반란파들에게 정율성 등 몇몇 예술인재들을 등용하라고 지시했다. "그가 이렇게 말하자 정율성은 풀려난 거나 마찬가지였다."[270] 정율성은 지린내 나는 다용도실에서 나와 중앙악단의 창작활동에 복귀했다. 함께 풀려난 사람들이 정율성을 찾아왔다.

"로쩡, 척본우가 우리를 풀려나게 했는데 편지를 써서 입장표시를 하면 좋지 않겠습니까?"

---

270) 丁雪松采訪彔, 梁茂春記彔, 2011年, 鄭小提提供

"내가 왜 척본우에게 편지를 씁니까? 난 그 사람을 모릅니다."
정율성이 말했다.
"그래도 입장 표시는 해야지 않겠습니까? 그러지 않았더라면 우리는 지금도 반란파들에게 투쟁 당하고 있을 겁니다."
정설송은 다음과 같이 술회했다.

"정율성도 초기에는 "문화대혁명"의 본질을 제대로 인식하지 못했습니다. 그도 이 시기에는 흐리멍텅했지요. 강청이 괜찮은 줄로 알았으니깐요… 정율성은 "내가 왜 척본우에게 편지를 씁니까? 난 그 사람을 모릅니다. 편지를 쓰려면 강청에게 직접 써야지요. 연안에서부터 나는 강청과 잘 아는 사이었으니깐요."라고 했습니다."

강청은 정율성이 노신예술학원에서 공부할 때에 희극학부 지도원으로 있었다. 두 사람은 연안 초기부터 서로 잘 아는 사이었다. 그리하여 정율성은 강청에게 입장 표시 편지를 썼다.
다시 일할 수 있게 된 정율성은 가장 먼저 반제병원으로 달려갔다. 마침 방평은 다른 사람의 기록으로 자신의 정치역사 보고서를 작성하고 있었다. 정율성은 분노하여 말했다.
"로방은 병이 이 지경인데 왜 이런 걸 씁니까!"
"그 사람들이 자꾸 죄를 고백하라고 핍박합니다. 3일에 한 번씩 보고서를 제출하라고 하는데 어찌합니까!"
방평이 신음하듯 말했다.
정율성은 예술인들이 쓰러져가는 상황을 보고만 있을 수 없었다.
"나도 사람들을 조직해 전투대를 결성하겠습니다. 동지들의 문제를 실사구시하게 밝혀내려고 합니다."[271]
방평이 놀라서 그를 바라보았다. 곧 감격하며 정율성의 손을 꼭 잡았다. 폭풍우 속에서 확인하는 깊은 우정이었다. 사실 정율성은 풀려나기는 했지

---

[271] 『論鄭律成』, 延邊人民出版社, 1987年 10月, 148頁, 「什么比金子還要重要?」, 放平

만 아직 다른 사람의 진실을 밝히고 다른 사람을 구할 수 있는 처지는 아니었다. 이는 큰 모험이었다.

"좋습니다. 그 자식들 제멋대로 하라지요. 우린 우리식대로 할 겁니다. 오늘부터 자료를 나에게도 한 부씩 주시오. 하지만 그 망할 놈들에게는 절대 말해서는 안 됩니다."[272]

그리하여 방풍은 자료를 정율성에게 넘겼다. 반란파들은 이 소식을 알고 방풍의 집에 찾아와 그를 비판하였다. 방풍은 모든 고통을 참으면서 비밀리에 자료를 정율성에게 넘겨주었다. 정율성은 방평의 자료를 상부에 신고하여 소청하였다.

"자료를 보십시오. 우리는 실사구시하게 해야 합니다. 로방을 투쟁해서는 안 됩니다."

반란파들은 감히 자기들에게 도전하는 정율성을 가만두지 않았다. 정율성 문제 전문 조사조를 꾸리고 정율성을 지옥에 처넣으려고 작심했다. 정율성의 연안 시기 공문서가 문제였다. 연안 정풍 시기 강생의 중앙사회부가 노신예술학원에 보냈던 "간첩혐의 대상" 공문서가 고스란히 중앙악단까지 따라와 그의 후반생을 파란만장하게 연출했다.

반란파들은 대회에서 이렇게 선포했다.

"우리는 이제 곧 중앙악단의 '대상어'를 잡아낼 것입니다."

사람들은 깜짝 놀라 누가 '대상어'가 될지 가슴을 졸이며 지켜보았다. "대상어"는 평범한 "검은 무리"보다 더 엄한 징벌을 받게 된다.

"이 대상어를 잡아내면 모두들 깜짝 놀랄 것입니다. 이 자는 특무혐의분자입니다. 남조선 특무입니다."

그리하여 모두들 정율성인 줄을 알게 되었다.

방평의 억울함을 풀어주려던 계획은 수포로 돌아갔다. "대상어" 2명이 잡혀 나왔다. 정율성과 엄양곤이었다. 엄양곤은 일찍 입당했는데 어찌어찌하여 공문서에 탈당, 재가입으로 등록되어 있었다. 반란파들은 엄양곤이 틀림

---

[272] 『論鄭律成』, 延邊人民出版社, 1987年 10月, 148頁, 「什么比金子還要重要?」, 放平

없이 변절자라고 인정했다.

정율성은 "대상어", "대특무"라는 모자를 쓰고 매일 비판을 당했다. 어느 날 그는 턱을 고이고 앉아 깊은 한숨을 쉬였다. 아내에게 이렇게 말했다.

"중국 사람들은 나를 조선 사람이라 하고, 조선 사람들은 나를 중국 사람이라고 하는구려. 난 어느 쪽도 아니구려. 대흥안령에 가서 황무지나 개간하고 농사나 지으며 살아야겠소."[273]

방평은 지팡이를 짚고 시골에 있는 "5.7간부학교"로 쫓겨 갔다. 매일 밭일을 하고 닭과 개를 관리하면서 노동개조를 했다. 정율성은 매일 비판을 당하면서도 방평이 시골에서 돌아오면 꼭 방문했다. 방평은 정율성이 자기 때문에 얼마나 큰 위험에 직면했는지 알게 되자 아무 말도 하지 못하고 그의 손을 꼭 잡았다. 그래도 정율성은 "언제나 먼저 그를 위안하고 그 뒤에야 자신이 불쾌했던 이야기를 하곤 했다."

그 와중에도 정율성은 1960년도에 함께 정강산에 가서 생활체험을 할 때에 방평이 썼던 「추수기의」에 대해 물었다.

"로쩡도 보았지요? 나의 물건은 반란파들이 모두 수색해서 가져갔습니다. 재료 궤짝마저 들어갔습니다! 원고들까지 모두 가져갔는데 그 원고가 남을 리 있겠습니까?"

"이것이 어디 문화대혁명이란 말입니까? 사실은 문화에 대한 대유린입니다!"

정율성은 분노해서 말했다.

이 즈음 그는 일요일마다 유채원을 찾아갔다. 그가 유일하게 시름 놓고 이야기를 나눌 수 있는 사람은 유채원이었다. 정율성의 집은 국무원 숙소인 서변문에 있었는데 두 집 사이 거리는 약 15~16키로미터였다. 정율성은 자전거를 타거나 버스를 타고 찾아가곤 했다. 유채원은 다음과 같이 술회했다.

---

273) 丁雪松采訪彔, 梁茂春記彔, 2011年, 鄭小提提供

"정율성은 고민했습니다. 계급투쟁이 언제면 끝나는가? 창작도 할 수 없고, 모든 일은 청시해야 하고, 조금 도가 넘으면 반혁명이 되고…그가 고민스러워할 때면 우리는 같이 나가서 술을 마셨습니다. 그는 혈압이 높아 술을 마시지 못했습니다. 내가 마시지요. 번거로운 일이 있으면 더 높아지곤 했지요. 고민스러울 때마다 그는 조어대 뒤 저수지에 가서 물고기를 잡았습니다. 혈압을 낮추기 위해 밥을 먹지 않고 물만 마셨습니다."

어느 날부터 정율성은 매일 오후 일찍 집으로 달려갔다. 반란파들이 정설송을 잡아가려고 집 문을 뜯은 후부터였다. 운이 좋아 잡혀가지는 않았지만 안전을 위해 "집 문에 백철을 대고 대못을 박아 문을 마음대로 뜯지 못하게 했다."[274] 그러고도 시름이 놓이지 않아 해가 떨어지기 전에 집으로 가서 정설송을 지켰다.

이때 정율성의 인생에 귀인이 나타났다. 유채원이 정율성의 첫 번째 구명 은인이라면 이서는 그의 두 번째 구명 은인이었다. 그는 다음과 같이 술회했다.

"나는 내 인생에 로쩡을 잊을 수가 없다. 나는 그보다 혁명에 10년을 늦게 참가했고 나이도 그보다 열 살 넘게 어리지만 우리는 막역지교였다."

"자네, '문화대혁명' 시절에 진짜 한 가지 좋은 일을 했어. 정율성을 보호했잖아… "

이는 이서에 대한 엄양곤의 평가이다.

이서, 짙은 눈썹 아래 단정한 외겹 눈, 두툼한 입술과 음악가에게나 어울릴 숱 많은 곱슬머리, 길림 훈강사람이다. 총정치부 군악단 창작 조에서 음악 창작에 종사했던 그는 1958년에 첫교향곡「영웅편」을 창작해 전국 음악가협회 새작품 음악회 공연에서 대성공을 거두었다. 1959년에는 이 작품으

---

[274] 2009년 9월 유채원 녹취록, 북경의 그의 어구상점에서

로 인해 비판을 받고 지질 문공단 민악대 부대장으로 좌천됐다가 1964년에 중앙악단으로 전근되었다. 그 후 중국 음악사에 남는 중요 작품인 대형교향곡「용혼」을 내놓았다.

이때 이서는 30대 중반이었는데 어찌어찌하여 중앙악단 혁명위원회 부주임 자리에 올랐다. 그는 깜짝 놀랐다. 정율성이 어찌 "대상어", "대특무"란 말인가?

그는 정율성을 존경했다. 일본군에 점령당한 고향에서 그는 비밀리에 처음으로「연안송」을 듣고 감동을 금할 수 없었다. 팔로군이 그의 고향으로 왔을 때 처음으로「팔로군 군가」를 들었고, 1947년 열여섯 살에 군대에 갈 때「해방군 행진곡」(지금의「중국인민해방군 군가」)을 불렀다. 그는 정율성과 함께 상해에 가서 생활체험을 하면서 그의 가족사를 듣고 중국혁명에 바친 그의 사랑과 열정에 감동했다. 그는 정율성을 조사해서 그의 누명을 벗겨주려고 마음먹었다.

그가 친한 사람들과 이런 생각을 말했을 때 모두들 놀라며 말렸다. "나쁜 사람"을 밀고하고, 적발하고, 비판하고, 잡아내는 것으로 자신을 보호하는 세월이었다. 이미 잡혀 나온 사람을 보호한다는 것은 위험천만한 일이었다. 하지만 그는 마음을 돌리지 않았다.

그해가 1968년이었다. 이서는 다음과 같이 술회했다.

"나는 로쩡을 찾아가 정색하고 말했다. "저는 로쩡의 사건에 대한 역조사를 하려고 합니다. 가능한 빨리 로쩡의 문제를 밝혀내겠습니다." 그의 얼굴은 곧 어두워졌다. 표정이 엄숙하고 비통했다. 그는 나의 손을 꼭 잡고 말했다. "이건 위험한 일입니다! 나 때문에 연루되어서는 안 됩니다. 난 괜찮습니다. 난 당당합니다. 그 자들더러 한바탕 해보라고 하십시오."

나는 정중하게 말했다. "난 중국 사람입니다. 당신은 조선 사람입니다. 하지만 우린 모두 중국 공산당원입니다. 조선족 공산당원을 위해 난 아무런 위험도 두렵지 않습니다. 나에게 조사할만한 단서를 제공해주십시오!"

그는 오랫동안 나의 손을 꼭 잡고 감동하여 아무 말도 하지 못했다."

정율성은 이서에게 과거 경력서와 이를 증명할만한 사람들의 이름을 적어서 주었다.

지금 우리에게는 정율성이 육필로 쓴 "나의 정력서(我的政曆)"가 있는데 날짜가 없다. 원고지에 "북경시 전차공사 인쇄공장 출품, 69.7"라는 것이 찍혀있는 것으로 보아 69년도 7월 이후의 문서로 보인다. 정율성은 연안 시기로부터 시작하여 정치운동이 있을 때마다 이와 유사한 내용의 "이력서"를 조직에 수없이 많이 제출했을 것이다. 이서에게도 아마 이와 유사한 내용을 보내준 것으로 보인다. 이 이력서에서 이런 단락을 찾아 볼수 있다.

"매주 상해에 음악공부를 다니면서 나는 재빨리 박건웅과 연결이 되었으며 후에 성립된 중국 조선공산주의자 단체 "조선민족해방동맹"에 나도 참가했다. (이 조직은 설립후 줄곧 중국공산당과 연결이 있었으며, 항일전쟁기간에는 중경에서 "중공 중경 판사처"의 영도하에 사업했다. 이 상황은 주 총리, 외교부 왕병남 등이 알고 있다.)

…….

당시 조선 단체가 나를 일본 전화 검사소에 파견한 것은 조선 혁명단체의 필요에 의한 것이다. 나는 국민당과 아무런 조직관계도 없다… 내가 전화국에서 일본 전화를 감청한 사실은 당시 극비사항이었으므로 남경의 조선 동지들도 모를 것이다. 그러나 기타 정황은 연변의 황재림, 이화림, 심양의 조소경, 한청, 북경의 문정일이 증명할 것이다."

…….

이서는 중앙악단 혁명위원회 소개 편지를 가지고 가장 먼저 두군혜를 찾아갔다. 60세가 넘은 두군혜는 심한 관절염으로 병석에 누워 있었다. 그는 정율성의 가족사와 연안으로 떠나기 전까지의 투쟁 역사를 자세히 증언했다. 시인 하경지가 연안 생활을 증언했다. 주외치는 한창 갇혀있는 상황이고, 반란파들에게 감시를 당했지만 정율성의 조선 생활을 조리 있게 증언했다. 조선에 체류하다 돌아온 조선족 항일 간부들이 주은래 총리가 김일성에게 보낸 편지에 의해 정율성이 중국으로 오게 된 상황을 증언했고, 조선의용군에 있었던 조선족 항일 간부들이 김원봉 시절의 남경 투쟁 생활에 대해 증언했다.

이서는 십여 명을 조사해 증언을 받아냈다. 그는 증언 자료를 작은 나무함에 담아 교묘하게 상부에 넘겼다. 또 한 부의 자료는 중앙악단의 군 대표에게 넘겨주었다. 군 대표는 「인민해방군 행진곡」을 부르며 성장한 사람이다. 그는 정율성에 대한 이서의 반조사에 대해 은근히 묵인하고 지지했었다. 그런데 군 대표의 기색이 침울했다.

"이제는 조사를 하지 마십시오. 그 사람들이 이제는 당신을 조사하고 있습니다."

이서는 깜짝 놀랐다. 자신마저 위험한 상황에 놓이게 되었다. 얼마 후 더욱 놀라운 일이 발생했다. 군 대표가 강청에 의해 잡혀간 것이다. "강청은 군 대표를 '나쁜놈', '양성무의 사람', '516분자'라고 욕하면서 그를 진성 감옥에 수감시켰다. 이서에 대한 압력은 더욱 심해졌다."[275]

어느 날, 창작조의 한 동료가 이서에게 가만히 소식을 전했다.

"정율성도 곧 체포될 거라네!"

이서는 깜짝 놀랐다.

"선생은 어찌 알았습니까?"

"어제 강청이 교향악 반주로 된 희곡 「홍등기」를 심사하러 왔다가 말했어. 그리고 우회영이 강청에게 보고하는 걸 들었는데, 이제부터는 본보기극에 더는 정율성의 「해방군 행진곡」을 넣지 않고 「대도 행진곡」을 넣는다고 했어. 며칠 후면 바로 잡아갈 거야. 그러니까 당신 주의하라구. 절대 그 사람과 가까이하지 말어."

우회영, 1926년생으로 산동사람이다. 키는 크지 않으나 이마가 반듯하고 짙은 눈썹 아래 기민한 눈을 가진 그 역시 운명의 낙차가 컸다. 반우파 투쟁시기에 그도 억울하게 찍혀 이른바 노동개조를 당한 적이 있었다. 하지만 어찌 알았으랴. 경극에 남다른 천부가 있어 강청의 눈에 들게 될 줄이야. 강

---

275) 丁雪松采訪彔, 梁茂春記彔, 2011年, 鄭小提提供

청 덕에 상해시 문화분야 혁명주비위원회 주임, 상해음악학원 혁명위원회 부주임을 담당하게 된다. 이 기간에 그는 100여 명에 달하는 예술인들에게 억울한 누명을 씌워 박해하고, 이를 바탕으로 청운을 잡고 손쉽게 정치 가도를 달렸다. 그는 강청의 대리인이 되어 국무원 문화소조 부조장, 중앙 문화부 부장을 담당하며 위세를 부렸다. 그러나 "문화대혁명"이 끝나자 바로 자결하고 말았다.

정율성이 위험하다는 말을 들은 다음부터 이서는 출근하면 먼저 정율성의 자리부터 살폈다. 정율성이 있으면 안도의 숨을 내쉬곤 했다.

"다행이 그런 일은 발생하지 않았다. 한 주일이 지나갔다. 「해방군 행진곡」은 여전히 방송에서 흘러나왔다. 나는 그제야 마음을 놓았다."[276]

이서의 말이다.

그때로부터 정율성에 관한 모든 조사는 이서의 자료를 참고했다. 정율성은 한차례 또 한차례 위험을 피할 수 있었다. 이때로부터 정율성과 이서의 환란의 우정은 더욱 깊어갔다. 그들은 함께 우환과 슬픔과 희열을 나누었다. 폭풍우 속에서 남은 건 진정한 우정이었다.

서풍은 세차고

1970년 1월, 창밖으로 겨울 석양이 붉게 흘러들었다. 뜰안에 두툼하게 쌓인 눈 위에도 붉은 빛이 처연했다. 집안은 조용했다. 정설송은 머나먼 녕하 은천의 "5.7"간부학교로 노동개조를 하러 갔다. 정율성은 피아노 앞에 앉아 있었다. 소름이 돋을 정도로 격렬한 피아노 선율이 방안을 진동한다.

"서풍은 세찬데/ 창공에 기러기 떼 울고, 새벽 달빛 아래 서리 내리네/ 새벽 달빛에 서리 내리는데/ 말발굽 소리 부서져 울리고/ 나팔 소리 목이 메

---

[276] 『作曲家鄭律成』, 丁雪松 等 著, 遼寧人民出版社, 2009年 7月, 175~176頁, 「老鄭, 你在哪里?」, 李序

네/ 험난한 루산관 철벽이라 말라/ 오늘은 발걸음 달려 산봉우리 넘네/ 산봉우리 넘어가니/ 창산은 바다 같고 잔양은 피와 같네."

이날, 드디어「억진아 루산관」합창곡이 완성되었다. 이 작품은 모택동이 1935년 2월 2만 5천리 장정 중에 홍군을 이끌고 루산관을 습격하여 국민당 추격 부대를 물리치고 준의를 재차 탈취했을 때 쓴 것이다. 그는 이 시에서 처절한 전투를 회고하고 승리 후의 비장한 심경을 묘사했다. 정율성은 1958년 귀주에서 이 작품에 대한 창작을 시작했다. 이때에 와서야 창작이 완료된 것이다. 장장 12년의 창작 시간이 그의 사상의 변화와 음악의 변화를 말해준다.

"문화대혁명"을 통렬히 비판한 그가 왜 모택동 시사 가곡 창작을 선택했을까. 이 문제를 가지고 자료를 찾고 여러 명을 취재했다. 그중 다음과 같은 사람들의 견해가 비교적 대표적이다.

"문화대혁명"이 폭발하고 창작 권리를 박탈당한 후 그가 창작할 수 있는 작품은 없었다. 당영매의 아들이고 중국 예술연구원 음악연구원인 향연성은 증언했다.[277]

"그는 저의 어머니를 종종 찾아오곤 했습니다. '지금 저 사람들이 나를 작곡하지 못하게 하는데, 모택동 시사에 작곡하면 반대를 못하겠지요?'라고 하더군요. 한 작곡가에게 있어 작곡할 수 없는 것은 큰 고통이 아닐 수 없습니다."

이와 비슷한 증언을 한 사람이 또 있다. 작가출판사 전임 부주필 석만이다.[278]

"그는 나와 한담을 하면서 숨김없이 불만을 토로했다. 그의 가장 큰 원망은 '문화대혁명'이래 창작 권리를 박탈 당한 것이다. 그에게 가사를 써주는 사람이 없어서 그는 모 주석 시사에 작곡했다."

---

277) 2009年 9月, 在北京中國藝術研究所采訪向延生(唐容沒榮枚之子)
278) 別樣的紅旗渠──對33年前的追憶 石湾

전임 중앙악단 지휘가, 정율성의 음악지기 엄양곤의 견해는 조금 달랐다
"일종의 정신 기탁이었습니다. '문화대혁명'시기에 한 부류는 의기소침해서 소요파로 살았고 한 부류는 남들을 따라다니며 구호를 불렀습니다. 정율성은 어느 부류도 따르지 않고 시사 악곡 창작으로 일을 찾은 셈입니다."
이들의 견해는 다 일리가 있다. 이제 중앙음악학원 교수이고 정율성 음악 전문가인 양무춘의 견해에서 좀더 구체적으로 당시 정율성이 말하고 싶었던 강렬한 감정을 엿볼 수가 있다.
"모택동 시사와 진의 시사에 대한 창작은 억압된 감정에서 창작된 작품입니다. '서풍렬(西風烈)'[279]은 아주 처참하고 처량한 정서를 표현했습니다. '서풍렬'을 선택했을 때에는 자신의 내심의 복잡한 감정을 표현한 것입니다. 남들은 '문화대혁명이 좋다, 좋다, 좋다'라는 노래를 부를 때, 그는 '서풍은 세찬데/ 창공에 기러기 떼 울고, 새벽 달빛에 서리 내리네…'라는 아주 비장한 정서를 표달했습니다. 이것에는 당시 (억압정치 시기에) 말로 표현할 수 없는 감정이 스며있는 겁니다. 사실상 그는 문화대혁명에 대해 '서풍은 세찬데/ 창공에 기러기떼 울고, 새벽 달빛에 서리 내리네…'로 내심의 감정을 표현한 것입니다. 이 정서는 그의 만기(晩期)창작에 나타난 것으로, 이 때가 그의 음악 창작의 네 번째 고조기입니다. 이 시기에 우수한 작품들이 나타났습니다. 이는 아주, 아주 쉽지 않은 것입니다. 특수한 조건에서 특수하게 창작된 것입니다."
이 작품에 대한 음악계의 평가는 높았다. "예술적으로 보다 높은 경지에 이르렀다… 그의 선율의 구성, 음악적인 구조, 악구의 처리에는 심각한 사상과 장열한 감정이 깊이 스며있다…음조의 대폭적인 상승, 하강, 조화 현과 변화현 사이의 대비를 통해 사람들은 급박한 형세, 험악한 환경을 느끼고, 정서의 급격한 기복을 통해 회한을 느끼고, 침통해 하고, 그러나 용기를 잃지 않는 정서를 느끼게 한다."[280] "이 작품은…정율성 음악 창작의 새로운

---

279) 西風烈, 「억진아 루산관」의 첫 구절로 '서풍은 세찬데'의 뜻.
280) 『作曲家鄭律成』, 丁雪松 等 著, 遼寧人民出版社, 2009年 7月, 208頁, 「鄭律成合唱作品的藝術成就」, 嚴良堃

경지를 의미했다."[281]

「십육자령 3수」에 대한 음악계의 평가 역시 아주 높았다. "합창「십육자령 3수」는 아주 예상 밖의 수법을 썼는데, 이는 남들이 감히 쓰지 못하는 수법이다… 하지만 합창 예술의 각 성부의 특색과 기능을 충분히 발휘하여, 군산이 우중충하고, 바다가 사품치고, 만마가 들끓는 기세를 연출했다. 이는 시사 합창곡에서 드문 걸작이었다."[282]

엄양곤은 필자에게 다음과 같이 술회했다.[283]

"지금도 정율성의「십육자령 3수」는 중앙악단 합창단의 고정 작품입니다. 그의 작품을 부르기만 하면 전 장내가 출렁거립니다.「십육자령 3수」는 모두 48개의 글자로 구성되었는데 그는 같은 곡을 아홉 번 반복합니다. 활기 있고 생동감이 있습니다. 부르는 사람, 듣는 사람 모두 기뻐하지요. 이 작품은 내가 처리한 작품입니다.「청평락 육반산」도 아주 폭이 큰 작품입니다.「억진아 루산관」에 대해 작곡가들은 많이들 의기 분발한 작품으로 봤습니다. 사실은 아니지요. 홍군이 장정할 때에 가장 힘들었던 상황을 썼거든요. 앞에는 귀주군이 막고 뒤는 중앙군이 쫓아옵니다. 홍군이 상강을 지날 때 손실이 아주 커서 홍군은 당시 약자였습니다. 그런데 어떤 작곡가들은 의기분발한 분위기로 썼는데 정율성은 비창하고 비장한 분위기로 썼습니다. 참 잘 파악했습니다. 그 시대를 과장하지 않고 썼습니다. 고통스럽고 힘들기는 하나, 마음 속의 열화는 꺼지지 않았으며, 승리의 전경을 동경하는 상태로 썼는데, 아주 멋진 처리였습니다. 마지막은 평온하며, 원경을 상상하는 처리가 아주 좋습니다. 그는 모든 작품에서 일반화를 피하고 깊은 감정을 썼습니다."

---

281)『作曲家鄭律成』, 丁雪松 等 著, 遼寧人民出版社, 2009年 7月, 208頁,「鄭律成合唱作品的藝術成就」, 嚴良堃
282)『作曲家鄭律成』, 丁雪松 等 著, 遼寧人民出版社, 2009年 7月, 208頁,「鄭律成合唱作品的藝術成就」, 嚴良堃
283) 嚴良堃采訪彔, 2009年 9月 11日 下午 3点, 북경郊外 天通苑 20公里處 海德堡別墅 采彔

「심원춘 눈」을 쓰기 위해 정율성은 만리장성에 올랐다. 유채원은 이렇게 증언했다.

"그가 우리 집에 왔을 때는 아침 7시였고 우리는 8시에 출발했습니다. 8시반 기차를 타고 남구 기차역에서 철도부의 출근차를 갈아탔습니다. 그 때 표값이 36전이었습니다. 우리는 연경의 팔달령 만리장성에 올랐습니다. 만리장성에서 네 시간을 걸었지요. 눈이 많이 내려 오르기 힘들었습니다. 옷은 땀에 젖고 신발은 눈에 젖었습니다. 걸으면 덥고 걷지 않으면 추웠습니다. 그렇게 18.5키로미터를 걸었습니다. 나는 너무 힘들어 다시는 오지 않겠다고 맹세했습니다. 하지만 이 때 그는 아주 흥미진진해 했습니다.

이 작품을 위해 그는 만리장성에 네 번 올랐습니다. 세 번은 나와 함께 갔고 한 번은 아마도 이서와 함께 갔을 겁니다."

이해 여름, 정율성은 막바지 수정 작업을 거치고 나서 찾아간 사람이 교우다.

교우, 정율성과 처음 만났을 때 그는 영화 「붉은 아이」, 「유삼저」 시나리오 작가로 유명했다. 정율성보다 열세 살이나 적지만 절친한 천렵 친구로 지냈다. 북경 가극 무극원 원장을 지냈고 현재는 중국 가사계 "태두", 태산 북두 칠성으로 불린다. 그러니까 권위자라는 뜻이다.

정율성에 대한 교우의 인상은 이러하다.

"나는 정율성을 아주 늦게서야 알게 되었다. 그를 알게 된 후 그의 재능과 명성에 놀란 것이 아니라 그의 소박함과 솔직함에 놀랐다. 나는 그의 몸에서 명인의 분위기를 한 번도 느끼지 못했다. 나는 가끔 이런 생각을 했다. 그가 만일 신외지물(身外之物)인 명인이 아니었다 해도 그에 대한 나의 존경은 조금도 손색이 없었을 것이다… 그와 지내다보면 용감한 전사, 부지런한 농부, 아무런 사심이 없는 아기를 대한 것처럼 금방 솟아나는 우정을 느끼게 된다."

▲ 2009년 9월 북경 순의의 별장에서 필자와 인터뷰를 하고 있는 교우.

정율성이 교우를 찾아갔을 때 교우 역시 정율성과 비슷한 처지였다. 가택에 연금 당했고, 창작권리를 박탈당했고, 노동개조를 하거나 천렵을 하면서 세월을 보냈다. 정율성이 말했다.
"우린 마냥 이렇게 살 수는 없네. 무슨 일인가 찾아서라도 해야 하네."
"그렇지요."
"인민의 좁쌀 밥을 공짜로 먹어서는 안 되네."
"그렇지요."
"악보는 내가 썼지만 가사는 자네 손을 빌어야겠네. 자네는 서법에 능한 사람이니까."
"그러지요."
교우는 두 말없이 승낙하고 정율성의 집으로 왔다. 정설송이 시골에서 노동개조를 하고 있었기에 이서가 와서 이들의 화식을 담당했다. 교우는 붓을 들어 해서체로 가사를 올렸다. 그리고 이 가곡집 표지는 유채원이 만들었다.

"검은 무리인데 누가 써주겠습니까? 친구니까 써줬지요…지금 아마도 국가 당안관[284)]에 있을 것입니다. 국가가 소장했을 겁니다."

교우의 말이었다.

이 작품은 그의 운명을 더욱 굴곡지게 만들었다. 1971년 6월, 우회영은 정율성이 작품을 자기들에게 바치지 않고 직접 중남해에 보낸 것에 분노했다.[285)]

"정율성은 외국 가극「동백꽃 아가씨」에서 곡조를 따왔어.「동백꽃 아가씨」는 기생을 쓴 건데 이건 혁명 본보기극에 한바탕 맞서겠다는 거로군!"[286)]

어느 한 회의에서 그는 이렇게 말했다.[287)]

"정율성은 연안 시기부터 비판을 받아야 했어. 그의「연안송」은 완전히 소부르주아 정서야."

정율성은 분노해서 말했다.

"그 사람이 예술을 알기는 뭘 압니까! 그 사람이 연안과 서안의 구분을 안답디까? 내가「연안송」을 쓸 때에 그 사람은 아직 서안 그쪽 시골에서 짜개바지를 입고 다녔을 텐데!"[288)]

그의 작품「연안송」은 금지곡이 되었다. 한번은 연안 시절의 옛 전우 우란이 내몽골로부터 북경에 회의하러 왔다. 옛 전우들이 모인 자리에서 "정율성은 문을 닫아걸고 '4인무리'에 의해 금지된「연안송」을 목청껏 불렀다." 이것으로 마음의 울화를 풀었다.

우회영은 정율성을 비판 대상으로 찍었다. 전업 창작조 창작원들은 모두 노동개조, 통제 관리 대상이었기 때문에 전문 음악인이 아닌 과외 창작조에

---

284) 공문서를 관리하는 국가행정부서
285) 엄양곤 증언
286) 엄양곤 증언
287) 『作曲家鄭律成』, 丁雪松 等 著, 遼寧人民出版社, 2009年 7月, 206頁,「鄭律成合唱作品的藝術成就」, 嚴良堃
288) 『作曲家鄭律成』, 丁雪松 等 著, 遼寧人民出版社, 2009年 7月, 143頁,「每當我听見遠方的軍号聲」, 金帆

넘겨 비판하도록 했다. 그들은 대자보를 쓰고 회의장을 마련하며 정율성 비판 작업을 일사분란하게 준비했다. 정율성은 위험했다. 이때 엄양곤은 노음악가들에게 이런 말을 퍼뜨렸다.

"위에서 그 사람의 시사 합창곡을 몇 수 선택해 들어보겠다고 하던데요. 비판하지 말아야지요."

"위에서"라는 것은 곧 중앙을 의미했다. 엄양곤의 말은 재빨리 악단 혁명위원회에 전해졌다. 그들은 깜짝 놀라 바로 정율성에 대한 비판을 중지했다. 엄양곤은 정율성을 또 한차례 구해주었다.

사실상 그 자신도 누구를 구해줄 처지는 아니었다. 그도 노동개조, 통제 관리 대상이었다. 아내도 내몽골 "5.7간부학교"로 노동개조를 가다보니 두 딸은 내몽골 초원에 보내고, 딸 하나는 남의 집에 얹혀서 살았다.

엄양곤은 선견지명이 있었다. 1971년 후반, 중앙은 합창단에 정율성이 창작한 시사 가곡 작품을 시창해 반응을 들어보라는 지시를 내렸다. 사실 이것은 이 작품들을 공연하려는 계획이 있어서가 아니었다. 다만 정치자본을 쌓아 남에게 보이기 위한 것이었다.

엄양곤도 변소 밑층 악단 다용도실에 거주했다. 지린내가 코를 찌르고, 천정에서는 시도 때도 없이 오물이 흘러내려 세수대야로 받아내곤 했다. 이런 방에서 정율성은 엄양곤과 함께 합창곡과 독창가곡을 골라냈다. 이 곡들은 엄양곤의 지휘하에 중앙 방송합창단에서 시창하고 녹음했다. 그러나 여전히 공연은 승인되지 않았다.

이 해 여름, 정설송은 정율성 먼저 고난의 바다를 건넜다. 시골에서 노동개조를 하면서 해 뜨면 일하러 가고 해 지면 밭에서 돌아오는 농부의 삶을 살다가 갑자기 외교부의 통지를 받는다. 그녀는 외교부 직속인 중국 인민대외우호 협회에 소환되어 비서장을 담당했다. 동시에 중국·아프리카 친선협회 부회장, 중·소 친선협회 부회장 등을 겸했다.

아내가 없는 생활은 끝났다. 정율성에게는 큰 위안이었다. 하지만 돌아온 아내는 매일 주은래 등 당과 국가 주요 지도자들의 외사활동을 위해 바빴다. 중요한 외국손님을 맞이하거나 중국 부녀 대표단 부단장으로 알바니아 전국 부녀대표 대회에 참가하고, 중국 예술단 부단장으로 카리브해 3국을 방문했다. 주말에나 겨우 만날 수 있었다. 부부는 "마주 앉아 도란도란 이야기할 사이도 없었다. 함께 차를 타고 놀러간 적도 없었다. 정설송이 가장 후회한 일이 바로 이것이다."[289]

어느 날, 정설송은 자기가 얼마나 소중한 것을 놓쳤는지를 통감했다. 그것은 정율성의 건강이었다. 정율성은 혈압이 더 높아지고 건강이 점점 좀먹어 가고 있었다.

자유의 꽃 만발하리

4인무리는 중앙의 고위층에도 피비린내 나는 숙청을 가했다. 류소기, 등소평, 주덕, 진의 등 개국공신 고위층 지도자들이 홍위병들의 비판을 받았다.

정율성은 자신도 "검은 무리"에 속했지만 기회만 있으면 물고기를 잡고 김치를 담가 가지고 당시 검은 무리로 몰려 비판 받는 지도자들을 위문했다. 그는 국무원 농업 개간부 부장이고 상장이었던 왕진, 국무원 화교 사무 판공실 주임 요승지 등과 함께 교외로 가서 천렵을 했다. 또 호요방(80년대에 중국 공산당 중앙위원회 총서기를 담당.)을 방문해 그들에 대한 존경과 그들의 불우한 정치 운명에 대한 안타까운 마음을 전했다. 사실 당시로 말하면 큰 위험을 감내해야 할 일이었다. 하지만 항일투쟁 속에서 그들과 맺은 우정을 그는 잊지 않았다.

요승지는 정율성의 음악을 좋아했다. 1942년 5월 30일, 중공 남방국 위원 및 홍콩 주재 팔로군 판사처 주임이었던 요승지는 국민당 특무들에게 체포되어 강서의 마가주 집중영에 감금되었다. 그 때 그는 감옥에서 「연안송」을 높이 불렀다. 체포된 동지들이 더 있는지 알기 위해서였다. 아니나 다를까 다른 감방에서 「연안송」을 부르는 노래 소리가 울려왔다.[290] "그 특수한 시

---

289) 2009년 9월 유채원 녹취록, 북경의 그의 어구상점에서
290) "廖承志在馬家洲集中營羅仁佳"《党史文苑》—2005年 第15期

기에 연안송"을 아이콘으로 동지들과 연락을 취한 것이다.

왕진은 연안 시기부터 정율성과 깊은 우정을 쌓았다. 그는 "검은 무리"로 몰려 박해를 받으면서도 정율성과 함께 「연안송」 이중창을 부르고, 녹음해 승용차에 가지고 다니며 듣곤 했다. 전임 외교부 부부장, 당중앙 서기처 서기였던 왕가상이 4인무리의 박해를 받아 세상을 떠난 후 왕진은 그의 부인 주중려를 찾아가 위로했다. 왕진은 왕가상과 함께 했던 연안 생활을 추억하며 정율성과 함께 불렀던 이 노래를 들려주었다. 「연안송」은 격정의 시대에 바쳐진 그들의 희생과 정감의 부호였다. 또한 항일 인생 역정에 대한 역사의 증거이기도 했다. 왕진과 주중려는 눈물을 머금고 「연안송」을 함께 불렀다.[291]

왕진은 다음과 같이 술회했다.

"우리 노동지들의 처지가 어려웠을 때 그는 늘 음악예술을 통해 우리에게 낙관적인 정서와 승리의 신심을 부여해주었다. 우리가 국가대사를 의론할 때면 그는 늘 국가의 동란에 대해 우려했다…그는 우리에게 전기적인 영웅 주덕 총사령을 위해 음악을 만들겠다고 말했다. 또 나에게 함께 주 총사령을 방문하자고 했지만 안타깝게도 그의 염원은 실현되지 못했다."

정율성은 연안에서 자신의 결혼식을 위해 총과 탄약을 빌려주었던 주덕 총사령을 잊지 않았고, 정치 박해를 받고있는 주덕을 위로하고 싶었.

전임 중앙군위 비서장, 인민해방군 총창모장, 국방부 부부장이었던 나서경도 「연안송」을 좋아했다. "문화대혁명 기간"에 그들 부부는 감옥에 갇혀 박해를 받았다. 나서경은 자결하려고 건물에서 뛰어내렸으나 목적을 이루지 못하고 불구자가 되었다. 감옥에서 그들 부부는 아침마다 「연안송」을 불러 서로가 무사하다는 메시지를 보내고 서로를 격려했다. 「연안송」은 그들에게 무기였고 힘이었다."[292]

---

291) 「王震將軍的歌聲」, 〈人民日報〉, 1993.08.26, 第5版/朱仲麗
292) 2009年 4月 在北京采訪孟于:羅瑞卿, 1977年 12月, 紀念 鄭律成逝世周年音樂會上

이해 1971년 9월 13일, 중국 역사상 중대한 사건이 발생했다. 반대파를 숙청하고 모택동의 신임을 독차지했던 임표가 모택동과 틀어지자 비행기를 타고 국외로 도주하다가 몽골에서 비행기 추락 사고로 숨졌다. 이 일을 계기로 당시 "검은 무리"로 몰려 연금 당했거나 노동개조를 했던 많은 고위간부들과 지식인들이 풀려나 돌아왔다. 하지만 이들은 조용히 집안에 있어야 했고 마음대로 사람을 만날 수 없었다. 자칫하면 반혁명집단으로 몰릴 수 있기 때문이다. 하지만 정율성은 이들을 비밀리에 방문해 위로하곤 했다.

저명한 작가 백인이 시골에서 돌아오자 그는 함께 호성하, 수포자, 석경산에서 노숙하며 천렵을 하고 함께 울분을 터뜨렸다. 혼자 작은 방에 쫓겨나 있던 저명한 작가이고 북경 영화촬영소 감독이었던 능자풍을 한밤중에 비밀리에 방문하고, 묵은 반찬에 밀국수를 끓여먹으면서 돌아가는 시국을 통탄하고 강청 일당을 욕했다. 그는 또 낮은 처마, 비가 새는 컴컴한 집에 홀로 있는 연안 항일군정대학 시절 제자 주자기의 집으로 자주 찾아갔다. 주자기의 아내는 감옥에 갇혀 있었다. 그들은 함께 "극도로 비정상적인 현상에 대해 우려하고 분노했다. 가끔은 기뻐하고, 가끔은 비통해 하고, 가끔은 머리를 수그리고 침묵을 지켰으며, 가끔은 악인들에 대해 통렬하게 질책했다."

또 어느 날 밤, 그는 "검은선 인물"로 찍혀 집에 연금된 유백우의 집 문을 두드렸다. 유백우는 다음과 같이 술회했다.

"우리는 감동하기도 하고 기쁘기도 하여 손을 잡은 채 할 말을 잊었다. 우리는 모두 머리에 서리가 내렸다. 그는 나의 신체 상황에 대해 관심조로 물었다. 자기는 괜찮다며 혈압이 높을 따름이라고 했다. 그는 여전히 정직했다. 그는 "4인무리[293]"가 독점한 악단에 대해 솔직하게 말하면서 "난 그자들의 악단으로 가지도 않습니다."라고 했다…나는 그의 마음도 나처럼 무겁다는 것을 느낄 수가 있었다. 하지만 그는 여전히 뜨거운 열정으로 충만되어

說此事, 并要求老戰友合唱團再唱一遍「延安頌」, 過年 3月 去世.
293) 당시 "문화대혁명"의 키잡이들이었던 강청, 장춘교, 요문원, 왕홍문

있었다. 그는 나더러 가사를 써달라고 하면서 자신이 작곡하겠다고 했다. 하지만 내가 무슨 대답을 할수 있으랴. 우리는 언젠가 진달래에 관한 노래를 만들자고 약속한 적이 있다. 20년이 지났지만 나는 이 일을 잊지 않았다. 하지만 이날 밤, 나는 아무런 말도 할 수 없었다. 그 때 우리가 어찌 자유롭게 노래를 부를 수가 있었겠는가!"

유백우의 집은 정율성의 집과 가까운 거리에 있었다. 정율성은 문을 나서면서 말했다.
"우리 집으로 놀러 오십시오! 괜찮습니다!"
하지만 유백우는 정율성에게 연루될까 봐 가지 않았다. 이것이 그들의 마지막 이별이 될 줄은 몰랐다.

뒤숭숭한 나날에도 그믐의 폭죽소리는 요란했다. 그렇게 1972년이 밝았다.

며칠이 지난 1월 6일, 비보가 전해왔다. 진의 원수가 별세했다는 것이다. 중앙 정치국 위원, 국무원 부총리, 외교부 부장이었지만 그도 일개 홍위병들에게 비판 투쟁을 당하는 운명을 면하지 못했다. 그는 비인간적인 목욕과 매를 맞으면서도 연설을 발표해 "문화대혁명"의 위해성을 폭로하고, 모택동에 대한 개인 숭배를 반대했고, 류소기, 등소평, 주덕 등 걸출한 혁명가들을 박해하는 행위에 대해 분노를 토로했다. 결국 4인무리에 의해 5년간 박해를 받다가 대장암에 걸려 세상을 떠난다.

정율성은 비통을 금할 수 없었다. 1962년에 그가 지식인을 보호했기에 「망부운」이 공연될 수 있었다. 자신에 대한 진의 원수의 특별한 배려를 잊을 수 없었다. 왕진은 정율성에게 이렇게 말했다.

"진의 원수는 병이 위중해지자 피아노 음악을 듣고 싶어 했다네. 그래서 부인 장천씨가 '정율성 동지를 청해서 한 곡 연주해 드리는 게 어떻겠습니까?'라고 했다네. 진 부총리께서는 머리를 저으시면서 '남에게 불필요한 부담을 주지 마시오.'라고 하셨다네."

진의가 마지막으로 들은 음악은 베토벤의 「영웅 교향곡」이었다.

정율성은 왕진의 말을 듣자 더욱 마음이 괴로웠다. 감정이 격해져 말했다.
"막상 저더러 피아노를 치라고 하면 아마도 저는 감정을 억제하지 못했을 겁니다."

진의는 혁명가, 군사가였지만 또한 재능 있는 시인이었다. 정율성은 그의 시 4편에 작곡하는 것으로 그에 대한 존경과 추모의 감정을 표시했다. "「바람이 칼로 에이던 그 나날에」 이 노래는 창작해도 공연 불가였다. 공연은 커녕 '4인무리'에 발각되기만 하면 큰 화근을 불러 올 수 있었다."[294] 하지만 정율성은 이제 공연할 수 있는 노래를 기대하지 않았다. 인간의 "불평과 희망"을 표현할 수 있는 노래면 족했다.

「매령 3장」은 1936년 겨울에 진의가 국민당군의 포위 속에서 그를 잡기 위해 불을 지른 매산에 숨어 쓴 시이다. 정율성은 3장의 시를 압축해 노래로 만들었다.

"단두대 앞에 두고 생각에 잠기네/ 간거한 창업 백전(百戰)을 거쳤네/ 이번 저승길에 옛 부하 불러/ 십만 대군으로 염라대왕 목 자르리/ 혁명에 투신해 사해(四海)가 집이네/ 피비린 바람 끝나야 하건만/ 정의를 위해 목숨을 버리니/ 자유의 꽃 인간 세상에 만발하리"

이 시로 창작한 정율성의 음악 작품의 "침울하고 비장한 선율은 역사를 묘사한듯 하지만 실제로는 현재를 말하고 있었다. 이 노래를 통해 피비린 폭풍을 일으킨 '4인무리'에 대한 분노를 표현했고, 노혁명가들이 겪은 고난에 대한 절절한 동정을 표현했다."[295] 또한 쑥밭이 된 이 나라에 언젠가는 「자유의 꽃이 만발」하리라는 그 자신의 희망과 확신이 들어 있었다.

한 해가 지나고 1973년 2월 7일, 그는 북경 영화촬영소에 출근했다. 감독

---

294) 『作曲家鄭律成』, 丁雪松 等 著, 遼寧人民出版社, 2009年 7月, 213頁, 「寫在鄭律成作品音樂會之后」, 陳蓮.
295) 『作曲家鄭律成』, 丁雪松 等 著, 遼寧人民出版社, 2009年 7月, 78頁, 「時代的歌手」, 丁雪松.

은 영화 「남정북전」을 다시 촬영하면서 정율성에게 영화음악을 부탁했다. 하지만 우회영이 이를 막아 나섰다.

"정율성은 우리 사람이 아닙니다. 그 사람에게 시키지 마십시오."

악단을 장악하고 있던 "노동자 선전대"는 정율성에게 구양산존과 함께 "운천전가"라는 극의 음악을 창작하라고 지시했다. 두 사람은 한 아파트에 살았는데 정율성은 4층, 구양산존은 2층이었다. 구양산존은 "자본주의 길로 나가는 집권파"라는 딱지를 달고 있다가 금방 "해방"되기는 했지만 여전히 감시 대상이었다. 두 사람은 워낙 친한 사이인데다가 모처럼 창작의 권리가 주어지자 즐겁게 창작을 시작했다. 하지만 그 시대의 예술창작이란 자유로울 수가 없었다. 두 사람이 합작한 「운천전가」는 완성되었고, 왕진과 호요방도 와서 관람하고 만족을 표했다. 하지만 "4인무리" 대리인들은 "3돌출 창작 원칙"에 의해 고치라고 핍박했다. 구양산존이 시나리오를 고치고 또 고쳤지만 그들은 또다시 고치라고 강요했다. 음악도 따라서 고쳐야 했다.

중앙악단은 모든 분야에 군림하면서, 특히 예술분야에 강한 지배 집착을 보였던 강청과 그의 하수인 우회영의 직계에 소속되어 있었다. 정율성의 말대로 그야말로 "그 자들의 악단"이었다. 그러므로 그들의 규범과 정치 이상에 맞춘 음악을 창작하느냐 안하느냐, 이 두 갈래 길만이 남았다. 따르면 정치가도를 달릴 수 있고, 따르지 않으면 억압을 당했다. 정율성은 후자를 선택했다. 한 마디로 수정을 거절했다.

그는 동료 시락몽에게 말했다.

"난 그자들을 위해 가공송덕을 하지 않을 것이오. 그 사람들을 위해 음표 하나 쓰지 않을 것이오!" [296)]

구양산존도 간염을 핑계로 수정을 거절했다. 구양산존은 다음과 같이 술회했다.

---

296) 『論鄭律成』, 延邊人民出版社, 1987年 10月, 117頁, 「憶戰友鄭律成同志」, 時樂濛

"그 후의 나날에 나는 문을 닫아걸고 병을 치료했다. 그 역시 아무런 창작도 하지 않았다… 가끔 그는 우리 집에 놀러오곤 했다. 언제나 얼굴에 근심이 가득하고 우울했고, 우리는 마주보며 아무 말도 하지 못했다."

얼마 뒤 정율성은 이사를 했다. 아내 정설송이 대기창 1호에 있는 중국 대외우호 협회 울안에 집을 배정 받은 것이다. 잠이 오지 않는 밤이면 호성하에 가서 고기그물을 쳐놓고 새벽이면 팔딱팔딱 뛰는 생선을 만지던 정든 동네를 떠났다. 답답할 때면 구양산존 등 예술계 친구들과 함께 이야기를 나누곤 했었는데, 친구도 없고 경비도 삼엄한 곳으로 왔다. 아내가 없는 생활이 청산되고, 아내 직장이 코앞이어서, 주말부부로 지내는 일은 없어졌다. 하지만 정율성은 외로웠다.

울분이 쌓이는 나날이면 정율성은 반드시 유채원을 찾아갔다. 이날 정율성은 유채원과 함께 통현으로 가서 천렵을 했다. 유채원은 필자와의 인터뷰에서 다음과 같이 술회했다.

"나는 그물을 치고 정율성은 오선보를 적으며 창작을 했습니다. 하늘에는 비행기가 떠있었습니다. 그물을 다 치고 와보니 정율성이 보이지 않았습니다. 민병들이 지나가다가 하늘의 비행기와 정율성이 쓰고 있는 오선보를 번갈아 보더니 다짜고짜 정율성을 압송해간 겁니다. 민병들을 쫓아가 따졌더니 그들은 이 사람이 비행기를 살펴보며 암호를 그리고 있으니 특무가 틀림없다고 했습니다. 나는 어이가 없어서 정율성과 오선보에 대해 한바탕 설명했습니다. 그제야 그들은 정율성을 풀어주고 미안해하며 도시락을 가지고 와서 같이 식사하자고 했습니다. 당시의 사람들은 "정치운동"의식이 있어서 적하면 사람을 경계하고 의심했습니다."

이런 세월, 이런 사람들, 정율성은 참담했다.
이해 7월, 정율성은 오랜만에 중앙 문화조 견학조 명단에 들어 중경에 가서 대형 화극 「첨예하게 맞서」를 관람하게 되었다. 뜻밖에도 작자가 정율성이 태항산에서 만났던 가강일줄이야. 태항산의 청장하 소리와 감나무, 산초나무, 호두나무가 우거진 숲에서 서로 억세게 포옹했던 사람, 당시 그는 팔로군129사 선전과 간부였다.

가강은 한동안 "검은 무리"로 몰리다가 다시 창작의 권리를 부여받았다. 하지만 그가 집필한 중경 담판에 관한 화극「첨예하게 맞서」는 강청의 손에 들어가자 바로 "엄중한 문제"가 있는 것으로 인정되어 공연 불가 판정이 내렸다. 이 작품은 중앙 문화조 견학조의 공연 요구에 의해 내부 공연을 하게 되었다.

두 사람은 서로를 힘 있게 포옹했다.
"아직 살아있었군요!"
"구사일생이네!"[297]

그들은 서로 암호나 맞추듯이 말했다. 그 말 한마디로 그 동안의 간난신고에 대해 알게 되는 것이다. 정율성은 그를 자리에 눌러 앉은 후 낮은 소리로 말했다.

"200년 전의 한 영국 사람이 자네에게 이 말을 전해주라고 하더군. 그는 반복적으로 연구한 결과라고 하더라구. 가해자는 영원히 피해자를 잊지 못한다고 하네. 피해자가 자기를 잊었고 양해했다고 하더라도 말일세. 가해자는 언제나 기회를 엿보아 피해자를 죽음에 몰아넣고야 만다네. 가해자는 내심의 공포를 피할 수 없기 때문이라네!"[298]

"아, 이건 헨리 필딩이『대도 조너스 와일전』에서 한 말이군요. 저는 이 점에서 그분이 저보다 선지선각 하셨다는 걸 인정합니다!"

이 한 마디로 이야기를 다 했고 마음을 다 나눈 셈이다. 4시간 동안 말 한 마디 없이 극을 보았다. 불이 환해지자 정율성은 흥분을 감추지 못했다.

"좋습니다. 아주 좋은 작품이군요."

---

297)『作曲家鄭律成』, 丁雪松 等 著, 遼寧人民出版社, 2009年 7月, 120頁,「戰歌和戰士」, 柯崗

298)『作曲家鄭律成』, 丁雪松 等 著, 遼寧人民出版社, 2009年 7月, 120頁,「戰歌和戰士」, 柯崗

"너무 긴 것 같아서 압축해야 하겠습니다."

"시나리오를 빨리 인쇄해서 중앙 문화조에 보내십시오. 우리는 곧 돌아가 중앙 문화조에 보고하겠습니다. 꼭 북경에서 공연되도록 합시다."

정율성은 위험을 무릅쓰고 이 작품을 중앙 문화조에 추천했다. 하지만 여전히 공연 불가였다. 그는 이 작품을 들고 호요방을 찾아갔다. 호요방은 영도 직위에서는 밀려났지만 이 작품을 적극 지지했다.

"나에게 중앙의 전보문이 있으니 절대로 반성문을 쓰지 말라고 하십시오. 당신의 관점은 정확합니다!"

호요방은 다음과 같이 말했다.

"내 처지 역시 당신들보다 더 좋지는 않습니다. 내 보기에 이 극은 아주 좋습니다. 하지만 지금 공연이 금지됐으니 이후에 공연할 준비를 하시오. 역사적으로 문인은 모두 고생했습니다. 당신들도 고생할 준비를 하십시오. 하지만, 절대로 틀린 방향으로 나가지 마십시오. 한 발자국도 나가서는 안 됩니다!"299)

호요방의 말은 정율성에게 큰 힘이 되었다.

정설송은 다음과 같이 술회했다.

"당시 이미 복직한 등소평은 모 주석에게 보고를 올렸다. 모 주석도 (「첨예하게 맞서」를) "공연하게 하시오."라고 동의했다고 한다. 하지만 「첨예하게 맞서」는 "문화대혁명"기간에 북경에서 끝내 공연되지 못했다."

정율성이 위험을 무릅쓰고 화극 「첨예하게 맞서」의 북경 공연을 추진했지만 그 노력은 수포로 돌아갔다.

자유의 조건

---

299) 『作曲家鄭律成』, 丁雪松 等 著, 遼寧人民出版社, 2009年 7月, 121頁, 「戰歌和戰士」, 柯崗

1974년이다.

정율성은 노동개조를 하라는 통지를 받았다. 방평도 명단에 들어 있었다. 방평은 "5.7간부학교"에서 4년간 노동개조를 하고 전날에 돌아왔다. 그런데 또 노동개조를 해야 한다니. 정율성은 방평에게 그동안 악단에서 있은 일들에 대해 자세히 말해주었다.

"지금은 가사를 쓰기만 하면 토론에 회부됩니다. 토론을 하면 바로 '총살' 당하지요."

"어떻게 할 작정입니까?"

"그 자들에게 아무것도 써주지 않을 생각입니다. 로방은 어떻게 할 작정입니까?"

"나도 그자들을 위해 한 줄도 쓰지 않을 생각입니다!"

둘은 우란산 국영 비닐론 공장에 배치돼 매일 한나절씩 노동개조를 했다. 비닐론 공장은 일본에서 설비를 들여와 99%가 기계화였다. 유독 원료 투입만은 인공으로 해야 했다. 정율성과 방평은 매일 24킬로그램이 들어있는 원료주머니를 날라다가 실을 풀고 투입구에 쏟아 붓는 일을 했다. 정율성은 반신불수인 방평을 만류했다.

"나는 견딜 수 있지만 로방은 안 됩니다. 손발이 말을 잘 듣지 않는데 그냥 쉬십시오."

노동은 힘들었지만 즐거운 때도 있었다. 민요를 채집하는 일이다.

저녁이면 두 사람은 약속을 하고 살그머니 임시숙소를 떠났다. 타성에서 실습하러 온 노동자들을 비밀리에 만나 취재했다. 이들은 사천, 운남, 감숙, 상해에서 왔다. 두 사람은 그들 숙소에 가서 누구나 민요 한두 곡씩 불러달라고 요청했다. 그러고는 정율성이 먼저 노래 3곡을 불렀다. 매번「연안송」, 「연수요」를 불렀고 그 다음의 곡은 수시로 바꾸었다.

당시 "4인무리"는 민요를 금지시켰다. 전국적으로 "본보기극"만 부를 수 있었다. 민요는 "방탕하고 쌍스럽다"고 하면서 민요를 부르는 사람은 유죄 취급을 했다.

방평은 다음과 같이 술회했다.

"우리가 이 '비밀'활동을 할 때면 실습팀이 거주하는 집안, 복도, 창문 밖의 공터까지 사람들이 빼곡히 모이곤 했다… 우리 소조의 사람들이 어디로 갔다 오느냐 라고 물으면 우리는 '산책했습니다!'라고 대답하곤 했다. 당시에는 이런 비밀스런 산책을 통해서만이 억압된 정서에서 잠시나마 해방될 수 있었다."

이 시기 정율성은 감시를 당했다. 때문에 이런 비밀스런 활동은 위험한 일이었다. 진대평은 다음과 같이 술회했다.

"1974년 여름, 나는 정율성과 약속하고 …그의 집으로 찾아갔다… 집을 찾지 못해 다시 돌아왔을 때 "전달실"의 직원은 한창 전화에 대고 상부에 보고 하고 있었다. "어떤 사람이 정율성을 찾습니다!" 신비한 분위기였다. 필경 그 때는 그런 시대였으니까…"

또 무슨 괴상한 정치운동이 일어났다. 금방 "공자를 비판"하더니 또 "법가를 평하고 유가를 비판"한다고 한다. 정율성과 방평은 직장에 돌아와 정치운동에 참가하라는 통지를 받았다. 매일 괴상한 "학습"과 토론이 이어졌다.
정율성과 방평은 이 운동을 피할 방법을 의논했다. 정치운동에서는 침묵만이 유일한 저항이었다. 두 사람은 차라리 시골에 가서 노동을 하는게 더 낫겠다는 결론을 내렸다. 그리하여 어렵사리 허가를 받고 노동개조, 생활체험이란 구실로 시골로 향했다. 의심을 당하지 않기 위해 정율성은 북신보에 가고 방평은 연경으로 갔다. 북신보와 연경은 5리를 사이 두고 있었는데 주로 정율성이 방평에게로 가곤 했다. 중앙악단 혁명위원회의 공식 요청에 의해 그곳 연경혁명위원회가 방평을 통제대상으로 규제했기 때문에 방평은 마음대로 다닐 수 없었다. 두 친구는 자주 만나 서로의 상처를 위로했다.
정율성에게는 아직도 가극에 대한 꿈이 남아 있었다. 그가 마지막으로 시도한 가극은 전국 노동모범이고 "무쇠사람"이란 칭호를 받은 대경 노동자 왕진희에 대한 것이다. 하지만 중앙악단 혁명위원회가 승인하지 않아 창작할 수 없었다.

　수많은 상실과 분노 속에서 겨울이 지나고 1975년이 왔다. 고혈압은 점점 더 심해갔다. 자연 속으로 들어가 스트레스를 풀고 끼니를 굶어 혈당을 떨어뜨리는 방법으로 혈압을 통제했다. 정율성의 이른바 이 비결이 결국은 병을 키우고 있었다.

　하수상한 세월에 긴장은 한 시도 늦출 수 없었다. 이날도 "4인무리"의 대리인은 갑자기 이들을 불러들이고 임직원들을 긴급 집합시켜 종이를 한 장씩 나누어주며 밀고서를 쓰라고 했다. 누구에게서 어떤 요언을 들었고 누구에게 전해주었느냐, 요언을 믿었느냐 등이다. 정율성은 "4인무리"가 미웠기 때문에 이서 등 친한 친구끼리는 늘 그들에 대한 불만을 터뜨리곤 했다. 정작 조사를 할 때면 정율성도 긴장해지는 것이다. 자신이 봉변을 당하는 것은 괜찮지만 아내 설송이 연루될까 봐 걱정됐다. 그는 평소에 말을 주의했고 사람들도 마음대로 사귀지 않았다.[300] 이때 이서가 가장 먼저 등기 용지를 내면서 일부러 정율성에게 눈짓했다.

　"난 종래로 들은 적 없음."

　그의 등기 용지의 큰 글자가 정율성의 눈앞을 스쳐 지났다. 정율성은 큰 위안을 느꼈다.

　일요일 날, 정율성은 유채원을 찾아갔다. 암울한 시대 그가 고통을 줄일 수 있는 방법은 유채원과 함께 천렵하러 가는 것이었다. 유채원은 다음과 같이 말한다.

"그물을 금방 쳤는데 비가 왔습니다. 자전거 두 대 사이에 비닐을 치고 앉았습니다. 밥을 먹으면서 4인무리를 욕했습니다. 강가에서는 들을 사람도 증인도 없으니깐요. 물이 차오르면 뒤로 물러났습니다. 그 때마다 한바탕 웃었지요. 밤이 되고, 새벽이 되고, 우리가 꼭대기까지 물러났는데도 물은 계속 차오르더군요… 끝내 비가 멈추고 길이 나더군요. 배가 고팠습니다. 그

---

300) 2009년 9월, 유채원 녹취록, 북경의 그의 어구상점에서

때는 음식을 사려면 식량 배급표가 있어야 했습니다. 멀리에 두부장수가 나타나더군요. 정율성은 무척 기뻐하더니 두부 열 모를 샀습니다. 나는 한 모를 먹고 정율성은 두 모를 먹었습니다…가끔 자신이 작곡한 노래를 불러보고는 나에게 어떠냐고 물어보았습니다. 나는 모르겠다고 했습니다. 워낙 모르니깐요."

고통스러웠던 세월, 정율성에게는 속이 깊고 자연을 좋아하는 유채원이 상처를 치유하고 마음을 추스릴수 있는 쉼터였다.
정율성은 정치운동 속에서 수많은 밤을 고민했다. 그는 사면으로 조여오는 위험을 느꼈다. 언젠가는 직장에서 쫓겨날 수도 있다는 생각을 했다. 이럴 경우를 대비해 방평과 의논하고 싶었다. 그리하여 방평이 있는 연경으로 갔다. 방평은 비료를 줍고 있었다. 정율성은 엄숙한 표정으로 물었다.
"생각해보았습니까? 만일 국가에서 우리에게 월급을 주지 않는다면 로방은 어떻게 살 작정입니까?"
"농민이 되어서 매일 소나 몰고 비료나 주우면서 살지요."
정율성은 머리를 저으며 말했다.
"안 됩니다! 로방은 지금 매일 생산대의 비료를 줍고 있지 않습니까? 농민들이 로방에게 보수를 얼마나 줍디까? 생산대의 농민들이 로방이 주은 비료를 대단해 하는 것 같습니까? 아니지요. 한 가지라도 기술을 배워두어야 합니다. 나는 벌써 생각해두었습니다. 만일 그자들이 월급을 주지 않는다면 천렵을 하고 사냥을 할 작정입니다. 이 두 가지로 생활을 유지할 수 있습니다. 로방도 이후에는 내가 있는 북신보에 오는 게 좋을 듯합니다. 과수 재배와 관리를 잘 배워서 과수원 기술 전문가로 되십시오. 그렇게 되면 로방의 생활도 보장될 수 있습니다. 그리고 우리는 계속 함께 창작할 수 있게 됩니다. 잘 고려해보십시오. 어떻게 생각합니까?"
정율성은 체제의 포기를 당했을 경우를 염두에 두고 있었다.
천렵과 수렵, 그리고 창작, 이것이 정율성의 자유의 조건이었다.
교우는 다음과 같이 말했다.

"인생은 나름대로 고단하다. 정율성의 어려움은 정작 젊은 시절의 창업 초기에 있던 것이 아니라 사업에서 대성한 이후의 말년에 있었다. 정율성의 이 작품은 워낙 하늘에 솟구쳐 오른 대붕이어야 했지만 결국 날개가 부러져 유폐된 처지에 빠지게 된다."[301]

창문을 열어라

1976년, 이해는 중국 역사상 특별한 한 해이다.

1월 8일, 금방 한 해가 지나고 폭죽 소리가 아직도 뛰엄뛰엄 천안문 상공에서 울리고 있었다. 뜻밖의 비보가 전해왔다. 주은래 총리가 방광암으로 별세했다는 것이다. 정율성과 정설송은 테이블에 엎드려 통곡을 했다. 총리의 배려가 없었더라면 이들 국적이 다른 부부의 인연은 지난 세기 50년대에 벌써 끊어졌을 것이다.

"문화대혁명"기간에 주은래 총리는 손실을 최소한으로 줄이기 위해 많은 노간부들을 보호하고 기울어져 가는 국사를 바로 잡으며 노심초사했다. 그가 사망하자 민심은 크게 들끓었다. 그의 별세에 대한 비통은 사실상 "문화대혁명"과 4인무리에 대한 분노였다. 4인무리는 주은래에 대한 추모 열기를 억누르기 위해 지방에서의 대중적인 추모행사를 금지시켰다. 그러나 중앙에서 추도식을 거행하는 동안 상해 황포강에서는 자발적으로 반 시간 남짓 뱃고동이 울렸다. 천안문 광장에는 추모 물결이 인산인해를 이루었다. 정율성은 카메라를 가지고 천안문 광장으로 가서 주은래 추모 물결을 직접 촬영하는 한편, 주은래를 칭송하는 조가 창작을 위해 자료 수집을 했다. 천안문 추모 물결은 결국 4인무리의 무력진압을 당했다.

4인무리는 또 등소평을 비판하는 우경 번안풍 반격 운동을 일으켰다. 등소평은 1973년에 복권되자 피폐해진 나라를 복구하는데 주력했다. 주은래가

---

301) 『作曲家鄭律成』, 丁雪松 等 著, 遼寧人民出版社, 2009年 7月, 124頁, 「律成的作曲和作人」, 喬羽

암으로 투병하자 중앙 사업을 총괄적으로 주관했다. 등소평이 4인무리와 정면으로 맞서자 4인무리는 등소평을 또 한 차례 거꾸러뜨렸다. 중앙악단 혁명위원회는 "등소평을 비판"하는 가곡 창작 임무를 부여했다.
　정율성은 아내에게 말했다.
　"난 절대 등소평을 비판하지 않고, 등소평을 비판하는 가곡을 만들지 않을 거요."[302]
　정율성은 정치 임무를 피하기 위해 영화 「쇄룡호(鎖龍湖)」 음악 창작을 하러 산동 미산호로 떠났다. 유채원은 다음과 같이 증언했다.

　"산동 미산호로 떠날 때 그는 「쇄룡호」 영화곡을 창작하기 싫다고 했습니다. 왜 싫으냐고 물었더니 이 작품은 시대상황 때문에 못 나올 것이다, 라고 말하더군요."

　정율성의 예감대로 「쇄룡호」는 단명했다. "계급투쟁"을 반영했던 이 작품은 그해 9월에 상부를 방영했는데, 바로 한 달뒤 10월에 "문화대혁명"이 끝났다. 하부 대본은 찍지도 못하고 역사박물관으로 들어갔다.
　다행이 합작자는 친구 교우였다. 두 사람은 친한 친구인데다가 생활체험지가 교우의 고향이어서 큰 위로가 되었다. 미산호는 아름다웠다. 연꽃으로 뒤덮인 아름다운 호수에는 물고기, 수금, 조류, 수생식물이 풍부해 천연 박물관이나 다름이 없었다.
　교우는 필자에게 다음과 같이 술회했다.
　"그와 함께 우리 집으로 갔습니다. 그를 데리고 미산호를 돌아다녔지요. 그는 미산호가 좋아서 이 섬에 집을 짓고 살겠다고 했습니다…정착해 살려고 했지요."
　정율성은 북경에서 쫓겨나게 될 경우 산동 미산호에 와 정착할 생각을 한 것이다.

---
302) 丁雪松采訪彔, 梁茂春記彔, 2011年, 鄭小提提供

시국에 대해 같은 견해를 가진 교우였기에 그가 쓴 가사는 "계급투쟁"보다는 인간미가 더 넘쳤다.「쇄룡호」는 역사박물관으로 들어 간지 오래됐지만 그가 지은 영화 가곡의 일부 구절은 지금도 유행되고 있다.

"아름다운 호수 사람의 마음을 따르네/ 연꽃 향기 은은할 때 벼꽃 향기 무르익네…"

두 사람은 제녕지구 남사호 호요확대공사 지휘부에 투숙했는데 이곳에는 큰 저수지가 있었다. 정율성은 매일 저수지 주변을 거닐며 이 가사에 맞출 곡을 구상했다. 저수지에는 비싼 품종인 쏘가리를 망라해 많은 물고기들이 헤엄쳐 다녔다. 지휘부에는 종업원이 아주 많았는데 이런 풍부한 물고기 자원을 두고서도 대량으로 잡는 방법을 몰라 먹지 못하고 있었다. 그 상황을 안 정율성이 가만히 있을 리 만무했다. 사람들을 지휘해 다리기둥 사이의 갑문에 큰 그물을 펼치고 물고기들을 포위했다. 포위망이 좁혀지자 커다란 은빛 물고기들이 그물 안에서 눈부시게 뛰어올랐다. 그야말로 가관이었다. 정율성은 점심시간에 물고기 2,3백 근을 잡아 지휘부 식당에 보내 생활개선을 하게 했다.

한밤중에 교우는 이상한 소리 때문에 잠에서 벌떡 깨었다. 소리 나는 쪽을 더듬어 가보니 정율성의 방이다. 불도 켜지 않아 캄캄했다. 문을 탕탕 두드렸다.

"로쩡, 무슨 일이 있습니까?"

알고 보니 정율성이 어둠속에서 혼자 가락에 맞춰 흥얼대며 작곡하고 있었다. 정율성은 미산호에서 기분이 한결 좋아졌다. 그리하여 그의 음악도 청신하고 다정다감했다.

이해 9월초, 정율성과 교우는 이 영화의 음악 제작을 위해 장춘 영화촬영소로 갔다.

정율성은 장춘에 도착하자 바로 공목에게로 달려갔다. 공목 역시 "문화대혁명"의 재난을 피하지 못했다. "검은 무리"로 몰려 비판을 받았다. 창고에 감금되었고 농촌에 가서 노동개조를 했다. 이 때는 학교로 돌아왔지만 여전히 감시를 받았다. 두 사람은 수차 만나서 주은래를 추모하는 내용의 음악

창작에 관해 의논했다. 그들은 이 노래를 통해 "문화대혁명"과 4인무리에 대한 대중들의 분노를 표현하고자 했다. 작품의 제목은 「동풍가」였다. 정율성은 그가 만년필로 쓴 가사를 거듭 읽어 보고 나서 진지하게 약속했다.

"꼭 열심히 창작할 겁니다. 정말로 잘 써서 대중들에게 널리 불리게 할 겁니다!"

장춘에 있는 동안 친구 황하가 정율성을 보러 왔다. 두 사람은 장춘 영화촬영소의 한 방에 들어가 문을 안으로 꼭 잠궜다. 황하도 그동안 온갖 고생을 다 했다. 그들은 친한 사이어서 서로 못하는 말이 없었다. 강청 일파로 인해 쑥밭이 된 문예 분야의 상황에 대해 이야기하며 "4인무리"에 대해 치를 떨었다. 황하는 다음과 같이 술회했다.

"우리는 수차 함께 프랑스 시인 아라공의 시를 읊조렸다. "그때는 샘물마저 어지러웠다. 오로지 눈물만이 깨끗했다!"라는 구절을 읊조리고는 서로를 바라보았다. 그리고 웃었다. 만일 벽에 귀가 달렸다면 우리 둘은 영락없이 "반혁명"이 되어 타도되었을 것이다! 나는 율성이 낙관적인 정서와 건강한 자신력으로 충만되어 있음을 느낄 수 있었다."

장춘 영화촬영소에 있는 동안 정율성은 많은 사람들과 장기를 두었다. 그의 장기 전술은 말 그대로 "용왕직전"(勇往直前)이었다. 매번 이기곤 했다. 저명한 영화 시나리오 작가 손겸은 나름대로 비교적 규범화한 장기 전술을 가지고 있었다. 그런데 정율성이 무조건 앞으로 내달리자 순식간에 몇 쪽을 잃어버렸다. 손겸의 진영은 대혼란이 생겼다. 끝내 참패하고 말았다.

"이건 대체 무슨 장기법이란 건가? 무법천지가 아닌가?"

손겸이 어이없어 말했다.

"어떤 장기법이든지 유생 역량을 소멸하고 승리하면 가장 좋은 장기법이라네!"

정율성이 대꾸했다.

방에 돌아온 후 정율성은 너무 기분이 좋아서 이불 속에서 혼자 소리 내

웃었다.[303]

　정율성을 아는 사람마다 그의 낚시, 수렵을 말한다. 그리고 또 한가지 그의 웃음소리를 말한다. 그의 웃음소리는 항상 높고 호탕했다. 누구든 그 웃음소리를 들으면 진정으로 웃고 싶어진다. 정소제는 다음과 같이 술회했다.

　"아버지는 웃기를 즐긴다. 그가 큰 소리로 웃으면 우리도 반드시 따라서 웃는다. 감화력이 있는 그 웃음소리는 지금도 나의 귓가에 남아있다."

　역사적인 시각이 다가 오고 있었다.
　9월 9일, 모택동이 서거했다.
　10월 1일 국경절이 지났다.
　10월 6일 20시, 강청 등 4인무리가 체포되었다.
　4인무리가 무너졌다는 소식에 정율성은 기뻐서 높은 소리로 웃었다. "누가 제일 마지막에 큰소리로 웃느냐 두고 보자"라고 별렀었다. 드디어 큰소리로 웃는 날이 온 것이다. 이 중대 소식은 당 중앙에서 정식으로 공포하기 전까지는 비밀이었다. 아마도 정율성은 당시 중앙 요직에 있는 정설송을 통해 먼저 안듯 싶다. 그 밤을 겨우 새고 이튿날 이른 아침, 정율성은 부랴부랴 친구 백인의 집으로 달려갔다.
　"4인무리가 구속되었습니다! 4인무리가 망했습니다!"
　백인은 소스라치듯 놀라 얼른 이웃에 사는 교우를 불러왔다. 세 사람은 당장에서 모태주를 부어놓고 축배를 들었다. 찰랑, 유리잔이 힘차게 부딪치는 소리, 세 쌍의 눈길이 힘차게 부딪치는 소리…
　정율성은 그 길로 바로 가장 친한 친구들에게 모두 이 소식을 알렸다. 또 국방 인쇄공장으로 달려갔다. 유채원은 출장길에서 아직 돌아오지 않았다. 다시 찾아갔다. 유채원이 놀라서 물었다.

---

303) 『作曲家鄭律成』, 丁雪松 等 著, 遼寧人民出版社, 2009年 7月, 255~256頁, 「瑣憶父親」, 鄭小提

"왜 찾아왔습니까? 오늘은 목요일이니까 아직 일요일이 되자면 이틀이나 있습니다."

그는 정율성이 천렵하러 가려고 온 줄로 생각했다.

"오늘 저녁에 반드시 화평리에 있는 나의 작업실로 오게. 급히 할 얘기가 있네. 반드시 와야 하네!"

급한 일이라니! 흥분한 정율성의 얼굴을 보며 유채원은 무척 궁금했다.

'급한 일이면 왜 당장 말하지 않고 작업실에서 보자고 하는 걸까?'

퇴근하자 바로 자전거 페달을 부지런히 돌려 그의 작업실로 달려갔다. 때는 저녁 6시였다. 정율성은 오량액을 꺼내 상위에 놓고 미리 사둔 돼지머리고기, 새우, 땅콩 등 음식들을 꺼내 놓았다. 유채원은 눈이 휘둥그레졌다. 정율성은 고혈압 때문에 술을 마시지 않는다. 담배도 피우지 않는다. 그런데 중국에서 가장 좋은 고급술을 꺼내놓다니.

정율성은 창문을 확 열었다.

"문은 왜 엽니까? 이제부터는 낮과 밤 온 차가 심해서 방안을 덥혀야 잘 수 있습니다."

10월이라 밤 기온은 뚜렷이 하강해서 찬바람이 방안으로 쓸어들었다.

"오늘 이 방에서 자지 않을 거네." 정율성이 갑자기 목소리를 높였다. "이제는 창문을 열어놓고 통쾌하게 말하자구! 우리가 강가에 말했던 것이 모두 실현되었네!"

"그건 또 무슨 말씀입니까?"

"4인무리가 잡혔어! 잡혔다구!"

"아!"

순간 두 사람은 함께 큰소리로 웃었다. 그랬다. 그 얼마나 많은 밤을 운하에 그물을 쳐놓고 말할 줄 모르는 강물에 대고 목소리를 죽여 가며 울분을 토로했던가! 이제는 창문을 열고 말할 때가 되었다. 그들의 웃음소리와 말소리가 창문을 넘어 높이 울려 퍼졌다.

유채원, 그의 마음은 한없이 넓고 밀봉이 잘 되어 있었다. 말을 하면 다 받아들이고 다시 새는 법이 없었다. 그리하여 정율성에게 크나큰 위안이 되었던 친구이다. 그 밤을 두 사람은 끝없는 기쁨 속에서 웃고 떠들며 술을 마셨다. 한 병을 다 비우고 유채원이 일어날 때는 새벽 두 시, 그렇게 여섯 시부터 8시간을 말했다.

"갈 수 있겠나, 자네?"

자전거를 끌고 나가는 유채원의 등 뒤에 이 말을 남기고 정율성은 그 자리에 쓰러졌다. 이 방에서 자지 않는다고 했다. 하지만 냉기로 가득찬 방에서 기나긴 세월 처음으로 한없이 편안하고 행복한 밤을 지냈다.

제9장

대지의 깊은 고요속으로
(1976년 10월~12월, 그리고 더 많은 세월)

제9장 대지의 깊은 고요속으로
(1976년 10월~12월, 그리고 더 많은 세월)

마지막 두 달

10월 하순, 기분 좋은 바람에 길가의 백양나무 가지들이 춤을 추고 행인들의 머리카락과 옷깃이 나부꼈다. 중앙악단 문 어귀의 버스정류장에 정율성이 초조한 표정으로 서 있었다. 이서가 버스에서 뛰어내리자 정율성의 얼굴에 "진지하고 유쾌한 웃음"이 활짝 피었다.

"보고가 참 좋았어. 어서 가서 들으라구."

4인무리가 무너진 뒤 악단은 깃발을 들고 거리에 나가 시위행진을 하는 등 축제 분위기에 젖었다. 평소 술을 마시지 않는 그였지만 마음껏 술을 마시고 춤을 추고 노래를 부르며 기나긴 고난의 강을 건넌 것을 경축했다. 그리고 중앙으로부터 4인무리의 악영향을 숙청하고 나라를 바로 잡기 위한 중요보고가 있었다. 악단의 중요 골간들만이 참가할 수 있는 회의인데 친구 이서가 빠진 것이 무척 아쉬웠다. 전화도 없는 세월이어서 부랴부랴 이서의 집으로 달려갔다.

"자네 오늘 오후에는 꼭 가서 듣게. 보충 보고가 있다고 하네."

그래놓고도 이서가 "제 시간에 도착하지 못할까봐 악단 문 어귀에서 거의 한 시간을 기다렸다."[304]

이서가 악단으로 들어가는 모습을 보고 정율성은 집으로 향했다. 시월의 바람이 옷깃을 스치고 얼굴을 스쳤다. 어느새 젊음은 가고 60대를 넘은 지

---

[304] 『作曲家鄭律成』, 丁雪松 等 著, 遼寧人民出版社, 2009年 7月, 176頁, 「老鄭, 你在哪里」, 李序

도 2년이 지났다. 머리칼이 희끗희끗했다. 그동안의 간난신고가 이마에 깊은 주름을 남겼다. 하지만 힘 있는 어깨, 빠른 걸음걸이, 그는 아직 젊었다. 해동의 시기에 할 일이 많다. 머릿속으로 수많은 계획이 영화 자막처럼 빠른 속도로 떠올랐다.

4인무리가 무너지고 나서 악단은 전국과 마찬가지로 정상질서의 회복을 위해 분주했다. 임시기구들을 보충하고 책임자를 새로 임명했다. 정율성은 중앙악단 당 위원회 지도성원, 창작조 임시 책임자로 부임했다.

창작조에는 "문화대혁명" 당시 4인무리와 우회영의 대리인이 있었다. 그는 정율성을 비롯한 노예술가들을 압제하고 작품마다 공연불가의 딱지를 붙여 온갖 타격을 가했었다. 정율성은 회의에서 그에게 말했다.

"자신의 착오를 잘 인식하십시오. 이해되지 않는 부분이 있으면 날 찾아오십시오. 정신적으로 큰 보따리를 지니지는 마십시오. 결함과 착오를 개정하면 다시 동지가 될 수 있습니다."

정율성의 진지한 태도와 넓은 흉금에 그는 머리를 수그렸다. 이 사실은 동료들에게도 깊은 인상을 남겼다.

정율성은 무척 바빴다. 20년 동안의 젊음을 "정치운동"에 소모했다. 그 시간을 되찾아야 했다. 중앙악단의 일, 자신의 창작 등 매일 바빴다. 그는 창작실의 동료들에게 새로운 목표를 내놓았다. 교향악이었다.

"난 이제 교향악을 창작하겠습니다. 중국의 교향악을 세계 수준의 높이에로 끌어 올리겠습니다."305)

그는 곧 육필로 쓴 교향악 창작 계획을 악단에 제출했다. 이것이 그의 마지막 계획서일 줄은 아무도 몰랐다.

그는 주자기의 집으로 달려갔다. 주자기는 아직도 낮은 처마, 비가 새는 컴컴한 작은 집에 갇혀 있었다. 4인무리가 타도되었는데도 복권되지 못했고, 아내는 금방 감옥에서 돌아왔다. 그들은 여전히 "사람들의 냉대와 외면을 당했다." 정율성은 흥분된 어조로 자신의 창작 계획을 말했다. 연안을 추

---

305) 『論鄭律成』, 延邊人民出版社, 1987年 10月, 153頁, 「什么比金子還要重要」, 放平

억하는 대합창 조가, 베쑨에 대한 가극, 각 나라 인민들에게 바치는 「우의교향곡」, 추수봉기에 관한 송가를 구상하고 있었다.

"가사를 쓰십시오. 자꾸 주저하지 마십시오."

정율성은 이렇게 그를 고무했다. 이것이 그들의 마지막이었다.

그는 또 구양산존을 찾아갔다. 두 사람은 노혁명가들을 노래하는 극을 합작하여 창작하기로 했다. 구양산존이 감독을, 정율성이 음악 창작을 담당하기로 굳게 약속했다.

11월 30일, 정율성은 겨울의 칼바람을 무릅쓰고 가강의 집으로 찾아갔다. 4인무리가 타도되자 온갖 곡절을 다 겪었던 그의 작품 「첨예하게 맞서」가 드디어 북경 인민예술극단에 의해 공연되었다. 그에게는 또 1963년에 창작한 가극 「네크버르 일가」가 있었다. 정율성은 흥분하여 말했다.

"우리는 지금 반드시 함께 마주앉아야 합니다. 이제는 마주앉을 조건이 되었습니다. 가극 '네크버르 일가'를 잘 연구해 봅시다. 이 소재가 참 흥미롭습니다. 소수민족 색채가 다분하지요. 이 작품을 다시 구성해서 쓰기 바랍니다. 화극에 노래를 더하는 식으로 하지 말고 음악과의 연결 속에서 만들어 봅시다."

▲ 1976년 12월 정율성이 서거 직전까지 사용했던 5원짜리 북경 시내 버스 월표. 정소제 제공.

두 사람은 그 자리에서 이 작품의 구성을 다시 짰다. 대체적으로 모든 인물의 성부(聲符)를 확정하고 배우도 선정했다. 두 사람은 함께 사천 양산에 가서 체험하고 돌아와 가강은 수정에 들어가고 정율성은 작곡에 착수하기로 약속했다.

밤이 깊어갔다. 두 사람은 단짝 친구처럼 서로 어깨를 걸고 나란히 행인 하나 얼씬하지 않는 인도 위로 걸어갔다. 부성문구 역에서 두 사람은 다시 한 번 힘 있게 악수를 나누었다. 정율성은 힘찬 걸음으로 103로 전차에 뛰어올랐다. 전차는 미끄러져가고 정율성은 가강을 향해 손을 흔들었다. 이것이 그들의 마지막 만남이었다.

4인무리가 타도된 후 정율성은 밤늦게까지 작업을 했다. 마시지 않던 술을 마시고, 피지 않던 담배도 피웠다. 고혈압은 점점 더 심해졌다. 12월 초순의 어느 날, 그는 이서에게 말했다.

"4인무리가 타도되었는데 우리는 꼭 노력해서 몇 해라도 더 살자구. 좋은 작품을 많이 써야잖아. 낭비한 시간이 너무 많았어. 이제부터는 혈압을 낮추는 약을 먹을 생각이야."

하지만 그는 먹지 못했다. 먹을 작정이었을 뿐이다. 이 때 그는 혈압이 180에서 220 사이를 오르내렸다. 4인무리가 거꾸러진 후 정설송은 너무 바빴던 탓에 남편의 병이 깊어가는 줄을 눈치 채지 못했다.

"당신은 가정에서 관료주의자야."

라고 정율성이 농담을 했다.

정설송은 다음과 같이 술회했다.

"북한에서 중국으로 돌아온 후 우리는 한 번도 함께 외지로 가서 휴가를 보내거나 여행한 적이 없다. 그 날을 늘 먼 미래에 기탁하곤 했다. 우리는 아름다운 장래를 동경하며 퇴직 후에 함께 태산에 올라 일출을 보고, 손에 손을 잡고 황산에 올라 운해기경을 보고, 배를 타고 동정호를 유람하고, 서호를 돌아보고, 장백산에 오르고, 망망초원 내몽골을 둘러보려고 했다. 나는 기련산의 주천에서 영롱한 청옥 야광 컵을 산 적이 있다. 우리의 결혼 40주년을 기념해 미주를 마시며 긴박했고 분망했던 흘러간 세월을 추억하기로 했다."

하지만 병마는 그 날을 기다려주지 않을 작정이었다. 벌써 정율성의 건강을 야금야금 침식했다. 이제 그에게 남은 시간은 얼마 되지 않았다.
12월 5일, 정율성은 방평을 찾아갔다.
"난 로방을 문화부에서 조직한 전국 문화 분야 '4인무리'죄상 청산 회의에 추천했습니다. 꼭 참가해서 잘 하기 바랍니다. 그리고 시인 하경지와 연결해서 작품에 관해 의논해보십시오."
그날 저녁, 정율성은 장가구 경극단의 지도 요청에 의해 주외치, 교우, 소리 등과 함께 차를 타고 장가구로 갔다. 그곳에서 경극「8.1폭풍」 공연을 보고 의견을 제출했다.
경극「8.1폭풍」은 50년대 말에 처음 공연됐는데, 주은래가 영도한 8.1남창 봉기를 주요 스토리로 했다. 이 작품은 강청 일파에 의해 10년간 냉궁[306]에 처박혔고 이 작품을 만들고 공연했던 사람들도 온갖 누명을 쓰고 노동개조를 당했다. 이 작품은 "4인무리" 타도 후 처음으로 주 총리의 형상을 대중에게 보여줬다. 작품은 주은래의 형상을 통해 "계급투쟁"으로 억압했던 전제통치의 마무리와 새로운 시대의 도래를 암시했다. 주은래는 사실상 사람들이 원했던 국가 지도자상이었다. 정율성을 흥분시킨 점이 바로 이것이었다.
새로운 역사적 시기에 시대는 정율성을 필요로 했다. 정율성을 망라한 이 시대 예술인들에게는 오랜만에 시대와의 밀월이 왔다. 중국은 개혁개방을 앞두고 "계급투쟁 중심"의 구조를 경제건설 중심의 구조로 바꾸었다. 시대의 변화는 매일 느껴졌다. 그는 시위에 매긴 화살이 날아가는 순간을 기다리듯 초조했다. 분명히 새로운 경지의 음악의 분만을 예감하고 있었다.
공연이 끝나자 모두들 늦은 식사를 하며 토론을 했다. 이들은 모두 금방 해방을 맞이한 예술가들이다. 그 동안의 억압이 강한 에너지로 환원되었다.

---
306) 중국 황실에서 죄를 지은 황족들과 후비들을 유폐하던 일종의 감격 같은 공간.

열정과 희망으로 충만되었다. 모두들 술을 마셨다. 정율성도 마셨다. 담배도 피웠다. 자신이 고혈압 환자라는것을 까맣게 잊었다. 새로운 발상이 떠올랐다. 열변을 토했다. 모두들 그 밤을 온통 뜬눈으로 지새웠다.

장가구에서 돌아오던 날, 12월 6일이다. 지프차 한 대가 그들을 싣고 울퉁불퉁한 길에서 흔들리며 달렸다. 정율성은 얼굴이 붉게 상기되었다. 철갑 모자를 눌러 쓴 것처럼 머리가 무거웠다. 빠개지는 것처럼 아팠다. 목덜미를 누가 잡아 당기는 듯 뻣뻣하고 불편했다. 차안에서 잠깐 눈을 붙이려고 해도 도무지 잠이 오지 않았다.

창평을 지날 때였다. 정율성은 번쩍 눈을 뜨며 창밖을 살폈다. 운하 한 구간이 얼지 않아 물이 출렁이며 흘러 가고 있다. 정율성의 눈이 빛났다.

"차를 얼른 세우십시오."

기사는 무슨 일이 생긴 줄로 알고 얼른 차를 세웠다. 정율성은 차에서 뛰어 내리더니 지나가는 사람에게 물었다.

"이 강에 고기가 많습니까?"

"많고 말구요. 엄청 많지요."

"그럴 줄 알았습니다. 틀림없이 물고기가 많을 테지요!"

정율성은 기쁨에 겨워 말했다.

차가 다시 질주하자 정율성은 기사에게 부탁했다.

"내일 돌아갈 때 여기까지 태워주시오. 바람 좀 쐬야겠습니다."

이날 오후, 그는 북경에 도착하자 바로 방평을 찾아가 열변을 토했다.

"엊저녁에 장가구에 가서 「8.1폭풍」 공연을 봤습니다. 공연이 끝난 후 많은 친구들을 만났습니다. 우리는 모여앉아 술을 마시면서 미래의 계획에 대해 말했습니다. 이 친구는 무슨 가극을 하겠다고 하고, 저 친구는 무슨 무극을 하겠다고 하고, 또 화극, 경극, 영화는 어떻게 해야 하고… 아무튼 날이 샐 때까지 말했습니다. 모두들 완전히 흥분해서 잠도 자지 않고 바로 차에 앉아 돌아왔습니다. 난 지금 정말 피곤합니다. 빨리 집으로 돌아가 쉬어야겠습니다. 창작실의 일은 로방에게 부탁 드리겠습니다!"

"그렇게 하십시오. 어서 가서 쉬십시오."

"로방, 먼저 구상을 해보십시오. 낼 저녁에 만납시다!"
그들은 이튿날 저녁에 만나 새로운 계획을 연구하기로 약속했다.
그러나 방평은 그를 다시 만나지 못했다.

넘지 말아야 할 세 개의 방어선

어느새 날이 어둑어둑해졌다. 피곤하기 그지없다던 정율성은 왜 또 유채원의 직장으로 찾아간 것일까?
"자네 낼 물고기 잡으러 가자구!"
정율성이 다짜고짜 말했다.
"왜 그럽니까? 내일이 화요일인데 어찌 갑니까?"
유채원은 정율성을 빤히 쳐다보았다. 평일에 천렵하러 간 적이 없었다. 정율성의 얼굴에는 무엇에 쫓긴 사람처럼 초조한 빛이 가득했다. 그는 무엇에 쫓겼던 것일까?
"내일 장가구로 가는 지프차가 있네. 혈압이 좀 높아져서 기분 좀 풀게 해달라고 부탁했네. 우리 그 차를 타면 쉽게 갈 수 있지 않겠나!"
그의 혈압은 위험수위를 오르내리고 있었다. 슬그머니 차오르는 홍수처럼 그의 혈관벽을 위협했다. 그는 초조한 상태를 주체하지 못했다. 흥분에 등을 떠밀리며 반드시 당장 자연 속으로 들어가야 할 구실을 만들었다.
그것이 지프차였다. 그는 지프차에 집착했다. 그 기회를 기어코 놓치지 않을 작정이었다.
누군가는 그 길을 막아야 했다. 그를 막을 수 있는 세 개의 방어선이 있었다. 그 첫 번째가 유채원이었다.
정율성이 유채원을 설득하려고 했다.
"별 일 없으면 말미를 내보게."
말미를 내라고 하는 것도 전에 없던 일이다. 유채원이 달래듯이 말했다.
"토요일에는 되니까 그 때 편하게 갑시다. 출근을 꼭 해야 합니다."
"알았네."

그들의 대화는 약 10분이 걸렸다. 정율성은 그에게 손을 저어 인사하고 돌아섰다.

두 번째는 교우였다.

무엇이 그의 등을 밀고 있었던 것일까? 정율성은 다시 교우의 집으로 발걸음을 돌렸다. 교우의 집으로 가려면 버스를 타고 꽤 멀리 가야 했다. 버스의 차창 밖으로 촉수 낮은 가로등이 스쳐 지났다. 창밖을 바라보며 정율성은 무슨 생각을 한 것일까? 그는 왜 천렵하러 반드시 가야 했던 것일까?

이때 정율성과 함께 장가구에서 밤을 새고 돌아온 교우는 쓰러져 정신없이 자고 있었다. 정율성이 집으로 찾아들자 얼떨떨한 얼굴로 쳐다보았다. 교우의 아들 딸들은 모두 어려서부터 정율성을 잘 알았으므로 반갑게 맞이했다. 외동딸 교과자가 쪼르르 달려와 정율성의 팔을 잡아끌었다.

"정 아저씨, 어서 앉으세요! 더운 물을 떠드릴까요?"

교우가 물었다.

"무슨 일이 있습니까?"

교우에게 정율성은 꼭 무슨 일이 있는 듯이 보였다.

"낼 장가구로 가는 차가 있는데 함께 물고기 잡으러 가지 않겠습니까?"

교우는 웃으며 머리를 저었다.

"낼 약속된 일이 있어서 못 가겠군요. 다른 날에 갑시다."

정율성은 섭섭한 마음으로 발걸음을 돌렸다.

"그때 정율성을 꼭 잡고 못 가게 했더라면…"

2009년의 9월, 교우는 북경 순의에 있는 별장에서 후회막급한 표정으로 필자에게 말했다. 기품 있는 중년여성으로 성장한 그의 딸 교과자도 눈물이 글썽해서 말했다.

"그때 아버지가 꼭 잡고 못 가게 했더라면 아저씨는 별일 없으셨을 텐데…"

세 번째는 아내 정설송이었다. 정율성의 발걸음은 가장 강력한 이 방어선에서 막혔어야 했다. 그런데…

정설송은 정율성이 천렵하러 간다는 말에는 완강히 반대했다.

"여보, 난 모레 중국 인민 친선대표단 부단장을 맡고 알바니아, 루마니아와 유고슬라비아를 방문하러 떠나야 해요. 단장은 희붕비씨예요. 당신 꼭 가야 하나요? 비행기 표도 다 사놓았어요. 보잉707 비행기가 8일 아침 7시에 이륙하는데 새벽에 일어나 5시면 바로 집에서 출발해야 해요. 당신, 가지 않았으면 좋겠어요."

정설송의 이유는 충분했다. 따라서 정율성이 천렵을 떠나지 말아야 하는 이유도 충분했다. 그러나 그의 대답은 완강했다.

"머리가 많이 어지러워. 장가구로 돌아가는 지프차를 타고 교외에 가서 신선한 공기를 마시고 오면 괜찮아질 것 같아. 겸사해서 물고기나 잡아가지고 오면 당신 환송연을 멋있게 마련할 수 있잖아. 반드시 공항에 나가서 당신을 배웅할 거야."

정설송은 남편이 머리가 어지럽고 가슴이 답답할 때마다 어느 계절이거나를 막론하고 자연 속으로 들어가 자연요법을 한다는 것을 잘 알았다. 매번 정율성은 산이나 강가로 갔다 오면 생기를 회복하곤 했다. 그래서 정설송도 자연요법을 고혈압을 다스리는 비방 신화로 알고 있었다.

정율성의 발걸음을 잡을 수 있었던 마지막 방어선도 뚫렸다.

그 무엇도 정율성의 앞길을 막을 수는 없었다.

「8.1폭풍」을 관람하면서 20년간 억업 받았던 폭풍이 그의 가슴속에서 꿈틀거렸다. 폭풍전야의 불안과 혈압의 상승은 방파제를 위협하는 격랑처럼 그를 위태롭게 했다. 그의 건강은 이미 사면초가에 들어섰다.

정설송은 이를 눈치 채지 못했다. 그 어려웠던 세월에도 시모가 92세까지 장수했던 것을 떠올리며 남편은 장수할 것이라고 믿었다. 남편은 자기보다 신체가 더 좋으며, 자기보다 더 오래 살 것이라고 굳게 믿었다. 정율성을 사랑하는 여인의 신념이었을 뿐 사실은 아니었다.

아무도… 눈치 채지 못했다…

1976년 12월 7일, 대지의 깊은 고요 속으로

그 밤은 재빨리 밝고 7일 아침이 왔다.

이날도 밥상에 앉은 정율성은 자신의 창작 계획에 대해 구구히 말했다.

"꼭 일찍이 돌아와야 해요. 낼 아침 날이 밝기 전에 공항으로 출발해야 하니까요."

정설송이 부랴부랴 신발 끈을 조이는 남편의 등 뒤에 대고 말했다. 언뜻, 머리를 수그린 정율성의 등 뒤로 붉게 상기된 목이 보였다. [307]

"여보, 당신 목이 왜 그래요? 목이…"

그러나 정율성은 벌써 휑하니 나가며 높은 소리로 대답했다.

"낼 아침에 공항에 나가서 배웅할 테니까, 걱정하지 말고 준비나 잘해요!"

문이 쾅 닫히며 찬 기운이 하얗게 방으로 쓸어들었다. 정설송은 남편의 붉어진 목이 마음에 걸려 얼른 창가로 달려가 창문을 열었다.

"여보, 여보…"

정율성은 듣지 못했다. 외손자 검봉과 조카손녀 은주를 데리고 신나게 지프차에 오르는 남편의 모습은 정설송의 경계심을 부질없는 것으로 만들어 버렸다. 자연으로 갔다 오면 금방 괜찮아질 거야, 라고 자신을 위안하며 정설송은 물건들이 어수선하게 널린 트렁크로 다가가 짐을 정리하기 시작했다.

영하 10도, 북경치고는 드물게 추운 날씨다. 6급 바람이 불었고 온통 눈으로 뒤덮였다.[308] 지프차는 북경에서 70~80리가 되는 창평으로 달렸다. 길 양역에는 아름드리 겨울나목이 하늘을 찌를듯이 솟아있다. 그 사이를 뚫고 지프차는 속력을 내어 달렸다. 정율성은 여전히 머리가 아프고 가슴이 답답했다.

"곧 좋아질 거야."

창밖으로 휙휙 스치는 운하를 보며 정율성은 이렇게 생각했다. 그랬다. 이전에도 그랬다. 그때마다 어지럽던 증상은 사라지고 망태 속에는 물고기를

---

307) 丁雪松与音樂家鄭律成的愛情故事, 楊聞宇《党史博覽》, 2003年 第01期
308) 『作曲家鄭律成』, 丁雪松 等 著, 遼寧人民出版社, 2009年 7月, 177頁, 「老鄭, 你在哪里」, 李序

▲ 2층이 정율성이 마지막으로 거주했던 대기장거1호 원 중국대외우호협회 울안의 집. 필자 촬영.

가득, 수첩에는 "콩나물 대가리"를 가득 담아가지고 반짝반짝한 정신으로 돌아오곤 했다.

"그래, 곧 좋아질 거야."

자신에게 응원을 하며 그는 창평의 운하에서 내렸다. 미끄러져가는 지프차의 뒷모습… 창평 경문둔(景文屯)의 지명팻말…차가운 바람이 얼굴을 때렸다. 한결 머리가 시원한 듯했다.

때는 오전 10시, 흘러가는 물을 바라보자 그의 얼굴에 금세 생기가 돌았다. 수많은 세파 속에서 외로움과 슬픔과 기쁨을 함께 해주었던 강물, 그 물속에서 팔딱이던 물고기들, 한순간 반딧불처럼 반짝이는 "콩나물"을 얼른 잡아 수첩에 기록하던 순간들… 이끌리듯 강가로 가서 익숙한 솜씨로 투망을 꺼내고 고기먹이를 꿰어서 강에 던졌다. 문득, 머리속이 멍했다. 하늘이 통째로 흔들리고 강물이 통째로 흔들렸다. 낯선 느낌, 이런 적은 없었는데

▲ 천렵과 낚시를 즐긴 정율성, 북경 근교 낚시터는 다 그의 손금안에 있었다. 정소제 제공.

… 잠시 눈을 감았다가 번쩍 뜨며 정신을 차렸다.

강물은 재빨리 흘러가고 머릿속으로 수많은 계획이 영화 자막처럼 빠른 속도로 떠올랐다. 하늘에 솟구쳐 오르다 날개가 부러지고 유폐된 대붕, 이제 이 대붕은 치유된 날개를 퍼덕이며 넓고 높은 하늘로 힘차게 솟구쳐야지.

정율성은 힘껏 그물을 당겼다. 갑자기 하늘도 강도 세차게 흔들렸다. 그를 휘두르며 빙빙 돌아갔다. 비틀거리는 몸을 바로잡으려는 순간, 거역할 수 없는 힘이 뒤통수를 강타했다…

쓰러지면 안돼…

하지만 그는 쓰러졌다.

안돼…안돼…안돼…

그는 안간힘을 다했다. 하지만 머리는 천근만근, 캄캄한 잠속으로 빠져 들었다. 아득한 그 중턱에서 아주 멀리로부터 들려오는 부름소리…

제9장 대지의 깊은 고요속으로 _ 489

외할아버지…외할아버지…외할아버지…

정율성은 가까스로 기운을 차렸다. 힘들게 눈을 뜨며 그 소리에 귀를 기울였다. 코앞에 희미한 영상들이 있었다. 누구일까?

더욱 자지러지게 부르는 소리…외할아버지…외할아버지…외할아버지…

손을 들어 눈을 부비고 싶었다. 부비고 똑똑이 보고 싶었다. 그런데 손이 없었다. 왼손이 없었다. 내 왼손은 어디로 갔지?

뇌일혈이었다. 왼손이 지각을 잃었다.

"내… 왼손이… 어디에… 있…지?"[309]

"내…왼손이…어디에…"

"내…왼손…"

그리고 다시 잠속으로 빠져들기 시작했다. 추락, 추락이다…

얼마나 걸렸을까? 아마도 수백 년은 걸린 듯 싶었다. 깊은 잠속으로 그는 추락했다.

다시 일어나지 못하고 잠에 떨어졌다.

깊은… 잠이… 그를 안았다.

열한 시.

과도한 흥분, 과도한 긴장, 과도한 피로 때문이었다. 그는 자연의 품에 쓰러져 꿈이 없는 잠에 조용히 빠져 들었다.

그는 살아있었다

구모였고 부은이었고 유대진이었고 황청해였고 김중민이었고 정율성이었던 사람, 가족과 자신을 바쳐 민족 해방투쟁에 헌신했던 투사이고, 두 나라 군가를 써 세계에 유례없는 업적을 남긴 정열적인 위대한 악성, 그는 갑작스러운 뇌일혈로 깊은 잠에서 끝내 깨어나지 못했다. 그의 뜨거운 심장은 7일 오후 5시 10분에 창평 인민병원 구급실에서 끝내 박동을 멈추었다.

---

309) 丁雪松采訪彔, 梁茂春記彔, 2011年, 鄭小提提供

그의 나이 62세였다.

"그의 죽음은 가족에게 있어 경악이었다. 돌연적이었다. 그 다음에야 슬픔과 눈물이었다."[310] 정설송은 다음과 같이 술회했다.

"나는 흐리멍텅한 기분으로 사람들을 따라 율성의 유체를 실은 밀차를 응급실 밖으로 밀고 나갔다. 아마도 좁은 골목을 지난 것 같았다. 그렇게 병원 영안실에 들어섰다. 창문의 한 쪽 유리가 깨져서 그곳으로 강한 북풍이 차가운 방안으로 밀려들었다. 바람은, 처참히 울부짖었다. 내 마음이 갈기갈기 찢어졌다. 하늘은 캄캄하여 어둠의 뭉치가 나를 겹겹이 포위했다…아, 너무 돌연한 충격은 눈물로 고통을 씻을 시간조차 주지 않았다. 나는 경악하고 망연하고 그 후에야 눈물이 억제할 수 없이 흘러내렸다…"

정설송의 눈물에는 뼈저린 회한이 맺혀 있었다. 그동안 사업이 바빠 정율성과는 오랫동안 서로 한담할 사이도 없었다. 함께 놀러 다닐 사이는 더욱 없었다. 두 사람은 아직도 많은 시간이 남아 있는 줄로 알았다. 갑자기 한 사람이 훌쩍 떠나버릴 줄은 몰랐다…

창턱에는 아직도 정율성이 전국 각지에서 가져온 화분들이 푸르싱싱했다. 벽에는 함께 유리공장 거리에서 구입한 제백석의 수묵화가 걸려 있었다. 서재에는 그가 연안으로 갈 때 품에 안고 갔던 세계명곡과 세계 연환절에 참가해 구입한 세계 명곡 악보들이 꽂혀 있었다. 압록강 건너 평양에서 옮겨 온 피아노가 방에 그대로 놓여있었다. 결혼 40주년에 미주를 건배하려고 정설송이 그해 여름 주천에서 구입한 비취색 야광 컵이 아직 찬장에 놓여있었다. 정설송의 손목에서는 정율성이 그녀 40세 생일에 선물한 오메가 손목시계가 짤깍짤깍 돌아가고 있었다. 중국에서 북한으로, 북한에서 중국으로 기나긴 여정을 함께 하면서 이 국적이 다른 부부는 그 얼마나 쉽지 않은 사랑

---

310) 『作曲家鄭律成』, 丁雪松 等 著, 遼寧人民出版社, 2009年 7月, 125頁, 「律成的作曲和做人」, 喬羽

을 해왔던가…

정율성의 죽음은 동료, 친구들에게도 경악 자체였다. 방평은 전날 정율성과 한 약속 때문에 하루 종일 출근하지 않고 집에서 정율성에게 회보할 창작조의 계획 자료를 준비했다. 저녁에 약속된 시간이 되자 그는 악단으로 정율성을 만나러 나갔다. 그는 이렇게 술회했다.

"나는 깜짝 놀랐다. 나의 심장은 갑자기 허공에 걸린 듯했다. 다시 확인하고 나자 나는 전기에 감전된 듯 전신이 마비되고 머리가 어지러웠다. 너무나도 뜻밖의 타격이었다! 나는 울고 싶었다. 소리를 지르고 싶었다. 이 악착스러운 사신아! 왜 나의 가장 좋은 동지를 빼앗아갔느냐! 끝내 눈물이 쏟아져 내렸다. 비통하기 그지없었다… 그가 죽었다. 나는 갑자기 속이 써늘해졌다…"

김범은 다음과 같이 회상했다.

"비보가 내 귀에 전해져왔을 때 나는 믿지 않았다. 하지만 믿지 않을 수도 없었다. 직장에서 나와 몇몇 동지더러 창평 인민병원에 가서 그에게 옷을 갈아입히라고 했기 때문이다. 우리는 영안실에 들어가 그에게 울서지로 지은 새 옷을 갈아입혔다. 새 구두를 신겼다. 새 모자를 씌웠다. 나의 뜨거운 눈물이 그의 차가운 얼굴에 흘러내렸다. 나는 울면서 그를 불렀다. 하지만 그는 눈을 감고 대답하지 않았다!

이서는 다음과 같이 회고했다.

"로쩡이 서거한 이튿날, 나와 그의 깊은 우정을 알기 때문에 악단의 동지들은 내가 충격을 견디지 못할까봐 악단에 나오라고만 일렀다…다른 때 같으면 모두들 열정적으로 인사를 나누었을텐데 이날은 나를 만나는 사람마다 피했다… 어떤 물건이 머리를 호되게 후려갈긴 듯했다…동지들은 나를 휴식실에 부축해 갔다. 이전에 로쩡과 함께 사용하던 방이다. 나는 침대에 누워 대성통곡을 했다…그 후의 수많은 밤을 나는 꿈에 로쩡과 만나곤 했다. 꿈은 거의 똑 같았다. 나는 매번 그에게 같은 말을 곱씹었다. '로쩡, 로쩡이 죽을 수도 있답니다. 꼭 조심하십시오! 각별히 주의하십시오!' 하지만 로쩡은 언제나 한 마디 말이 없다. 그는 머리를 수그리고 오선보를 그리지 않으면 맑은 강물에 물고기 그물을 치곤 했다. 그는 다시는 내 말을 못 알아듣는 것 같았다…이런 꿈은 나에게서 수년간 지속적으로 나타났다."

국가부주석 왕진은 다음과 같이 말했다.

"그에 대한 나의 그리움은 필묵으로 형용할 수 없는 것이다."

1936년에 남경에서 만나 형님 동생으로 지내온 나청은 남경 백하로 고향에서 소식을 듣고 통곡하며 이런 시구를 남겼다.

"백하에서 아우의 요절 소식 놀랍기만 하네/ 풍운의 40년을 형제로 해왔거늘/ 연하탑영에 비껴있는 젊은 꿈/ 천군만마 태양을 향하네".

황하는 정율성이 사망하자 비통하여 이런 시구를 남겼다.

"군을 위해 검을 벽에 걸었는데/ 지금은 어디에서 그대 넋을 만나리오/ 군을 부르니 군은 대답이 없고/ 백설이 붉은 구름을 물들일 뿐이오"

2009년에 할빈에 정율성 기념관이 섰다. 그때 전임 중국 인민해방군 공군 정치부 문공단 단장이고, 공군정치부 전임 문화부장이었던 황하 장군은 정율성에게서 받아 소중히 간직했던 그 군도를 다시 기념관에 증정했다.
정율성이 별세한 이튿날, 북경은 날씨가 추워 하늘과 땅이 꽁꽁 얼어버렸다. 이날, 정율성이 존경했던 국무원 부총리 왕진, 전국인민대표대회 상무위원회 부위원장이고 주은래 부인인 등영초 여사가 전화를 걸어와 정설송을 위로했다. 9일, 왕진 부총리는 직접 집을 방문해 정설송을 위로했다. 정율성의 절친한 친구였던 중앙민족사무위원회 부주임 문정일이 달려왔다. 이 외 동료들과 친구 등 수많은 사람들이 달려왔다. 전국 각지로부터 조문이 눈보라처럼 날아들었다.

12월 18일, 정율성 서거 소식이 〈인민일보〉에 실렸다. 남경과 태항산 시절에 함께 싸웠고, 함께 조선 시절을 보냈고, 함께 중국에 정착했던 연변작가협회 작가 김학철은 억지 누명을 쓰고 연변 추리구 감옥에서 이른바 "반혁명"죄로 복역중이었다. 그는 이 소식을 듣고 슬픈 마음으로 아들 김해양을 시켜 정설송에게 조전을 보냈다.

정율성 서거 소식은 한국의 일간지에도 보도되었다. 〈동아일보〉는 미국 기자가 써서 미국 유피아이 홍콩분사 통신에 발표한 기사를 인용해 "광주 태생 중국 작곡가 정율성이 북경서 사망"이란 기사를 실었다. 당시 빠리에 살고 있던 정상훈의 원 부인이 기사를 보고 아들 정준성에게 신문을 내놓았다.

"이 분이 혹시 너의 부은 할아버지가 아닌지 좀 확인해보려무나."

정준성은 어머니가 내민 〈동아일보〉에서 "정율성"이란 이름을 보는 순간 가슴이 덜컥했다. 그는 작은 할아버지 정율성을 숭배하였기에 자신의 이름자에 "성"자를 넣었다고 했다. 정준성은 곧 중앙일보 빠리 주재 특파원 조섭일씨에게로 갔고, 조섭일씨는 이 기사를 가지고 중국 신화통신 기자들에게로 갔다. 중국 신화통신 기자들은 기사를 보더니 "이 사람은 중국사람입니다."라고 했다. 그러니까 중국 광주 태생으로 잘못 안 것이다. 세상에 동명이인은 얼마든지 있기 때문이다. 정준성은 안도의 숨을 내쉬었다.

결국 그의 고향 친인척들은 정율성의 사망 소식을 아무도 알지 못했다. 그로부터 5년 후 의은은 좌파 계열의 독립운동을 했던 죄로 은거생활을 하다가, 1981년의 어느날 동생 율성을 그리워하며 눈을 감았다. 이로써 그들 형제 10명은 모두 흙으로 돌아갔다.

2010년 2월 25일 비 내리는 날, 필자는 서울 분당역 부근의 까페에서 정상훈의 아들 정준성을 만났다. 프랑스에 거주하는 그를 한국에서 만날 수 있어서 참 다행이었다. 커다란 창으로 비 내리는 거리를 내다보며, 지하철 전동차가 쉬엄없이 머물렀다 가는 소리가 들렸다. 그는 이별 30여 년만에 빠리에서 아버지 정상훈을 만났다. 정상훈은 정씨 가족사에 대한 말들을 금기시했다. 좌파 계열의 독립운동가들에 대해 한국은 인정하지 않았기 때문이다.

"아버지는 치약 짜듯이 아주 조금씩 들려주었지요. 제가 물어보면 대답을 짤막하게 하시곤 했어요."

그의 할아버지 세대의 이야기를 들으면서 정씨 일가를 통해 한반도의 처절한 항쟁사와 분단 비극의 축소판을 보았다. 더욱 숙연해지고 가슴이 아팠다.

정율성 별세 10일 후 12월 17일, 팔보산에서 추도대회가 거행됐다. 후일 중국 1호인물이 된 호요방을 비롯해 왕진, 요승지, 진모화, 왕병남, 성방오 등 중앙 고위 지도자들과 문예계, 신문계, 외교계 각 분야 지도자, 엘리트들이 참가했고 수많은 농민, 어민, 목민, 전사, 노동자들이 참가했다.

호요방은 다음과 같이 말했다.

"정율성은 좋은 동지였다…연안 시기에 그의 노래는 높은 경지에 올랐다. 그는 중국 인민의 해방사업과 혁명사업에 아주 큰 기여를 했다."

절친한 친구 유채원은 정율성이 사망한 창평에 가서 그가 마지막으로 썼던 고기그물을 깨끗이 씻어 보관했다. 그리고 30년 후에 정율성 기념관에 기증했다. 해마다 12월 7일이면 정율성의 묘지로 찾아가 술 한 잔을 나누곤 했다. 가끔은 묘지에 싱싱한 물고기를 물에 담아가지고 갔다. 가서 정율성과 대화했다. '로쩡, 이걸 보십시오. 얼마나 싱싱합니까. 관청 저수지에서 잡아 온 거랍니다. 그곳에서도 천렵을 하겠지요? 안하고 못 견디겠지요. 우리 만나게 되면 또 화끈하게 천렵하러 다닙시다…'

2009년 9월 12일, 필자는 팔보산에 안장된 정율성의 묘지로 찾아갔다. 취

▲ 1977년 12월 정율성 서거 1주기 기념 〈정율성작품음악회〉 포스터, 시간은 12월 7,8,9일 저녁7시15분. 정소제 제공.

재를 시작하면서 이 위대한 음악가에게 『정율성 평전』을 쓰려는 나의 취지를 말씀드리기 위해서였다. 꽃시장에서 커다란 화환을 샀다. 화환에는 부귀, 추모, 장수, 길상 등을 상징하는 백합, 국화, 장미, 난을 꽂고, "학을 타고 서쪽 극락세계로 가다"의 의미로 천당조(극락조화) 세 송이를 꽂았다. 천당조는 쪽빛 머리에 붉은색 날개를 한 새 모양의 꽃이다. 팔보산에서 정율성은 조용히 필자를 바라보았다.

1977년 12월, 정율성 별세 1주년을 기념해 중앙악단 등 6개의 문예단체가 공동으로 〈정율성 작품 음악회〉를 개최했다. 중국은 탁월한 공훈을 세운 혁명가, 음악가 정율성을 잊지 않았다.

엄양곤은 정율성의 음악작품을 피아노로 연주하면서 이서에게 의미심장한 말을 했다.

"한 예술가가 사망한 후, 그의 작품이 사회진보를 위해 봉사했고, 광범한 인민대중의 사랑을 받는다는 평가를 받으면 그건 참으로 값진 죽음이오, 이 세상에 헛살지 않은 것이라오."

정율성의 생명은 이처럼 간난신고를 겪었고, 창졸하기는 했지만 필경 그는 이미 역사의 전당에, 특히 음악의 성전에 그 빛나는 한 페이지를 남겨놓았다.[311]

기념공연을 앞두고 중앙민족악단 전임상무 부단장 당영매가 엄양곤을 찾아왔다. 정율성 사망 후 그의 귓가에는 연안에서 「연안송」을 함께 처음 불렀던 두 사람의 노래 소리가 쟁쟁하게 들려왔다. 그것은 어떤 부름소리였다.

"연안 시기 정율성의 옛 전우들로 공연단을 조직하겠습니다."

엄양곤은 깜짝 놀랐다. 수십 년간 음악 분야 지도자로 있었던 그녀는 "문화대혁명"기간에 강생의 박해로 인해 남편 향우를 잃었고, 그 자신도 아직 복권되지 않은 상태였다.

"일주일밖에 남지 않았습니다. 시간이 되겠습니까?"

"될 수 있어요. 될 수 있고말고요!"

"이날부터 당영매는 한 명 한 명 전화를 걸었는데 짧은 며칠 사이에 60여 명의 옛 전우들이 호응했다. 그들은 겨우 두 번 연습했다. 기념음악회가 개최된 날, 백발이 성성한 노혁명가, 음악가들이 무대에 올랐다. 중앙가무단 전임 부단장 맹우는 다음과 같이 말했다."

"4인무리가 타도된 후 첫 음악회가 바로 〈정율성 1주기 기념 음악회〉였습니다. 때문에 모두들 특별히 감동했습니다. 연안 노전사합창단 성원들은 모두가 노신예술학원 옛 동지들이고, 대부분 음악계의 지도자들이었으며, "문화대혁명"시기에 박해를 받았던 동지들이었습니다."

이들은 정율성이 작곡한 「중국인민해방군 행진곡」, 「팔로군 군가」, 「연안송」 등을 높이 불렀다. 여기가 「연안송」의 선창을 담당했고, 이환지가 지휘를 했고, 구유가 피아노 반주를 했다. 흘러간 세월의 파란만장한 삶의 주역들, 만감이 교차한 노래, 어찌 특별하지 않았겠는가! 배우들의 얼굴에서 눈

---

311) 『論鄭律成』, 延邊人民出版社, 1987年 10月, 152頁, 「什么比金子還要重要」, 放平

물이 흘러내렸고, 관중석에서도 눈물이 흘러내렸다. 노래가 끝났는데도 박수소리는 장시간 이어졌다.

그들이 금방 무대에서 내려왔는데 연안 시절 항일군정대학 부교장이었던 나서경이 휠체어에 앉아 뒤늦게 도착했다. 새중국 초대 중국공안부 부장이었고, 전임 국무원 부총리, 국방부 부부장이었으며, 이때는 중앙군사위원회 상무위원 겸 비서장이었다. 그는 공연을 보지 못한 아쉬움을 토로하며 말했다.

"노전사합창단이 벌써 다 불렀습니까? 다시 노래하면 안 되겠습니까! 문화대혁명 기간에 우리 부부는 감옥에 갇혔는데, 서로 고무격려하기 위해 매일 「연안송」을 불렀습니다. 「연안송」을 다시 부르면 안 되겠습니까?"[312]

그 말에 노전사합창단 배우들은 다시 무대에 올라 나서경과 함께 「연안송」, 「팔로군 군가」, 「중국인민해방군 행진곡」을 불렀다. 정율성을 추모하여 설립된 "노전사합창단"은 그 때로부터 지금까지 30여 년간 전국 각지에 순회공연을 다니고 있다.

이때 좌석에는 한 일본인이 이 특별한 음악회를 보며 내내 깊은 감동에 젖어있었다. 그의 노력으로 정율성의 작품은 일본 도쿄방송협회 NHK합창단과 중국 민악대의 공동합작으로 도쿄 음악청에서 공연되었다.

1986년에 정율성 10주기 음악회가 북경과 연변조선족자치주에서 거행되었다. 당시 중공중앙 당교 교장이었고 후에 국가 부주석으로 된 왕진은 정설송에게 다음과 같이 말했다.

"정율성 동지는 중국 혁명에 큰 기여를 했습니다. 그는 우리 마음 속에 영원히 살아있습니다. 영원히 중국 인민의 마음 속에 살아있습니다!"

1997년, 중국인민해방군 탄생 70주년에 즈음해 정율성 작품 음악회가 북경에서 성대히 거행되었다. 전국인민대표대회 상무위원회 위원장 교석이 연설했고, 전국정치협상위원회 주석 이서환, 국방부 부장 지호전, 중앙정치국 상무위원 송평이 제사를 썼다.

1999년 건국 50주년 기념행사가 천안문 광장에서 거행되었는데, 대규모

---

312) 孟于采訪彔, 前任中央歌舞團 團長, 北京丰台女儿家, 2009年 9月 19日

의 열병식에서 「중국인민해방군 군가」가 장엄하게 울렸다.

2002년 10월 30일, 정율성의 일대기를 각색한 예술영화 「태양을 향하여」(박준희 리흥국 시나리오)가 북경에서 성황리에 첫 상영식을 했다. 이 영화를 그처럼 기다렸던 사람은 정율성과 가장 끈끈한 인연을 가졌던 조카 정상훈이었다. 그런데 약 한달 전에 박준희 감독이 전화로 전해준 영화 개봉 소식에 흥분하여 그만 송수화기를 든 채 쓰러져 영영 눈을 감고 말았다.

2009년 7월 25일, 중화인민공화국 탄생 60주년 및 「팔로군 행진곡」 탄생 70주년, 「중국인민해방군 군가」 지정 기념일을 기념해 흑룡강성 할빈시위, 시정부와 할빈시 경비구에서 공동으로 〈인민음악가 정율성 생애사적전람관〉을 개관하고, 흑룡강 성위, 할빈 시위 공동으로 중국인민해방군 군가 탄생 70주년 「우렁찬 군가-정율성작품 음악회」를 개최하여 이 위대한 악성을 기념했다.

…

정율성은 살아있었다.

양림동 언덕에서 부르던 노래, 영원한 기억

정설송은 남편의 유물을 정리하던 중 아무런 제목도 붙어있지 않은 테이프 하나를 발견했다. 녹음기에 넣고 단추를 누르자 가슴이 철렁했다. 익숙한 목소리… 남편의 육성이었다. 가까운 곳에서 사람들이 낮은 소리로 무슨 말인가 짤막히 주고받고, 창문 너머로 트럭이 오가는 소리가 들리는 듯했다. 술을 마신듯 약간 취기어린 목소리, 남편은 미국 민요 「메기의 추억」을 한국말로 부르고 있었다.

"옛날에 금잔디 동산에/ 메기 같이 앉아서 놀던 곳/ 물레방아 소리 들린다/ 메기 내 사랑하는 메기야/ 동산 수풀은 우거지고/ 메기 머리는 백발이 다 되었네/ 옛날의 노래를 부르자 메기야 내 사랑하는 메기야"

메기 클락은 1841년 7월에 캐나다 온타리오에서 태어났다. 그는 조지 존슨이라는 토론토대학을 졸업한 시인의 사랑을 받게 되지만 사형선고나 다름이 없는 폐결핵에 걸렸다. 사랑하는 사람이 죽음으로 가는 모습을 보며 죠지는 이 시를 쓰고, 1864년 10월에 결혼을 하며, 메기는 이듬해에 세상과 이별한다. 죠지는 미국의 친구 JC 버터필드에게 이 시에 알맞는 노래를 부탁하게 된다. 그 때로부터 죠지의 절절한 사랑이 깃든 이 가슴을 저미는 노래는 백여 년간 세계에서 열창되고 있다.

이 노래는 정율성이 양림동 언덕에서 뛰놀 때 선교사들에게서 배운 노래이다. 정율성이 부른 노래 가사를 원래의 가사와 대조를 해보았다. 그런데 노래 절반은 1절의 가사이고, 절반은 2절의 가사이다. 어린 시절 뛰놀았던 양림동 언덕, 외삼촌 죽음기, 김태오 선생님, 국훈이와 함께 달리던 릴레이, 상훈이와 함께 양림천에서 피라미를 잡았던 기억, 둘째형이 만돌린을 주고 떠나던 새벽, 수박밭을 지키며 고슴도치를 쫓았던 밤, 아버지의 묘지에서 만돌린을 타며 불렀던 노래… 수많은 기억을 떠올렸을 것이다. 아, 그는 끝내 열아홉 살에 떠난 고향으로 다시 가지 못했다.

정설송은 다음과 같이 술회했다.

"그는 생전에 향수가 밀려들 때면 우울한 회향곡을 깊은 목소리로 흥얼거리곤 했다. 그 노래 소리를 들을 때마다 나는 조선 민요일 수도 있고, 고향을 그리는 외국 명곡일 수도 있다는 생각을 하곤 했다. 그는 그 얼마나 고향의 친인척이 그립고, 그 얼마나 고국의 아름다운 산천이 그리웠을까! 애석하게도 정율성은 한·중 양국 수교의 그 날을 끝내 보지 못했다."

2010년 4월 21일, 북경의 날씨는 벌써 더웠다. 이날 약속한 시간에 북경 조양공원 서로 1호원에 도착했을 때 필자는 이 집의 주인-92세의 정설송과의 대화를 기대하지 않았다. 전해 9월에 한차례 방문이 있었지만 정설송은 이미 파킨슨병이 심해 대화가 불가능했다.

그 격정의 시대에 민족 독립을 위해 청춘을 바쳐 싸웠고, 사랑을 위해 머나먼 이국땅도 마다하지 않았던 처녀, 주은래의 비서였고, 두 나라 대사를 지냈던 중국의 첫 여대사, 할머니 정설송은 병환에 있음에도 기품 있고 아름다웠다. 머릿속으로 그에 대한 묘사들이 떠올랐다.

"그는 호방하고 활달하여 장부의 기개가 있었다. 연안 시기의 옛 전우들은 그녀가 강직하면서도 물처럼 부드러운 정을 지닌 사람이어서 정감이 풍부하고 섬세하다고 한다. 그는 글짓기를 좋아하고 음악, 경극 등 예술을 좋아했다… 흥이 날 때면 피리나 퉁소를 불고 격앙된 목소리로「만강홍」을 불렀다… 홀연 애절한 목소리로「소야곡」을 불렀다. '옛날의 사랑은 영원히 사라졌네 행복한 추억은 꿈처럼 내 가슴에 남고…' 그녀는 이 노래는 정율성이 생전에 부르기 좋아했던 노래라고 했다…"[313]

이날, 필자는 뜻밖의 수확을 얻게 된다. 정설송이「메기의 추억」을 부른 것이다. 이는 기적이었다!

필자가 한국으로부터 정설송을 보러 온 정율성의 누님 정봉은의 딸 박의란, 즉 그의 시조카와 함께 도란도란 조선말을 하며 식사를 하고 있을 때였다. 정소제는 갑자기 일이 있어 외출했다. 곁에 휠체어에 앉아 있던 정설송이 조선말로 불쑥 노래를 불렀다.

"정이월 가면 봄이 온다네/ 강남갔던 제비가 돌아 오며는/ 이 땅에서 또다시 봄은 온다네…"

우리는 깜짝 놀라서 멍하니 그를 바라보았다.「그리운 강남」이란 제목의 이 노래는 30년대에 조선 백성들이 나라 독립의 봄을 기다리며 부르던 노래다. 일제에 의해 금지된 노래였고, 조선 혁명가들이 중국 대지에서 싸우며 민족해방의 승리를 기다려 부르던 노래이다. 파킨슨병을 앓고 있는 그의 기억 속에 어찌 먼 70년 전에 불렀던 노래가 남아있단 말인가. 더구나 의사 표현을 하지 못하는 환자가 아닌가.

이어 그녀는「아리랑」을 불렀다.

---

313) 中國第一位女大使丁雪松回憶泉, 丁雪松口述, 揚德華整理, 江蘇人民出版社, 2000年 324頁

더욱 감동적인 장면이 나타났다. 「메기의 추억」을 부른 것이다. 정설송은 아기처럼 울면서 노래를 불렀다. 이 강직한 여성의 눈물에서 우리는 지난 세기 격정의 시대에 발생한 그들의 애절한 사랑을 읽을 수 있었다.

정율성의 오늘이 있는 것은 그의 뒤에 이 강직한 여성이 있었기 때문이다.

정율성이 타계한 후 슬픔을 딛고 일어난 이 뛰어난 여성은 1979년 2월에 네델란드왕국 주재 중국 특명전권대사가 되어 중국 외교사상 첫 여성 대사가 되었다. 1982년에는 또 덴마크왕국 주재 중국 특명전권대사가 되었다. 국사에 바쁜 와중에도 당시 중앙 당교 교장이었던 왕진의 충고를 받아들이고 정율성 자료에 대한 수집 게을리하지 않았다. 자신이 직접 집필한 외에 정율성의 친구, 동료들로부터 대량의 자료를 수집해 남김으로써 후세에 생생한 인간 정율성을 보여주었다.

그녀는 조건이 허락되기만 하면 정율성의 유골을 한국 전라남도 광주에 보내 그의 선조들과 합장하여 하늘에 있는 그를 위로하려고 했다. 하지만 정율성은 헤어질 수 없는 가족이 또 있었다. 사랑하는 아내와 자식이었다. 그를 새중국 3대 음악가 정율성으로 성장시킨 중국, 그의 노래가 속해 있는 중국 대중이 있었다. 정설송은 "1997년에 중국에서 반평생을 생활한 부친을 중화 대지에서 잠들게 하자는 자식들의 제의를 받아들였다." 그 해에 팔보산에 정율성의 유골을 안장했다. 한백옥으로 된 비석에는 친구 교우가 아름다운 해서체로 쓴 비문이 새겨져있다.

"정율성 동지는 자신의 생명과 중국 인민의 혁명사업을 하나로 연결시킨 혁명가이다. 인민은 불후하고 율성 동지의 가곡도 불후하다…"

개혁개방의 우렁찬 봄 우레가 울렸다. 드디어 정율성은 고향 한반도에서 들려오는 부름소리를 듣게 된다.

1992년 정씨 가문의 장손이고 정효룡의 큰손자인 정준승이 누님과 함께 북경에 왔다. 정씨 가문은 약 2년 전에야 중국에서 공부한 한국 유학생이 가지고 온 정상훈의 편지를 받고 북한에 있는 줄로만 알았던 정율성의 소식을 알게 된다. 북경 팔보산에서 정율성은 동갑내기 조카 국훈의 아들 정준승의 술잔을 받으며 드디어 고향소식을 듣게 되는 것이다.

1992년, 북한은 정율성의 일대기를 그린 영화 〈음악가 정율성〉을 촬영제작하고 정설송과 정소제를 초청해 환대했다.

1996년 10월, 대한민국 국립국악원은 정설송과 정소제를 초청했다. 이들은 정율성이 전쟁기간에 주어 보관한 한국 궁정악보를 기증하고, 국립국악원이 개최한 〈정율성 작품 발표회〉에 참석했다.

검은 머리가 파뿌리가 된 정설송은 남편이 꿈속에서조차 그리워했던 양림동을 찾아왔다. 하늘나라에서 학을 타고 훨훨 날며 그를 낳아준 고향 광주와 사랑하는 처자가 있는 북경을 오고 갈 남편을 그리며 양림의 푸른 하늘을 쳐다보았다. 크리스마스날 어린 부은을 황홀하게 했던 오웬기념각, 음악의 씨앗을 심어주었던 양림교회, 민족정신을 계몽해준 숭일학교, 겨울에도 빨간 열매로 희망을 준 호랑가시나무, 부은의 장난어린 발길에 차여 멀리 날아갔을 파란 쑥돌들… 이곳의 경물 그 어느 하나에 부은의 눈길이 닿

▲ 1996년 10월, 정설송은 남편이 꿈에도 그리던 고향 한국 전라남도 광주로 가서 남편대신 시아버지 정해업과 시어머니 최영온의 묘소에 술을 올렸다. 정소제 제공.

지 않았겠는가. 부은의 발자국이 무수히 찍혀있을 양림의 언덕길에서 시간의 바퀴를 돌려보았다. 저 앞에 보이는 소년 부은을 마주하였을 때 그녀의 흰 머리칼이 석양에 흩날렸다.

그녀는 정씨 가문의 장손이고 정효룡의 큰손자인 정준승의 부축을 받으며 정씨 문중 선산에 올랐다. 낯선 시아버지 정해업과 고향땅에서 며느리를 향해 미소하는 시어머니 최영온에게 진지와 술잔을 올리고 큰 절을 드렸다.

정설송은 다음과 같이 술회한다.

"나는 율성의 고향 전라남도 광주를 방문해 그의 부모 정해업과 최영온의 묘지에 술을 부어 올렸다. 율성의 형제와 후예들은 많았다. "정씨 종친회"의 명의로 나에게 성대한 연회를 차리고 한 사람 한 사람 무릎을 꿇고 웃어른에 대한 절을 하는 것으로 예를 했다…나는 그의 출생지를 찾아보고… 그가 공부한 전주 신흥중학교를 참관했다. 율성이 구천에서 이 일을 알게 된다면 나와 딸의 이번 행에 대해 기뻐하리라 생각한다."

아마 이때 정율성의 영혼도 훨훨 날아서 광주로 왔으리라. 정율성이 그리워했던 생가 우물가, 맨발로 매달려 석류를 따먹곤 했던 나무, 중국으로 떠나면서 무릎을 꿇고 어머니에게 이별의 절을 올렸던 마루, 「강강수월래」를 부르며 놀았던 마을의 높은 밤나무아래 공터, 그리고 「메기의 추억」을 불렀던 광주천과 양림동 언덕에…

고향 광주에서는 정율성 붐이 일어났다. 정율성 생가가 조성되고 기념사업이 재빨리 진행되었다. 해마다 양국의 대표단이 상호방문을 하고 정율성 국제음악회가 개최되고 있다. 이리하여 "정율성은 비록 중국에서 꽃을 피우고 열매를 맺었지만, 그의 뿌리와 정감은 한반도에 있고, 넓은 고향으로 돌아감으로써, 중국과 한반도 모두가 그리는 혁명예술가가 되었다"[314]

이것이 정율성이 북경 창평의 운하에 잠들면서 마지막으로 간절히 하고 싶었던 일이 아니겠는가!

---

314) 我与作曲家鄭律成的一段交往 盧 弘《百年潮》2005年11期

에필로그

　1988년 7월 25일, 8.1건군절을 앞두고 중앙군위 주석 등소평은 "당중앙의 비준을 거쳐 중앙군위는「중국인민해방군 행진곡」을 중국인민해방군 군가로 결정하며 이를 반포한다."라는 명령에 서명했다. 국가 주요행사에「중국인민해방군 군가」가 울려 퍼진다.
　2009년 9월, 새중국창립 60주년을 기념하고자 중앙선전부, 중앙조직부 등 중앙의 11개 부위에서 공동으로 조직한 "쌍백인물" 평의에서 1억 명 국민의 투표로 정율성이 "새중국 창립 특수기여 영웅모범인물" 100명에 선정되었다. 이 100명에는 3명의 음악가가 있는데 정율성 외에 국가를 창작한 섭이, 교향악「황하 대합창」을 창작한 선성해가 있다.
　위대한 악성 정율성의 뒤에 서있었던 아내 정설송, 두 나라 대사를 지낸 범상치 않은 여성은 이 모든 것을 기꺼이 지켜보고 나서 2011년 5월 29일, 93세를 일기로 북경에서 조용히 눈을 감았다. 이로써 그는 마침내 하늘나라에서 사랑하는 남편 정율성과 재회했다.
　중국 민중은 정율성을 성장시켰다. 그의 음악에 무궁무진한 생명력을 부여했다. 인간의 "불평과 희망"을 말했던 그의 음악은 세기와 더불어 중국 민중 속에서 공명을 일으킬 것이다.
　구모, 아버지 정해업이 천년만년 장수하라고 지어준 이름 그대로 그는 불후했다.
　율성, 그 자신이 음악으로 대성하리라 지은 이름 그대로 그의 음악은 불후했다.

후기

　1986년 12월 정율성10주기 음악회가 연길에서 개최되었을 때 나는 길림 신문사 기자였다. 그 때 나는 정율성 관련 취재를 하고 기사를 쓰면서도 내가 언젠가는『정율성평전』을 쓰게 되리라고는 상상도 하지 못했다. 그로부터 25년이 지난 어느 날 문득 강렬하게 정율성에 관한 책을 쓰고 싶었던 것은 순전히 정율성에 관한 전기가 중국에서 나오지 않았다는 사실을 알게 되었기 때문이다.

　1949년 10월 1일, 천안문광장에서는 중화인민공화국의 탄생을 알리는 장엄한 열병식과 함께『인민해방군 행진곡』이 세계에 울려 퍼졌다. 이 작품은 1938년 연안에서『팔로군행진곡』이라는 이름으로 창작됐고, 1988년에는 중앙군위에 의해『중국인민해방군 군가』로 명명된다. 이 곡을 작곡한 사람이 정율성이다. 그는 한국 광주에서 태어났고, 이 노래를 작곡했을 당시에는 중국에 온지 6년밖에 되지 않은 25세의 외국청년이었다. 중국어에도 익숙하지 않았던 그가 어떻게 이처럼 불후의 음악을 만들어낸 것일까? 기적은 또 있었다. 광복후 북한 시절 그는 또『조선인민군 군가』를 창작했다. 이로써 한 사람이 두 나라 군가를 창작한 세계에 유례없는 일이 발생했다. 2009년 9월, 새 중국 창립 60주년에 즈음해 중앙선전부, 중앙조직부 등 중앙의 11개 부위에서 공동으로 조직하고 1억명이 투표한 "쌍백인물" 평의에서 정율성이 "새중국창립 특수기여 영웅모범인물" 100명에 선정되었다. 이 속에 3명의 음악가가 있는데 정율성 외에 국가를 창작한 섭이, 교향악『황하대합창』을 창작한 선성해가 있다. 그만큼 정율성은 중국에서 비중이 있는 역사인물이다.

　그럼에도 그에 대한 전기는 없었다. 나름대로 합리적인 원인이 있었다. 정율성의 인생경력 때문에 중국어, 한국어로 자료 수집을 할 수 있고, 중국문화와 한국, 북한 문화에 대해 이해할 수 있는 사람이 이 글을 써야 했다. 조건의 한계 때문에 국내 유명한 음악연구가거나 작가들도 그에 대한 전기집 필에는 선뜻 나서지 못했다. 그리하여 중국어, 한국어를 다 섭렵할 수 있는 조선족인 내가 나서게 된 것이다.

정율성 전기를 쓰고 싶다는 생각은 강렬했으나 경제적인 여건이 나를 가로막았다. 하지만 쓰고 싶은 열망 때문에 나는 일단 2008년 2월에 자비로 정율성의 고향 한국 광주행을 함으로써 1차 취재를 시작했다. 그 전날 나는 꿈을 꾸었다. 구름처럼 뭉게뭉게 하얀 꽃이 가득 핀 거목이 탄탄한 벼이엉을 한 초가집 앞에 서있었다. 누군가 나에게 그 하얀 꽃이 밤꽃이라고 알려줬다. 꿈의 정경은 참으로 어떤 그림과도 같았다. 세세대대 추운 북방에서 살아온 나는 밤나무를 본 적이 없다. 인터넷으로 밤꽃을 찾아보았더니 꿈속의 모양과는 차이가 있었으나 확실히 하얀 꽃이었다. 정율성의 고향으로 가는 길에 내 머릿속으로 그 하얀 꽃을 가득 피운 거목 밤나무가 뚜렷이 떠올랐다.

낯선 광주, 아는 사람 하나 없었다. 나는 지인에게서 알아낸 전화번호 하나로 한 번도 만난 적이 없는 목포대학교 신정호 교수에게 전화를 했다. 정율성에 대한 사랑의 공감대가 있어 우리는 광주역에서 만날 수 있었다. 그는 교수생활의 바쁜 일정을 뒤로 하고 광주행 내내 정율성의 유년과 청춘기 체취가 어린 고향으로 나를 안내했다. 광주행을 통해 나는 정율성 전기를 써야겠다는 결심을 더욱 굳혔다.

정율성을 존경하고 사랑하는 사람들의 마음이 나에게 원동력이 되었다. 내가 근무하는 연변작가협회 지도부는 연변조선족자치주에 보고를 올려 정율성 평전 작업비용을 신청했고, 자치주는 선뜻 일부의 취재경비를 지원했다. 이 작품은 또 중국작가협회 2009년 중점 지원 작품, 길림성정부 중점 지원 작품에 선정되면서 일부의 취재경비가 조달되었다. 이렇게 모아진 성금이기에 나는 철도나 버스를 이용할 수 있는 곳은 항공편을 이용하지 않는 원칙으로 혼자 기나긴 장거리 취재를 시작했다. 혼자서 하나하나의 낯선 도시와 깊은 산골짜기들을 다니고, 밤의 역에서 시간을 기다리거나 밤기차를 타고 새벽 택시를 타면서도 외롭지 않았던 것은 정율성이라는 거목이 나의 마음속에 자리했기 때문이다.

　나는 정율성의 고향인 한국 광주를 2차 방문하고, 그의 항일발자취가 남아있는 상해, 남경, 서안, 연안, 태항산을 답사했다. 그의 가족, 음악동료들과 친구들을 만나기 위해 북경, 할빈, 심양 등지를 방문하고 인터뷰를 했다. 내가 만난 인물들 중에는 30년대 항일구국가곡열창운동의 앞장에 섰던 전임 중앙문화부 부부장 주외치, 전임 중국음악가협회 부주석 손신 등이 있다. 연안시기 정율성의 제자였고, 전임 중앙가무단 부단장이었던 맹우, 정율성의 동료였고 전임 중앙악단 단장, 중국 최고의 지휘가 엄량곤, 전임 중국가극무극원 원장이고, 가사창작분야『태산 벽두』로 불리는 교우, 정율성음악 전문가이고 중앙음악학원의 교수였던 양무춘 등이 있다. 그리고 정율성의 부인이고, 주은래의 비서였고, 중화인민공화국 첫 여 대사였던 정설송, 정율성의 딸이고 바로크합창단 단장인 정소제, 그 외 한국에 살고 있는 정율성 누님의 딸, 형님의 손자들 등 가족이 있다.

　취재를 하고, 옛날 서류들을 뒤적여 아무도 알지 못하는 새로운 자료를 발굴할 때마다 나는 정율성의 진실에 한발 더 다가갔다는 확신이 들었다. 정율성의 본인의 서술과 부인의 서술로 된 가족사가 내가 발굴한 30년대 한국신문자료와 일본인들의 공문서로 증명이 되었을 때, 수많은 자료들을 역사의 현장에서 하나하나 확인하고, 고증하고, 재구성해, 정율성의 고뇌와 슬픔과 부끄러움과 기쁨이 어린 인생역정, 그의 추구를 독자들에게 보여줄 수 있다는 생각이 들었을 때 느끼는 기쁨이란… 이 작품을 위한 수년간 노력한 것에 대한 보상이었다.

　정율성의 인생 스토리는 그야말로 반전이 심한 격동적인 드라마이다. 그의 역정에는 한 생명 존재의 치열한 몸부림이 깃들어있고, 아울러 민족해방의 역사와 반파쇼투쟁의 역사가 깃들어있다.

　취재하는 동안 나는 자주 정율성의 고향행 당시 내가 꿈에 본 밤나무를 떠올리곤 했다. 사람들이 밤나무로 장승을 만들어 마을의 액을 몰아내거나 조상의 영혼을 상징하는 신주를 만들었다는 기록을 본 적이 있다. 다른 식물들은 싹이 트면 껍질을 쓰고 나오지만 밤은 그 껍질을 두고 나오기 때문에 근본이 있는 나무라고 여기기 때문이다.

　수많은 직접적인 자료와 간접적인 자료를 통해 나는 이 거목의 가지도 잎사귀도 점점 무성해가고 있다는 확신이 들었다. 울창한 한 그루의 밤나무를 완성하는 일만 남았고 나는 그 작업에 진력했다. 그렇게 2008년부터 준비하고 기나긴 취재와 집필을 통해 탈고하기까지 4년 반이 걸렸다. 최근에는 고맙게도 연변조선족자치주 당위 선전부의 노력으로 이 작품의 번역경비가 조달되어 중문판 출판 작업도 동시에 진행되고 있다.

　그동안 나의 이 작업에 물심양면으로 지원해준 중국작가협회, 길림성정부, 연변조선족자치주 당위와 정부, 연변작가협회에 깊은 사의를 표한다. 나의 취재에 응해주고 도움을 준 정율성의 가족과 지인들, 이 작품의 출간을 위해 취재초기부터 많은 도움을 주고 열심히 출판해준 민족출판사 임직원들에게도 깊은 사의를 표한다. 그리고 이 기회를 빌어 나의 시간을 아껴주기 위해 구순에 이르는 어머니를 모시고 가족의 중임을 떠멘 동생부부에게도 형으로서 미안함과 고마움을 함께 전하고 싶다.

　심혈을 기울인 작업이지만 완고를 내놓고 보니 미흡한 부분이 많다. 나는 이 작품이 정율성의 진실에 좀 더 가까이 다가갈 수 있기를 두 손 모아 기도한다.

2012년 8월 8일
연길 광원거 자택에서

參考資料

- 『作曲家鄭律成』, 丁雪松 等 著, 遼寧人民出版社, 2009
- 『論鄭律成』, 延邊人民出版社, 1987
- 『中國第一位女大使丁雪松回憶彔』, 丁雪松口述, 揚德華整理, 江蘇人民出版社, 2000
- 『中國近現代音樂家傳』, 中國藝術研究院音樂研究所編, 向延生主編, 1,2,3,4 春風出版社, 1994
- 『결전』, 중국조선민족발자취총서 4, 민족출판사, 1991
- 『不醉不說 喬羽的大河之戀』, 周長行, 團結出版社, 2007
- 『항일음악전사 정율성』, 이건상 저, 대동문화, 2007
- 『항일전사 정율성 평전』, 이종한 저, 지식산업사, 2006
- 『중국의 광활한 대지우에서』, 최문섭 저, 연변인민출판사, 1987
- 『中共党史』, 第二卷(1949~1978), 中共中央党史研究室 編著, 中央党史出版社, 2011.1.
- 『박건웅, 딸보다 조국을 더 사랑한 아버지』, 박의란 송지영 저, 엠-애드출판사, 2008
- 『關內地區朝鮮人反日獨立運動資料匯編』, 上下策, 遼宁出版社, 1987
- 『讀城』, 任歡迎 等 著, 出 版 社 : 清華大學, 出版時間 : 2010
- 『中國当代音樂 : 1949~1989』, 梁茂春, 上海音樂學院出版社, 2004
- 『向着太陽歌唱 : 解讀鄭律成』, 王和平, 中央編譯出版社, 2010
- 『조선의용군사』, 연변인민출판사, 최강 저, 2006
- 『항일독립군 최후의 분대장 김학철 자서전』, 문학과지성사, 1995
- 『화광동진의 삶』, 사단법인 오방기념사업회 출간, 2000. 12
- 『조선의용군의 독립운동』, 염인호 저, 나남출판사, 2003
- 『延安文藝社』, 上 主編 艾克恩 副主編 孫國林 曹桂方, 河北教育出版社, 2009
- 『정율성가곡선』, 인민음악출판사, 1978
- 『延安魯藝風云彔』 , 王培元著, 广西師范大學出版社出版, 2004
- 『公木傳』, 高昌 著, 广東人民出版社, 2008
- 『駱駝之歌』, - 音樂家李鷹航傳, 作者 : 曾芸溪流出版社
- 『周揚傳』, 羅銀胜, 文化藝術出版社, 2009.5
- 《연변음악》 2008년 15,16호, 역자 김득만
- 『미완의 해방노래』, 「비운의 혁명가 김산의 생애와 아리랑」, 백선기 저, 韓國正宇社, 1993

- 『이 땅에 피 뿌린 겨레장병들』, 리광인 림선옥, 민족출판사, 2007
- 『음악가 괴테』, (저자 로맹 롤랑 박영구 옮김), 웅진닷컴, 2001
- 『抗日歌魂』, 1931~1945 救亡 流行歌曲, 湖北人民出版社, 2005
- 『韓國獨立運動과 中國軍官學校』, 문학과지성사, 한성도 저,
- 『奉獻的一生- 范継森紀念文集』, 徐嘉生, 上海音樂學院出版社, 2008
- 『人民音樂家 冼星海』, 广東人民出版社, 2009
- 『아리랑』, 님웨일즈, 김산 지음, 송영인 옮김, 동녘, 2005
- 『한국독립운동과 중국군관학교』, 문학과 지성사, 한상도 저, 1994
- 『김산평전』, 이원규 지음, 실천문학사, 2006. 10
- 『혁명가들의 회상』, 면담 이정식/편집해설 김학준, 수정증보 김용호, 민음사, 2005
- 『江蘇文史資料第三十六輯』, 『爲蔣介石接電話12年見聞』, 江蘇文史資料編輯部出版發行, 1991
- 『江寧歷史文化大觀』, 作者 : 中國人民政治協商會議南京市江寧區委員會 南京出版社, 2008
- 『대륙에 남긴 꿈』, 김원봉의 항일역정과 삶, 한상도 지음, 역사공간, 2006.2.24
- 『동북군정대학 길림분교』, 제1권, 요녕민족출판사, 姚作起 主編,
- 『격정시대』, 김학철, 연변인민출판사, 1986
- 『조선족백년사화2』, 리정문, 광주봉기에 참가한 조선족 전사들』, 거름, 1989
- 『불멸의 발자취』, 김성룡 저, 최룡수 감수, 민족출판사, 2005,
- 『郭廷以口述自傳』, 張朋園 整理, 中國大百科全書出版社, 2009
- 『我們這樣去抗日』, 作者陳啓明, 人民日報出版社出版, 2011
- 『中國北洋軍閥大結局』, 劉革學, 湖北人民出版社, 2007
- 『모차르트』, 노베르트 엘리아스 저, 박미애 옮김, 문학동네출판사, 2006
- 『베토벤의 생애』, 로맹 롤랑 지음, 이휘영 옮김, 문예출판사, 2005
- 『韓民族獨立運動史資料』
- 『음악가 정율성선생 출생지 고증과 한중문화교류에 대한 세미나』, 도서출판 松亭, 2006
- 『정율성과 기독교』, 노동은(魯棟銀)편, 광주정율성국제음악제조직위원회, 2006년 12
- 『救亡新歌』, 第二集, 新生書店, 1938
- 『양림교회 100년사』, 차종순 저, 양림교회역사편찬회, 2003 11

■ 취재자료
- 丁雪松采訪彔, 梁茂春記彔, 2011.11, 鄭小提提供

- 박의란, 정준성님 채록. 서울 2010. 2. 25
- 向延生(唐榮枚之子), 北京 中國藝術研究所采訪, 2009. 9
- 梁茂春敎授采訪彔, 北京, 2009. 12. 22
- 劉彩元采訪彔, 北京, 2009. 6
- 교우-녹취록, 北京, 2009. 9
- 두건, 두련, 北京, 2010. 4. 21 증언
- 문정일씨 부인 한정희여사 전화 인터뷰, 北京, 2009. 9
- 박준희 인터뷰, 2009. 9
- 鄭小提采訪彔, 北京, 2009. 6. 15
- 王霱林采訪, 沈陽, 2009. 10. 20
- 周巍峙采訪彔, 前任文化部副部長, 北京, 2010. 4
- 孟于采訪彔, 前任中央歌舞團 團長, 北京, 2009. 9. 19
- 嚴良堃采訪彔, 北京郊外, 2009. 9. 11
- 최삼명저택 녹취, 연길, 2010. 6. 10

■ 인터넷자료
- 국사편찬위원회 한국사데이터베이스
- 독립기념관
- 대한민국사랑회
- 中華魂网
- 光明网
- 中華文化信息网
- 新浪讀書

■ 기타 자료
- 『전주신흥학교 90년사』
- 해업 호적등본
- 정부은 대정11년 능주초등학교 1학년 학적부
- 『금정교회 당회록, '제일교회 100년'』
- 『수피아九十年史』
- 「연안송과 정율성 음악 창작」등 기타 논문
    - 2011년 8월 4일 중국어 초고.
    - 2012년 7월 11일 제9차 수정 탈고.
    - 2017년 6월 15일 한국어 표기로 재수정.